Wissenschaftsrat

Empfehlungen und Stellungnahmen 1996

– Band I –

1997

Herausgegeben vom Wissenschaftsrat
Brohler Straße 11, D-50968 Köln
ISBN 3-923 203-68-3

Inhalt

BAND I

Inhalt

BAND II

Seite

Vorwort

Im Mittelpunkt der konzeptionellen Arbeiten des Wissenschaftsrates standen im Jahr 1996 zwei Empfehlungen, die an die 1993 vorgelegten 10 Thesen zur Hochschulpolitik anschließen. In den Thesen zur Forschung in den Hochschulen wird festgestellt, daß die Einheit von Forschung und Lehre Leitidee der Universität bleibt und daß die Universitäten das Fundament des gesamten Forschungssystems in Deutschland bilden. Verschiedene Formen interner und externer Evaluation sollen eine qualitätsabhängige Ressourcenvergabe ermöglichen. In den „Empfehlungen zur Stärkung der Lehre in den Hochschulen durch Evaluation" wird ein zweistufiges Verfahren vorgeschlagen, das mit einer Selbstevaluation des einzelnen Fachbereichs beginnt und in einer zweiten Stufe eine externe Bewertung durch Fachgutachter vorsieht. Das Ziel der Lehrevaluation besteht darin, die Studiengänge besser zu organisieren und sie auf definierte Studienziele und Ausbildungsprofile hin auszurichten. Empfehlungen zum Hochschullehrernachwuchs mit umfangreichem statistischem Anhang wurden separat veröffentlicht.[1])

Mit den Empfehlungen zu „Internationalen Agrarwissenschaften" an Hochschulen werden die Beiträge bewertet, die 17 Fakultäten der Agrar-, Gartenbau- und Forstwissenschaften leisten; dabei wird nachdrücklich eine Bündelung vorgeschlagen. Zur Berufsakademie Berlin stellt der Wissenschaftsrat die Gleichwertigkeit ihrer Abschlüsse im Sinne der Kriterien der Kultusministerkonferenz fest.

Zur Weiterentwicklung der verwaltungsinternen Hochschulen des Bundes und zahlreicher Länder spricht sich der Wissenschaftsrat für die Eingliederung dieser Einrichtungen, an denen der Nachwuchs für den gehobenen nichttechnischen öffentlichen Dienst ausgebildet wird, in das allgemeine Hochschulwesen aus. In separat veröffentlichten Empfehlungen zur weiteren Differenzierung des Tertiären Bereichs[2]) wird der Ausbau dualer Fachhochschul-Studiengänge empfohlen, die den Lernort Betrieb als integralen Bestandteil in ein Hochschulstudium einfügen. Ein Beispiel für eine Fachhochschule in privater Trägerschaft, die duale Studiengänge anbietet, ist die Nord-Akademie in Pinneberg, deren Aufnahme in das Hochschulverzeichnis des Hochschulbauförderungsgesetzes empfohlen wird. Stellungnahmen wurden auch für die Hochschule für Musik und Theater in Rostock sowie für neugegründete Fachhochschuleinrichtungen in Remagen, im Rhein-Sieg-Kreis, in Stendal und in Ansbach verabschiedet. Weitere Stellungnahmen befassen sich mit der privaten Universität Witten/Herdecke und der bibliothekarischen Versorgung der Universität Erfurt.

Über Empfehlungen zu einzelnen Hochschulstandorten hinaus hat der Wissenschaftsrat seinem gesetzlichen Auftrag entsprechend Empfehlungen zum 26. Rahmenplan für den Hochschulbau vorgelegt und den Finanzbedarf für die rund 4 000 von den Ländern vorgelegten Investitionsvorhaben mit 5,6 Milliarden DM festgestellt. Die Milliardenlücke, die zu den von Bund und Ländern bereitgestellten Mitteln besteht, gefährdet zunehmend die Leistungsfähigkeit des deutschen Hochschulsystems.

Stellungnahmen zur weiteren Entwicklung der Hochschulmedizin in Mecklenburg-Vorpommern mit den Standorten Rostock und Greifswald sowie der medizinischen Fachbereiche in Gießen und Marburg befassen sich sowohl mit Aspekten von Forschung, Lehre, Heranbildung des wissenschaftlichen Nachwuchses und Krankenversorgung als auch mit den künftigen Bauinvestitionen.

Wie in jedem Jahr hat der Wissenschaftsrat zur Einrichtung von Sonderforschungsbereichen Stellung genommen. Das Naturkundemuseum, Berlin, und die Projektgruppe Entomologie, Eberswalde, werden gemeinsam zur Aufnahme in die Blaue Liste empfohlen. Die übrigen zahlreichen Stellungnahmen zu Instituten der Blauen Liste, die im Jahr 1996 vorgelegt wurden, sind in einem separaten Band veröffentlicht.[3]) Ebenfalls in einem eigenen Band veröffentlicht wurde eine umfangreiche Stellungnahme zur außeruniversitären Materialwissenschaft [4]), mit der die mit der Umweltforschung begonnenen Querschnittsbegutachtungen fortgesetzt werden.

Den zahlreichen Sachverständigen, die den Wissenschaftsrat durch ihren fachlichen Rat bei der Erarbeitung aller dieser Empfehlungen wirkungsvoll unterstützt haben, möchte ich für ihre selbstlose Tätigkeit, die mit einem erheblichen Zeitaufwand verbunden ist, bestens danken.

Köln, im Mai 1997

Dagmar Schipanski
Vorsitzende des Wissenschaftsrates

1) Wissenschaftsrat: Empfehlungen zur Förderung des Hochschullehrernachwuchses, in: Empfehlungen zur Doktorandenausbildung und zur Förderung des Hochschullehrernachwuchses, Köln 1997, S. 105 ff.
2) Wissenschaftsrat: Duale Studiengänge an Fachhochschulen – Empfehlungen zur Differenzierung des Tertiären Bereichs, W. Bertelsmann Verlag, Bielefeld 1997
3) Wissenschaftsrat: Stellungnahmen zu Instituten der Blauen Liste sowie zur Integration des Gmelin-Instituts für Anorganische Chemie und Grenzgebiete der Max-Planck-Gesellschaft in das Fachinformationszentrum Chemie, Berlin, Band I, Köln 1996.
4) Wissenschaftsrat: Stellungnahme zur außeruniversitären Materalwissenschaft, Köln 1996.

Thesen zur Forschung in den Hochschulen vom November 1996

Inhalt

Vorbemerkung

In seinen 10 Thesen zur Hochschulpolitik hat der Wissenschaftsrat Reformvorschläge zu Strukturproblemen des Hochschulsystems entwickelt. Er hat seine Analysen und Empfehlungen auf die Hochschulausbildung konzentriert und Forschung als eine der drei zentralen Aufgaben der Hochschulen neben der Lehre und der Ausbildung des wissenschaftlichen Nachwuchses bestimmt.[1])

Aufgrund der großen Breite, der starken Grundlagenorientierung, der Leistung für die Nachwuchsausbildung und der Möglichkeit, grundsätzlich jedes Forschungsproblem zu verfolgen, bildet die Forschung an den Universitäten nach wie vor das Fundament des gesamten Forschungssystems. Auch in den neuen Ländern sind die Universitäten auf dem Weg, diese grundlegende Rolle zu übernehmen.[2]) In vielen Bereichen hat die Forschung in den Hochschulen, die ungefähr 19 % der Gesamtausgaben für Forschung und Entwicklung in Deutschland (einschließlich der Ausgaben der Wirtschaft) verbraucht, einen guten Leistungsstand. Sie sieht sich jedoch mit Strukturfragen konfrontiert, die zum Teil eine deutliche fachspezifische Ausprägung aufweisen:[3])

(1) Seit Mitte der 60er Jahre sind die Hochschulen in der Bundesrepublik ausgebaut worden. Gleichzeitig stiegen die Gesamtausgaben für die Hochschulforschung nominal und real. Der Ausbau, dessen Resultat als Überlast bei Unterfinanzierung gekennzeichnet werden kann, ging an vielen Orten zu Lasten der Forschung in den Hochschulen. Aufgrund des für die Universitäten in Deutschland identitätsstiftenden Elements der Einheit von Lehre und Forschung steht die Grundausstattung Forschung und Lehre gemeinsam zur Verfügung. Steigende Anforderungen in der Lehre durch steigende Zahl von Studierenden wurden daher vielfach auf Kosten der Grundausstattung für die Forschung befriedigt, so daß es in Teilen zu gravierenden Defiziten der Ausstattung für Forschungsaufgaben kam. Nur wenige Fächer sind davon nicht betroffen. Auch in den neuen Ländern läßt sich dieser Effekt in einigen Fachgebieten, etwa in den Wirtschaftswissenschaften, beobachten.

(2) Die wichtigsten Entscheidungen in der Hochschule, nämlich die über Lehre, Studium, Forschung und Rekrutierung des wissenschaftlichen Personals, werden in dezentralen Einheiten (in der Regel Fachbereichen) getroffen, die organisatorisch fragmentiert und untereinander nur lose verbunden arbeiten, eine relativ große fachliche Autonomie besitzen und

---

1) Wissenschaftsrat: 10 Thesen zur Hochschulpolitik, in: Empfehlungen und Stellungnahmen 1993, Köln 1994, S. 7-46.
2) Vgl. Wissenschaftsrat: Perspektiven für Wissenschaft und Forschung auf dem Weg zur deutschen Einheit. Zwölf Empfehlungen, in: Empfehlungen und Stellungnahmen 1990, Köln 1991, S. 11 und S. 25.
3) Vgl. auch Hochschulrektorenkonferenz: Zur Forschung in den Hochschulen, Bonn 1993.

sich zudem durch fachdisziplinäres Interesse stark voneinander unterscheiden.

Diese horizontale Ausdifferenzierung der Universität und ihre auf dem Kollegialitätsprinzip beruhende Organisationsform waren für die Universität angemessen, solange sie eine überschaubare und homogene Institution bildete. Mit der zunehmenden Komplexität des Forschungsprozesses und dem Ausbau der Hochschulen seit Mitte der 60er Jahre haben sich diese jedoch vielfach zu „Großbetrieben" entwickelt, für die die historisch gewachsene Organisationsform nur noch bedingt angemessen ist. Denn Kollegialorgane tendieren zu Strukturkonservatismus und sind nur in begrenztem Maße in der Lage, über die Aushandlung der Interessen der Mitglieder hinaus übergreifende Gesichtspunkte zu verfolgen. In seinen 10 Thesen zur Hochschulpolitik hat der Wissenschaftsrat bereits festgestellt, daß die Hochschule in ihrer traditionellen Verfaßtheit die „Aufgaben der Leistungsevaluation, der leistungsgesteuerten Ressourcenverteilung und der eigenverantwortlichen Anpassung an die Anforderungen der gesellschaftlichen Umwelt nicht wahrnehmen" kann. In der Vergangenheit hat der Wissenschaftsrat bereits empfohlen, die Hochschulen durch ein entscheidungsfähiges Hochschulmanagement handlungsfähiger zu machen. Dazu schlug er vor, die Position der Dekane zu stärken und die Befugnisse der Hochschulleitung auszuweiten.[4]) An einigen wenigen Hochschulen wurden in den letzten Jahren Instrumente geschaffen, die es erlauben, Umschichtungen von Mitteln, Personal und Räumen vorzunehmen.

(3) Außerhalb der Hochschulen entwickelte sich in den letzten hundert Jahren ein vielfältiges außeruniversitäres Forschungssystem, das nach dem Zweiten Weltkrieg mit der Gründung der Fraunhofer-Gesellschaft (1949) und zahlreicher Großforschungseinrichtungen (vor allem in den 50er Jahren) stärker als die Forschungskapazität in den Hochschulen expandierte.[5]) Während forschungspolitische Erfordernisse den Ausschlag für die Expansion der außeruniversitären Strukturen gaben und zu einem dort eingeschränkten Fächerspektrum führten, folgte der Ausbau der Hochschulen im wesentlichen Anforderungen der Lehre. Angesichts der real stagnierenden Grundausstattung der Hochschulen und der relativ gesehen zurückgehenden Ausstattung der Hochschulforschung sinkt in manchen Bereichen der Wissenschaft die Attraktivität der Hochschulen als Forschungsort für exzellente Wissenschaftler sowie für den wissenschaftlichen Nachwuchs im Vergleich zu besser ausgestatteten außeruniversitären Forschungseinrichtungen. Dies zeigt sich auch in den neuen Ländern.

4) Wissenschaftsrat: 10 Thesen zur Hochschulpolitik, a.a.O., S. 18.
5) Vgl. Übersicht 3; zur näheren Analyse der Situation vgl. Wissenschaftsrat: Empfehlungen des Wissenschaftsrates zu den Perspektiven der Hochschulen in den 90er Jahren, Köln 1988, v. a. S. 52 ff. und ders.: Empfehlungen zur Zusammenarbeit von Großforschungseinrichtungen und Hochschulen, Köln 1991, v. a. S. 29 ff.

(4) Der Forschungsprozeß hat in den letzten Jahren seine Struktur verändert. Bisher bestimmte die diziplinäre Entwicklung und Differenzierung den wissenschaftlichen Fortschritt. Ein lineares Modell von der „Entdeckung“ in der Grundlagenforschung bis zur Produktentwicklung oder innovativen Problemlösung dominierte vielfach die Vorstellung der Technikentwicklung. Beide Grundannahmen sind fraglich geworden.

Künftig wird interdisziplinärer Forschung eine größere Bedeutung zukommen, da sie ein hohes Problemlösungs- und Innovationspotential birgt. Ihr stehen jedoch für den einzelnen Forschenden verschiedene Hindernisse entgegen: ein erhöhter Zeitaufwand, um eine Vertrautheit mit den Methoden, Begriffen und Grundannahmen einer anderen Disziplin zu gewinnen, ein erhöhtes Risiko, weil der Einzelne die Qualität der Kooperationspartner nicht überblickt, sowie oftmals eine geringere Wertschätzung in der eigenen Disziplin mit Auswirkungen auf die Karrierechancen.

In einigen Disziplinen und Feldern sind Forschung und industrielle Entwicklung heute so stark aufeinander bezogen, daß die Erkenntnisse aus der Entwicklung auf die grundlagenorientierte und anwendungsorientierte Forschung zurückwirken und umgekehrt. Eine vernetzte Forschungskette dieser Art verlangt andere Forschungsstrukturen, die eine disziplinenübergreifende und problemorientierte Arbeit ins Zentrum stellen. Die Problemstellungen dieser Forschungen werden häufig von außen an die Wissenschaftler herangetragen. Hinzu kommt ein erhöhter Bedarf an Politikberatung bei schwierigen gesellschaftlichen Gestaltungsfragen. Aufgrund der Entwicklung der modernen Kommunikations- und Informationstechnologien lassen sich diese Forschungszusammenhänge auch ortsübergreifend herstellen.

(5) In den zurückliegenden Jahren ist in verschiedenen Sektoren der Wirtschaft eine Tendenz zu einer allgemeinen Verringerung der Aufgaben und der Ausgaben im Bereich von Forschung und Entwicklung sowie eine vorherrschende Orientierung an kurzfristigen Zielen und Erfolgen zu beobachten. Unternehmen beschränken sich zunehmend auf das sogenannte „Kerngeschäft“, orientieren sich stärker an der aktuellen Nachfrage und bevorzugen kurzfristig angelegte Projekte. Zum Teil werden auch Forschungskapazitäten ins Ausland verlagert. Dies führt zu Einsparungen bei internen und externen Forschungsaufwendungen. Daraus resultieren einerseits Kommunikations- und Kooperationsschwierigkeiten zwischen Unternehmen und Hochschulen sowie andererseits Forderungen nach einer stärkeren Anwendungsorientierung der Forschung, die sich auch an die Hochschulen richten.

(6) In apparativ aufwendigen und sich rasch entwickelnden Gebieten der Hochtechnologie gelingt es den Hochschulen häufig nicht mehr, eine dem jeweils neuesten Stand der Entwicklung entsprechende Geräteausstattung vorzuhalten. Für die Nutzung solcher Ausstattungen sind neue For-

men der Kooperation der Hochschulen untereinander, aber auch mit außeruniversitären Forschungseinrichtungen notwendig.

Angesichts dieser Situation stellen sich mehrere forschungspolitische Fragen, auf welche die vorliegenden Thesen eingehen:

- Wie soll die für deutsche Universitäten charakteristische Einheit von Forschung und Lehre in Zukunft gestaltet sein?

- Welche Rolle soll die Hochschulforschung im Forschungssystem der Bundesrepublik spielen?

- Wie soll die Hochschulforschung in Zukunft organisiert werden?

- Wie läßt sich interdisziplinäre Forschung in den bisher disziplinär organisierten Hochschulen besser durchführen?

- In welcher Weise können Hochschulen ihre originäre Aufgabe der wissenschaftlichen Nachwuchsförderung für Frauen und Männer angemessen erfüllen?

- In welcher Form sollen Hochschulen und außeruniversitäre Einrichtungen kooperieren?

- Wie kann die Zusammenarbeit zwischen Hochschulen und Wirtschaft verbessert werden?

- Welche Bedeutung haben die europäische Integration und die zunehmende Internationalisierung der Forschung für die Hochschulen?

- Welche Rolle spielt die Hochschule für die Vermittlung von Forschung in der Öffentlichkeit?

Die vorliegenden Thesen wurden vom Forschungsausschuß des Wissenschaftsrates vorbereitet, der dazu verschiedene Anhörungen durchgeführt hat. Die Thesen wurden am 15. November 1996 vom Wissenschaftsrat verabschiedet.

Thesen zur Forschung in den Hochschulen (Kurzfassung)

These 1: Einheit von Forschung und Lehre

Die Einheit von Forschung und Lehre bleibt Leitidee der Universität. Aufgaben der Lehre und der Forschung müssen jedoch organisatorisch und zeitlich stärker differenziert werden, so daß eine Umstrukturierung von Forschungsschwerpunkten möglich wird, ohne Studiengänge zu beeinträchtigen. Forschungssemester sollen leistungsbezogen und nicht mehr in einem festgelegten Turnus vergeben werden.

These 2: Die Bedeutung universitärer Forschung und ihre materielle Ausstattung

Die Universitäten bilden das Fundament des Forschungssystems. Eine große Stärke liegt in ihrer disziplinären, thematischen und personellen Vielfalt. Das große Potential der Hochschulen für interdisziplinäre Forschung wird aufgrund ihrer disziplinären Organisation unzureichend genutzt. Das Fundament des Forschungssystems darf nicht durch unzureichende Grundausstattung in Frage gestellt werden.

These 3: Profilbildung und internationale Zusammenarbeit der Hochschulforschung

Die Hochschulen müssen regelmäßig zu überprüfende Schwerpunkte einrichten und dadurch Profile bilden. Orientierungs- und Bewertungsmaßstab muß die internationale Forschungsentwicklung sein. Die internationale Zusammenarbeit in der Forschung dient der Qualitätssicherung und unterstützt die Profilierung. Sie muß durch ausreichende Mittel gefördert werden. Die Forschungsförderer sollten ihre Förderinstrumente stärker für internationale Kooperationen öffnen.

These 4: Universitäten als Orte der Grundlagenforschung und der angewandten Forschung

Im deutschen Forschungssystem sind Universitäten die wichtigsten Orte einer selbstbestimmten Grundlagenforschung in ihrer ganzen Breite. Angemessene Kriterien der Forschungsförderung sind primär Originalität und Qualität. Wegen ihrer Bedeutung für den allgemeinen Erkenntnisfortschritt und - über die universitäre Ausbildung und Förderung des wissenschaftlichen Nachwuchses - für die Entwicklung der Gesellschaft muß die universitäre Grundlagenforschung mit langem Atem gefördert werden. Universitäre Forschung umfaßt das gesamte Spektrum von der Grundlagenforschung bis zur angewandten Forschung.

These 5: Forschung und Entwicklung an Fachhochschulen

Angewandte Forschung und Entwicklung gehören zu den Aufgaben der Fachhochschulen. Sie dienen der Qualitätssicherung der Lehre sowie der Unterstützung des Wissens- und Technologietransfers. Angewandte Forschungs- und Entwicklungsarbeiten sollen durch fachhochschulspezifische Förderprogramme unterstützt und durch Anreize gefördert werden.

These 6: Förderung des wissenschaftlichen Nachwuchses und Teilhabe von Frauen an der Forschung

Innovative Forschung wird in hohem Maße vom wissenschaftlichen Nachwuchs geleistet. Für Nachwuchswissenschaftler sind neben einer fördernden Anleitung ein zunehmendes Maß an Selbständigkeit und entsprechende Forschungsressourcen entscheidend. Herausragende Wissenschaftler in der Postgraduiertenphase müssen die Möglichkeit erhalten, eigene Nachwuchsgruppen aufzubauen und zu leiten. Der Anteil von Frauen unter den Nachwuchswissenschaftlern muß rasch erhöht werden, um ihre gleichberechtigte Teilhabe am Forschungsprozeß zu erreichen.

These 7: Ressourcenvergabe und Evaluation

Der Wettbewerb um Drittmittel ist der wichtigste Weg für eine leistungsbezogene Vergabe von Forschungsressourcen. Das Drittmittelvolumen muß daher gesteigert werden. Zusätzlich sollten die Hochschulen eigene Instrumente für eine qualitätsabhängige Ressourcenverteilung schaffen. Angemessene Formen interner und externer Evaluation sind nützlich, um unterschiedliche Ressourcenzuweisungen zu begründcn; dic Erfüllung von Evaluationskriterien darf aber nicht zum Selbstzweck werden.

These 8: Verhältnis von universitärer und außeruniversitärer Forschung

Zur Steigerung der Leistungsfähigkeit des gesamten Forschungssystems sollten die Kooperationen von Hochschulforschung und außeruniversitärer Forschung verstärkt und die Kooperationsformen ausgebaut werden. Wenn die Universitäten die institutionellen Voraussetzungen für die Forschung wesentlich verbessern, dann wird die Gewichtung zwischen universitärer und außeruniversitärer Forschung überdacht werden müssen.

These 9: Wissens- und Technologietransfer

Die Erträge der Hochschulforschung und die Kompetenz der Hochschulforscher werden für die Entwicklungsfähigkeit der Gesellschaft und die Wettbewerbsfähigkeit der Wirtschaft nicht ausreichend genutzt. Durch Wissens- und Technologietransfer sollten sie wesentlich intensiver zur Geltung gebracht werden. Dazu sollten der Personalaustausch auf allen Ebenen, gemeinsame Verbundprojekte, Patentaktivitäten sowie Firmengründungen aus Hochschulen als effektive Transferformen ausgebaut werden. Auch die Hochschulen sollten einen finanziellen Ertrag aus der Verwertung ihrer Forschungsergebnisse erzielen können.

These 10: Akzeptanz von Forschung und Technologie

Die Hochschulen und ihre Wissenschaftler müssen sich einer kritischen Diskussion über die Akzeptanz von Forschungsergebnissen in der Öffentlichkeit stellen. Die unzureichende Akzeptanz bestimmter Forschungsgebiete gefährdet die Freiheit und den Fortschritt von Forschung und Entwicklung. Innerhalb der Hochschulen sollte verstärkt aus multidisziplinärer Perspektive in Forschung und Lehre die Auseinandersetzung über Nutzen und Gefahren von Forschung und Entwicklung geführt werden. Dabei sollte neben den Studierenden und dem wissenschaftlichen Nachwuchs auch eine breitere Öffentlichkeit einbezogen werden.

A. Ausgangslage

A. I. Struktur des Forschungssystems

Forschung als komplexer Prozeß findet ihren institutionellen Ausdruck in einem funktional gegliederten System der Forschungsträger und -förderer. Universitäten bilden seit Jahrhunderten den Kern dieses Systems. Seit dem Ende der 60er Jahre ergänzen Fachhochschulen die Universitäten. Daneben hat sich ein vielgestaltiges außeruniversitäres Forschungssystem entwickelt, dessen Geschichte zum Teil bis ins 18. oder sogar 17. Jahrhundert zurückreicht. Seinen wesentlichen Ausbau erfuhr es aber erst in den letzten hundert Jahren, vor allem im Zuge des Ausbaus des Forschungssystems nach dem Zweiten Weltkrieg.[6]) In der Zeit nach der deutschen Vereinigung wurde die Forschungslandschaft der neuen Länder neu strukturiert und in das bestehende System der alten Länder integriert.

Die verschiedenen Institutionen des Forschungssystems, Universitäten, Fachhochschulen, Max-Planck-Gesellschaft, Fraunhofer-Gesellschaft, Helmholtz-Gemeinschaft, Blaue Liste, Akademien der Wissenschaften, Ressortforschungseinrichtungen des Bundes und der Länder sowie die Forschungs- und Entwicklungseinrichtungen der Wirtschaft, sind Strukturelemente eines arbeitsteiligen Systems, die je nach ihrem Forschungsprofil einen spezifischen Platz darin einnehmen.

Die Max-Planck-Gesellschaft bearbeitet in ihren Instituten demnach selbstgewählte Forschungsgebiete, die primär der erkenntnisorientierten Grundlagenforschung zuzuordnen sind. Institute der Fraunhofer-Gesellschaft dagegen verfolgen vor allem Einzelvorhaben aus der anwendungs-

6) Für einen Abriß der Geschichte der außeruniversitären Forschungseinrichtungen vgl. Wissenschaftsrat: Empfehlungen zur Zusammenarbeit von Großforschungseinrichtungen und Hochschulen, a.a.O., S. 7 ff.

orientierten Forschung, die überwiegend einen hohen Industriebezug aufweisen. Helmholtz-Zentren betreiben langfristig angelegte Forschung in einem multidisziplinären Verbund mit hohem Planungs- und Managementaufwand, die häufig mit erheblichen technischen und ökonomischen Risiken behaftet ist. Die Wahl der Forschungsthemen folgt dabei öffentlichen Interessen. Bei den Instituten der Blauen Liste kommt es darauf an, daß sie Aufgaben von überregionaler Bedeutung und gesamtstaatlichem wissenschaftspolitischem Interesse wahrnehmen.[7]) Mit der Neustrukturierung der Wissenschaftslandschaft in den neuen Ländern hatte der zuletzt genannte Sektor den größten Zuwachs zu verzeichnen. Bei dem von der Konferenz der deutschen Akademien der Wissenschaften koordinierten Akademieprogramm stehen geisteswissenschaftliche Vorhaben im Mittelpunkt, die sich insbesondere mit deutsch- und fremdsprachlichen Wörterbüchern sowie Editionen befassen. Die von verschiedenen Ministerien des Bundes und der Länder unterhaltene Ressortforschung zielt auf die Gewinnung wissenschaftlicher Erkenntnisse als Grundlage für Entscheidungen über Fachaufgaben. Die beschriebene Zuordnung von Forschungsaufgaben zu den verschiedenen genannten Einrichtungen ist jedoch überwiegend nicht Ergebnis systematischer Entscheidungen, sondern häufig auch Resultat historisch gewachsener Besonderheiten oder finanzpolitischer Gegebenheiten.

Die Forschung in den Universitäten hat aufgrund der thematischen und organisatorischen Vielfalt eine grundlegende Bedeutung im Forschungssystem. Eine institutionelle Verpflichtung besteht in der Vertretung der Fachrichtung in der Lehre, die einen thematisch wesentlich breiteren Bereich umfassen soll als das aktuelle Forschungsfeld des einzelnen. Neben der Einzelforschung haben sich heute verschiedenste Kooperationsformen innerhalb der Hochschule und mit Wissenschaftlern außerhalb des Hochschulbereichs entwickelt. Dazu zählen Forschergruppen, größere Verbundprojekte, Forschungsverbünde, Sonderforschungsbereiche oder universitäre Forschungszentren mit disziplinärem und interdisziplinärem Charakter. Bezogen auf Forschungstypen reicht das Spektrum der Hochschulen je nach Hochschulforschung und -typ (Universität, Technische Universität, Künstlerische Hochschule, Fachhochschule etc.) von reiner Grundlagenforschung über anwendungsorientierte Forschung bis zu Entwicklungsarbeiten.

In den neuen Ländern folgte der Umbau und Neuaufbau des Forschungssystems einer doppelten Prioritätensetzung: Mit dem Ziel, leistungsfähige außeruniversitäre Forschungspotentiale zu erhalten und die Forschung in den Hochschulen zu stärken, gab der Wissenschaftsrat umfangreiche Empfehlungen für die außeruniversitäre Forschung,[8]) die weitgehend umgesetzt wurden. Jedoch ist es in den Hochschulen der

7) Vgl. Wissenschaftsrat: Empfehlungen zur Neuordnung der Blauen Liste, in: Empfehlungen und Stellungnahmen 1993, Köln 1994, S. 453-488.
8) Vgl. Wissenschaftsrat: Stellungnahme zu den außeruniversitären Forschungseinrichtungen in den neuen Ländern und in Berlin, Köln 1992.

neuen Bundesländer „selbst bei Schwerpunktsetzungen und in besonders geförderten Fachgebieten in der Regel nicht möglich, mit den baulichen Gegebenheiten und der personellen wie sachlichen Ausstattung der außeruniversitären Forschungseinrichtungen zu konkurrieren", wie die Hochschulrektorenkonferenz feststellte.[9]) Die Anstrengungen der neuen Länder auf dem Hochschulsektor sind gleichwohl bemerkenswert. Mit Unterstützung des Bundes konnten die Ist-Ausgaben für den Hochschulausbau in den Jahren 1991 bis 1995 von 325 Millionen DM (1991) auf 970 Millionen DM (1995) angehoben werden. An den Hochschulen der neuen Länder hat sich eine durch Drittmittel geförderte Forschung etablieren können, die auf die bewährten Instrumente der Forschungsförderung (z.B. Sonderforschungsbereiche und Graduiertenkollegs), aber auch auf ein neu geschaffenes Instrument, das Innovationskolleg[10]), zurückgreift.

A. II. Finanzielle Lage der Forschung

In allen großen Industrienationen expandierte seit den 70er bis zur Mitte bzw. bis zum Ende der 80er Jahre das Forschungssystem. Mit Ausnahme von Großbritannien ist der Anteil der Bruttoinlandsausgaben für Forschung und Entwicklung (FuE)[11]) am Bruttoinlandsprodukt der sogenannten G7-Staaten sowie Österreichs, der Schweiz und Schwedens in den 80er Jahren zunächst stetig angestiegen. Für die meisten dieser Länder, so auch für Deutschland, setzte sich dieser positive Trend nicht fort. Erreichte der FuE-Anteil am Bruttoinlandsprodukt in den USA bereits 1985 mit 2,89 % seinen Spitzenwert, um 1994 auf 2,54 % abzusinken, stieg der Anteil der FuE-Ausgaben am Bruttoinlandsprodukt in Deutschland kontinuierlich von 1975 (2,24 %) bis 1987 (2,88 %) an. Seitdem fällt dieser Anteil in Deutschland, so daß das Niveau zu Beginn der 80er Jahre (2,43 %) 1994 mit 2,33 % noch unterschritten wurde.[12]) Eine

9) Vgl. HRK: Zur Forschung in den Hochschulen der neuen Länder, Bonn 1994, S. 30.
10) Innovationskollegs sind ein neues Förderinstrument zur Verbesserung der Strukturen für die Forschung der neuen Länder, das aus Sondermitteln des BMBF finanziert wird. Ziel des Förderprogramms ist es, durch Konzentration und Ergänzung gegebener innovativer Forschungsansätze das jeweilige wissenschaftliche Profil der Hochschulen zu schärfen sowie ihre Rolle als Partner für die Zusammenarbeit mit außeruniversitären Einrichtungen und mit der Wirtschaft zu stärken. Bisher werden 21 Innovationskollegs an 11 Hochschulen gefördert.
11) Zur Definition vgl. Bundesbericht Forschung 1996, hrsg. vom Bundesministerium für Bildung, Wissenschaft, Forschung und Technologie, Bonn 1996: Bruttoinlandsausgaben für Forschung und Entwicklung „alle zur Durchführung von Forschung und Entwicklung im Inland verwendeten Mittel, ungeachtet der Finanzierungsquellen; eingeschlossen sind also auch die Mittel des Auslandes und internationaler Organisationen für im Inland durchgeführte Forschungsarbeiten. Hier nicht erfaßt sind dagegen die Mittel für FuE, die von internationalen Organisationen im Inland durchgeführt wird bzw. Mittel an das Ausland ..." (S. 528)
12) Hier ist zu berücksichtigen, daß bis 1989 das frühere Bundesgebiet zugrundegelegt wird. Ab 1991 beziehen sich die Daten auf das vereinte Deutschland. Für 1994 liegen bisher nur geschätzte Daten vor. Der Abwärtstrend der Entwicklung des Anteils der FuE-Ausgaben am Bruttoinlandsprodukt läßt sich auch bei getrennter Betrachtung der alten Länder beobachten. 1991 belief sich der Anteil auf 2,60 % und fiel 1993 auf 2,45 %, d. h. ungefähr auf das Niveau zu Beginn der 80er Jahre.

bemerkenswerte Ausnahme von solchen rückläufigen Entwicklungen bildet Schweden, das trotz einer scharfen Rezession seine FuE-Ausgaben auf sehr hohem Niveau in den letzten Jahren noch einmal gesteigert hat. 1994 rangierte Deutschland demnach auf Platz 6 hinter Schweden, Japan, den USA, der Schweiz und Frankreich (vgl. Übersicht 1).

Übersicht 1

Bruttoinlandsausgaben für Forschung und Entwicklung in ausgewählten OECD-Staaten 1981-1994 in Prozent des Bruttoinlandsprodukts[13])

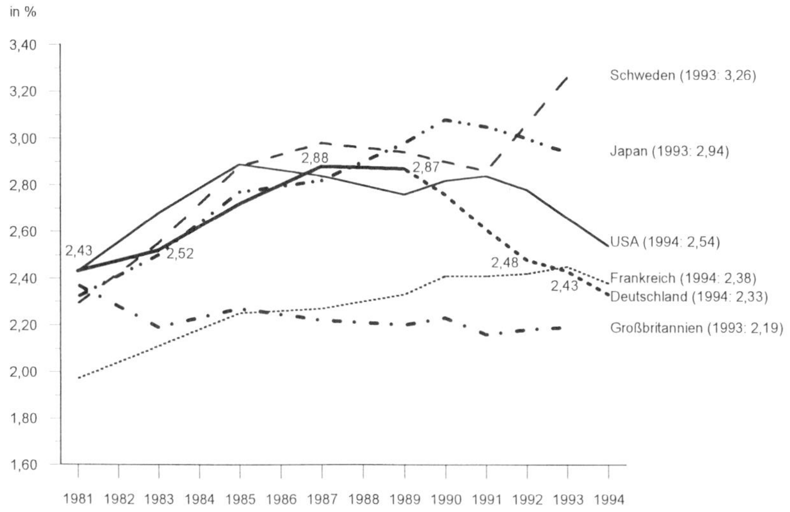

Quelle: OECD (1995/2) und Berechnungen des Bundesministeriums für Bildung, Wissenschaft, Forschung und Technologie (BMBF). Vgl. Bundesforschungsbericht 1996, Tabelle VII/25. Bei den Daten für 1994 handelt es sich um vorläufige Daten der OECD. Der Rückgang der FuE-Kapazitäten in den genannten Ländern folgt keinem einheitlichen Ursachenmuster. In den USA, Großbritannien und Frankreich ist der Anteil an staatlich finanzierter FuE zurückgegangen, während der von der Wirtschaft finanzierte Bereich zunahm. In Frankreich ist der von der Wirtschaft finanzierte Anteil an FuE-Arbeiten sogar noch in den 90er Jahren leicht gestiegen, in den USA stagniert er erst in jüngster Zeit. In Deutschland dagegen ist seit dem Ende der 80er Jahre der Finanzierungsanteil der Wirtschaft rückläufig. 1981 umfaßte der Anteil der Wirtschaft an der Gesamtfinanzierung der Forschung in der Bundesrepublik Deutschland noch 57,1 %. Er stieg 1989 bis auf 63,3 % und betrug 1995

13) Bis 1989 früheres Bundesgebiet, ab 1991 Deutschland.

60,8 %. Neuerdings verzeichnet auch Japans Industrie einen rückläufigen Trend.[14])

Betrachtet man die Bruttoinlandsausgaben für FuE in Deutschland nicht nach finanzierenden, sondern nach durchführenden Sektoren, verbraucht die Wirtschaft auch aus dieser Perspektive den größten Teil des FuE-Budgets. Rund 66 % (52,1 Mrd. DM) der knapp 79 Milliarden DM umfassenden FuE-Ausgaben in Deutschland entfielen 1995 - nach durchführenden Sektoren - auf die Wirtschaft, ca. 15 Milliarden DM (18,9 %) auf die Hochschulforschung und 15 % auf die außeruniversitäre Forschung (u.a. MPG, FhG, HGF etc.). Jedoch beinhaltet die Forschung der Wirtschaft einen sehr hohen Anteil an Entwicklungsaufgaben.[15])

Übersicht 2

Bruttoinlandsausgaben für Forschung und Entwicklung der Bundesrepublik Deutschland nach durchführenden Sektoren für 1995[16])

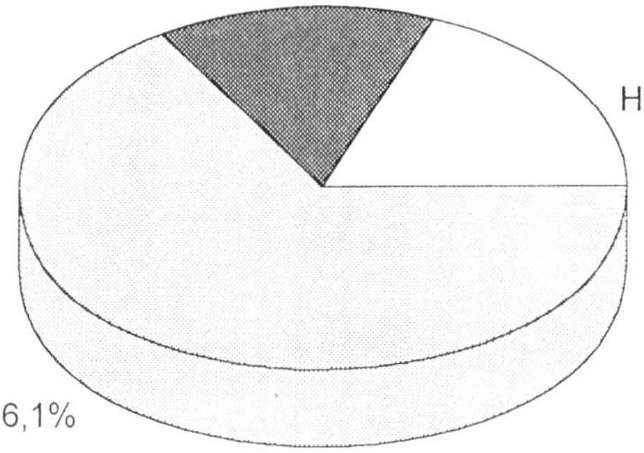

Quelle: Bundesbericht Forschung 1996, a.a.O., S. 63.

14) Vgl. hierzu: Zur technologischen Leistungsfähigkeit Deutschlands. Bericht an das Bundesministerium für Bildung, Wissenschaft, Forschung und Technologie. Erstellt durch das Niedersächsische Institut für Wirtschaftsforschung (Hannover), das Deutsche Institut für Wirtschaftsforschung (Berlin), das Fraunhofer-Institut für Systemtechnik und Innovationsforschung (Karlsruhe) und das Zentrum für europäische Wirtschaftsforschung (Mannheim), Hannover/Berlin/Karlsruhe/Mannheim, Dezember 1995, v. a. S. 7.
15) Vgl. Empfehlungen der Kommission Grundlagenforschung, Bonn 1992, S. 89.
16) Staat: Bundes-, landes- und gemeindeeigene (Forschungs-) Einrichtungen.

Der Rückgang im Finanzierungs- und Durchführungsanteil der Wirtschaft an den FuE-Ausgaben beruht dem Bundesbericht Forschung 1996 zufolge sowohl auf sinkenden Zuwächsen seitens der Wirtschaft als auch auf steigenden Ausgaben des Bundes und der Länder für den Aufbau einer gesamtdeutschen Forschungslandschaft. Der Bund finanzierte 1995 20,8 % der Gesamtausgaben für Forschung und Entwicklung der Bundesrepublik Deutschland, die Länder 18,6 %. Damit übertreffen die Länder ihren Stand zu Beginn der 80er Jahre (1981: 17,5 %), während der Bund seinen Anteil deutlich verringert hat (1981: 26,2 %).[17)]

Während die FuE-Ausgaben für den außeruniversitären Forschungsbereich von 1981 bis zur Vereinigung um ungefähr 34 % real anstiegen, blieben die FuE-Ausgaben für den Hochschulbereich mit einem realen Anstieg von 24 % dahinter zurück. Seit der Vereinigung jedoch verzeichnen die Hochschulen ein deutliches Wachstum ihrer Forschungs- und Entwicklungsausgaben, das im wesentlichen auf die hinzukommenden Hochschulen der neuen Länder zurückzuführen ist und sich bis 1995 fortsetzt. Auch der außeruniversitäre Bereich weist in der Zeit der Vereinigung einen deutlichen Anstieg der FuE-Ausgaben auf. Vor allem aufgrund des Rückgangs bei den Ausgaben für Helmholtz-Zentren und Bundesforschungsanstalten ist das Wachstum seit 1995 allerdings rückläufig. Übersicht 3 gibt einen detaillierten Überblick über die Entwicklung der FuE-Ausgaben der Hochschulen und der öffentlich finanzierten Forschungseinrichtungen außerhalb der Hochschulen.

17) Vgl. Bundesbericht Forschung 1996, a.a.O., S. 60 (bis 1990: früheres Bundesgebiet, ab 1991 Gesamtdeutschland).

Übersicht 3:

FuE-Ausgaben[1]) der überwiegend öffentlich finanzierten Forschungseinrichtungen außerhalb der Hochschulen und FuE-Ausgaben der Hochschulen[2]) 1975 und 1980 bis 1995

Art der Forschungseinrichtung	1975	1980	1981	1982	1983	1984	1985	1986	1987	1988	1989	1990	1991	1992	1993	1994	1995
(1) Millionen DM in jeweiligen Preisen (nominal)																	
Insgesamt	**3374**	**4987**	**5104**	**5299**	**5664**	**5897**	**6392**	**6890**	**7289**	**7647**	**8263**	**8575**	**10 378**	**10 906**	**11 647**	**11 800**	**11 336**
darunter:																	
Großforschungseinrichtungen	1593	2253	2236	2322	2524	2666	2836	3104	3255	3361	3576	3748	3 758	4 118	4 192	4 143	4 070
Max-Planck-Institute	602	711	778	801	843	858	923	982	1040	1084	1122	1171	1 217	1 430	1 429	1 515	1 533
Blaue-Liste-Institute	212	375	386	412	428	437	456	485	521	536	549	591	642	1 204	1 350	1 370	1 321
Fraunhofer-Institute	112	230	253	289	319	361	439	509	585	627	696	757	807	940	1 000	1 142	1 261
Bundesforschungsanstalten[3])	420	657	689	690	743	766	805	787	797	873	951	896	1 017	1 152	1 286	1 291	1 148
Wiss. Museen, Archive u. Bibliotheken[3])	167	284	271	279	284	296	305	347	359	396	440	428	444	455	456	470	475
Sonstige Forschungseinrichtungen[4])	137	208	215	218	210	207	304	347	384	401	533	585	2 023	1 306	1 582	1 503	1 434
FuE-Ausgaben der Hochschulen	**4590[5])**	**6050[5])**	**6312**	**6500**	**6708**	**6500**	**7289**	**7760**	**8339**	**8780**	**9227**	**9849**	**12 169**	**13 164**	**13 838**	**14 530**	**14 900**
(2) Millionen DM in Preisen von 1980 (real)																	
Insgesamt	**4223**	**4987**	**4866**	**4884**	**5080**	**5200**	**5510**	**5819**	**6024**	**6222**	**6511**	**6516**	**7 526**	**7 475**	**7 754**	**7 753**	**7 276**
darunter:																	
Großforschungseinrichtungen	1994	2253	2132	2140	2264	2351	2445	2622	2690	2735	2818	2848	2 725	2 822	2 791	2 722	2 612
Max-Planck-Institute	753	711	742	738	756	757	796	829	860	882	884	890	883	980	951	995	984
Blaue-Liste-Institute	265	375	386	380	384	385	393	410	431	436	433	449	466	825	899	900	848
Fraunhofer-Institute	140	230	241	266	286	318	378	430	483	510	548	575	585	644	666	750	809
Bundesforschungsanstalten[3])	526	657	657	636	666	675	694	665	659	710	749	681	737	790	856	848	737
Wiss. Museen, Archive u. Bibliotheken[3])	209	284	258	257	255	261	263	293	297	322	347	325	322	312	304	309	305
Sonstige Forschungseinrichtungen[4])	171	208	205	201	188	183	262	293	317	326	420	445	1 467	895	1 053	988	920
FuE-Ausgaben der Hochschulen	**5745[5])**	**6050[5])**	**6017**	**5991**	**6016**	**5732**	**6284**	**6554**	**6892**	**7144**	**7271**	**7484**	**8 825**	**9 023**	**9 213**	**9 547**	**9 564**

noch Übersicht 3:

FuE-Ausgaben[1]) der überwiegend öffentlich finanzierten Forschungseinrichtungen außerhalb der Hochschulen und FuE-Ausgaben der Hochschulen[2]) 1975 und 1980 bis 1995

Art der Forschungseinrichtung	1975	1980	1981	1982	1983	1984	1985	1986	1987	1988	1989	1990	1991	1992	1993	1994	1995
(3) Relativzahlen (1981 real = 100)																	
Insgesamt	**36,8**	**102,5**	**100**	**100,4**	**104,4**	**106,9**	**113,3**	**119,6**	**123,8**	**127,9**	**133,8**	**133,9**	**154,7**	**153,6**	**159,4**	**159,3**	**149,5**
darunter																	
Großforschungseinrichtungen	93,5	105,7	100	100,4	106,2	110,3	114,7	123,0	126,2	128,3	132,2	133,6	127,8	132,4	130,9	127,7	122,6
Max-Planck-Institute	101,6	95,9	100	99,5	101,9	102,0	107,3	111,8	115,9	118,9	119,2	120,0	119,0	132,2	128,3	134,2	132,7
Blaue-Liste-Institute	72,1	101,9	100	103,2	104,3	104,7	106,8	111,3	117,0	118,5	117,6	122,0	126,5	224,3	244,3	244,6	230,4
Fraunhofer-Institute	58,1	95,4	100	110,4	118,6	132,0	156,9	178,2	200,5	211,5	227,4	238,5	246,6	267,1	276,0	311,1	335,6
Bundesforschungsanstalten[3])	80,0	100,0	100	96,8	101,5	102,8	105,7	101,2	100,3	108,1	114,1	103,7	112,3	120,2	130,4	129,1	112,2
Wiss. Museen, Archive u. Bibliotheken[3])	80,9	109,9	100	99,5	98,6	101,0	101,8	113,4	114,8	124,7	134,2	125,9	124,6	120,7	117,5	119,5	118,0
Sonstige Forschungseinrichtungen[4])	83,7	101,5	100	98,0	91,9	89,1	127,9	143,0	154,8	159,2	204,9	216,9	715,8	436,7	513,9	481,8	449,1
FuE-Ausgaben der Hochschulen	**95,5**	**100,5**	**100**	**99,6**	**100,0**	**95,3**	**104,4**	**108,9**	**114,5**	**118,7**	**120,8**	**124,4**	**146,7**	**149,9**	**153,1**	**158,7**	**158,9**

1) 1975 und 1980: Mittel des Haushaltsplans sowie private und öffentliche Drittmittel; ab 1981: Die FuE-Ausgaben wurden nach dem zwischen der Kultusministerkonferenz, dem Wissenschaftsrat, dem Bundesministerium für Bildung, Wissenschaft, Forschung und Technologie und dem Statistischen Bundesamt vereinbarten Verfahren berechnet (FuE-Koeffizienten). Dabei werden die Ausgaben der zentralen Einrichtungen auf die Fächergruppen umgelegt, ein Zuschlag für die Beamtenversorgung, nachgewiesene, aber nicht über die Hochschule abgerechnete Drittmittel usw. einbezogen; Mittel für Graduiertenförderung ab 1991. – 2) Bis 1990 früheres Bundesgebiet, ab 1991 Deutschland. - 3) Ohne Institute der „Blauen Liste“. – 4) Hierzu gehören u. a. die Akademien der Wissenschaften, das Wissenschaftskolleg zu Berlin und die große Gruppe der Forschungsstellen und Institute an Hochschulen. Auch öffentlich geförderte Institute z. B. in der Rechtsform einer GmbH oder Stiftung, die nicht als Landesinstitute gelten, werden hier erfaßt. Ausgaben 1991 einschl. Akademien der Landwirtschaft und der Bauakademien. – 5) Angabe lt. Faktenbericht 1981 zum Bundesbericht Forschung Bonn 1982, S. 13.

Quelle: Für 1975 und 1980: eigene Berechnungen nach einer Sonderauswertung des Statistischen Bundesamtes. Ab 1981: Bundesbericht Forschung 1996 (Tabellen VII/21b und II/3).

A. III. Lage der Forschung an den Hochschulen

III. 1. Finanzielle Lage

Aus den 1995 knapp 79 Milliarden DM umfassenden Bruttoinlandsausgaben für Forschung und Entwicklung der Bundesrepublik Deutschland entfielen 14,9 Milliarden DM (18,9 %) auf den Hochschulsektor.[18]) Nachdem zu Beginn der 80er Jahre der Anteil der Hochschulen an den FuE-Ausgaben von 16,7 % (1981) auf 14,4 % (1989) gesunken war, stieg er seitdem kontinuierlich bis auf 18,9 % (1995) an. Dieser relative Anstieg resultiert aus der (auch realen) Zunahme der FuE-Ausgaben der Hochschulen und aus dem Rückgang des Anteils der Wirtschaft an der Forschungsfinanzierung.

Bis zur Mitte der 70er Jahre orientierte sich die Hochschulplanung der Bundesrepublik am vorausgeschätzten Bildungsverhalten – entsprechend der demographischen Entwicklung. Für Westdeutschland wurden im 1973 verabschiedeten Bildungsplan rund 1 Million flächenbezogene Studienplätze geplant. 1975 stellte der Wissenschaftsrat diese Planung für die Zukunft in Frage.[19]) Seit dieser Zeit zielte die Hochschulpolitik nicht länger auf den Ausbau der Hochschulen entsprechend den steigenden Studierwünschen, sondern auf die Auslastung bestehender Kapazitäten - festgeschrieben in den unterschiedlichen Fassungen der Kapazitätsverordnung. Politisch wurde mit dem Öffnungsbeschluß (1977) der Zugang aller Studienberechtigten zu den Hochschulen zwar festgeschrieben, finanzpolitisch jedoch vernachlässigt. Nach Prognosen der Kultusministerkonferenz wird auch in Zukunft, zumindest bis zum Jahr 2010, die Zahl der Studienanfänger und der Studierenden ansteigen.[20]) Trotz der seit 1975 ansteigenden Zahl an Studierenden und damit der zunehmenden Ausbildungsanforderungen stieg die Grund- und Personalausstattung nominal nur geringfügig (Vgl. III. 2. und Übersichten 4 und 5). Der Anteil der Ausgaben für die Hochschulen am Bruttosozialprodukt sinkt seit dieser Zeit (vgl. Übersicht 4), obwohl die Forschungsausgaben der Hochschulen nominal von 4,6 (1975) auf 14,9 (1995) Milliarden DM (real von 5,7 (1975) auf 9,6 (1995) Mrd. DM) gestiegen sind.

Die Hochschulen versuchten, die stagnierende institutionelle Förderung durch das vermehrte Einwerben von Drittmitteln zu kompensieren. Geht

18) Der Hochschulsektor umfaßt im Bundesbericht Forschung die Universitäten, Gesamthochschulen, Pädagogischen und Theologischen Hochschulen sowie die Hochschulkliniken, Kunst- und Fachhochschulen. Zur Berechnung des Anteils für Forschung aus dem Haushalt der Hochschulen vgl. Bundesbericht Forschung 1996, a.a.O., S. 525 ff.

19) Vgl. Wissenschaftsrat: Regionale und fachliche Strukturierung des weiteren Ausbauprogramms für die Hochschulen, in: Empfehlungen und Stellungnahmen 1975, Köln 1976, S. 189.

20) Vgl. Statistische Veröffentlichungen der Kultusministerkonferenz. Prognose der Studienanfänger, Studierenden und Hochschulabsolventen bis 2015, Juni 1996, Nr. 133.

man von dem Aufwand der Drittmittelgeber aus, so verfügten die Hochschulen[21]) 1990 insgesamt nominal über knapp 3 Milliarden DM Drittmittel. Davon stammten u. a. 37 % von der durch Bund und Länder finanzierten Deutschen Forschungsgemeinschaft, 29 % vom Bund, 15 % von der Wirtschaft, 10 % von Stiftungen und Förderungsgesellschaften. Der Wissenschaftsrat stellte in seiner Untersuchung zu den Drittmitteln

Übersicht 4

Entwicklung der Studierenden- und Studienanfängerzahlen, der Stellen für wissenschaftliches Personal, der Studienplätze nach Flächenrichtwerten und des Anteils der Hochschulausgaben[1]) am Bruttosozialprodukt in den alten Bundesländern (1975=1), jeweils ohne Klinika

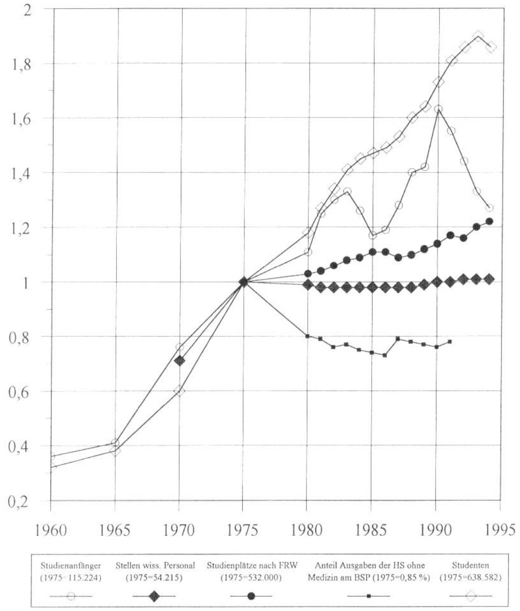

1) Nettoausgaben der Hochschulen minus unmittelbare Einnahmen (ohne Kliniken). Ab 1992 ist eine Differenzierung der Nettoausgaben der Hochschulen nach alten und neuen Bundesländern nicht mehr möglich.

Quellen: Statistisches Bundesamt, Studenten an Hochschulen (div. Jahrgänge) und Rechnungsergebnisse der staatl. Haushalte (div. Jahrgänge) sowie Statistisches Jahrbuch 1995; Wissenschaftsrat, Personalstellen der Hochschulen und Rahmenpläne für den Hochschulbau (div. Jahrgänge); stark geändert auf der Grundlage von: Josef Lange: Entwicklung und künftige Perspektiven der Hochschulen, in: Beiträge zur Hochschulforschung 1994 (3), S. 343.

21) Unter Hochschulen sind zusammengefaßt: Die Universitäten, die medizinischen Einrichtungen (einschließlich Kliniken) der Universitäten, die Gesamthochschulen sowie die Kunst- und Fachhochschulen. Den Kunst- und Fachhochschulen fließt jedoch gemessen am gesamten Drittmittelvolumen ein relativ geringer Teil der eingeworbenen Mittel zu (vgl. Wissenschaftsrat: Drittmittel der Hochschulen 1970-1990, Köln 1993, S. 11).

der Hochschulen fest: „Insgesamt haben sich die Drittmittel der Hochschulen im Zeitraum von 1980 bis 1990 nominal fast verdoppelt; preisbereinigt sind sie um rund 680 Millionen DM (rund 44 %) gestiegen. Das bedeutet, daß jede Universität (69 Universitäten und Gesamthochschulen) im Durchschnitt im Jahre 1990 real über fast 10 Millionen DM mehr Drittmittel verfügen konnte als 1980. Gemessen an den Drittmitteln im Jahre 1985 sind diese bis zum Jahre 1990 real um 27 % angestiegen".[22])

Ein Vergleich des Drittmittelaufkommens mit den Grundmitteln für Lehre und Forschung macht die unterschiedliche Entwicklung beider Größen augenfällig (vgl. Übersicht 5). Die Grundmittel für Lehre und Forschung betrugen 1980 mehr als das Sechsfache der Drittmittel, 1990 nur noch ungefähr das Viereinhalbfache.

Übersicht 5

Entwicklung der Drittmittel und Grundmittel für Lehre und Forschung (nominal und real) der Hochschulen für die Jahre 1980 und 1985-1990 (1980 = 100)

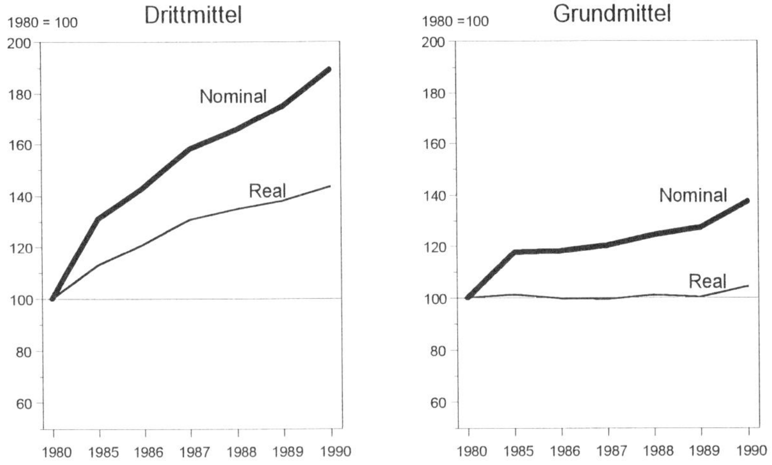

Quelle: Wissenschaftsrat: Drittmittel der Hochschulen 1970-1990, Köln 1993, S. 64.

Aufgrund dieser Entwicklung stellte der Wissenschaftsrat bereits 1988 fest, daß die Lücken in der Grundausstattung mancher Institute groß geworden sind. Die stagnierende Grundausstattung stellt für alle Fächer eine Gefahr dar, weil Ersatzbeschaffungen oft nicht mehr möglich sind und weil die rasche technologische Entwicklung wissenschaftliche Geräte zum Teil bereits nach wenigen Jahren veralten läßt. Ohne eine

22) Ebd., S. 53.

entsprechende Ausstattung, die sich neben modernen Geräten auch auf Sachmittel, Personal und Räume bezieht, kann die Hochschule kein attraktives Arbeitsumfeld mehr bieten. Die Hochschulforschung droht an Wettbewerbsfähigkeit gegenüber anderen öffentlich finanzierten Forschungseinrichtungen zu verlieren.[23])

Der Wettbewerb um Drittmittel ist in den letzten Jahren härter geworden. Die Bewilligungsquoten der Deutschen Forschungsgemeinschaft als größtem Drittmittelgeber für die Hochschulen liegen seit 1991 jeweils unter 50 %, obwohl die Forschungsgemeinschaft einen realen Anstieg ihrer Mittel verzeichnen konnte.[24]) Die Projektmittel des Bundes für die Hochschulen stiegen von 746 Millionen DM (588 Mio. DM in realen Preisen von 1980) im Jahr 1989 vereinigungsbedingt auf 899 Millionen DM (652 Mio. DM in realen Preisen von 1980) im Jahr 1991 an, um dann bis 1993 auf 825 Millionen DM (549 Mio. DM in realen Preisen) zu fallen. Seit dieser Zeit steigen die Mittel wieder an auf geschätzte 895 Millionen DM (575 Mio. DM in realen Preisen) im Jahr 1995. Sie waren demnach in Kaufkraft geringer als im Jahr 1990.

III. 2. Personal

In den 60er und zu Beginn der 70er Jahre erfuhren die Hochschulen eine starke Erweiterung ihres Personalbestandes in allen Fächern.[25]) In der ersten Phase der Hochschulexpansion verzeichneten vor allem die für die Lehrerausbildung zuständigen Fächer der Geistes- und Sozialwissenschaften einen überproportionalen Zuwachs. Seit Mitte der 70er Jahre stieg der Personalbestand insgesamt nur noch wenig. In mehreren geisteswissenschaftlichen Fächern ging er sowohl relativ als auch absolut wieder zurück, weil Stellen zugunsten der Wirtschafts-, Natur- und Ingenieurwissenschaften sowie der Medizin umgewidmet wurden.

Mit der Stagnation des Personalausbaus an den Hochschulen hat sich die Betreuungsrelation seit 1970 sowohl an den Universitäten als auch an den Fachhochschulen stetig verschlechtert (vgl. Übersicht 6). Nach der Vereinigung zeichnete sich zunächst eine Verbesserung der durchschnittlichen Betreuungsrelation ab, die auf die guten Relationen an den Hochschulen der neuen Länder zurückgeht. Aber wie aus der Relation Studierender pro Stelle wissenschaftliches Personal deutlich wird, ist die Tendenz einer zunehmenden Verschlechterung der Betreuungsrelation ungebrochen.

---

23) Vgl. Wissenschaftsrat: Empfehlungen des Wissenschaftsrates zu den Perspektiven der Hochschulen in den 90er Jahren, a.a.O., S. 26.
24) Mit der Vereinigung stiegen die realen Ausgaben der DFG für die Hochschulen (gerechnet: 92 % (Durchschnittswert der Jahre 1978 bis 1991) der realen Ausgaben ohne Verwaltungsausgaben) von 816 Millionen DM (1990) über 871 Millionen DM (1991) auf 905 Millionen DM (1992); Indexierung jeweils auf das Jahr 1980 bezogen.
25) Vgl. Wissenschaftsrat: Empfehlungen des Wissenschaftsrates zu den Perspektiven der Hochschulen in den 90er Jahren, a.a.O., v. a. S. 200 und S. 206.

Übersicht 6

Zahl der Studierenden[1]), Personalstellen[2]) sowie Betreuungsrelation an Universitäten und Fachhochschulen

Jahr [3])	Universitäten, Gesamthochschulen Pädagogische Hochschulen, Kunsthochschulen					Fachhochschulen (ohne Verwaltungsfachhochschulen)				
	Studierende insgesamt	Studierende im 4. Studienjahr [4])	Stellen wiss. Personal	Studierende je Stelle	Studierende im 4. Studienjahr [4]) je Stelle	Studierende insgesamt	Studierende im 3. Studienjahr [5])	Stellen wiss. Personal	Studierende je Stelle	Studierende im 3. Studienjahr [5]) je Stelle
	alte Länder									
1970	383270	46352	38742	9,9	1,2	102804 [6])	k. A.	5524	18,6 [7])	k. A.
1975	638582	91131	54215	11,8	1,7	142525	37467	9033	15,8 [7])	4,1
1980	756040	104029	53886	14,0	1,9	174302	37171	9031	19,3	4,1
1985	936459	121106	52961	17,7	2,3	268082	57472	9143	29,3	6,3
1990	1107442	123859	53940	20,5	2,3	331082	61602	9510	34,8	6,5
1991	1152793	137291	54130	21,3	2,5	344543	64771	9529	36,2	6,8
	ab 1992 alte und neue Länder									
1992	1407573	170035	71080	19,8	2,4	372172	69425	12484	29,8	5,6
1992	1432151 [8])	k. A.	70041	20,4	x	390260 8)	k. A.	12700	30,7	x
1994	1411855 [8])	k. A.	69675	20,3	x	392392 8)	k. A.	12925	30,4	x

k. A. = keine Angaben vorhanden; x = Berechnung nicht möglich.

[1]) Deutsche und ausländische Studierende (ohne Medizin).

[2]) Personalstellen der Hochschulen im HBFG ohne Medizinische Einrichtungen und Zentralkapitel.

[3]) Jeweils Wintersemester, z.B. 1970 = WS 1970/71.

[4]) Deutsche und ausländische Studierende im 7. und 8. Fachsemester. Der tatsächliche Umfang der Lehrverpflichtungen wird angemessener in der Relation der Studierenden im 4. Fachsemester je Stelle ausgedrückt, weil in dieser Weise eine mögliche Verzerrung der Relation durch Langzeitstudierende, Studierende mit bereits bestandenem Examen (u.a. Doktoranden) und Immatrikulierte, die kein Lehrangebot mehr nachfragen (Scheinstudierende), vermieden wird.

[5]) Deutsche und ausländische Studierende im 5. und 6. Fachsemester.

[6]) Geschätzt anhand der Schülerzahlen der Höheren Wirtschaftsfachschulen und der Fachschulen für Sozialarbeit und Sozialpädagogik (25 % der Schüler) unter Annahme einer Studiendauer von drei Jahren zuzüglich der Studenten im 1. und 2. Fachsemester an den Ingenieurschulen.

[7]) Geschätzt anhand der Studentenzahlen unter Annahme einer Studiendauer von 3,2 Jahren (Relation zwischen Studienanfänger- und Studentenzahlen 1972).

[8]) Vorläufige Ergebnisse.

Quelle: Statistisches Bundesamt, Studenten an Hochschulen, Fachserie 11, Reihe 4.1; Personal an Hochschulen, Fachserie 11, Reihe 4.4; Wissenschaftsrat, Personalstellen der Hochschulen 1994, Köln 1995, eigene Berechnungen.

Der Ausbau des Personalbestandes an den Hochschulen hat zunächst auch einen Zuwachs an Forschungskapazität zur Folge, weil aufgrund der Einheit von Forschung und Lehre an den Universitäten jede Stelle eines Hochschullehrers und des Hochschullehrernachwuchses zugleich Forschungsaktivitäten gewidmet ist. Da sich die Betreuungsrelation seit Mitte der 70er Jahre jedoch entscheidend verschlechtert hat (vgl. Übersicht 6), sind die Anforderungen der Lehre an die wissenschaftlichen Mitarbeiter und Professoren erheblich gestiegen. Die vermehrten Anforderungen der Lehre führten dazu, daß die Ressourcen nun für eine wesentlich höhere Zahl an Studierenden ausreichen müssen. Denn die Grundausstattung wird nicht nach den Aufgabenbereichen Forschung und Lehre differenziert. Daher werden sogar Ressourcendefizite in der Lehre durch Rückgriff auf eingeworbene Drittmittel kompensiert.

A. IV. Situation von Frauen an den Hochschulen

In vielen europäischen Ländern weist die Beteiligung von Frauen an den Hochschulen eine pyramidenförmige Struktur auf. Während bei den Studierenden Frauen inzwischen durchschnittlich mit einem Anteil von 40 bis 50 % vertreten sind – mit deutlichen fächerspezifischen Unterschieden –, nimmt der Frauenanteil jedoch in den darauffolgenden Qualifikationsstufen stark ab. Bei den Professuren als Spitze der Pyramide sind Frauen nur noch schwach vertreten. Der Professorinnenanteil reicht von 2,1 % in den Niederlanden, 2,6 % in Großbritannien, 3,5 % in Irland, 4,5 % in der Schweiz, 4,7 % in Belgien und 6,9 % in Deutschland bis zu 20 % in der Türkei oder 30 % in Spanien.[26]) In den USA liegt der Anteil mit 15 % (1991)[27]) mehr als doppelt so hoch wie in Deutschland. In keinem Land entspricht der Anteil von Frauen an Professuren jedoch ihrem Anteil am wissenschaftlichen Mittelbau bzw. an den Studierenden.

In Deutschland erhöhte sich der Anteil weiblicher Studierender in den letzten drei Jahrzehnten von 28 % (1960) auf 43 % (1993). Auch der Anteil der Absolventinnen stieg von 32 % (1960) auf 44 % (1993); deutlich zurück bleibt der Anteil an abgeschlossenen Promotionen mit 31 % (1993) und Habilitationen mit 12 % (1993). In der Gruppe der Professoren sind Frauen deutlich unterrepräsentiert. Nach wie vor werden lediglich 6,9 % aller Professuren von Frauen bekleidet. Im Vergleich zu 1960 (1,6 %) bedeutet dies zwar einen Anstieg, der jedoch dem Anteil der weiblichen Studierenden oder Absolventinnen noch bei weitem nicht entspricht.

Seit 1985 erlaubt es die Datenlage, den Anteil an Professuren nach der Besoldungsstufe zu differenzieren. Demnach entfallen in Deutschland lediglich knapp 4 % der C4-Professuren an Hochschulen (ohne Fachhochschulen und Verwaltungsfachhochschulen) auf Frauen, ungefähr 9 % der C3-Professuren und ca. 10 % der C2-Professuren (1993). Übersicht 7 veranschaulicht die Entwicklung des Anteils von Frauen an Studierenden, Absolventen, mit Erfolg abgelegten Promotionen und Habilitationen sowie Professuren in den letzten 30 Jahren.

Die Datenlage läßt also den Schluß zu, daß mit jeweils zunehmender Qualifikationsstufe in allen Ländern, so auch in Deutschland, Mechanismen Platz greifen, die eine adäquate Beteiligung von Frauen verhindern. Das zugrunde liegende komplexe Ursachengeflecht wird demnächst vom Wissenschaftsrat behandelt. Dabei sollen auch die bisher bestehenden speziellen Fördermöglichkeiten für Frauen an der Hochschule und der Erfolg bzw. Mißerfolg der einzelnen Maßnahmen untersucht werden.

---

26) Vgl. Christine Färber/Annette Henninger (Hrsg.): Equal Opportunities for Women at European Universities/Frauenförderung an Europäischen Universitäten, Berlin 1995, S. 24.
27) Vgl. Digest of Education Statistics, October 1994, S. 230 (Table 219 and Table 220). Die Angabe bezieht sich auf die Professuren im engeren Sinne, d. h. ohne „Associate professors" und „Assistant professors".

Übersicht 7

Anteil der Frauen in Prozent an den Studierenden, Absolventen, mit Erfolg abgelegten Promotionen und Habilitationen sowie Professuren an Hochschulen (ohne Fachhochschulen und Verwaltungsfachhochschulen) – ab 1991 Bundesgebiet insgesamt –

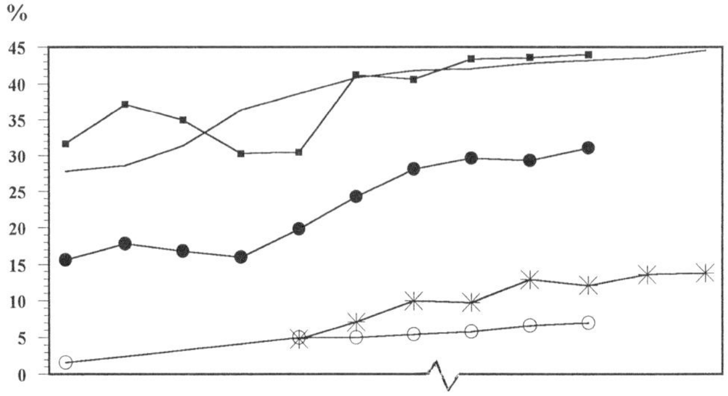

	1960	1965	1970	1975	1980	1985	1990	1991	1992	1993	1994	1995
Studierende —	27,8	28,6	31,4	36,4	38,7	40,8	41,8	42,1	42,8	43,2	43,6[1)]	44,6[1)]
Absolventen -■-	31,7	37,2	35,0	30,3	30,5	41,2	40,6	43,4	43,6	44,0	x	x
Promotionen -●-	15,6	17,8	16,8	16,0	19,8	24,3	28,1	29,6	29,3	31,1	x	x
Habilitationen ✳	k.A.	k.A.	k.A.	k.A.	4,8	7,1	10,0	9,8	12,9	12,1	13,6	13,8
Professuren -⊖-	1,6	k.A.	k.A.	k.A.	5,0	5,0	5,4	5,8[2)]	6,6	7,0	x	x

x = Daten sind noch nicht verfügbar
k.A.= keine Angaben

1) Vorläufige Ergebnisse. - 2) Nur alte Länder.

Quellen: Statistisches Bundesamt, Studenten an Hochschulen, Fachserie 11, Reihe 4.1; Personal an Hochschulen, Fachserie 11, Reihe 4.4; Prüfungen an Hochschulen, Fachserie 11, Reihe 4.2; Vorberichte der Studentenstatistik, Fachserie 11, Reihe 4.1; eigene Berechnungen.

B. Thesen zur Forschung in den Hochschulen

These 1: Einheit von Forschung und Lehre

Die Einheit von Forschung und Lehre bleibt Leitidee der Universität. Aufgaben der Lehre und der Forschung müssen jedoch organisatorisch und zeitlich stärker differenziert werden, so daß eine Umstrukturierung von Forschungsschwerpunkten möglich wird, ohne Studiengänge zu beeinträchtigen. Forschungssemester sollen leistungsbezogen und nicht mehr in einem festgelegten Turnus vergeben werden.

Die Einheit von Forschung und Lehre ist seit der Humboldtschen Universitätsreform identitätsstiftend für die Universitäten in Deutschland. Sie wirkt sich in zweifacher Hinsicht positiv auf die Leistungsfähigkeit der Forschung aus. Die Vermittlung von Erkenntnissen in der Lehre ist ein kreativer Prozeß. Die Darstellung in größeren Zusammenhängen sowie die Notwendigkeit zur Begründung und Verteidigung von Wissen wirken auf die Forschungsarbeit der Lehrenden zurück; der Kontakt zur Forschung ist für die Qualität der Lehre unerläßlich. Gleichermaßen ist bei den Studierenden der Übergang von der produktiven Rezeption des Wissens zur Forschung fließend. Eine gelungene Einheit von Forschung und Lehre trägt daher entscheidend zur Innovations- und Leistungssteigerung sowie zur Nachwuchsrekrutierung für die Forschung bei. In der Anleitung von Doktoranden und Habilitanden ist die Einheit von Forschung und Lehre in besonderer Weise realisiert.

Einheit von Forschung und Lehre bedeutet jedoch nicht, daß Forschung und Lehre eine gemeinsame organisatorische Grundeinheit in der Universität bilden müssen. Denn im Gegensatz zu der auf Dauer ausgerichteten und disziplinär organisierten Lehre hat sich über die Einzelforschung hinaus an den Hochschulen eine Form der Forschung entwickelt, die projektorientiert und zum Teil disziplinenübergreifend angelegt ist und im Rahmen von Arbeitsgruppen erfolgt. Dieser Entwicklung, Forschung zunehmend in fachübergreifenden Projekten und neuen Formen der Kooperation zu betreiben, muß die Organisation der Forschung an den Hochschulen in Zukunft noch stärker Rechnung tragen. Während der Fachbereich die organisatorische Einheit für die Lehre bildet, ist diese für die Forschung oftmals weniger förderlich.[28]) Diese Grundstruktur schränkt die für innovative Forschung zunehmend erforderliche Zusammenarbeit über Fachbereichsgrenzen hinweg ein und erschwert eine projektbezogene Ressourcenvergabe anstelle der vorherrschenden fachbereichsbezogenen.

Der Wissenschaftsrat empfiehlt daher den Hochschulen, Organisationsformen zu entwickeln, die eine flexible Umstrukturierung von Forschungsschwerpunkten und damit die Anpassung an neuere Entwicklungen in der Forschung ohne unmittelbare Auswirkungen auf die Studiengänge erlauben.[29]) Ziel der Differenzierung sollte es sein, die Forschungsbedingungen an den Hochschulen zu verbessern. Die in den folgenden Thesen enthaltenen Strukturvorschläge, z. B. die Empfehlung zur verstärkten Förderung mittelfristig angelegter Forschungsschwerpunkte und -zentren (vgl. These 3) oder zur zentralen Ressourcenvergabe (vgl. These 7), sollen zu einer effizienteren Organisation der Forschung an den Hochschulen beitragen.

---

28) Zu den Strukturproblemen und Reformvorschlägen zur Stärkung der Lehre vgl. Wissenschaftsrat: Empfehlungen zur Stärkung der Lehre in den Hochschulen durch Evalution, i. d. Bd., S. 000-000.
29) In der Technischen Universität Hamburg-Harburg ist ein Modell einer stärkeren Differenzierung von Forschung und Lehre realisiert. Hier werden Forschungsschwerpunkte unabhängig von den Studiengängen organisiert.

Forschungssemester sollten nicht länger in einem festgelegten Turnus, sondern nach Kriterien der Leistung in Forschung und Lehre vergeben werden. Bei der Vergabe sollten auch die im vorangegangenen Forschungssemester erbrachten Forschungsleistungen als ein Kriterium für die erneute Erteilung eines Forschungssemesters berücksichtigt werden.

Darüber hinaus sollten Lehrverpflichtungen nicht in jedem Semester in gleichbleibendem Umfang erfüllt werden müssen, sondern Zeiträume höherer und niedrigerer – im Mittel gleichbleibender – Lehrintensität sollten einander abwechseln können, um so Freiräume für die Forschung zu schaffen. Wissenschaftler sollten sich durch das vorausgehende besondere Engagement in der Lehre zusätzliche Forschungszeiten erarbeiten oder sich aufgrund intensiver Forschungen um eine vorübergehende Verminderung ihrer Lehrverpflichtungen bewerben können. Hochschulen und Länder sollten die Flexibilisierung der Forschungs- und Lehranteile ermöglichen.

These 2: Die Bedeutung universitärer Forschung und ihre materielle Ausstattung

Die Universitäten bilden das Fundament des Forschungssystems. Eine große Stärke liegt in ihrer disziplinären, thematischen und personellen Vielfalt. Das große Potential der Hochschulen für interdisziplinäre Forschung wird aufgrund ihrer disziplinären Organisation unzureichend genutzt. Das Fundament des Forschungssystems darf nicht durch unzureichende Grundausstattung in Frage gestellt werden.

Universitäten sind das Fundament des gesamten Forschungssystems der Bundesrepublik Deutschland. Denn zum einen bilden sie den Großteil des wissenschaftlichen Nachwuchses in allen Disziplinen aus und versorgen Wissenschaft und Gesellschaft mit hochqualifizierten Fach- und Führungskräften, zum anderen repräsentieren sie die gesamte Breite des Forschungsspektrums und seiner Traditionen. Dadurch sichern sie die Kontinuität des Wissens und der Erkenntnisgewinnung in allen Disziplinen.

Die disziplinäre Forschung hat besondere Verantwortung für die Entwicklung von Methoden und Theorien. Sie bildet die Grundlage des fortschreitenden Erkenntnisgewinns. Die Universität ist der Ort, an dem sich Forschungsfelder differenzieren und sich zu Disziplinen in der modernen Wissenschaft entwickeln. Die Grenzen einer Disziplin sind fließend, verfestigen sich jedoch, wenn sie als Fach an der Universität institutionalisiert wird. Durch ein Fach wird eine neue Generation in die Disziplin eingeführt sowie der Wissensstand der Disziplin reproduziert und vermittelt. Mittlerweile ist ein hohes Maß an disziplinärer Ausdifferenzierung und subdisziplinärer Spezialisierung erreicht.

Der disziplinäre Erkenntnisfortschritt ist in der Regel Voraussetzung für eine disziplinübergreifende oder von Problemstellungen außerhalb der Wissenschaft ausgehende Forschung. Spezialisierung und Ausdifferenzierung einerseits sowie die zunehmende Komplexität der Probleme und der Bedarf an ihrer wissenschaftsbasierten Lösung andererseits verlangen in Zukunft ein hohes Maß an interdisziplinärer Kooperation. Universitäten besitzen aufgrund ihres breiten Fächerspektrums ein hohes Potential für eine disziplinenübergreifende Forschungsarbeit, die sich entsprechend den Forschungsnotwendigkeiten jeweils neu aus der Fächervielfalt formieren kann. Keine andere Institution verfügt über dieses Potential an Flexibilität in der Zusammenarbeit unterschiedlichster Disziplinen.

Universitäten nutzen dieses Potential jedoch in unzureichendem Maße. Dies hängt auf der Ebene des einzelnen Forschenden mit spezifischen Hindernissen für eine interdisziplinäre Arbeit zusammen. Auf der Ebene der Hochschule liegen die Schwierigkeiten in der Organisation begründet, die sich an den Erfordernissen der Lehre und der disziplinären Ordnung orientiert und derzufolge die Mittel in der Regel fachbereichs- und institutsbezogen vergeben werden. Die Entscheidungsschwäche der Kollegialorgane und die begrenzten Befugnisse von Hochschulleitung, Senat und Dekanen bei der Ressourcenvergabe schränken darüber hinaus die Möglichkeiten zur Stärkung interdisziplinär orientierter Forschungsprojekte ein.[30]) Eine leistungsbezogene Umverteilung der Ressourcen erfordert den Ausbau der Entscheidungskompetenzen der Leitungsebenen in der Hochschule und eine angemessene Ausstattung des zentralen Forschungsfonds (vgl. These 3).

Die Grundausstattung der Universitäten ist seit Beginn der 80er Jahre real kaum angestiegen (vgl. A. III. 1.). Die defizitäre Ausstattung sowie das in Massenfächern und an Massenuniversitäten zu beobachtende Zurückdrängen der Forschung durch die vermehrten Anforderungen an die Lehre gefährden mittlerweile die Leistungsfähigkeit der Forschung in vielen Universitäten, wobei erhebliche Unterschiede zwischen verschiedenen Ländern und Fächern bestehen. Lücken der für die Lehre erforderlichen Ausstattung werden immer häufiger mit Drittmitteln der Forschung gedeckt. Der Wissenschaftsrat hält eine Sicherung der Grundausstattung und eine Verbesserung der Ausstattung für die Forschung für dringend notwendig, um die Forschungsfähigkeit der Universitäten zu gewährleisten und um ihre grundlegende Rolle im Forschungssystem zu erhalten. Ansonsten werden die Universitäten ihre Konkurrenzfähigkeit auf dem Drittmittelmarkt und den Wettbewerb um qualifizierte Nachwuchskräfte verlieren. Wo eine ausreichende Grundausstattung nicht mehr finanziert wird, müssen strukturelle Änderungen wie die Schließung von Studiengängen oder Instituten erwogen werden.

30) Vgl. exemplarisch: Wissenschaftsrat: Stellungnahme zur Umweltforschung in Deutschland, Köln 1994, Band I, S. 146.

Die Verteilung von Mitteln aus der Grundausstattung sollte jedoch in Zukunft flexibilisiert werden, um Leistungsgesichtspunkte berücksichtigen und Strukturveränderungen unterstützen zu können. Zwar soll jeder Hochschullehrer auch in Zukunft über eine Mindestausstattung verfügen; ein großer Teil der Mittel soll aber befristet aus einem zentralen Fonds vergeben werden. Bisher ist der Spielraum der Hochschulen bei der Zuweisung von Sach- und Personalmitteln sowie Räumen für die Forschung durch langfristig garantierte Berufungszusagen sehr beschränkt. Der Wissenschaftsrat hält es daher für vordringlich, Berufungszusagen, die über eine Mindestausstattung hinausgehen, zu befristen, wofür ein Zeitraum von sieben Jahren angemessen wäre. Nach Ablauf dieses Zeitraums ist der Umfang der Ausstattung anhand der Leistungen in Forschung, Lehre und Nachwuchsförderung neu festzulegen, wobei eine Mindestausstattung nicht unterschritten werden darf. Der Wissenschaftsrat empfiehlt den Ländern, die Befristung von Berufungszusagen umgehend zu regeln, wobei durch vergleichbare Regelungen in allen Ländern Verzerrungen im wünschenswerten Wettbewerb um Hochschullehrer vermieden werden.

Die aus der Befristung von Berufungszusagen frei werdenden Mittel sollen den Hochschulen weiterhin zur Verfügung stehen und in einen zentralen Forschungsfonds fließen. Dieser schafft die Voraussetzung zur Konzentration der Kräfte auf profilbildende Maßnahmen. An einer Reihe von Hochschulen wird eine solche zusätzliche Forschungsförderung aus einem zentralen Fonds bereits seit vielen Jahren mit Erfolg praktiziert. Allerdings ist der Fonds nirgends ausreichend ausgestattet, um seine Wirkung voll entfalten zu können. Durch die Umverteilung von Ressourcen sollten interdisziplinäre Forschungsprojekte in größerem Umfang als bisher gefördert werden. Der Wissenschaftsrat hält eine Verstärkung der zentralen Fonds durch Zusatzmittel des Landes für unerläßlich, um ausreichende Anreize für die notwendigen Strukturmaßnahmen zu bieten.

Die Vorstellung, die Universitäten seien unter Forschungsgesichtspunkten alle gleich, ist schon heute eine Fiktion. Eine solche Vorstellung kann keine Grundlage künftiger Forschungspolitik sein. Statt dessen sind eine Differenzierung und auf Qualitätsgesichtspunkten beruhende unterschiedliche Ausstattung von Universitäten notwendig. Die Idee der Schwerpunktsetzung gilt auch hier. Dies könnte zu einem dynamischen Prozeß der Differenzierung zwischen Universitäten mit höherer Forschungsintensität, -qualität und besserer Grundausstattung einerseits und Universitäten mit geringerer Forschungsintensität und -ausstattung andererseits führen. Der Hochschulbau sollte den Prozeß der Schwerpunktbildung unterstützen. Für alle an einer Universität auch künftig vertretenen Fächer ist jedoch die Sicherung einer Grundausstattung für eine qualifizierte Ausbildung unerläßlich.

These 3: Profilbildung und internationale Zusammenarbeit der Hochschulforschung

Die Hochschulen müssen regelmäßig zu überprüfende Schwerpunkte einrichten und dadurch Profile bilden. Orientierungs- und Bewertungsmaßstab muß die internationale Forschungsentwicklung sein. Die internationale Zusammenarbeit in der Forschung dient der Qualitätssicherung und unterstützt die Profilierung. Sie muß durch ausreichende Mittel gefördert werden. Die Forschungsförderer sollten ihre Förderinstrumente stärker für internationale Kooperationen öffnen.

Universitäten besitzen im Forschungssystem der Bundesrepublik spezifische Potentiale, über die kein anderer Institutionstyp in gleicher Weise verfügt. Hierzu zählen die Verknüpfung von Forschung und Lehre (vgl. These 1), die Vielfalt der Disziplinen, die über Fächergrenzen hinweg und in unterschiedlichster, stets neu zu formierender Zusammensetzung eine Kooperation erlaubt (vgl. These 2), die Möglichkeit, Grundlagenforschung selbstbestimmt und in ganzer Breite zu verfolgen (vgl. These 4), der privilegierte Zugang zum wissenschaftlichen Nachwuchs als größtem Kreativitätspotential (vgl. These 6) und die ständige Auseinandersetzung mit den Studierenden, auch im Hinblick auf Akzeptanzfragen der Forschung (vgl. These 10).

Diese spezifischen Möglichkeiten werden von den Universitäten bisher in unzureichendem Maße genutzt, obwohl sie ideale Voraussetzungen sind, den Veränderungen des Forschungsprozesses gerecht zu werden: zunehmende Forschungskooperation, steigende Vernetzung wissenschaftlicher Disziplinen, vermehrte Problemorientierung der (interdisziplinären) Forschungsarbeit sowie rasch fortschreitende internationale Verknüpfung. Der Wissenschaftsrat empfiehlt, die Mittel des zentralen Forschungsfonds für die im folgenden vorgeschlagenen strukturbildenden Maßnahmen einzusetzen, um die strukturellen Vorteile der Universität zu nutzen. Jede Hochschule sollte dabei ein Selbstverständnis als Institution mit einem eigenen spezifischen Forschungsprofil entwickeln oder ausbauen. Denn auch künftig kann nicht jede Hochschule in allen Bereichen mit gleicher Intensität forschen. Die Profilbildung erfordert einen gezielten, kontinuierlichen und mediengerechten Bestandsaufbau der Hochschulbibliotheken. Der Etat der Bibliothek muß so ausgestattet sein, daß eine angemessene Berücksichtigung des an der Universität insgesamt vertretenen Fächer- und Lehrspektrums gewährleistet ist.

Die Unterstützung der leistungsstarken Forschungsbereiche sollte auf die Bündelung herausragender Forschung zu befristet eingerichteten, in der Regel fachbereichsübergreifenden Forschungszentren oder -schwerpunkten von Hochschulen zielen. Die Basis dieser Bündelung sind gemeinsame Forschungsvorhaben, die von einem oder mehreren Fachbereichen getragen werden. Eine solche Strukturveränderung kann entscheidend gefördert werden, wenn eine hinreichend große Zahl von Wissenschaftlern mit verwandten Forschungsinteressen vorhanden ist und sie bereit sind, gemeinsam zu arbeiten. Diese Voraussetzung kann fachbereichsintern oder fachbereichsübergreifend durch eine gezielte Berufungspolitik erreicht werden. Der Generationswechsel bei den Hochschullehrern eröffnet dazu besondere Gestaltungschancen. Eine mittel- und langfristige Entwicklungsplanung der Hochschule in bezug auf ihre Forschungsschwerpunkte sollte Grundlage dafür sein und regional mit anderen Hochschulen abgestimmt werden. Weiterhin tragen eine konstruktive Mitarbeit der zuständigen Verwaltung und eine größere Flexibilität in Personal- und Haushaltsfragen (Gestaltung von Arbeitsverträgen, Beurlaubung, Abordnung, Gastdozenturen etc.) zum Gelingen der Konzentration herausragender Forschung der Hochschule bei.

Die Profilierung der Hochschule sollte nicht nur intern auf die besonders leistungsstarken Gruppen bezogen sein, sondern zugleich die im Umfeld der Hochschule gegebenen Kooperationsmöglichkeiten mit anderen Hochschulen, außeruniversitären Einrichtungen und der Wirtschaft berücksichtigen. Die Mitnutzung von Geräten oder Anlagen, die im Umfeld der Hochschule bereits vorhanden sind, bedarf besonderer Aufmerksamkeit. Die Vergabe von Mitteln aus dem zentralen Forschungsfonds soll auch die Vorbereitung von Projekten unterstützen, für die später Drittmittel eingeworben werden sollen (z. B. für Sonderforschungsbereiche, Forschergruppen, Graduiertenkollegs, Innovationskollegs oder interdisziplinäre Zentren klinischer Forschung). Dadurch wird die Drittmittelfähigkeit der Hochschulen erhöht.

Eine gezielte Unterstützung durch Förderorganisationen und die Bereitschaft von Bund und Ländern zur langfristigen Unterstützung solcher Aktivitäten fördern die Einrichtung von Forschungsschwerpunkten oder -zentren und damit die Profilierung der Hochschulen. Der Ausbau des Forschungsprofils, der durch das Einwerben von Drittmitteln vorangetrieben werden muß, trägt dazu bei, daß Leistungsstärke und spezifische Ausrichtung jeder Hochschule sowohl in Konkurrenz zu anderen Hochschulen wie auch im arbeitsteiligen Forschungsprozeß des gesamten Forschungssystems sichtbar zur Geltung kommen. Langfristig kann auf bestimmten Forschungsfeldern auch hochschulübergreifend ein Verbund von Forschungszentren geschaffen werden.[31])

Eine wichtige Aufgabe der Universität besteht darin, Forschungsschwerpunkte und Forschungszentren rechtzeitig wieder aufzulösen, wenn sie ihre wissenschaftlich ertragreiche Zeit überschritten haben. Nur so läßt sich immer wieder Spielraum für neue Schwerpunktsetzungen schaffen.

31) Einen solchen Vorschlag hat der Wissenschaftsrat bereits entwickelt. Vgl. Wissenschaftsrat: Empfehlungen zu den „Internationalen Agrarwissenschaften" an den Hochschulen, i. d. Bd., v. a. S. 295 ff. Darin hat der Wissenschaftsrat auch empfohlen, diese Verbundsstruktur gleichermaßen im Bereich der Lehre, vor allem im Hauptstudium, und in der Entwicklung eines standortübergreifenden Graduiertenstudiums zu etablieren.

Die Internationalisierung und der weitere Ausbau internationaler Beziehungen sind eine wesentliche Voraussetzung für Profilbildung und Qualitätssicherung der Hochschulen in Forschung und Lehre. Die Berufung ausländischer Hochschullehrer und die Gewinnung ausländischer Studenten tragen entscheidend dazu bei; hierfür müssen die administrativen und finanziellen Voraussetzungen gesichert werden.

Aufenthalte an ausländischen Forschungseinrichtungen sind die intensivste Form des internationalen Wissens- und Methodentransfers. Zur Förderung lang- und kurzfristiger Forschungsaufenthalte deutscher Wissenschaftler im Ausland und umgekehrt sollten ausreichend Stipendien oder andere Fördermöglichkeiten angeboten werden, die die individuellen wissenschaftlichen Interessen des forschenden Nachwuchses berücksichtigen und dabei die anschließende Wiedereingliederung in das deutsche Wissenschaftssystem erleichtern. Eine Intensivierung der Einzelförderung wird aber nur dann gelingen, wenn die Deutsche Forschungsgemeinschaft und die speziell im Bereich des internationalen Austauschs engagierten Fördereinrichtungen, wie der Deutsche Akademische Austauschdienst und die Alexander von Humboldt-Stiftung, angemessen ausgestattet sind. Kürzungen der Mittel für den wissenschaftlichen Austausch hält der Wissenschaftsrat nicht für vertretbar. Die erfolgreichen europäischen Mobilitätsprogramme können die nationale Förderung nicht ersetzen; sie ergänzen sie.[32]) Zusätzlich sollten die Hochschulen Mittel aus ihrem zentralen Forschungsfonds speziell für den internationalen Austausch des wissenschaftlichen Nachwuchses einsetzen, soweit er nicht durch Stipendien gefördert werden kann. Hier sollten die Hochschulen eine wesentlich aktivere Rolle übernehmen. Neben der Individualförderung sollte der projektbezogene Wissenschaftleraustausch stärker gefördert werden, weil dadurch ganze Forschergruppen ertragreich zusammenarbeiten können.

Zur Intensivierung der Forschungsbeziehungen zu ausländischen Forschergruppen wäre es wünschenswert, bestehende Förderinstrumente für Teilprojekte im Ausland zu öffnen. Es muß aber gewährleistet sein, daß im Gegenzug ausländische Förderer deutsche Teilprojekte unterstützen, wofür vertragliche Regelungen nötig sind. Die Möglichkeit einer befristeten projektbezogenen Kooperation über Staatsgrenzen hinweg besteht bereits in Einzelfällen. Sie sollte beidseitig verstärkt und in geeigneten Fällen auf andere Förderungsinstrumente ausgeweitet werden. Die Hochschulforschung könnte z. B. auch durch von Bund und Ländern geförderte Verbundprojekte zusätzlich internationalisiert werden.

Daneben ist es notwendig, daß Hochschulen – ähnlich wie Max-Planck-Institute – die Möglichkeit haben, Gastprofessuren und Reisemittel zu finanzieren. Zu berücksichtigen ist aber, daß internationale Zusammenarbeit nicht mehr in allen Fällen eine örtliche Mobilität der Forschenden

32) Vgl. Wissenschaftsrat: Empfehlungen zur europäischen Förderung der Grundlagenforschung, in: Empfehlungen und Stellungnahmen 1993, Köln 1994, S. 431 ff.

erfordert. Multimediale überregionale Informations- und Kommunikationsformen[33]) erlauben, eine in unmittelbarer persönlicher Begegnung begonnene Zusammenarbeit fortzusetzen.

Die internationalen Aktivitäten der einzelnen Hochschule sollten an ihre bestehenden Forschungsschwerpunkte, Sonderforschungsbereiche oder Graduiertenkollegs anknüpfen und durch international besetzte Konferenzen oder Symposien Außenwirkung erhalten. Ziel sollte es sein, die Aktivitäten der Hochschule profilbildend zu bündeln und durch die Einbettung in den internationalen Forschungskontext die Attraktivität für den ausländischen wissenschaftlichen Nachwuchs sowie etablierte Wissenschaftler zu erhöhen. Maßnahmen zur Steigerung der Attraktivität sind eine Investition für die künftige internationale wissenschaftliche und wirtschaftliche Zusammenarbeit. Nur internationale Öffnung und Zusammenarbeit gewährleisten ein hohes Niveau der Forschung.

Übersichtlich angelegte Forschungsberichte der Hochschulen könnten deren Profil national und international wirkungsvoll präsentieren. Während sie bisher meist eine umfangreiche und wenig nutzerfreundlich aufbereitete Aneinanderreihung der Vorhaben und Publikationen der einzelnen Wissenschaftler enthalten, sollten sie hauptsächlich zu einer Darstellung der besonderen Schwerpunkte der Hochschule und deren Forschungsqualität weiterentwickelt werden. Umfangreiche Zusammenstellungen von Projekten und Publikationen sollten nicht Teil des Forschungsberichts sein; dafür bieten sich elektronische Medien an. In dieser neuen Form könnten Forschungsberichte auch anderen Forschungseinrichtungen, einschlägigen Unternehmen und der interessierten Öffentlichkeit Informationen vermitteln, die Ansatzpunkte für den Wissenstransfer oder auch die Wahl der Hochschule durch Studierende bieten könnten. Der Forschungsbericht sollte in regelmäßigen Abständen erscheinen, wobei wegen des nicht unerheblichen Arbeitsaufwandes an einen Zeitraum von drei Jahren zu denken ist.

These 4: Universitäten als Orte der Grundlagenforschung und der angewandten Forschung

Im deutschen Forschungssystem sind Universitäten die wichtigsten Orte einer selbstbestimmten Grundlagenforschung in ihrer ganzen Breite. Angemessene Kriterien der Forschungsförderung sind primär Originalität und Qualität. Wegen ihrer Bedeutung für den allgemeinen Erkenntnisfortschritt und – über die universitäre Ausbildung und Förderung des wissenschaftlichen Nachwuchses – für die Entwicklung der Gesellschaft muß die universitäre Grundlagenforschung mit langem Atem gefördert werden. Universitäre Forschung umfaßt das gesamte Spektrum von der Grundlagenforschung bis zur angewandten Forschung.

33) Wissenschaftsrat: Empfehlungen zur Bereitstellung leistungsfähiger Kommunikationsnetze für die Wissenschaft, in: Empfehlungen zur Ausstattung der Wissenschaft mit moderner Rechner- und Kommunikationstechnologie, Köln 1995, S. 33-50.

Grundlagenforschung von den Geistes- und Sozialwissenschaften bis zu den Natur- und Ingenieurwissenschaften ist die Voraussetzung für den breit gefächerten Erkenntnisfortschritt, der einen wesentlichen Bestandteil des kulturellen Selbstverständnisses bildet. Grundlagenforschung sichert langfristig die Innovations- und Leistungsfähigkeit der wissenschaftlich-technischen Welt. Sie trägt insbesondere in den Geistes- und Kulturwissenschaften zur Selbstvergewisserung der Kultur sowie zur Orientierung moderner Gesellschaften bei. Angesichts dieser konstitutiven Bedeutung der Grundlagenforschung verbietet sich nach Auffassung des Wissenschaftsrates eine Beschränkung ihrer Förderung nach Kriterien unmittelbar absehbarer wirtschaftlicher, industrieller oder technologischer Verwertungen. Die international anerkannte Position Deutschlands in der Grundlagenforschung ist ein wesentlicher Wettbewerbsvorteil, der sich auch in der Förderpolitik widerspiegeln muß. Eine breite Förderung der Grundlagenforschung ist die entscheidende Voraussetzung, um einen internationalen Spitzenplatz der Forschung in Deutschland zu behaupten und die Innovationsfähigkeit langfristig zu sichern.

Im deutschen Forschungssystem sind Universitäten die wichtigsten Orte einer selbstbestimmten Grundlagenforschung in ihrer ganzen Breite. Im Unterschied zu außeruniversitären Forschungseinrichtungen trägt die universitäre Forschung nicht nur zum Erkenntnisfortschritt in ausgewählten Gebieten bei, sondern sichert die Reproduktion des erreichten Erkenntnis-, Methoden- und Theorienstandes in allen Disziplinen. Durch die Teilhabe der Studierenden und des wissenschaftlichen Nachwuchses am Forschungsprozeß werden hochqualifizierte Fach- und Führungskräfte für den Arbeitsmarkt außerhalb von Hochschulen einschließlich anderer Forschungseinrichtungen ausgebildet. Darüber hinaus sind Universitäten mit einem hohen Niveau in der Forschung wichtige Standortfaktoren zur Schaffung eines attraktiven Forschungsumfeldes auch für Unternehmen.

Grundlagenforschung benötigt Freiräume für die Forschenden, die durch die personelle und sächliche Grundausstattung der Hochschullehrer zu gewährleisten ist. Darüber hinaus bedarf sie eines relativ offenen zeitlichen Horizonts für den Forschungsprozeß, dessen Förderung nicht kurzfristig erfolgen darf, sondern auf Kontinuität angelegt sein muß. Eine kontinuierliche Förderung der Grundlagenforschung trägt langfristig zum effizienten Ressourceneinsatz bei. Nur eine ausreichende Ausstattung der Universität ermöglicht eine kontinuierliche Förderung unter Leistungsgesichtspunkten.

Universitäre Forschung umfaßt neben der reinen Grundlagenforschung das gesamte Spektrum bis zur angewandten Forschung. Anwendungsorientierte Forschung sollte ein wichtiges Element im Aufgabenprofil der Hochschulen sein und kann maßgeblich zu deren Ausstrahlung in andere gesellschaftliche Bereiche beitragen. Für die Universitäten ist die enge Rückbindung der anwendungsorientierten Forschung an die Grundlagenforschung, zu der fließende Übergänge bestehen, charakteristisch.

Eine entscheidende Voraussetzung für anwendungsorientierte Forschung ist der Kontakt zu den Partnern, die die Ergebnisse nutzen. Nur in den Fällen, in denen die Hochschulen eigene Dienstleistungen anbieten, wie dies am ausgeprägtesten in den Hochschulkliniken zu finden ist, werden die Ergebnisse anwendungsorientierter Forschung unmittelbar in den Hochschulen genutzt. In der Regel sind die Partner jedoch außerhalb der Hochschulen angesiedelt, so daß wirkungsvolle Kooperationsbeziehungen aufgebaut werden müssen, um den unerläßlichen Bezug zur Anwendung zu sichern und somit entscheidende Impulse für die Durchführung anwendungsorientierter Forschung zu geben (vgl. These 9).

Anwendungsorientierte Forschung ist nicht nur ein Beitrag zur wirtschaftlichen und gesellschaftlichen Umsetzung von Grundlagenwissen, sondern sie kommt unmittelbar der Ausbildung und Arbeitsmarktfähigkeit der Studierenden zugute. Sie ist keinesfalls auf die Ingenieurwissenschaften und die Medizin begrenzt, sondern betrifft in je eigener Ausprägung nahezu alle Disziplinen. Je nach fachlicher Ausrichtung und nach der Art des externen Nutzers, wie mittelständischen Betrieben, industriellen Großunternehmen, staatlichen Verwaltungen, Medien oder Einrichtungen der Kunst und Kultur, ist eine außergewöhnliche Vielfalt von Kooperationsformen notwendig. Entsprechend liegt bei der Ausrichtung und Organisation dieser Forschung ein großer Gestaltungsspielraum bei jeder einzelnen Hochschule, der konsequent genutzt werden sollte. Die Angebote der anwendungsorientierten Forschung können ein wichtiges Element der Profilierung der Hochschulen darstellen. Dabei können sowohl regionenspezifische Orientierungen im Vordergrund stehen, die sich auf dort existierende Branchen konzentrieren, als auch eine primär überregional nachgefragte Spezialisierung, wie sie z. B. für verschiedene Institute und Fachbereiche an Technischen Universitäten eine lange Tradition hat.

Für die anwendungsorientierte Forschung sind spezifische Förderinstrumente notwendig, die sowohl den erheblichen Ressourcenbedarf als auch die jeweiligen Spezifika der verschiedenen Anwendungsziele berücksichtigen müssen. In der Regel sollten die Nutzer anwendungsorientierte Forschung mitfinanzieren, um die Wahrscheinlichkeit der Anwendung bei erfolgversprechenden Forschungsergebnissen zu erhöhen. Es gibt jedoch Forschungsfelder, in denen der Staat selbst Nutzer anwendungsorientierter Forschung ist oder in denen eine angemessene Finanzierung nicht allein von den potentiellen Anwendern geleistet werden kann. In diesen Fällen schafft Projektförderung durch Bund oder Land entscheidende Anreize. Durch die Forschungsförderung der Europäischen Union ist eine weitere Finanzierungsmöglichkeit mit speziellem Zuschnitt auf die Anwendung entstanden. Forschungsverbünde und Verbundprojekte haben sich als Förderinstrumente für die anwendungsorientierte Forschung auf Länder-, nationaler und europäischer Ebene besonders bewährt.

These 5: Forschung und Entwicklung an Fachhochschulen

Angewandte Forschung und Entwicklung gehören zu den Aufgaben der Fachhochschulen. Sie dienen der Qualitätssicherung der Lehre sowie der Unterstützung des Wissens- und Technologietransfers. Angewandte Forschungs- und Entwicklungsarbeiten sollen durch fachhochschulspezifische Förderprogramme unterstützt und durch Anreize gefördert werden.

Die Hochschulgesetze aller Länder weisen der Fachhochschule als Institution auch die Aufgabe angewandter Forschungs- und Entwicklungsarbeiten zu. Der Wissenschaftsrat begrüßt diese Entwicklung und hält es für entscheidend, den in den letzten Jahren geschaffenen gesetzlichen Rahmen materiell auszufüllen, ohne daß deswegen das Primat der Lehre in Frage gestellt werden darf. Forschung und Entwicklung an Fachhochschulen sollten orientiert sein an Anwendungsproblemen und konkreten Aufgabenstellungen aus der Praxis. Sie zielen vor allem auf die Anwendbarkeit von Forschungsergebnissen auf aktuelle Problemstellungen aus der Praxis und sind daher eng mit dem Technologie- und Wissenstransfer von der Hochschule in die Praxis verknüpft. Daher werden die Forschungs- und Entwicklungsprojekte der Fachhochschulen zu erheblichen Teilen aus Drittmitteln – besonders aus der Wirtschaft – finanziert.

Die Voraussetzungen für erfolgreiche Forschungs- und Entwicklungsarbeiten in den Fachhochschulen sind häufig noch unzulänglich. In seinen Empfehlungen zur Entwicklung der Fachhochschulen in den 90er Jahren hat der Wissenschaftsrat bereits 1990 eine Reihe von Maßnahmen zur Stärkung von angewandter Forschung und Entwicklung in den Fachhochschulen vorgeschlagen.[34]) Diese Maßnahmen sollten zum Abbau bestehender Hemmnisse für eine intensivere Forschungs- und Entwicklungsarbeit der Fachhochschulen beitragen. Die Empfehlungen des Wissenschaftsrates sind bisher allerdings erst zu einem geringen Teil umgesetzt worden.

Der Wissenschaftsrat hält ein Mindestmaß an apparativer und personeller Infrastruktur an Fachhochschulen für unerläßlich, damit diese Drittmittel einwerben und sich zu einem attraktiven Ansprechpartner der Wirtschaft entwickeln können oder dies weiterhin bleiben. Eine solche Infrastruktur erleichtert die Zusammenarbeit mit Klein- und Mittelbetrieben, die keine eigene Forschungsinfrastruktur besitzen. Dadurch kann der regionale Bezug der Fachhochschulen gestärkt werden. Einige Länder und der Bund haben Programme aufgelegt, die die Drittmittelfähigkeit der Fachhochschulen verbessern sollen. Der Wissenschaftsrat begrüßt solche Ansätze. Er sieht in diesem Bereich ein großes Potential, das während der nächsten Jahre weiter ausgebaut und entwickelt werden sollte. Dabei kann es nicht darum gehen, flächendeckend die Fachhoch-

34) Wissenschaftsrat: Empfehlungen zur Entwicklung der Fachhochschulen in den 90er Jahren, Köln 1991.

schulen mit einer an Universitäten üblichen Grundausstattung für die Forschung auszustatten.

Der Wissenschaftsrat empfiehlt darüber hinaus, intern Anreize für Forschungs- und Entwicklungsarbeiten zu schaffen. So sollte an jeder Fachhochschule ein Fonds für Personal- und Sachmittel sowie für Verfügungsräume eingerichtet werden, aus dem forschungsaktiven Professoren für ihre Forschungs- und Entwicklungsarbeiten zeitlich befristet eine Zusatzausstattung bereitgestellt werden kann. Dabei ist auch daran zu denken, den Umfang von Zusatzmitteln an den Umfang der eingeworbenen Drittmittel zu koppeln.

Für Hochschullehrer, die Projekte der angewandten Forschung und Entwicklung im Hauptamt betreiben, empfiehlt der Wissenschaftsrat eine befristete Reduzierung des Lehrdeputats, die gleichermaßen aus dem Fonds gedeckt werden soll. Diese gezielte Form der Entlastung für Forschungsaufgaben hat gegenüber einer generellen Reduzierung des Lehrdeputats den Vorteil, daß die Schaffung eines Potentials für angewandte Forschung und Entwicklung nicht automatisch an den Umfang der Lehrkapazität gebunden wird, wie dies an den Universitäten für die Forschung der Fall ist. Dadurch ist es auch möglich, zusätzliche Finanzierungsquellen zu erschließen und zugleich den Praxisbezug zu sichern. Der Wissenschaftsrat erinnert mit Nachdruck daran, daß insbesondere zur Vorbereitung solcher Vorhaben neben Investitions- und Verbrauchsmitteln auch eine zeitlich befristete personelle Ausstattung notwendig ist.

Eine besondere Möglichkeit zur Profilierung der Fachhochschulen in angewandter Forschung und Entwicklung besteht in der Bündelung der Arbeiten zu Forschungsschwerpunkten mehrerer Hochschullehrer und in der Gründung von dazu korrespondierenden Instituten an Fachhochschulen (An-Institute), wie sie in einigen Ländern bereits bestehen. Beide Formen der Zusammenarbeit erlauben es, größere Themen zu bearbeiten, die über die Forschungsinteressen einzelner Hochschullehrer hinausgehen. Durch diese Konzentration der Forschung gewinnt die Fachhochschule ein besonderes Profil nicht nur in der differenzierten Hochschullandschaft, sondern auch gegenüber der privaten Wirtschaft. Gleichzeitig kann sie dadurch für die Zusammenarbeit mit ausländischen Hochschulen und anderen ausländischen Einrichtungen attraktiver werden. Die bereits weit fortgeschrittene Internationalisierung der Studiengänge an Fachhochschulen bietet sehr gute Voraussetzungen für eine solche internationale Kooperation.

An vielen Fachhochschulen ist – häufig wegen ihrer unterkritischen Größe – keine ausreichende Ausstattung mit Laboratorien vorhanden. Eine wichtige Voraussetzung für die Durchführung von Forschungs- und Entwicklungsarbeiten ist deshalb nicht immer gegeben. Der Wissenschaftsrat hält daher – bei ausdrücklicher Anerkennung unverkennbarer Verbesserungen durch Bemühungen des Bundes und der Länder – weitere Anstrengungen für erforderlich.

Durch Zusammenarbeit mit Universitäten und anderen Forschungspartnern können die Fachhochschulen ihren spezifischen Anwendungsbezug und ihre Erfahrungen aus dem Transfer zur Wirtschaft mit einbringen. Je nach Charakter der kooperierenden Einrichtung sind die Forschungsarbeiten unterschiedlich auszurichten. Die Modelle der Zusammenarbeit in Forschung und Entwicklung reichen von der Nutzung von Großgeräten über die intensive Kooperation an Gemeinschaftsprojekten bis zur Bearbeitung von Projekten an Fachhochschulen, mit denen die Vorbereitung zur Promotion an einer Universität verbunden ist. Auch wenn die Heranbildung des wissenschaftlichen Nachwuchses Aufgabe der Universitäten und nicht der Fachhochschulen ist, ist es für die letztgenannte Form der Zusammenarbeit allerdings notwendig, die Durchlässigkeit beider Hochschultypen durch eine sachgerechte Anerkennung der Studien- und Prüfungsleistungen zu erhöhen und die Zulassung besonders begabter Fachhochschulabsolventen zur Promotion zu fördern. Der Wissenschaftsrat hält eine Vielzahl von Projekten und Ansätzen der angewandten Forschung und Entwicklung auch an Fachhochschulen für sinnvoll, soweit das Primat der Lehre nicht in Frage gestellt wird.

These 6: Förderung des wissenschaftlichen Nachwuchses und Teilhabe von Frauen an der Forschung

Innovative Forschung wird in hohem Maße vom wissenschaftlichen Nachwuchs geleistet. Für Nachwuchswissenschaftler sind neben einer fördernden Anleitung ein zunehmendes Maß an Selbständigkeit und entsprechende Forschungsressourcen entscheidend. Herausragende Wissenschaftler in der Postgraduiertenphase müssen die Möglichkeit erhalten, eigene Nachwuchsgruppen aufzubauen und zu leiten. Der Anteil von Frauen unter den Nachwuchswissenschaftlern muß rasch erhöht werden, um ihre gleichberechtigte Teilhabe am Forschungsprozeß zu erreichen.

Die Ausbildung des wissenschaftlichen Nachwuchses[35]) gehört neben Forschung und Lehre zu den zentralen Aufgaben der Universitäten. Sie haben einen unmittelbaren Zugriff auf dieses Talent- und Kreativitätspotential, weil sie allein über das Recht verfügen, wissenschaftliche Grade zu verleihen. In vielen Fächern trägt der wissenschaftliche Nachwuchs große Teile der Forschung. Ohne ihn würde die Forschung empfindlich leiden. Seine Untersuchungen treiben den Kenntnis- und Methodenstand voran und tragen dadurch wesentlich zur Leistungs- und Innovationsfähigkeit der Forschung bei.

35) Der Begriff „wissenschaftlicher Nachwuchs" umfaßt Doktoranden sowie bereits promovierte Hochschulabsolventen, die sich im Anschluß an ihre Promotion wissenschaftlich weiterqualifizieren (Postdoktoranden und Hochschullehrernachwuchs). Zur Definition des Begriffs vgl. Wissenschaftsrat: Empfehlung zur Förderung des wissenschaftlichen Nachwuchses, in: Empfehlungen und Stellungnahmen 1980, Köln 1981, S. 8 ff.

In seinen Empfehlungen zur Förderung von Graduiertenkollegs[36]) und zur Strukturierung der Doktorandenausbildung[37]) hat der Wissenschaftsrat bereits zu Strukturschwächen in der Promotionsphase Stellung bezogen. Er empfiehlt eine intensivere Betreuung der Doktoranden durch erfahrene Wissenschaftler und die Einbettung der Promotionsarbeit in einen größeren, disziplinären und interdisziplinären Forschungszusammenhang. Diese Maßnahmen tragen zu einer Steigerung des Innovationsgrades und der Effektivität der Forschungsarbeit bei. Trotz der in einigen Punkten nicht optimalen Struktur der Doktorandenausbildung gibt es zur Zeit in den meisten Fächern eine ausreichende Zahl gut qualifizierter promovierter Wissenschaftler und somit grundsätzlich ein gutes Potential für die folgende Qualifikationsstufe.

Die anschließende Postdoktoranden- und Habilitationsphase weist gleichermaßen Strukturdefizite auf.[38]) In vielen Fächern ziehen gut qualifizierte Kandidaten Arbeitsplätze in Bereichen außerhalb der Universität vor, weil eine akademische Karriere mit noch zu langen unselbständigen Qualifikationszeiten verbunden und zugleich mit einem hohen Risiko für die späteren Berufsaussichten behaftet ist. Der Weg zur Professur ist keine Laufbahn, die mit anderen beruflichen Karrieren zu vergleichen ist. Hinzu kommt, daß Universitäten aufgrund ihrer defizitären Ausstattung in vielen Fächern im Wettbewerb um den Nachwuchs das Nachsehen haben. In bestimmten Fächern finden sehr gut qualifizierte Bewerber in außeruniversitären Forschungseinrichtungen oder in der Wirtschaft häufig bessere Forschungsbedingungen.

Eine entscheidende strukturelle Schwäche dieser Qualifikationsphase liegt in der fehlenden Selbständigkeit des Nachwuchses, der in der Regel bis zur Habilitation oder einer entsprechenden Qualifizierung in Abhängigkeit vom jeweiligen Institutsleiter oder Lehrstuhlinhaber arbeitet, welcher über eine Grundausstattung an Räumen, Geräten und Personal verfügt und darauf aufbauend Drittmittel einwerben kann. Die Abhängigkeit widerspricht der mit der Promotion erreichten fachlichen Kompetenz und Selbständigkeit des wissenschaftlichen Nachwuchses. Hinzu kommt, daß Nachwuchswissenschaftler nicht selten in erheblichem Maße forschungsfremde, dem Institutsleiter zuarbeitende Funktionen übernehmen und in bestimmten Fächern eine zu hohe Lehrbelastung tragen müssen.[39])

---

36) Wissenschaftsrat: Empfehlung zur Förderung von Graduiertenkollegs, in: Empfehlungen und Stellungnahmen 1988, Köln 1989, S. 7-18 sowie Stellungnahme zur Weiterführung des Graduiertenkolleg-Programms, in: Empfehlungen und Stellungnahmen 1994, Köln 1995, S. 401-428.
37) Wissenschaftsrat: Empfehlung zur Neustrukturierung der Doktorandenausbildung und -förderung, in: Empfehlungen und Stellungnahmen 1995, Köln 1995, S. 7-76.
38) Wissenschaftsrat: Empfehlungen zur Förderung des Hochschullehrernachwuchses, in: Empfehlungen zur Doktorandenausbildung und zur Förderung des Hochschullehrernachwuchses, im Druck.
39) Der Wissenschaftsrat hält gleichwohl die Übernahme eines bestimmten Maßes an Lehr- und Verwaltungsausgaben für qualifikationsfördernd. Vgl. Empfehlung zur Förderung des Hochschullehrernachwuchses, a.a.O.

Der Wissenschaftsrat hält es für unerläßlich, daß die Universitäten herausragenden Nachwuchswissenschaftlern Arbeitsbedingungen bieten, die ihnen die Durchführung eigener Forschungsprojekte in zunehmender Selbständigkeit ermöglichen. Daher sollten ihnen Sach- und Personalmittel zur Verfügung gestellt werden, wenn sie selbständig Drittmittel einwerben. In diesem Sinne empfiehlt der Wissenschaftsrat den Drittmittelgebern, die selbständige Antragstellung von Nachwuchswissenschaftlern noch stärker zu fördern. Einen weiteren Schritt zu einer stärkeren Selbständigkeit sieht der Wissenschaftsrat darin, daß Universitäten über einen Pool von C1-Stellen verfügen, die von einer Forschungskommission temporär und leistungsbezogen vergeben werden; dieser Pool soll aus einem Teil der bestehenden, den jeweiligen Instituten oder Lehrstühlen zugewiesen C1-Stellen gebildet werden.

Nachwuchsgruppen[40]) haben sich als Forschungsförderinstrument der Max-Planck-Gesellschaft bereits bewährt; auch einige wenige Sonderforschungsbereiche der Deutschen Forschungsgemeinschaft verfügen über Nachwuchsgruppen. Die Bildung einer Nachwuchsgruppe ermöglicht den sie leitenden jungen Wissenschaftlern, weitere Drittmittel unabhängig vom Institutsleiter oder Lehrstuhlinhaber einzuwerben. Die Deutsche Forschungsgemeinschaft sollte wesentlich stärker als bisher von der Fördermöglichkeit für Nachwuchsgruppen Gebrauch machen, gerade innerhalb von Sonderforschungsbereichen. Sie hat dazu bereits erste Schritte eingeleitet und sollte konsequent auf diesem Weg voranschreiten. Künftig sollten eine Nachwuchsgruppe sowie Nachwuchswissenschaftler als Leiter von Teilprojekten als besonderer Qualitätsausweis für Sonderforschungsbereiche gelten. Der Förderzeitraum für Nachwuchsgruppen sollte wie bisher fünf Jahre betragen.

Frauen benachteiligende Strukturen in der Gesellschaft allgemein und im Wissenschaftssystem verhindern ihre adäquate Beteiligung an der Forschung. Dies wird daran deutlich, daß lediglich knapp 7 % aller Professuren (1993) von Frauen eingenommen werden, obwohl mittlerweile über 43 % der Studierenden an Universitäten Frauen sind.[41]) Um die Teilhabe von Frauen am Forschungsprozeß zu verbessern, hält der Wissenschaftsrat es für unerläßlich, Frauen durch Fördermaßnahmen zu unterstützen.

Ein weiterer wichtiger Ansatz liegt darin, die Bedingungen für die Vereinbarkeit von wissenschaftlicher Arbeit und Familientätigkeit zu verbessern. Um berufliches und familiäres Engagement miteinander verbinden zu können, optieren Frauen nach wie vor stärker als Männer für

---

40) Eine Nachwuchsgruppenleitung wird in der Regel international ausgeschrieben, nach BAT dotiert und umfaßt eine Forschungsausstattung, die für maximal fünf Jahre bereitgestellt wird.
41) Der Wissenschaftsrat bereitet zur Zeit eine Analyse der Benachteiligung von Frauen und ihrer Unterrepräsentanz in Wissenschaft und Forschung vor. Diese Analyse soll die Grundlage für weitergehende Empfehlungen des Wissenschaftsrates zur Förderung von Frauen in der Wissenschaft bilden.

Erwerbsstrukturen, die eher eine Vereinbarkeit beider Zielsetzungen ermöglichen. Sie sehen sich stärker als Männer mit den Problemen der Doppelbelastung konfrontiert. Gerade in der Phase nach der Promotion führt dies häufig zum Abbruch der wissenschaftlichen Karriere, was zum einschneidenden Rückgang des Anteils von Frauen am wissenschaftlichen Nachwuchs führt. Eine Flexibilisierung der Förder- und Arbeitsbedingungen ist daher unerläßlich, um Frauen die Möglichkeit zu geben, den Anforderungen von Beruf und Familie gerecht zu werden. Da es sich dabei jedoch um eine beiden Elternteilen zukommende Aufgabe handelt, sollten gleichermaßen Hindernisse dafür abgebaut werden, daß sich Männer bei der Betreuung von Kindern stärker engagieren.

Damit das Kreativitätspotential der Frauen in der für die Karriereentscheidung wichtigen Postdoktoranden- und Habilitationsphase nicht verloren geht, sind Nachwuchswissenschaftlerinnen bei der Fortführung ihrer Forschung gezielt zu unterstützen. Um Frauen den Einstieg in eine wissenschaftliche Karriere zu eröffnen, bieten sich primär Mitarbeiter- oder C1-Stellen an. Demgegenüber bergen spezielle Stipendien für Frauen die Gefahr, ihnen den häufig aussichtsreicheren Weg über Haushaltsstellen zu verwehren.

Mit frauenfördernden Veränderungen muß sehr rasch begonnen werden, damit der gegenwärtig stattfindende Generationswechsel bei den Hochschullehrern dafür genutzt werden kann. Denn in der zweiten Hälfte des nächsten Jahrzehnts werden sich die Chancen für eine Professur mit fächerspezifischen Unterschieden deutlich verschlechtern, so daß die Stellensituation für Frauen und Männer dann wieder schwieriger wird.

These 7: Ressourcenvergabe und Evaluation

Der Wettbewerb um Drittmittel ist der wichtigste Weg für eine leistungsbezogene Vergabe von Forschungsressourcen. Das Drittmittelvolumen muß daher gesteigert werden. Zusätzlich sollten die Hochschulen eigene Instrumente für eine qualitätsabhängige Ressourcenverteilung schaffen. Angemessene Formen interner und externer Evaluation sind nützlich, um unterschiedliche Ressourcenzuweisungen zu begründen; die Erfüllung von Evaluationskriterien darf aber nicht zum Selbstzweck werden.

Um den Hochschulen eine wirkungsvolle Forschungsförderung zu ermöglichen, bedarf es einer leistungsbezogenen Ressourcenvergabe.[42]) Die dafür notwendige Ressourcenumverteilung, die Forschungsgesichtspunkte stärker berücksichtigt, stößt bisher auf spezifische Probleme der Selbstverwaltung der Hochschulen, deren Organisation durch ein Nebeneinander zahlreicher Fachbereiche mit einer kollegialen Organisati-

42) Vgl. z. B. Wissenschaftsrat: Stellungnahme zur Entwicklung der Hochschulmedizin, in: Empfehlungen und Stellungnahmen 1995, Köln 1996, Bd. I., S. 77 ff.

onsstruktur und einer traditionell schwachen Ebene zentraler Entscheidungsstrukturen gekennzeichnet ist.

Voraussetzung für eine leistungsbezogene Mittelvergabe ist eine sachgerechte Evaluation der Forschungsleistungen der Hochschulen. Sie fungiert als Element der Selbsteinschätzung und -kontrolle der Fachbereiche und der Hochschulen über ihre Forschungsqualität und -leistungen, über den Beitrag der jeweiligen Disziplinen und Fachbereiche zu interdisziplinären Projekten und zum Forschungsprofil der gesamten Hochschule. Sie liefert darüber hinaus die Grundlage für eine leistungsbezogene Ressourcenvergabe innerhalb der Hochschule und unterstützt eine gezielte Schwerpunktbildung, da die besonders leistungsfähigen Fachbereiche ermittelt und entsprechend gefördert werden können. Außerdem ermöglicht sie, auf dem Feld der anwendungsorientierten Grundlagenforschung die Ergebnisse einer Forschungsprospektion[43]) in den Entwicklungsplan einer Hochschule mit einzubeziehen. Insgesamt wird durch Evaluation und Transparenz der angestrebte Wettbewerb innerhalb und zwischen den Hochschulen gefördert. Die als erster Schritt durchgeführte Evaluation eines oder weniger Fachbereiche löst bereits Mobilisierungseffekte für alle Fachbereiche aus und führt somit zu einer Qualitätsverbesserung.

Für eine Evaluation der Forschungsleistungen von Hochschulen existieren bisher noch keine etablierten Verfahren und Kriterien.[44]) Das bewährte peer-review-Verfahren könnte durch weitere Bewertungselemente ergänzt werden: die Zahl der betreuten Staats-, Diplom- und Magisterarbeiten, Promotions- und Habilitationszahlen sowie die jeweiligen Quoten, Publikationen und bibliometrische Analysen, Zahl der Forschungsstipendien und Gastaufenthalte, Zahl der ergangenen Rufe, Tätigkeit als Sachverständiger oder Fachgutachter, Art und Umfang eingeworbener Drittmittel, angemeldete Patente, Auszeichnungen und Preise, Einladungen zu Fachtagungen, Veranstaltung von Konferenzen, Anzahl der Sonderforschungsbereiche, Graduiertenkollegs und Forschungsschwerpunkte etc. Der Wissenschaftsrat weist darauf hin, daß den genannten Kriterien je nach Disziplin und Forschungstyp unterschiedliches Gewicht zukommt, so daß sich die schematische Anwendung von Indikatoren verbietet. Zudem sollte eine Vielfalt von Bewertungsansätzen entwickelt werden.

Über die interne Evaluierung ihrer Fachbereiche hinaus sollten die Hochschulen in den nächsten Jahren Modelle für eine externe Evaluation in größeren Zeitabständen (ca. acht bis zehn Jahre) entwickeln, die als Ergänzung und Korrektiv der internen Bestandsaufnahme dienen und

43) Wissenschaftsrat: Empfehlungen zu einer Prospektion für die Forschung, in: Empfehlungen und Stellungnahmen 1994, Köln 1995, Bd. I, S. 7-34.
44) Ein prozeßorientiertes Modell der Evaluation zur Qualitätsverbesserung hat der Wissenschaftsrat kürzlich für den Bereich der Lehre entworfen. Vgl. Wissenschaftsrat: Empfehlungen zur Stärkung der Lehre in den Hochschulen durch Evaluation, i. d. Bd., S. 55 ff.

mit überschaubarem Aufwand realisiert werden sollte. Die Kombination von regelmäßigen Begutachtungen – etwa durch einen Wissenschaftlichen Beirat – und einer externen Bewertung in größeren Zeitabständen ist bei außeruniversitären Forschungseinrichtungen inzwischen erprobt, so daß auf entsprechende Erfahrungen zurückgegriffen werden kann.

Um Evaluationsergebnisse effektiv umzusetzen und um die daran geknüpfte interne Ressourcenvergabe gemäß der mittel- bis langfristigen Entwicklungsplanung zu realisieren, sollten die Entscheidungskompetenzen der Hochschulleitung und der Dekane gestärkt werden, wie vom Wissenschaftsrat in seinen 10 Thesen zur Hochschulpolitik empfohlen. Dadurch wird die Hochschule in die Lage versetzt, ihre Mittel befristet nach Leistungskriterien und in Abhängigkeit von ihrem Forschungsprofil aus dem zentralen Forschungsfonds (vgl. These 2) zu vergeben.

Während der 80er Jahre haben sich die von den Hochschulen eingeworbenen Drittmittel nominal fast verdoppelt und sind somit wesentlich stärker angestiegen als die Mittel der Grundausstattung für Forschung und Lehre (vgl. A. III. 1). Die gewachsene Bedeutung von Drittmitteln ist grundsätzlich zu begrüßen, weil sie zur Leistungssteigerung durch stärkeren Wettbewerb in der Wissenschaft beiträgt. Drittmittelgeförderte Forschergruppen, Verbundprojekte, Sonderforschungsbereiche und Forschungsverbünde tragen außerdem zur Herausbildung von Forschungsschwerpunkten und folglich zur Profilbildung der Hochschulen bei. Der ausgeprägte Wettbewerbscharakter der Drittmittel zeigt sich z. B. darin, daß einzelne Universitäten bisher keinen einzigen Sonderforschungsbereich beantragt haben, während andere über eine zweistellige Zahl dieser nur nach strikter Qualitätsprüfung bewilligten Förderungen verfügen. Eine ähnliche Differenzierung zwischen den Hochschulen ist bei vielen anderen Instrumenten der Forschungsförderung zu beobachten, auch wenn nicht einfach von der Höhe der eingeworbenen Drittmittel auf die Qualität der Forschung geschlossen werden darf. Denn Ausstattung und Größe der Hochschulen, d. h. die Möglichkeit, die kritische Masse an Forschenden zu erbringen, können eine Rolle für den Erfolg auf dem Drittmittelmarkt spielen.

In den letzten Jahren ist eine zunehmende Anspannung des Drittmittelmarktes eingetreten, da die konkurrierende Nachfrage aus allen Bereichen des Forschungssystems, auch aus den außeruniversitären Einrichtungen, deutlich gestiegen ist, während das Gesamtvolumen der insgesamt verfügbaren Drittmittel von öffentlichen und privaten Geldgebern nicht in gleichem Maße gewachsen ist. Die verschärfte Konkurrenz um Drittmittel erfordert vergleichbare Wettbewerbsbedingungen für alle Konkurrenten. Dies ist jedoch vielfach nicht der Fall, da die Hochschulen häufig nicht über eine Infrastruktur verfügen, wie sie für außeruniversitäre Einrichtungen selbstverständlich ist und wie sie die Einwerbung von Projektmitteln erleichtert. Zum Erhalt der Drittmittelfähigkeit der Hochschulen ist es somit unerläßlich, daß sie über eine ausreichende Infrastruktur aus der Grundausstattung verfügen und die zum Teil bestehenden Ausstattungsdefizite behoben werden. Nicht zu übersehen ist auch die Gefahr, daß Hochschullehrer bei einem extrem hohen Drittmittelanteil ihrer Institute nur noch als Forschungsmanager tätig sind und keinerlei Spielraum für eigene Forschung mehr haben.

Der größte Drittmittelgeber für die Hochschulen ist die Deutsche Forschungsgemeinschaft; ihre Förderverfahren stehen grundsätzlich auch außeruniversitären Einrichtungen offen. Entscheidendes Förderkriterium ist die wissenschaftliche Qualität der beantragten Vorhaben, die durch unabhängige Gutachter geprüft wird. Die Deutsche Forschungsgemeinschaft kann nur knapp die Hälfte der beantragten Mittel bewilligen und sieht ein Mißverhältnis zwischen wissenschaftlich anerkanntem Bedarf und verfügbaren Mitteln. Vor diesem Hintergrund ist die Vereinbarung von Bund und Ländern, der Deutschen Forschungsgemeinschaft für das Jahr 1996 einen 5 %igen Haushaltszuwachs zu gewähren und darüber hinaus für die Jahre 1997 bis 1999 einen jeweils entsprechenden Zuwachs in Aussicht zu stellen, sehr hoch zu bewerten. Denn eine angemessene Finanzausstattung der Deutschen Forschungsgemeinschaft trägt unmittelbar zur Sicherung und zur Steigerung der Leistungsfähigkeit der Hochschulforschung bei.

Der Wissenschaftsrat hält es darüber hinaus für unerläßlich, daß die Projektförderung des Bundes sich in angemessenem Umfang weiterentwickelt. Auch künftig sind dabei die Belange der Hochschulforschung zu berücksichtigen. Das Bundesministerium für Bildung, Wissenschaft, Forschung und Technologie hat mit der Finanzierung von befristet angelegten Zentren („Instituten auf Zeit") eine zukunftsweisende Organisationsform der Programmförderung gefunden. Interdisziplinär arbeitende, auf zehn bis zwölf Jahre angelegte Zentren in Hochschulen oder außeruniversitären Einrichtungen auf einem Gebiet der Vorsorgeforschung – wie die Ökosystemzentren[45]) – haben sich gut bewährt. Der Wissenschaftsrat empfiehlt, solche programmorientierten strukturbildenden Förderverfahren künftig für weitere Forschungsfelder einzurichten. Entscheidend ist ein bundesweiter Wettbewerb um solche Zentren. Dadurch kann interdisziplinäre Hochschulforschung gezielt gefördert werden.

Neben den öffentlichen Mittelgebern kommt den privaten Förderern eine wichtige Rolle in der Forschungsförderung zu. Sie haben die Möglichkeit, auch besonders risikoreiche und wissenschaftlich noch nicht allgemein anerkannte Forschungsprojekte zu unterstützen. Die Bedeutung privater Förderer, die bisher ungefähr 10 % der Drittmittelforschung an Hochschulen finanzieren,[46]) könnte wachsen, wenn die Randbedingungen für private Stiftungen verbessert würden. Der Wissenschaftsrat empfiehlt daher, das Gemeinnützigkeits- und Steuerrecht stiftungsfreundlicher zu gestalten, um eine weitergehende Förderung von Wissenschaft

45) Zur Förderung der Ökosystemzentren vgl. Wissenschaftsrat: Stellungnahme zur Umweltforschung in Deutschland, a.a.O., Bd. I, S. 184 ff.
46) Vgl. Wissenschaftsrat: Drittmittel der Hochschulen 1970-1990, Köln 1993.

und Forschung durch Stiftungen anzuregen. Von verbesserten Rahmenbedingungen ist zu erwarten, daß die Bereitschaft privater Geldgeber zur Förderung von Wissenschaft und Forschung steigt.

These 8: Verhältnis von universitärer und außeruniversitärer Forschung

Zur Steigerung der Leistungsfähigkeit des gesamten Forschungssystems sollten die Kooperationen von Hochschulforschung und außeruniversitärer Forschung verstärkt und die Kooperationsformen ausgebaut werden. Wenn die Universitäten die institutionellen Voraussetzungen für die Forschung wesentlich verbessern, dann wird die Gewichtung zwischen universitärer und außeruniversitärer Forschung überdacht werden müssen.

Die Hochschulen sind Teil eines komplexen und vielfach arbeitsteiligen Forschungssystems, in dem sich universitäre und außeruniversitäre Strukturen ergänzen, aber auch miteinander konkurrieren. Das historisch gewachsene System ist mit den Hochschulen unterschiedlichen Typs und den gemeinsam von Bund und Ländern geförderten außeruniversitären Forschungseinrichtungen der Max-Planck-Gesellschaft, der Fraunhofer-Gesellschaft, der Helmholtz-Gemeinschaft, der Wissenschaftsgemeinschaft Blaue Liste und den Akademien der Wissenschaften hochdifferenziert und aufgrund der föderalen Struktur nicht zentral gesteuert. Die pluralistische Grundstruktur wird auch international als Vorteil betrachtet, da die Vielfalt der Strukturen der Vielgestaltigkeit wissenschaftlicher Ansätze und Arbeitsbedingungen entspricht.

Trotz der grundsätzlich arbeitsteiligen Anlage des Forschungssystems dürfen definierte Aufgabenzuweisungen (vgl. A. I.) nicht ausschließend verstanden werden, da gewisse Überlappungen der Forschungsprofile unterschiedlicher Einrichtungen sinnvoll sind. Die dadurch entstehende Konkurrenz zwingt dazu, das eigene Forschungsprofil zu schärfen und so zu gestalten, daß die jeweilige Forschung auf die Felder konzentriert wird, auf denen besondere Stärken liegen. Gerade in Zeiten der Ressourcenknappheit ist eine effektive Kooperation notwendig. Den Universitäten kommt insofern eine besondere Funktion im Forschungssystem zu, als sie den wissenschaftlichen Nachwuchs für alle Bereiche heranbilden.

Der Wissenschaftsrat hat in seinen Empfehlungen zur Zusammenarbeit von Großforschungseinrichtungen und Hochschulen und zur Neuordnung der Blauen Liste eine enge Kooperation von Hochschulen und außeruniversitären Einrichtungen empfohlen. Inzwischen ist vielerorts eine deutlich verbesserte Zusammenarbeit entstanden, die ihren Ausdruck in gemeinsamen Berufungen und gemeinsamen Forschungs- und Lehraktivitäten, wie Sonderforschungsbereichen, Graduiertenkollegs und Verbundprojekten, findet. Diese Kooperationsformen sollten in Zukunft weiter gepflegt und entwickelt werden. Hierzu zählt, daß nicht nur spezialisierte Forschungsseminare von Wissenschaftlern aus außeruniversitären Forschungseinrichtungen wahrgenommen werden. Diese wünschenswerte Zusammenarbeit sollte sich jedoch nicht auf die Aufnahmekapazität der Hochschulen auswirken, da sie sonst nicht oder nur eingeschränkt stattfinden würde. Ein Defizit sieht der Wissenschaftsrat in der Intensität des temporären Austausches von wissenschaftlichem Personal, der deutlich ausgebaut werden sollte.

In den Bereichen neuer Technologien, wie z. B. der Materialforschung oder der Biotechnologie, lassen sich in Form von Verbünden erfolgversprechende Forschungszusammenhänge schaffen, in denen Grundlagenforschung und angewandte Forschung optimal verknüpft werden, so daß durchgängige Forschungs- und Innovationsketten entstehen.[47]) Vergleichbare Verbundkooperationen bestehen in Bayern, Baden-Württemberg und NordrheinWestfalen; sie sollten auch in anderen Ländern und Forschungsfeldern im Zusammenspiel von Hochschulen, außeruniversitären Einrichtungen und Unternehmen aufgebaut werden. Der Wissenschaftsrat sieht in der Einrichtung von Verbünden ein wirkungsvolles Instrument, das unbedingt gestärkt werden sollte. Wesentlich ist das gemeinsame Verständnis von Hochschulforschung und außeruniversitärer Forschung, Teil eines Forschungssystems zu sein, das nur durch enge Kooperation, in die die industrielle Forschung einzubeziehen ist, seine volle Leistungsfähigkeit entfalten kann.

Für eine künftige Weiterentwicklung des Forschungssystems wird es entscheidend sein, ob die Universitäten ihre Rolle als Orte kompetitiver Forschung mit leistungsfähigen Strukturen einschließlich eines wirkungsvollen Forschungsfonds zielstrebig ausbauen und dabei hemmende Instituts- und Fachbereichsgrenzen überwinden. Hier sind vor allem die Universitäten, aber auch Länder und Bund als Gesetzgeber für die Hochschulen gefordert. Falls dies gelingt, wird die Gewichtung zwischen Hochschulforschung und außeruniversitärer Forschung überdacht werden müssen. Der finanzielle Gesamtrahmen für Hochschulforschung und außeruniversitäre Forschung darf nicht verschlechtert werden.

These 9: Wissens- und Technologietransfer

Die Erträge der Hochschulforschung und die Kompetenz der Hochschulforscher werden für die Entwicklungsfähigkeit der Gesellschaft und die Wettbewerbsfähigkeit der Wirtschaft nicht ausreichend genutzt. Durch Wissens- und Technologietransfer sollten sie wesentlich intensiver zur Geltung gebracht werden. Dazu sollten der Personalaustausch auf allen Ebenen, gemeinsame Verbundprojekte, Patentaktivitäten sowie Firmengründungen aus Hochschulen als effektive Transferformen ausgebaut

47) Der Wissenschaftsrat hat bereits den Ausbau von Verbundstrukturen in der Materialwissenschaft empfohlen. Vgl. Wissenschaftsrat: Stellungnahme zur außeruniversitären Materialwissenschaft, Köln 1996, S. 22 ff. und Empfehlungen zur Förderung materialwissenschaftlicher Forschung und Lehre an den Universitäten, in: Empfehlungen und Stellungnahmen 1993, Köln 1994, S. 291-361.

werden. Auch die Hochschulen sollten einen finanziellen Ertrag aus der Verwertung ihrer Forschungsergebnisse erzielen können.

Der beständige Wechsel gut ausgebildeter Hochschulabsolventen in eine Berufstätigkeit bildet die wichtigste Voraussetzung für einen effektiven Wissens- und Technologietransfer. Der Kontakt sollte bereits auf der Ebene der Studierenden und des wissenschaftlichen Nachwuchses beginnen. Studierende sollten zu Praktika oder zur Anfertigung von Studien- und Abschlußarbeiten sowie Dissertationen in Kooperation mit Unternehmen oder öffentlichen Einrichtungen ermutigt werden. Der Nachwuchs sollte die Möglichkeit erhalten, für etwa ein Jahr in einem Unternehmen oder einer Verwaltung arbeiten zu können; die sich aus dem Arbeitsrecht ergebende Begrenzung auf maximal 18 Monate für eine Mitarbeit als Gast sollte entfallen. Darüber hinaus sollten Wissenschaftler in einem größeren Umfang als bisher für „Industriesemester“ oder „Verwaltungssemester“ freigestellt werden; umgekehrt sollte Mitarbeitern aus Wirtschaft und Verwaltung in verstärktem Maße ein Forschungsaufenthalt an Hochschulen ermöglicht werden.[48]) Der Wissenschaftsrat empfiehlt, in Berufungsverfahren neben der wissenschaftlichen Qualifikation, die sich auch in Patentschriften niederschlagen kann, die erfolgreiche Tätigkeit in der Berufspraxis stärker zu berücksichtigen, so daß sich über die Ingenieurwissenschaften hinaus die Berufung qualifizierter Bewerber aus dem Berufsleben zu einer allgemein anerkannten Praxis an Universitäten entwickelt.

Aus der Beschränkung der Unternehmen auf das „Kerngeschäft“ und ihre zunehmende Orientierung an der kurzfristigen Nachfrage resultieren neue Kommunikations- und Kooperationsschwierigkeiten zwischen Hochschulen und Unternehmen, die eine Intensivierung des Transfers erschweren. Der Wissenschaftsrat appelliert daher an die Unternehmen, die Forschungskapazitäten und das Forschungspersonal als kompetente Partner für eine Zusammenarbeit mit Wissenschaftlern aus Hochschulen und außeruniversitären Einrichtungen zu erhalten. Darüber hinaus ist es notwendig, daß die in den Hochschulen begonnene Forschungs- und Innovationskette in den Unternehmen fortgesetzt wird. Das Wissens- und Technologieangebot der Hochschulen ist eine wesentliche Voraussetzung für neue Produkte und Verfahren in der Wirtschaft. Dort müssen jedoch verstärkt Entscheidungen zur Annahme des Wissens- und Transferangebots getroffen werden.

Die Erfahrungen mit spezifischen Transferinstrumenten zeigen, daß der Erfolg dieser Instrumente von zahlreichen Bedingungen im Umfeld der Hochschule abhängt und daß ein vornehmlich angebotsorientiertes Transferkonzept nicht ausreicht. Erst eine direkte fachliche Kooperation

48) Auf die sozialen, rechtlichen und organisatorischen Hindernisse für einen solchen Austausch hat der Wissenschaftsrat bereits mehrfach hingewiesen. Vgl. u. a. Wissenschaftsrat: Stellungnahme zur Zusammenarbeit zwischen Hochschule und Wirtschaft, in: Empfehlungen und Stellungnahmen 1986, Köln 1987, S. 77-105.

führt in der Regel zu einem gelungenen Transfer. Regelmäßige Gesprächskreise zwischen Hochschulen, Unternehmen und Banken haben sich als ein erfolgreiches Forum für einen fachlich fokussierten Austausch erwiesen, der zu gemeinsamen Forschungskooperationen führen kann. Zentrale Transferstellen an Universitäten sollen gleichermaßen eine solche Zusammenarbeit vermitteln; inwieweit ihnen diese Vermittlung gelingt, sollte vor dem Hintergrund des erheblichen Aufwandes für solche Transferinstrumente kritisch überprüft werden. Ein wesentliches Kriterium zur Bewertung ihrer Effizienz liegt im Umfang der Vermittlung projektförmiger Kooperationen.

In An-Instituten an Universitäten oder Fachhochschulen hat sich die projektorientierte Kooperation zwischen Hochschule und Wirtschaft als besonders fruchtbare Form des Technologietransfers bewährt. Die in jüngster Zeit begonnene Initiative der Deutschen Forschungsgemeinschaft, Transferbereiche zu fördern, zielt in die gleiche Richtung. Der Wissenschaftsrat begrüßt die Erprobung dieses neuen Konzepts, das einer Umsetzung von Ergebnissen der Grundlagenforschung in industrielle Nutzung und andere Anwendungsbereiche dienen soll.

Hochschulen und andere Forschungseinrichtungen haben in den letzten Jahren die Gründung innovativer Firmen als weiteres Element des Technologietransfers unterstützt. Dies ist insofern zu begrüßen, als in Deutschland deutlich mehr Gründer von Technologieunternehmen aus Hochschulen und anderen Forschungseinrichtungen kommen sollten. Es fehlt an Risikokapital und steuerlichen Anreizen für Investoren. Bund und Länder bemühen sich darum, die Rahmenbedingungen zu verbessern, indem z. B. Modellversuche zur Schaffung eines privaten Risikokapitalmarkts aufgelegt wurden. Aus den Hochschulen können entscheidende Impulse gegeben werden, indem im Vorfeld von Firmengründungen Rat und Unterstützung gewährt und dadurch die Voraussetzungen für die Gründung innovativer Firmen verbessert werden. Für eine bei Bedarf mehrjährige Übergangsphase können Hochschulen z. B. durch Teilzeitbeschäftigung von Mitarbeitern, die Firmen gründen, sowie durch eine zeitweilige Teilhabe an ihrer wissenschaftlichen Infrastruktur Hilfen geben. Der Wissenschaftsrat betrachtet erfolgreiche Firmengründungen aus Hochschulen heraus als Ermutigung, auf diesem Weg weiter zu gehen, und empfiehlt den Hochschulen und ihren Hochschullehrern, neue Wege der Förderung zu erkunden.[49]) Dafür können unterstützende Programme von Bund und Ländern eine Hilfe sein. Ein wesentlicher Schritt wird auch sein, die in vielen Studiengängen enthaltene Orientierung auf eine abhängige Beschäftigung zu ergänzen durch die weitere Möglichkeit, sich in einem eigenen Unternehmen selbständig zu machen und die dafür notwendigen Fähigkeiten und Fertigkeiten zu vermitteln.

49) Der Bund und einige Länder haben Programme für die Unterstützung von Firmengründungen sowie speziell für Beteiligungskapital für kleine Technologieunternehmen aufgelegt.

Ein wirksamer Patentschutz ist ein weiteres wichtiges Element eines erfolgreichen Technologietransfers. Der Wissenschaftsrat hat in seiner Stellungnahme zur außeruniversitären Materialwissenschaft bereits die Bedeutung und die Notwendigkeit eines wirkungsvollen Patentschutzes unterstrichen und verschiedene Verbesserungen angeregt.[50]) Den Forschenden an Hochschulen empfiehlt er, vor der Veröffentlichung technisch interessanter, gewerblich nutzbarer Ergebnisse regelmäßig zu prüfen, ob die Anmeldung eines Patents möglich und erfolgversprechend ist. Viele unter Verwertungsgesichtspunkten wichtige Ergebnisse können allein deshalb nicht mehr patentiert werden, weil sie bereits publiziert wurden. Dafür sind rechtliche Bedingungen anzupassen, wie z. B. die Wiedereinführung der Neuheitsschonfrist.

Wissenschaftlern an Hochschulen fehlen oft die notwendigen patentrechtlichen Kenntnisse. Die Hochschulen müssen über Ansprechpartner vor Ort verfügen, die in Zusammenarbeit mit anderen oder allein eine qualifizierte Erstberatung anbieten. Für die Unterstützung in diesem Bereich steht die Patentstelle für die Deutsche Forschung zur Verfügung, die die Fraunhofer-Gesellschaft auch als Dienstleistungseinrichtung für Hochschullehrer und andere freie Erfinder betreibt. Eine Zusammenarbeit mit der Wirtschaft ist in den meisten Fällen sinnvoll, insbesondere wenn es sich um die teure internationale Anmeldung und Verteidigung von Patenten handelt. Bei aller Aufmerksamkeit, die der Patentschutz verdient, sollten Patente nicht als alleiniger Maßstab für einen erfolgreichen Transfer gewertet werden.

These 10: Akzeptanz von Forschung und Technologie

Die Hochschulen und ihre Wissenschaftler müssen sich einer kritischen Diskussion über die Akzeptanz von Forschungsergebnissen in der Öffentlichkeit stellen. Die unzureichende Akzeptanz bestimmter Forschungsgebiete gefährdet die Freiheit und den Fortschritt von Forschung und Entwicklung. Innerhalb der Hochschulen sollte verstärkt aus multidisziplinärer Perspektive in Forschung und Lehre die Auseinandersetzung über Nutzen und Gefahren von Forschung und Entwicklung geführt werden. Dabei sollte neben den Studierenden und dem wissenschaftlichen Nachwuchs auch eine breitere Öffentlichkeit einbezogen werden.

Wissenschaft und Technologie haben entscheidend zur Entwicklung und Gestaltung der Industriegesellschaft beigetragen. Auch in Zukunft ist deren Entwicklungs- und Leistungsfähigkeit vom Fortschreiten der Wissenschaft abhängig, die auch durch unterlassene Forschung bestimmt wird. Die zunächst ungeteilt positive Einstellung der Öffentlichkeit zu Wissenschaft und Technologie als Fortschrittsträgern hat sich in den letzten Jahren differenziert, so daß bestimmten Großtechniken (z. B. Kern-

---

50) Wissenschaftsrat: Stellungnahme zur außeruniversitären Materialwissenschaft, a.a.O., S. 96-102.

energie) oder neu entwickelten Technologien (z. B. Gentechnik) zurückhaltender begegnet wird. Dagegen werden Forschung und die damit einhergehenden technologischen Neuerungen in der Regel dort akzeptiert, wo sie unmittelbare Vorteile bringen. Die Akzeptanz der Informations- und Kommunikationstechnik ist hierfür ein augenfälliges Beispiel. Die gewandelte Einstellung der Öffentlichkeit zu Nutzen und Risiken der Forschung und technologischen Entwicklung hat zu rechtlichen Beschränkungen (z. B. in den Bereichen Datenschutz oder Tierschutz) geführt. Dadurch entsteht ein Spannungsverhältnis zwischen dem Grundrecht der Forschungsfreiheit und rechtlichen Einschränkungen, die dem Schutz Dritter oder der Einhaltung ethischer Grenzen von Forschungszielen und -methoden dienen. In der Summe haben die Regelungen zur Folge, daß Forschungsaktivitäten auf bestimmten Gebieten in Deutschland stark zurückgegangen sind und daß Nachwuchswissenschaftler die in dieser Hinsicht sensiblen Forschungsfelder meiden. Der Wissenschaftsrat betrachtet diese Entwicklung mit Sorge, weil Tendenzen zur Überregulierung zunehmend die Freiheit von Wissenschaft und Forschung einschränken und ihr Fortschreiten behindern. Forschung kann allein in einem rationalen Klima der Aufgeschlossenheit gedeihen[51]) und würde durch ein forschungsfeindliches Umfeld beeinträchtigt.

Während die primäre Verantwortung des Wissenschaftlers darin liegt, die Verläßlichkeit wissenschaftlicher Ergebnisse und die richtige Anwendung der Methoden zu gewährleisten, besteht die gesellschaftliche Verantwortung der Wissenschaft und des einzelnen Wissenschaftlers darin, zu einer sachgerechten und umfassenden Information der Öffentlichkeit über die Forschung beizutragen. Dies bedeutet vor allem, über Potentiale, aber auch über Risiken der verfolgten Forschungsaktivitäten und ihrer möglichen technischen Anwendungen aufzuklären. Ein sachgerechter und transparenter Umgang trägt dazu bei, einen angemessenen Ausgleich zwischen dem Grundrecht der Forschungsfreiheit und den berechtigten Einschränkungen der Forschung zu erzielen. Wird die Auseinandersetzung in den Hochschulen selbst geführt, so können sie sich zu Orten einer öffentlichen Streitkultur entwickeln, an denen die Probleme in einem wissenschaftlich sachgerechten Kontext diskutiert werden.

Universitäten nutzen die Möglichkeit zu wenig, das Gespräch über die Grenzen der Fächer hinweg zu führen, obwohl sie Zugang zu prinzipiell allen Disziplinen haben. Eine solche Auseinandersetzung läßt sich nicht allein als Sachfrage einer Disziplin klären (z. B. über die Berechnung des probabilistischen Risikos); vielmehr müssen disziplinenübergreifende, normative sowie geistes- und sozialwissenschaftliche Erkenntnisse und Perspektiven in eine umfassende Behandlung von Akzeptanzfragen einbezogen werden.

51) Vgl. Deutsche Forschungsgemeinschaft: Forschungsfreiheit. Ein Plädoyer der DFG für bessere Rahmenbedingungen der Forschung in Deutschland, Bonn 1996.

In Lehrveranstaltungen sollten die Forschenden daher den Dialog mit den Studierenden über die Akzeptanzproblematik suchen und im Rahmen von möglichst interdisziplinär angelegten Projektstudien vertiefen. In Weiterbildungs- und öffentlichen Veranstaltungen (Symposien, Ringvorlesungen etc.) kann die interessierte Öffentlichkeit angesprochen werden. Darüber hinaus sollten Wissenschaftler für die öffentliche Auseinandersetzung traditionelle Möglichkeiten wie Vorträge nutzen, aber auch projektbezogen mit Journalisten (z. B. in Form gemeinsamer Zeitschriftenberichte, Film- oder Buchprojekte) zusammenarbeiten oder an Veranstaltungen von Fernsehen und Hörfunk teilnehmen. Neue elektronische Medien bieten ergänzende Möglichkeiten.

Als eine interessante Form der Verständigung der Öffentlichkeit mit der Expertenkultur der Wissenschaft können Konsensus-Konferenzen betrachtet werden.[52]) Universitäten sind durch ihre Disziplinenvielfalt besonders geeignet, um auf diesem in Deutschland kaum erprobten Feld die Initiative zu ergreifen und eine zielorientierte und themenbezogene Auseinandersetzung unter Bürgerbeteiligung über ein strittiges Forschungs- oder Technologieproblem zu führen. Zusammen mit Vertretern der Öffentlichkeit und unter Rückgriff auf das Wissen von Experten können gemeinsam Berichte erarbeitet und veröffentlicht werden. Solche durch Konsensuskonferenzen vorbereiteten Berichte hätten aufgrund der Art und Weise ihres Entstehens eine bessere Chance, von einem breiten Publikum aufgenommen zu werden.

52) Vgl. UK National Consensus Conference on Plant Biotechnology, Final Report, Science Museum London, 1994.

Empfehlungen zur Stärkung der Lehre in den Hochschulen durch Evaluation

vom Januar 1996

Inhalt

Vorbemerkung

Der Wissenschaftsrat hat sich in der Vergangenheit wiederholt mit der Hochschullehre und der Struktur des Studiums befaßt. Der wachsenden Bedeutung dieses Aufgabenfeldes entsprechend, hat er im Juli 1993 einen Ausschuß Lehre eingesetzt, der zu übergreifenden und grundlegenden Fragen von Studium und Lehre Stellungnahmen vorbereitet.

Mit der Stärkung der Lehre in den Hochschulen durch Evaluation hat der Ausschuß ein zentrales und aktuelles Thema der hochschulpolitischen Diskussion aufgegriffen. Die jetzt vorliegenden Empfehlungen beruhen auf einer empirischen und methodischen Basis, die sich der Ausschuß mit einem Pilotprojekt „Evaluation und Qualitätsentwicklung in der Lehre" sowie durch Analyse der mit vergleichbaren Evaluationsverfahren andernorts erzielten Ergebnisse erarbeitet hat. Er hat am 2. Mai 1994 eine Expertenanhörung mit internationaler Beteiligung durchgeführt. Ferner hat er zwei Arbeitsgruppen für die Fächer Betriebswirtschaftslehre und Physik eingesetzt, die im Februar und Mai 1995 im Rahmen modellhafter Lehrevaluationen insgesamt elf auf freiwilliger Basis am Pilotprojekt mitwirkende Fachbereiche und Fakultäten an Universitäten und Fachhochschulen besucht haben. Diesen Arbeitsgruppen gehörten auch Sachverständige an, die nicht Mitglieder des Wissenschaftsrates sind. Ihnen sowie den beteiligten Fakultäten und Fachbereichen ist der Wissenschaftsrat zu besonderem Dank verpflichtet.

Der Wissenschaftsrat hat die Empfehlungen am 19. Januar 1996 verabschiedet.

A. Anlaß und Gegenstand

Strukturprobleme und Rahmenbedingungen der Lehre stehen seit einigen Jahren im Zentrum der Hochschulpolitik. Während zunächst Eckwerte (Regelstudienzeiten, Lehrverpflichtungen, Studienvolumina etc.) die öffentliche Diskussion bestimmten, ist inzwischen die Hochschullehre selbst, ihre Qualität und Organisation, in den Vordergrund gerückt. Im Kontext einer allmählich wachsenden Wettbewerbsorientierung, zunehmenden Forderungen nach mehr Transparenz und Profilbildung, neuartigen Steuerungsherausforderungen im Hochschulsystem sowie der zunehmenden Konkurrenz um knappe öffentliche Mittel gilt das besondere Interesse jetzt auch den Leistungen der einzelnen Hochschulen und Fachbereiche in der Lehre.

Die Aufmerksamkeit für Qualitätsfragen wird von wachsendem Interesse an Evaluationsverfahren für die Lehre begleitet; allerdings finden bislang keine systematischen Evaluationsmaßnahmen in größerem Umfang statt. Hierin unterscheidet sich die Lehre vom Bereich der Forschung: Forschungsvorhaben, -schwerpunkte, -programme und -einrichtungen werden regelmäßigen Evaluationen durch externe Sachverständige unterzogen. Die Qualität der Forschung und deren Evaluation spielen in einem sich verschärfenden Wettbewerb um Ressourcen eine immer wichtigere Rolle. Auf diesen Unterschied hat der Wissenschaftsrat wiederholt hingewiesen. Dies bedeutet allerdings nicht, daß in anderen Sektoren gültige und mehr oder weniger erfolgreich praktizierte Formen der Evaluation ohne Prüfung undifferenziert auf die Leistungen von Hochschulen in Ausbildung und Lehre übertragen werden könnten. Vielmehr verlieren anderweitig erprobte und bewährte Normen oder Standards nicht nur an Relevanz, sondern auch an Akzeptanz, wenn sie unkritisch auf die Hochschullehre angewandt werden. Deshalb ist es erforderlich, für den Bereich der Lehre das Instrument der Evaluation so auszuformen, das es ihr und ihrem hochschulpolitischen und strukturellen Kontext in einer angemessenen Weise Rechnung trägt. Folglich ist zu fragen, welche Aufgaben, Zielsetzungen und Dimensionen Evaluationsmaßnahmen im Bereich der Hochschullehre zu verfolgen haben, welche Instrumente hierzu entwickelt werden und welche Rahmenbedingungen vorhanden sein sollten, damit ein effizientes und den verschiedenartigen Ansprüchen und Erwartungen an eine Evaluation der Lehre angemessenes Instrumentarium zum Einsatz kommen kann.

B. Ausgangslage

B. I. Diagnosen und Stellungnahmen des Wissenschaftsrates

Der Wissenschaftsrat hat sich zuletzt in seinen „10 Thesen zur Hochschulpolitik" vom Januar 1993 mit dem Problem einer für notwendig gehaltenen Studienstrukturreform sowie mit Vorschlägen auseinandergesetzt, wie der Lehre an den Hochschulen die ihr zukommende Bedeutung eingeräumt werden kann. In den „10 Thesen" heißt es dazu:

> Trotz entsprechender gesetzlicher Regelungen sind mehrfache Versuche zur Reform des Universitätsstudiums in der Vergangenheit weitgehend wirkungslos geblieben. Es fehlt an institutioneller und personeller Verantwortung für die Lehre ... Ein gravierendes Defizit besteht in der Berichterstattung über die Bedingungen und Leistungen in der Lehre ... Die offenkundigen Funktionsmängel und die öffentliche Kritik an den Hochschulen verlangen nach internen und externen Verfahren der Evaluation.[1])

1) Wissenschaftsrat: 10 Thesen zur Hochschulpolitik, in: Empfehlungen und Stellungnahmen 1993, Köln 1994, S. 7-46; im folgenden inbes. S. 37-41 (These 9). – Die vorliegenden Empfehlungen richten sich ausschließlich auf die Möglichkeit und Tragweite interner und externer Verfahren zur Lehrevaluation. Lehrberichte, wie sie inzwischen einige Hochschulgesetze vorsehen, sind nicht Gegenstand dieser Empfehlungen. Darüber hinaus bezieht sich der Begriff „Evaluation der Lehre" im folgenden nicht auf die an Hochschulen inzwischen weit verbreitete studentische Kritik einzelner Lehrveranstaltungen. Auf die Frage, welchen Stellenwert Lehrveranstaltungskritiken innerhalb eines künftigen Evaluationsverfahrens einnehmen können oder sollen, wird weiter unten eingegangen (C. III.).

Diese Diagnose stützt sich auf zwei allgemeine, seit langem bekannte Befunde: Zum einen genießt die Lehre an vielen Hochschulen noch immer keinen hohen Stellenwert; zum anderen besteht in Hochschulen und Fachbereichen eine weitreichende Unkenntnis über die Rahmenbedingungen, in denen Hochschullehre stattfindet.

Beide Befunde sind auf eine Vielzahl von Ursachen zurückzuführen. Seit der Humboldtschen Universitätsreform und dem zentralen Postulat der Einheit von Forschung und Lehre besteht die Neigung, an Stelle einer systematischen Auseinandersetzung mit den Problemen der Hochschullehre ihre Qualität überwiegend aus der Qualität der Forschung rückzuschließen: Gute Forschung führt zu guter Lehre. Obgleich dies im Einzelfall immer wieder zu beobachten sein mag, systematisch ist diese These bislang nicht überprüft. Im Unterschied zur Methodenentfaltung in der Forschung hat sich jedoch kein methodisches Lehrkonzept entwickelt. Im Zeichen der modernen Massenuniversität unternommene Ansätze zur Hochschuldidaktik sind über den Kreis der Fachwissenschaft hinaus ohne nachhaltige Wirkung geblieben. Statt dessen dominiert das weitgehend autodidaktisch bestimmte „training on the job" die Praxis der Hochschullehre.

Während in der Forschung ein hoher Grad der Abstimmung und Kommunikation zwischen einzelnen Wissenschaftlern über ihre Forschungsarbeit üblich ist, fehlt im Bereich der Hochschullehre weitgehend ein vergleichbarer Austausch über Ausbildungsinhalte und -ziele. Die institutionelle Verantwortung eines Fachbereichs für die Lehre tritt an deutschen Hochschulen stark in den Hintergrund. Traditionell vorherrschend ist die Auffassung, daß der Hochschullehrer für sein Lehrangebot allein verantwortlich sei. Zugleich ist der Lehr- und Studienbetrieb weitgehend anonymisiert und durch äußere Rahmenvorschriften mehr oder weniger reglementiert, sodaß individuelle Lehrleistungen und ihr Beitrag zum Qualifikationsprozeß vielfach nicht deutlich in Erscheinung treten können. Forschungsleistungen sind dagegen im Prinzip nicht nur dokumentierbar, sondern auch individuell zurechenbar und werden entsprechend als statusfördernd anerkannt. Für die Lehre gilt dies nicht in demselben Maße: Besondere Anstrengungen und Leistungen in der Lehre zahlen sich für den einzelnen Wissenschaftler karrieremäßig kaum aus. Sie schaffen weder höhere Reputation, noch werden sie materiell belohnt. Auch spielen sie nur eine geringe Rolle im Rahmen von Berufungsverfahren.

Was für individuelle Lehrleistungen gilt, trifft in ähnlicher Weise für ganze Fachbereiche zu: Auch für sie besteht kaum Anlaß, ihre Leistungen in der Lehre zu durchleuchten und zu optimieren. Denn Profilbildung wie Wettbewerb zwischen Hochschulen zielen bislang auf die „scientific community" der jeweiligen Disziplin und weniger auf die Studierenden und Studieninteressierten ab. Zudem erfolgen sie nahezu ausschließlich über Leistungen in der Forschung und die damit erworbene wissenschaftliche Reputation. Dabei wird beispielsweise der Zahl der eingeworbenen Drittmittel und Sonderforschungsbereiche eine besondere Indikatorfunktion zugesprochen. Leistungen in der Lehre oder deren Verbindung mit der Forschung spielen demgegenüber eine geringere Rolle. Es fehlt somit im deutschen Hochschulsystem sowohl an individueller und institutioneller Verantwortung für die Lehre als auch an Anreizen, daran etwas zu ändern.

Darüber hinaus besteht an vielen Hochschulen und Fachbereichen Unkenntnis über wichtige Rahmenbedingungen der Lehre. So ist vielfach unbekannt, wieviele Studierende in welcher Zeit mit welchem Ergebnis ihr Qualifikationsziel erreichen und welchen Anforderungen die Absolventen genügen sollen. Gleiches gilt für Schwächen in der Studien- und Prüfungsorganisation, die zu langen Studienzeiten und hohen Abbrecherquoten führen können. Letztere sind allerdings nicht nur auf Defizite in hochschulinternen Verfahrensabläufen und Organisationsstrukturen zurückzuführen. Auch extern zu verantwortende Ressourcenprobleme, ungünstige räumliche und apparative Rahmenbedingungen sowie eine mangelnde Vorbildung und Motivation von Studierenden sind in eine Ursachenanalyse einzubeziehen.

Zur Behebung der offenkundigen Funktionsmängel in Studium und Lehre hat der Wissenschaftsrat in seinen „10 Thesen“ ein Maßnahmenbündel vorgeschlagen, das u. a. die rasche Erarbeitung von „systematischen Verfahren zur Evaluation der Programme“ und der von Hochschulen bzw. Fachbereichen erbrachten Lehrleistungen vorsieht. Dabei ging er von dem Grundsatz aus, daß Veränderungen von den Betroffenen und ihrer Selbsterkenntnis über bestehende Schwächen oder Stärken ausgehen sollten. Wichtig ist daher, daß das zu entwickelnde Verfahren zur Lehrevaluation von einer breiten Akzeptanz in den Hochschulen getragen und als praktikabel angesehen wird.

Mit dieser Zielsetzung hat der Wissenschaftsrat verschiedene internationale und nationale Verfahren geprüft (B. II.), systematische Klärungsüberlegungen angestellt (B. III.-V.) und einen Modellversuch durchgeführt (B. VI. sowie Anhang 1). Auf dieser empirischen Basis hat er schließlich seine Empfehlungen erarbeitet (C.), die in einen weiteren wissenschafts- und hochschulpolitischen Rahmen eingeordnet werden (C. V.).

B. II. Nationale und internationale Erfahrungen

Vorbildfunktion für das Modellvorhaben des Wissenschaftsrates hatte das niederländische Modell zur Lehrevaluation. Wesentlicher Bestandteil dieses auf einzelne Fächer ausgerichteten und von den Hochschulen selbst getragenen Verfahrens ist das Zusammenwirken von interner, fachbereichsbezogener Selbstevaluation und anschließender Evaluation durch externe Fachgutachter (Peer Review). Vorrangige Zielsetzungen sind die Förderung von Maßnahmen zur Qualitätssicherung und -entwicklung sowie die Herausbildung dazu erforderlicher Selbstregulierungsmechanismen an den Hochschulen. Eine Verbindung zwischen Evaluation und der Vergabe von Mitteln an die Hochschulen besteht nicht, wird aber mittelfristig für möglich erachtet (siehe auch Anhang 1).

Das Evaluationsverfahren der britischen Academic Audit Unit (AAU) folgt in groben Zügen dem zweistufigen Verfahren des niederländischen Modells. Es konzentriert sich allerdings nicht auf einzelne Fächer oder Fachbereiche, sondern stellt ganze Hochschulen in den Mittelpunkt. Gegenstand der Evaluation sind dabei die hochschulinternen Verfahren zur Qualitätssicherung. Auf vergleichende Darstellungen einzelner Hochschulen sowie auf die Veröffentlichung der Evaluationsberichte wird im Rahmen dieses Verfahrens ebenso verzichtet wie auf direkte Verknüpfungen mit Entscheidungen zur Mittelallokation.[2])

In Schweden stehen Evaluationen dagegen in einem direkten Zusammenhang mit der Vergabe von Mitteln an die Hochschulen. Diese werden in dreijährigen Abständen, unter besonderer Berücksichtigung der Qualität der Lehre, evaluiert. Im Vordergrund der Evaluationen, die ein ursprünglich stark auf quantifizierbare Indikatoren ausgerichtetes Verfahren ablösten, stehen die hochschulinternen Programme zur Qualitätssicherung.[3])

In Australien sind externe Qualitätsbewertungen von der Bundesregierung eingeführt. Auch hier werden die einzelnen Universitäten, nicht Fächer oder Fachbereiche evaluiert. Dabei wird den selbst formulierten Zielen besonderes Gewicht beigemessen. So soll der Differenzierung von Hochschulprofilen Rechnung getragen werden. Bewertet werden die Anstrengungen und Prozesse, die Qualität erzeugen sollen (Qualitätsmanagement). Die Beteiligung der Hochschulen an Evaluationen erfolgt auf freiwilliger Basis. Für positive Evaluationsergebnisse werden zusätzliche Finanzmittel vergeben.

Die genannten internationalen Beispiele verdeutlichen, daß Zielsetzung und Reichweite von Evaluationsverfahren in den einzelnen Ländern erheblich voneinander abweichen. Unterschiede bestehen insbesondere in der institutionellen Anbindung der Lehrevaluation, in der Zielsetzung und Breite des Verfahrens sowie in den möglichen Konsequenzen, die aus Evaluationsergebnissen gezogen werden.

In Deutschland sind in letzter Zeit verschiedene Ansätze und Empfehlungen zur Entwicklung von Lehrevaluationen zu verzeichnen. Als Referenzmodell dient dabei überwiegend das niederländische Verfahren. Beispielhaft zu nennen sind vor allem:

2) Entsprechende Ansätze hierfür werden vom 1991 geschaffenen Funding Council entwickelt.
3) Dazu Marten Carlsson: Das schwedische Modell der Qualitätssicherung, in: Detlef Müller-Böling (Hrsg.), Qualitätssicherung in Hochschulen. Forschung - Lehre - Management, Eröffnungsveranstaltung des CHE Centrum für Hochschulentwicklung, Gütersloh 1995, S. 124-136.

- die Empfehlungen der Hochschulrektorenkonferenz „Zur Evaluation im Hochschulbereich unter besonderer Berücksichtigung der Lehre";[4])

- das Europäische Pilotprojekt für die Qualitätsbewertung der Lehre im Bereich der Hochschulen;[5])

- ein Pilotprojekt der Universitäten Hamburg und Kiel (in Zusammenarbeit mit den jeweiligen Wissenschaftsministerien sowie der HIS-GmbH) zur Evaluation der Fächer Germanistik und Biologie;[6])

- der Zusammenschluß der Universitäten Oldenburg, Bremen, Hamburg, Kiel und Rostock zu einem „Nordverbund zur Evaluation der Lehre";[7])

- die Gründung der niedersächsischen Evaluationsagentur (EvA) im August 1995.[8])

Die nationalen und internationalen Beispiele zeigen, daß für den Aufbau und die Implementierung von Evaluationsverfahren für die Hochschullehre eine Klärung der Ziele, die mit Lehrevaluationen verfolgt werden, der Dimensionen von Qualität, die sie berücksichtigen, sowie der methodischen Ausrichtung, der sie folgen, von entscheidender Bedeutung ist.

4) Entschließung des 176. Plenums vom 3. 7. 1995; empfohlen wird eine Verknüpfung von interner Selbstevaluation von Fachbereichen mit einer externen Evaluation durch wissenschaftlich ausgewiesene Gutachtergruppen. Als Ziele der Evaluation werden genannt: umfassende Dokumentation der Leistungen von Fachbereichen; Information über die Verwendung von Mitteln; Entwicklung von Maßstäben zur aufgabenbezogenen Bewertung der Qualität; Entwicklung von Verfahren zur Qualitätssicherung auf Fach-, Fachbereichs- und Hochschulebene.

5) Siehe Hochschulrektorenkonferenz: Europäische Pilotprojekte für die Qualitätsbewertung im Bereich der Hochschulen, Bundesrepublik Deutschland, Nationaler Bericht (deutsche und englische Fassung), Dokumente zur Hochschulreform 105/1995, Bonn 1995.

6) Der zwischen den beiden Wissenschaftsministerien und den beteiligten Universitäten geschlossene Vertrag nennt folgende Evaluationsziele: Verbesserung der Transparenz des Lehr- und Ausbildungsbetriebs; Erkennen von Ursachen für unterschiedliche Studienzeiten; Schaffen einer Informationsbasis für Entscheidungen und Planungen; Unterstützung der Evaluation von Lehrveranstaltungen; Intensivierung des Diskurses über das Lehren und Lernen innerhalb der Fächer; Erarbeitung von Vorschlägen zur Verbesserung von Lehre und Studium (einschließlich materielle und personelle Ressourcen). Dazu Reiner Reissert: Evaluation der Lehre – interne Selbstevaluation und externe Begutachtung durch Peers, HIS-Kurzinformation A8/94, September 1994.

7) Carl von Ossietzky Universität Oldenburg: Evaluation von Studium und Lehre im Verbund norddeutscher Hochschulen, Reihe Hochschulentwicklungsplanung 32, Oldenburg, Mai 1995.

8) Von den Hochschulen getragen und vom Land finanziert, verfolgt die Agentur das Ziel, in einem 6-Jahres-Zyklus flächendeckende Lehrevaluationen in allen Fächern durchzuführen. Auch hier soll ein zweistufiges Evaluationsverfahren angewandt werden; eine Kooperation mit Hochschulen anderer Bundesländer ist geplant.

B. III. Ziele und Funktionen von Evaluation

Die unterschiedlichen Erwartungen an eine Evaluation der Lehre innerhalb wie außerhalb der Hochschulen lassen sich allgemein in vier Funktionen und Zielsetzungen zusammenfassen:

1. Evaluation als Verfahren zur Verbesserung der Transparenz umfaßt sowohl die öffentliche Darlegung von Studienangeboten und -programmen gegenüber Studieninteressierten als auch die öffentliche Rechenschaftslegung durch Lehrende und ihre Hochschulen gegenüber einer breiteren Öffentlichkeit.

2. Evaluation als Verfahren zur Förderung der Qualitätsentwicklung und -sicherung richtet sich primär auf organisatorische und strukturelle Aspekte des Lehr- und Studienbetriebs. Aus Evaluationsergebnissen abzuleitende Handlungen oder Veränderungen werden von den Fachbereichen selbst vorgenommen; Evaluierte und Handlungsträger sind somit (weitgehend) identisch.

3. Evaluation als Grundlage eines Leistungsvergleichs der Hochschulen/Fachbereiche untereinander, einschließlich der Möglichkeit eines „ranking“, stellt die Qualitätsmessung in den Vordergrund. Dabei wird vorausgesetzt, zumindest aber als möglich angesehen, daß sich Evaluationsergebnisse nach einheitlichen Parametern vergleichen lassen.

4. Evaluation als Grundlage einer leistungsbezogenen Mittelvergabe durch die Hochschulleitung und/oder Ministerien konzentriert sich auf die Verwertung von Evaluationsergebnissen. Evaluation steht dabei an einer Schnittstelle zwischen evaluiertem Fachbereich und Hochschulleitung einerseits bzw. dem zuständigen Ministerium als externem Nutzer der erzielten Ergebnisse andererseits. Evaluierte und Handlungsträger sind daher nicht (immer) identisch.

Nicht allen Zielsetzungen kann im Rahmen von Evaluationsverfahren gleichermaßen Rechnung getragen werden. Denn ihr Verhältnis zueinander ist nicht frei von Widersprüchen und Zielkonflikten. Daher ist eine grundsätzliche Klärung der Ziele und Funktionen von Evaluationsverfahren für die Hochschullehre sowie der Möglichkeiten und Grenzen ihrer Leistungsfähigkeit erforderlich.

B. IV. Aspekte von „Qualität“

In engem Zusammenhang mit der Zielsetzung eines Lehrevaluationsverfahrens steht die Frage, was als „Qualität“ der „Lehre“ zu gelten hat. Der Begriff „Qualität“ entzieht sich einer allgemeingültigen inhaltlichen Definition. „Qualität“ ist ein multidimensionaler Begriff, der je nach Erkenntnisinteresse verschiedenartige Ausprägungen erfahren kann. Daher ist eine Verständigung darüber erforderlich, was im konkreten Fall unter der „Qualität“ eines Studienprogramms, der „Dienstleistung“ Lehre, des Profils der Absolventen etc. zu verstehen und zu evaluieren ist.

Grundsätzlich können fünf Ausprägungen von Qualität unterschieden werden:[9])

1. Qualität kann sich insbesondere auf das Ausbildungsprofil der Absolventen eines Studienganges, ihre Kenntnisse, Fähigkeiten und Qualifikationen, die als Ergebnisse der Ausbildung bewertet oder beurteilt werden, beziehen. Die Beurteilung von Qualität erfolgt auf der Grundlage von (implizit oder explizit formulierten) Vorstellungen, Standards oder Normen, die Qualitätsmessung erlauben und ein Urteil darüber ermöglichen, ob ein Absolventenprofil als „gut“ oder „schlecht“ einzuschätzen ist.

2. Qualität als Resultat eines hohen Maßes an Konsistenz und Kohärenz eines (Ausbildungs-)Prozesses hebt auf die Organisation des Lehr- und Studienbetriebs, dessen Schlüssigkeit und Stimmigkeit im Hinblick auf gesetzte und zu erreichende Ausbildungsziele ab.

3. Qualität als Kongruenz zwischen der von einem Fachbereich getragenen Ausbildungspraxis einerseits und den Erwartungen und Ansprüchen andererseits, die an eine wissenschaftlich fundierte Hochschulausbildung herangetragen werden, konzentiert sich vor allem auf die Studienziele und angestrebten Ausbildungsprofile. Dabei steht ihre Relevanz im Hinblick auf mögliche Tätigkeitsfelder von Absolventen im Vordergrund.[10]) Die an die Lehre gerichteten Qualitätserwartungen können dabei von verschiedenen Interessenlagen geprägt werden und unterschiedliche Ausprägungen erfahren.

4. Qualität als Ausdruck eines günstigen Verhältnisses zwischen eingesetzten Mitteln und dem damit erzielten Ergebnis orientiert sich an Effizienzgesichtspunkten. Von Bedeutung sind dabei Aspekte der Finanzierung von Studium und Lehre sowie der materiellen und personellen Ausstattung von Fachbereichen und Hochschulen. Qualität ist in diesem Fall das Ergebnis eines möglichst effizienten und akzeptablen Einsatzes dieser Mittel im konkreten Studien-

9) Siehe dazu Diana Green, Lee Harvey: Quality Assurance in Western Europe: Trends, Practices, and Issues. Paper presented at the Fifth International Conference on Assessing Quality in Higher Education, Gustav-Stresemann-Institut, Bonn, 19.-21. 7. 1993, S. 4-5.

10) Siehe dazu die von Wolff-Dietrich Webler et al. (Lehrberichte, Empirische Grundlagen, Indikatorenauswahl und Empfehlungen zur Darstellung der Situation der Lehre in Lehrberichten, in: Schriftenreihe Studien zu Bildung und Wissenschaft, Bd. 107, Bonn 1993, S. 18) in diesem Zusammenhang genannten Interessensfelder für unterschiedliche Qualitätsausprägungen.

betrieb sowie im Hinblick auf die Realisierung vorgegebener oder selbstgesteckter Ausbildungsziele.

5. Qualität als Prozeß der Qualifizierung zwischen Beginn und Abschluß eines Studiums stellt Aspekte von Bildung und Ausbildung, Persönlichkeitsentwicklung und Wissenserwerb in den Vordergrund.

Nicht alle Qualitätsdimensionen können für die verschiedenen Ausrichtungen von Evaluationsmaßnahmen in gleichem Maße relevant sein. Vielmehr sind die Ziele und Funktionen eines Evaluationsverfahrens mit den jeweiligen Qualitätsdimensionen abzustimmen.

B. V. Methodische Ausrichtung eines Evaluationsverfahrens

In enger Verbindung mit der Zielsetzung von Evaluation und den zu ermittelnden Qualitätsdimensionen stehen die Instrumentarien der Evaluation und die Methodik, die einem Evaluationsverfahren zugrunde liegen soll. Zwei Ansätze können grundsätzlich unterschieden werden:

1. *Messung* von Qualität anhand bestimmbarer Anforderungsprofile sowie nach objektiven bzw. objektivierbaren Indikatoren oder standardisierten Leistungsparametern einerseits und

2. *Bewertung* von Qualität aufgrund subjektiv geprägter (Experten-) Urteile andererseits.

Beide Ansätze berücksichtigen in unterschiedlicher Weise sowohl die „Qualität“ von Ergebnissen als auch die Prozesse, die sie hervorbringen. Der erste legt den Akzent auf die Bestimmbarkeit und Gültigkeit von Anforderungsprofilen sowie auf die Objektivierbarkeit der zur Qualitätsmessung oder -beurteilung herangezogenen Kriterien. Diese sollen im Einzelfall einen Vergleich des Ist-Zustands eines Ausbildungsprofils mit einem bestimmbaren Soll-Zustand und den zu erreichenden (Ausbildungs-)Zielen und Profilen ermöglichen. Zudem beruht dieser Ansatz auf der Annahme, daß aufgrund der Objektivität der Kriterien, Kennzahlen und Leistungsparameter eine direkte Messung und Interpretation von (Lehr-)Leistungen erfolgen kann. Daher wird auch ein direkter Leistungsvergleich verschiedener Hochschulen für möglich gehalten.

Expertenurteile zur Qualitätsbewertung kommen dagegen insbesondere dann zum Zuge, wenn die Angemessenheit und Leistungsfähigkeit standardisierter Verfahren bei der Qualitätsevaluation zurückhaltend eingeschätzt wird. Dies gilt insbesondere, wenn sich der zu evaluierende Sachverhalt nicht (einfach) auf bestimmte Leistungs- bzw. Qualitätsparameter zurückführen läßt. Expertenurteile führen zwar zu einer höheren Varianz in den erzielten Bewertungsergebnissen, tragen aber insofern dem hermeneutischen Charakter der Evaluation Rechnung, als sie vorhandene Vormeinungen im Interesse einer für möglich gehaltenen Objektivität nicht ausschließen, sondern explizit in den Bewertungsprozeß einbringen.

Damit wird deutlich, daß sich ein Evaluationsverfahren für die Lehre nicht einseitig auf einen dieser beiden methodischen Zugänge stützen kann. Vielmehr ist eine Kombination von Experteneinschätzungen sowie zu interpretierenden statistischen Daten und Indikatoren erforderlich. Sie setzt allerdings eine Verständigung über Art und Umfang des heranzuziehenden Datenmaterials sowie über dessen Gewichtung im Vergleich mit dem Urteil von Experten voraus.

B. VI. Modellvorhaben des Wissenschaftsrates „Evaluation und Qualitätsentwicklung in der Lehre"

Vorrangiges, allgemeines Ziel des Modellvorhabens[11]) war die Prüfung der Tragfähigkeit eines interne und externe Evaluation verknüpfenden, auf alle Fächer anwendbaren Instrumentariums. Darüber hinaus sollten besondere Stärken und/oder Defizite in Studium und Lehre im evaluierten Einzelfall ermittelt werden. Im Vordergrund des Verfahrens stand die Frage, welche der genannten Qualitätsausprägungen erfaßt und welche Zielsetzungen von Evaluation mit dem gewählten Verfahren sinnvoll abgedeckt werden können.

Explizit vorab formulierte und inhaltlich ausdifferenzierte Standards und Qualitätsanforderungen an Lehr- und Ausbildungsprofile lagen dem Modellvorhaben nicht zugrunde. Vielmehr sollte den individuell gesetzten Ausbildungsschwerpunkten sowie den Profilausprägungen der Fachbereiche in den verschiedenen Hochschulen, die sich auf freiwilliger Basis an dem Modellvorhaben beteiligt hatten, Vorrang eingeräumt werden. Nach Auffassung des Wissenschaftsrates sollen Evaluationsverfahren auch Impulse zur wettbewerbsorientierten Ausdifferenzierung von Hochschulprofilen geben. Die abstrakte und vorab vorgenommene Definition einheitlicher Ausbildungsstandards hätte dieser an der Selbstdefinition der Hochschulen und Fachbereiche ausgerichteten Zielsetzung des Verfahrens widersprochen. Deshalb stand auch die Qualität des Ausbildungsprofils der Absolventen mit ihren Fähigkeiten und Kenntnissen nicht im Vordergrund des Verfahrens.

Da methodisch abgesicherte Verfahren zur eindeutigen Ermittlung und Bewertung inhärenter Qualitätsmerkmale nicht verfügbar sind, kam den Einschätzungen der Lehr- und Ausbildungsleistungen von Fachbereichen durch externe Fachgutachter (Peer Review) maßgebende Bedeutung zu. In die Einschätzungen der Sachverständigen gingen implizite Vorstellungen darüber ein, welche Ausbildungskomponenten und -profile relevant sein und folglich auch die Lehre prägen sollten. Direk-

11) Projektbeschreibung siehe Anhang 1.

te und aussagekräftige Leistungsvergleiche zwischen Fachbereichen verschiedener Hochschulen sind auf dieser Grundlage allerdings nicht möglich. Folglich rückte diese Dimension der Evaluation (Evaluation als Leistungsvergleich/„ranking“) innerhalb des gesamten Verfahrens in den Hintergrund.

Von Bedeutung waren dagegen Aspekte der Effizienz des Lehr- und Studienbetriebs. Die von den Fachbereichen erstellten Daten zur Personal- und Sachmittelausstattung erlaubten Einschätzungen der jeweiligen Rahmenbedingungen des Lehrbetriebs. Sie bildeten die Grundlage für eine allgemeine Beurteilung von Studium und Lehre, der von den Fachbereichen verfolgten Ziele sowie der von ihnen erbrachten Leistungen unter Berücksichtigung der zur Verfügung stehenden Ressourcen. Deutlich wurde auch die strategische Kompetenz der Fachbereiche, auf fachbereichsübergreifende Ressourcen (Personal, Sachmittel, Lehrangebote anderer Fachbereiche) zur Bildung von Synergieeffekten sowie zur Komplettierung und effizienteren Ausgestaltung ihres eigenen Lehrangebots zurückzugreifen. Auf dieser Grundlage gelangten die Gutachter schließlich zu einer Einschätzung der Effizienz des Studienbetriebs auch unter Ausstattungsgesichtspunkten.

Die Dimension von Qualität als Resultat eines hohen Maßes an Konsistenz und Kohärenz des Lehr- und Studienbetriebs war grundlegend für die Konzeption des Verfahrens. Entsprechend lag das Hauptaugenmerk auf der Stimmigkeit von Lehrangeboten und Studiengängen sowie auf ihrer organisatorischen Ausgestaltung als wesentliche Faktoren der institutionellen Verantwortung für Studium und Lehre. Besondere Beachtung wurde der generellen Ausrichtung des Lehrangebots auf bestimmte, von den Fachbereichen selbst oder von ihnen in Anlehnung an gültige Rahmenverordnungen formulierte Ausbildungsziele geschenkt. Ebenfalls berücksichtigt wurden Aspekte der fachbereichsinternen Kooperation und Kommunikation zwischen den am Ausbildungsprozeß beteiligten Gruppen, der Prüfungsorganisation, der Studienberatung sowie der Schwachstellenanalyse im Lehr- und Studienbetrieb. Auf dieser Grundlage wurden Rückschlüsse auf das Qualitätsbewußtsein und -management von Fachbereichen in der Lehre möglich. Da bei der Evaluation die institutionelle Verantwortung für die Qualität der Lehre im Mittelpunkt stand, wurde von der Bewertung individueller Lehrleistungen im Sinne von Vorlesungskritiken bewußt Abstand genommen.

Eine wichtige Rolle spielten auch diejenigen Qualitätsausprägungen, die auf den Qualifizierungsprozeß sowie die Berufsbefähigung der Absolventen abzielen. Entsprechend kamen die Gutachtergruppen zur Einschätzung der Fähigkeit der Fachbereiche, sich bei der Definition von Studienzielen an möglichen beruflichen Einsatzfeldern von Absolventen zu orientieren und bestehenden Bedürfnissen oder Erwartungen seitens der Studierenden sowie des Arbeitsmarktes Rechnung zu tragen. Zudem konnte anhand des festgestellten Qualitätsbewußtseins und der hierauf aufbauenden Verfahrensvorkehrungen zur Qualitätssicherung ein Eindruck davon gewonnen werden, ob und wie intensiv die einzelnen Fachbereiche den Studienverlauf und Ausbildungsprozeß der Studierenden begleiten, wie die Studienziele sich in der Entwicklung der Fähigkeiten und Kenntnisse der Studierenden widerspiegeln und wie das angestrebte Ausbildungsprofil verwirklicht wird. Auch unter diesen Aspekten wurde die Effizienz der Studienorganisation, die sich in entsprechenden Studienzeiten, Prüfungszeiträumen oder Abbrecherquoten niederschlägt, beurteilt.

Zusammenfassend läßt sich mit Blick auf die Tragfähigkeit und Reichweite des erprobten Evaluationsverfahrens als Ergebnis festhalten: Ein zweistufiges Evaluationsverfahren, das interne Selbstevaluation mit externer Peer Review verbindet, ist für eine Qualitätsbewertung praktikabel, die sich auf das Qualitätsbewußtsein von Fachbereichen in Studium und Lehre konzentriert. Erfaßt werden können dabei die Konsistenz und Kohärenz von Lehr- und Studienprogammen, einschließlich der zur Qualitätssicherung und -entwicklung eingesetzten Verfahren und Maßnahmen; der Aspekt der Berufsfähigkeit, die sich aus der weitgehenden Kongruenz von Studienzielen und Ausbildungsinhalten mit den Interessen, Bedürfnissen und Erwartungen möglicher Nachfrager ergibt; die Dimension von Qualität als transformativer Bildungs- und Ausbildungsprozeß, der zur Verwirklichung und Umsetzung selbst gesetzter Ziele führt. Darüber hinaus erlaubt das Verfahren eine Einschätzung der Effizienz von Studium und Lehre unter Berücksichtigung der dafür zur Verfügung stehenden Ressourcen sowie möglicher Ausstattungsdefizite, die eine Zielverwirklichung erschweren oder verhindern können.

Als fachbereichsübergreifende Ergebnisse des beschriebenen Evaluationsverfahrens ist festzuhalten, daß

- die Weiterentwicklung von Qualitätssicherungsstrategien an Fachbereichen deutscher Universitäten anzustreben ist;

- eine Optimierung der Lehre unterstützt werden sollte, die sich stärker auf bestimmte Ausbildungsziele bezieht, sich deutlicher an den Anforderungen unterschiedlicher Fähigkeitsprofile orientiert und insgesamt gezielter auf mögliche Tätigkeitsfelder der Absolventen abgestimmt ist;

- die Ausprägung und Offenlegung spezifischer Qualifikationsprofile und damit die Transparenz an Hochschulen und Fachbereichen gefördert werden sollte;

- Studienangebote und die ihnen zugrundeliegenden Qualifikationsstrategien im Interesse der Qualitätsentwicklung und der kritischen Überprüfung von Studiengängen systematischer auf das angestrebte Absolventenprofil bezogen werden sollten.

C. Empfehlungen

C. I. Ausrichtung und Dimensionen eines Evaluationsverfahrens für die Lehre

Der Wissenschaftsrat empfiehlt eine rasche Einführung koordinierter Evaluationsmaßnahmen im Bereich der Lehre, um ihre Qualität zu sichern und ihr einen höheren Stellenwert innerhalb des Aufgabenspektrums der Hochschulen zu verleihen. Bund und Länder haben mit einer Reihe von Gesetzen und Verordnungen einen Rahmen für Lehre und Studium gesetzt, den es für die Hochschulen qualitativ auszufüllen gilt. Universitäten und Fachhochschulen sollten verantwortungsbewußt und mit der Entwicklung unterschiedlich profilierter Studienangebote den vielfältigen Anforderungen und Erwartungen, die an die Lehre gestellt werden, entsprechen. Dies sollte auf der Grundlage des bildungspolitischen Konsenses über extern definierte Funktionsvorgaben der unterschiedlichen Hochschularten sowie unter grundsätzlicher Berücksichtigung ihrer differenzierten Aufgabenstrukturen geschehen. Auf diese Weise kann durch Evaluationsverfahren ein wichtiger Beitrag zu einer umfassenden Studien- und Hochschulstrukturreform geleistet werden.

Generelles Ziel systematischer und koordinierter Lehrevaluation ist die Förderung eines sich selbst tragenden Prozesses der kontinuierlichen Überprüfung und Optimierung des Lehr- und Studienbetriebs auf der Grundlage fachbereichsspezifischer Stärken und Profile. Insofern sollten Verfahren zur Lehrevaluation grundsätzlich an der Vorstellung eines zu stärkenden Wettbewerbs der Hochschulen untereinander sowie an einer möglichst großen Vielfalt der Studienangebote orientiert sein. Deshalb erübrigt es sich, grundsätzlich unterschiedliche Verfahren für Universitäten, Technische Universitäten, Gesamthochschulen und Fachhochschulen zu entwickeln.

Der Wissenschaftsrat hält ein Evaluationsverfahren für erforderlich, das

- zur Erhöhung der Transparenz in den Bereichen Studium und Lehre beiträgt,
- die institutionelle Verantwortung der Fachbereiche für die Lehre und die Entwicklung ihrer Qualität fördert,
- Hochschulen/Fachbereiche dabei unterstützt, qualitätsfördernde bzw. -sichernde Strategien in Studium und Lehre zu formulieren und entsprechende organisatorische und strukturelle Vorkehrungen zu treffen,

- die Profilbildung von Hochschulen und Fachbereichen auch in der Lehre fördert und den Wettbewerb der Hochschulen untereinander verstärkt.

Die Verfolgung dieser Zielsetzung auf der Grundlage reflektierter Eigenverantwortung der Hochschulen erfordert es nach Auffassung des Wissenschaftsrates, daß das im folgenden skizzierte Evaluationsverfahren schnell und umfassend eingeführt wird.

C. II. Grundzüge eines Evaluationsverfahrens

In Anlehnung an sein Modellvorhaben und in Übereinstimmung mit andernorts durchgeführten Evaluationsvorhaben empfiehlt der Wissenschaftsrat ein zweistufiges Verfahren, das interne Selbstevaluation und externe Begutachtung durch fachnahe Sachverständige miteinander verbindet. Beide Stufen der Evaluation sollen fach- bzw. fachbereichsbezogen durchgeführt werden; die Evaluation einer Hochschule in ihrer Gesamtheit kann nicht Ziel dieses Verfahrens sein.

Der Wissenschaftsrat sieht in der Evaluation der Lehre eine Aufgabe, die in den Bereich der Hochschulautonomie fällt. Er wertet die Entwicklung eines entsprechenden Verfahrens als Ausdruck der institutionellen Verantwortung von Hochschulen und Fachbereichen für die Wahrnehmung ihrer Aufgaben. Daher sollte Lehrevaluation grundsätzlich von den Hochschulen selbst getragen werden; die Hochschulleitung sowie die einzelnen Fachbereiche sollen Initiatoren und Hauptakteure von Evaluationsverfahren sein, deren organisatorische Ausgestaltung in möglichst enger Abstimmung mit ihnen erfolgen sollte.

Lehrevaluationen dienen der Optimierung und Stärkung der Lehre und ihrer Organisation. Sie leisten einen Beitrag zur Herausbildung besonderer Hochschulprofile und fördern die Verortung fachbereichsspezifischer Lehr- und Ausbildungsleistungen innerhalb einer von der Hochschule zu verfolgenden, auf Profilbildung ausgerichteten Gesamtstrategie. Deshalb sollte ein Fachbereich nicht auf der Grundlage vorgegebener Ausbildungsstandards, sondern nach seinen selbst entwickelten Ausbildungszielen und darauf ausgerichteten Lehrleistungen beurteilt werden.

Im Rahmen des hier empfohlenen zweistufigen Evaluationsverfahrens sollte die Selbstevaluation von Fachbereichen anhand eines Leitfadens erfolgen (siehe Anhang 2). Er gibt eine Reihe von Fragenkomplexen vor, deren Beantwortung die Kommunikation im Fachbereich fördert: Die gestellten Fragen regen zu einer kritischen Selbstreflexion über Stärken und Schwächen sowie Entwicklungs- und Zukunftspotentiale des gegenwärtigen Lehr- und Studienbetriebs an. Damit unterstützen sie die Selbsteinschätzung des Fachbereichs sowie seine Selbstdefinition innerhalb des Profils der Hochschule. Es ist daher erforderlich, daß der Leitfaden genügend Spielraum zur Darstellung fachbereichsspezifischer Profile und Schwerpunkte erhält.

Die erste Stufe der Evaluation (Selbstevaluation) sollte keinesfalls nur den Charakter einer verwaltungstechnischen Routinearbeit oder einer Pflichtübung für andere annehmen. Sie dient vielmehr der kritischen Überprüfung von Studium und Lehre durch den Fachbereich selbst und darf daher nicht im „mechanischen" Stadium herkömmlicher Formen der Lehrberichterstattung stehen bleiben. Dies setzt voraus, daß die Ermittlung der Befunde und ihre Zusammenführung in einem Ergebnisbericht im Fachbereich auf breiter Basis erfolgt und alle am Ausbildungsprozeß beteiligten Gruppen einbezieht. Hierzu gehört insbesondere, daß die Studierenden eines Fachbereichs von Anfang an in angemessener Weise in den Abstimmungsprozeß eingebunden werden.

Die Selbstevaluation sollte eine Abgrenzung und Profilierung gegenüber dem Lehr- und Studienangebot von Fachbereichen anderer Hochschulen einschließen und zudem zu einer Positionierung des Ausbildungsangebots mit Blick auf den Arbeitmarkt führen. Sie kann jedoch nicht bei einer bloßen Beschreibung des Ist-Zustandes stehen bleiben. Der Evaluationsbericht des Fachbereichs muß vielmehr konkrete Maßnahmenkataloge zur Optimierung von Studium und Lehre sowie konkrete Zieldefinitionen enthalten, die auf das Gesamtprofil der Hochschule abgestimmt sind.

Zudem muß deutlich werden, zu welchem Zweck die Selbstevaluation erfolgt und an welche Adressaten sich der Bericht des Fachbereichs richtet. Nur dann ist zu erwarten, daß die mit der Selbstevaluation verbundene Arbeit ernst genommen und mit einem größtmöglichen Gewinn an Erkenntnis über die Lehrsituation im Fachbereich durchgeführt wird.

Adressat der Ergebnisse aus der Selbstevaluation sind in erster Linie die Lehrenden des Fachbereichs selbst. Ihre Auseinandersetzung mit den Evaluationsergebnissen sowie die Entwicklung geeigneter Handlungskonzepte sollte möglichst in den für Studium und Lehre zuständigen Gremien erfolgen. Aufgrund ihrer Zusammensetzung erlauben sie, daß unterschiedliche Erfahrungen und Perspektiven in den Evaluationsprozeß Eingang finden. Allerdings sollte das Verfahren in jeder Phase für die engere Hochschulöffentlichkeit transparent gestaltet sein. Hierzu zählt, daß neben den Lehrenden und Studierenden des Fachbereichs auch die Hochschulleitung in die Evaluation einbezogen und über den Verlauf sowie die Ergebnisse der Selbstevaluation unterrichtet wird.

Auf der zweiten Stufe des Verfahrens richtet sich der Evaluationsbericht des Fachbereichs an die Gruppe externer Sachverständiger, die auf der Grundlage der Selbstevaluation des Fachbereichs eine externe Begutachtung (Peer Review) durchführt. Die Aufgabe dieser Begutachtung ist, die Selbstdarstellung des Fachbereichs kritisch zu bewerten, auf Inkonsistenzen im Lehrbetrieb bzw. in dessen Darstellung hinzuweisen und eventuelles strategisches Verhalten bei der Selbstevaluation zu erkennen. Im Rahmen ihrer Gespräche mit Vertretern des Fachbereichs überprüft die Gutachtergruppe den Evaluationsbericht des Fachbereichs und erfragt Zusatzinformationen auch zu Aspekten, die nicht in der Selbstevaluation angesprochen wurden. Darüber hinaus unterzieht sie die vom Fachbereich selbst gesetzten Ziele einer kritischen Prüfung. Dies sollte auf der Basis des in der Gruppe versammelten Sachverstandes sowie der nationalen und internationalen Erfahrungen ihrer Mitglieder erfolgen. Am Ende des Besuchs diskutiert sie ihre Schlußfolgerungen mit dem Fachbereich, formuliert einen Berichtsentwurf, der dem Fachbereich zur Stellungnahme vorgelegt wird, und er stellt schließlich einen schriftlichen Bericht mit Empfehlungen. Er sollte dazu beitragen, daß die Kommunikation innerhalb des evaluierten Fachbereichs auch nach dem Besuch der externen Gutachtergruppe weitergeführt wird. Der Abschlußbericht wird auch der Hochschulleitung zugeleitet.

In bestimmten Fällen könnte es sich als nützlich erweisen, dem Fachbereich nach Abschluß der externen Evaluation lediglich einen Zwischenbericht zuzustellen, verbunden mit der Möglichkeit einer Nachevaluation durch die Gutachtergruppe. Hierdurch erhält der betroffene Fachbereich noch vor Abschluß der Evaluation Gelegenheit zur Verbesserung der Selbstevaluation sowie zur Erarbeitung von Konzepten zur Qualitätsentwicklung.

Im Hinblick auf die generelle Zielsetzung des Verfahrens sollte die Gutachtergruppe Umfang und Inhalt der fachbereichseigenen Aktivitäten zur Verbesserung der Lehre prüfen. Dabei wäre insbesondere zu berücksichtigen:

- die Definition von Studienzielen und ihre tatsächliche Ausrichtung auf Interessen, Ansprüche, Erwartungen, die einer Hochschulausbildung entgegengebracht werden;

- Organisation, Aufbau und Dauer des Studiums entsprechend der definierten Ausbildungsziele und -profile;

- die Ausrichtung des Fachbereichs und seiner Ziele auf das Gesamtprofil der Hochschule;

- die Konsistenz und Kohärenz des Lehrangebots sowie dessen Transparenz für Studierende;

- die Integration der Forschung bzw. einzelner Forschungsschwerpunkte in die universitäre Lehre sowie die angemessene Berücksichtigung von Aspekten der beruflichen Praxis;

- bei Fachhochschulen die Integration des besonderen Praxisbezugs sowie der Aktivitäten im Bereich praxisbezogener Forschung und Entwicklung in die Lehre;

- die Koordination des Lehrangebots, die Verortung der einzelnen Hochschullehrer und Dozenten im Lehrbetrieb sowie ihre Einbindung in die einzelnen Ausbildungsphasen;

- die Wirksamkeit von Maßnahmen zur Schwachstellenanalyse sowie der fachbereichsinternen Kommunikation und Abstimmung;

- Aufbau und Organisation der Studienberatungsangebote, der Betreuung von Studierenden sowie der Prüfungen;

- Maßnahmen zur strukturierten Ausbildung und gezielten Förderung des wissenschaftlichen Nachwuchses.

Die Qualitätsbewertung von Lehre und Studium durch die externen Gutachter soll den Fachbereich bei der Einführung qualitätssichernder Maßnahmen unterstützen. Einen wichtigen Bestandteil der Qualitätsbewertung stellen die von den Fachbereichen aufbereiteten und auf die übergreifende Zielsetzung der Evaluation abgestimmten statistischen Daten und Indikatoren zum Studienbetrieb sowie zur personellen und sächlichen Ausstattung dar. Es ist allerdings sicherzustellen, daß die vorgelegten Daten nicht losgelöst von einer sachkundigen Interpretation als Grundlage für Bewertungen und Entscheidungen herangezogen werden.

Der Wissenschaftsrat hält Daten und Kennzahlen zu folgenden Aspekten von Studium und Lehre für relevant und in Verbindung mit einer angemessenen Interpretation im Gesamtzusammenhang des Lehr- und Studienbetriebs eines Fachbereichs für aussagekräftig:[12])

- Anzahl der Studienanfänger (männlich/weiblich, Ausländer; erstes Hochschul- und Fachsemester);*

- Zugangsberechtigung der Studienanfänger;*

- Zahl der Diplom-Vorprüfungen/Zwischenprüfungen sowie Angaben zur Notenverteilung;*

- Fachstudiendauer und Studienzeiten bis zum Vordiplom/zur Zwischenprüfung;*

- Zahl der Absolventen;*

- Zahl der Studienabbrecher oder -wechsler, einschließlich des Zeitpunktes des Abbruchs oder (Studiengang bzw. Hochschul-)Wechsels;

---

12) Siehe dazu die Empfehlungen der HRK, Zur Evaluation im Hochschulbereich unter besonderer Berücksichtigung der Lehre, Entschließung des 176. Plenums vom 3. 7. 1995. – Die von der HRK empfohlenen Daten sind mit * gekennzeichnet.

- Anteil der Teilzeitstudierenden an der Gesamtzahl der Studierenden eines Fachbereichs (Angaben zur eventuellen Erwerbs-/Berufstätigkeit und deren Umfang*);

- Fachstudiendauer und Studienzeiten bis zur Abschlußprüfung;*

- Gesamtdauer der Examensphase;*

- Durchschnittsalter der Studienanfänger und Absolventen;*

- Betreuungsverhältnis (Zahl der Studienanfänger, der Studierenden im 3. Fachstudienjahr an Fachhochschulen bzw. im 4. Studienjahr an Universitäten im Verhältnis zur Zahl der Professoren und wissenschaftlichen Mitarbeiter; beide Kategorien getrennt ausweisen);*

- Zahl der betreuten Abschlußarbeiten je Prüfer;*

- Durchschnitt der Gesamtnote und statistische Verteilung bei Abschlußprüfungen;*

- Lehrexporte und -importe (Dienstleistungen für andere Fächer bzw. von dort in Anspruch genommene Ausbildungsleistungen);*

- allgemeine Rahmenbedingungen für Studium und Lehre (z. B. räumliche und sächliche Ausstattung, Bibliothek);*

- Promotionszahlen, -intensität und -dauer sowie die entsprechenden Daten zur Habilitation;

- Angaben zum beruflichen Werdegang von Absolventen grundständiger Studiengänge sowie von (promovierten und habilitierten) Nachwuchswissenschaftlern.

Daten zu diesen Teilaspekten stellen wichtige Anforderungen an die im Fachbereich anzustrebende und im Rahmen von Evaluationen erforderliche Transparenz dar. Sie sollten daher an jedem Fachbereich – auch für den eigenen Bedarf – bereitgehalten, regelmäßig aktualisiert und im Laufe der Zeit zu einem umfassenden Informationssystem ausgebaut werden, das dem Fachbereich selbst eine wirksame Überprüfung des Lehr- und Studienbetriebs erlaubt. Aussagekräftig sind dabei insbesondere Daten, die eine Längsschnittbetrachtung des Studienbetriebs und der individuellen Studienverläufe über mehrere Jahre hinweg ermöglichen.

Besondere Bedeutung mißt der Wissenschaftsrat Hinweisen auf den beruflichen Werdegang und Erfolg von Absolventen zu. Informationen hierzu erlauben Rückschlüsse auf die Relevanz des Ausbildungsangebots mit Blick auf mögliche Erwartungen des Arbeitsmarkts und fördern die an Berufsfeldern orientierte Optimierung der Lehre.

Hauptinitiator und Hauptträger der zu ergreifenden Maßnahmen zur Qualitätsentwicklung sollte der Fachbereich sein. Ihm obliegt es in erster Linie, notwendige Organisations- und Strukturveränderungen vorzunehmen. Die Evaluationsergebnisse sowie die Maßnahmen zur Qualitätsentwicklung sollten jedoch in angemessener Form einer möglichst breiten hochschulinternen wie -externen Öffentlichkeit zugänglich sein. Dazu gehören neben der Hochschulleitung auch die zuständigen Ministerien, die potentiellen Interessenten an Studienangeboten sowie mögliche Abnehmer von Absolventen auf dem Arbeitsmarkt. In einer größtmöglichen Transparenz sieht der Wissenschaftsrat ein wichtiges Element der Profilbildung innerhalb des Hochschulsystems und damit auch einen wichtigen Schritt zu einer stärkeren Wettbewerbsorientierung von Hochschulen und Fachbereichen.

Der Wissenschaftsrat hält in der längerfristigen Perspektive eine Verknüpfung zwischen Evaluationsergebnissen und einer leistungsorientierten Mittelvergabe mit den Prinzipien des hier entworfenen Evaluationsverfahrens für vereinbar, im Rahmen eines transparenteren und stärker wettbewerbsorientierten Hochschulsystems für vertretbar und im Hinblick auf die mit Lehrevaluationen verfolgten Ziele grundsätzlich für erforderlich. Im Vergleich zur vielfach geäußerten Skepsis gegenüber der Möglichkeit einer Verknüpfung von Evaluation mit Entscheidungen zur Mittelvergabe kommt der sich den Hochschulen eröffnenden Chance größere Bedeutung zu, über aktiv und offensiv betriebene Lehrevaluationen die notwendigen Ressourcenentscheidungen auf erbrachte Leistungen und angestrebte Ziele zu gründen. Hierdurch erhalten sie die Möglichkeit, den Prozeß der Entscheidungsfindung aktiv mitzugestalten: Evaluationsberichte können auch auf Defizite in der personellen und sächlichen Ausstattung von Fachbereichen verweisen, die unter Umständen eine angemessene Durchführung der Lehre und eine Zielerreichung behindern.

Zur Sicherung der Leistungsfähigkeit des aufgezeigten Evaluationsverfahrens hält es der Wissenschaftsrat grundsätzlich für erforderlich, das Evaluationsverfahren sowie das hierbei angewandte Instrumentarium einer kontinuierlichen, übergreifenden Beobachtung zu unterziehen. Dies ist ein wichtiges Element der Qualitätssicherung, das in das Gesamtverfahren integriert werden muß. Dabei kommt internationalen Vergleichen sowie der Beobachtung und Auswertung von Erfahrungen in anderen Ländern eine besondere Bedeutung zu.

Übergreifende und zusammenfassende Betrachtungen über Einzelevaluationen hinaus sind aber auch deshalb wichtig, weil sie generelle Aussagen zur Lage eines bestimmten Faches an den Hochschulen sowie zu seiner internationalen Positionierung erlauben. Gerade der Vergleich auch mit internationalen Entwicklungen und Studienangeboten sollte sowohl in die Selbstevaluation als auch in die externe Begutachtung einbezogen werden und kann insbesondere für die künftigen Ziele in Studium und Lehre von Bedeutung sein.

C. III. Einzelempfehlungen

In Anbetracht der in manchen Fächern großen Anzahl von Fachbereichen an Universitäten und Fachhochschulen hält der Wissenschaftsrat einen Zeitraum von vier bis sechs Jahren pro Evaluationszyklus für angemessen. Hierdurch wird gewährleistet, daß die von Fachbereichen auf der Grundlage eines ersten Evaluationsdurchgangs ergriffenen Maßnahmen zur Qualitätssicherung und zur Verbesserung der Lehrorganisation wirkungsvoll und in einem überschaubaren Zeitrahmen evaluiert werden können. Zur Förderung der Bereitschaft von Fachbereichen, an Lehrevaluationen teilzunehmen, könnten während der ersten Evaluationsrunde besondere Anreize geschaffen werden.

Bei Evaluationen sollte darauf geachtet werden, daß die für Mittelzuweisungen zuständigen Personen aus Hochschulen und Ministerien nicht als Experten in den Gutachtergruppen vertreten sind. Dies hält der Wissenschaftsrat insbesondere im Hinblick auf ein mögliches strategisches Verhalten von Fachbereichen gegenüber der Gutachtergruppe für erforderlich, das im Interesse einer größtmöglichen Validität der Evaluationsbefunde verhindert werden muß. Aufgrund der Transparenz des Verfahrens kann jedoch sichergestellt werden, daß sie über die abschließenden Evaluationsberichte hinreichend informiert sind.

Von erheblicher Bedeutung für die Akzeptanz und das Funktionieren eines Evaluationsinstrumentariums ist die Auswahl der am Verfahren beteiligten Gutachter (siehe auch C. V.). Sie sollten aufgrund besonderer Leistungen in Forschung und/oder Lehre innerhalb eines Faches anerkannt sein. Da Lehrevaluation in der Bundesrepublik Deutschland noch unterentwickelt ist, können Evaluationserfahrungen jedoch nicht bei allen Mitgliedern der Gruppe vorausgesetzt werden. Bei der Zusammenstellung von Evaluationskommissionen sollte jedenfalls darauf geachtet werden, daß im Gremium ein möglichst hohes Maß an methodischer Erfahrung versammelt ist.

Den zu evaluierenden Fachbereichen sollte ein Vorschlagsrecht bei der Auswahl der Gutachter eingeräumt werden. Die Auswahl der Gutachter liegt bei der Hochschule. Bei der Zusammensetzung der Gutachtergruppe sollte den Fächerstrukturen angemessen Rechnung getragen werden. Da es ohnehin nicht Ziel eines grundständigen Studiengangs sein kann, jede sinnvolle Spezialisierung in der Forschung in Form eigenständiger Lehrangebote abzubilden, sollte dies auch bei der Auswahl der Fachvertreter berücksichtigt werden. Daher sollte tendenziell den Generalisten der Vorzug vor Spezialisten gegeben werden; eine internationale Zusammensetzung erweitert die Perspektive der Bewertung und der Empfehlungen. Für die Zielsetzung des Verfahrens ist die Einbeziehung fachferner Vertreter förderlich; in dafür geeigneten Fächern wären zudem Vertreter aus der Berufspraxis zu berücksichtigen. Im Interesse der Arbeitsfähigkeit sollte die Gutachtergruppe allerdings so klein wie möglich gehalten werden.

Die Evaluationskommission bestimmt das Programm und die Dauer der einzelnen Evaluationsbesuche. Der Wissenschaftsrat empfiehlt, die Anhörungen zunächst nach Gruppen (Gespräche mit Fachbereichsleitung, Professoren, Mittelbau/wissenschaftlichem Nachwuchs, Studierenden etc.) getrennt durchzuführen. Dabei sollte darauf geachtet werden, daß die Auswahl der Gesprächspartner nicht ausschließlich den Fachbereichen überlassen wird. Die Gutachtergruppen sollen vielmehr die Möglichkeit haben, über den Kreis der Fachbereichsvertreter hinaus nach eigener Wahl Gesprächspartner zu befragen. Von Besuchen einzelner Lehrveranstaltungen sollte jedoch Abstand genommen werden, da individuelle Lehrleistungen nicht im Zentrum des Verfahrens stehen. Bei Evaluationen sind nach Möglichkeit auch Vertreter aus der beruflichen Praxis in die Gespräche einzubeziehen, im Fachhochschulbereich in erster Linie aus Unternehmen, die Praxisplätze zur Verfügung stellen. Eine Gesamtdauer von 1,5 bis 2,5 Tage erscheint für die einzelnen Evaluationsbesuche als angemessen und hat sich bewährt. Die Besuchsdauer sollte jedoch den Gegebenheiten in den jeweiligen Fächern angepaßt werden.

Der externen Gutachtergruppe sollten auch Einblicke in Art, Umfang und Inhalt von Lehrveranstaltungskritiken gegeben werden.[13]) Da nicht individuelle Lehrleistungen im Vordergrund des Evaluationsverfahrens stehen, sondern die Organisation des Lehr- und Studienprogramms, ist von besonderem Interesse, ob und wie der Fachbereich auf die Ergebnisse solcher Aktivitäten reagiert, welche Konsequenzen er aus solchen Kritiken zieht und wie derartige Rückmeldungen an den Fachbereich oder an einzelne seiner Mitglieder in die Gesamtstrategie des Fachbereichs eingebunden sind.

C. IV. Zur Finanzierung und institutionellen Verankerung von Lehrevaluationen

Im Interesse einer größtmöglichen Akzeptanz von Lehrevaluationen, aber auch mit Blick auf die zu stärkende Hochschulautonomie sollten nach Auffassung des Wissenschaftsrates die Hochschulen im Zentrum der zu koordinierenden Aktivitäten stehen. Deshalb begrüßt der Wissenschaftsrat die von Hochschulen einzelner Bundesländer ausgehenden Bemühungen um die Entwicklung von Verfahren zur Evaluation und Sicherung der Qualität der Lehre, die bereits ansatzweise zum Aufbau länderübergreifender Evaluationsverbünde geführt haben. Er empfiehlt den gezielten Aufbau eines „verteilten Systems“ dezentraler Evaluationsverbünde als sachgerechte Institutionalisierungsform für Lehrevaluationen. Wo bisher noch keine Anstrengungen in dieser Richtung unternommen wurden, sollten die Möglichkeiten koordinierter hoch-

13) Zur Methodik studentischer Lehrveranstaltungskritiken sowie zu deren Funktion siehe Roland Richter (Hrsg.): Qualitätssorge in der Lehre. Leitfaden für die studentische Lehrevaluation, Neuwied/Berlin 1994.

schul- und länderübergreifender Lehrevaluationen nach dem hier skizzierten Verfahrensmuster zügig geprüft und entsprechende Aktivitäten entwickelt werden.

Die einzelnen Evaluationsverbünde, für die sich eine enge Zusammenarbeit mit den jeweiligen Landesrektorenkonferenzen empfiehlt, übernehmen die Vorbereitung und Durchführung konkreter Evaluationen. Eine funktionierende Struktur sowie eine verläßliche logistische Unterstützung sind für die Organisation der Einzelbesuche sowie die in Abstimmung mit den Gutachtergruppen zu erfolgende redaktionelle Erstellung der Evaluationsberichte erforderlich. In den Aufgabenbereich der Evaluationsverbünde fallen darüber hinaus die Bestellung der in den Gutachtergruppen mitwirkenden Sachverständigen sowie die Festlegung von Evaluationsrunden, einschließlich der daran beteiligten Fächer und Fachbereiche. Letzteres sollte unter Beachtung des Prinzips der Eigenverantwortlichkeit der Hochschulen für die Lehrevaluation und in Abstimmung mit den jeweiligen Präsidenten/Rektoren erfolgen. In Ländern, in denen noch keine Verbünde bestehen, übernimmt die jeweilige Hochschulleitung die genannten Aufgaben bei der Evaluation ihrer Fachbereiche.

Als ein Instrument zur Qualitätsentwicklung und -optimierung in der Hand der Hochschulen sollten die Evaluationsverfahren grundsätzlich aus Mitteln der Hochschulen finanziert werden können. Da im Zuge der vielerorts angestrebten Haushaltsglobalisierung sowie als Ergebnis von Bemühungen um Qualitätssicherung im konkreten Lehrbetrieb Effizienzsteigerungen in der hochschuleigenen Bewirtschaftung von Mitteln zu erwarten sind, hält der Wissenschaftsrat mittelfristig eine Finanzierbarkeit des Evaluationssystems im Rahmen der den Hochschulen zur Verfügung stehenden Ressourcen für möglich. Allerdings wären zur raschen Einführung von Lehrevaluationen, zur Schaffung von Anreizen für eine Teilnahme an ihnen sowie zum Aufbau der hier empfohlenen Evaluationsverbünde in der Anfangsphase zusätzliche Finanzmittel förderlich. Nach dem bisherigen Stand der Diskussionen zwischen Bund und Ländern über ein künftiges Hochschulsonderprogramm sind Mittel für die Stärkung der Lehre vorgesehen, die zur Unterstützung von Lehrevaluationen eingesetzt werden könnten. Mittelfristiges Ziel ist jedoch der Aufbau eines sich selbst tragenden und von den Hochschulen selbst finanzierten Evaluationssystems.

Im Interesse einer gewissen Einheitlichkeit der Evaluationsverfahren sowie der Sicherung von Mindeststandards, die für Lehrevaluationen gültig sein sollten, ist eine bundesweite Abstimmung der in den einzelnen Verbünden organisierten Evaluationsaktivitäten erforderlich. Diese Aufgabe könnte nach Auffassung des Wissenschaftsrates von der Hochschulrektorenkonferenz übernommen werden. Sie könnte zudem ein bundesweites Forum für den Erfahrungsaustausch über Lehrevaluationen darstellen, ohne der Gefahr ausgesetzt zu sein, Merkmale einer übergeordneten „Evaluationsbehörde" anzunehmen. Darüber hinaus sollte sie die Möglichkeit eröffnen, Synergieeffekte zu fördern sowie Evaluationsbemühungen in anderen Ländern systematisch und kontinuierlich zu beobachten. Hierdurch könnte die Hochschulrektorenkonferenz die große Bedeutung von Evaluationsbemühungen im Bereich der Lehre auf bundesweiter Ebene, aber auch im europäischen Kontext deutlich zum Ausdruck bringen.

Zur Beobachtung der Leistungsfähigkeit des hier empfohlenen Evaluationsinstrumentariums sowie zu dessen Weiterentwicklung und Aktualisierung mit Blick auf veränderte Gegebenheiten ist eine übergreifende Beurteilung von Lehrevaluationen – eine „Evaluation der Evaluation" – erforderlich. Sie sollte in längeren Zeitabständen regelmäßig durchgeführt werden, über Erfahrungen mit Lehrevaluationen berichten und Empfehlungen zu deren weiteren Entwicklung enthalten.

Der Wissenschaftsrat wird zu gegebener Zeit zum Stand der Umsetzung der vorliegenden Empfehlungen sowie zum Erfolg des Verfahrens zur Lehrevaluation Stellung nehmen. Auf der Grundlage des dann erreichten Entwicklungsstandes der Evaluation in Deutschland wird er sich auch zur Frage einer dauerhaften Trägerschaft für die Aufgabe einer regelmäßigen, übergreifenden Begutachtung der Lehrevaluationen äußern.

Der Wissenschaftsrat empfiehlt, in Zusammenhang mit den im Rahmen der Lehrevaluation verfolgten Qualitätssicherungszielen Möglichkeiten einer Förderung konkreter Initiativen zur Organisations- und Personalentwicklung an den Hochschulen zu prüfen. Zu denken wäre hierbei insbesondere an:

- Maßnahmen zur Förderung und Weiterentwicklung der Qualität der Lehre sowie zur Schaffung von Anreizen für die Beteiligung an Evaluationsverfahren;

- Bereitstellung des methodischen Sachverstandes zur Förderung und Entwicklung der Kompetenzen von Fachbereichen im Rahmen von (Selbst-)Evaluationsmaßnahmen;

- eine organisatorische und/oder finanzielle Förderung konkreter Maßnahmen zur Behebung von Defiziten, die im Verlauf konkreter Evaluationsbesuche festgestellt wurden;

- die Vergabe von „Lehrpreisen", (zeitlich begrenzten) Mitteln für Tutorien u. ä. m.;

- die Förderung innovativer Lehrelemente und Organisationsformen an Fachbereichen;

- unterstützende Maßnahmen zum Aufbau datengestützter Informationssysteme an Fachbereichen mit Blick auf eine Verbesserung der Transparenz.

Hierzu könnten private Stiftungen und die Wirtschaft ebenso einen Beitrag leisten wie die Länder und der Bund. Der Wissenschaftsrat begrüßt daher, daß im Rahmen der Vorbereitung eines neuen Hochschulsonderprogramms auch über Maßnahmen zur Qualitätsentwicklung der Lehre diskutiert wird.

C. V. Evaluation, Autonomie und Wettbewerb

Hochschulen erfüllen Aufgaben von großer gesamtgesellschaftlicher Bedeutung, für deren Wahrnehmung sie vor allem mit öffentlichen Mitteln finanziert werden. Wie jede andere staatlich geförderte Einrichtung müssen sie daher die Leistungen, die sie erbringen, dokumentieren und über die Verwendung der dabei eingesetzten Mittel Rechenschaft ablegen. Hierzu trägt Evaluation in entscheidendem Maße bei, da sie die institutionelle Verantwortung der Hochschulen für die Lehre und die Sicherung ihrer Qualität erhöht.

Eine gestärkte Verantwortung kann jedoch von den Hochschulen und ihren Fachbereichen nur dann erwartet und letztlich auch eingefordert werden, wenn die notwendigen Rahmenbedingungen für eigenverantwortliches Handeln gegeben sind. Hierzu zählt ein hoher Grad an Autonomie in der Bestimmung eigener Aufgaben und Ziele, der zu ihrer Realisierung einzuschlagenden Wege und der dazu verfügbaren Mittel.

Autonomie ermöglicht und erfordert, daß die Hochschulen sich über nach außen transparente Ziele in ihrem Profil selbst definieren. Unterschiedliche Profile bilden ihrerseits eine Grundlage für sinnvollen Wettbewerb der Hochschulen untereinander.[14]) Auf diese Weise befördern sich Evaluation, Autonomie und Wettbewerb gegenseitig. Deshalb empfiehlt der Wissenschaftsrat,

- den Hochschulen bzw. einzelnen Fachbereichen einen größeren Spielraum bei der Definition ihrer Lehr- und Studienziele sowie des Ausbildungsprofils ihrer Absolventen einzuräumen;

- die Freiräume der Fachbereiche bei der Gestaltung ihrer Studien- und Prüfungsordnungen zu erweitern, um dadurch den Prozeß der Profilbildung zu unterstützen und ein flexibles Reagieren auf wissenschaftliche und/oder berufliche Entwicklungen zu ermöglichen;

- an den Hochschulen Möglichkeiten zur Entwicklung von Anreizsystemen für ganze Fachbereiche oder einzelne Hochschullehrer zu schaffen, um hierdurch innovative Impulse im Lehr- und Studienbereich zu fördern. Entwicklungsmöglichkeiten hierzu bietet die vom

---

14) Wissenschaftsrat: Empfehlungen zum Wettbewerb im deutschen Hochschulsystem, Köln 1985.

Wissenschaftsrat empfohlene Einführung von Globalhaushalten an Hochschulen;[15])

- die Stellung des Dekans innerhalb des Fachbereichs/der Fakultät bzw. der Hochschulleitung innerhalb der gesamten Hochschule zu stärken, um die Aufgaben der Qualitätsentwicklung und der leistungsorientierten Ressourcenallokation innerhalb der Hochschule mit der notwendigen Kontinuität und Kompetenz bewältigen zu können.[16])

Nach Auffassung des Wissenschaftsrates eröffnet die Umsetzung dieser Empfehlungen zur Evaluation der Lehre den Hochschulen einen Weg, ihrer Verantwortung für die Lehre besser gerecht zu werden und darüber hinaus verstärkt eigene bildungspolitische Anliegen zu definieren. Indem die Mitglieder eines Fachbereichs selbst ihre Stärken und Schwächen analysieren, werden sie die Lehre zu einem Gegenstand der regelmäßigen Kommunikation erheben und die gemeinsame Verantwortung für das Lehrangebot intensivieren. Damit unterstützt der durch Evaluation geförderte Prozeß der Profilbildung, Transparenzerhöhung und Wettbewerbsorientierung nach innen die Identifikation mit selbstdefinierten Zielen sowie die Leistungsfähigkeit der Fachbereiche in Studium und Lehre.

Nach außen erweitert Evaluation die Möglichkeiten für Studieninteressierte, sich über unterschiedlich profilierte Studienangebote und die damit verbundenen Leistungsanforderungen zu informieren. Auf dieser Grundlage können sie ihr Studium sorgfältig und bewußt auf eigene Interessen, Fähigkeiten und Erwartungen hin auswählen. Eine Folge der gestärkten Verantwortung der Studieninteressierten für die Auswahl des Studienangebots und der Hochschule sollte eine gesteigerte Identifikation mit den Studienzielen und eine erhöhte Motivation für ihr Erreichen sein.

Die Evaluation der Lehre sollte zu einer deutlichen Verbesserung der Bedingungen für das Studium führen. Der Erfolg der Qualitätsentwicklung mit Blick auf die Fähigkeiten des Absolventen wird jedoch entscheidend vom Engagement der Studierenden im Studium mitbestimmt, das aktive Mitarbeit erfordert und sich nicht in einer Kundenmentalität erschöpfen darf. Unter dieser Voraussetzung sollte sich nach Auffassung des Wissenschaftsrates eine neue, von gemeinsamen Zielen und Interessen für Studium und Lehre geprägte Identität aller Mitglieder eines Fachbereichs entwickeln. Sie bietet die Chance, die Gemeinschaft von Lehrenden und Lernenden an den Hochschulen erfolgreich und grundlegend zu erneuern.

---

15) Wissenschaftsrat: 10 Thesen zur Hochschulpolitik, a.a.O., S. 41 ff. (These 10).
16) Ebd., S. 43-44.

C. VI. Zusammenfassung

Die Lehre genießt an vielen deutschen Hochschulen nicht den Stellenwert, der ihr im Aufgabenspektrum zukommt. Zudem weist sie vielfach eine Reihe von Struktur- und Organisationsdefiziten auf, die durch einen Mangel an institutioneller Verantwortung der Fachbereiche/Fakultäten verursacht sind. Zu lange Studienzeiten, hohe Abbrecherquoten und eine oftmals unzureichende Vermittlung von Lehrinhalten sind die Folgen solcher Defizite. Hinzu kommt, daß ungünstige Rahmenbedingungen wie eine langanhaltende Unterfinanzierung und die Überlast an den Hochschulen ebenso den Erfolg der Lehre beeinträchtigen können wie mangelnde Vorbildung und ungenügende Motivation der Studierenden.

Die notwendige Reform des Bereichs Lehre sollte nach Auffassung des Wissenschaftsrates bei der Selbsterkenntnis des Fachbereichs über eigene Stärken und Schwächen sowie der gemeinsamen Formulierung von Ausbildungszielen durch den Fachbereich ansetzen, in dessen Verantwortung Maßnahmen zur dringend erforderlichen Qualitätssicherung und -entwicklung von Lehre und Studium fallen. Auf der Grundlage eines Modellversuchs zur „Evaluation und Qualitätsentwicklung in der Lehre“ sowie unter Einbeziehung nationaler und internationaler Erfahrungen empfiehlt der Wissenschaftsrat die rasche, umfassende Einführung von fächer- und fachbereichsbezogenen Evaluationsverfahren der Lehre.

Auf der Grundlage eines Leitfadens steht die Selbstevaluation des Fachbereichs am Beginn des zweistufigen Verfahrens, das auf der zweiten Stufe eine externe Bewertung durch Fachgutachter vorsieht. Sie sollen die Selbstdarstellung eines Fachbereichs kritisch überprüfen, die vorgelegten Daten im Gesamtzusammenhang interpretieren, auf Schwächen in der Lehre verweisen und die eigenen Anstrengungen des Fachbereichs zur Qualitätsentwicklung unterstützen.

Ziel der Lehrevaluation ist es, die Studiengänge besser zu organisieren und sie auf definierte Studienziele und Ausbildungsprofile hin auszurichten. Mit der Förderung der Profilbildung in der Lehre soll ein wichtiger Beitrag zur Wettbewerbsorientierung der Hochschulen und Fachbereiche geleistet werden. Dazu gehören auch eine Erhöhung der Transparenz der Leistungen in Studium und Lehre sowie der Aufbau und die Stärkung der institutionellen Verantwortung der Fachbereiche auf diesem Feld. Mit der Evaluation sollen die Fachbereiche die Lehre zu einem bedeutsamen Gegenstand der gemeinsamen Kommunikation erheben und dabei Strategien zur Qualitätssicherung entwickeln.

Nach Auffassung des Wissenschaftsrates fällt die Evaluation der Lehre in den Bereich der Hochschulautonomie. Als ein Instrument zur Qualitätsentwicklung sollten die Evaluationsverfahren grundsätzlich aus Mitteln der Hochschulen finanziert werden können. Für die notwendige Infrastruktur zur Durchführung solcher Evaluationsverfahren empfiehlt der

Wissenschaftsrat den gezielten Aufbau eines „verteilten Systems“ dezentraler Evaluationsverbünde mehrerer Hochschulen als eine sachgerechte Institutionalisierungsform. Zur schnellen Einführung von Lehrevaluationen und zum Aufbau der Evaluationsverbünde wären in der Anfangsphase allerdings zusätzliche Finanzmittel förderlich. Mittelfristiges Ziel ist jedoch ein sich selbst tragendes und von den Hochschulen selbst finanziertes Evaluationssystem.

Zum Evaluationsverfahren und seiner Organisation enthält die Stellungnahme eine Reihe von weiterführenden Empfehlungen, die nach Auffassung des Wissenschaftsrates rasch und umfassend umgesetzt werden sollten. Er hält in der längerfristigen Perspektive eine Verknüpfung zwischen Evaluationsergebnissen und einer leistungsorientierten Mittelvergabe mit den Prinzipien des empfohlenen Evaluationsverfahrens für vereinbar, im Rahmen eines transparenteren und stärker wettbewerbsorientierten Hochschulsystems für vertretbar und im Hinblick auf die mit Lehrevaluationen verfolgten Ziele grundsätzlich für erforderlich. Da Evaluation nicht nur zu einer stärkeren institutionellen Verantwortung der Hochschulen für Studium und Lehre führen, sondern auch – im Zuge einer erhöhten Transparenz und einer verstärkten Profilbildung von Studienangeboten – verantwortungsbewußtere Studienentscheidungen nach individuellen Fähigkeiten und Interessen der Studieninteressierten ermöglicht, erwartet der Wissenschaftsrat eine gesteigerte Identifikation der Studierenden mit den Studienzielen und eine erhöhte Motivation für deren Erreichen. Die Entwicklung einer neuen, von gemeinsamen Zielen und Interessen für Studium und Lehre geprägten Identität eines Fachbereichs bietet die Chance, die Gemeinschaft von Lehrenden und Lernenden grundlegend zu erneuern.

D. Anhänge

Anhang 1: Modellvorhaben des Wissenschaftsrates: Projektbeschreibung.

Anhang 2: Leitfaden zur Evaluation von Studium und Lehre.

Anhang 1: Modellvorhaben des Wissenschaftsrates:
Projektbeschreibung.

Das Pilotprojekt des Wissenschaftsrates geht auf die in den „10 Thesen zur Hochschulpolitik" formulierten Empfehlungen zurück. Mit der Durchführung des Vorhabens und exemplarischer Evaluationen leistete der Wissenschaftsrat ebenso wie die Fachbereiche, die sich zur Mitwirkung bereiterklärt hatten, einen Beitrag zur Diskussion um die Qualität der Lehre.

Eine Vorbildfunktion für die Arbeit des Ausschusses Lehre übte das System der Lehrevaluation an den niederländischen Universitäten aus. Die Grundzüge des in einer ersten Phase von 1988 bis 1993 flächendeckend praktizierten und nunmehr in der zweiten Phase geringfügig modifizierten Systems der niederländischen Evaluation („EQA" – Evaluation and Quality Assessment) lassen sich wie folgt beschreiben:[17])

- Das Evaluationssystem „gehört" den Hochschulen; Träger des flächendeckenden und alle Fächer an niederländischen Hochschulen erfassenden Evaluationsprozesses ist die Vereinigung der niederländischen Universitäten (VSNU). Entwicklung und Betrieb dieses Instrumentes der Qualitätssicherung werden zwar durch Zuwendungen aus dem Hochschulministerium finanziert; die staatliche Administration ist jedoch nicht die bestimmende und treibende Kraft des Verfahrens.

- Ziel des Verfahrens ist die Qualitätsentwicklung und -sicherung in der Lehre durch eine kontrollierte Eigenbeobachtung der Fachbereiche, welche durch eine anschließende Peer Review vertieft und abgerundet wird. Angestrebtes Verfahrensergebnis ist die Stimulation eines sich selbst tragenden Prozesses, nicht aber ein klar definiertes und standardisiertes „Produkt".

- Für das Verfahren konstitutiv ist das Ineinandergreifen von interner und externer Evaluation, die Disziplinen bzw. Fächerorientierung und die Veröffentlichung der Kommissionsberichte. Als notwendige Bedingung für das offensichtlich erfolgreiche Funktionieren dieses Systems wird der Verzicht auf Ranking-Listen sowie auf die Verknüpfung der Evaluationsergebnisse mit Verfahren der Finanzmittelzuweisung an die Hochschulen gesehen.

---

17) Dazu etwa Roland Richter: Verfahren der Qualitätsevaluation in der Lehre an den niederländischen Hochschulen und erste Erfahrungen, in: Beiträge zur Hochschulforschung 2, 1991, S. 95-111, sowie ders., Qualitätsevaluation von Lehre und Forschung an den Universitäten der Niederlande, in: Wolff-Dietrich Webler, Hans-Uwe Otto (Hrsg.): Der Ort der Lehre in der Hochschule: Prestige und Hochschulwettbewerb, Weinheim 1991, S. 337-362. Siehe auch A.I. Vroeijenstijn: Qualitätssicherung basiert auf Selbstbeurteilung und Expertenkritik. Erfahrungen an niederländischen Universitäten mit der externen Qualitätsbeurteilung, in: Webler/Otto, a.a.O., S. 363-383.

- Auf Leistungsindikatoren und Kennzahlen, die auf eine Vergleichbarkeit an verschiedenen Hochschulen abzielen, wird weitgehend verzichtet. Mit dem spezifischen Akzent auf Qualitätssicherung und -verbesserung zielt dieses Verfahrensmodell hingegen auf die Entfaltung entsprechender Selbstregulierungsmechanismen an den Hochschulen.

In Anlehnung an dieses Modell sowie nach ausführlichen Diskussionen über Zielsetzung, Struktur und Methodik der Evaluation und dem dabei zugrundeliegenden Verständnis von Qualität hat der Ausschuß Lehre des Wissenschaftsrates zur Durchführung des Modellvorhabens zwei Arbeitsgruppen gebildet, die zwischen Februar und Mai 1995 insgesamt elf Fachbereiche/Fakultäten der Fächer Betriebswirtschaftslehre und Physik verschiedener Universitäten und Fachhochschulen besuchten. Die Teilnahme der Fachbereiche/Fakultäten erfolgte auf freiwilliger Basis. Die Unterarbeitsgruppen bestanden aus neun (Physik) bzw. elf (BWL) Sachverständigen und setzten sich aus Mitgliedern des Ausschusses bzw. des Wissenschaftsrates sowie externen Sachverständigen zusammen.

Im Rahmen des Pilotprojekts wurde ein zweistufiges Evaluationsmodell erprobt. Den mitwirkenden Fachbereichen wurde ein „Leitfaden zur Selbstevaluation" zugesandt mit der Bitte um eine möglichst vollständige Darstellung des Lehr- und Studienbetriebs, der Studienziele, der zur Verfügung stehenden personellen und sächlichen Mittel sowie der organisatorischen Struktur des jeweiligen Fachbereichs. Die dabei von den Fachbereichen erstellte Dokumentation war Grundlage für das weitere Vorgehen. Die externe Evaluation (Peer Review) diente der kritischen Überprüfung der fachbereichsinternen Selbstevaluation und ihrer Ergebnisse.

Für die Selbstevaluation standen den Fachbereichen ca. zwölf Wochen zur Verfügung. In der Regel waren mehrere Personen an der Erstellung der Dokumentation beteiligt, wobei auch studentische Vertreter sowie der akademische Mittelbau in die Vorbereitung einbezogen wurden. Nur in Einzelfällen war die Selbstevaluation das (alleinige) Werk des Dekans.

Für die externe Evaluation durch die Arbeitsgruppe stand ein Tag je Fachbereich/Fakultät zur Verfügung. Während des Besuchs wurden Gespräche mit der Fachbereichsleitung und den übrigen Mitgliedern der Fakultät, mit Studenten, Doktoranden und Habilitanden, Vertretern des Mittelbaus sowie den Beauftragten für Studienberatung und Prüfungsorganisation geführt. In der Physik wurden zusätzlich Teile der Praktika besichtigt.

Im Mittelpunkt der einzelnen Gespräche standen folgende Aspekte der Lehr- und Studienorganisation:

- das von den Fachbereichen angestrebte Ausbildungsprofil sowie seine Umsetzung im konkreten Lehr- und Studienangebot;

- Ausrichtung des Studienangebots auf bestehende Ansprüche und Erwartungen (z. B. Arbeitsmarkt, Studierende, Forschung);

- Anteil und Bedeutung des Selbststudiums;

- Integration von Forschung und Lehre (Forschungsbezug des Lehrprogramms);

- Abstimmung des Angebots an Wahl(pflicht)- und Nebenfächern mit dem Pflichtprogramm;

- Transparenz des Studiengangs für Studierende;

- Organisation der Prüfungen (Prüfungstermine und -zeiträume, Integration von Prüfungen in den Studienverläufen);

- Studierbarkeit des Studiengangs innerhalb der Regelstudienzeit;

- interne Organisation und Struktur des Fachbereichs (Festlegung bzw. Abgrenzung von Zuständigkeiten, Kommunikationswege, Maßnahmen zur Schwachstellenanalyse und -behebung);

- Ausbildung und Förderung des wissenschaftlichen Nachwuchses (Qualitätsanforderungen, Zulassungskriterien zur Promotion/Habilitation, Einbindung von Nachwuchswissenschaftlern in die Lehre).

Im Verlauf des Modellvorhabens gelangten die Arbeitsgruppen zu einer Reihe von Einzelbeobachtungen hinsichtlich bestehender Schwächen in Studium und Lehre. Zu nennen wären:[18])

- Defizite in der Formulierung kohärenter und hinreichend aktueller Studienziele sowie in der Ausprägung von Ausbildungsprofilen, die dem berufsqualifizierenden Charakter des Studiums angemessen sind;

- ein nicht selten schwach ausgeprägtes Bewußtsein der Fachbereiche über bestehende Defizite bzw. Optimierungsmöglichkeiten im Lehr- und Studienbetrieb;

- fachbereichsinterne Organisationsstrukturen, die sich mit Blick auf eine Optimierung interner Kommunikationsabläufe und Zuständigkeitsabgrenzungen häufig als unzureichend erweisen;

18) Zu ähnlichen, auf die Germanistik bezogenen Ergebnissen gelangt Klaus Düwel: Auch ein Beitrag zur Germanistenreform?, Jahrbuch für internationale Germanistik, Jg. XXVII, Heft 1, S. 8-11.

- eine häufig unzureichende Abstimmung einzelner Lehrveranstaltungen, Teilfächer oder Spezialgebiete zu einem kohärenten Lehr- und Studienprogramm sowie hierdurch bedingte Verlängerungen der einzelnen Studienabschnitte;

- eine nicht hinreichend ausgeprägte Transparenz des Lehrangebots, insbesondere im Bereich der Wahl(pflicht)fächer und fachbereichsübergreifender Lehrangebote;

- in Universitäten eine späte Heranführung von Studierenden an die Forschung;

- eine inhaltlich wie organisatorisch nicht immer angemessen auf den Gesamtstudienverlauf ausgerichtete Prüfungsgestaltung;

- fehlende Informationen über die Rahmenbedingungen von Studium und Lehre sowie über den weiteren beruflichen Werdegang und Verbleib von Absolventen;

- unzureichend entwickelte Ausbildungsstrukturen zur gezielten Förderung des wissenschaftlichen Nachwuchses sowie oftmals fehlende Maßnahmen zur Qualitätsentwicklung in diesem Bereich (Mindeststandards für die Zulassung zur Promotion bzw. Habilitation; Betreuung von Doktoranden; inhaltlicher und zeitlicher Zuschnitt von Promotionsvorhaben sowie deren Einbettung in größere Forschungszusammenhänge).[19])

Nach einer internen Abschlußbesprechung wurden den Fachbereichen erste Ergebnisse und Eindrücke mündlich mitgeteilt; eine kurze Aussprache schloß sich an. In der Arbeitsgruppe Physik wurde der zur Verfügung stehende Zeitrahmen aufgrund der vergleichsweise starken Homogenität des Faches und der Studienangebote als ausreichend bewertet; die Arbeitsgruppe Betriebswirtschaftslehre bezeichnete ihn dagegen angesichts der angetroffenen großen ortsspezifischen Unterschiede als zu knapp bemessen.

Verlauf und Ergebnisse der einzelnen Begehungen wurden in Protokollvermerken zum internen Gebrauch der Unterarbeitsgruppen festgehalten. Den Fachbereichen wurde ein Ergebnisbericht zugeleitet. Dieser enthielt Empfehlungen zur Lehr-, Studien- und Prüfungsorganisation sowie zur Qualitätssicherung im Fachbereich. Auf vergleichende Darstellungen wurde dabei ebenso bewußt verzichtet wie auf ein abschließendes „ranking" der besuchten Fachbereiche. Nach Beendigung des Besuchsprogramms fanden in beiden Unterarbeitsgruppen Abschlußbesprechungen statt, die der Kritik des Verfahrens dienten.

---

19) Dazu auch Wissenschaftsrat: Empfehlungen zur Neustrukturierung der Doktorandenausbildung und -förderung, in: Empfehlungen und Stellungnahmen 1995, Köln 1996, Bd. I., S. 7-76 und drs.: Empfehlungen zur Doktorandenausbildung und zur Förderung des Hochschullehrernachwuchses, Köln 1997, S. 35 ff.

Anhang 2

LEITFADEN

zur

EVALUATION VON STUDIUM UND LEHRE[20]

20) Aufbau und Struktur diese Leitfadens sind beispielhaft. Andernorts entwickelte und/oder eingesetzte Leitfäden folgen einer etwas anderen Gliederung und berücksichtigen z. T. zusätzliche Aufgabenfelder.

Der Leitfaden umfaßt mehrere Themenkomplexe zu Studium und Lehre. Nach allgemeineren Aspekten der Organisation des Fachbereichs und seines Profils (I.) sollen Zielsetzung und Konzeption der Studiengänge beschrieben werden (II.). Ein weiterer Themenbereich sind die (personellen, sächlichen und finanziellen) Rahmenbedingungen der Lehre, ohne die ein angemessenes Verständnis der Situation in Studium und Lehre, insbesondere auch der Engpässe und Restriktionen, nicht möglich ist (III.). Anschließend werden mehrere Aspekte der Organisation des Studiums und der Lehre behandelt. Dabei werden die Betreuung und Beratung der Studierenden (IV.), die Organisation der Lehre und der Studiengänge (V.), ihre Leistungsanforderungen (VI.) und die Prüfungsorganisation (VII.) thematisiert. Im Anschluß hieran werden Informationen zum Studienerfolg (Absolventenquoten, Studiendauer etc.; VIII.) erfragt, bevor bereits vorhandene Verfahren und Maßnahmen zur Evaluation der Lehre und – allgemeiner – der Qualitätssicherung in der Lehre in den Blick genommen werden (IX.). Der Leitfaden schließt mit der Bewertung der Stärken und Schwächen in der Organisation und in den Inhalten der Studiengänge (X.).

Wie detailliert auf die einzelnen Themen/Fragen eingegangen wird, hängt sowohl von der Datenlage als auch vom Stellenwert der Themen in der Sicht der beteiligten Fachbereiche und Fakultäten ab. Falls zu einzelnen Punkten keine Aussagen möglich sind, sollte dies jedoch vermerkt werden. Im übrigen sollen die beigefügten Erläuterungen dazu beitragen, die Bearbeitung zu erleichtern und die Art der angestrebten Ergebnisse zu verdeutlichen.

Zur Verfahrenserleichterung sind im Leitfaden die Aspekte, die eine Verständigung innerhalb des Fachbereichs erfordern (Teil A), und die statistischen Grundinformationen zu Studium und Lehre (Teil B) voneinander getrennt worden. Während die erfragten Daten und Infrastrukturmerkmale von der Verwaltung des Fachbereichs/der Fakultät ermittelt werden können, richten sich die qualitativen Fragen an die Organe der Selbstverwaltung des Fachbereichs/der Fakultät. Eine aktive Mitwirkung der Studierenden bei der Selbstevaluation ist ausdrücklich erwünscht.

TEIL A

I. SELBSTVERSTÄNDNIS UND ORGANISATION DES FACHBEREICHS

(Anmerkung: Hier soll ein knappes Bild der Entwicklung, Binnenstruktur sowie der Lehrangebote des Fachbereichs entstehen)

1. Kurzdarstellung der Entwicklung des Fachbereichs/der Fakultät (Gründung, Ausbau), seines/ihres Profils sowie der organisatorischen und institutionellen Gliederung (ca. 1 Seite)

2. Übersicht über die angebotenen Studiengänge, Abschlüsse und Lehrleistungen (einschl. Angebote als Nebenfach, Aufbau- und Weiterbildungsstudiengänge; Zulassungsbeschränkungen, Planstudienzeiten, Zahl der Studienplätze)

3. Regionaler oder länderbezogener Kontext des Studienangebots (Studienprofil, Ausbildungsschwerpunkte im Kontext benachbarter Hochschulstandorte)

II. STUDIENZIELE, AUSBILDUNGSPROFIL

(Anmerkung: Die Erhebung von Soll-Vorgaben für die zu begutachtenden Studiengänge, deren Operationalisierung und Abgleichung mit Lehrangeboten bildet ein Grundelement sowohl der strukturierten internen als auch der externen Evaluation. Die angesprochenen Fragen sollten in Abstimmung mit den davon tangierten Kollegialorganen (Lehr- und Prüfungsausschuß) möglichst präzise beantwortet werden. „Ja“ oder „Nein“ reichen dafür ebensowenig aus wie der Verweis auf beigefügte Prüfungs- und Studienordnungen. Wünschenswert ist auch die Befragung einer größeren Zahl von Studierenden zu Studienzielen und deren Präsenz in der Studienwirklichkeit des Lehrangebots.)

1. *Ziele und Konzeption der Studiengänge*

1.1. Allgemeine Ziele und konzeptionelle Schwerpunkte (inhaltliches Profil) der grundständigen Studiengänge

1.2. Wo und wie sind die Studienziele (ggf. für einzelne Studienabschnitte) dokumentiert? Wann wurden diese Ziele formuliert und zuletzt revidiert?

1.3. Wie spiegeln sich diese Ziele im tatsächlichen Lehrangebot wider?

1.4. Unterschiede zu entsprechenden Studiengängen anderer Hochschulen (s. auch I. 3.)

1.5. Welche Fähigkeiten und Kompetenzen (Kenntnisse und Fertigkeiten) soll das Studium vermitteln? Was sollen die Absolventen können? Auf folgende Ausbildungsmerkmale könnte eingegangen werden:

a) Fachkompetenz: Fachwissen, Berufserfahrung und -motivation, Beherrschen der Fachsprache;

b) Methodenkompetenz: Beherrschen von Problemlösungsmethoden, Fähigkeit zum Wissens- und Methodentransfer, Fähigkeit zur Entwicklung neuer Methoden, Beherrschen von Arbeitstechniken;

c) Sozialkompetenz: Beherrschen von Präsentations-, Moderations-, Gesprächsführungs-, Kommunikationstechniken (einschl. Fremdsprachen);

d) Persönlichkeitskompetenz: Lernfähigkeit, Belastbarkeit, Ausdauer, Mobilität, Flexibilität, Fähigkeit zum analytischen, systematischen, vernetzten Denken, Fähigkeit zum Führen und Durchsetzen, Behauptungswille, Teamfähigkeit.

1.6. In welcher Weise wurden bei der Konzeption der Studiengänge Vorstellungen und Anforderungen potentieller Abnehmer der Absolventen und deren mögliche Berufsfelder berücksichtigt? Welche Kontakte bestehen zu Einstellungsträgern?

1.7. Welche Bedeutung hat der Praxisbezug für den Studiengang? Werden regelmäßig Lehrveranstaltungen von Praktikern angeboten? Wird von Studierenden ein größerer Bedarf/ein größeres Interesse an praxisbezogenen Lehrveranstaltungen artikuliert?

2. *Inhaltliche Schwerpunkte der Studiengänge*

2.1. Welche inhaltlichen Schwerpunktbildungen sind in den Studiengängen (im Hauptstudium) möglich? Welche Veränderungen hat es gegeben, welche sind geplant? (Gründe?)

2.2. Beziehung dieser Schwerpunkte zu den Ausbildungszielen der Studiengänge. Sind Lehrveranstaltungen zu diesen Schwerpunkten prüfungsrelevant?

2.3. Liste der Diplomarbeitsthemen der letzten drei Jahre

3. *Forschung*

3.1. Forschungsschwerpunkte des Fachbereichs

3.2. Welche Bedeutung haben diese Schwerpunkte für die Konzeption der Studiengänge und für die Ausbildungsrealität? Wie stark ist die studentische Nachfrage nach Lehrveranstaltungen mit besonderem Forschungsbezug?

4. *Wissenschaftlicher Nachwuchs*

4.1. Gibt es am Fachbereich/an der Fakultät gemeinsame Vorstellungen zur Ausbildung und Förderung des wissenschaftlichen Nachwuchses? (Promotions- bzw. Habilitationsdauer, Aufgaben von Doktoranden/Habilitanden im Fachbereich, Zulassungskriterien, Maßnahmen zur Qualitätssicherung, Einbindung in Forschergruppen/Forschungsprojekte, Förderinstrumente).

4.2. Wie und in welchem Umfang werden Doktoranden und Habilitanden in die Lehre einbezogen? Wie werden Nachwuchswissenschaftler auf ihre Aufgaben in der Lehre vorbereitet?

4.3. Welche Arten des Graduiertenstudiums existieren am Fachbereich/an der Fakultät (Aufbaustudiengänge, Promotionsstudiengänge, Graduiertenkollegs etc.)

4.4. Liste der Dissertationen und Habilitationen aus den letzten drei Jahren

III. RAHMENBEDINGUNGEN VON STUDIUM UND LEHRE
(Vgl. Teil B)

Zusätzliche Erläuterungen:

1. *Lehrkapazität*

Gründe für längerfristige Nichtbesetzungen von (wissenschaftlichen) Stellen

2. *Finanzen, Sachausstattung*

2.1. Stärken und Defizite in der räumlichen, finanziellen und sachlichen Ausstattung

2.2. Laborarbeitsplätze/Großgeräte: Stärken und Defizite in der Ausstattung, Desiderate

2.3. Computerarbeitsplätze: Stärken und Defizite in der Ausstattung, Desiderate

2.4. Bibliothek(en)

Wie werden Bestand und Verfügbarkeit von Standardtiteln (Mehrfachexemplare, Lehrbuchsammlung) und die Aktualisierung des Bestandes bewertet?

Wie werden Bestand und Verfügbarkeit von examensrelevanter Vertiefungsliteratur bewertet? Nutzungsmöglichkeiten elektronischer Dienste: Informationsmedien und -vermittlung

3. *Studienanfänger/innen, Studierende*

Vgl. Teil B

IV. BETREUUNG UND BERATUNG DER STUDIERENDEN

(Anmerkung: Fragen zur Studienberatung beziehen sich ausschließlich auf die Fachberatung; dabei geht es vordringlich um eine Darstellung der Ausbildungspraxis, nicht der in Ordnungen festgeschriebenen Normen. Auch hier ist die Beteiligung von Studierenden (ggf. auch der Fachschaft) wünschenswert.)

1. Informations- und Beratungsangebote
   - vor Studienbeginn/für Studieninteressierte
   - bei Studienbeginn/für Studienanfänger/innen
   - während des Studiums (einschl. kommentierter Vorlesungsverzeichnisse)
   - vor der Zwischen- und Abschlußprüfung

2. Wer bietet eine Studienberatung für die Studiengänge in welchem Umfang an (Professoren, andere Lehrende, studentische Studienberatung)? In welchem Umfang werden diese Angebote nachgefragt/in Anspruch genommen?

3. Gibt es obligate Beratungen z. B. vor oder nach der Zwischenprüfung?

4. Gibt es eine persönliche Zuordnung der Studienanfänger/innen und Studierenden zu Lehrenden („Coaching“ durch Mentoren, Tutoren, Seminargruppen)?

5. Welche Regelungen existieren hinsichtlich der Sprechstunden? In welchem Maße werden Sprechstunden in Anspruch genommen?

6. Werden Referate, Hausarbeiten, Klausuren etc. zwischen Lehrenden und Studierenden regelmäßig besprochen?

7. Gestaltung der Studieneingangsphase (konzeptionell, zeitlich, personell)

8. Werden regelmäßig spezielle Veranstaltungen für Diplomanden/Examenskandidaten durchgeführt?

9. Gibt es am Ort Repetitorien?

V. STUDIENORGANISATION, LEHRORGANISATION

(Anmerkung: Angestrebt wird eine möglichst präzise Abbildung des „Lehrmanagements“ sowie der „normalen“ Studienwirklichkeit in den sie prägenden Organisationsmerkmalen.)

1. Gliederung der Studiengänge in Studienabschnitte (Grund-, Hauptstudium)

2. Wie wird der Übergang markiert? Gibt es studienbegleitende oder punktuelle Zwischenprüfungen? Gibt es Zertifikate für bestandene Zwischenprüfungen? Funktion der Zwischenprüfung: Orientierung oder Selektion? Durchschnittliche Durchfallquoten

3. In welchem Maße werden Veranstaltungen des Grundstudiums durch Tutorien/Übungsgruppen begleitet?

4. Relation von Pflicht-, Wahlpflicht- und Wahlveranstaltungen in Grund- und Hauptstudium? Gibt es „Kernfächer“ oder „Kernlehrgebiete“ des Studiengangs?

5. Gibt es eine fest vorgeschriebene Abfolge der Lehrveranstaltungen? In welcher Weise wird diese für Studierende transparent gemacht (z. B. Studienpläne)?
   Gibt es in den zentralen Lehrgebieten ausreichende Wahlmöglichkeiten (Parallelveranstaltungen), die auch unterschiedliche Vermittlungsformen beinhalten?

6. Wie erfolgt die Zuordnung/Verknüpfung der Veranstaltungsangebote zu Prüfungsgebieten (z. B. durch kommentierte Vorlesungsverzeichnisse)?

7. Lehrbeiträge der Professoren und des Mittelbaus für Veranstaltungen des Grund- und Hauptstudiums. Wer bestreitet die Einführungsveranstaltungen?

8. Wie und durch wen erfolgt die inhaltliche/zeitliche Planung und Koordination des Lehrangebots? Wie wird die Erbringung des Lehrangebots und die Abdeckung von „Kernfächern“ kontrolliert?

9. Studienordnung und Studienrealität: Werden alle in der Studien- und Prüfungsordnung vorgesehenen Lehrgebiete regelmäßig angeboten?

Probleme und Defizite in der Bereitstellung eines ausreichenden Lehrangebots

10. Internationale Kooperationen in der Lehre (Austauschprogramme, Gastdozenten/innen, Praxisaufenthalte, integrierte Studienangebote, internationale Prüfungen etc.)? Wie viele Studierende nehmen teil?

VI. LEISTUNGSANFORDERUNGEN

1. Zeitliche Anforderungen an die Studierenden laut Studienordnung (nach Studiengängen; in SWS, nach Grund- und Hauptstudium)
   Ist der Studiengang unter Berücksichtigung der durchschnittlich benötigten Vor- und Nachbereitungszeit für „normale" Studierende innerhalb der vorgesehenen Planstudienzeit studierbar?

2. *Leistungsnachweise*

   a) Anzahl und Art der in Grund- und Hauptstudium erforderlichen Leistungsnachweise (nach Studiengängen)
      Wie viele Leistungsnachweise werden von einzelnen Studierenden im Durchschnitt pro Semester faktisch erbracht?

   b) In welcher Verbindung stehen die Anforderungen an die Leistungsnachweise mit den Studienzielen?

3. Ausmaß der Erwerbstätigkeit der Studierenden neben dem Studium nach Einschätzung des Fachbereichs/der Fakultät

   Wie beurteilt der Fachbereich die Problematik der faktischen Teilzeitstudierenden? (geschätzter Anteil der Studierenden)

VII. PRÜFUNGSORGANISATION

(Anmerkung: Prüfungsorganisation und -gestaltung zählen zu den wichtigsten Faktoren für die Beeinflussung der Studiendauer. Nach allen Untersuchungsergebnissen hat es den Anschein, als gebe es hier einen erheblichen Optimierungsbedarf und große studienzeitsparende Effizienzreserven. Deshalb sollte die am Fachbereich/an der Fakultät gängige Praxis (nicht Ordnungsnormen) möglichst genau beschrieben werden.)

1. Prüfungsverfahren

   Wie erfolgt die Anmeldung zur Prüfung: auf Aufforderung durch den Fachbereich/die Fakultät oder durch Meldung der Studierenden?
   Zahl der Prüfungstermine pro Semester

Wie ist die Prüfersuche am Fachbereich organisiert? Holschuld der Studierenden oder Angebot des Fachbereichs/der Fakultät?

2. Welche Möglichkeiten bestehen hinsichtlich der Wahl der Prüfungsgebiete und Prüfungsthemen? Bestehen Wahlmöglichkeiten hinsichtlich der Prüfungsformen?

3. Dauer und Umfang der Abschlußarbeiten (nach Studiengängen): Zielgröße des Fachbereichs, tatsächliche Größen

4. Wie lange dauert die gesamte Prüfungsphase im Fach (nach Studiengängen; ohne studienbegleitende Prüfungen) im Regelfall? Beschreibung des „normalen" zeitlichen Ablaufs einer Prüfung, nachdem sich Studierende zur Ablegung der Prüfung entschlossen haben (Anmeldung, Wartezeiten, Prüfungen, Abschlußarbeit, Begutachtungen)

5. Regelungen zur Wiederholung von Prüfungen („Freischuß"-Regelung?)

VIII. STUDIENERFOLG

Vgl. Teil B

Zusätzliche Erläuterungen:

1. Verbleib der Absolventen/innen
Liegen Informationen über den Verbleib der Absolventen/innen vor? Gibt es am Fachbereich Absolventenbefragungen?
Welche Maßnahmen hat der Fachbereich ergriffen, um Informationen über den weiteren Werdegang der Absolventen zu gewinnen und/oder mit den Absolventen in Kontakt zu bleiben?

2. Wie werden die mit dem Abschluß vermittelten beruflichen Qualifikationen und Arbeitsmarktchancen eingeschätzt?

IX. QUALITÄTSSICHERUNG

1. Gibt es Maßnahmen und Verfahren zur Sicherung der Qualität der Lehre und zur Lehrevaluation (z. B. studentische Lehrveranstaltungskritik)? (Kurzdarstellung der Verfahren, ihrer Anlässe und wichtigsten Ergebnisse; Fragebögen etc. bitte beilegen; publizierte Ergebnisse?)

2. Gibt es Anreize für Innovationen und besondere Aktivitäten in der Lehre? Was unternimmt der Fachbereich zur Verbesserung von Ausbildung und Lehrleistungen?

a) Ist die Situation in Forschung und Lehre (quantitativ und qualitativ) Gegenstand regelmäßiger Berichte und Beratungen in Gremien? In welchen?
b) Werden die Angebote zur Studieneingangsphase (Orientierungskurse u. ä.) sowie die Studien- und Prüfungsorganisation regelmäßig mit Blick auf die gesammelten Erfahrungen und die Prüfungsergebnisse überprüft?
c) Wie erfolgt eine Verständigung über Studienziele und Leistungsstandards?
d) Wie wird sichergestellt, daß aktuelle Themen und neue Entwicklungen im Lehrangebot berücksichtigt werden?

3. Wo sieht der Fachbereich/die Fakultät Defizite in der Vorbildung der Studienanfänger/innen? Welche Maßnahmen zur Behebung dieser Defizite werden durchgeführt (Vorkurse, „Schreibwerkstätten“ u. ä.)?

4. Worin sieht der Fachbereich/die Fakultät die wesentlichen Gründe für Überschreitungen der Regelstudienzeiten? Wann entstehen diese Verzögerungen im Studienverlauf (Grundstudium bis zur Zwischenprüfung, Hauptstudium)?

5. Welche Faktoren in der Ausstattung des Fachbereichs und in der Organisation von Studium, Lehre und Prüfungen tragen zu einer Studienzeitverlängerung bei? Was sollte und könnte getan werden, um die tatsächlichen Studienzeiten spürbar zu reduzieren?

6. Auf welche Weise wird der Fachbereich/die Fakultät auf „Problemfälle“ (z.B. Langzeitstudierende, Prüfungsrücktritte, Studienabbrecher) aufmerksam und wie wird darauf reagiert? Liegen Informationen über die Gründe des Studienabbruchs vor?

7. Welche Bedeutung haben Qualifikationen in der Lehre bei Habilitationen und Berufungen? In welcher Weise werden sie festgestellt und berücksichtigt? Welche Aktivitäten unternimmt der Fachbereich/die Fakultät zur Förderung der didaktischen Kompetenzen seiner Lehrenden?

8. Welche Aktivitäten in der Weiterbildung der Lehrenden unternimmt/unterstützt der Fachbereich/die Fakultät?

X. GESAMTEINSCHÄTZUNG/BEWERTUNGEN

(Anmerkung: Erwünscht ist eine möglichst freimütige Darstellung von Stärken und Schwächen in der Ausbildung, vor allem aber des Bewußtseins dieser bei Funktionsträgern und im Fachbereich/in der Fakultät. Die Liste der aufgeworfenen Fragen ist keineswegs geschlossen; Ergänzungen/Veränderungen sind daher willkommen.)

1. Stärken und Schwächen der angebotenen Ausbildung/in den Lehrleistungen
   - inhaltlich
   - organisatorisch

2. Wie wird die Qualität der Ausbildung/Lehre und der Absolventen (auch im Vergleich zu anderen Hochschulen) bewertet?

3. Sind die Leistungsanforderungen angemessen/zu hoch/zu niedrig?

4. Gibt es regelmäßige Engpässe im Lehrangebot? (Welche?)

5. Welches wären wünschenswerte Ergänzungen des Lehrangebots (Veranstaltungsarten, neue Lehrgebiete)?

6. Welches wären praktikable Mittel und Verfahren, um die Qualität der Lehre (und des Studiengangs insgesamt) zu sichern und den Lehr- und Lernbetrieb transparenter zu gestalten?

7. Welche inhaltlichen und organisatorischen Veränderungen wünscht oder plant der Fachbereich/die Fakultät in den nächsten Jahren für Studium und Lehre?

8. Lassen sich aus dem durch diesen Leitfaden angestoßenen Kommunikationsprozeß über Fragen der Lehre Schlüsse für eine Verbesserung von Studium und Lehre ableiten?

ZUSÄTZLICHE MATERIALIEN

(Bitte beifügen, wenn vorhanden.)

a) Informationsbroschüren des Fachbereichs/der Fakultät (insbesondere für Studierende und Studienanfänger/innen)

b) Studien- und Prüfungsordnungen, Studienpläne

c) Kommentierte Vorlesungsverzeichnisse der letzten beiden Studienjahre

d) Liste der Diplom- und Magisterarbeiten der letzten drei Jahre: Titel, Gutachter

e) Liste der Promotionen und Habilitationen der letzten drei Jahre: Titel und Gutachter

f) gegebenenfalls: publizierte Ergebnisse zu Evaluationsvorhaben in der Lehre; Frage- und Erhebungsbögen

TEIL B

III. RAHMENBEDINGUNGEN VON STUDIUM UND LEHRE

1. *Personelle Ressourcen*

1.1. Lehrkapazität

a) Stellen nach Stellenarten (C4, C3, C2, C1, BAT, Akadem. (Ober-)Räte, Lehrbeauftragte, sonstige) im zurückliegenden Studienjahr (WS 93/94 + SS 94)

	aus Haushalts-mitteln	aus Sonder-programmen (HSP, HEP)	Drittmittel-personal	Summe
Personalstellen insgesamt				
davon:				
a) für wissenschaftliches Personal				
davon: Professoren insgesamt				
– C4				
– C3				
– C2				
übriges wissenschaftl. Personal insg.				
– C1				
– wissenschaftliche/künstl. Mitarbeiter				
– auf Zeit				
– auf Dauer				
– Lehrkräfte für besondere Aufgaben				
zusätzlich:				
Lehrbeauftragte				
sonstige (einschl. Honorarprofessoren, Privatdozenten etc.)				
b) nichtwissenschaftliches Personal				
davon:				
Sekretariate				
Technische Dienste				
Verwaltung				

b) Abweichungen zwischen Stellen-Soll und -Ist (nur bez. wiss. Personal)

c) Wissenschaftliche Stellen nach Lehrdeputat:

Lehrdeputat (in SWS)	Stellen aus		
	Haushaltsmitteln	Sonderprogrammen	Summe
1			
2			
3			
4			
5			
6			
7			
8			
9			
10			
11			
12			
13			
14			
15			
.			
.			
.			

Gesamtlehrkapaziät in Semsterwochenstunden (Summe aller Lehrdeputate):

d) Tatsächliches Lehrangebot der letzten beiden Semester (in SWS) nach Grund- und Hauptstudium

e) Zahl der Lehrbeauftragten nach Lehrgebieten und SWS; Anteil der Berufspraktiker

1.2. Mittel zur Unterstützung von Lehrveranstaltungen für geprüfte/ungeprüfte Hilfskräfte

1.3. Servicebilanz

Welche Lehrleistungen (in SWS) wurden im letzten Studienjahr (WS und SS) für Studiengänge anderer Fachbereiche angeboten bzw. in eigenen Studiengängen von anderen Fachbereichen in Anspruch genommen (einschließlich Weiterbildung, Graduiertenkollegs etc.)

2. *Finanzen, Sachausstattung*

2.1. Finanzen: Laufende Ausgaben, Investitionsausgaben, Drittmittel, Verwaltungseinnahmen

(in DM)	1990	1992	1993
laufende Ausgaben			
Investitionen			
Verwaltungseinnahmen			
Drittmittel			

2.2. Laborarbeitsplätze/Großgeräte für die Lehre: Art, Anzahl

2.3. Computerarbeitsplätze für die Lehre: Art, Anzahl

2.4. Bibliothek(en)

a) Art (einschichtig/zweischichtig; Freihand/Magazin), Öffnungszeiten
b) Buchbestand; Zahl der abonnierten Zeitschriften
c) Entwicklung des Anschaffungsbudgets
d) Lese- und Arbeitsplätze
e) technische Ausstattung (Ausleih-, Katalogsystem)

3. *Studienanfänger/innen; Studierende*

Liegt am Fachbereich eine Studienverlaufsstatistik nach Semesterkohorten vor?

3.1. Zahl der Studienanfänger (weiblich/männlich)

a) nach Studiengängen/angestrebten Abschlüssen (l. Fach- und 1. Hochschulsemester) in den letzten 5 Jahren (SS 1989 bis WS 1993/94; jeweils SS + folgendes WS)

Studiengang/ angestrebter Abschluß	1989	1990	1991	1992	1993
... 1. FS 1. HS					
... 1. FS 1. HS					

b) nach vorherigem beruflichen Abschluß (mit/ohne; 1993), Art der Hochschulzugangsberechtigung (allg. Hochschulreife, Fachabitur, Fachhochschulreife, sonstiges)

c) Ortswechsler: Zugänge/Abgänge nach Studiengängen und Fachsemestern (1993)

3.2. Zulassungsbeschränkte Studiengänge: Zahl der Bewerber/innen, Studienplätze und Studienanfänger sowie Auslastung (1989-1993)

Jahr	Bewerber (1)	Studien-anfängerplätze (2)	Studienanfänger (3)	Bewerberquote (1) : (2)	Auslastung (3) : (2)
1989					
1990					
1991					
1992					
1993					

3.3. Durchschnittliches Alter der Studienanfänger in den letzten 5 Jahren nach Studiengängen

3.4. Relationen: Zahl der Studienanfänger/innen (l. Fachsemester, Vollzeitäquivalente mit folgenden Gewichtungsfaktoren: Diplom: 1; Magister-/Lehramt-Hauptfach: 0,5; Magister-/Lehramt-Nebenfach: 0,25)
a) je Professorenstelle
b) je Stelle wissenschaftliches Personal

3.5. Zahl der Studierenden (weiblich/männlich)
a) nach Studiengängen/angestrebten Abschlüssen und Fachsemestern

Studiengang	Studierende im ... Fachsemester								
	1.	2.	3.	4.	...	14.	15.	16.	17.	18.+
... ...										

b) Anteile der Studierenden innerhalb der Regelstudienzeit (nach Studiengängen)

3.6. Relationen: Zahl der Studierenden in der Regelstudienzeit (Vollzeitäquivalente, vgl. 3.4.)
a) je Professorenstelle
b) je Stelle wissenschaftliches Personal

3.7. Zahl der ausländischen Studierenden nach Studiengängen (davon aus EU-Programmen)

VI. STUDIENERFOLG

1. *Zahl der abgelegten Zwischenprüfungen/Vordiplome* der letzten 5 Prüfungsjahre (WS und darauffolgendes SS) nach Studiengängen/Abschlüssen

Studiengang	1989	1990	1991	1992	1993
... ...					

2. *Zahl der Absolventen/innen* der letzten 5 Prüfungsjahre (WS und darauffolgendes SS) nach Studiengängen/Abschlüssen

Studiengang	1989	1990	1991	1992	1993
... ...					

3. Durchschnittliches *Alter der Absolventen* nach Anfängerjahrgängen/der letzten 5 Prüfungsjahrgänge (nach Studiengängen)

4. *Studienzeiten* (nach Studiengängen)

Hinweis: Nach Möglichkeit sollten die folgenden Angaben zum Studienverlauf und zur Studiendauer auf Anfängerkohorten (Anfängerjahrgänge ab 1983; jeweils SS und folgendes WS) bezogen werden. Wenn dies nicht möglich ist, sollten sie auf der Grundlage von Prüfungsjahrgängen (1980, 1985, 1989-1993; WS und folgendes SS) erfolgen.

4.1. Fachstudiendauer bis zum Abschluß der Vordiplom- bzw. Zwischenprüfung (arithmetisches Mittel, Median)

4.2. Fachstudiendauer bei Anmeldung zur Abschlußprüfung (arithmetisches Mittel, Median)

4.3. Fachstudiendauer bei Abschluß des Examens (arithmetisches Mittel, Median, Verteilung)

4.4. Gesamte Verweildauer an der Hochschule (arithmetisches Mittel, Median)

4.5. Anteil der Absolventen innerhalb der Regelstudienzeit

5. *Studienerfolg*

5.1. Studienabbrecher nach Anfängerjahrgängen (1985-1990; wenn nicht möglich: nach Abbruchjahrgängen) und Fachsemesterzahl des Abbruchs (nach Studiengängen)

5.2. Erfolg bei Abschlußprüfung; bei Vorliegen einer Prüfungsverlaufsstatistik:
   a) Anteil der durchgeführten Abschlußprüfungen bezogen auf Anfängerjahrgänge 1985-1989
   b) Anteil erfolgreich abgelegter Prüfungen bezogen auf Anfängerjahrgänge 1985-1989

   falls keine Verlaufsstatistik vorliegt: a) und b) bezogen auf die Zahl der Studienanfänger 6 Jahre zuvor (FH: 4 Jahre zuvor)

c) Durchfallquoten in der Abschlußprüfung 1989-1993 (Anteil nicht bestandener Prüfungen an allen durchgeführten Prüfungen; nach Studiengängen)

5.3. Abschlußnoten (Gesamtnoten; nach Anfänger- bzw. Prüfungsjahrgängen) nach Studiengängen

5.4. Prüfungsrücktritte, Prüfungswiederholungen und Ergebnisse von Wiederholungsprüfungen

6. *Promotionen/Habilitationen*

6.1. Zahl der Promotionen in den letzten 5 Jahren
a) nach Ort des Examens (am Fachbereich/extern)
b) nach Arbeitsort der Doktoranden/innen (am Fachbereich/Graduiertenkolleg/extern)

Promotionen von	1989	1990	1991	1992	1993
Beschäftigte am Fachbereich					
Graduiertenkollegiaten (nur Stipendiaten)					
Externen					
Summe					

6.2. Relation: Zahl der Promotionen je Professor (1989-1993)

6.3. Promotionsintensität: Zahl der Promotionen 1989-1993 in Prozent der Zahl der Studienabschlüsse (Diplom, Magister, Staatsprüfungen einschl. Lehramt) 4 Jahre zuvor

6.4. Durchschnittliche Promotionsdauer (Zeit zwischen Diplom/Examen und Promotion) für die letzten 5 Promotionsjahre

6.5. Durchschnittliches Alter bei der Promotion für die letzten 5 Promotionsjahrgänge

6.6. Zahl der Habilitationen in den letzten 5 Jahren

6.7. Durchschnittliche Habilitationsdauer (Zeit zwischen Promotion und Habilitation) für die letzten 5 Jahre

6.8. Durchschnittliches Alter zum Zeitpunkt der Habilitation für die letzten 5 Habilitationsjahrgänge

Empfehlungen zur weiteren Entwicklung der verwaltungsinternen Fachhochschulen

Stellungnahmen zu den verwaltungsinternen Fachhochschulen Schleswig-Holsteins, Nordrhein-Westfalens, Niedersachsens und zum Fachbereich Arbeitsverwaltung der Fachhochschule des Bundes für öffentliche Verwaltung

Inhalt

Vorbemerkung

Nachdem die Ausbildung für die Laufbahnen des gehobenen technischen Dienstes zu Beginn der 70er Jahre mit Gründung der Fachhochschulen in den Hochschulsektor verlagert worden ist, vollzogen einige Bundesländer diese Entwicklung auch für den nichttechnischen Dienst nach. Dabei wurden in einigen Ländern neue Einrichtungen geschaffen, in anderen wurden bestehende Verwaltungsschulen in Fachhochschulen umgewandelt. Mit diesem Schritt, durch den ein abgeschlossenes Hochschulstudium zur Regelqualifikation auch für den gehobenen Dienst gemacht wurde, sollte den gestiegenen Anforderungen an die Ausbildung Rechnung getragen werden.

1976 hat der Bundesgesetzgeber die Ausbildung für den gehobenen nichttechnischen Dienst an Fachhochschulen für Bund und Länder verbindlich festgeschrieben. 1978 wurde die Fachhochschule des Bundes für öffentliche Verwaltung gegründet. Bis 1979 hatten alle alten Länder eigene Einrichtungen errichtet. Das Studium wurde jedoch nicht an einer dem allgemeinen tertiären Bildungssystem zugeordneten Hochschule angesiedelt, sondern an besonderen verwaltungsinternen Fachhochschulen für den öffentlichen Dienst.

Der Wissenschaftsrat hat sich in der Vergangenheit mehrfach zur Weiterentwicklung der Verwaltungsfachhochschulen geäußert. In seinen „10 Thesen zur Hochschulpolitik“ hat er sich 1993 dafür ausgesprochen, die Studiengänge der Verwaltungsfachhochschulen über den Bedarf des öffentlichen Dienstes hinaus für weitere Bewerber zu öffnen und diese Hochschulen längerfristig in das allgemeine Hochschulwesen zu überführen.

Der Wissenschaftsrat ist von den Ländern Schleswig-Holstein, Nordrhein-Westfalen und Niedersachsen gebeten worden, die dortigen verwaltungsinternen Fachhochschulen zu evaluieren und Empfehlungen für ihre weitere Entwicklung zu erarbeiten. Zur Vorbereitung dieser Stellungnahme hat der Wissenschaftsrat eine Arbeitsgruppe eingesetzt, die die Verwaltungsfachhochschulen der Länder Schleswig-Holstein, Nordrhein-Westfalen und Niedersachsen sowie den Fachbereich Arbeitsverwaltung der Fachhochschule des Bundes für öffentliche Verwaltung besucht hat. In dort geführten Gesprächen mit den Leitungen der Hochschulen, mit hauptamtlich Lehrenden und Lehrbeauftragten, mit Studierenden und Absolventen sowie mit Vertretern der Dienstherren hat sie sich ein umfassendes Bild von der Struktur und den Ausbildungsleistungen dieser Institutionen gemacht. In dieser Arbeitsgruppe haben auch Sachverständige mitgewirkt, die nicht dem Wissenschaftsrat angehörten. Ihnen ist der Wissenschaftsrat zu besonderem Dank verpflichtet.

Der Wissenschaftsrat hat diese Empfehlungen am 10. Mai 1996 verabschiedet.

A. Ausgangslage: Die Ausbildung an verwaltungsinternen Fachhochschulen

A. I. Entstehung und Zielsetzung

1976 hat der Bundesgesetzgeber beschlossen, die Ausbildung für die Laufbahnen des gehobenen nichttechnischen Dienstes an Fachhochschulen durchzuführen, nachdem dies für den technischen Dienst mit Gründung der Fachhochschulen und der Einrichtung der entsprechenden Ingenieur-Studiengänge bereits erfolgt war. Mit diesem Schritt folgte der Bund der Entwicklung in einigen Ländern, die zu diesem Zeitpunkt bereits als Neugründung oder durch Überführung der alten Verwaltungsschulen Verwaltungsfachhochschulen für die Ausbildung von Beamtenanwärtern u. a. in den Bereichen Allgemeine Verwaltung, Polizei und Steuerwesen gegründet hatten (Berlin, Baden-Württemberg, Bayern, Schleswig-Holstein).

Mit der Einrichtung dieser neuen, speziell auf die Bedürfnisse der öffentlichen Verwaltung zugeschnittenen Einrichtungen und der verbindlichen Hochschulausbildung für alle Laufbahnen des gehobenen Verwaltungsdienstes sollten zu Beginn der 70er Jahre Konsequenzen aus den gestiegenen Qualifikationsanforderungen in der Verwaltung und hier insbesondere auf mittleren Führungsebenen gezogen werden. Die Innenministerkonferenz hatte bereits 1970 einen erhöhten Qualifikationsbedarf für den gehobenen Dienst festgestellt, dem an Ausbildungsstätten in der „Prägung von Fachhochschulen" Rechnung getragen werden müßte, wobei deren Abschlüsse denen von externen Fachhochschulen gleichwertig sein sollten.[1]) Gleichzeitig hielten es die Innenminister für „zweckmäßig, die theoretische Ausbildung im Rahmen eines Vorbereitungsdienstes verwaltungsintern durchzuführen", und sprachen sich damit gegen die Einrichtung entsprechender Studiengänge an öffentlichen Fachhochschulen aus. Der Hochschulausschuß der Kultusministerkonferenz schloß sich der Bewertung der künftigen Qualifikationsanforderungen für den gehobenen Dienst im Grundsatz an. Allerdings gab er der Einrichtung verwaltungsressortbezogener Studiengänge an öffentlichen Fachhochschulen gegenüber der Institutionalisierung neuer verwaltungsinterner Hochschuleinrichtungen den Vorzug.

1) Entschließung der ständigen Konferenz der Innenminister vom 30. 4. 1970; abgedruckt in: Hochschullehrerbund HLB-FHB e.V. (Hrsg.): Die Fachhochschule für öffentliche Verwaltung in der politischen Diskussion. Eine Dokumentation aus Anlaß des 10jährigen Bestehens der FH Bund, Köln 1989.

1973 bezeichnete die Bundesregierung in einer Antwort auf eine parlamentarische Anfrage die Einrichtung der Fachhochschulstudiengänge für Ingenieure als richtungsweisendes Modell auch für die nichttechnische Bundesverwaltung.[2]) Gleichzeitig erklärte sie jedoch ihre Bereitschaft, sich dem von den Innenministern der Länder favorisierten Modell einer verwaltungsinternen Ausbildung zumindest vorläufig anzuschließen. Zu diesem Zeitpunkt hatten Berlin und Baden-Württemberg bereits verwaltungsinterne Fachhochschulen errichtet, in Bayern und Nordrhein-Westfalen liefen entsprechende Vorbereitungen und die übrigen Bundesländer sollten bis 1979 nachfolgen. Nach 1989 folgten auch die neuen Länder diesem Modell und errichteten verwaltungsinterne Fachhochschulen für öffentliche Verwaltung. In Brandenburg, Sachsen-Anhalt und Bremen ist in den nächsten Jahren allerdings eine Externalisierung vorgesehen.

A. II. Rechtsgrundlagen

Die rechtlichen Grundlagen der Ausbildung für die Laufbahnen des öffentlichen Dienstes sind im Beamtenrecht festgelegt, für das die Rahmengesetzgebungskompetenz beim Bund liegt. Die Verabschiedung der von der Bundesregierung 1973 angekündigten Änderung des Beamtenrechtsrahmengesetzes (BRRG), mit der den neuen Entwicklungen in der Ausbildung für den gehobenen Dienst Rechnung getragen werden sollte, wurde mit dem „Zweiten Gesetz zur Änderung beamtenrechtlicher Vorschriften" vom 18. 8. 1976 umgesetzt.[3]) Darin wurden die Zulassungsvoraussetzungen für den gehobenen Dienst und die Anforderungen an den Vorbereitungsdienst reformiert. Voraussetzung für die Zulassung für den gehobenen Dienst wurde nun die Hochschulzugangsberechtigung (§ 13 Abs. 2 BRRG). Die Dauer des Vorbereitungsdienstes wurde auf drei Jahre festgesetzt, von denen mindestens 18 Monate auf Fachstudien an einer Fachhochschule und mindestens 12 Monate auf berufspraktische Studienzeiten entfallen müssen (§ 14 BRRG). Zur Umsetzung dieser gesetzlichen Vorgaben wurde eine Übergangszeit bis zum 30. 9. 1977 eingeräumt. Am 15. 9. 1978 wurde durch einen Erlaß des Bundesministers des Innern die Fachhochschule des Bundes für öffentliche Verwaltung gegründet. Die damals in Aussicht gestellte Ablösung des Errichtungserlasses durch ein Errichtungsgesetz ist jedoch bis heute nicht erfolgt.

In der Begründung des Gesetzentwurfs wies die Bundesregierung noch einmal deutlich auf das Ziel hin, die Ausbildung für alle Tätigkeitsfelder des gehobenen Dienstes längerfristig an Hochschulen im allgemeinen Hochschulbereich anzusiedeln. Für weite Teile der Verwaltung sah die Bundesregierung in der verwaltungsinternen Ausbildung nur eine Zwischenlösung, bis die öffentlichen (Fach-)Hochschulen entsprechende

2) Antwort der Bundesregierung auf die Kleine Anfrage vom 6. 8. 1973. Bundestagsdrucksache 7/1030 vom 20. 9. 1973.
3) Bundesgesetzblatt I, 1973, S. 2209.

Studiengänge aufgebaut hätten. Nachdem die ersten verwaltungsinternen Ausbildungsgänge in allen alten Ländern aufgebaut wurden, blieben sie bis auf wenige Ausnahmen die einzige Organisationsform des Fachhochschulstudiums für die Laufbahnen des gehobenen nichttechnischen Dienstes.

Es ist allerdings hervorzuheben, daß das interne Modell zwar den Normalfall der Rekrutierung des Nachwuchses für den gehobenen nichttechnischen Dienst darstellt, nicht aber den allein möglichen Qualifikationsweg. Gesetzlich mögliche Alternativen bestehen und finden Anwendung: ein „Anrechnungsmodell", in dem Zeiten eines externen Studiums auf die Dauer des Vorbereitungsdienstes angerechnet werden, sowie ein „Anerkennungsmodell", in dem eine der Laufbahnprüfung gleichwertige Hochschulprüfung vollständig als Vorbereitungsdienst anerkannt wird.[4])

Als Hochschulen unterliegen die verwaltungsinternen Fachhochschulen grundsätzlich dem Hochschulrahmengesetz (HRG). Nach § 73 Abs. 2 Satz 1 HRG können für staatliche Hochschulen, deren Ausbildungsgänge ausschließlich auf den öffentlichen Dienst ausgerichtet sind, durch Landesrecht allerdings vom Hochschulrahmengesetz abweichende Regelungen getroffen werden, soweit die besondere Struktur und Aufgabenstellung dieser Hochschulen es erfordern. Jedoch wurden auch die verwaltungsinternen Fachhochschulen zur Erfüllung bestimmter, in § 70 HRG genannter, Mindestanforderungen zur Anerkennung für nichtstaatliche Hochschulen verpflichtet. So muß das Studium an dem im HRG genannten Ziel ausgerichtet sein, die Studierenden auf ein berufliches Tätigkeitsfeld vorzubereiten und ihnen die dafür erforderlichen Kenntnisse, Fähigkeiten und Methoden so zu vermitteln, daß sie zu wissenschaftlichem Arbeiten befähigt sind (§ 7 HRG). Darüber hinaus sehen diese Anforderungen eine Mehrzahl von nebeneinander bestehenden Studiengängen, die Mitwirkung der Angehörigen der Einrichtung an der Gestaltung des Studiums sowie die Maßgabe vor, daß die Studienbewerber die Voraussetzungen für die Zulassung in eine entsprechende staatliche Hochschule erfüllen (§ 70 Abs. 1 HRG). Eine wesentliche Ausnahmeregelung besteht darin, daß die hauptberuflich Lehrenden nicht die Einstellungsvoraussetzungen erfüllen müssen, die für entsprechende Tätigkeiten an staatlichen Hochschulen gefordert werden. Eine Besonderheit stellt die Fachhochschule für öffentliche Verwaltung des Bundes dar. Für diese

---

4) Zum Anrechnungsmodell heißt es im Beamtenrechtsrahmengesetz: „...kann der Vorbereitungsdienst auf eine Ausbildung in fachbezogenen Schwerpunktbereichen der Laufbahnaufgaben beschränkt werden, wenn der Erwerb der wissenschaftlichen Erkenntnisse und Methoden, die zur Erfüllung der Aufgaben in der Laufbahn erforderlich sind, durch eine insoweit als geeignet anerkannte Prüfung als Abschluß eines Studiengangs an einer Hochschule nachgewiesen worden ist." (§ 14 Abs. 4 BRRG). Bezüglich des Anerkennungsmodells wird bestimmt, daß die Befähigung für eine Laufbahn des gehobenen Dienstes auch besitzt, „wer außerhalb des Vorbereitungsdienstes eine den Anforderungen des Absatzes 2 [d.h. der Vermittlung wissenschaftlicher und berufspraktischer Kenntnisse und Methoden] entsprechende Ausbildung in einem Studiengang an einer Hochschule durch eine Prüfung abgeschlossen hat, die der Laufbahnprüfung gleichwertig ist." (§ 14 Abs. 3 BRRG).

Einrichtung, deren Fachbereiche in verschiedenen Ländern angesiedelt sind, gelten die Anforderungen nach § 70 HRG hinsichtlich der Anerkennung von nach Landesrecht nichtstaatlichen Hochschulen.

Die Aufnahme der Verwaltungsfachhochschulen in die Westdeutsche Rektorenkonferenz (WRK) wurde von dieser 1986 mit der Begründung abgelehnt, sie hätten keine körperschaftliche Verfassung und unterschieden sich „in Struktur, Organisation, Aufgaben, Lehrpersonal, ‚Studenten' u. a." gravierend von den Mitgliedshochschulen der WRK.[5]) Gegenwärtig ist nur die Fachhochschule für Verwaltung und Rechtspflege Berlin Mitglied der Hochschulrektorenkonferenz (HRK).

A. III. Organisation und rechtliche Stellung

Ungeachtet der einheitlich internen Institutionalisierung unterscheiden sich die einzelnen Verwaltungsfachhochschulen von Bund und Ländern hinsichtlich ihrer Zuordnung zu einem Ressort, ihrer rechtlichen Stellung, ihrer Struktur, ihrer Größe und in ihrem Ausbildungsspektrum zum Teil erheblich.

III. 1. Rechtliche Stellung

Mit Ausnahme der Fachhochschule für Verwaltung und Rechtspflege Berlin sind alle verwaltungsinternen Fachhochschulen von Bund und Ländern nichtrechtsfähige Einrichtungen. In der Regel sind sie im Ressortbereich des Innenministeriums angesiedelt, in Bayern hingegen beim Finanzministerium. In einigen Ländern (z. B. Baden-Württemberg, Nordrhein-Westfalen) ressortieren einzelne Zweige bei verschiedenen Fachministerien (z. B. Rechtspflege beim Justizministerium). Dies gilt auch für die einzelnen Fachbereiche der Fachhochschule des Bundes für öffentliche Verwaltung; der Zentralbereich und die Rahmenkompetenz liegen in der Verantwortung des Innenministers. Träger der verwaltungsinternen Fachhochschulen sind in der überwiegenden Mehrzahl die Länder (bzw. der Bund bei der FH Bund); in Einzelfällen besteht eine gemeinsame Trägerschaft von Land und kommunalen Trägervereinen (z. B. Schleswig-Holstein). In Niedersachsen sind die kommunalen Studieninstitute mit der Ausbildung für die Kommunalverwaltung beliehen, die gleichzeitig als „kommunale Abteilungen" in den Fachbereich Allgemeine Verwaltung der Fachhochschule für Verwaltung und Rechtspflege eingebettet sind.

---

5) Unterlagen für den 48. Senat der WRK am 7. 10. 1986 zu TOP 5 – Aufnahme ressortgebundener (Verwaltungs-) Fachhochschulen in die WRK.

Mit dem Status einer nichtrechtsfähigen Einrichtung sind eine Reihe von Einschränkungen des Hochschulcharakters verbunden. So verfügen die Verwaltungsfachhochschulen nicht über die Selbstverwaltungsrechte und -gremien als wesentlichem Ausdruck der Hochschulautonomie, wie sie für die allgemeinen Hochschulen charakteristisch sind, auch wenn die Abweichungen von den im HRG vorgesehenen Regeln im Einzelfall unterschiedlich ausgeprägt sind. Unbeschadet der Trägerschaft unterliegen die einzelnen Abteilungen der Verwaltungsfachhochschulen in vielen Fällen der Fachaufsicht der jeweils zuständigen Ressorts, während die allgemeinen Hochschulen, die als Körperschaften und als staatliche Einrichtungen definiert sind, nur der Rechtsaufsicht der Wissenschaftsministerien unterliegen. Einige Länder (z. B. Hessen) haben die Fachaufsicht allerdings in Landesgesetzen bzw. -verordnungen auf die Gewährleistung der Vollständigkeit des Lehrangebots und die Einhaltung der Ausbildungs- und Prüfungsordnungen beschränkt.

III. 2. Organisation

In der Organisation der verwaltungsinternen Fachhochschulen beschreiten die einzelnen Länder und der Bund ebenfalls unterschiedliche Wege. In einigen, meist kleineren Ländern wurde eine ressortübergreifende Einrichtung an einem Standort geschaffen, die unterschiedliche Fachbereiche umfaßt (Schleswig-Holstein, Hamburg, Bremen, Saarland, Berlin). In anderen Bundesländern (Niedersachsen, Bayern) und an der Fachhochschule des Bundes wurden unter dem Dach einer Einrichtung an verschiedenen Standorten Abteilungen und Fachbereiche mit unterschiedlichen Fachrichtungen eingerichtet. Ein dritter Weg besteht in der Einrichtung verschiedener ressortgebundener Verwaltungsfachhochschulen für einzelne Verwaltungsbereiche wie z. B. Finanzen, Forstwesen und Rechtspflege (Hessen, Rheinland-Pfalz, Baden-Württemberg). In Nordrhein-Westfalen wurde ein Mischmodell realisiert, das neben einer ressortübergreifenden Fachhochschule, an der die Beamten der Kommunalverwaltung, des allgemeinen Verwaltungsdienstes des Landes, der Sozialversicherungsträger und der Polizei ausgebildet werden, eigene Fachhochschulen für Finanzen und für Rechtspflege umfaßt. Diese unterschiedlichen Lösungen sind wesentlich aus der Struktur, Lage und Entwicklung der jeweiligen Vorgängereinrichtungen zu erklären. Bildungs- und verwaltungspolitische Gründe sind demgegenüber nachrangig.

A. IV. Das Studium an den Verwaltungsfachhochschulen

An den verwaltungsinternen Fachhochschulen wird, insbesondere im Bereich der Kommunalverwaltung, nur ein Teil des Personals des öffentlichen Dienstes ausgebildet. Zum einen werden nur die Beamten verwaltungsintern ausgebildet, während die Ausbildung der Angestellten mit vergleichbarem Qualifikationsniveau weitaus heterogener gestaltet ist.

Eine Ausnahme bildet der Fachbereich Arbeitsverwaltung der Fachhochschule des Bundes, an der mit den Berufsberatern auch eine Personengruppe ausgebildet wird, die als Angestellte eingestellt werden. Zum anderen bilden die verwaltungsinternen Fachhochschulen nur für die Laufbahnen des gehobenen nichttechnischen Dienstes aus. Sowohl die Rekrutierung für den gehobenen technischen Dienst als auch allgemein für den höheren Dienst erfolgt überwiegend auf dem Arbeitsmarkt unter den Absolventen der externen Fachhochschulen bzw. Universitäten, wobei von den Dienstherren in der Regel ein zusätzlicher Vorbereitungsdienst verlangt wird. Überlegungen zur institutionellen Entwicklung der verwaltungsinternen Fachhochschulen beziehen sich daher nur auf einen Teilbereich der Hochschulausbildung für den öffentlichen Dienst. Gleichwohl lassen sich Überlegungen zum Anforderungsprofil und zum qualitativen Ausbildungsbedarf auch auf den Angestelltensektor übertragen.

Das Studium endet in der Regel mit einer staatlichen Laufbahnprüfung, bei deren Bestehen gleichzeitig ein Hochschuldiplom („Diplom-Verwaltungswirt (FH)") vergeben wird.

IV. 1. Fachrichtungen

Als klassische Fachrichtungen sind neben der allgemeinen Verwaltung das Steuerwesen/Finanzen (außer im Saarland) und das Polizeiwesen an den Verwaltungsfachhochschulen aller Länder vertreten (vgl. Übersicht 1). Außer in Bremen, Hamburg und einigen der neuen Länder bestehen auch Studiengänge für die Sozialverwaltung bzw. -versicherung. Darüber hinaus sind an den verwaltungsinternen Fachhochschulen vieler Länder Fachbereiche für Rechtspflege eingerichtet. Ausbildungsmöglichkeiten für den Bibliotheks- und Archivdienst werden nur in Hessen, Bayern, Nordrhein-Westfalen und Niedersachsen angeboten. Eigene Abteilungen bzw. Einrichtungen für den Strafvollzugsdienst und die Forstwirtschaft sind Spezialitäten der Länder Nordrhein-Westfalen (Strafvollzug) und Mecklenburg-Vorpommern (Forst). Die Fachhochschule des Bundes unterhält zudem Fachbereiche für die Ausbildung in solchen Ressorts, die ausschließlich im Kompetenzbereich des Bundes liegen (z. B. Arbeitsverwaltung, Auswärtige Angelegenheiten, Bundeswehrverwaltung). Hierzu zählte auch die Ausbildung für die Flugsicherung, die Bundesbahn und die Bundespost. Mit der Privatisierung dieser Bereiche laufen die verwaltungsinternen Studiengänge jedoch aus.

Übersicht 1:
Studienrichtungen an verwaltungsinternen Fachhochschulen

	Allgemeine Verwaltung	Polizei	Steuern/ Finanzen	Rechts-pflege	Straf-vollzug	Sozial-versicherung
Baden-Württemberg	X	X	X	X		X
Bayern	X	X	X	X	X	X
Berlin	X	X	X	X	X	
Brandenburg	X	X	X			
Bremen	X	X	X			
Hamburg	X	X	X			X
Hessen	X	X	X	X		X
Mecklenburg-Vorpommern	X	X	X	X		X
Niedersachsen	X	X	X	X		X
Nordrhein-Westfalen	X	X	X	X	X	X
Rheinland-Pfalz	X	X	X			X
Saarland	X	X				X
Sachsen	X	X	X	X		X
Sachsen-Anhalt	X	X	X	X		
Schleswig-Holstein	X	X	X			X
Thüringen	X	X	X			
FH Bund [1]	X	X [2]	X			X

[1] Zusätzlich: Auswärtige Angelegenheiten, Arbeitsverwaltung, Öffentliche Sicherheit, FH der Bundesbank, Notenbankwesen, Zollverwaltung.
[2] Nur Bundesgrenzschutz.

Eine Besonderheit bilden die Studiengänge der Steuerverwaltung und der Rechtspflege, die auf bundesweiten Ausbildungsordnungen beruhen. Insbesondere die Ausbildung der Steuerbeamten ist vor dem Hintergrund der grundgesetzlich vorgeschriebenen Einheitlichkeit der Steuerverwaltung in hohem Maße durch bundesrechtliche Vorgaben geprägt. Die auf dem Steuerbeamten-Ausbildungsgesetz (StBAG) beruhende Ausbildungsordnung für Steuerbeamte macht detaillierte Vorgaben für die zu vermittelnden Fächer und deren Gewichtung innerhalb des Studiums sowie für die zeitlichen Anteile der Ausbildungsabschnitte an den Fachhochschulen und in den Dienststellen.

IV. 2. Organisation des Studiums

Kennzeichnend für alle verwaltungsinternen Fachhochschulen ist die duale Organisation der Ausbildung mit einem Wechsel der Lernorte Verwaltungsfachhochschule und Verwaltung im Rahmen eines insgesamt dreijährigen Vorbereitungsdienstes. § 14 Abs. 2 BRRG legt als weitere Rahmenvorgabe eine Mindestdauer der Fachstudien von insgesamt 18 Monaten und der berufspraktischen Studienzeiten von 12 Monaten fest. Der daraus resultierende Gestaltungsspielraum wurde von den Ländern unterschiedlich ausgefüllt. In den meisten Ländern (Bremen, Hessen, Niedersachsen, Nordrhein-Westfalen, Rheinland-Pfalz und Sachsen) und in der FH des Bundes wurde im Bereich der allgemeinen Verwaltung für Theorie- und Praxiszeiten eine Relation von 18:18 Monaten gewählt. In Berlin, Brandenburg, Hamburg, Mecklenburg-Vorpommern und Schleswig-Holstein wird ein 24:12-Modell und in Baden-Württemberg bei vierjähriger Ausbildungsdauer ein 24:24-Modell praktiziert[6]). Im Saarland liegt der Anteil der Studienzeiten an der Hochschule bei 21 Monaten, ebenso im Bereich der Allgemeinen Verwaltung in Bayern; in Sachsen-Anhalt summieren sich die Studienzeiten an der Hochschule auf 22,5 Monate. Bei den Ausbildungszeiten in der Verwaltung ist zu beachten, daß sie die Urlaubszeiten einschließen.

Die zeitliche Verzahnung von Ausbildungsphasen an den Lernorten Hochschule und Verwaltung variiert zwischen den einzelnen Verwaltungsfachhochschulen. An einigen beginnt die Ausbildung für die allgemeine Verwaltung mit einem Aufenthalt in der Ausbildungsbehörde (bis zu vier Monaten), an anderen bildet jedoch ein Studienabschnitt unterschiedlicher Länge an der Hochschule den Anfang (vgl. Abb. 1). Die Zahl der einzelnen Studienabschnitte schwankt zwischen drei und neun. Dies bedeutet, daß an einigen verwaltungsinternen Fachhochschulen nur zwei- bis dreimal ein Wechsel der Lernorte stattfindet, während dies an anderen weitaus häufiger der Fall ist. Auch die Länge der einzelnen Studienabschnitte variiert – sowohl im Verlauf der Ausbildung als auch zwischen den einzelnen Verwaltungsfachhochschulen. Meist umfassen die Phasen an der Hochschule jeweils drei bis sechs Monate; bei insgesamt nur zwei- oder dreimaligem Wechsel der Lernorte (Baden-Württemberg, Hamburg, Mecklenburg-Vorpommern, Sachsen, Schleswig-Holstein) dauern die Hochschulphasen bis zu einem Jahr. Entsprechend länger sind dann auch die einzelnen Ausbildungsabschnitte in der Verwaltung.

6) Einschließlich eines fachpraktischen vorbereitenden Studienjahres.

Abb. 1: Zeitliche Verzahnung von Theorie und Praxis: Allgemeine Verwaltung

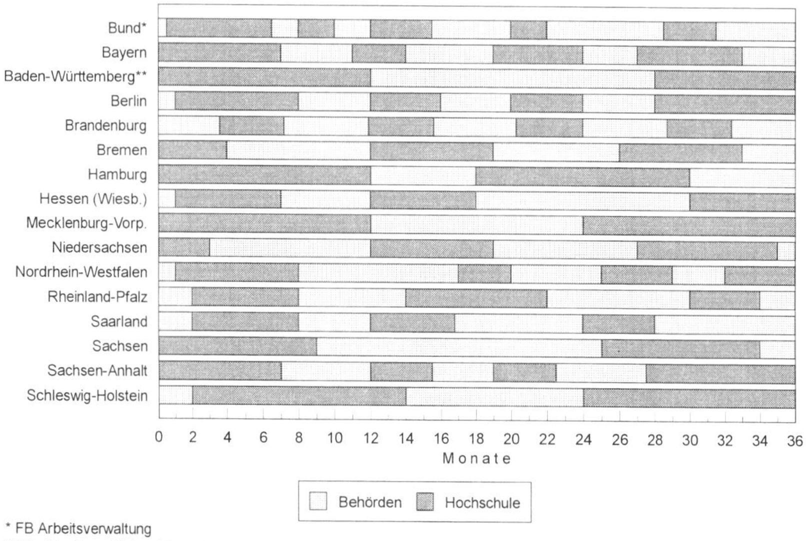

* FB Arbeitsverwaltung
** Rechtspflege (Schwetzingen)

IV. 3. Studienanfänger, Studierende, Absolventen

Die Verwaltungsfachhochschulen sind keine Angebotshochschulen, sondern ihre Aufnahmekapazität wird am voraussichtlichen Bedarf der beteiligten Verwaltungen ausgerichtet. Einen wesentlichen Faktor für den Bedarf bildet die zu erwartende Stellensituation im Rahmen der haushaltsmäßigen Möglichkeiten der öffentlichen Verwaltungen. Die Zahl der Studienanfänger an Verwaltungsfachhochschulen ist von 1985 bis 1993 kontinuierlich von 10 991 auf 18 976 gestiegen und hat sich damit in diesem Zeitraum fast verdoppelt (vgl. Abb. 2). 1994 war zum ersten Mal ein Rückgang (auf 15 367) zu verzeichnen. Diese Zahlen verdecken jedoch, daß aufgrund der bedarfsorientierten Zulassungspraxis an einigen Einrichtungen zum Teil beträchtliche jährliche Schwankungen der Anfängerzahlen die Regel sind (so z. B. in Niedersachsen) und daß an einigen Standorten bereits zu Beginn der 90er Jahre ein Rückgang der Anfängerzahlen zu verzeichnen war.

Insgesamt zählten die Verwaltungsfachhochschulen im Wintersemester 1994/95 52 295 Studierende, darunter 45 % Frauen. Davon entfielen 9 341 Studierende auf die verschiedenen Abteilungen der Fachhochschule des Bundes, 42 649 auf die Verwaltungsfachhochschulen der Länder sowie 305 auf die Fachhochschule der Bundesbank. Die meisten Studierenden haben neben der Fachhochschule des Bundes die Einrichtungen der bevölkerungsreichen Länder Nordrhein-Westfalen (7 845), Bayern (6 716) und Baden-Württemberg (5 171) besucht.

Abb. 2: Studienanfänger und Absolventen an Verwaltungsfachhochschulen

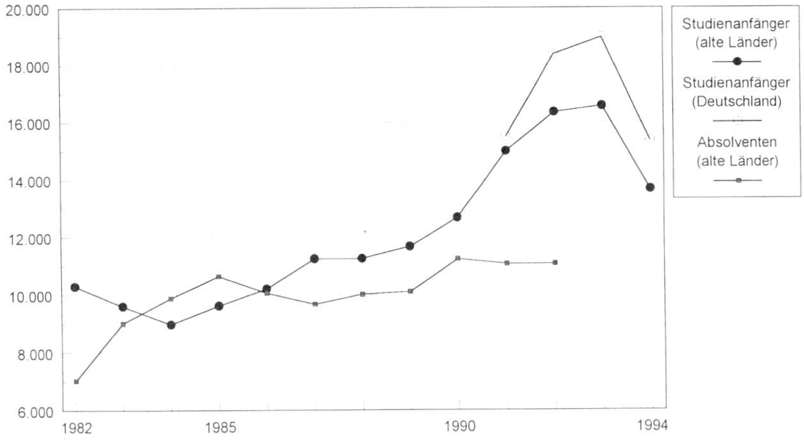

Quelle: Wissenschaftsrat nach Statistisches Bundeamt

1992 verließen insgesamt 11 079 Absolventen die Verwaltungsfachhochschulen von Bund und alten Ländern (vgl. Abb. 2).[7]) Nachdem ihre Zahl von 1988 bis 1990 um insgesamt 16 % angestiegen war, war 1991 zum ersten Mal ein leichter Rückgang zu verzeichnen (–1,5 %). Die weitaus meisten Absolventen entfielen 1992 auf die Verwaltungsfachhochschulen des Bundes (2 194) und Nordrhein-Westfalens (2 812), die zusammen 45 % aller Absolventen stellten.

Das durchschnittliche Alter der Absolventen lag 1992 bei 26,6 Jahren (zum Vergleich: allgemeine Fachhochschulen: 27,5 Jahre). Die tatsächliche mittlere Fachstudiendauer entsprach mit 3,0 Jahren (Fachhochschulen: 4,5 Jahre) exakt der „Regelstudienzeit" der Verwaltungsfachhochschulen. Die Abbrecherquoten an den Verwaltungsfachhochschulen sind im Vergleich zu allgemeinen Hochschulen sehr gering. Da eine individuelle Studienverlaufsstatistik nicht vorliegt, kann nur ein Saldo errechnet werden aus der Zahl der Absolventen eines Jahrgangs und der Zahl der Studienanfänger drei Jahre zuvor. in den Jahren 1985 bis 1988 lag diese „Examensquote" jeweils über 90 %, zuletzt (1992) betrug sie 89,9 %.

Die verwaltungsinternen Fachhochschulen verstehen sich als Bedarfshochschulen, die die Zahl der Studienanfänger strikt am Einstellungsbedarf des öffentlichen Dienstes orientieren. Entsprechend bestand in der Vergangenheit faktisch eine Übernahmegarantie für die Absolventen. Durch Sparmaßnahmen und Personalabbau ist diese in den letzten Jah-

7) Neuere Zahlen und Angaben für die neuen Länder liegen in der amtlichen Hochschulstatistik noch nicht vor.

ren aber zunehmend in Frage gestellt worden. Insbesondere im kommunalen Bereich wurden wiederholt längst nicht mehr alle Anwärter nach bestandener Laufbahnprüfung übernommen.

A. V. Personalstruktur

Im Unterschied zu den meisten Vorgängereinrichtungen soll die Lehre an den Verwaltungsfachhochschulen überwiegend von hauptamtlich Lehrenden übernommen werden. In den Anerkennungsbescheiden der Länder für die Fachbereiche der Fachhochschule des Bundes wurde für den Einsatz nebenamtlicher Lehrbeauftragter ein maximaler Anteil von 35 % festgeschrieben. In den Verwaltungsfachhochschulen einiger Länder liegt der Anteil nebenberuflicher Lehrbeauftragter allerdings zum Teil deutlich höher. Nach einer Umfrage der Rektorenkonferenz der Verwaltungsfachhochschulen aus dem Jahr 1987 schwankte der Anteil externer Lehrbeauftragter an der Lehre zwischen Null (z. B. Fachhochschule für Forstwirtschaft, Rottenburg; Fachhochschule für Archivwesen, Marburg) und 96 % (an der Fachhochschule für Verwaltung des Saarlandes). An zahlreichen Einrichtungen tragen die Lehrbeauftragten zu 40 % und mehr zum Gesamtvolumen der Lehre bei. Ihr Anteil schwankt vielfach jedoch deutlich mit der Anzahl der Studierenden. Lehrbeauftragte werden verstärkt herangezogen, wenn kurzfristig die Ausbildungskapazität erweitert werden soll.

Abb. 3: Betreuungsrelation an Verwaltungsfachhochschulen (Allgemeine Verwaltung)

Auf eine hauptamtliche Lehrkraft entfallen ... Studierende:

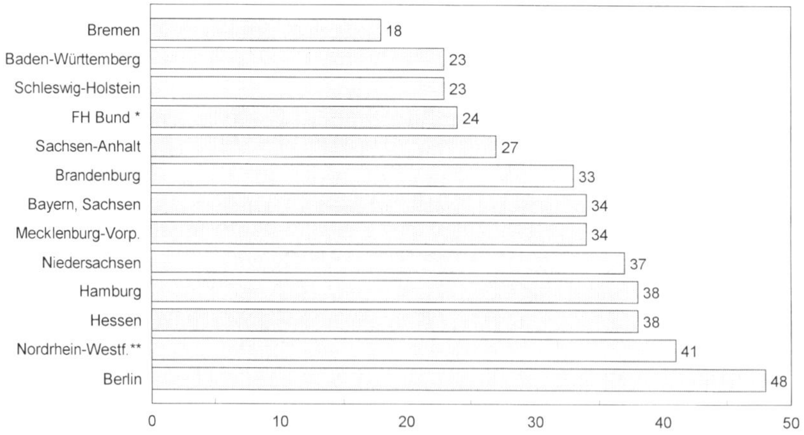

* FB Arbeitsverwaltung; ** FH f. Verwaltung und Rechtspflege

Darüber hinaus unterscheiden sich die Verwaltungsfachhochschulen auch in der Struktur des hauptamtlichen Lehrkörpers. In einigen Ländern (z. B. in Berlin) besteht er analog den externen Fachhochschulen ausschließlich aus Professoren, für die üblicherweise die gleichen Einstellungsvoraussetzungen gelten wie im allgemeinen Fachhochschulbereich. In anderen Ländern (z. B. in Bayern und Schleswig-Holstein) setzt sich der Lehrkörper ausschließlich aus Dozenten (meist einer A-Besoldung) zusammen, die aus der Verwaltungspraxis stammen. Ein drittes Modell (z. B. in Nordrhein-Westfalen) verknüpft beide Rekrutierungswege und verfügt über zwei Kategorien hauptamtlich Lehrender.

Entsprechend stellt sich das Zahlenverhältnis von Studenten und hauptamtlichen Dozenten an den verwaltungsinternen Fachhochschulen sehr unterschiedlich dar. An einigen wenigen Verwaltungsfachhochschulen kommen auf einen hauptamtlich Lehrenden weniger als 30 Studierende, an einigen sind es über 40.[8]) An allgemeinen Fachhochschulen beträgt diese Relation im Durchschnitt 1:36.

A. VI. Finanzierung, Kosten

Die Finanzierung der verwaltungsinternen Fachhochschulen erfolgt vollständig durch die jeweiligen Träger. Dies gilt auch für die Investitionskosten, da die Verwaltungsfachhochschulen nicht in die Anlage zum Hochschulbauförderungsgesetz aufgenommen sind. Zu den Gesamtkosten zählen neben den Ausgaben für die Hochschulen selbst (Investitionen, Personal, laufende Sachmittel) die Anwärterbezüge der Studierenden, die die jeweiligen Dienstherren (z. B. Bund, Länder, Kommunen, Rentenversicherungsträger) tragen. Zusätzliche Ausbildungskosten innerhalb der Verwaltung sind in die Berechnung jedoch nicht einbezogen. Die gesamten öffentlichen Ausgaben für die verwaltungsinterne Ausbildung der gegenwärtig rund 50 000 Anwärter für den gehobenen Dienst belaufen sich jährlich auf etwa 1,4 Milliarden DM, von denen drei Viertel auf die Zahlung der Anwärterbezüge entfallen.

Auch ohne Anwärterbezüge haben sich die Ausgaben für die Verwaltungsfachhochschulen in den alten Ländern zwischen 1980 und 1991 fast auf 214 Millionen DM verdoppelt. 1993 (als dem aktuellsten Jahr, für das Ergebnisse der amtlichen Hochschulfinanzstatistik vorliegen) betrugen die Ausgaben für die verwaltungsinternen Fachhochschulen der alten und neuen Länder sowie des Bundes 438 Millionen DM. Der größte Anteil davon (61 %) entfiel auf Personalkosten; 24 % wurden für sonstige laufende Ausgaben verwandt und die restlichen 15 % waren Investitionsausgaben.

---

8) Vgl. Die Fachhochschule für den öffentlichen Dienst in der Bundesrepublik Deutschland. Ressourcen, Studienstrukturen und Planung. Ergebnisse einer Umfrage. Redaktion: H. Huck, P. Eife. Bibliotheksschule in Frankfurt am Main 1994.

Zu diesen Ausgaben für die verwaltungsinternen Hochschulen kommen die Anwärterbezüge hinzu, deren Höhe jedoch nicht exakt quantifizierbar ist, da sich die Studierenden auf eine Vielzahl von Dienstherren verteilen und die Bezüge vom Alter und Familienstand abhängen. Ein Mindestbetrag für die Anwärterbezüge läßt sich schätzen, indem die Anwärterbezüge für unter 26jährige, ledige und kinderlose Anwärter mit der Zahl der Studenten multipliziert werden. Für jeden Anwärter einer Verwaltungsfachhochschule entstehen jährlich Bezüge in Höhe von mindestens 20 700 DM (1995). Hochgerechnet auf die Gesamtzahl der Studierenden ergibt sich so ein Kostenvolumen von rund 1 Milliarde DM allein für die Zahlung der Anwärterbezüge.

Verschiedene Modellberechnungen haben den Versuch unternommen, einen Kostenvergleich von interner und externer Ausbildung anzustellen bzw. die Kostenveränderung im Falle einer Externalisierung der verwaltungsinternen Ausbildung zu quantifizieren.[9] Die Ergebnisse der Berechnungen differieren erheblich und verdeutlichen, daß die Schlußfolgerungen zum Kostenvergleich weitgehend von den in die Berechnung eingehenden Annahmen und Rahmenbedingungen abhängen. Konsens besteht darüber, daß die laufenden Ausgaben pro Student und Jahr zwischen externen und internen Fachhochschulen nicht in einem Maße differieren, die zu grundlegend unterschiedlichen Gesamtkosten führen. Geringere Ausgaben der verwaltungsinternen Fachhochschulen sind im wesentlichen auf den niedrigeren Anteil hauptamtlicher Lehrkräfte zurückzuführen. Unstrittig ist weiter, daß im gegenwärtigen System die Anwärterbezüge den größten Kostenfaktor darstellen.

Folgende kostenrelevante Fragen werden kontrovers beurteilt:

- Als zentrales Argument der Finanzseite wird eingebracht, daß bei einem externen Studium, d.h. einer Rekrutierung des Personals für den gehobenen nichttechnischen Dienst auf dem Arbeitsmarkt, die Eingangsbesoldung angehoben werden müßte (von A9 auf A10 oder A11) und dadurch mögliche Kostenvorteile durch den Wegfall der Anwärterbezüge um ein Mehrfaches kompensiert würden.

- Ist nach einem externen Studium ein zusätzlicher Vorbereitungsdienst erforderlich oder wird das Studium als Vorbereitungsdienst anerkannt?

- Gleichfalls unterscheiden sich die Berechnungen in der Frage der Länge eines alternativen externen Studiums (drei Jahre wie in der internen Ausbildung oder vier Jahre wie an externen Fachhochschulen üblich).

9) So z.B. das Land Schleswig-Holstein (vgl. Abschnitt C.), die Bürgerschaft der Freien und Hansestadt Hamburg (Drucksache 15/4208 vom 31. 10. 95) und Bischoff, Detlef: 20 Jahre Fachhochschulen für den Öffentlichen Dienst, in: ders. und Ch. Reichard (Hrsg.): Vom Beamten zum Manager. Herausforderungen und Perspektiven der Verwaltungsausbildung, Berlin 1994.

- Unterschiedliche Annahmen werden bezüglich des Bezugs von BAföG-Leistungen bei einem Wegfall der Bezüge gemacht.
- Müssen in einem externen Studiengang mehr Studienanfänger aufgenommen werden, um die angestrebte Absolventenzahl zu sichern?

A. VII. Die Diskussion um die verwaltungsinternen Fachhochschulen

Die Etablierung der verwaltungsinternen Fachhochschulen erfolgte mit dem Ziel, die Ausbildung des gehobenen nichttechnischen Dienstes einerseits auf die Ebene eines wissenschaftsorientierten Ausbildungsgangs zu heben und andererseits weiterhin eine berufsnahe Ausbildung zu gewährleisten, die eine möglichst weitgehende Berücksichtigung der Belange der öffentlichen Verwaltung als alleiniger Abnehmerin der Absolventen bei der Gestaltung der Ausbildung ermöglicht. Ein wichtiges Moment ist in diesem Zusammenhang die kurze, dreijährige Ausbildungsdauer. Ein weiteres Motiv ist die Auswahl der Studierenden durch die Dienstherren und damit eine frühe Rekrutierung des zukünftigen Verwaltungspersonals schon zu Beginn der Ausbildung. Die Orientierung am voraussichtlichen Einstellungsbedarf stellt eine erhöhte Arbeitsplatzsicherheit in Aussicht. Dies und die Zahlung der Anwärterbezüge soll als Anreiz für qualifizierte Bewerber dienen. Die Beibehaltung der verwaltungsinternen Ausbildung wird nicht zuletzt auch mit dem geschilderten Kostenargument einer höheren Eingangsbesoldung im Falle einer Externalisierung (A 10/11 anstelle A 9) begründet.

Struktur und Inhalte der gegenwärtigen Ausbildung an den verwaltungsinternen Fachhochschulen sind sowohl von Verwaltungsfachhochschulen[10]) als auch von Abnehmern der Absolventen kritisiert worden. Die interne Kritik gilt in erster Linie dem Studiensystem, der Rechtsstellung und der Personalstruktur der verwaltungsinternen Fachhochschulen, deren Hochschulcharakter und Wissenschaftlichkeit bezweifelt werden. Von dieser Seite wird eine möglichst weitgehende rechtliche und strukturelle Angleichung der verwaltungsinternen an die allgemeinen Fachhochschulen angestrebt. Hingegen richtet sich die Kritik von Teilen der Abnehmer eher auf die Ausbildungsinhalte und -formen, die den Erfordernissen einer modernen Verwaltung nicht mehr angemessen seien. Dabei wird vor allem das starke Übergewicht juristischer Inhalte und die verschulten, der Eigenverantwortlichkeit der Auszubildenden wenig förderlichen Unterrichtsformen moniert und beklagt, daß betriebswirtschaftliche Studieninhalte sowie Führungs- und Managementkompetenzen nicht im erforderlichen Maße vermittelt würden. Diese Kritik

10) Vgl. z.B. von Richthofen, Dieprand: Die Fachhochschulen, für Öffentliche Verwaltung im Vergleich – Bestandsaufnahme. In: Battis, U. (Hrsg.): Die Fachhochschulen für Öffentliche Verwaltung, Regensburg 1988, S. 1-35. Reichard, Christoph: „Public Management – Ein neues Ausbildungskonzept für die deutsche Verwaltung", in: Verwaltung, Organisation, Personal: Fachzeitschrift für erfolgreiches Verwaltungsmanagement, Wiesbaden 1994.

beschränkt sich allerdings weitgehend auf die kommunalen Dienstherren. Die Abnehmer in der allgemeinen staatlichen Verwaltung und in den Sonderverwaltungen wie dem Steuerwesen, den Sozialversicherungen und der Arbeitsverwaltung äußern sich demgegenüber weitgehend zufrieden mit der gegenwärtigen Ausbildung und der Qualifikation der Absolventen.

Probleme in der Gewährleistung des Hochschulcharakters der Verwaltungsfachhochschulen werden primär darin gesehen, daß an den Verwaltungsfachhochschulen einiger Länder bislang noch keine Professoren berufen worden sind, die den Qualifikationsanforderungen für Professoren an Fachhochschulen genügen. Problematisiert wird ferner die Tatsache, daß den hauptamtlich Lehrenden maßgebliche Mitwirkungsrechte in Fragen der Lehre und bei der Berufung von Dozenten versagt sind. Diese Einwände richten sich mithin gegen die fehlende Rechtsfähigkeit der Einrichtungen und ihre vom allgemeinen Hochschulwesen abweichende Organisationsstruktur. In diesem Zusammenhang wird in der Fachaufsicht der Ministerien ein entscheidendes Hindernis für die Anerkennung des üblichen Hochschulstatus der verwaltungsinternen Fachhochschulen gesehen. In verschiedenen Veröffentlichungen wird auch die Wissenschaftlichkeit der Ausbildung an den verwaltungsinternen Fachhochschulen in Frage gestellt. Die starke Reglementierung der Studiengänge, die restriktiven Rahmenbedingungen der Ausbildung und Defizite in der Personalstruktur der Verwaltungsfachhochschulen ließen die Gleichwertigkeit der dort angebotenen Ausbildung mit dem Studium an einer externen Fachhochschule bezweifeln.[11])

Als bedenklich erscheint den Kritikern der verwaltungsinternen Ausbildung schließlich auch die Art der Rekrutierung der Studierenden. Die Auswahl der Nachwuchskräfte vor Beginn der Ausbildung impliziere eine allzu frühe Festlegung und im Vergleich zu einer späteren Auswahl unter Absolventen eine unnötige, kontraproduktive Einschränkung personalpolitischer Handlungsspielräume. Gleichzeitig wird befürchtet, daß das „Locken mit Anwärterbezügen und mit lebenslänglicher Arbeitsplatzsicherheit einen stark sicherheitsorientierten und nur begrenzt leistungsbewußten Mitarbeitertyp (anzieht)“.[12])

Ein häufig thematisierter Kritikpunkt sind die Kosten der verwaltungsinternen Fachhochschulausbildung. Insbesondere die hohen Alimentationskosten für die Beamtenanwärter/-innen werden dabei als Argument gegen die interne Ausbildung gewandt. Angesichts der knappen Finanzlage der öffentlichen Haushalte und der insgesamt veränderten Arbeitsmarktbedingungen mehren sich die Stimmen, die die mit der Zahlung der Anwärterbezüge verbundenen hohen Kosten des verwaltungsinternen Ausbildungsmodells für nicht mehr vertretbar halten.[13])

---

11) Vgl. von Richthofen, a.a.O.; Thieme, W., in: Battis, a.a.O., S. 43.
12) Vgl. Reichard, a.a.O.
13) Prononciert etwa bei Bischoff, 20 Jahre Fachhochschulen, a.a.O.

Im kommunalen Bereich erfolgen gegenwärtig Strukturveränderungen, die sich in hohem Maße auf das von der Kommunalen Gemeinschaftsstelle für Verwaltungsvereinfachung (KGSt) entwickelte „Neue Steuerungsmodell"[14]) beziehen. Darin werden einige grundlegende Wandlungsprozesse des öffentlich-kommunalen Sektors entworfen, die weitreichende Implikationen für die Qualifikationsanforderungen an Tätigkeiten im öffentlichen Dienst haben. Im Kern des Modells steht der Aufbau einer unternehmensähnlichen, dezentralen Führungs- und Organisationsstruktur, die die einzelnen Fachverwaltungen zu weitgehend selbständigen Leistungseinheiten macht und der Verwaltung eine konzernähnliche Struktur gibt. Auf personeller Ebene verlangt dieses System eine Übertragung der Verantwortung für das Leistungsergebnis auf die einzelnen Mitarbeiter, und dies auf allen Hierarchiestufen. Dieser Verantwortungs- und Kompetenzgewinn der Mitarbeiter setzt entsprechende Verantwortungs- und Managementfähigkeiten voraus, die in der Ausbildung vermittelt werden müssen. Zur Steuerung der eigenverantwortlichen Teilbereiche soll eine zwischen Politik und Fachverwaltungsebene angesiedelte zentrale strategische Steuerungs- und Controllingeinheit eingerichtet werden, die Aufgaben unter anderem der strategischen Planung, der Koordination der einzelnen Fachplanungen, der Kontrolle des Gesamthaushaltes und das Controlling der Beteiligungsunternehmen übernimmt.

Diese Reform erfordere wegen der damit verbundenen Stärkung persönlicher Verantwortung der Verwaltungsmitarbeiter in zunehmenden Maße unternehmerische Führungsqualität auf allen Vorgesetztenebenen. Die Übertragung der Ressourcenverantwortung in die Fachverwaltungen setze entsprechende finanz- und betriebswirtschaftliche Kenntnisse voraus. Ein neues Anforderungsprofil resultiere zum anderen auch aus der Einführung eines zentralen Steuerungsbereichs in den Kommunalverwaltungen. In dieser Organisationseinheit bündeln sich Aufgaben, für die die Verwaltungsfachhochschulen gegenwärtig nicht adäquat ausbildeten. Neben betriebswirtschaftlichen und Managementfertigkeiten seien hier in hohem Maße auch EDV-technische Kompetenzen gefragt. Hinzu komme die Vermittlung der notwendigen Steuerungs- und Koordinierungskompetenzen an der Schnittstelle von Verwaltung und Politik, die auch Kenntnisse über die politische Steuerung im kommunalen Bereich und über das politische System erforderlich machen. Zusammenfassend impliziert das Neue Steuerungsmodell, daß sich eine den Anforderungen der Verwaltungspraxis gerecht werdende Ausbildung neben der Förderung des Umgangs mit betriebswirtschaftlichen Instrumenten und neuer informationstechnischer Unterstützung auf allgemeine Managementkenntnisse und kooperativ-kommunikatives Verhalten konzentrieren müsse. Hierzu zählten neben Teamfähigkeit und der Befähigung zu kooperativem Verhalten (auch gegenüber den Bürgern als Kunden der Verwaltung) Konferenztechniken und Konfliktlösungsfähigkeiten.

14) KGSt: Das Neue Steuerungsmodell. KGSt-Bericht Nr. 5, Köln 1993.

Vor dem Hintergrund dieser Kritik an der verwaltungsinternen Ausbildung, sich wandelnder Qualifikationsanforderungen in der öffentlichen Verwaltung und den Bestrebungen der Fachhochschulen, ihr Fächerspektrum auszuweiten, sind in den letzten Jahren eine Reihe neuer verwaltungsbezogener Fachhochschulstudiengänge entstanden.

A. VIII. Reformmodelle in der Verwaltungsausbildung der Länder

Neben neuen Studiengängen an verwaltungsinternen Fachhochschulen existieren in Bremen und Sachsen-Anhalt, d.h. in den Ländern, in denen die internen Fachhochschulen in bestehende externe Fachhochschulen eingegliedert werden sollen, kooperative Studiengänge interner und externer Hochschulen. Hinzu kommen grundständige Studiengänge an Fachhochschulen für das Berufsfeld Verwaltung.

A. VIII.1. Neue Studiengänge an verwaltungsinternen Fachhochschulen

a) Nordrhein-Westfalen: Studiengang „Verwaltungs-Betriebswirtschaftslehre"

Im Herbst 1993 startete an der Fachhochschule für öffentliche Verwaltung Nordrhein-Westfalen (Standorte: Dortmund und Köln) ein dreijähriger Modellstudiengang „Verwaltungs-Betriebswirtschaftslehre", der ausschließlich von Anwärtern des Fachbereichs Kommunaler Verwaltungsdienst studiert werden kann, die von neun Großstädten und einem Kreis des Landes eigens für diese Ausbildung eingestellt worden sind (vgl. D. I.3.). Bis 1995 wurde der Modellstudiengang auf drei weitere Standorte mit insgesamt 150 Studienanfängern ausgeweitet. Mit einem Anteil von 60 % am Unterrichtsvolumen dominieren hier ökonomische gegenüber juristischen (30 %) und sozialwissenschaftlichen (10 %) Fächern. Als Abschluß ist der Titel „Diplom-Verwaltungsbetriebswirt" vorgesehen. Die Ausbildung findet zwei Jahre am Lernort Fachhochschule und ein Jahr in den Verwaltungen der entsendenden Städte statt.

b) Brandenburg: Modellversuch „Externe Öffnung der Fachhochschule für öffentliche Verwaltung"

Mit Beginn des Studienjahres 1993/94 begann an der verwaltungsinternen Fachhochschule für öffentliche Verwaltung in Bernau ein Modellversuch zur Öffnung der verwaltungsinternen Ausbildung, der zur Einrichtung zweier neuer Studiengänge führte. Ziel des Modellversuchs ist die Annäherung der Ausbildung für mittlere Managementfunktionen in staatlicher/kommunaler Verwaltung und Wirtschaft. An der Fachhochschule studieren seitdem sowohl Beamtenanwärter als auch externe Studierende. In einem externen Studiengang „Allgemeine Verwaltung" wurden 1995 40 Studierende aufgenommen (1993: 42, 1994: 21), 1996 wird mit 13 Studienanfängern geplant. Ebenfalls verwaltungsextern strukturiert ist der Studiengang „Verwaltungsbetriebswirtschaft", der 1993 mit 57 Studierenden startete (1994: 47; 1995: 55 Anfänger). Während sich das Curriculum im Studiengang im Fachbereich „Staatliche und kommunale Verwaltung" lediglich durch eine Schwerpunktbildung im Bereich der wirtschaftlich relevanten Fachgebiete vom herkömmlichen internen Studiengang unterscheidet, stellt der Studiengang am neu gegründeten Fachbereich „Wirtschaft" ein neues Angebot dar, das für Managementaufgaben an der Schnittstelle von privat und öffentlich-rechtlich organisierter Wirtschaftstätigkeit (z. B. Energieversorgungsunternehmen, öffentliche Verkehrsunternehmen, Stadtwerke, Krankenhäuser etc.) qualifizieren soll. Auf die verschiedenen Rechtsgebiete entfallen in diesem Studiengang nur noch 19 % der Wochenstunden. Der überwiegende Teil der Lehrveranstaltungsstunden entfällt auf wirtschaftswissenschaftliche Fächer (63 %); mit einem kleineren Anteil werden auch sozialwissenschaftliche und psychologische Inhalte vermittelt (je 9 %). In beiden Studiengängen wird mit dem Diplom auch die Befähigung für die Laufbahnen des gehobenen nichttechnischen Dienstes erworben.

A. VIII.2. Kooperative Studiengänge von verwaltungsinternen und allgemeinen Fachhochschulen

a) Berlin: Modellversuch „Öffentliches Dienstleistungsmanagement"

Die Fachhochschule für Verwaltung und Rechtspflege Berlin und die Fachhochschule für Technik und Wirtschaft Berlin führen seit dem Sommersemester 1994 im Rahmen eines gemeinsamen Modellversuchs den achtsemestrigen Studiengang „Öffentliches Dienstleistungs-Management (Public Management)" durch. Er zielt auf eine betriebswirtschaftlich ausgerichtete Ausbildung für entsprechend geprägte Tätigkeitsfelder öffentlicher Dienstleistungen in Verwaltungen, öffentlichen Unternehmen und sonstigen Nonprofit-Organisationen.[15]) Mit diesem Studiengang soll neben die traditionelle, juristisch geprägte Ausbildung für den gehobenen Dienst eine stärker managementorientierte Ausbildung von Verwaltungsbetriebswirten treten. Die Studierenden haben in diesem Modellstudiengang rechtlich einen Studentenstatus und sind nicht als Beamtenanwärter bei den Dienststellen, in denen sie ihre Praxiszeiten absolvieren, eingestellt.

Der Studiengang umfaßt acht Semester (drei Fachsemester Grundstudium, ein Praxissemester, drei Fachsemester Hauptstudium, ein Diplomsemester) und schließt mit dem Titel „Diplomkauffrau/Diplomkaufmann (FH)" ab. Die Studieninhalte verteilen sich im Grundstudium zu 43 % auf wirtschaftswissenschaftliche Fächer (34 SWS), zu 18 % auf Recht (14 SWS), zu 25 % auf Politik- und Sozialwissenschaften (20 SWS) und zu

15) Vgl. Bischoff, Detlef: Öffentliches Dienstleistungsmanagement. Modellversuch in Berlin, in: Die neue Hochschule 2/94, S. 11-12.

15 % auf andere Fächer wie Sprachen und Statistik (12 SWS). Diese prozentuale Verteilung ist allerdings nicht statisch, da das Grundstudium integrativ nach Leitthemen und nicht nach Fächern gegliedert ist. Für den Studiengang können während der Modellversuchsphase jährlich zum Sommersemester 40 Studierende immatrikuliert werden. Im April 1994 begann der Studiengang mit 37 Studierenden; 1995 gab es ca. 80 Bewerberinnen und Bewerber, 1996 waren es 120.

b) Bremen: „Europäischer Studiengang Wirtschaft und Verwaltung“

In Bremen hat ein kooperativer Studiengang Wirtschaft und Verwaltung, der gemeinsam von der verwaltungsinternen Hochschule für öffentliche Verwaltung und der allgemeinen Fachhochschule getragen wird, zum Wintersemester 1994/95 mit 27 Studienanfängern den Betrieb aufgenommen. Zum Wintersemester 1994/95 ist die Aufnahmekapazität auf jährlich 50 Studienanfänger festgelegt worden. Der Studiengang strebt eine inhaltliche Synthese von verwaltungsspezifischen und betriebswirtschaftlichen Elementen in Verbindung mit einem integrierten Auslandsstudium an. Mit der Öffnung der Hochschule für öffentliche Verwaltung durch die Kooperation mit der Hochschule Bremen wird explizit das Ziel einer späteren Integration der Verwaltungsfachhochschule in die Fachhochschule angestrebt. Mit dem Studiengang soll der Personalbedarf im Bereich des mittleren Managements staatlicher, kommunaler und privatwirtschaftlich organisierter Einrichtungen gedeckt werden (z. B. Wirtschaftsförderungs- und Dienstleistungsgesellschaften, Krankenhausgesellschaften, kommunale Eigenbetriebe und Eigengesellschaften, Verbände und Unternehmen der Privatwirtschaft). Für die Zulassung zum Studium gelten die allgemeinen Regelungen des Hochschulrechts über die Immatrikulation und den Hochschulzugang; die Studierenden werden nicht als Beamtenanwärter eingestellt. Das Studium endet mit einer Staatsprüfung, um den obersten Dienstbehörden anderer Bundesländer die Anerkennung des Abschlusses für die Laufbahnbefähigung des gehobenen allgemeinen Verwaltungsdienstes zu erleichtern. Gleichzeitig verleiht die Hochschule Bremen den Hochschulgrad „Diplom-Verwaltungsbetriebswirt/Diplom-Verwaltungsbetriebswirtin (FH)“.

Der Studiengang hat eine Regelstudienzeit von acht Semestern, einschließlich zweier integrierter Praxissemester und eines Prüfungssemesters. Davon sind je ein Studiensemester und ein praktisches Semester in einem Land der Europäischen Union zu verbringen. Der Studiengang umfaßt insgesamt ca. 150 Semesterwochenstunden. Damit liegt der Fachstudienanteil um etwa ein Drittel höher als in bisherigen verwaltungsinternen Ausbildungsgängen. Dadurch soll einerseits der bisherige Umfang der wichtigsten Rechtsfächer Allgemeines Verwaltungsrecht und Privatrecht beibehalten, andererseits aber das Lehrangebot in den Wirtschaftsfächern, insbesondere in Betriebswirtschaftslehre, ausgeweitet werden. Die Wirtschaftsfächer umfassen im Studienplan rund 50 % des Unterrichtsvolumens gegenüber 30 % rechtswissenschaftlicher Lehrgebiete.

A. VIII. 3. Studiengänge an allgemeinen Fachhochschulen für Berufsfelder in der Verwaltung

An der Fachhochschule Osnabrück, die im Fachbereich Wirtschaft bereits die Studiengänge „Betriebswirtschaft in Einrichtungen des Gesundheitswesens“ und „Krankenpflegemanagement“ anbietet, wird für das Wintersemester 1996/97 die Einführung eines Studiengangs „Verwaltungsmanagement“ geplant. Er knüpft an die personellen Anforderungen an eine Verwaltung an, die sich in zunehmendem Maße als kundenorientierter Dienstleistungsbetrieb versteht. Als wesentliche Aufgabenfelder werden die Erarbeitung von Konzepten zur Umstrukturierung von Behörden zu einem Verbund Dienstleistungen erbringender betrieblicher Einheiten und zur Verbesserung der Steuerungsfähigkeit der Behörden (Controlling) angegeben. Mögliche Einsatzfelder der Absolventen sollen darüber hinaus die Bereiche Organisation, Haushalt, Personal- und Prüfungswesen in den Verwaltungen sein. Das Ausbildungsangebot besteht etwa gleichgewichtig aus betriebswirtschaftlichen und juristischen Inhalten. Darüber hinaus soll ein nennenswerter Anteil des Studienvolumens für die Vermittlung überfachlicher Schlüsselqualifikationen zur Verfügung stehen.

An der Fachhochschule Harz in Wernigerode begann zum Wintersemester 1995/96 ein Studiengang „Öffentliche Wirtschaft“, der auf Tätigkeitsfelder sowohl in der Industrie als auch in wirtschaftsnahen Bereichen des öffentlichen Sektors ausgerichtet ist. Die Einrichtung des Studiengangs soll unabhängig von der vom Land Sachsen-Anhalt geplanten Angliederung der Verwaltungsfachhochschule an die FH Harz erfolgen. Mögliche Berufsfelder in der Industrie werden zum einen in verwaltungsnahen Industriezweigen (z. B. Bauwirtschaft) und zum anderen in solchen internationalen Bereichen gesehen, in denen Zoll- und ähnliche Verwaltungskontakte bestehen. Potentielle Abnehmer der Absolventen sollen insbesondere privatisierte Teile des öffentlichen Dienstes sein (z. B. Bahn, Post), aber auch alle Bereiche, in denen in wachsendem Maße Kostendenken erforderlich wird. Der nicht dual strukturierte, auf acht Semester konzipierte Studiengang beinhaltet zwei Praxissemester. Im Hauptstudium besteht eine Wahlmöglichkeit zwischen den Schwerpunkten „Controlling“, „Logistik/Transport“, „Internationale Wirtschaftsbeziehungen“ und „Projektmanagement/Unternehmensführung“.

Überlegungen zu einem Studiengang „Betriebswirtschaftslehre für öffentliche Betriebe und Institutionen“, die sich auf entsprechende Anregungen der Kreisverwaltungen stützen, werden gegenwärtig auch an der Fachhochschule Westküste in Heide angestellt. Das Angebot soll die Form eines Schwerpunktes innerhalb des allgemeinen Betriebswirtschaftsstudiums (sechs Semester plus Praxissemester und Prüfungssemester) annehmen und eng mit diesem vernetzt sein.

B. Empfehlungen zur weiteren Entwicklung der verwaltungsinternen Fachhochschulen

B. I. Vorbemerkung

Die Gründung der verwaltungsinternen Fachhochschulen zu Beginn der 70er Jahre spiegelte die gestiegenen Qualifikationsanforderungen an Verwaltungstätigkeiten im öffentlichen Dienst wider. Sie folgte damit der vorangegangenen Etablierung von Fachhochschulstudiengängen im technischen Bereich und im Sozialwesen. Im Unterschied zu diesen beiden Bereichen führten Bund und Länder in allen anderen Zweigen der nichttechnischen Beamtenlaufbahnen die Ausbildung jedoch in einer verwaltungsinternen Form fort. Der Übergangscharakter dieser Lösung, bis die allgemeinen Fachhochschulen ein entsprechendes Studienangebot entwickelt hätten, geriet zunehmend in den Hintergrund, nachdem die internen Einrichtungen einmal gegründet waren und sich etabliert hatten. Seitdem haben sich sowohl die Anforderungen an Tätigkeiten im gehobenen Verwaltungsdienst weiter verändert als auch die externen Fachhochschulen weiterentwickelt. Beide Aspekte müssen bei Überlegungen zur zukünftigen Entwicklung der verwaltungsinternen Fachhochschulen berücksichtigt werden.

Die Ausbildung an den verwaltungsinternen Fachhochschulen läßt sich nicht ohne Bezug zu den gegenwärtigen wie den künftig zu erwartenden Qualifikationsanforderungen in der öffentlichen Verwaltung sowie deren Anpassungsbedarf an veränderte wirtschaftliche und soziale Rahmenbedingungen beurteilen. Seitens der Einstellungsträger, d.h. innerhalb der öffentlichen Verwaltung selbst, wird die zukünftige Entwicklung der Personalstruktur und der Qualifikationsanforderungen unterschiedlich beurteilt. Dies gilt für die Größe wie auch für die Struktur des öffentlichen Dienstes, insbesondere aber für die spezifische Ausrichtung des gehobenen Dienstes zwischen klassischen, rechtsanwendungsorientierten Sachbearbeitertätigkeiten und Managementfunktionen, vor allem in den Dienstleistungsaufgaben im Kommunalbereich. Zum anderen ist zu erkennen, daß die Personalstruktur des gehobenen Dienstes und damit die Qualifikationsanforderungen zwischen den verschiedenen Zweigen der Verwaltung unterschiedlich ausgeprägt sind und sich differenziert weiterentwickeln. Während in der allgemeinen Landes- und der Steuerverwaltung davon ausgegangen wird, daß auch in Zukunft in hohem Maße rechtsanwendungsorientierte Sachbearbeitertätigkeiten eine große Rolle spielen, entstehen vor allem in der Kommunalverwaltung neue Anforderungsprofile an den gehobenen Dienst durch die stärkere Orientierung an betriebswirtschaftlichen Gesichtspunkten, den Abbau von Hierarchien, die Einführung neuer Leitbilder mit einer stärker ausgeprägten Kundenorientierung und nicht zuletzt durch die Ausgliederung einzelner Aufgabenbereiche der Kommunen in unterschiedlichen Rechtsformen.

Vor diesem Hintergrund erfolgt die vorliegende Stellungnahme in einer Situation, die durch eine gewisse Unsicherheit über die weitere Entwicklung, insbesondere in der allgemeinen Verwaltung, geprägt ist. Während weitgehender Konsens darüber besteht, daß die beschriebenen Wandlungsprozesse bereits eingesetzt haben, bestehen unterschiedliche Einschätzungen über deren Tragweite und Generalisierbarkeit über die kommunale Verwaltung hinaus.

Mit der Eingrenzung der Begutachtung auf die verwaltungsinternen Fachhochschulen Nordrhein-Westfalens, Niedersachsens, Schleswig-Holsteins und den Fachbereich Arbeitsverwaltung der Fachhochschule des Bundes hat sich der Wissenschaftsrat auf einen Ausschnitt des Fächerspektrums dieser Hochschulart konzentriert. Dadurch bestehen Einschränkungen in der Generalisierbarkeit der Aussagen. Dies gilt hinsichtlich der nur an der Fachhochschule des Bundes vertretenen Ausbildung für die Arbeitsverwaltung, aber auch für die Rechtspflege, die nur im Rahmen der Evaluation der niedersächsischen Fachhochschule für Verwaltung und Rechtspflege Berücksichtigung finden konnte. In Nordrhein-Westfalen ist die Rechtspflegerausbildung in einer selbständigen Fachhochschule angesiedelt, mit deren Evaluation der Wissenschaftsrat nicht beauftragt war, und Schleswig-Holstein verfügt über keine eigene Ausbildungsstätte für angehende Rechtspfleger.

Nicht Gegenstand dieser Stellungnahme ist eine vergleichende Bewertung der einbezogenen verwaltungsinternen Fachhochschulen. Die Beschränkung auf die Begutachtung einiger Einrichtungen bedeutet, daß die Beurteilungen nicht in jedem Punkt und in vollem Umfang auch auf verwaltungsinterne Fachhochschulen anderer Länder und auf andere Fachbereiche der Fachhochschule des Bundes übertragbar sind. Gleichwohl sind sowohl die Beurteilungskriterien als auch die Empfehlungen von genereller Bedeutung. Sie sollen über den Kreis der hier untersuchten Einrichtungen hinaus einen Anstoß zur Evaluierung der verwaltungsinternen Fachhochschulen geben und eine Standortbestimmung ermöglichen. In ihrem grundlegenden Charakter sollten sie bei der künftigen Entwicklung aller verwaltungsinternen Fachhochschulen umgesetzt werden.

B. II. Zusammenfassende Bewertung der Ausbildung

Der Wissenschaftsrat orientiert seine Beurteilung der Ausbildungsqualität an dem allgemeinen Grundsatz, daß ein Hochschuldiplom nur von einer Einrichtung vergeben werden kann, die die Mindestanforderungen vergleichbarer allgemeiner staatlicher Hochschulen erfüllt und sich in vollem Umfang an den Vorgaben des Hochschulrahmengesetzes orientiert. Deshalb bilden die allgemeinen Fachhochschulen für eine Beurteilung der Ausbildungsleistung der verwaltungsinternen Fachhochschulen den Qualitätsmaßstab, wie ihn der Wissenschaftsrat auch bei anderen Sonderhochschulen im Sinne des HRG, namentlich der kirchlichen Fachhochschulen, angelegt hat. Die Fachhochschulen und ihre Studienangebote sind durch folgende Merkmale gekennzeichnet:[16])

- Das Studium soll berufsfeldorientiert für vielfältige berufliche Tätigkeiten qualifizieren. Es soll deshalb in hohem Maße auf die Problemstellungen der beruflichen Praxis ausgerichtet sein.

- Die Studierenden sollen in die Lage versetzt werden, Probleme der beruflichen Praxis mittels Anwendung wissenschaftlicher Methoden eigenständig zu bearbeiten. Zur Aneignung dieser Fähigkeiten kommt dem Selbststudium eine wichtige Rolle zu.

- Das Studium soll ein großes Gewicht auf die Vermittlung breiter, methodenorientierter Grundlagenkenntnisse legen. Zugleich soll im Hauptstudium für die Studierenden eine Auswahl unter mehreren Studienschwerpunkten möglich sein.

- Die Lehre soll fachübergreifend und problemorientiert gestaltet sein.

- Das Studium schließt mit einer Diplomarbeit ab; diese wird als eigenständiger Nachweis der Fähigkeit zur problemorientierten Anwendung wissenschaftlicher Erkenntnisse und Methoden für unabdingbar gehalten.

- Zur Qualitätssicherung und zur Sicherung eines aktuellen Praxisbezugs erfüllen die Fachhochschulen Aufgaben der Forschung und Entwicklung, die an Anwendungsproblemen und konkreten Aufgabenstellungen der beruflichen Praxis orientiert sein sollten.

- Die hauptamtlich Lehrenden sollen sowohl über die notwendige wissenschaftliche Qualifikation als auch über ausreichende Praxiserfahrung verfügen. An Sonderfachhochschulen soll ihre Qualifikation den Einstellungsvoraussetzungen für Professoren an Fachhochschulen entsprechen.

Darüber hinaus hat die Kultusministerkonferenz mit ihrer Beschlußfassung zu den Abschlüssen an Berufsakademien vom Oktober 1995 Mindestanforderungen an eine Einrichtung des Tertiären Bereichs formuliert, die keine Hochschule im Sinne des HRG darstellt und kein Fachhochschuldiplom vergibt. Diese Mindestanforderungen dürfen nach Auffassung des Wissenschaftsrates in Hochschulen keinesfalls unterschritten werden:

„a) Es gelten die gleichen Zugangsvoraussetzungen wie im Hochschulbereich.

16) Vgl. Wissenschaftsrat: Empfehlungen zu Aufgaben und Stellung der Fachhochschulen, Köln 1981, insbes. S. 27 ff. sowie ders.: Empfehlungen zur Entwicklung der Fachhochschulen in den 90er Jahren, Köln 1991.

b) Der Anteil der Lehre, der von hauptberuflichen Lehrkräften, die die für Professoren geltenden Einstellungsvoraussetzungen erfüllen, erbracht wird, soll 40 % betragen.
c) Die einzelne Berufsakademie umfaßt mindestens zwei verschiedene Ausbildungsbereiche mit jeweils mehreren fachlichen Schwerpunkten.
d) Die Abschlußarbeit, die innerhalb von drei Monaten anzufertigen ist, muß in allen Studiengängen von einem Prüfer der staatlichen Studienakademie,[17]) der die Einstellungsvoraussetzungen als Professor erfüllt, bewertet werden. Daneben hat auch der Ausbildungsbetrieb einen Betreuer zu benennen.
e) Es muß eindeutig geregelt sein, daß die Verantwortung für die Ausbildung insbesondere in der Frage der Kontrolle und Standardisierung der Qualität der Praxisausbildung der Studienakademie obliegt."

Ausgehend von der Begutachtung der Verwaltungsfachhochschulen Nordrhein-Westfalens, Niedersachsens, Schleswig-Holsteins und des Fachbereichs Arbeitsverwaltung der Fachhochschule des Bundes gelangt der Wissenschaftsrat zu dem Urteil, daß die Ausbildung und die Abschlüsse für den gehobenen nichttechnischen Dienst den genannten Kriterien eines Fachhochschulstudiums unter qualitativen Gesichtspunkten in weiten Teilen nicht entsprechen. Er sieht in der Struktur und den Inhalten der gegenwärtigen Ausbildung an den Verwaltungsfachhochschulen sowie in den vermittelten Qualifikationen im Vergleich mit einem externen Fachhochschulstudium deutliche Defizite. Dies gilt insbesondere für die – quantitativ bedeutsamsten – Bereiche der allgemeinen staatlichen und kommunalen Verwaltung.

Eine verwaltungsinterne Ausbildung kann als zentrales Charakteristikum einen engen Praxisbezug ermöglichen. Die im Rahmen der dualen Ausbildung in den Ausbildungsabschnitten am Lernort Behörde erworbenen Verwaltungskenntnisse sind deshalb positiv zu bewerten. Nach Auffassung des Wissenschaftsrates ist diese strukturelle Chance für ein im Kooperationsverbund der Lernorte Behörde und Fachhochschule angebotenes Hochschulstudium jedoch nur unzureichend genutzt. So bestehen zwischen Behörden, Lehrenden und Studierenden divergierende Auffassungen darüber, ob es sich primär um eine Ausbildung mit Studium an einer aus Behördensicht externen Einrichtung zur Erlangung der Einstellungsvoraussetzungen für den gehobenen Dienst oder um ein dual organisiertes und strukturiertes Studium mit einem berufsbefähigenden Hochschulabschluß handeln soll. Dies gilt wiederum insbesondere mit Blick auf die allgemeine, staatliche wie kommunale Verwaltung.

---

17) Die theoretischen Ausbildungsteile werden an vom Land getragenen Studienakademien durchgeführt.

In der Polizei, der Steuerverwaltung, der Rechtspflegerausbildung und der Arbeitsverwaltung ist die Kooperation der Lernorte Hochschule und Behörde aufgrund der Prägung der Anforderungsprofile durch hoheitliche Funktionen des Staates und die Umsetzung seiner normativen Vorgaben intensiver. Dies wird durch die größere institutionelle und personelle Nähe zwischen den Fachbereichen und der Verwaltungspraxis zusätzlich begünstigt. Die gegenwärtige Ausbildung in den übrigen Bereichen, die mit einer gestaltenden Wahrnehmung von Handlungs- und Entscheidungsspielräumen verbunden sind, gewährleistet jedoch keine hinreichende Verzahnung von Theorie und Praxis. Von einer inhaltlichen Abstimmung der theoretischen und praktischen Studienabschnitte kann deshalb nur eingeschränkt die Rede sein.

Insgesamt erweist sich auch die institutionelle Verzahnung von verwaltungsinternen Fachhochschulen und Verwaltungspraxis, wie sie in einer Einbeziehung in die Weiterbildung der Beratung und der Reform der Verwaltung zum Ausdruck kommen könnte, als defizitär. Damit werden die spezifischen Chancen einer dualen Ausbildung und ihrer Institutionalisierung an verwaltungsinternen Fachhochschulen nicht genutzt. Unabhängig von der Frage nach der weiteren institutionellen Entwicklung der Verwaltungsfachhochschulen besteht deshalb die Notwendigkeit, die Ausbildungsphasen an den Lernorten Hochschule und Behörde deutlich stärker in Bezug zueinander zu stellen und zu verbessern.

Die Struktur des Lehrkörpers der verwaltungsinternen Fachhochschulen wird ebenfalls in vielen Fällen nicht den Anforderungen an eine Fachhochschule gerecht. Neben einem deutlich höheren Anteil von nebenamtlichen Lehrbeauftragten gilt dies für die hauptamtlich Lehrenden. Bei ihrer Rekrutierung machen viele Einrichtungen der Länder von der Ausnahmeklausel des § 73 HRG Gebrauch, die ihnen bei hauptamtlich Lehrenden Abstriche gegenüber den Einstellungsvoraussetzungen für Professoren an Fachhochschulen erlaubt.

Gleichwohl bleibt festzustellen, daß die Ausbildung von den Dienstherren in weiten Teilen insofern als bedarfsgerecht bezeichnet wird, als sie ihren Erwartungen und Anforderungen an die unmittelbare Einsatzfähigkeit der Absolventen mehrheitlich entspricht. Allerdings wird die Ausbildung auch von seiten der Dienstherren nicht einheitlich beurteilt. Insbesondere aus dem Bereich der kommunalen Verwaltung wird zunehmend Kritik an der jetzigen Ausbildung geäußert, die sich jedoch weniger auf Defizite in der Verzahnung als vielmehr auf die Studieninhalte vor dem Hintergrund sich verändernder Anforderungsprofile bezieht. Der Wissenschaftsrat stellt fest, daß zwischen den aufgezeigten Defiziten und der Aussage, die Ausbildung sei bedarfsgerecht, ein Widerspruch besteht.

B. III. Mögliche Entwicklungswege der verwaltungsinternen Fachhochschulen

Diese Feststellung, daß die Ausbildung und die Struktur der verwaltungsinternen Fachhochschulen in ihrer gegenwärtigen Form nicht den Anforderungen an ein Fachhochschulstudium entsprechen, gleichwohl die Erwartungen der Dienstherren aber überwiegend erfüllen, verlangt vom Gesetzgeber und den Trägern der Einrichtungen eine Entscheidung über deren zukünftigen Status und ihre weitere Entwicklung. In diesem Zusammenhang sind nach Ansicht des Wissenschaftsrates folgende Grundfragen zu prüfen und zu entscheiden:

- Bildet ein Fachhochschulstudium die aufgabengerechte Ausbildungsform für alle Bereiche des gehobenen nichttechnischen Dienstes?

- Welche qualitätsverbessernden Maßnahmen müssen ergriffen werden, um eine Angleichung an den Standard von Fachhochschulstudiengängen zu erreichen?

- Durch welche Schritte zur Öffnung der verwaltungsinternen Fachhochschulen läßt sich die vom Wissenschaftsrat empfohlene Eingliederung in das allgemeine Hochschulwesen erreichen?

- In welcher Form soll ein Fachhochschulstudium für Berufsfelder in der Verwaltung künftig angeboten werden?

Unbeschadet der formalen Anforderungen des Dienstrechts an den gehobenen Dienst müssen die Dienstherren ihre fachlichen Anforderungen an die zu vermittelnden Qualifikationen aktualisieren und differenziert definieren. Ein solcher Klärungsprozeß ist angesichts der divergierenden Einschätzungen die Voraussetzung für die qualitative und institutionelle Weiterentwicklung, da die Qualität der Ausbildung auf die Qualifikationsanforderungen bezogen werden muß. Dies gilt insbesondere für die Frage, ob eine Fachhochschulausbildung in jedem Falle, d.h. für jeden Zweig der öffentlichen Verwaltung, sachgerecht und notwendig erscheint. Unter Qualitätsgesichtspunkten ist eine undifferenzierte Aufrechterhaltung des Status quo der verwaltunginternen Fachhochschulen nach Ansicht des Wissenschaftsrates gemessen sowohl an den Anforderungen an ein Fachhochschulstudium als auch an den künftigen Anforderungen an eine moderne Verwaltung nicht gerechtfertigt.

Vor dem Hintergrund der nicht einheitlichen Einschätzung der zukünftigen Qualifikationsanforderungen und des qualitativen Ausbildungsbedarfs durch die Dienstherren sieht der Wissenschaftsrat zwei alternative Entwicklungslinien, die sich beide vom gegenwärtigen Status der Einrichtungen deutlich unterscheiden: Unter Berücksichtigung der Anforderungen vieler Dienstherren und der Einschätzung der tatsächlichen Ausbildung durch den Wissenschaftsrat wäre eine Ausbildung, die nicht auf ein Hochschuldiplom abzielt und die von einer Einrichtung außerhalb des Hochschulsektors im Tertiären Bereich angeboten werden könnte, denkbar. Wenn jedoch aufgrund der Einschätzung der Qualifikationsanforderungen eine Fachhochschulausbildung für bedarfsgerecht gehalten wird, ist es unumgänglich, das Ausbildungsniveau deutlich anzuheben.

III. 1. Duale Ausbildung im Tertiären Bereich

Eine Umwandlung der verwaltungsinternen Fachhochschulen in Einrichtungen des Tertiären Bereichs ohne Hochschulstatus entspräche unter Qualitätsgesichtspunkten der Ausbildung, wie sie sich nach Einschätzung des Wissenschaftsrates gegenwärtig in weiten Teilen darstellt. Der Wissenschaftsrat hegt zudem grundsätzlichen Zweifel an der Hochschultauglichkeit gegenwärtig angebotener, hochgradig spezialisierter Ausbildungsgänge für einzelne Verwaltungszweige oder sogar einzelne Behörden. Für eine solche Lösung sprächen auch Vorbehalte – zumindest von Teilen – der Dienstherren gegenüber einer Hochschulausbildung für den gehobenen Dienst. Ein Teil der Dienstherren, die die zu Beginn der 70er Jahre erfolgte Aufwertung der Ausbildung für den gehobenen Dienst ohnehin nur sehr zögerlich akzeptiert haben, hat nach wie vor starke Vorbehalte gegen ein Hochschulstudium mit den hierfür typischen methodischen und inhaltlichen Zugängen zu den Lehrinhalten. Auch wird beklagt, daß die dienstrechtliche Voraussetzung eines Fachhochschulabschlusses die internen Aufstiegsmöglichkeiten – und damit eine wichtige Mitarbeitermotivation – für Beamte ohne Hochschulabschluß bzw. -zugangsberechtigung einschränke. Ein weiterer Attraktivitätsverlust der beruflichen Ausbildung könnte die Folge sein.

Allerdings wird diese Position nicht von allen Dienstherren geteilt. Da einige – zu nennen sind hier in erster Linie Polizei, Rechtspflege, Arbeitsverwaltung und z. T. kommunale Verwaltung – die Notwendigkeit einer qualifizierten (Fach-)Hochschulausbildung betonen, würde dieser Ansatz voraussichtlich zu einer Zweiteilung der verwaltungsinternen Fachhochschulen in Einrichtungen ohne Hochschulstatus und in einen Fachhochschulzweig führen mit der möglichen Gefahr einer noch stärkeren Abschottung der dann verwaltungsintern bleibenden Einrichtungen. Aus gesellschaftspolitischen Gründen erscheint eine solche Lösung insbesondere dann nicht wünschenswert, wenn in der Polizeiausbildung eine Entscheidung für eine verwaltungsinterne Akademieausbildung zu erwarten wäre. Gegen eine gegenüber der Gesellschaft abgeschottete Ausbildung sprechen sich auch die an der Polizeiausbildung beteiligten Fachbereiche und Dienstherren aus.

III. 2. Fachhochschulstudium für Berufsfelder in der Verwaltung

Wenn die Prüfung der Qualifikationsanforderungen an Aufgaben im gehobenen Dienst durch die verschiedenen Dienstherren die Notwendigkeit eines Fachhochschulstudiums bestätigt, dann ist eine fachliche Erweiterung der Studiengänge und eine Angleichung des Studiums und der Einrichtungen an die Fachhochschulen des allgemeinen Hochschulwesens entsprechend der eingangs skizzierten Kriterien unausweichlich, ohne daß damit bereits a priori eine Aussage zur Frage der internen oder externen Institutionalisierung getroffen wäre.

Trotz unterschiedlicher Bezugsfelder und Perspektiven ist den verschiedenen Konzepten zur Reform der öffentlichen Verwaltung die Forderung gemeinsam, daß die Verwaltung in einem Umwandlungsprozeß ein neues Selbstverständnis im Sinne eines kundenorientierten Dienstleistungsunternehmens entwickeln sollte, das auch veränderte Verhaltensmuster und Qualifikationen auf seiten der Beschäftigten erforderlich macht. Hierzu zählen insbesondere betriebswirtschaftliche Kenntnisse sowie Entscheidungs- und Führungskompetenzen, aber auch soziale und kommunikative Kompetenzen für eine stärkere Bürgerorientierung der Verwaltung. Diesen Anforderungen wird die gegenwärtige Ausbildung an den verwaltungsinternen Fachhochschulen nach Auffassung des Wissenschaftsrates nur eingeschränkt gerecht. Allerdings werden auch in Zukunft in allen Zweigen der Verwaltung, insbesondere in der Eingriffs- und Vollzugsverwaltung, Sachbearbeiterfunktionen in erheblichem Umfang bestehen bleiben. Doch werden gerade auch hier weniger enge Spezialisierungen und Spezialisten benötigt; vielmehr sind unterschiedliche Typen von Generalistenstudiengängen mit Vertiefungen gefordert.[18])

Auch nach ersten Reformschritten in einigen Bereichen ist die Ausbildung insgesamt nach wie vor in sehr hohem Maße auf die Vermittlung von Rechtskenntnissen konzentriert. Wenn für den gehobenen nichttechnischen Dienst eine Ausbildung in der Art eines Fachhochschulstudiums stattfinden soll und die skizzierten Qualifikationsanforderungen aufgegriffen werden sollen, dann müssen zentrale Charakteristika eines Fachhochschulstudiums in der Struktur und den Inhalten der Studiengänge ausgeprägt werden. Diese inhaltliche Angleichung erfordert zudem eine strukturelle Weiterentwicklung der Verwaltungsfachhochschulen, ihrer Aufgabenstellung, ihres Selbstverständnisses und ihres Lehrpersonals.

B. IV. Reformbedarf der verwaltungsinternen Ausbildung im Rahmen eines Fachhochschulstudiums

Ziel eines solchen Entwicklungsweges muß sowohl eine Verbesserung der Qualität des Studiums unter Hochschulgesichtspunkten als auch eine stärkere und systematischere Verzahnung der Ausbildungsphasen in den Behörden mit denen an den Verwaltungsfachhochschulen sein.

18) Vgl. Brinkmann, G., Ch. Hommerich und W. Pippke: Die künftige Managementausbildung an Fachhochschulen, Bad Honnef 1994, S. 167 f.

Als wesentliche Elemente dieses Prozesses sind zu nennen:

1. die Reform der Studieninhalte und der Studienorganisation (einschl. der Lehr- und Lernformen) unter qualitativen Gesichtspunkten;

2. die Stärkung des systematischen Praxisbezugs der Einrichtungen und der Verzahnung der theoretischen und praktischen Studienabschnitte in der Ausbildung;

3. die Überwindung der Abschottung der verwaltungsinternen Fachhochschulen sowohl gegenüber der Verwaltungspraxis als auch gegenüber dem allgemeinen Hochschulwesen sowie

4. die Überwindung der zum Teil vorhandenen fachlichen Monostruktur der Hochschulen zugunsten des Aufbaus verschiedener Fachbereiche, die sowohl für die Studierenden und die Lehrenden als auch für die Bedeutung der Hochschulen in der Weiterbildung und im Bereich praxisorientierter Forschung und Entwicklung bedeutsam sind.

Auf der Grundlage der Erkenntnisse aus der Begutachtung der Verwaltungsfachhochschulen der drei einbezogenen Länder und des Bundes hält der Wissenschaftsrat hierfür eine Reihe von Maßnahmen für erforderlich, die im folgenden skizziert werden und Bestandteil der Empfehlungen zu den verwaltungsinternen Fachhochschulen der Länder Schleswig-Holstein, Nordrhein-Westfalen und Niedersachsen sowie des Fachbereichs Arbeitsverwaltung der Fachhochschule des Bundes (Abschnitte C. bis F.) sind, in denen jeweils nur noch die Spezifika der einzelnen Einrichtungen aufgegriffen werden.

IV. 1. Struktur und Inhalte des Studiums

Die gegenwärtige Ausbildung an den Verwaltungsfachhochschulen legt den Schwerpunkt auch nach ersten Ansätzen einer Studienreform auf die Vermittlung der für die jeweiligen Verwaltungszweige relevanten Kenntnisse in einer Vielzahl einzelner Rechtsgebiete. Dies hat zu einer Überfrachtung der Curricula geführt, die wenig Spielraum für neue Studieninhalte und neue Lernformen läßt. Der Wissenschaftsrat hält eine curriculare Umgestaltung für dringend erforderlich, die sich an breit angelegten, berufsfeldorientierten Studiengängen ausrichtet und Kerngebiete definiert, in denen alle Studierende fundierte methodische Kenntnisse erwerben müssen; darüber hinaus sollte den Studierenden die Auswahl zwischen mehreren Schwerpunktsetzungen im Hauptstudium ermöglicht werden. Insbesondere wird empfohlen, die in der Allgemeinen Verwaltung gelehrten Rechtsfächer im Hinblick darauf zu überprüfen, welche Spezialgebiete im Rahmen der grundständigen Ausbildung entbehrlich sind, welche als Schwerpunkt- oder Wahlpflichtfächer angeboten werden können und welche übergreifenden Kerngebiete des Rechts als Pflichtfächer vorzusehen sind. Nur auf diesem Wege kann in den gedrängten Curricula einer dreijährigen Ausbildung Raum für die Integration neuer Studieninhalte geschaffen werden, die bislang nur unzureichend berücksichtigt worden sind.

Im Rahmen einer solchen Umgestaltung des Studiums muß zugleich ein größeres Gewicht auf analytisch-methodisches Lernen gelegt werden. Anstelle der vorrangigen Vermittlung von Kenntnissen sollte in der Ausbildung ein stärkeres Gewicht auf die Entwicklung von Fähigkeiten und methodischen Kompetenzen, insbesondere Methoden der Entscheidungsfindung, gelegt werden. Das Lehrgespräch mit einer Tendenz zum Frontalunterricht dominiert gegenwärtig als Lehrform. Es ist jedoch wenig geeignet, veränderte Lehrinhalte angemessen zu vermitteln und der Ausbildung den Charakter eines Studiums zu verleihen. Auch auf diesem Gebiet haben die verwaltungsinternen Fachhochschulen mit der Entwicklung der Fachhochschulen nicht Schritt gehalten. Der Wissenschaftsrat empfiehlt deshalb, Veranstaltungsformen wie Seminare und Projekte anzubieten oder auszuweiten, die zugleich ein eigenständiges Erarbeiten der Studieninhalte durch die Studierenden fördern. Damit verbunden ist die Vermittlung von sozialen und kommunikativen Schlüsselqualifikationen, die in der Ausbildung des Personals einer modernen, bürgerorientierten Verwaltung eine wichtige Rolle spielen sollten, in den meisten Bereichen jedoch unzureichend berücksichtigt werden.

Um einerseits solche notwendigen neuen Studienelemente und Studienformen in größerem Umfang als bisher in die Studienpläne zu integrieren, andererseits die juristischen Inhalte aber nicht allzu stark einschränken zu müssen und gleichzeitig einen Spielraum für mehr Wahlmöglichkeiten für die Studierenden zu eröffnen, hält der Wissenschaftsrat eine Umschichtung der zeitlichen Anteile zwischen den Ausbildungsabschnitten an den Lernorten Behörde und Fachhochschule für erforderlich. Er empfiehlt, die Studienphasen an der Hochschule auf 24 Monate auszudehnen, um auch auf diese Weise zu einem angemessenen Verhältnis der Lernorte Behörde und Hochschule zu gelangen, wie es für ein Fachhochschulstudium erforderlich ist.

IV. 2. Verzahnung von Theorie und Praxis

Die bei den Besuchen insbesondere in den Bereichen der allgemeinen staatlichen und kommunalen Verwaltung festgestellten Mängel in der Verzahnung von theoretischen und praktischen Studieninhalten und in der Kooperation der Lernorte Hochschule und Behörde sind ein wesentliches Defizit der Ausbildung an den verwaltungsinternen Fachhochschulen. Es fehlt gegenwärtig sowohl bei den Behörden als auch bei den Studierenden ein Bewußtsein dafür, daß der dreijährige Ausbildungsabschnitt ein Hochschulstudium mit einem Hochschuldiplom als Abschluß sein sollte, das an zwei miteinander verzahnten Lernorten – Hochschule und Behörde – absolviert wird. Vielmehr bestehen zwei getrennte Verantwortungsbereiche. Während die Verantwortung der Hochschulen auf die Fachstudienzeiten reduziert ist, betrachten die Dienstherren die Hochschulen zwar als nachgeordnete Behörden, leisten aber auch keine Vermittlung zwischen den Lernorten. Auch bei den Studierenden herrscht eine Perspektive vor, die von der Sicherheit des Beamtenstatus, dem Ausbildungsverhältnis zum Dienstherren und der Praxis am Arbeitsplatz in den Verwaltungen beherrscht wird; davon getrennt wird die Hochschule als gleichsam externe Einrichtung und das Studium als laufbahnrechtlich notwendige, separate Ausbildung wahrgenommen.

Soll die Ausbildung an den verwaltungsinternen Fachhochschulen den Anforderungen an ein Fachhochschulstudium entsprechen, müssen die Hochschulen eine Verantwortung für die Ausbildungsphasen in den Dienststellen im Sinne betreuter Praxiszeiten erhalten. Dies hat die Konferenz der Kultusminister jüngst auch mit Blick auf die Anerkennung der Abschlüsse an ebenfalls dual strukturierten Berufsakademien verlangt. Hierfür bestehen an den verwaltungsinternen Fachhochschulen insofern günstige Voraussetzungen, als beide Lernorte vom Staat getragen werden und dem gleichen Rechtskreis zugeordnet sind. Da es sich bei der Ausbildung als Ganzes um einen Studiengang handelt, sollte im Kooperationsverbund beider Lernorte eine Studienordnung erarbeitet werden, die sowohl die Inhalte und Anforderungen für den Lernort Hochschule als auch für den Lernort Behörde enthält. Dies gilt insbesondere für die hochschuläquivalenten Anteile der Ausbildungsphasen in der Behörde. Als wichtiges Element der Betreuung und Aufarbeitung der Praxisphasen sollten Praxisberichte eingeführt werden, die an der Fachhochschule von Studierenden und Lehrenden reflektiert werden sollten. Darüber hinaus wird die verstärkte Einführung von Lehrprojekten empfohlen, die auf aktuelle Probleme der Behörden ausgerichtet sein sollten.

Um Theorie und Praxis aufeinander abzustimmen, eine Anpassung der Curricula an veränderte Anforderungen der Verwaltungspraxis zu erleichtern und die erbrachten Leistungen auf das gemeinsam zu formulierende Studienziel hin zu optimieren, ist es unabdingbar, eine regelmäßige Kommunikation zwischen Fachbereichen und Dienststellen zu institutionalisieren. Hierzu sollten auf Fachbereichsebene gemeinsame Gremien von Fachhochschule und Dienststellen eingerichtet werden, die curriculare Gestaltungskompetenzen haben. Zu diesem Zweck sollten die Fachbereiche auch Informations- und Weiterbildungsangebote für die Ausbilder und die Ausbildungsleiter in den Dienststellen bereitstellen. Bewährt hat sich nach Einschätzung des Wissenschaftsrates die Anrechnung von Aufgaben der Kontaktpflege zu den Ausbildungsstätten auf das Lehrdeputat, wie sie an den baden-württembergischen Berufsakademien praktiziert wird.

IV. 3. Diplomarbeit

Als unverzichtbares Element einer Hochschulausbildung und zur Stärkung des Praxisbezugs betrachtet der Wissenschaftsrat die Einführung von Diplomarbeiten, in denen Studierende konkrete Probleme aus der Verwaltungspraxis unter fachkundiger Betreuung von Dozenten der verwaltungsinternen Fachhochschulen und seitens der Dienststellen eigenständig bearbeiten. Auf diese Weise kann der Praxisbezug der Ausbildung verstärkt werden und können die verwaltungsinternen Fachhochschulen einen Beitrag zur Verwaltungsreform leisten. Eine Diplomarbeit als Nachweis der Fähigkeit zur Anwendung wissenschaftlicher Methoden auf Praxisprobleme bildet eine wesentliche Voraussetzung, um den Diplomabschluß an den verwaltungsinternen Fachhochschulen mit einem Diplomabschluß an öffentlichen Fachhochschulen vergleichbar zu gestalten. Die Diplomarbeit sollte zeitlich in die letzte Praxisphase integriert sein, um zugleich den Praxisbezug und ihren Charakter als Abschlußarbeit zu gewährleisten, aber auch, um eine Verlängerung der Studienzeit zu vermeiden. Dabei wäre zu überprüfen, in welcher Weise sie auf die zeitlichen Anteile an der Fachhochschule und in der Verwaltung angerechnet wird. Eine Diplomarbeit ist von besonderer Bedeutung für Absolventen verwaltungsinterner Fachhochschulen, die nicht auf Dauer in den öffentlichen Dienst übernommen werden und auf dem Arbeitsmarkt mit Absolventen anderer Fachhochschulen konkurrieren müssen. Die Einführung einer Diplomarbeit stellt in diesem Punkt die Wettbewerbsfähigkeit mit den allgemeinen Fachhochschulen her.

IV. 4. Personalstruktur

Die notwendige Qualitätsverbesserung stößt in den gegebenen Strukturen jedoch auf sehr enge Grenzen. Sie bedingt vielmehr eine Abkehr von der Ausnahmeklausel des § 73 Abs. 2 HRG und eine Verstärkung des Hochschulcharakters der Einrichtungen. Von ausschlaggebender Bedeutung ist dabei eine nachhaltige Veränderung der Personalstruktur. Trotz ihrer unterschiedlichen Ausprägungen an den einzelnen verwaltungsinternen Fachhochschulen hat der Wissenschaftsrat den Eindruck gewonnen, daß eine Personalstruktur, die sich nicht an den an Fachhochschulen üblichen wissenschaftlichen Qualifikationen orientiert und ausschließlich oder zu großen Teilen von Dozenten (der A-Besoldungsstufen) bestimmt wird, nicht geeignet ist, ein fachhochschulgemäßes Studium zu gewährleisten. Wenn entgegen der ursprünglichen Zielsetzung einer Rotation dauerhaft aus der Verwaltung abgeordnete Beamte das personelle Rückgrat der verwaltungsinternen Fachhochschulen bilden, ist zudem auch kein intensiver und aktueller Praxisbezug gewährleistet. Der Wissenschaftsrat spricht sich deshalb für eine grundlegende Neuordnung der Personalstruktur entsprechend den Fachhochschulen mit den dort üblichen Einstellungsvoraussetzungen aus. Selbst unter den Bedingungen einer angespannten Stellensituation im öffentlichen Dienst ist dieser Reformschritt für eine zukunftsträchtige Entwicklung der verwaltungsinternen Fachhochschulen unabdingbar. Durch Überleitungen sind diese Reformziele nicht erreichbar.

Der Wissenschaftsrat erkennt die Bedeutung von Lehrbeauftragten aus der beruflichen Praxis für eine praxisorientierte Lehre und eine enge Kooperation zwischen den Lernorten Hochschule und Behörde an. Außerdem kann durch einen hohen Anteil an Lehrbeauftragten flexibel auf wechselnde Jahrgangsstärken bei den Studienanfängern reagiert werden. Als Obergrenze in Fachhochschulstudiengängen hat der Wissenschaftsrat einen Anteil von 20 % nebenamtlich erbrachter Lehre genannt.[19]) Unter Berücksichtigung der besonderen Gegebenheiten einer im Kooperationsverbund dual strukturierten Ausbildung hat der Wissenschaftsrat für die Berufsakademien in Baden-Württemberg, die keine Hochschulen im Sinne des HRG sind, ebenso wie anschließend die KMK einen Mindestanteil von 40 % durch hauptamtliche Dozenten erbrachte Lehre für unabdingbar erachtet. Gegenwärtig wird selbst dieser Anteil an den verwaltungsinternen Fachhochschulen nicht in allen Studiengängen erreicht.

Unter der Voraussetzung einer systematischen Verzahnung der Lernorte Behörde und Fachhochschule sieht der Wissenschaftsrat die Möglichkeit, daß bestimmte Elemente der fachtheoretischen Ausbildung sinnvoll am Lernort Behörde während der praktischen Ausbildungsabschnitte vermittelt werden können. Im Vergleich mit herkömmlichen Fachhochschulstudiengängen erscheint dann ein niedrigerer Anteil der von hauptamtlich Lehrenden zu erbringenden Lehre vertretbar; er sollte nach Ansicht des Wissenschaftsrates aber nicht unter 60 % liegen. Bei einem niedrigeren Anteil sind sowohl Einbußen in der Qualität und Homogenität der Ausbildung als auch Defizite in der Betreuung der Studierenden und der Organisation des Studienbetriebs die Folge.

IV. 5. Aufgabenspektrum und Rechtsstellung

Eine Verbesserung der Kooperation zwischen Hochschulen und Verwaltungspraxis und die Überwindung ihrer gegenseitigen Abschottung erfordert über diese Maßnahmen hinaus eine Erweiterung der Aufgaben der Verwaltungsfachhochschulen. Sie sind gegenwärtig in den meisten Fällen auf die fachtheoretischen Teile der Ausbildung beschränkt. Ihr Aufgabenspektrum sollte um die Bereiche Weiterbildung und angewandte Forschung bzw. Beratung erweitert werden. Der qualifizierten Weiterbildung kommt auch mit Blick auf die Verwaltungsreform eine wichtige Rolle zu, da sie unter den gegebenen finanziellen Rahmenbedingungen in hohem Maße mit dem vorhandenen Personal umgesetzt werden muß. Bis auf wenige Ausnahmen haben die verwaltungsinternen Fachhochschulen gegenwärtig keinen eigenständigen Weiterbildungsauftrag; die Weiterbildung ist überwiegend den Ausbildungseinrichtungen für die Angestelltenausbildung (z. B. den kommunalen Studieninstituten) zugeordnet. Der Wissenschaftsrat empfiehlt den Ländern, zur Qualitätsentwicklung den verwaltungsinternen Fachhochschulen die selbständige Betätigung in der Weiterbildung durch eine Erweiterung ihrer gesetzlichen Aufgaben zu ermöglichen.

19) Vgl. Wissenschaftsrat: Empfehlungen zur Entwicklung der Fachhochschulen, a.a.O., S. 115.

Mit Verwunderung hat der Wissenschaftsrat zur Kenntnis genommen, in welch geringem Ausmaß die verwaltungsinternen Fachhochschulen in Prozesse der Verwaltungsreform eingebunden sind, obwohl sie in vielen Ländern die einzige Hochschuleinrichtung sind, die sich systematisch mit Verwaltungsfragen befaßt. Durch die Bearbeitung konkreter Projekte der Verwaltungsreform in Form von Forschungsprojekten, aber auch von besonderen Lehrprojekten und Diplomarbeiten (vgl. IV. 3.) ließe sich die Expertise der verwaltungsinternen Fachhochschulen nutzen und ihre Kooperation mit den Verwaltungen deutlich verbessern. Dies entspräche den Forschungs- und Entwicklungsaufgaben, wie sie für Fachhochschulen üblich sein sollten. Gleichzeitig könnte damit der regionale Bezug der Verwaltungsfachhochschulen gestärkt werden, der dem Wissenschaftsrat insbesondere bei einer eher zentralen Organisation als wenig entwickelt erscheint.

Die Begutachtungen der einzelnen Einrichtungen haben gezeigt, daß die Defizite in der Ausbildung eng mit bestimmten Strukturmerkmalen und Rahmenbedingungen der verwaltungsinternen Ausbildung zusammenhängen. Dies betrifft zunächst den rechtlichen Status der Einrichtungen, die mit wenigen Ausnahmen als nichtrechtsfähige Einrichtungen unter der Fachaufsicht meist des Innenministeriums, z. T. auch der jeweiligen Fachressorts (z. B. des Finanzministeriums in der Steuerausbildung) angesiedelt sind. Nach Ansicht des Wissenschaftsrates hemmt diese Struktur die Entfaltung eines Selbstverständnisses der Einrichtungen als Hochschule und engt ihre Verantwortung für die Gestaltung eines wissenschaftsbasierten Studiums mit Berufsfeldbezug in einer Weise ein, die dem allgemeinen Hochschulwesen fremd ist. Dies gilt um so mehr, als für die allgemeinen Hochschulen eine Entwicklung eingesetzt hat, die ihre Eigenverantwortung stärken soll und Elemente des Wettbewerbs zwischen den Hochschulen einführt.

Sowohl bei der Gewinnung ihrer Professoren als auch bei der Ausgestaltung ihrer Studienangebote und ihrer flexiblen Ausrichtung auf sich verändernde und neue Anforderungen in der beruflichen Praxis, aber auch im Bereich praxisbezogener Forschung und Entwicklung haben sich die Fachhochschulen seit ihrer Gründung Ende der 60er Jahre weiterentwickelt. Hierzu bot die Hochschulautonomie mit ihren Rechten zur Selbstverwaltung und zur Selbstergänzung des Lehrkörpers eine wesentliche Grundlage, die den verwaltungsinternen Fachhochschulen fehlt. Nicht zuletzt aus diesem Grund haben sie die Entwicklungen im Fachhochschulbereich nicht mitvollziehen können. Der Wissenschaftsrat empfiehlt, den rechtlichen Status der verwaltungsinternen Fachhochschulen dem der Hochschulen anzugleichen.

IV. 6. Besonderheiten der einzelnen Fachbereiche

Eine Reform der Ausbildungsgänge an den verwaltungsinternen Fachhochschulen muß die unterschiedlichen Ausgangsbedingungen in einzelnen Ausbildungsrichtungen und Verwaltungszweigen in Rechnung stellen.

In der Ausbildung für die Kommunalverwaltung wird der Reformbedarf auch unter dem Gesichtspunkt sich wandelnder Qualifikationsanforderungen, wenn auch nicht übereinstimmend, so doch von vielen Beteiligten gesehen. Eine notwendige Stärkung der Hochschulorientierung der Ausbildung wird allerdings auch hier nicht von allen Dienstherren akzeptiert. Dennoch sind die verschiedenen Modellstudiengänge überwiegend in der Ausbildung für die kommunale Verwaltung entstanden. Dabei ging die Initiative zum Teil von den Fachbereichen, zum Teil aber auch von den Kommunen aus. Der Wissenschaftsrat begrüßt die Einführung dieser Studiengänge, die unterschiedlichen Konzepten folgen und unterschiedlich strukturiert sind. Eine abschließende Bewertung der Modelle ist zum gegenwärtigen Zeitpunkt noch nicht möglich, da bislang noch keine Absolventen diese Studiengänge abgeschlossen haben. Nach Vorliegen der ersten Erfahrungen erscheint eine vergleichende Evaluation der verschiedenen Varianten dieser Studiengänge sinnvoll.

Eine besondere Problematik, die das Ausbildungskonzept in Frage stellt, resultiert aus der tatsächlichen Beschäftigung der Absolventen in den aufnehmenden Behörden, deren Möglichkeiten im Bereich der systematischen Personalentwicklung begrenzt zu sein scheinen. So werden die Absolventen in den meisten Kommunen bereits seit einigen Jahren weit überwiegend, zum Teil sogar ausnahmslos zunächst in den Sozialämtern eingesetzt. Dies widerspricht dem Anspruch der verwaltungsinternen Ausbildung, Generalisten auszubilden. Andererseits werden gerade in der Bearbeitung von Sozialhilfefällen als einem wichtigen Bereich kommunaler Verwaltung Qualifikationen vorausgesetzt, die soziale und konfliktlösende Kompetenzen wünschenswert erscheinen lassen; diese werden in der gegenwärtigen Ausbildung jedoch nur unzureichend vermittelt.

Im Bereich der Polizei ist eine Reform des Studiums in den Ländern, die in die Begutachtung durch den Wissenschaftsrat einbezogen waren, zum Teil bereits in Angriff genommen worden. Ausgehend von einem veränderten Aufgaben- und Rollenverständnis der Polizei und einem veränderten Berufsbild des Polizisten, das sowohl von den besuchten Fachbereichen als auch von den jeweiligen Innenverwaltungen geteilt wird und einer bürgerfreundlichen Polizei in stärkerem Maße Aufgaben der Prävention und der Vermittlung in Konfliktfällen zuschreibt, wurde das Studium um neue Inhalte und neue Lehrformen erweitert. In Form von Seminaren und Projektstudium wurden Kommunikations- und Konfliktlösungskompetenzen mit höherem Anteil in das Studium integriert. Diese Veränderungen sind auch vor dem Hintergrund zu sehen, daß in den meisten Ländern in der Polizei ein Übergang zur zweigeteilten Laufbahn bevorsteht, d.h. der mittlere Dienst und damit auch die bislang zahlenmäßig oft bestimmenden Studiengänge für Aufstiegsbeamte entfallen werden.

Starke Vorbehalte gegen eine grundlegende Reform der Studienorganisation und -inhalte bestehen seitens der Dienstherren im Bereich der allgemeinen staatlichen (Landes-)Verwaltung. Sie verweisen darauf, daß in diesem Bereich auch in Zukunft in hohem Maße Sachbearbeitertätigkeiten dominieren werden, die in erster Linie fundierte Kenntnisse der Rechtsanwendung voraussetzen. Unter Hochschulgesichtspunkten hält der Wissenschaftsrat aber auch in der allgemeinen Verwaltung eine Differenzierung des Studienangebots mit einer Schaffung unterschiedlicher Studienschwerpunkte für erforderlich. Mögliche Schwerpunkte sind neben Betriebswirtschaftslehre (und hier z. B. Controlling) Personal- und Organisationswesen und europäisches Recht. Eine Differenzierung kann sowohl über ein Nebeneinander verschiedener Studiengänge (z. B. juristisch oder betriebswirtschaftlich orientiert) als auch im Rahmen eines Y-Modells mit gemeinsamem Grundstudium und anschließender Schwerpunktbildung erfolgen.

Die Ausbildung für die Steuerverwaltung an den verwaltungsinternen Fachhochschulen der Länder ist in hohem Maße durch bundeseinheitliche Regelungen bestimmt, die den Ländern und den Fachhochschulen nur wenig Spielraum in der Gestaltung des Studiums lassen. Dies betrifft zum Beispiel die zeitlichen Anteile der Ausbildungsabschnitte in Hochschule und Finanzverwaltung, die mit jeweils 18 Monaten vorgegeben sind, aber auch die Inhalte des Studiums und die Fächerstruktur. Nach Auffassung des Wissenschaftsrates stellt sich die Situation in der Steuerverwaltung unter Qualitätsgesichtspunkten zwiespältig dar: Dieser Bereich ist durch eine hohe staatliche Normierungsdichte gekennzeichnet, die die Ausbildung an der verwaltungsinternen Fachhochschule mit den Erfordernissen der routinisierten Rechtsanwendung in der Praxis verbindet. Infolgedessen dominiert die Wissensvermittlung, die im späteren Berufsleben durch Schulungsveranstaltungen auf dem aktuellen Stand gehalten wird. Unter diesen Strukturbedingungen sind die Ausbildungsphasen an der Hochschule und in der Finanzverwaltung eng aufeinander abgestimmt. Der Wissenschaftsrat hat jedoch Zweifel, ob eine solcherart dominierende Vermittlung von Faktenwissen dem Charakter eines Fachhochschulstudiums entspricht, unabhängig von der Beurteilung der Angemessenheit der Ausbildung für die beruflichen Anforderungen der Praxis. Einerseits versuchen die besuchten Fachbereiche unter Ausnutzung des Handlungsspielraums, den die Steuerausbildungsordnung läßt, in stärkerem Maße Elemente eines Hochschulstudiums in die Ausbildung einzubeziehen (Seminare, Selbststudium, exemplarische Fallbearbeitung), andererseits bestehen von seiten der Dienstherren zum Teil deutliche Vorbehalte gegenüber einer Fachhochschulorientierung der Ausbildung.

Die stärksten Vorbehalte gegen den Hochschulcharakter der Ausbildung wurden von den Dienstherren der Sozialversicherungsträger geäußert. Hier scheint eine Ausbildung außerhalb des Hochschulbereichs am stärksten den Bedürfnissen der Verwaltungspraxis zu entsprechen. Der Wissenschaftsrat hegt Zweifel am Sinn einer derartig eng angelegten

Hochschulausbildung, die die Absolventen meist nur für einen einzelnen Arbeitgeber, die Landesversicherungsanstalten, qualifiziert.

Auf eine einzelne Behörde ausgerichtet ist auch die Ausbildung für die Arbeitsverwaltung an der Fachhochschule des Bundes. Zwar ist sie als Fachbereich in die Fachhochschule des Bundes eingebettet, die ein breiteres Spektrum an Studiengängen anbietet. Die räumliche Trennung und der Grad der Eigenständigkeit der Fachbereiche sowie die Zuordnung zu unterschiedlichen Bundesministerien bzw. obersten Bundesbehörden lassen den Fachbereich Arbeitsverwaltung in dieser Hinsicht jedoch eher als eigenständige Einrichtung erscheinen, die als solche nur über zwei, auf eng verwandte Tätigkeiten in der gleichen Behörde zielende Studiengänge verfügt. Diese Struktur trägt gleichzeitig aber dazu bei, daß die Ausbildung sehr eng auf die Ausbildungs- und Qualifikationsanforderungen der Praxis abgestimmt ist. Umgekehrt erweist sie sich aber auch als Hindernis für eine weitergehende Angleichung an Strukturen, wie sie im Fachhochschulbereich üblich sind. Dies hat nach Einschätzung des Wissenschaftsrates wiederum Auswirkungen auf die Ausbildung, die in einigen Punkten nicht den Kriterien eines Fachhochschulstudiums entspricht (z. B. Fehlen einer Diplomarbeit), obwohl der Fachbereich bemüht ist, die durch die Studienpläne festgeschriebene Stoffülle durch exemplarisches Lernen und ein Fördern methodischer Kompetenzen in hochschulgemäßer Weise abzufedern.

B. V. Öffnung der verwaltungsinternen Fachhochschulen

Die mangelnde Verzahnung der theoretischen und praktischen Ausbildung, die Defizite in der praxisbezogenen Forschung und der meist nicht bestehende Weiterbildungsauftrag sind nach Ansicht des Wissenschaftsrates Ausdruck einer wechselseitigen Abschottung der verwaltungsinternen Fachhochschulen und der Verwaltungen. Auch zwischen verwaltungsinternen und – selbst räumlich benachbarten – externen Fachhochschulen bestehen nur sehr wenige Kooperationen, die ganz überwiegend von Einzelpersonen in Form von Lehraufträgen getragen werden. Im Interesse sowohl der Auszubildenden und der Behörden als auch der Gesellschaft als Kunde für Dienstleistungen der Verwaltungen sollte die vorgefundene Abschottung der Ausbildung für den öffentlichen Dienst überwunden werden. In die Ausbildungsinhalte und die Mentalitätsentwicklung der Studierenden sollten veränderte Erwartungen und Entwicklungen eingehen. Zudem stellt der Wissenschaftsrat für das gegenwärtige Studienangebot fest, daß die an diesen Einrichtungen erlangten Abschlüsse außerhalb des öffentlichen Dienstes auf Akzeptanzprobleme stoßen. Um die Ausbildung auf neue Anforderungen einzustellen, hält der Wissenschaftsrat eine schrittweise Öffnung der verwaltungsinternen Fachhochschulen für geboten.

Als Voraussetzung für jede Form der Öffnung ist zunächst jedoch eine deutliche Qualitätsverbesserung der Studiengänge erforderlich, wie der Wissenschaftsrat sie im einzelnen skizziert hat (vgl. B. IV). Solche qualitätssteigernden Maßnahmen sollten mit einer schrittweisen Öffnung der verwaltungsinternen Fachhochschulen einhergehen, die auch die Kooperation mit allgemeinen Fachhochschulen umfassen sollte. Ein erster Schritt auf diesem Weg könnte in der Neuentwicklung von Studiengängen bestehen, die für verwaltungsnahe Tätigkeiten und Wirtschaftsbereiche oder für fachlich nahe an den herkömmlichen Studiengängen liegende Berufsfelder (z. B. Steuerberatung, Sicherheitsdienste) qualifizieren. In einem zweiten Schritt könnte dann eine Öffnung der verwaltungsinternen Fachhochschulen für externe, nicht in einem Beamtenverhältnis stehende Studierende erfolgen. Begrüßenswerte Ansätze hierzu bietet beispielsweise der gemeinsame Modellstudiengang der Berliner Fachhochschule für Verwaltung und Rechtspflege und der FHTW Berlin. Eine Kooperation mit externen Fachhochschulen sollte auch die Integration neuer Studieninhalte, z. B. Betriebswirtschaftslehre und Qualitätsentwicklung, in die Studiengänge der Verwaltungsfachhochschulen anregen und fördern. Diese Zusammenarbeit erscheint zur Verbesserung der Qualität der Ausbildung an denjenigen verwaltungsinternen Fachhochschulen um so dringlicher, an denen die Einstellungsvoraussetzungen für Lehrende nicht den allgemeinen Fachhochschulen entsprechen und an denen die Rekrutierung entsprechend qualifizierter Lehrender aufgrund mangelnder Attraktivität erschwert wird.

Beispiele für solche Erweiterungen des Studiengangsspektrums finden sich in den bereits existierenden Modellstudiengängen im Umfeld der kommunalen Verwaltung, die über den engeren Bereich der Kommunalverwaltungen hinaus auf ein breiteres Berufsfeld in verwaltungsnahen Bereichen kommunaler Dienstleistungs- und Beteiligungsunternehmen und in Wirtschaftsbereichen mit hohen Verwaltungskontakten zielen. Denkbar sind solche Erweiterungen aber auch in anderen Fachrichtungen.

Eine Möglichkeit zur Öffnung der verwaltungsinternen Fachhochschulen im Bereich der Polizei und zur Erweiterung des Ausbildungsspektrums sieht der Wissenschaftsrat im Bereich der privaten Sicherheitsdienste. Hier könnten die Fachbereiche eigenständige oder in die vorhandenen Studiengänge integrierte Angebote zur Ausbildung des Führungspersonals entwickeln, die in Deutschland bislang nicht professionalisiert ist. Erste Überlegungen hierzu werden in einigen Fachbereichen angestellt. Dadurch könnte auch eine unter Hochschulgesichtspunkten anzustrebende Verbreitung des Berufsfelds erreicht werden. In diesem Zusammenhang sollten die Ergebnisse der geplanten Externalisierung der Polizeiausbildung in Bremen Berücksichtigung finden. Anknüpfungspunkte für eine Öffnung sind auch im Überschneidungsbereich mit den externen Studiengängen des Sozialwesens vorhanden, die für beide Ausbildungsbereiche neue Anstöße geben könnten. Eine weitere Reform der Polizeiausbildung ist auch wünschenswert, weil eine mögliche Heraustrennung der Polizeiausbildung aus externalisierten Einrichtungen und ihre verwaltungsinterne Weiterführung zu einer noch stärkeren Abschottung von der Öffentlichkeit führen würde, die gerade im Polizeibereich auch aus gesellschaftspolitischen Gründen nicht erwünscht sein kann.

Möglichkeiten einer Öffnung in der Steuerverwaltung, die faktisch bereits nicht mehr ausschließlich für den öffentlichen Dienst ausbildet, wie die vergleichsweise hohe Zahl von Abwerbungen zeigt, sieht der Wissenschaftsrat in der Entwicklung von übergreifenden Studienangeboten für die steuerverwaltenden und die steuerberatenden Berufe. Er empfiehlt Bund und Ländern, den verwaltungsinternen Fachhochschulen die Möglichkeit zu eröffnen, derartige Reformelemente einzuführen, ohne daß die grundgesetzlich geforderte Einheitlichkeit der Ausbildung der Steuerbeamten als gefährdet angesehen werden sollte. Die Einheitlichkeit grundlegender Inhalte und der Anforderungen kann, wie in anderen Studiengängen auch, gegebenenfalls durch eine einheitliche Staatsprüfung gewährleistet werden. Dieses Erfordernis sollte einer Öffnung der Studienangebote nicht im Wege stehen; gerade die Ausbildung für dieses Berufsfeld erscheint dem Wissenschaftsrat für eine Öffnung für Studierende ohne Anwärterbezüge besonders geeignet.

Ansätze zu einer Ausweitung des Ausbildungsspektrums z. B. für arbeits- und berufsnahe Beratungstätigkeiten sind auch im Bereich der Arbeitsverwaltung vorstellbar und wurden auch vom Fachbereich selbst bereits angedacht. Sie stoßen jedoch auf das Hindernis der verwaltungsinternen Struktur des Fachbereichs. Nach Auffassung des Wissenschaftsrates sollte auch der Bund die Möglichkeiten eines breiteren Berufsfeldbezugs und einer Öffnung seiner verwaltungsinternen Ausbildung prüfen, da dies wesentlich zur Entwicklung von Ausbildungsgängen beiträgt, die den Kriterien eines Fachhochschulstudiums entsprechen.

B. VI. Zur Frage der Eingliederung in das allgemeine Hochschulsystem und der Struktur der Studiengänge

Mit der schrittweisen Öffnung der verwaltungsinternen Fachhochschulen, die eng mit Reformen zur Verbesserung der Qualität der Ausbildung verwoben sein muß, stellt sich die Frage nach der institutionellen Zukunft der Einrichtungen. Der Wissenschaftsrat hat sich in seinen „10 Thesen zur Hochschulpolitik" dafür ausgesprochen, die „Studiengänge der Verwaltungsfachhochschulen über den Bedarf des öffentlichen Dienstes hinaus für weitere Bewerber zu öffnen und diese Hochschulen in das allgemeine Hochschulwesen zu überführen".[20]) Unter allgemeinen hochschulpolitischen Gesichtspunkten ist kein Grund ersichtlich, warum die Ausbildung von Teilen des Personals der öffentlichen Verwaltung, das in einem Hochschulstudium für den Umgang mit den Bürgern ausgebildet wird, in einer abgeschotteten Sonderinstitution erfolgen soll. In dem Maße, in dem sich die Trennlinien zwischen privatwirtschaftlich und

20) Wissenschaftsrat: 10 Thesen zur Hochschulpolitik, in: Empfehlungen und Stellungnahmen 1993, Köln 1994, S. 28.

staatlich organisierten Bereichen, zwischen der Anwendung kameralistischer Buchführung und betriebswirtschaftlichem Rechnungswesen verschieben und überlappen, werden die alten Trennungslinien zwischen der Ausbildung an internen Verwaltungsfachhochschulen und an externen Fachhochschulen im Hinblick auf Studiengänge, Studieninhalte und Hochschulorganisation obsolet. Die sich wandelnden Qualifikationsanforderungen an eine bürgernahe und zunehmend auch betriebswirtschaftlichen Grundsätzen folgende Verwaltung werden in verstärktem Maße die Ausbildungsinhalte bestimmen müssen. Eine schrittweise Angleichung der verwaltungsinternen Fachhochschulen an Qualitätsstandards und Strukturelemente einer Fachhochschulausbildung ist deshalb unausweichlich. Sie sollte nach Auffassung des Wissenschaftsrates beschleunigt und systematisch herbeigeführt werden.

Eine katalytische Wirkung könnte dabei der gegenwärtige, fiskalisch bestimmte, deutlich sinkende Einstellungsbedarf der Behörden ausüben. Die zugrundeliegenden kurzfristigen Haushaltsentscheidungen erschweren eine längerfristige Personalplanung, wie sie für die Erfüllung der Erwartung und Verpflichtung zur Übernahme der Absolventen notwendig ist. Deutliche Anzeichen zur Schwächung dieses wesentlichen Elementes der Attraktivität verwaltungsinterner Ausbildung sind erkennbar und werden den Externalisierungsdruck verstärken. In dem Maße, in dem die Übernahmegarantie fraglich wird, wird auch die Bedarfsorientierung als zentrales Charakteristikum der bisherigen Ausbildung in Frage gestellt. Wenn in dieser Weise das Arbeitsmarktrisiko bei Ausbildungsabschlüssen, die auf dem allgemeinen Arbeitsmarkt nur sehr eingeschränkt nutzbar sind, auf die Absolventen verlagert wird, entfällt zugleich ein wichtiges Moment der Attraktivität des Vorbereitungsdienstes, das wesentlich zur Stabilität der verwaltungsinternen Ausbildung beigetragen hat.

Die Ausführungen zur gegenwärtigen Ausbildungsqualität haben allerdings verdeutlicht, daß eine Eingliederung in das allgemeine Hochschulwesen ohne vorangegangene nachhaltige Qualitätsverbesserungen, zu denen auch eine Reform der Personalstruktur gehören muß, nicht zu verantworten wäre. Im Ergebnis eines solchen Prozesses einer miteinander verknüpften Qualitätsverbesserung und Öffnung sollte nach Einschätzung des Wissenschaftsrates eine Eingliederung der verwaltungsinternen Fachhochschulen in das allgemeine Hochschulwesen stehen.

Eine solche Eingliederung könnte in zwei Formen erfolgen: zum einen durch die Umwandlung der verwaltungsinternen Fachhochschulen in eigenständige Fachhochschulen mit einem auf Verwaltung und verwaltungsnahe Berufsfelder zielenden eigenständigen Profil und zum anderen über eine Integration als Fachbereich in bestehende Fachhochschulen. Dies macht insbesondere bei kleinen Verwaltungsfachhochschulen Sinn, die nicht die Anforderungen des Wissenschaftsrates an Größe und Fächerspektrum einer Fachhochschule erfüllen können.

Bei einer Eingliederung in das allgemeine Fachhochschulwesen könnten die verwaltungsinternen Fachhochschulen von den Entwicklungen profitieren, die in den letzten Jahren zur Profilierung und Qualitätsentwicklung der Fachhochschulen beigetragen haben. Eine Eingliederung in bestehende Fachhochschulen hätte den direkten Vorteil einer Einbettung in ein breites, entwickeltes Fächerspektrum. Dadurch könnte ein breiterer Berufsfeldbezug hergestellt werden, der ein wesentliches Charakteristikum eines Hochschulstudiums ist. Als Beispiel hierfür kann die Einbindung von Inhalten aus dem Bereich der Sozialarbeit genannt werden, die in einigen Berufsfeldern zum Qualifikationsprofil dazugehören könnten. Weiter ließen sich auch in der Weiterbildung durch die Verknüpfung verschiedener Fächer neue Angebote auf breiterer Grundlage entwickeln.

Umgekehrt könnte die Eingliederung dualer Studienelemente in das Fachhochschulsystem einen Antrieb geben, den Praxisbezug der bisherigen Fachhochschulstudiengänge zu überdenken und zu stärken. Nicht zuletzt die Tatsache, daß die internen Fachhochschulen in den letzten Jahren teilweise räumlich wie personell unterausgelastet sind, während die externen Fachhochschulen in einigen Bereichen immer noch unter einer Überlast leiden, spricht für ein einheitliches Fachhochschulsystem, das Nachfrageschwankungen besser abfedern könnte.

Solche Studienangebote können aus der Sicht des Wissenschaftsrates jedoch auch in der Form der an Fachhochschulen bewährten Studiengänge mit Praxissemestern angeboten werden. Dies würde auch für den gehobenen nichttechnischen Dienst eine Fachhochschulausbildung vorsehen, wie sie im Rahmen allgemeiner Studiengänge für den gehobenen technischen Dienst bereits seit langem besteht. Damit einhergehen müßte allerdings eine Verbreiterung des Berufsfeldes, auf das die Ausbildung zielt, um den Absolventen Arbeitsmarktchancen außerhalb des öffentlichen Dienstes zu eröffnen.

Mit seiner Empfehlung zur Eingliederung der verwaltungsinternen Fachhochschulen in das allgemeine Hochschulsystem hat sich der Wissenschaftsrat in seinen „10 Thesen zur Hochschulpolitik“ für den Erhalt der strukturellen Möglichkeiten für einen besonders intensiven Praxisbezug ausgesprochen. Die Eingliederung der Angebote der verwaltungsinternen Fachhochschulen in das allgemeine Hochschulwesen in Form von Studiengängen, die im Kooperationsverbund von Fachhochschulen und Behörden/Dienststellen gemeinsam getragen und im Wechsel an beiden Lernorten durchgeführt werden, bietet nach Ansicht des Wissenschaftsrates jedoch deutliche Vorteile:

- Die kontinuierliche Integration der Behörden und Dienststellen in den Studiengang erlaubt eine Verstärkung des Praxisbezugs.

- Wesentliche Rahmenelemente der gegenwärtigen Ausbildungsstruktur bleiben erhalten, können aber mit einer erhöhten Ausbildungsqualität verbunden werden.

Ebenso wie sich in den letzten Jahren die Wirtschaft zunehmend für duale Studienangebote interessiert, würde auf diese Weise auch dem öffentlichen Dienst der Weg geöffnet, sich innerhalb des allgemeinen Hochschulwesens in Kooperation mit Fachhochschulen für eine anspruchsvolle Ausbildung zu engagieren, ohne für die Dienstherren wesentliche Strukturelemente der gegenwärtigen Ausbildung aufgeben zu müssen. Dazu gehören insbesondere:

1. Die Auswahl der Studienanfänger durch die Verwaltungen, allerdings ergänzt durch eine Mitwirkung der Fachhochschulen zumindest in der Beurteilung der Studierfähigkeit mit Blick auf die hohen Anforderungen eines qualitativ zu verbessernden, zeitlich aber kompakt strukturierten Studiengangs. Das Vorliegen eines Ausbildungsvertrags als subjektive Zulassungsvoraussetzung zum Studium erfordert keine hochschulrechtlichen Änderungen.

2. Die Möglichkeit zur Beschäftigung der Studierenden in einem Anwärterverhältnis. Damit kann ein Element der bisherigen Ausbildung beibehalten werden, das wesentlich zur Attraktivität bei den Studierenden beiträgt und aus Sicht der Dienstherren die Bindung der Absolventen an die die Ausbildung finanzierende Behörde zu vertretbaren Gehaltskonditionen gewährleistet.

3. Im Sinne einer gemeinsamen Verantwortung der dualen Partner für die Gesamtausbildung sollte auch die Mitwirkungsmöglichkeit der Dienstherren bei der Gestaltung des Studiums erhalten werden. Eine Mitwirkung der Dienstherren bei Prüfungen ist hochschulrechtlich ohne weiteres möglich (vgl. § 15 Abs. 4 HRG). Der Wissenschaftsrat hält mit Blick auf die gegenwärtige Situation eher noch eine Intensivierung institutionalisierter Formen der Kooperation und Absprache zwischen Fachbereichen und Verwaltungen für erforderlich.

4. Durch die Ausbildungsphasen am Lernort Behörde kann wie bisher ein Sozialisationseffekt auf die besonderen sozialen und mentalen Anforderungen der einstellenden Behörde erreicht werden.

5. Die dienstrechtliche Grundstruktur der Ausbildung bleibt gewahrt, so daß ohne Anwendung von Anrechnungsmöglichkeiten und ohne zusätzlichen Vorbereitungsdienst die Übernahme ins Beamtenverhältnis möglich wäre.

6. Die Europafähigkeit der Abschlüsse wäre ebenso gewährleistet wie die Vergleichbarkeit mit den übrigen Fachhochschulabschlüssen, was sowohl für den Absolventen wie die Behörde von Vorteil wäre.

Eine solche Organisationsform qualitativ verbesserter Studienangebote an einer allgemeinen Fachhochschuleinrichtung erhält damit die Strukturelemente, die von seiten der Behörden auch unter Kostenbedingungen als vorteilhaft angesehen werden. Gegenüber dem jetzigen Modell der verwaltungsinternen Ausbildung wäre eine solche Eingliederung in das allgemeine Hochschulwesen in weiten Teilen kostenneutral. Höhere Kosten würden jedoch durch eine an das allgemeine Hochschulwesen angeglichene Personalstruktur entstehen. Auf der anderen Seite entstünden bei einer Eingliederung in bestehende Fachhochschulen aber auch Einsparmöglichkeiten. Ob sich darüber hinaus für den Investitionsbereich Möglichkeiten einer Mitfinanzierung durch den Bund im Rahmen der Gemeinschaftsaufgabe Hochschulbau eröffnen, bliebe im konkreten Fall zu prüfen.

B. VII. Zusammenfassung

Nach der Gründung der Fachhochschulen, die in den neu entstandenen Ingenieurstudiengängen auch die Ausbildung des Personals für den gehobenen technischen öffentlichen Dienst übernommen hatten, beschloß der Gesetzgeber 1976 in einer Novellierung des Beamtenrechts, künftig auch die Ausbildung für den gehobenen nichttechnischen Dienst in Form eines Fachhochschulstudiums durchzuführen. Im Unterschied zu den technischen Studiengängen entschieden sich Bund und Länder jedoch dafür, die Ausbildung in Form eines dreijährigen Vorbereitungsdienstes an verwaltungsinternen Fachhochschulen anzusiedeln. Hierzu wurden zum Teil neue Einrichtungen gegründet, zum größeren Teil aber vorhandene Verwaltungsschulen in Fachhochschulen für öffentliche Verwaltung überführt.

Mit dieser Neuordnung verknüpften die Dienstherren die Erwartung, zum einen eine wissenschaftsorientierte Ausbildung zu schaffen, die den gewandelten Qualifikationsanforderungen des gehobenen Dienstes gerecht werden kann, zum anderen aber auch einen ausgeprägten Berufs- und Behördenbezug sicherzustellen. Die Belange der Dienstherren sollten durch ihre Gestaltungskompetenz für die Studieninhalte möglichst weitgehend berücksichtigt werden. Die Fachhochschulen für öffentliche Verwaltung wurden als Bedarfshochschulen konzipiert, deren Studentenzahlen strikt am Einstellungsbedarf der Behörden orientiert sein sollten. Mit der Entscheidung, die Hochschulausbildung der Studierenden über Anwärterbezüge zu vergüten, war die Auswahl unter den Bewerbern bereits zu Beginn der Ausbildung verbunden. Prägendes Merkmal der Ausbildung ist die duale Struktur des Vorbereitungsdienstes im Wechsel der Lernorte Behörde und Fachhochschule, die durch die kontinuierliche Einbindung der Anwärter in die Dienststellen eine unmittelbare Einsatzfähigkeit nach Bestehen der Laufbahnprüfung gewährleisten soll. Die verwaltungsinterne Organisation wird nicht zuletzt mit dem Argument begründet, daß durch die Zahlung von Anwärterbezügen während des Vorbereitungsdienstes eine niedrigere Eingangsbesoldung der Absolventen möglich ist, die die Personalkosten im Vergleich zur Rekrutierung von Absolventen des allgemeinen Hochschulwesens deutlich verringere.

Der Wissenschaftsrat hat sich in der Vergangenheit mehrfach, zuletzt in seinen „Zehn Thesen zur Hochschulpolitik“[21]), für eine Eingliederung der verwaltungsinternen Fachhochschulen in das allgemeine Hochschulwesen ausgesprochen. Dabei hat er im Sinne einer Differenzierung des Hochschulbereichs die Möglichkeit eingeräumt, zentrale Strukturelemente der bisherigen Ausbildung, insbesondere ihren dualen Charakter, beizubehalten. Gleichzeitig hat er zur Förderung des Wettbewerbs im Hochschulwesen auch die allgemeinen Fachhochschulen ermuntert, Studiengänge zu entwickeln, die im kooperativen Wechsel der Lernorte Verwaltung und Fachhochschule auf Berufsfelder in der Verwaltung und in verwaltungsnahen Bereichen zielen. In den letzten Jahren sind an einigen Fachhochschulen Studiengänge entstanden, die ebenfalls auf Berufsfelder in der öffentlichen Verwaltung bzw. in verwaltungsnahen Dienstleistungsbereichen zielen (vgl. A. VIII.). Gleichzeitig haben auch einige verwaltungsinterne Fachhochschulen, z.T. in Kooperation mit allgemeinen Fachhochschulen, Modellstudiengänge insbesondere für den kommunalen Sektor entwickelt, die zum einen in stärkerer Weise betriebswirtschaftliche Studieninhalte und Schlüsselqualifikationen berücksichtigen und zum anderen auf eine Verbreiterung des Berufsfeldbezugs ausgerichtet sind.

In dieser Situation ist der Wissenschaftsrat von den Ländern Schleswig-Holstein, Niedersachsen und Nordrhein-Westfalen gebeten worden, eine Stellungnahme zu ihren verwaltungsinternen Fachhochschulen zu erarbeiten (vgl. C. bis E.). Um die Basis für Bewertungen und Empfehlungen zu verbreitern, wurde mit dem Bereich der Arbeitsverwaltung auch ein Fachbereich der Fachhochschule des Bundes für öffentliche Verwaltung in die Begutachtung einbezogen (vgl. F.). Auf dieser Grundlage hat der Wissenschaftsrat allgemeine Empfehlungen zur weiteren Entwicklung der verwaltungsinternen Fachhochschulen erarbeitet. Die Reichweite der Aussagen ist zwar zum einen durch die Fachrichtungen, die bei den Begutachtungen der einzelnen Einrichtungen einbezogen werden konnten, eingeschränkt. Zum anderen sind die Aussagen auch nicht ohne weiteres auf die verwaltungsinternen Fachhochschulen anderer Länder und anderer Fachbereiche der Fachhochschule des Bundes übertragbar. Gleichwohl sollten die Empfehlungen eine allgemeine Standortbestimmung der verwaltungsinternen Fachhochschulen anregen und in ihrer grundlegenden Zielrichtung bei der künftigen Entwicklung dieses Hochschultyps insgesamt umgesetzt werden.

Die Beurteilung der verwaltungsinternen Fachhochschulen orientiert sich an dem Grundsatz, daß Einrichtungen, die ein Hochschuldiplom vergeben, qualitative Mindestanforderungen wie vergleichbare staatliche Hochschulen erfüllen müssen. Den Qualitätsmaßstab für die verwaltungsinternen Fachhochschulen bilden daher die Merkmale der allgemeinen Fachhochschulen (vgl. B. II.): Im Rahmen einer berufsfeldorientierten Qualifizierung auf eine Vielzahl beruflicher Tätigkeiten soll das

21) Ebd.

Studium die Absolventen in die Lage versetzen, Probleme der beruflichen Praxis durch die Anwendung wissenschaftlicher Methoden eigenständig zu lösen. Zur Förderung des Praxisbezugs wie auch als Nachweis für diese Qualifikationen betrachtet der Wissenschaftsrat eine praxisbezogene Diplomarbeit als unverzichtbares Element eines Fachhochschulstudiengangs. Wesentliche Grundlage für ein hochschulgemäßes Studium sind die Hochschulautonomie als Voraussetzung für die verantwortliche Gestaltung der Studiengänge und die Qualifikation der hauptberuflich Lehrenden, die sowohl über die notwendige wissenschaftliche Qualifikation als auch über ausreichende Praxiserfahrung verfügen sollten. Darüber hinaus erfüllen die Fachhochschulen Aufgaben der Forschung und Entwicklung, die an Anwendungsproblemen der beruflichen Praxis orientiert sein sollten.

Vor dem Hintergrund dieser Bewertungsmaßstäbe ist der Wissenschaftsrat zu der Einschätzung gelangt, daß die gegenwärtige Ausbildung an den verwaltungsinternen Fachhochschulen den Anforderungen an ein Fachhochschulstudium in struktureller und qualitativer Hinsicht in weiten Teilen nicht entspricht. In den Inhalten der gegenwärtigen Ausbildung und in den vermittelten Qualifikationen bestehen deutliche Defizite: Die schwerpunktmäßige Vermittlung von Kenntnissen in einer Vielzahl von Rechtsfächern erfüllt nicht die Anforderungen an die breit angelegte Vermittlung methodischer Kenntnisse und Fähigkeiten, die zum Maßstab eines Hochschulstudiums gemacht werden muß. Als wesentliche Ursache für diese Qualitätsmängel sieht der Wissenschaftsrat die Strukturen und Rahmenbedingungen der verwaltungsinternen Fachhochschulen, die in vielen Punkten nicht hochschulgemäß sind. Hierzu zählt zunächst die weitgehende Versagung der Hochschulautonomie und der curricularen Gestaltungskompetenz, die die Entwicklung eines hochschulgemäßen Selbstverständnisses behindert. Weiter gilt dies für die Personalstruktur: In den meisten Einrichtungen erfüllt der hauptamtliche Lehrkörper überwiegend nicht die Einstellungsanforderungen, die das Hochschulrecht von Professoren, die die Lehre an allgemeinen Fachhochschulen weitgehend tragen, verlangt. Hinzu kommt, daß die Lehre häufig in einem Umfang von nebenberuflichen Lehrbeauftragten abgedeckt wird, der der Qualität und der Organisation des Studiums abträglich ist.

Darüber hinaus hat der Wissenschaftsrat aber auch den Eindruck gewonnen, daß in vielen Bereichen auch der Praxisbezug, der ein zentrales Merkmal der verwaltungsinternen Fachhochschulen darstellen soll, nicht ausreichend ist. Die Möglichkeiten eines kooperativen Studiums im Wechsel der Lernorte Verwaltung und Fachhochschulen werden insbesondere in den Ausbildungsgängen für die allgemeine Verwaltung der Länder und Kommunen nicht hinreichend genutzt. Die Lernorte Hochschule und Behörde und die jeweils vermittelten Lerninhalte stehen sich in vielen Bereichen weitgehend unvermittelt gegenüber. Als wesentliche Ursache für dieses Defizit sieht der Wissenschaftsrat die fehlende gemeinsame Verantwortung für die Gesamtausbildung von Hochschulen und Dienstherren. Neben Maßnahmen zur besseren inhaltlichen Abstimmung zwischen den

Ausbildungsphasen in den Behörden und in den Fachhochschulen und der Einführung praxisbezogener Diplomarbeiten hält der Wissenschaftsrat insbesondere eine Einbeziehung der Kompetenzen und Ressourcen der verwaltungsinternen Fachhochschulen in Prozesse der Verwaltungsreform für ein wichtiges Element zur Stärkung des Praxisbezugs.

Der Widerspruch zwischen dem Eindruck, daß die Dienstherren in weiten Teilen mit der gegenwärtigen Ausbildung zufrieden sind, und der Feststellung, daß diese nicht den Kriterien eines Fachhochschulstudiums entspricht, verlangt von Bund, Ländern und anderen Dienstherren eine Entscheidung über den zukünftigen Status der verwaltungsinternen Fachhochschulen und über ihre weitere Entwicklung. Zunächst stellt sich die Frage, ob in allen Laufbahnen des gehobenen nichttechnischen Dienstes ein Fachhochschulstudium die Regelqualifikation sein sollte. In den Bereichen, in denen dies für nicht sachgerecht gehalten wird, sollte eine berufliche Ausbildung außerhalb des Hochschulbereichs angesiedelt werden. Wenn ein Hochschulstudium auch künftig die Regelqualifikationen für Tätigkeiten im gehobenen Dienst darstellen soll, sind eine Reihe von Maßnahmen erforderlich, um die Qualität der Ausbildung entsprechend zu gestalten (vgl. B. IV.). Der Wissenschaftsrat hat erhebliche Zweifel an der Hochschultauglichkeit von eng auf einen Verwaltungszweig oder gar eine Behörde ausgerichteten Ausbildungsgängen (wie z. B. in den Bereichen Rentenversicherung und Steuerverwaltung). Ferner hält der Wissenschaftsrat eine Reihe von Veränderungen in den Strukturen und Rahmenbedingungen der verwaltungsinternen Fachhochschulen für erforderlich, um die Einrichtungen selbst den Charakteristika von Hochschulen anzugleichen und um Hindernisse für eine Verbesserung der Ausbildungsqualität zu beseitigen.

Darüber hinaus stellt sich die Frage nach der institutionellen Zukunft der verwaltungsinternen Fachhochschulen. Der Wissenschaftsrat hat sich mehrfach für ihre Eingliederung in das allgemeine Hochschulwesen ausgesprochen.[22]) Wenngleich er unter Qualitätsgesichtspunkten eine sofortige Externalisierung der bestehenden verwaltungsinternen Fachhochschulen für nicht tragfähig hält, kann er im Grundsatz jedoch keine Gründe erkennen, warum die Ausbildung für einen Teil des Personals des öffentlichen Dienstes, das für den Umgang mit den Bürgern ausgebildet wird, in einer weitgehend abgeschotteten Sondereinrichtung stattfinden soll. Die Eingliederung in das allgemeine Hochschulwesen bietet die Möglichkeit, die Trennung der Ausbildung für öffentliche Verwaltung und Wirtschaft zu überwinden und damit auch die Voraussetzungen für eine höhere Mobilität zwischen beiden Bereichen zu schaffen.

Für eine Eingliederung der jetzigen verwaltungsinternen Fachhochschulen in das allgemeine Hochschulwesen kommen sowohl ihre Überführung in eigenständige Fachhochschulen als auch ihre Angliederung als Fachbereiche an bestehenden allgemeinen Fachhochschulen in Frage. Die

22) Vgl. Wissenschaftsrat: 10 Thesen zur Hochschulpolitik, a.a.O.

Eingliederung in bestehende Fachhochschulen macht insbesondere bei kleinen Verwaltungsfachhochschulen Sinn, die den vom Wissenschaftsrat definierten Mindestanforderungen an Größe und Fächerspektrum nicht genügen.

Dabei sind zum einen Studiengänge für Berufsfelder in der Verwaltung denkbar, die dem an Fachhochschulen üblichen Muster von Studien- und Praxissemestern folgen. Der Wissenschaftsrat appelliert vor diesem Hintergrund an Bund, Länder und andere Dienstherren, den restriktiven Gebrauch der Regelungen zur Anrechnung und Anerkennung von Studiengängen außerhalb des herkömmlichen Vorbereitungsdienstes bei der Einstellung in Laufbahnen des gehobenen nichttechnischen Dienstes zu überdenken. Im Rahmen einer gewünschten Differenzierung des Fachhochschulbereichs hat sich der Wissenschaftsrat in der Vergangenheit aber bereits für die Möglichkeit der Beibehaltung zentraler Strukturmerkmale der bisherigen verwaltungsinternen Fachhochschulen, insbesondere des dualen Wechsels der Lernorte Hochschule und Behörde, ausgesprochen. Der Wissenschaftsrat erkennt hierin die Möglichkeit der Entwicklung von Studiengängen mit einem in besonderer Weise ausgeprägten Praxisbezug und sieht gleichzeitig eine Chance für die verwaltungsinternen Fachhochschulen, eine hochschulgemäße Ausbildung zu entwickeln, die auch veränderten Anforderungen einer kundenorientierten Verwaltung gerecht wird.

C. Stellungnahme zur Verwaltungsfachhochschule Altenholz

Vorbemerkung

Das Land Schleswig-Holstein hat den Wissenschaftsrat am 5. Mai 1993 um eine Evaluation der Verwaltungsfachhochschule Altenholz gebeten, die neben den Ausbildungsleistungen auch die Struktur der Verwaltungsfachhochschule zum Gegenstand haben sollte.

Bereits 1991 hatte das Innenministerium des Landes eine Arbeitsgruppe eingesetzt, die Empfehlungen zur Studien- und Strukturreform an der Verwaltungsfachhochschule Altenholz erarbeiten sollte. Ihre Vorschläge zur Studienreform wurden vom Innenministerium für die beiden Fachbereiche Allgemeine Verwaltung und Polizei weitgehend aufgegriffen und in neuen Ausbildungs- und Prüfungsordnungen 1992 umgesetzt. In einem zweiten Schritt hat die Arbeitsgruppe Eckwerte zur Strukturreform entwickelt, deren Umsetzung unter Berücksichtigung der laufenden Modellversuche in anderen Ländern gegenwärtig vorbereitet wird.

Gegenstand der Stellungnahme des Wissenschaftsrates sind sowohl die gegenwärtige Situation der Verwaltungsfachhochschule Altenholz als auch das Reformkonzept des Landes zur Studien- und Strukturreform. Die Empfehlungen (Abschnitt C. II.) greifen nur die Spezifika der Verwaltungsfachhochschule Altenholz auf. Die allgemeinen Strukturempfehlungen (Abschnitt B.), die auf der Grundlage der Evaluation der einzelnen verwaltungsinternen Fachhochschulen länderübergreifend formuliert worden sind, sind als Teil der Stellungnahme zur Verwaltungsfachhochschule Altenholz zu betrachten.

C. I. Ausgangslage

I. 1. Rechtsstellung und Organisationsstruktur

Die Verwaltungsfachhochschule Altenholz ist als nichtrechtsfähige Anstalt Teil eines gemeinsam vom Land und dem Verein zur Unterhaltung der schleswig-holsteinischen Gemeindeverwaltungsschule e. V. (Schulverein) getragenen Ausbildungszentrums für Verwaltung, das als Körperschaft des öffentlichen Rechts der Rechtsaufsicht des Innenministers unterstellt ist (vgl. Abb. 4). Ebenfalls in das Ausbildungszentrum für Verwaltung integriert ist eine Verwaltungssschule, die mit der Berufsausbildung für den öffentlichen Dienst nach dem Berufsbildungsgesetz beauftragt ist. Ein gemeinsames Gremium für Verwaltungsschule und Verwaltungsfachhochschule stellt der Verwaltungsrat des Ausbildungszentrums dar, der über die Aufgaben und die Einstellung der hauptamtlichen Lehrkräfte beschließt und das Haushaltsrecht ausübt (§ 4 Ausbildungszentrumsgesetz, AZG).

Zu den Organen des Ausbildungszentrums zählen die Ausbildungsausschüsse für die vier Fachbereiche der Verwaltungsfachhochschule (§ 3 AZG). Sie entscheiden über alle Angelegenheiten der Lehre im jeweiligen Fachbereich, nehmen die Aufgaben eines Prüfungsamtes wahr und schlagen dem Verwaltungsrat die Lehrkräfte zur Einstellung vor. Die Verwaltungsfachhochschule selbst ist in den Ausbildungsausschüssen nicht vertreten. Mit dem Verwaltungsrat und den Ausbildungsausschüssen sind damit wichtige Entscheidungsgremien für die Arbeit der Verwaltungsfachhochschule außerhalb der Hochschule selbst angesiedelt.

Der Verwaltungsrat wählt auf sechs Jahre den Leiter der Verwaltungsfachhochschule, der die Einstellungsvoraussetzungen für Hochschullehrer an Fachhochschulen erfüllen muß. Er ist für die Haushalts- und Wirtschaftsführung verantwortlich. Beraten und unterstützt wird der Leiter vom Rat der Verwaltungsfachhochschule, der in allen fachübergreifenden Angelegenheiten beschließt (§ 7 der Satzung der Verwaltungsfachhochschule). Neben dem Leiter der Verwaltungsfachhochschule, der den Vorsitz des Rates führt, gehören ihm die Fachbereichsleiter, jeweils drei gewählte Vertreter der Hochschullehrer und der Lehrbeauftragten, zwei gewählte Vertreter der Studenten und ein gewählter Vertreter der nichtwissenschaftlichen Mitarbeiter an.

Abb. 4: Organisationsstruktur der Verwaltungsfachhochschule Altenholz

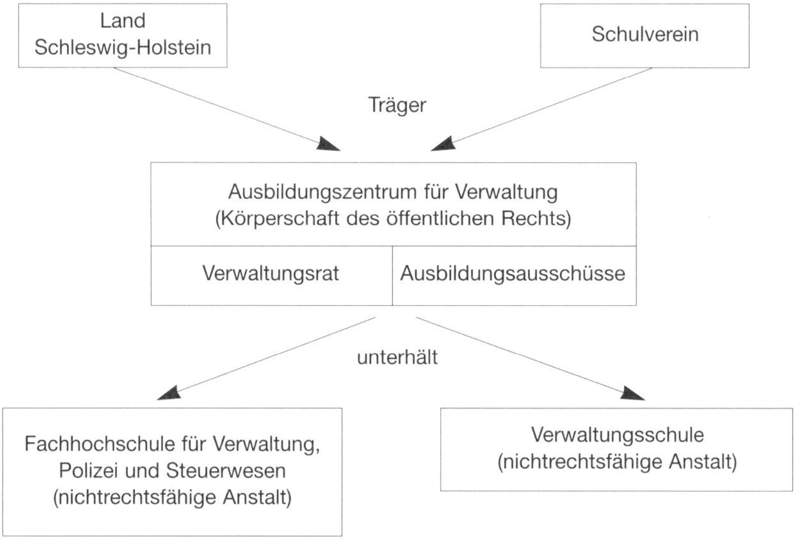

Auf Fachbereichsebene bestehen Fachbereichskonvente, die bei der Aufstellung der Lehrveranstaltungspläne und der Bestimmung der Unterrichtsgebiete der Lehrenden, bei der Weiterentwicklung der Ausbildungs- und Prüfungsvorschriften und der Lehrpläne sowie in der Gestaltung der Zusammenarbeit mit den an der praktischen Ausbildung beteiligten Dienststellen beratend mitwirken. Dem Fachbereichskonvent gehören neben dem Leiter des Fachbereichs und seinem Stellvertreter Vertreter der Hochschullehrer, der Lehrbeauftragten und der Studierenden des Fachbereichs an. Die Leiter der Fachbereiche, denen die Wahrnehmung der Interessen des Fachbereichs nach außen obliegt und die die Ausbildungsausschüsse bei der Aufstellung der Lehrpläne beraten, werden vom zuständigen Ausbildungsausschuß nach Anhörung des Fachbereichskonvents für die Dauer von drei Jahren gewählt.

I. 2. Das Studium an der Verwaltungsfachhochschule Altenholz

a) Ausbildungsgänge

An der Verwaltungsfachhochschule Altenholz werden Studiengänge für die allgemeine Verwaltung, die Polizei, die Steuerverwaltung und die Rentenversicherung angeboten, die jeweils in eigenen Fachbereichen angesiedelt sind. Gemeinsame Lehrveranstaltungen verschiedener Studiengänge und Fachbereiche sind nicht vorgesehen. Der Studiengang Allgemeine Verwaltung bildet sowohl für die Landes- als auch für die

Kommunalverwaltung aus. Im Fachbereich Allgemeine Verwaltung werden darüber hinaus auch Anwärter der nordelbisch-lutherischen Kirche ausgebildet. Es ist vorgesehen, auch mit dem Gemeinde-Unfall-Versicherungs-Verband Schleswig-Holstein eine entsprechende Vereinbarung zu schließen. Für den Fachbereich Rentenversicherung ist ein neuer Standort in Rheinfeld (zwischen den Städten Hamburg und Lübeck) vorgesehen, an dem zum 1. August 1996 eine länderübergreifende Ausbildung von sechs Landesversicherungsanstalten (Mecklenburg-Vorpommern, Hamburg, Hannover, Braunschweig, Thüringen, Schleswig-Holstein) und der Seekasse für bis zu 250 Studierende beginnen soll. Der Fachbereich Steuerverwaltung bildet gegenwärtig auch noch angehende Steuerbeamte für das Land Mecklenburg-Vorpommern aus, doch wird diese Ausbildung künftig auslaufen, da sie von der dortigen Verwaltungsfachhochschule abgedeckt werden wird.

b) Struktur der Ausbildung

In den Fachbereichen Allgemeine Verwaltung, Polizei und Rentenversicherung entfallen 24 Monate auf Studienabschnitte in der Hochschule und 12 Monate auf Aufenthalte in den Behörden. Die Ausbildung der Steuerbeamten besteht entsprechend der Regelungen der Ausbildungs- und Prüfungsordnung für die Steuerbeamten (StBAPO) zu gleichen Teilen (d. h. jeweils 18 Monate) aus Studien- und Praxiszeiten. Die zeitliche Verzahnung der Ausbildungsphasen an der Fachhochschule und in den Dienststellen unterscheidet sich zwischen den Fachbereichen (vgl. Abb. 5).

Abb. 5: Studienabschnitte und Praxisaufenthalte

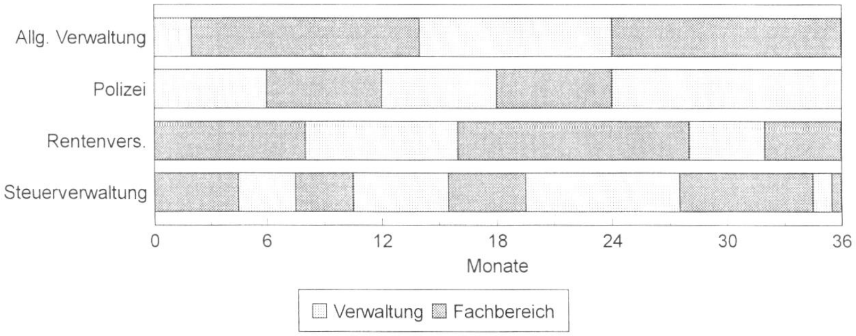

Quelle: Angaben der Fachhochschule

Die Ausbildungsabschnitte in der Fachhochschule umfassen in allen Fachbereichen ein Gesamtvolumen von ca. 2 200 Stunden; die wöchentliche Belastung beträgt durchschnittlich etwa 30 Wochenstunden. Mit dieser hohen zeitlichen Belastung einher geht eine starke Verschulung der Ausbildung, die bislang im festen Klassenverband organisiert ist. Neben dem dominierenden Frontalunterricht in „Lehrgesprächen“

spielen andere Vermittlungsformen eine untergeordnete Rolle. Im Fachbereich Allgemeine Verwaltung wurden mit der Studienreform 1992 in fünf Einzelfächern Vorlesungen eingeführt, die aber sowohl bei Dozenten als auch bei Studierenden wenig Anklang fanden.

Die Ausbildungsphasen an der Fachhochschule und in den Verwaltungen sollen inhaltlich aufeinander abgestimmt und bezogen sein. Die Koordination obliegt der Verwaltungsfachhochschule (§ 8 APOgD). Zu diesem Zweck sollen mindestens einmal jährlich Gespräche mit Vertretern der Ausbildungsbehörden stattfinden. Die Durchführung der Praktika liegt jedoch nicht in der Verantwortung der Hochschule. Hierfür sind allein die Dienstherren zuständig. In den Ausbildungsbehörden wird ein Beamter zum Ausbildungsleiter bestellt, der die Anwärter betreuen soll. Zusätzlich sollen in den ausbildenden Ministerien und bei Bedarf auch in den übrigen Behörden Ausbildungsbeauftragte ernannt werden, die als Bindeglied zwischen Anwärtern, Ausbildungsbehörden und Ausbildungsleitern koordinierend und vermittelnd tätig werden sollen.

Für die berufspraktischen Studienzeiten werden von den Ausbildungsausschüssen der Fachbereiche Rahmenpläne erstellt. Diese sind im Fachbereich Allgemeine Verwaltung jedoch sehr allgemein gehalten. Konkretisiert werden sie durch Tätigkeitskataloge für die Praxisphasen, die eine Auflistung der zu absolvierenden Ausbildungsstationen enthalten. Demgegenüber enthalten die Ausbildungspläne für die berufspraktischen Zeiten im Fachbereich Polizei detaillierte Beschreibungen der zu integrierenden Ausbildungsinhalte für einzelne Ausbildungsstellen.

c) Ausbildungsinhalte, Curricula

Die Ausbildungsinhalte werden in den Fachbereichen Allgemeine Verwaltung und Rentenversicherung in den Studienordnungen aus dem Jahr 1992 konkretisiert,[23]) die die Vorschläge einer Arbeitsgruppe des Innenministeriums zur Studienreform an der Verwaltungsfachhochschule Altenholz aufgegriffen haben. Die Ausbildung im Fachbereich Steuerverwaltung folgt der bundeseinheitlichen Ausbildungsordnung für Steuerbeamte.

Fachbereich Allgemeine Verwaltung

Die insgesamt zwölfmonatige Theoriephase des Grundstudiums ist für alle Studierende des Fachbereichs Allgemeine Verwaltung ohne Wahlmöglichkeiten einheitlich strukturiert. Im Hauptstudium ist eine Auswahl unter mehreren „Wahlpflichtgebieten“ vorgesehen, die individuelle Schwerpunktsetzungen ermöglichen soll. Den Schwerpunkt der theoretischen Ausbildung bilden auch nach der Studienreform die rechtswissen-

23) Studienordnung des Fachbereichs Allgemeine Verwaltung (StudO-AV) vom 10. September 1992; Studienordnung des Fachbereichs Rentenversicherung (StudO-RV).

schaftlichen Fächer (vgl. Abb. 6). Der Anteil betriebswirtschaftlicher Inhalte (einschließlich öffentlicher Finanzwirtschaft) beträgt je nach Wahl der Wahlpflichtgebiete ein Sechstel bis ein Fünftel der Gesamtstundenzahl.

Abb. 6: Fächerstruktur Allgemeine Verwaltung

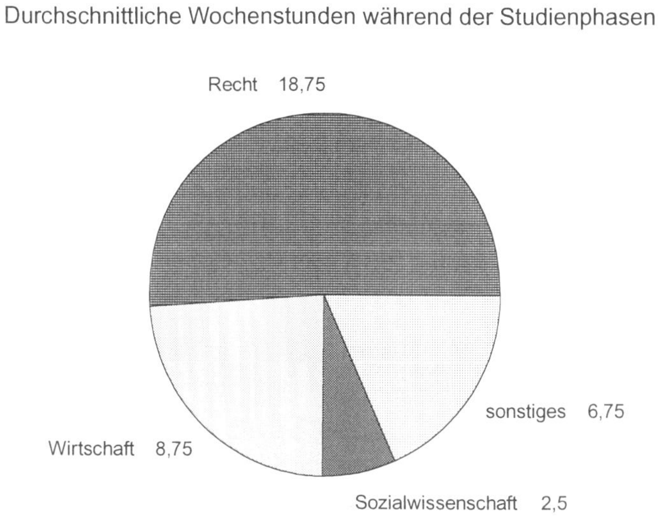

Fachbereich Polizei

Die Studieninhalte unterscheiden sich grundlegend von denen des allgemeinen Verwaltungsdienstes. Im Vordergrund stehen hier polizeispezifische Ausbildungsinhalte. Kriminologie, Kriminalwissenschaften und Einsatzwissenschaften machen insgesamt 38 % der Pflichtstundenzahl von 2 120 Stunden aus. Die Rechtsfächer haben einen Anteil von 31 % am Gesamtstundenvolumen. Spezifische Veranstaltungen zur Vermittlung methodischer und sozialer Kompetenzen (z. B. Pädagogik, Führungslehre) machen 8 % aus. Weitere 10 % entfallen auf Wirtschafts- und Sozialwissenschaften sowie Psychologie. 14 % des Stundenvolumens sind für Seminare, Studienfahrten und Projekte reserviert.

Fachbereich Rentenversicherung

Der Studienplan umfaßt insgesamt 2 215 Unterrichtsstunden in den Theoriephasen, von denen mehr als die Hälfte (51 %) auf das Sozialversicherungsrecht entfallen. Unter Einbeziehung der allgemeinrechtlichen Studieninhalte beträgt der Anteil der rechtlichen Fächer im Fachbereich Rentenversicherung 84 %. Wirtschaftliche Fächer (einschließlich Organisation) machen demgegenüber nur 8 % aus. Der Rest entfällt auf Übungen, Seminare und Exkursionen sowie Sozialpsychologie und ein Wahlfach.

d) Prüfungen, Abschluß

Die Laufbahnprüfung besteht aus einer mündlichen und schriftlichen Prüfung.[24]) Die schriftliche Abschlußprüfung sieht zwei Klausuren in den beiden Pflichtfächern und drei Klausuren in den Wahlpflichtfächern vor. Die 45minütige mündliche Abschlußprüfung erstreckt sich schwerpunktmäßig auf drei Fachgebiete. Eine Diplomarbeit ist nicht vorgesehen. Wiederholungsprüfungen sind in allen vier Fachbereichen möglich. Die Dauer und Ausgestaltung des verlängerten Vorbereitungsdienstes ist allerdings unterschiedlich geregelt.

Im Fachbereich Allgemeine Verwaltung wurde beginnend mit dem Anfängerjahrgang 1992, d.h. den Absolventen des Jahres 1995, zusätzlich eine Hausarbeit eingeführt, die dem Nachweis dienen soll, daß die Studierenden „fähig sind, ein praxisbezogenes Thema nach wissenschaftlichen Methoden zu bearbeiten und sich ein selbständiges Urteil zu bilden".[25]) Die Bearbeitungszeit beträgt drei Wochen und das Ergebnis fließt mit 10 % in die Gesamtnote ein. Das Thema soll während der Ausbildungsphase in der Behörde gefunden werden, die Bearbeitung während des Hauptstudiums erfolgen, d.h. nach einer zweijährigen Ausbildungszeit, so daß es sich nicht um eine Abschlußarbeit handelt. Mit der Hausarbeit sollen die Studierenden nachweisen, daß sie fähig sind, ein praxisbezogenes Thema nach wissenschaftlichen Methoden zu bearbeiten und sich ein selbständiges Urteil zu bilden (§ 31 APOdD).

I. 3. Die Entwicklung der Verwaltungsfachhochschule Altenholz

a) Bewerber, Studienanfänger

Angaben zur Bewerberzahl an der Verwaltungsfachhochschule Altenholz liegen nur für Bewerber beim Land vor, nicht aber für die bei kommunalen Dienstherren. Im Unterschied zu etlichen anderen Ländern ist in Schleswig-Holstein bis 1994 kein Rückgang der Bewerberzahlen zu erkennen. Im Fachbereich Allgemeine Verwaltung hat sich die Zahl der Bewerber beim Land von 1985 bis 1994 im Gegenteil um 61 % erhöht. Im Jahr 1993 entfielen auf einen Studienanfängerplatz 13,4 Bewerber. Im Fachbereich Polizei variieren die Bewerberzahlen über die Jahre stark, haben sich langfristig jedoch ebenfalls erhöht. Auf einen Studienanfängerplatz kamen 1993 3,6 Bewerbungen. Ebenfalls stark schwankend sind die Bewerberzahlen im Fachbereich Steuerverwaltung. 1993 kamen auf einen Anwärterplatz 8,6 Bewerbungen.

---

24) Vgl. Satzung über die Verleihung von Diplomgraden an Absolventinnen und Absolventen eines Studiengangs der Fachhochschule für Verwaltung, Polizei und Steuerwesen vom 7. Juni 1990.

25) Landesverordnung über die Ausbildung und Prüfung für die Laufbahnen des gehobenen allgemeinen Verwaltungsdienstes im Land Schleswig-Holstein (APOgD) vom 29. Juni 1992, § 31, Abs. 1.

Abb. 7: Studienanfänger

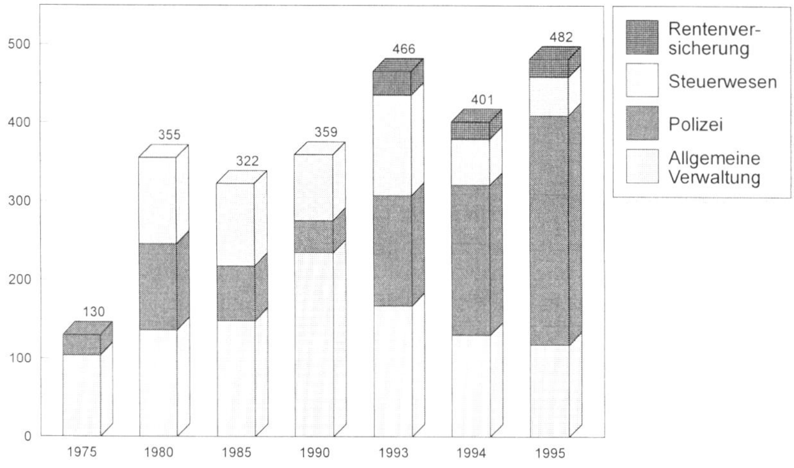

In Abhängigkeit vom Einstellungsbedarf der Dienstherren unterlag auch die Entwicklung der Zahl der Studienanfänger an der Verwaltungsfachhochschule Altenholz deutlichen Schwankungen (vgl. Abb. 7). 1995 wurden insgesamt 482 Beamtenanwärter in den Vorbereitungsdienst für den öffentlichen Dienst eingestellt, die ein Studium an der Verwaltungsfachhochschule Altenholz begonnen haben. Von diesen entfielen 24 % auf den Fachbereich Allgemeine Verwaltung, 60 % auf den Fachbereich Polizei, 10 % der Studienanfänger waren angehende Steuerbeamte und 5 % begannen ihre Ausbildung im Fachbereich Rentenversicherung.

Im Wintersemester 1993/94 waren an der Verwaltungsfachhochschule Altenholz insgesamt 1270 Studierende eingeschrieben, 42% davon im Fachbereich Allgemeine Verwaltung. Gemessen an der Studentenzahl war der Fachbereich Steuerwesen mit 31 % der zweitgrößte Fachbereich, gefolgt von der Polizei mit 18 % und der Rentenversicherung mit 10 %. Durch die eingetretenen Verschiebungen bei den Einstellungszahlen werden sich diese Proportionen jedoch nachhaltig verändern.

b) Beteiligte Dienstherren

1993 hatten insgesamt 41 Dienststellen Beamtenanwärter zum Studium an die Verwaltungsfachhochschule Altenholz entsandt.[26]) Im Fachbereich Allgemeine Verwaltung kamen mehr als zwei Drittel der Studienanfänger aus den kommunalen Verwaltungen. Im Fachbereich Steuerverwaltung stellten die Oberfinanzdirektionen Schleswig-Holstein 82 und Mecklenburg-Vorpommern 46 Studienanfänger.

26) Einschließlich Mehrfachzählungen von Dienststellen, die in mehreren Fachbereichen ausbilden.

c) Absolventen

In den Jahren seit 1985 schwankte die Absolventenzahl an der Verwaltungsfachhochschule Altenholz zum Teil beträchtlich; 1995 wurde, bedingt durch steigende Absolventenzahlen in den Fachbereichen Polizei und Steuerverwaltung, mit 411 Absolventen ein neuer Höchststand erreicht (vgl. Tabelle 1). Eine Besonderheit stellt die Ausbildung für die Polizei dar, da dort in einzelnen Jahren ausschließlich Aufsteiger aus dem mittleren Dienst ein Studium an der Verwaltungsfachhochschule begonnen und drei Jahre später abgeschlossen haben.

Tabelle 1:
Absolventen der Verwaltungsfachhochschule Altenholz

Zahl der Absolventen/innen nach Fachbereichen					
Jahr	Allgem. Verwaltung [1]	Polizei E *	Polizei A *	Steuer-verwaltung	Gesamt
1985	159	57	46	28	290
1990	205	36	39	53	333
1993	220	—	43	47	310
1994	178	—	48	122	393
1995	165	35	58	110	411

[1] Der Fachbereich Rentenversicherung ist in den Zahlen des Fachbereichs Allgemeine Verwaltung enthalten.
* E = Einsteiger * A = Aufsteiger
Quelle: Angaben des Landes

Das mittlere Alter (Median) der Absolventen des Jahrgangs 1993 lag in den Fachbereichen Steuerverwaltung und Allgemeine Verwaltung bei rund 24 Jahren, im Fachbereich Rentenversicherung bei 22 Jahren. Im Fachbereich Polizei schlossen 1995 nur Aufstiegsbeamte aus dem mittleren Dienst die Ausbildung ab, die meist älter sind als „Einsteiger“, so daß das mittlere Alter der Absolventen hier mit 31 Jahren deutlich höher lag.

Die Ausbildung an der Verwaltungsfachhochschule Altenholz ist durch hohe Erfolgsquoten gekennzeichnet. Von den insgesamt 933 Studienanfängern der Jahrgänge 1988 bis 1990 haben nur 6 (das sind 0,6 %) ihr Studium abgebrochen. Erfolgreich abgeschlossen haben 91 % der Studienanfänger dieser drei Jahrgänge; die restlichen 8 % haben die Abschlußprüfung nicht bestanden.

Genaue Daten zum langfristigen Verbleib der Absolventen, insbesondere der bei kommunalen Dienstherren beschäftigten, liegen nicht vor. Im Fachbereich Allgemeine Verwaltung findet jeweils unmittelbar nach Abschluß der Ausbildung eine Befragung der Absolventinnen und Absolventen im Landesdienst statt. Danach sind in den Jahren 1991 bis 1993 nahezu alle Absolventen in ihrer Ausbildungsdienststelle geblieben. Im Fachbereich Polizei sind alle Absolventen der letzten Jahrgänge nach

Abschluß der Ausbildung übernommen worden bzw. im Polizeidienst verblieben. Im Fachbereich Steuerverwaltung ist in den Jahren 1991 bis 1993 jeweils etwa jeder zehnte Absolvent unmittelbar nach Beendigung der Ausbildung aus der Steuerverwaltung ausgeschieden. Ein Wechsel in den Bereich der privaten Steuerberatung nach einigen Dienstjahren in der Steuerverwaltung ist dagegen häufiger.

I. 4. Personalstruktur

Der Stellenplan der Verwaltungsfachhochschule für das Haushaltsjahr 1994 weist insgesamt 58 Stellen aus, von denen neben dem Leiter der Verwaltungsfachhochschule (B 3) vier auf die Fachbereichsleiter (A 15 + Zulage), 30 auf hauptamtliche Dozenten (A 14 / A 15) und 23 auf nichtwissenschaftliches Personal entfallen. Neben den im Stellenplan ausgewiesenen Dozenten sind weitere Beschäftigte des Landes an die Verwaltungsfachhochschule abgeordnet worden, um dort als hauptamtliche Lehrkräfte kurzfristig für die Dauer von Belegungsspitzen die ordnungsgemäße Durchführung der Lehre (vorwiegend im Fachbereich Steuerverwaltung) sicherstellen zu können. Darüber hinaus sind an der Verwaltungsfachhochschule 247 Lehrbeauftragte tätig.

Im Fachbereich Allgemeine Verwaltung wurden 1993 70 % der Unterrichtsstunden durch hauptamtliche Dozenten gehalten. Demgegenüber deckten in den Fachbereichen Steuerverwaltung und Rentenversicherung Lehrbeauftragte mehr als die Hälfte des Unterrichtsvolumens ab

Tabelle 2:
Anteil der Lehre von haupt- und nebenberuflichen Dozenten (1993)

Anteil am Gesamtvolumen der Lehre	Allgemeine Verwaltung	Polizei	Steuerverwaltung
hauptberuflich	70,2 %	44,6 %	46,6 %
nebenberuflich	29,8 %	55,4 %	53,4 %
davon aus:			
— öffentlicher Dienst	81,1 %	71,5 %	73,1 %
— Wirtschaft	6,3 %	—	5,7 %
— Universität	10,0 %	28,5 %	21,2 %
— Fachhochschule	2,7 %	—	—
— Schule	—	—	—

Quelle: Angaben des Landes.

(vgl. Tabelle 2). Der weit überwiegende Teil der Lehrbeauftragten kommt aus der öffentlichen Verwaltung.

Bei weiter stark steigenden Einstellungszahlen vorwiegend im Fachbereich Polizei sieht das Land Schleswig-Holstein Probleme bei der Gewinnung qualifizierter Lehrbeauftragter.

Bezogen auf die gesamte Verwaltungsfachhochschule werden 58 % der Lehre von hauptamtlichem Personal erbracht. Aufgrund eines Beschlusses des Verwaltungsrates vom 6. September 1990 wurde der Anteil des hauptamtlichen Lehrkörpers aufgrund von Schwierigkeiten, qualifizierte Lehrbeauftragte in ausreichender Zahl zu gewinnen, von 50 % auf die Zielgröße von 66 % angehoben. Im Verwaltungsrat bestand Einvernehmen, daß dieser Beschluß aufgrund der Notsituation erforderlich ist und zu gegebener Zeit unter Berücksichtigung des Praxisbezuges des Studiums erneut zur Diskussion gestellt werden muß.

Über die Vergabe von Lehraufträgen entscheiden die Ausbildungsausschüsse. Dies bedeutet, daß die Vergabe von Lehraufträgen formell nicht in Händen der Verwaltungsfachhochschule liegt, da die Ausbildungsausschüsse nur mit Vertretern der Dienstherren besetzt sind. Über die Qualifikation der Lehrbeauftragten liegen keine genauen Angaben vor. Es kann jedoch davon ausgegangen werden, daß ein Hochschulstudium, insbesondere ein Studium an einer allgemeinen Hochschule, nicht durchgängig zur Voraussetzung für die Übernahme eines Lehrauftrages gemacht wird. Zahlreiche Lehrbeauftragte sind seit 10 und mehr Jahren an der Verwaltungsfachhochschule tätig.

I. 5. Finanzierung, Kosten

Die Verwaltungsfachhochschule ist eingebunden in das Ausbildungszentrum für Verwaltung, das gleichberechtigt von den beteiligten Kommunen und dem Land Schleswig-Holstein getragen wird. Für die Unterbringung der Verwaltungsfachhochschule ist allein das Land zuständig, d. h. Investitionskosten werden ausschließlich aus dem Landeshaushalt bestritten. Zur Deckung der Betriebskosten haben die Dienstherren Benutzungsgebühren zu zahlen, die mindestens 75 % der Betriebskosten decken sollen. Der verbleibende Betrag ist vom Land und den Kommunen anteilig zu tragen. 1993 beliefen sich die Ausgaben für die Verwaltungsfachhochschule auf 6,7 Millionen DM. Davon entfielen 4,2 Millionen DM (= 63 %) auf Ausgaben für das hauptamtliche Personal und 773 000 DM (= 11,6 %) auf die Vergütung von Lehrbeauftragten (vgl. Tabelle 3). Die Sachausgaben in Höhe von 1,3 Millionen DM machten 19,4 % der Ausgaben aus, die Investitionsausgaben schlugen mit 245 000 DM (3,7 %) zu Buche.

Tabelle 3:
Ausgaben für die Verwaltungsfachhochschule Altenholz

Jahr	Anwärter-bezüge	Personalausgaben hauptamtl.	Personalausgaben Lehraufträge	Sach-ausgaben [2]	Investi-tionen	Miete (Ersatzin-vestitionen)	*Gesamt*
1990	14 701 440	2 835 425 [1]	611 232	(332 465)	370 000	194 000	*19 787 169* [1]
1991	18 635 370	3 197 744 [1]	589 938	(441 774)	—	183 000	*23 715 058* [1]
1992	22 929 192	3 665 041 [1]	681 233	(342 944)	—	180 000	*28 583 842* [1]
1993	25 425 400	4 239 772 [1]	772 782	(358 039)	128 000	245 000	*32 108 601* [1]

[1] Ohne Pensionsrückstellungen/Beiträge an die Versorgungsausgleichskasse.
[2] Einschließlich Rechnungsergebnis Vermögenshaushalt, insbesondere Zuführung zur allgemeinen Rücklage.

Die Gesamtkosten der Ausbildung an der Verwaltungsfachhochschule lassen sich nicht exakt spezifizieren, da Informationen über die Höhe der tatsächlich gezahlten, individuell verschiedenen Anwärterbezüge nicht vorliegen. Berechnet man die Anwärterbezüge modellhaft für ledige, kinderlose Anwärter unter 26 Jahren (als Mindestbetrag), summierten sie sich 1993 auf 25,4 Millionen DM. Die Gesamtausgaben aus Anwärterbezügen und Ausgaben für die Verwaltungsfachhochschule können somit auf 32,1 Millionen DM geschätzt werden. Tatsächlich dürften die Gesamtkosten jedoch höher liegen, da die Anwärterbezüge beispielsweise für einen 33jährigen Aufstiegsbeamten der Besoldungsgruppe A 6 doppelt so hoch sind wie für einen 25jährigen Anwärter.

Auf der Basis dieser Berechnung haben sich die Gesamtausgaben für die Verwaltungsfachhochschule zwischen 1990 und 1993 um 12,3 Millionen auf 32,1 Millionen DM erhöht; das entspricht einem Anstieg um 62 %. Die Bedeutung der Anwärterbezüge für die Gesamtausgaben läßt sich auch daran erkennen, daß drei Viertel dieses Ausgabenanstiegs auf die Erhöhung der Ausgaben für Anwärterbezüge zurückzuführen sind.

I. 6. Das Reformkonzept des Landes

Der Innenminister hat 1991 eine Arbeitsgruppe eingesetzt, die Leitlinien und Einzelvorschläge zur Verbesserung der Ausbildung an der Verwaltungsfachhochschule erarbeiten sollte. Ihre Vorschläge zur Studienreform sind bereits weitgehend in die neuen Ausbildungs- und Prüfungsordnungen der Fachbereiche Allgemeine Verwaltung und Polizei eingegangen. Zur Fortführung des Reformvorhabens hat die Arbeitsgruppe Eckwerte für eine Strukturreform an der Verwaltungsfachhochschule entwickelt, die 1994 in einem Zwischenbericht vorgelegt und vom Kabinett verabschiedet wurden.

Das Land präferiert die Weiterführung der Verwaltungsfachhochschule als interne Einrichtung, schließt jedoch eine spätere Externalisierung nicht prinzipiell aus. Unabhängig von der Frage einer späteren Externalisierung soll der Verwaltungsfachhochschule schon jetzt der Status einer Körperschaft des öffentlichen Rechtes verliehen werden, deren Einbindung in das Ausbildungszentrum für Verwaltung jedoch erhalten bleiben soll, um weiterhin eine gemeinsame Trägerschaft von Land und Kommunen zu ermöglichen. Mit der veränderten Rechtsstellung soll nach Auffassung des Landes eine Angleichung der Strukturen der Verwaltungsfachhochschule an das allgemeine Hochschulwesen verbunden sein. Zu diesem Zweck sollen die an Hochschulen üblichen Selbstverwaltungsstrukturen mit entsprechenden Organen (Rektor, Senat, Fachbereichskonvente) geschaffen werden. Die Träger der Verwaltungsfachhochschule, Land und Kommunen, sollen nach den Plänen der Landesregierung künftig in einem Kuratorium vertreten sein. Zur Begleitung der Weiterentwicklung der Verwaltungsfachhochschule soll ein wissenschaftlicher Beirat eingesetzt werden, der sich aus externen Vertretern einschlägiger Fachrichtungen zusammensetzt und neben der Beratung in grundsätzlichen Strukturfragen in einer Übergangsphase auch die Funktion eines Berufungsausschusses für die hauptamtlichen Lehrkräfte wahrnehmen soll.

Voraussetzung für die Berufung hauptamtlicher Lehrkräfte sollen zukünftig die Einstellungsvoraussetzungen für Professoren an staatlichen Fachhochschulen nach § 94 Hochschulgesetz Schleswig-Holstein werden. Die Überleitung vorhandenen Personals in das Professorenamt soll nur mit einem entsprechenden Votum des Beirates möglich sein.

Eine entscheidende Veränderung plant das Land in der Verantwortlichkeit für die Lehre, die von den Ausbildungsausschüssen auf die jeweiligen Fachbereichskonvente übergehen soll. Die Ausbildungsausschüsse sollen jedoch in der gleichen Zusammensetzung wie bislang bestehen bleiben und ihre Zuständigkeit als Prüfungsämter für die staatlichen Laufbahnprüfungen behalten. In Angelegenheiten der Lehre sollen sie gegenüber den Fachbereichskonventen jedoch nur noch eine beratende Funktion haben.

Zur weiteren Studienreform entwickelte das Land ein Stufenmodell, das eine schrittweise Öffnung der Verwaltungsfachhochschule und eine Angleichung der Ausbildungsgänge an Studiengänge des allgemeinen Hochschulwesens zum Ziel hat. Ein erster Schritt hierzu soll die gemeinsame Entwicklung und Trägerschaft von Weiterbildungsangeboten mit einer allgemeinen Fachhochschule sein. Ein zweiter Schritt zur Öffnung der Verwaltungsfachhochschule soll darin bestehen, daß die Studierenden aus Altenholz die Möglichkeit erhalten, Veranstaltungen an allgemeinen Hochschulen zu besuchen, wie umgekehrt deren Studierende im Rahmen von Studienschwerpunkten und Wahlfächern an geeigneten Studienangeboten der Verwaltungsfachhochschule partizipieren sollen. Aufgrund der zu erwartenden Abstimmungsprobleme hält das Land eine Realisierung dieser Entwicklungsoption erst in zwei

Jahren für möglich. In einer dritten Phase soll die Verwaltungsfachhochschule ihre bestehenden Studiengänge durch die Angebote neuer Schwerpunkte im Hauptstudium (z.B. Controlling und Finanzmanagement) erweitern. Auch für diesen Schritt, der 1997 beginnen soll, hält das Land eine Kooperation mit allgemeinen Hochschulen für notwendig. In einer letzten Stufe der Studienreform (ab 1998) soll die Verwaltungsfachhochschule neue Studiengänge einrichten, die insbesondere nichtbeamtete externe Studierende ansprechen und ebenfalls in Zusammenarbeit mit anderen Fachhochschulen konzipiert werden und auf Berufsfelder an den Schnittstellen zwischen öffentlicher Verwaltung und Wirtschaft ausgerichtet werden sollen. Mit diesem Stufenmodell will das Land unabhängig von der Frage einer internen oder externen Organisation der Verwaltungsfachhochschule die Qualität der Ausbildung verbessern.

Die Überführung der Verwaltungsfachhochschule in den externen Bereich wird durch dieses Stufenmodell offengehalten. Vor einer Entscheidung über diese Frage will das Land die Ergebnisse verschiedener Modellversuche in anderen Bundesländern abwarten. Bei einer sofortigen Externalisierung befürchtet das Land Qualitätsverluste in der Ausbildung. Ferner wird darauf hingewiesen, daß im Landeshaushalt mit der Überführung der Verwaltungsfachhochschule in den externen Bereich keine signifikante Einsparung zu erwarten sei. Einspareffekte werden nur für die Kommunen erwartet.

C. II. Stellungnahme

Das Ziel der Ausbildung an den Verwaltungsfachhochschulen ist die praxisgerechte und wissenschaftsorientierte Ausbildung von Beamtenanwärtern für den gehobenen nichttechnischen Dienst durch ein Fachhochschulstudium. Eine Bewertung der Ausbildung muß beide Aspekte der Zielerreichung in Betracht ziehen und sowohl die gegenwärtige Struktur und Ausbildungsleistung der Verwaltungsfachhochschule Altenholz als auch das skizzierte Reformkonzept des Landes berücksichtigen. Der Wissenschaftsrat gelangt insgesamt zu dem Ergebnis, daß die derzeitige Ausbildung an der Verwaltungsfachhochschule Altenholz aus den im folgenden dargelegten Gründen nicht einer Hochschulausbildung entspricht. Er erkennt einen Reformbedarf, der über die gegenwärtig in der Diskussion befindlichen Vorschläge des Innenministeriums hinausgeht und der darauf abzielen sollte, zum einen die Struktur und die Qualität der Ausbildung für den gehobenen Dienst zu verbessern und zum anderen die Strukturen und die rechtliche Stellung der Verwaltungsfachhochschule Altenholz denen des allgemeinen Hochschulwesens in ihren Grundsätzen anzugleichen.

Dieser Reformbedarf bezieht sich im einzelnen auf die Struktur der theoretischen wie der praktischen Ausbildung sowie auf die Verzahnung der beiden Lernorte, die Ausgestaltung der Laufbahnprüfung, auf die Studieninhalte und die Form der Vermittlung der Lehrinhalte, auf die Personalstruktur sowie auf die rechtliche Stellung und Organisationsstruktur der Einrichtung. Dabei stellt sich der Reformbedarf nach Einschätzung des Wissenschaftsrates in diesen Punkten in den vier Fachbereichen durchaus unterschiedlich dar.

II. 1. Studieninhalte

Mit insgesamt 2 200 Stunden orientiert sich der Stoffumfang für die 18- bzw. 24monatigen Studienabschnitte an der Verwaltungsfachhochschule am Unterrichtsvolumen des vierjährigen Studiums an Fachhochschulen. Bei einer wöchentlichen Stundenzahl von 25 bis 30 Stunden hat dies eine erhebliche Stoffülle zur Folge, die nur wenig Raum für Vor- und Nachbereitung und Selbststudium läßt. Der Wissenschaftsrat hält eine curriculare Umstrukturierung für erforderlich, die einige breit angelegte Kerngebiete definiert, in denen alle Studierende fundierte Kenntnisse erwerben müssen, und darüber hinaus deutlich Schwerpunktsetzungen ermöglicht (vgl. B. IV.).

Sowohl die Diskussion um die kommunale Verwaltungsreform als auch die Gespräche mit Vertretern der Dienstherren haben deutliche Unterschiede hinsichtlich der Qualifikationsanforderungen und Tätigkeitsfelder im gehobenen Dienst zwischen der Landesverwaltung und dem kommunalen Sektor erkennen lassen. Dieser Unterschied zwischen Land und Kommunen wird in dem gemeinsamen Studiengang für die Kommunal- und Landesverwaltung an der Verwaltungsfachhochschule Altenholz nicht angemessen berücksichtigt. Die Gestaltung der Ausbildungspläne wird in stärkerem Maße von der Landesseite bestimmt, obwohl rund zwei Drittel der Studierenden im Fachbereich Allgemeine Verwaltung bei kommunalen Dienstherren beschäftigt sind.

An der Verwaltungsfachhochschule Altenholz werden auch nach der Reform der Ausbildungspläne mit hohem Anteil Rechtskenntnisse vermittelt. Im Fachbereich Allgemeine Verwaltung entfällt auf die Rechtsfächer die Hälfte des Gesamtstundenvolumens. Zwischenzeitlich wurde im Hauptstudium das Wahlpflichtfach „Verwaltungsmanagement" eingeführt, das anstelle eines Rechtsfaches gewählt werden kann. Der Anteil betriebswirtschaftlicher Inhalte am Studiengang beträgt je nach Wahl der Wahlpflichtgebiete allerdings nur ein Sechstel bis ein Fünftel. Um die Aufgabendifferenzierung innerhalb der Verwaltungen und die Unterschiede in den Laufbahnen des Landesdienstes und der Kommunen aufzugreifen und um individuellen Neigungen der Studierenden zu entsprechen, sollten im Hauptstudium möglichst umgehend Studienschwerpunkte eingerichtet werden, wie es auch das Reformkonzept des Landes – allerdings erst ab 1997 – vorsieht.

Ähnliches gilt für die Polizeiausbildung. Die zunehmende rechtliche Komplexität der Bedingungen polizeilicher Intervention sowie die gestiegenen

Anforderungen einer demokratischen Gesellschaft an polizeiliche Konfliktregelung[27]) erfordern auch hier mehr als die bloße Vermittlung von Fakten- und polizeilichem Einsatzwissen. Ein breiteres Hintergrundwissen sollte einer exemplarischen Vertiefung einzelner Gegenstandsbereiche ebenso wie mit der Vermittlung methodischer Kompetenzen verknüpft werden. In der Kriminalpolizeiausbildung ist darüber hinaus die zunehmende Komplexität der Kriminalitätsentwicklung mit einer wachsenden Bedeutung der Wirtschaftskriminalität und ihrer Bekämpfung in der Ausbildung angemessen zu berücksichtigen.

Bezüglich des Fachbereichs Rentenversicherung zeigt sich, daß die Ausbildung den Anforderungen der Berufspraxis bislang weitgehend entspricht. Defizite wurden allenfalls im Bereich der EDV-Ausbildung erkennbar, die sich jedoch durch eine entsprechende Akzentsetzung in den Praxiszeiten oder in praxisbegleitenden Lehrveranstaltungen beheben ließen. Als problematisch erscheint die Enge des mit der Ausbildung verbundenen Berufsfeldes, da die Absolventen in Schleswig-Holstein nur bei der dortigen Landesversicherungsanstalt tätig werden können. Die Fachausbildung beschränkt sich allein auf Rechtsfragen der gesetzlichen Rentenversicherung.

Auch die Steuerausbildung scheint den Anforderungen der gegenwärtigen Berufspraxis im großen und ganzen zu entsprechen. Sie wird auch von Absolventen, die nach ihrer Ausbildung in die private Wirtschaft (z. B. zu Steuerberatungsfirmen) gewechselt sind, positiv bewertet. Beide Fachbereiche bieten eine eng spezialisierte Ausbildung an, die den üblichen Anforderungen eines Fachhochschulstudiums an eine breit angelegte, methodenorientierte Grundlagenausbildung mit einer Berufsfeldorientierung und entsprechenden Wahlmöglichkeiten im Hauptstudium nicht entspricht.

II. 2. Studienorganisation

a) Theoretische Ausbildung

Trotz der mit dem hohen Grad an Verschulung verbundenen Vorteile wie der Einhaltung der Planstudienzeiten und geringer Abbrecherquoten kann die Ausbildung dem Ziel einer Hochschulausbildung, das eigenständige Erarbeiten der Ausbildungsinhalte auf wissenschaftlicher Grundlage zu ermöglichen,[28]) nicht gerecht werden.

An der Verwaltungsfachhochschule Altenholz überwiegt nach wie vor das stark schulisch geprägte Lehrgespräch. Mit der Studienreform 1992

27) Vgl. Weschke, E.: Polizeiausbildung – Wie könnte sie sein und wie sollte sie sein? In: Fachhochschulausbildung zwischen Praxis von gestern und Anforderungen von morgen; herausgegeben von der Fachhochschule für Verwaltung und Rechtspflege Berlin 1990, S. 43 ff.
28) Vgl. § 8 Abs. 1 HRG.

wurden in der Ausbildung für den allgemeinen Verwaltungsdienst zwar erstmals Vorlesungen mit begleitenden Übungen als neue Form der Stoffvermittlung eingeführt, die jedoch von Lehrenden und Studierenden nur sehr eingeschränkt angenommen wird. Für Seminare und Projektstudien sieht die Ausbildungs- und Prüfungsordnung des Fachbereichs Allgemeine Verwaltung insgesamt lediglich zwei Wochenstunden vor. Eine hochschulgemäße Ausbildung sollte demgegenüber eine Mischung verschiedener Lehr- und Lernformen umfassen, die eine aktive Teilnahme der Studierenden und ein eigenständiges Erarbeiten der Studieninhalte fördern. Hierzu gehören neben Vorlesungen begleitende Übungen, Seminare und Projektstudien.

b) Praxisausbildung

Ein Kennzeichen der Verwaltungsfachhochschulen ist die duale Ausbildung im Wechsel der Lernorte Hochschule und Verwaltung. Die Verantwortung für die Praxiszeiten liegt allein bei den ausbildenden Dienststellen. Die Ausbildungsordnungen enthalten zwar einige Vorgaben für die Ausgestaltung der Praxisausbildung, sind aber ohne Mitwirkung der Hochschule in alleiniger Verantwortung der Ausbildungsausschüsse entstanden. Umgekehrt fehlt auch den Ausbildern in den jeweiligen Dienststellen der notwendige Einblick in die Struktur der Gesamtausbildung und in die Einbettung der in ihrem Kompetenzbereich zu vermittelnden Praxisinhalte in ein abgestuftes Curriculum.

Eine systematische Betreuung der Praxiszeiten durch Dozenten der Verwaltungsfachhochschule, die auch die Abfassung und die Besprechung von Praktikumsberichten umfassen sollte, findet nicht statt. Die Einflußmöglichkeiten der Verwaltungsfachhochschule beschränken sich auf einmal jährlich stattfindende Gespräche mit den Ausbildungsbeauftragten der Dienststellen. Der Wissenschaftsrat hält es für erforderlich, Durchführung und Ausgestaltung der Praxiszeiten stärker in den Gesamtausbildungsgang zu integrieren, eine systematische Betreuung und die Verantwortung der Hochschule auch für diesen Teil der Ausbildung zu gewährleisten.

c) Verzahnung von Theorie und Praxis

Ein entscheidendes Kriterium einer dualen, kooperativen Ausbildung an Bildungseinrichtungen des Tertiären Bereichs ist eine enge zeitliche und inhaltliche Verzahnung von theoretischen Fachstudien und Praxisaufenthalten. In beider Hinsicht erscheint die Ausbildung an der Verwaltungsfachhochschule Altenholz als nachhaltig verbesserungsbedürftig.

Das Anfangspraktikum, das dem Kennenlernen der Behörde dienen soll und in der allgemeinen Verwaltung zwei Monate dauert, erscheint im Zeitrahmen einer insgesamt dreijährigen Ausbildung (auch nach Einschätzung der Studierenden/Absolventen) als zu lang. Der Wissenschaftsrat hat Bedenken, ob eine einmalige, fast einjährige Praxisphase wie in der allgemeinen Verwaltung während der folgenden Ausbildung eine kontinuierliche Verknüpfung von Theorie und Praxis optimal gewährleisten kann. Einerseits entsteht durch die lange Dauer des Praktikums eine lange Lücke zwischen den Ausbildungsabschnitten an der Fachhochschule, die einen Bezug zwischen Praxis- und Theorieausbildung erschwert und den Zusammenhang des Studiums und die Bindung der Studierenden an die Hochschule gefährdet. Andererseits gewährleistet die nur einmalige Anwesenheit in der Ausbildungsdienststelle, die sich zudem noch auf mehrere kürzere Ausbildungsstationen verteilt, keine dauerhafte Integration der Anwärter in die Verwaltung. Beide Ziele könnten durch einen häufigeren Wechsel zwischen Theorie und Praxis besser erreicht werden, wobei die einzelnen Abschnitte nicht länger als sechs Monate dauern sollten.

Ein solches System würde auch die Herstellung inhaltlicher Bezüge zwischen dem an der Fachhochschule Gelernten und der entsprechenden Praxis vereinfachen. Gegenwärtig erscheint die Theorie- und Praxisausbildung auch inhaltlich nur unzureichend verzahnt. Deutlichere Bezüge der theoretischen Schulung zu den Inhalten der Praxisausbildung sind nur im Fachbereich Polizei gegeben, in dem, ebenso wie im Fachbereich Rentenversicherung, die Kommunikation zwischen Hochschule und Praxis ohnehin einfacher ist, da nur ein Dienstherr existiert. Bei einem mehrmaligen Wechsel der Lernorte sollten von der Hochschule und der Praxis gemeinsam aufgestellte Rahmenausbildungspläne für die Praxiszeiten helfen, die Inhalte der Ausbildungsphasen an der Fachhochschule und in den Behörden besser zu verknüpfen und auch die praxisbegleitenden Lehrveranstaltungen besser auf das Praktikum abzustimmen.

d) Prüfungen

In die Endnote der Laufbahnprüfung gehen auch die Ergebnisse studienbegleitender Leistungsnachweise ein, die bislang allerdings fast ausschließlich in Form von Klausuren erbracht werden konnten. Größere Wahlmöglichkeiten wurden erst mit der Studienreform und bislang nur im Fachbereich Allgemeine Verwaltung geschaffen. Hochschultypische Formen von Leistungsnachweisen wie Referate, Hausarbeiten, Fallösungen und Projektstudien fehlen demgegenüber. Bei der im Fachbereich Allgemeine Verwaltung neu eingeführten Hausarbeit handelt es sich sowohl in ihrem Anspruch als auch hinsichtlich des zeitlichen Umfangs, aber auch der Terminierung im Studienverlauf nicht um eine Abschlußarbeit, die den Diplomarbeiten an einer allgemeinen Fachhochschule entspräche. Um eine Gleichwertigkeit der von der Verwaltungsfachhochschule verliehenen Abschlüsse zum Diplom allgemeiner Fachhochschulen zu gewährleisten, sollte zum einen die Hausarbeit im Fachbereich Allgemeine Verwaltung zu einer hochschulgemäßen Diplomarbeit weiterentwickelt werden. Zum anderen wären trotz der unterschiedlichen Ausbildungsprofile und Berufsfelder Diplomarbeiten auch in den übrigen Fachbereichen vorzusehen.

II. 3. Rechtsstellung und Struktur

Die gegenwärtige Rechtsstellung der Verwaltungsfachhochschule Altenholz als nichtrechtsfähige Anstalt unter der Fachaufsicht des Innenministers entspricht nicht hochschulüblichen Strukturen und behindert eine stärkere Verantwortung der Verwaltungsfachhochschule für die Gestaltung der Ausbildung. Der Wissenschaftsrat begrüßt daher die vom Land geplante Umgestaltung der Verwaltungsfachhochschule in eine rechtsfähige Einrichtung des öffentlichen Rechts. Die bislang umgesetzten Maßnahmen zur Strukturreform an der Verwaltungsfachhochschule Altenholz gewährleisten allerdings noch keine hochschulgemäße Mitgestaltungsmöglichkeit der Lehrenden. Auch nach der Einführung einer Beratungskompetenz in Fragen der Lehre für die Fachbereichskonvente liegt die Verantwortlichkeit bei den ausschließlich mit den Vertretern der Dienstherren besetzten Ausbildungsausschüssen, die zudem als Gremium des Ausbildungszentrums formal außerhalb der Hochschule angesiedelt sind. Die Fachbereichskonvente sollten in Fragen der Lehre maßgebend werden, um eine hochschulgemäße Mitwirkung und Verantwortung der Lehrenden für die Gestaltung der Ausbildung zu gewährleisten.

Die vom Land Schleswig-Holstein vorgesehene Angleichung der Struktur der Verwaltungsfachhochschule Altenholz an das allgemeine Hochschulwesen mittels Einführung einer Rektorialverfassung, eines Senats, von Dekanen und Fachbereichskonventen mit entsprechenden Kompetenzen erfüllt die hochschulrechtlichen Vorgaben an die Struktur von Hochschuleinrichtungen. Der Wissenschaftsrat hält die in diesem Zusammenhang vom Land geplante Einführung eines Beirates an der Verwaltungsfachhochschule für ein wichtiges Instrument für die Umsetzung der Studienreform. Den in der Hochschule derzeit noch bestehenden Vorbehalten gegenüber der Einsetzung eines solchen Gremiums sollte durch eine angemessene Beteiligung der Hochschule bei der Einsetzung des Beirats Rechnung getragen werden.

II. 4. Personalstruktur

a) Lehrbeauftragte

Ein Charakteristikum der Ausbildung an der Verwaltungsfachhochschule ist der hohe Anteil von Lehrbeauftragten, die dort in allen Fachbereichen zur Sicherung des Praxisbezugs eingesetzt werden. Ihr Anteil am gesamten Volumen schwankt zwischen 30 % im Fachbereich Rentenversicherung und 53 % im Fachbereich Steuerwesen. Wie in den allgemeinen Empfehlungen zur Weiterentwicklung der verwaltungsinternen Fachhochschulen ausgeführt (vgl. B. IV.), sollte der Anteil der von hauptamtlichen Dozenten erbrachten Lehre auch an der Verwaltungsfachhochschule Altenholz in allen Fachbereichen mindestens 60 % betragen.

Der Wissenschaftsrat empfiehlt, bei der Gewinnung von Lehrbeauftragten in stärkerem Maße auf die (ggf. auch vertraglich abgesicherte) Kooperation mit Fachhochschulen zurückzugreifen. Lehraufträge an Wissenschaftler ohne Praxiserfahrung sollten demgegenüber die Ausnahme bleiben und auf Grundlagenfächer (z. B. Verfassungsrecht) beschränkt bleiben. Zur Stärkung betriebswirtschaftlicher Kompetenzen und Lehrangebote sollte statt dessen vermehrt auf Lehrbeauftragte aus der Wirtschaft und insbesondere aus dem Bereich der öffentlichen Unternehmen zurückgegriffen werden.

b) Hauptamtliches Personal

Das ursprünglich in Altenholz angestrebte Rotationsmodell, Beamte aus den Verwaltungen für einen befristeten Zeitraum zur Lehre an der Verwaltungsfachhochschule abzustellen, ließ sich im Fachbereich Allgemeine Verwaltung in der Praxis nicht durchhalten. Die Gründe hierfür liegen zum einen in der mangelnden Attraktivität der Position des Dozenten an der Verwaltungsfachhochschule und zum anderen darin, daß eine mehrjährige Unterbrechung der Tätigkeit in der Verwaltung zugunsten einer Lehrtätigkeit in Altenholz der weiteren beruflichen Karriere nach der Rückkehr in die Verwaltung in der Regel eher schadet, da die Lehre bei Beförderungen nicht als Qualifikationsvorteil berücksichtigt wird. Darüber hinaus wird ein Wechsel dadurch erschwert, daß diejenigen Verwaltungsbeamten, die aufgrund ihrer Qualifikation für die Lehre an der Verwaltungsfachhochschule Altenholz am besten geeignet wären, insbesondere, wenn sie in Leitungsfunktionen tätig sind, in den Verwaltungen nur schwer zu ersetzen sind. Daher wurden Dauerstellen im Rahmen der A-Besoldung zum Regelfall.

Der Wissenschaftsrat sieht in der gegenwärtigen Personalstruktur ein Haupthindernis für die erforderliche Studien- und Strukturreform an der Verwaltungsfachhochschule Altenholz. Ein großer Teil der jetzigen Dozenten erfüllt nicht die Einstellungsvoraussetzungen für Fachhochschulprofessoren nach dem HRG und dem schleswig-holsteinischen Hochschulgesetz. Nur wenige der Dozenten verfügen über den üblichen Nachweis der wissenschaftlichen Qualifikation, die Promotion. Auch wurde ein Hochschulstudium nicht durchgängig zur Voraussetzung einer Lehrtätigkeit an der Verwaltungsfachhochschule gemacht. Eine hochschulgemäße Personalstruktur ist jedoch eine unverzichtbare Voraussetzung für eine hochschulgemäße Ausbildung. Der Wissenschaftsrat begrüßt daher die Pläne des Landes, die Einstellungsvoraussetzungen nach dem Hochschulrecht zur Grundlage auch für Einstellungen an der Verwaltungsfachhochschule zu machen. In diesem Zusammenhang erscheint der Übergang zum System der C-Besoldung angeraten, um qualifizierte Bewerber gewinnen zu können.

Allerdings bestehen Zweifel, ob der Übergang zur C-Besoldung angesichts der gegenwärtigen Struktur der Verwaltungsfachhochschule allein ausreicht, qualifizierte Professoren zu gewinnen, die die Berufungsvoraussetzungen erfüllen. Es sollte ein System von Anreizen geschaffen werden, die eine Tätigkeit an der Verwaltungsfachhochschule für qualifizierte Fachhochschulprofessoren attraktiv machen. Hierzu gehören neben der Weiterführung der Studienreform und einer Veränderung der Rechtsstellung und Struktur der Verwaltungsfachhochschule mit verbesserten Mitwirkungsrechten der hauptamtlich Lehrenden wesentlich auch die Förderung von Forschungs-, Beratungs- und Weiterbildungsaufgaben innerhalb des Aufgabenspektrums der Verwaltungsfachhochschule.

Der Umstand, daß im Bereich des hauptamtlichen Personals an der Verwaltungsfachhochschule Altenholz in den nächsten Jahren voraussichtlich jeweils nur etwa zwei bis drei Stellen frei werden, macht deutlich, daß eine Reform der Personalstruktur nur allmählich erfolgen kann. Für eine rasch greifende Reform ist deshalb eine Weiterqualifizierung des vorhandenen Personals dringend erforderlich. Gleichzeitig sollten in verstärktem Maße Zeit- und Teilzeitprofessuren geschaffen werden. Dies könnte auch dazu beitragen, qualifizierte berufserfahrene Praktiker für die Lehre an der Verwaltungsfachhochschule zu gewinnen, die ihre Tätigkeit in der Praxis nicht völlig oder dauerhaft zugunsten der Lehrtätigkeit aufgeben wollen. Dies erscheint auch unter dem Aspekt einer stärkeren Vernetzung von Verwaltungsfachhochschule und Praxis wichtig, um einen Bezug zu jeweils aktuellen Entwicklungen in der Praxis zu sichern. Damit verbunden sein sollten begleitende Maßnahmen, die eine Rückkehr von Lehrenden in die Verwaltung erleichtern, ohne daß durch die Unterbrechung der Verwaltungstätigkeit, wie es gegenwärtig durchaus der Fall ist, Nachteile für die weitere berufliche Karriere in der Verwaltung verbunden sind.

II. 5. Zusammenfassende Bewertung

Unabhängig von der Frage eines zukünftigen internen oder externen Status der Fachhochschule gelangt der Wissenschaftsrat zusammenfassend zu der Ansicht, daß die Struktur des Lehrkörpers sowie Inhalte und Organisation der Ausbildung an der Verwaltungsfachhochschule Altenholz ebenso wie deren Struktur gegenwärtig nicht den Anforderungen an eine Hochschulausbildung entsprechen. Die Ausbildung orientiert sich inhaltlich wie methodisch übermäßig stark an der Vermittlung von Faktenwissen und Detailkenntnissen aus verschiedenen Rechtsgebieten und vernachlässigt die Vermittlung breiterer Fähigkeiten, Fertigkeiten und Schlüsselqualifikationen wie z. B. sozialer und kommunikativer Kompetenzen. Aufgrund einer mangelhaften Verzahnung von Theorie- und Praxisphasen wird auch der Praxisbezug, der ein charakteristisches Merkmal der Ausbildung an Verwaltungsfachhochschulen darstellt, nur unzureichend eingelöst. Die Verantwortung für die Praxisphasen selbst liegt nicht bei der Hochschule, so daß sie nicht als integraler Bestandteil eines dualen Studiengangs angesehen werden können. Darüber hinaus stehen Organisation und Verfaßtheit der Hochschule als nichtrechtsfähige Anstalt der Entwicklung einer hochschulgemäßeren Gestaltung der

Ausbildung im Wege. Als besonders problematisch erweist sich die gegenwärtige Personalstruktur an der Verwaltungsfachhochschule Altenholz.

Ziel einer Studien- und Strukturreform an der Verwaltungsfachhochschule Altenholz muß es nach Ansicht des Wissenschaftsrates sein, inhaltlich und strukturell die Voraussetzungen für eine Ausbildung zu schaffen, die sowohl den Anforderungen an ein Fachhochschulstudium (vgl. B. II.) als auch den künftigen Anforderungen einer modernen Verwaltung gerecht wird. Dies kann aber nur durch eine konsequente Weiterentwicklung zu einer Hochschule gelingen. Das Reformkonzept des Landes weist dazu in vielen Punkten bereits den richtigen Weg, bleibt aber in manchen Aspekten noch zu zögerlich, insbesondere was den geplanten zeitlichen Ablauf der Reform angeht. Im Spannungsfeld einer hochschulgemäßen und zugleich praxisgerechten Ausbildung stellt sich der Reformbedarf in den einzelnen Fachbereichen der Verwaltungsfachhochschule durchaus unterschiedlich dar.

In den Fachbereichen Polizei, Steuern und Rentenversicherung scheint die derzeitige Ausbildung den gegenwärtigen Anforderungen der Praxis in höherem Maße zu entsprechen als in der Allgemeinen Verwaltung. Der Bedarf an einer weniger schulisch organisierten, stärker hochschultypischen Ausbildung ist aus Sicht der Dienstherren in diesen Bereichen nicht sehr groß. Demgegenüber stellen sich die Erwartungen der Dienstherren an die Qualifikation der Bewerber in der Allgemeinen Verwaltung heterogener dar. Insbesondere seitens der kommunalen Dienstherren wurde Kritik an der jetzigen Ausbildung geäußert.

Der Wissenschaftsrat bezweifelt, daß die notwendige Studienreform mit der gegenwärtigen Personalstruktur an der Verwaltungsfachhochschule Altenholz gelingen kann. Eine Studienreform steht nach Ansicht des Wissenschaftsrates vor dem Dilemma, daß sie einerseits eine Reform der gegenwärtigen Personalstruktur, die qualifizierte Fachhochschulprofessoren für die Lehre an der Verwaltungsfachhochschule zu gewinnen vermag, voraussetzt, daß andererseits bei gegebener Rechtsstellung und Organisationsstruktur der Verwaltungsfachhochschule und der derzeitigen Ausgestaltung der Ausbildung wenig Anreize für solche Lehrenden bestehen, an der Verwaltungsfachhochschule tätig zu werden. Zur Lösung dieses Dilemmas hält der Wissenschaftsrat neben der avisierten Rechtsreform einen grundlegenden Wandel im Verständnis von Aufgaben und Stellung der Verwaltungsfachhochschule seitens der Träger für erforderlich.

II. 6. Empfehlungen zur weiteren Entwicklung der Verwaltungsfachhochschule Altenholz

Grundlage einer Reform sollte die Umstellung der Verwaltungsfachhochschule Altenholz in eine rechtsfähige Einrichtung sein, wie sie vom Land auch beabsichtigt ist. Die Verlagerung der Gesamtverantwortung für Ausbildung und Lehre an die Hochschule ist Voraussetzung für das Gelingen einer weiteren Studienreform und insbesondere für eine verbesserte Abstimmung zwischen Theorie und Praxis.

Auch wenn die primäre Funktion der Verwaltungsfachhochschulen die der Nachwuchsrekrutierung für den gehobenen Dienst darstellt, darf sich ihr eigenes Aufgabenverständnis und das des Landes und der Kommunen langfristig nicht auf diese Ausbildungsfunktion reduzieren. Vielmehr sollte die Verwaltungsfachhochschule, zumal, wenn sie in das Ausbildungszentrum für Verwaltung integriert bleiben soll, Aufgaben eines Innovationszentrums für die Verwaltung übernehmen, das neben der zukunftsorientierten Ausbildung von Personal noch andere Leistungen für den öffentlichen Sektor erbringt. Da die Reform der öffentlichen Verwaltungen weitgehend mit dem bestehenden Personal durchgeführt werden muß, sollten zunächst die vorhandenen Aktivitäten zur Fort- und Weiterbildung von Verwaltungsmitarbeitern ausgebaut werden. Die Verwaltungsfachhochschule könnte hier insbesondere nach erfolgter Studien- und Strukturreform wichtige Beiträge leisten. Zur Unterstützung von Veränderungsprozessen, aber auch als wesentlicher Anreiz zur Gewinnung qualifizierter Professoren, sollte die Verwaltungsfachhochschule Altenholz darüber hinaus angewandte Forschungsaufgaben und Beratungstätigkeiten für das Land, die kommunalen Gebietskörperschaften und die anderen beteiligten Dienstherren übernehmen. In diesem Zusammenhang ist auch eine Beteiligung der Verwaltungsfachhochschule an der im Land in Gang befindlichen Verwaltungsreform wünschenswert. Durch diese Ausweitung der Aufgaben der Verwaltungsfachhochschule kann eine Profilbildung der Einrichtung angestoßen werden, die einerseits die Attraktivität einer hauptamtlichen Tätigkeit an der Hochschule steigert und zum anderen auch die dort angebotene grundständige Ausbildung zu verbessern verspricht.

Zweifel an der internen Reformfähigkeit der Verwaltungsfachhochschule lassen zunächst die Entwicklung intensiver Kooperationsbeziehungen mit externen Fachhochschulen dringend erforderlich erscheinen, um der Verwaltungsfachhochschule das notwendige Know-how insbesondere im Bereich betriebswirtschaftlicher Studienelemente und für die Vermittlung von Schlüsselqualifikationen und Managementkompetenzen zu erschließen. Die Kooperation mit allgemeinen Fachhochschulen erscheint darüber hinaus auch sinnvoll im Rahmen einer Öffnung der verwaltungsinternen Fachhochschule für externe Studierende und der Einführung neuer Studienschwerpunkte und Studiengänge, wie sie auch das Reformkonzept des Landes vorsieht. Der Wissenschaftsrat hält eine gegenseitige Öffnung von Verwaltungs- und allgemeinen Fachhochschulen für unverzichtbar. Darüber hinaus sollten auch Kooperationsbeziehungen zu anderen Fachhochschulen des Landes aufgebaut werden. Dies gilt um so mehr, als im allgemeinen Fachhochschulbereich in nächster Zeit in zunehmendem Maße die Entwicklung von Konkurrenzangeboten zu den Ausbildungsgängen der verwaltungsinternen Fachhochschulen zu erwarten ist. An der Verwaltungsfachhochschule Altenholz müssen die Voraussetzungen geschaffen werden, in einem solchen Wettbewerb bestehen zu können, will sie nicht zur Restausbildungsstätte für spezialisierte Teile des öffentlichen Dienstes wie Polizei oder Steuerverwaltung werden.

Das Land Schleswig-Holstein schließt in seinen Strukturüberlegungen eine Externalisierung der Verwaltungsfachhochschule Altenholz langfristig nicht grundsätzlich aus, präferiert jedoch auch nach Abschluß der Studienreform eine Weiterführung als verwaltungsinterne Einrichtung. Demgegenüber vermag der Wissenschaftsrat auch in Anbetracht der unterschiedlichen Ausbildungserfordernisse und -gegebenheiten in den einzelnen Fachbereichen bzw. Tätigkeitsfeldern keine prinzipiellen Gründe für eine verwaltungsinterne Ausbildung für ein Teilsegment des öffentlichen Dienstes zu erkennen.

Die spezifische Situation an der Verwaltungsfachhochschule Altenholz spricht allerdings gegen eine sofortige Externalisierung. Zuvor muß die Qualität der Ausbildung einem Fachhochschulstudium entsprechen. Dies wird an der Verwaltungsfachhochschule Altenholz insbesondere mit Blick auf die derzeitige Personalstruktur nur mittelfristig möglich sein. Nach der avisierten Reform der Rechtsstellung und Organisationsstruktur der Verwaltungsfachhochschule Altenholz sollten miteinander verschränkt die Reform der Personalstruktur und die Verbesserung der Ausbildung vorangetrieben werden, um den Anforderungen an ein Fachhochschulstudium gerecht zu werden. Dabei sollte der zeitliche Horizont der Reformen den unterschiedlichen Ausgangsbedingungen in den Fachbereichen Rechnung tragen. Eine Ausgliederung und Externalisierung einzelner Teilbereiche der Ausbildung für den gehobenen Dienst hält der Wissenschaftsrat nicht für sinnvoll.

D. Stellungnahme zur Fachhochschule für öffentliche Verwaltung Nordrhein-Westfalen

Vorbemerkung

Das Land Nordrhein-Westfalen hat mit Schreiben vom 12. Oktober 1993 seine Bereitschaft erklärt, die Fachhochschule für öffentliche Verwaltung Nordrhein-Westfalen in die Evaluierung von Verwaltungsfachhochschulen durch den Wissenschaftsrat einbeziehen zu lassen.

In Nordrhein-Westfalen existieren mit der Fachhochschule für öffentliche Verwaltung, der Fachhochschule für Finanzen und der Fachhochschule für Rechtspflege drei eigenständige Einrichtungen, die jeweils für bestimmte Teilbereiche der öffentlichen Verwaltung ausbilden und der Aufsicht unterschiedlicher Ministerien unterliegen. Auf einer gemeinsamen gesetzlichen Grundlage liegt die Rechtsaufsicht für die Fachhochschule für öffentliche Verwaltung beim Innenministerium, für die Fachhochschule für Finanzen beim Finanzministerium und für die Fachhochschule für Rechtspflege beim Justizministerium. Der Studiengang für den gehobenen Dienst für wissenschaftliche Bibliotheken wurde als verwaltungsinterner Studiengang in die (externe) Fachhochschule Köln eingegliedert. Die vorliegende Stellungnahme des Wissenschaftsrates beschränkt sich auf die Fachhochschule für öffentliche Verwaltung, die eigenständige Studiengänge für die Staatliche Verwaltung, die Kommunalverwaltung, den Polizeivollzugsdienst sowie die Verwaltung der Sozialversicherungsträger und der Kriegsopferversorgung anbietet. Innerhalb des Fachbereichs Staatliche Verwaltung wird zudem eine spezialisierte Ausbildung für die Bereiche Berg-, Agrar- und Kirchenverwaltung durchgeführt.

Die Empfehlungen (Abschnitt D. II.) greifen nur die Spezifika der Fachhochschule für öffentliche Verwaltung Nordrhein-Westfalen auf. Die allgemeinen Strukturempfehlungen (Abschnitt B.), die auf der Grundlage der Evaluation der einzelnen verwaltungsinternen Fachhochschulen übergreifend formuliert worden sind, sind als Teil dieser Empfehlungen zu betrachten.

D. I. Ausgangslage

I. 1. Standorte und Studiengänge

Die Fachhochschule für öffentliche Verwaltung mit Zentrale in Gelsenkirchen unterhält Abteilungen in Bielefeld, Dortmund, Düsseldorf, Duisburg, Gelsenkirchen, Hagen, Köln, Münster, Soest und Wuppertal, die alle eine Ausbildung für die Kommunalverwaltung anbieten. Die anderen Fachbereiche sind in unterschiedlicher Zahl vertreten (vgl. Übersicht 2). Die Fachbereiche sind quer zur Abteilungsstruktur standortübergreifend organisiert. 1993 wurde an zunächst zwei Standorten ein Modellstudiengang „Verwaltungsbetriebswirtschaftslehre“ eingerichtet, der bis 1995 auf drei weitere Abteilungen ausgedehnt worden ist.

Übersicht 2: Standorte der Fachhochschule für öffentliche Verwaltung Nordrhein-Westfalen

Abteilung	Kommunal-verwaltung	Studiengang Verwaltungs-BWL	Staatliche Verwaltung	Polizei	Sozialver-sicherungs-träger	Anteil an Studierenden (1994/95)
Bielefeld	X		X	X		8,7 %
Dortmund	X	X		X		11,1 %
Düsseldorf	X	X	X	X	X	17,3 %
Duisburg	X			X		10,2 %
Gelsenkirchen	X			X		6,5 %
Hagen	X			X		3,8 %
Köln	X	X	X	X		23,3 %
Münster	X		X	X	X	7,5 %
Soest	X	X	X			4,0 %
Wuppertal	X	X		X		7,5 %

Quelle: Innenministerium Nordrhein-Westfalen

Die gemessen an der Studentenzahl größten Abteilungen sind Köln, an der fast ein Viertel aller Studierenden eingeschrieben ist (23,3 %), und Düsseldorf (17,3 %), die kleinsten sind Hagen (3,8 %) und Soest (4,0 %). Gegenwärtig sind an der Ausbildung der nordrhein-westfälischen Fachhochschule für öffentliche Verwaltung 350 Ausbildungsdienststellen im Bereich der Kommunalverwaltung, acht in der staatlichen Verwaltung und drei im Fachbereich Sozialversicherung beteiligt.

I. 2. Rechtsstellung und Struktur

Die Fachhochschule für öffentliche Verwaltung ist ebenso wie die beiden anderen verwaltungsinternen Fachhochschulen Nordrhein-Westfalens eine nichtrechtsfähige Einrichtung des Landes, die über ein eigenes Satzungsrecht verfügt. Organe der Fachhochschule für Verwaltung sind der Leiter, der Senat und die Fachbereichsräte (§ 8 Fachhochschulgesetz öffentlicher Dienst – FHGöD – vom 29. Mai 1984). Der Leiter der Fachhochschule für öffentliche Verwaltung wird vom Innenminister auf Vorschlag des Senats bestellt. Er vertritt die Fachhochschule und führt die Beschlüsse des Senats aus, dessen Sitzungen er leitet. Dem Senat gehören sowohl Angehörige der Fachhochschule als auch Vertreter der Dienstherren an. Er beschließt in allen grundsätzlichen Angelegenheiten der Verwaltungsfachhochschule, erläßt die Grundordnung und die Satzung und unterbreitet dem Innenministerium Vorschläge für die Berufung von

Professoren und Dozenten sowie bei der Bestellung des Leiters und der Abteilungsleiter. Der Senat hat das Recht zur Stellungnahme zu Entwürfen von Ausbildungs- und Prüfungsordnungen.

Beim Fachbereichsrat liegt die Verantwortung für die Studienordnung; er soll für eine Abstimmung der Studieninhalte auf die Erfordernisse der Praxis Sorge tragen (§ 13 FHGöD). In den Fachbereichsräten sind jeweils sechs Vertreter der Professoren und Dozenten, drei Studierendenvertreter sowie jeweils ein Vertreter der Ausbildungsleiter bzw. Ausbilder und der Lehrbeauftragten repräsentiert.

Abb. 8: Organisationsstruktur der Fachhochschule für öffentliche Verwaltung Nordrhein-Westfalen

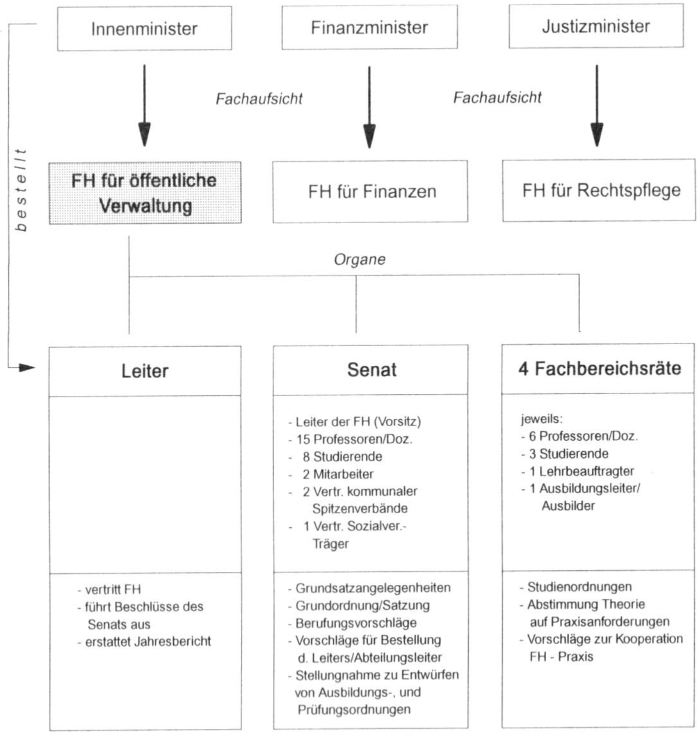

Für die Bereiche der Kommunalverwaltung und der Sozialversicherungsträger wurden Beiräte eingerichtet, die sich jeweils aus sechs von den Dienstherren ernannten Mitgliedern und zwei Vertretern der zuständigen Ministerien zusammensetzen. Die Genehmigung der Studienordnungen, die Bestellung des Leiters und der Abteilungsleiter sowie die Errichtung oder Auflösung von Fachbereichen sollen im Einvernehmen mit den Beiräten getroffen werden (§ 28 Abs. 4 FHGöD).

I. 3. Das Studium an der Fachhochschule für öffentliche Verwaltung

a) Struktur der Ausbildung

Von den insgesamt drei Jahren des dualen Studiums, das zugleich als Vorbereitungsdienst gilt, entfallen in den Studiengängen Staatliche Verwaltung, Kommunale Verwaltung sowie Verwaltung der Sozialversicherungsträger und der Kriegsopferversorgung jeweils 18 Monate auf die theoretischen Studienabschnitte und die fachpraktischen Ausbildungsphasen. Dem Studiengang im Polizeivollzugsdienst (gemeinsam für Direkteinsteiger und Aufsteiger nach Einstufungsprüfung), der nach dem Auslaufen des Studiengangs für Aufsteiger der alleinige Ausbildungsgang in diesem Bereich darstellen wird, liegt ein Modell zugrunde, das 21 Monate Studium an der Fachhochschule und 15 Monate Praxisaufenthalt in den Verwaltungen umfaßt. Im Modellstudiengang Verwaltungsbetriebswirtschaftslehre beträgt der Anteil der Studienzeiten an der Hochschule 24 Monate. Zwischen den Lernorten erfolgt ein mehrmaliger Wechsel. In das letzte Praktikum, das je nach Fachbereich acht bis zwölf Wochen dauert, fällt auch die Abschlußprüfung.

Die Studienabschnitte an der Fachhochschule umfassen in den vier Fachbereichen insgesamt jeweils 2 064 Pflichtstunden. Daraus resultieren in den einzelnen Studienabschnitten wöchentliche Pflichtstundenzahlen zwischen 27 und 29 Stunden. Die Studieninhalte werden durch unterschiedliche Formen von Lehrveranstaltungen vermittelt. Hierzu gehören neben den vorherrschenden Lehrgesprächen Vorlesungen, Übungen, Repetitorien, Seminare, Projekte und Exkursionen, denen in den einzelnen Studiengängen z. T. ein unterschiedliches Gewicht zukommt.

b) Ausbildungsinhalte, Curricula

Die Fachhochschule soll den Studierenden die für ihre Berufstätigkeit erforderlichen wissenschaftlichen Kenntnisse und Methoden so vermitteln, daß sie diese in der Praxis anwenden können und zum verantwortlichen Handeln innerhalb der rechtsstaatlichen Ordnung befähigt werden.[29]) Das Studium soll gewährleisten, daß sowohl Sachbearbeitungs- als auch Führungs- und Aufsichtsfunktionen wahrgenommen werden können. Die Studienordnungen der einzelnen Fachbereiche wurden in den vergangenen Jahren mehrmals überarbeitet. Die aktuellen Fassungen für die Fachbereiche Staatlicher Verwaltungsdienst und Kommunaler Verwaltungsdienst stammen aus dem Jahr 1994, für den Fachbereich Sozialversicherungsträger/Kriegsopferversorgung aus dem Jahr 1992 und für die Polizei aus dem Jahr 1995. Die Studienordnungen legen für alle einzelnen Fächer die Lernziele fest und empfehlen für die einzelnen Lehrthemen innerhalb der Fächer die dafür aufzuwendende Stundenzahl.

---

29) Abs. 1 FHGöD vom 29. Mai 1984.

Die Wahlmöglichkeiten innerhalb des Studiums an der Fachhochschule beschränken sich in den Fachbereichen Staatlicher und Kommunaler Verwaltungsdienst auf zwei Wahlpflichtfächer, die aus einem Kanon von fünf bzw. sechs Fächern gewählt werden können und mit jeweils 64 Lehrveranstaltungsstunden zu belegen sind. Die Studienordnungen sehen vor, daß die Studierenden darüber hinaus auf freiwilliger Basis Lehrveranstaltungen zu allgemeineren Themenstellungen sowie Übungen zur Klausur- und Bescheidtechnik besuchen. Insgesamt umfaßt der Wahlbereich innerhalb der Fachstudien knapp ein Fünftel des gesamten zeitlichen Volumens. In der Ausbildung für die Sozialversicherung und die Kriegsopferversorgung besteht faktisch keine Wahlmöglichkeit, da die Studienordnung nur zwei Fächer als Wahlangebot auflistet. Im Fachbereich Polizeivollzugsdienst besteht im zweiten Studienjahr die Möglichkeit, aus drei Gruppen von Wahlpflichtfächern mit jeweils drei Fächern ein Fach auszuwählen.

Die Studienordnungen für die Fachbereiche Staatliche und Kommunale Verwaltung sind hinsichtlich der Fächer und der ihnen zugewiesenen Stundenzahlen nahezu identisch. Lediglich das Baurecht, das in der Staatlichen Verwaltung als Pflichtfach geführt wird, wird im Fachbereich Kommunale Verwaltung als Wahlpflichtfach angeboten. Statt dessen gehört dort das Sozialrecht, das nicht Gegenstand der Ausbildung für die Staatliche Verwaltung ist, zum Kanon der Pflichtfächer. Der inhaltliche Schwerpunkt der theoretischen Ausbildung liegt auf den Rechtsfächern (vgl. Abb. 9), die unter der Annahme, daß jeweils ein Wahlpflichtfach aus dem Gebiet des Rechts- und der Betriebswirtschaftslehre gewählt wird, die Hälfte des Gesamtstundenvolumens ausmachen. Betriebswirtschaftliche Themen haben einen Anteil von 15 %, volkswirtschaftliche von 13 %. Derzeit wird im Fachbereich Kommunaler Verwaltungsdienst erneut eine Studienreform vorbereitet. Im Frühjahr 1995 wurde hierzu eine Arbeitsgruppe des Fachbereichs und der kommunalen Spitzenverbände gebildet, die vor dem Hintergrund veränderter Qualifikationsanforderungen Vorschläge für eine Reform der Ausbildung erarbeiten soll.

In den Ausbildungsgängen für die Landesversicherungsanstalten und die Kriegsopferversorgung entfallen etwa ⅓ des gesamten Stundenvolumens auf die spezifischen Rechtsgebiete dieser Verwaltungszweige (Rentenrecht, Rehabilitationsrecht, Versorgungsrecht).

Gegenüber dem in der Vergangenheit zahlenmäßig dominierenden Studiengang für Aufsteiger wurde im Fachbereich Polizeivollzugsdienst der Anteil der Sozial- und Humanwissenschaften (20 %) und des Verhaltenstrainings- und Projektstudiums (14 %) deutlich erhöht. Die restlichen zwei Drittel des Unterrichtsvolumens entfallen zu gleichen Teilen auf Rechtsfächer und die Einsatz- und Kriminalwissenschaften.

Abb. 9: Fächeranteil Staatliche/Kommunale Verwaltung
(Anteil am gesamten Stundenvolumen in %)

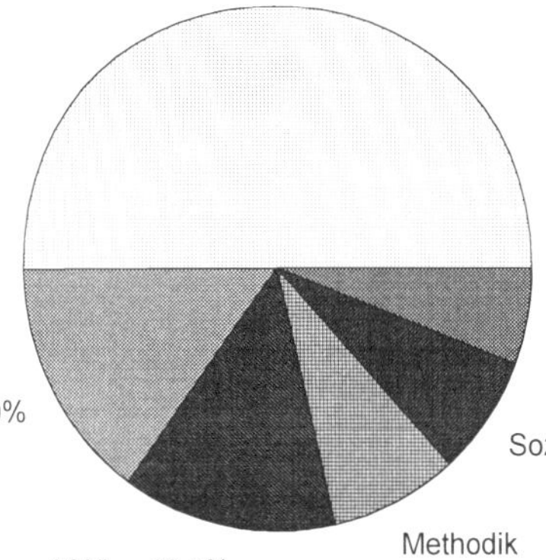

(Annahme: jeweils 1 Wahlpflichfach in Recht und BWL)

c) Verzahnung von Theorie und Praxis

Der Verzahnung von Theorie und Praxis im Sinne einer Abstimmung der Inhalte der fachtheoretischen und fachpraktischen Studienabschnitte ist für duale Studiengänge von zentraler Bedeutung. Um diese Verzahnung zu fördern, besteht in allen Fachbereichen eine Mitgliedschaft eines Vertreters der Ausbildungsleiter im Fachbereichsrat. Aufgrund der dezentralen Struktur der Fachhochschule für öffentliche Verwaltung mit standortübergreifend strukturierten Fachbereichen kommt den Abteilungen aufgrund ihrer räumlichen Nähe zu den Dienststellen eine wichtige Rolle zu. Die spezifischen Regelungen und Instrumente, die eine Verzahnung von Theorie und Praxis gewährleisten sollen, beziehen sich aber auf die Ebene der überregionalen Fachbereiche.

Im Fachbereich Kommunale Verwaltung sind in besonders praxisrelevanten Fächern (z. B. Sozialrecht, öffentliches Dienstrecht, Umweltrecht) abteilungsweise Fachkonferenzen vorgesehen, an denen Dozenten der Fachhochschule für öffentliche Verwaltung und Ausbilder bzw. Ausbildungsleiter teilnehmen sollen. Sie sollen die Möglichkeit bieten, Probleme der Verknüpfung von fachpraktischen und fachtheoretischen Studienelementen zu erörtern. Nach Aussagen von Ausbildungsleitern haben diese Konferenzen jedoch kaum einmal stattgefunden. Im Fachbereich Staatliche Verwaltung bestehen neben dem Fachbereichsrat keine gemeinsamen Gremien von Vertretern der Fachhochschule für öffentliche Verwaltung und der Fachpraxis.

Im Fachbereich Sozialversicherungsträger ist eine stärkere Beteiligung der Fachpraxis im Fachbereichsrat institutionalisiert. Mit jeweils einem Vertreter aus dem Bereich der Sozialversicherungsträger und der Versorgungsverwaltung ist die Fachpraxis im Fachbereichsrat mit zwei stimmberechtigten Mitgliedern vertreten. Zusätzlich sind weitere Ausbildungsleiter dem Fachbereichsrat kooptiert. Im Fachbereich Polizeivollzugsdienst finden regelmäßige Besprechungen des Fachbereichsrates mit leitenden Polizeibeamten des Landes statt, in denen Probleme der Gestaltung der Ausbildung besprochen werden.

d) Modellstudiengang „Verwaltungsbetriebswirtschaftslehre“

Die Entwicklung des Modellstudiengangs Verwaltungsbetriebswirtschaftslehre ist im wesentlichen auf eine steigende Nachfrage seitens der kommunalen Dienstherren, insbesondere der Großstädte, nach einer Stärkung betriebswirtschaftlicher Studieninhalte mit Managementkompetenzen entstanden. Entsprechend dieser Orientierung sind im Curriculum des Studiengangs ökonomische Fächer mit einem Anteil von 60 %, juristische mit 30 % und sozialwissenschaftliche mit 10 % vertreten. Um die juristischen Inhalte nicht allzusehr einzuschränken, wurden die Studienabschnitte an der Hochschule auf 24 Monate ausgedehnt, während die Ausbildungszeiten in den Verwaltungen auf 12 Monate reduziert worden sind. Die Ausweitung der Hochschulphase auf 24 Monate bedeutet bei gleicher Gesamtstundenzahl, daß die Wochenstundenzahl gesenkt worden ist. Sie beträgt im Grundstudium ca. 25 Wochenstunden und wird im fünften und sechsten Studienhalbjahr wegen der gleichzeitigen Seminar- und Projektveranstaltungen sowie der Vorbereitung auf die Prüfung auf 13 bzw. 17 Wochenstunden reduziert.

Schwerpunkte im Curriculum bilden die öffentliche Betriebswirtschaftslehre und Management (Organisationen, Personalwirtschaft, Managementtraining). Das Grundstudium ist für alle Studierenden einheitlich gestaltet, im Hauptstudium besteht die Möglichkeit, zwischen verschiedenen Wahlpflichtfächern zu wählen. Vorgeschrieben sind zwei ökonomische und ein juristisches Wahlpflichtfach. Daneben gehört ein betriebswirtschaftliches Seminar zum Studienplan, in dessen Rahmen die Studierenden eine eigenständige Seminararbeit anfertigen und mündlich vorstellen müssen. Ebenfalls in den Studienplan integriert ist ein praxisorientiertes betriebswirtschaftliches Projekt, in dem eine aus der Praxis entstammende Fragestellung bearbeitet werden soll. Die Themen der Projekte werden meist von den Dienststellen vorgeschlagen und nach Abstimmung mit einem hauptamtlich Lehrenden der Fachhochschule überwiegend in der Praxis durchgeführt.

Die Zahl der Leistungsnachweise im Modellstudiengang ist mit 20 grundsätzlich die gleiche wie im juristisch orientierten Studiengang. Allerdings wurde die Möglichkeit, Leistungsnachweise in Form von Referaten oder Fachgesprächen zu erbringen, ausgeweitet. Da eine weitgehende Übereinstimmung mit der Prüfungsordnung des juristisch orientierten Studiengangs Voraussetzung für die Genehmigung des Modellstudiengangs war, ist eine Diplomarbeit nicht vorgesehen. Die Entscheidung über eine Überführung des Modellstudiengangs in ein Regelangebot soll auf der Grundlage einer wissenschaftlichen Evaluation des Modellstudiengangs erfolgen.

e) Prüfungen, Abschluß

Die Abschlußnote der Laufbahnprüfung, die wie üblich aus einem schriftlichen und einem mündlichen Teil besteht, wird gewichtet aus der Beurteilung in der fachpraktischen Studienzeit (Anteil: 10 %) und den Ergebnissen der studienbegleitenden Leistungsnachweise (20 %), der schriftlichen Prüfung (40 %) und der mündlichen Prüfung (30 %) ermittelt. Eine Abschluß- bzw. Diplomarbeit ist an der Fachhochschule für öffentliche Verwaltung nicht vorgesehen.

f) Evaluation der Lehre, Qualitätssicherung

An der Fachhochschule für öffentliche Verwaltung wurden verschiedene Instrumente zur Qualitätssicherung und zur Evaluation der Lehre entwickelt. Ziel der Evaluationsmaßnahmen ist nach Angaben der Fachhochschule die Selbstkontrolle der Dozenten, die die Auswertung der Evaluation selbst durchführen. Ein auf den Ergebnissen der Evaluationen basierender Lehrbericht wird nicht erstellt. Neben zwei Fragebögen zur studentischen Veranstaltungskritik, von denen einer von der Fachhochschule des Bundes übernommen wurde und einer selbst entwickelt worden ist, haben die Lehrenden die Möglichkeit zur Teilnahme an Video-Supervisionen. Daten zur Nutzung dieser Evaluationsinstrumente, insbesondere der Fragebögen, wurden von der Fachhochschule für öffentliche Verwaltung bislang nicht erhoben.

Die Fachhochschule beabsichtigt, zukünftig allen neuen Dozenten innerhalb des ersten Jahres ihrer Tätigkeit die Teilnahme an einer zwölftägigen Seminarreihe „Einführung in die Hochschuldidaktik" zu ermöglichen, ohne daß ein verpflichtender Charakter vorgesehen ist. Zusätzlich wurde 1993 ein Programm „Weiterbildung intern" ins Leben gerufen, das didaktische Seminare und Fortbildungsangebote sowohl für hauptamtliche Dozenten als auch für Lehrbeauftragte umfaßt.

I. 4. Die Entwicklung der Fachhochschule für öffentliche Verwaltung

a) Bewerber, Studienanfänger, Studierende

Über die Bewerberzahlen für das Studium an der Verwaltungsfachhochschule liegen keine Angaben vor, da die Stellen dezentral von den verschiedenen Einstellungsbehörden ausgeschrieben und besetzt werden. Die Zahl der Studienanfänger schwankt seit 1980 z. T. erheblich; 1995 hat sie sich gegenüber dem Vorjahr um 12 % erhöht (vgl. Tabelle 4). Die

Entwicklung in den letzten Jahren wurde durch den Rückgang der Anfängerzahlen im Fachbereich Kommunaler Verwaltungsdienst bedingt: Von 1990 bis 1995 ist ihre Zahl um 69 % gesunken. Dieser Rückgang, der – weniger stark – auch im Fachbereich Staatliche Verwaltung eingetreten ist, konnte auch durch den starken Anstieg der Anfängerzahl im Fachbereich Polizei, die sich seit 1990 mehr als verdreifacht hat, nicht ausgeglichen werden.

Tabelle 4:
Studienanfänger an der Fachhochschule für öffentliche Verwaltung

Jahr	Kommunal-verwaltung	Staatliche Verwaltung	Polizei	Sozial-vers.-Träger	Summe
1980	1 303	157	544	102	2 106
1985	1 054	116	234	53	1 457
1990	1 592	180	541	98	2 411
1993	1 247 [1]	105	606	95	2 053
1994	689 [2]	86	1 079	112	1 966
1995	487 [3]	68	1 575	67	2 197

[1] Einschl. 50 Studienanfänger im Studiengang „Verwaltungsbetriebswirtschaftslehre".
[2] Einschl. 100 Studienanfänger im Studiengang „Verwaltungsbetriebswirtschaftslehre".
[3] Einschl. 150 Studienanfänger im Studiengang „Verwaltungsbetriebswirtschaftslehre".
Quelle: Innenministerium Nordrhein-Westfalen

Der Rückgang der Studienanfängerzahlen hat sich 1994 zum ersten Mal in sinkenden Studentenzahlen niedergeschlagen (–4 %). Auch hier beschränkt sich der Rückgang auf die kommunale und die staatliche Verwaltung, in denen die Zahl der Studierenden seit 1990 um fast ein Fünftel zurückgegangen sind. Der Fachbereich Kommunalverwaltung stellt mit 56 % aber nach wie vor den Hauptteil der Studierenden. Allerdings lag sein Anteil 1990 noch bei 66 %. Verglichen mit der Gesamtzahl der Studierenden im Jahr 1994 von 6 381 besteht an der Fachhochschule des Landes eine flächenbezogene Kapazität für 7 950 Studierende.

b) Absolventen

Der Rückgang der Zahl der Studienanfänger hat sich 1995 zum ersten Mal in sinkenden Absolventenzahlen niedergeschlagen. 1995 schlossen insgesamt 2 117 Studierende ihre Staatsprüfung erfolgreich ab, das sind 21 % weniger als im Vorjahr (vgl. Tabelle 5). Der Fachbereich Kommunalverwaltung stellte 1995 zwei Drittel aller Absolventen.

Tabelle 5:
Absolventen der Fachhochschule für öffentliche Verwaltung

Jahr	Kommunal-verwaltung	Staatliche Verwaltung	Polizei	Sozial-vers.-Träger	Summe
1980	544	121	190	60	915
1985	1 132	95	503	81	1 811
1990	1 262	126	407	48	1 843
1993	1 474	150	529	48	2 241
1994	1 785	190	565	139	2 679
1995	1 404	138	492	83	2 117

Quelle: Innenministerium Nordrhein-Westfalen.

Angaben über das Alter der Absolventen liegen nicht vor. Eine Statistik zum Alter der Studierenden im Jahr 1993 zeigt, daß 63 % der Studierenden jünger als 28 Jahre waren, 30 % jünger als 23 Jahre.

Der Anteil der erfolgreichen Absolventen ist an der Fachhochschule für öffentliche Verwaltung wie an den Verwaltungsfachhochschulen allgemein hoch. Bezogen auf die Zahl der Studienanfänger der Jahrgänge 1989 und 1990 lag die Erfolgsquote (unter Einschluß von Wiederholern) je nach Fachbereich zwischen 89 und 99 %.

Die Fachhochschule für öffentliche Verwaltung verfügt über keine Informationen zum Verbleib der Absolventen. Gegenwärtig ist ein Forschungsprojekt beantragt, das den Verbleib der Absolventen untersuchen soll. Ergebnisse werden jedoch frühestens im Jahr 1996 vorliegen.

I. 5. Personalstruktur

Kennzeichnend für die nordrhein-westfälische Fachhochschule für öffentliche Verwaltung ist eine Personalstruktur, die neben Professoren auch hauptamtliche Dozenten der A-Besoldung umfaßt. Der Stellenplan der Fachhochschule für öffentliche Verwaltung weist für das Studienjahr 1994/95 71 Stellen der C-Besoldung, 67 Stellen der Besoldungsgruppen A14 bis A16 sowie 18 Stellen für abgeordnete Beamte aus der Verwaltung aus. Bei den Professoren, für die die allgemeinen hochschulrechtlichen Einstellungsvoraussetzungen gelten, ist eine Promotion der Regelfall. Bei den Dozenten stellt sie hingegen die Ausnahme dar.

Die Angaben der Fachhochschule zur Berufspraxis der hauptamtlich Lehrenden weisen aus, daß die weit überwiegende Zahl der Dozenten über mehr als fünf Jahre Berufspraxis in der öffentlichen Verwaltung verfügt (85,4 %). 44 % aller hauptamtlich Lehrenden haben darüber hinaus drei oder mehr Jahre Berufspraxis außerhalb der öffentlichen Verwaltung, 33 % mehr als fünf Jahre. Diese Anteile liegen bei den beamteten Dozenten allerdings deutlich niedriger als bei den Professoren. Zwei Drittel der gegenwärtig beschäftigten hauptamtlich Lehrenden sind bereits seit 1987 oder länger an der Fachhochschule tätig, 17 % bereits seit 1977 oder früher.

In den Jahren 1992 bis 1994 lag der Anteil der von hauptamtlichem Personal durchgeführten Lehrveranstaltungsstunden im Durchschnitt aller Fachbereiche bei 43,6 %. Im Fachbereich Kommunalverwaltung wurden 1994 49 % des gesamten Lehrveranstaltungsvolumens von hauptamtlichen Dozenten erbracht, in der Staatlichen Verwaltung waren es 34 %, im Polizeivollzugsdienst 35 % und im Fachbereich Sozialversicherungsträger 45 %. Damit konnte die Zielsetzung des Landes von 60 % nicht erreicht werden. Der hohe Anteil der nebenberuflichen Lehre führte nach Einschätzung der Fachhochschule zu erheblichen Problemen in der Studienorganisation, der Betreuung der Studierenden und zu teilweise hohen Stundenausfällen. Darüber hinaus sieht sich die Fachhochschule vor Probleme gestellt, eine so große Zahl von fachlich qualifizierten und zugleich lehrerfahrenen Lehrbeauftragten zu rekrutieren. Aufgrund der sinkenden Studentenzahlen, insbesondere in den Fachbereichen Kommunal- und Staatliche Verwaltung, geht die Fachhochschule davon aus, daß sich der Anteil der hauptamtlich erbrachten Lehre in den einzelnen Fächern in den nächsten Jahren auf bis zu 80 % erhöhen wird. Die Fachhochschule hält es deshalb für realistisch, den angestrebten Anteil von 60 % zu erreichen und auch langfristig zu erhalten.

In allen Fachbereichen kommt der weit überwiegende Teil der Lehrbeauftragten aus den verschiedenen Zweigen des öffentlichen Dienstes. In der Kommunalverwaltung wurden 1994 65 % aller von Lehrbeauftragten erbrachten Unterrichtsstunden von Angehörigen öffentlicher Verwaltungen gehalten, in den Fachbereichen Staatliche Verwaltung und Polizeivollzugsdienst waren es mehr als 80 %. Der Anteil von Lehrbeauftragten aus der Wirtschaft ist demgegenüber ausgesprochen gering (Kommunale Verwaltung: 2,4 %, Staatliche Verwaltung: 1 %) und liegt noch unter dem Anteil von Universitäts- und Fachhochschuldozenten (5,7 bzw. 3 %). 84 % der nebenberuflichen Lehrbeauftragten verfügen über einen Hochschulabschluß, weitere 11 % haben die Polizei-Führungsakademie besucht.

I. 6. Forschung

Im Rahmen ihrer allgemeinen Aufgabenstellung, eine anwendungsbezogene Lehre auf der Basis der Anwendung wissenschaftlicher Erkenntnisse und Methoden anzubieten, hat der Gesetzgeber der Fachhochschule für öffentliche Verwaltung Nordrhein-Westfalen Forschungs- und Entwicklungsaufgaben zugewiesen, „die zur wissenschaftlichen Grundlegung und Weiterentwicklung von Lehre und Studium erforderlich sind".[30]) Das Gesetz macht dabei einen Unterschied zwischen Dozenten

30) Abs. 5, Gesetz über die Fachhochschulen für den öffentlichen Dienst im Lande Nordrhein-Westfalen.

und Professoren. Während Dozenten lediglich berechtigt sind, Forschungs- und Entwicklungsarbeiten zu leisten, gehören sie bei den Professoren zu den Dienstpflichten. In der Praxis wird allerdings die weit überwiegende Zahl der Forschungsprojekte von Professoren durchgeführt. Im Unterschied zu allgemeinen Fachhochschulen besteht keine Möglichkeit von Forschungsfreisemestern.

Die Vergabe der hochschulinternen Forschungsmittel, die jährlich ca. 90 000 DM betragen, erfolgt durch den Leiter der Fachhochschule für öffentliche Verwaltung auf Vorschlag einer Forschungskommission. In den vergangenen sieben Jahren wurden etwa 60 % der bereitgestellten Sachmittel für Forschungsprojekte ausgegeben. Der Rest wurde weitgehend für Infrastrukturmaßnahmen, vor allem zur Anschaffung von Soft- und Hardware verwendet. Mit diesen Mitteln wurden insgesamt 32 Forschungsprojekte gefördert, von denen zwölf eine wirtschaftswissenschaftliche, zehn eine juristische, acht eine sozialwissenschaftliche und zwei eine psychologisch-pädagogische Fragestellung bearbeiteten. Die Forschungsprojekte wurden nahezu ausschließlich im Fachbereich Kommunale Verwaltung durchgeführt.

Im Unterschied zu den allgemeinen Fachhochschulen sind an der Fachhochschule für öffentliche Verwaltung die Regelungen zur Drittmittelforschung nicht anwendbar. Mit Mitteln des Bundes wurde jedoch ein Projekt durchgeführt, in dessen Rahmen computergestützte Programme für die Sachbearbeitung im Sozialamt entwickelt wurden. Nach Angaben der Fachhochschule können wegen personeller Engpässe in der Verwaltung gegenwärtig keine zusätzlichen Drittmittelprojekte mehr durchgeführt werden. Dies könne jedoch durch die Arbeit zweier An-Institute ausgeglichen werden.

An der Fachhochschule für öffentliche Verwaltung in Nordrhein-Westfalen wurden 1990 zwei An-Institute gegründet: Das Institut für Kommunal- und Verwaltungswissenschaften Nordrhein-Westfalen (IKV) und das Institut für Verwaltungswissenschaften (IfV) mit Sitz in Gelsenkirchen. Die Tätigkeit des Instituts für Kommunal- und Verwaltungswissenschaften beruht zum einen auf den Aktivitäten der wissenschaftlich tätigen Mitglieder des Trägervereins, die in Forschungsgruppen zusammentreffen, Veranstaltungen für die Öffentlichkeit anbieten und auch Fortbildungsveranstaltungen durchführen. Die zweite Säule des Instituts bilden die fest angestellten Mitarbeiter und Mitarbeiterinnen. Neben der Stelle für den Geschäftsführer verfügt das Institut über drei Stellen für Wissenschaftler. Den Schwerpunkt der Arbeit des Instituts bilden derzeit die Bereiche technikunterstützte Informationsverarbeitung, manuelle Leistungsbereiche der Kommunen sowie die Einführung neuer Steuerungselemente in Kommunalverwaltungen. Diese Arbeiten werden ausschließlich durch Aufträge und Drittmittelprojekte finanziert. Die Projekte umfassen im wesentlichen Rechtsgutachten und beratende Tätigkeiten.

Das Institut für Verwaltungswissenschaften e.V. soll verwaltungsbezogene Forschungs- und Entwicklungsvorhaben, Projekte der Verwaltungsinnovation sowie wissenschaftlich fundierte Verwaltungsberatung durchführen. Neben zwei hauptamtlichen wissenschaftlichen Angestellten sind Professoren und Dozenten der Fachhochschule für öffentliche Verwaltung sowie Verwaltungspraktiker am Institut tätig. Den Großteil der Projekte bilden Organisationsgutachten für Kommunen und Kreise.

I. 7. Finanzierung, Kosten

Die Finanzierung der Fachhochschule für öffentliche Verwaltung erfolgt ausschließlich aus Landesmitteln. Angaben über die Gesamtkosten der Ausbildung an der Fachhochschule für öffentliche Verwaltung lassen sich nicht exakt spezifizieren, da Informationen über die Höhe der tatsächlich gezahlten, individuell verschiedenen Anwärterbezüge der bei einer Vielzahl von Dienststellen beschäftigten Studenten nicht vorliegen. Auf der Basis einer Modellrechnung für unverheiratete und kinderlose Anwärter unter 26 Jahren[31]) lassen sich die Gesamtkosten der Ausbildung für den gehobenen Dienst an der Fachhochschule für öffentliche Verwaltung 1995 auf rund 232 Millionen DM schätzen (vgl. Tabelle 6).

Tabelle 6: Ausgaben für die Fachhochschule für öffentliche Verwaltung (in Tausend DM, 1991-1995)

Jahr	Anwärterbezüge	Investitionen [1]	hauptamtl. Personal [2]	Lehrbeauftragte	Sachausgaben	Summe
1991	154 580	3 550	15 136	4 491	2 593	180 350
1992	171 343	3 471	16 260	4 905	2 759	198 738
1993	181 677	4 967	17 314	5 264	2 595	211 817
1994	179 079	4 285	17 232	4 141	3 090	207 857
1995	201 627	4 582	18 463	4 178	2 958	231 808

[1] Einschl. Mietkosten. [2] Ohne Pensionsrückstellungen.

Quelle: Innenministerium Nordrhein-Westfalen.

Der Anteil der Ausgaben für Anwärterbezüge belief sich mit 201,6 Millionen DM dabei auf 87 % der Gesamtausgaben. Von 1991 bis 1995 haben sich die Gesamtausgaben für die Ausbildung um 29 % erhöht. Die Bedeutung der Anwärterbezüge für die Gesamtausgaben läßt sich auch

31) Bei den Studierenden im Fachbereich Polizeivollzugsdienst der Fachhochschule für öffentliche Verwaltung wurde davon ausgegangen, daß es sich bei den Studierenden um verheiratete, 32jährige Aufstiegsbeamte der Besoldungsgruppe A8, Dienstaltersstufe 6 mit einem Kind handelt, die zudem eine Polizeidienstzulage nach zwei Jahren erhalten.

daran ablesen, daß 91 % dieses Anstiegs auf die Erhöhung der Ausgaben für Anwärterbezüge zurückzuführen sind.

I. 8. Pläne zur Weiterentwicklung der Fachhochschule für öffentliche Verwaltung

An der Fachhochschule für öffentliche Verwaltung sind verschiedene Reformperspektiven entwickelt worden, deren Ziel die Annäherung der Ausbildung und der Struktur der Hochschule an das Fachhochschulwesen ist. Im Mittelpunkt dieser Überlegungen steht der Modellstudiengang Verwaltungsbetriebswirtschaftslehre, dessen weiterer Ausbau infolge der großen Nachfrage seitens der Kommunen, insbesondere der Großstädte an Rhein und Ruhr, geplant ist und von dem eine katalytische Wirkung auch für die traditionellen Studiengänge sowie für die Einführung neuer Studiengangselemente erhofft wird. Während an der Fachhochschule für öffentliche Verwaltung eine Übertragung einiger Elemente des Modellstudiengangs auf die anderen Studiengänge angestrebt wird, wird dies seitens der Dienstherren und des Landes in einigen Punkten abgelehnt. Hierzu gehört das 24:12-Modell der zeitlichen Aufteilung in Studienabschnitte an der Hochschule und in den Verwaltungen, dessen Verallgemeinerung von den Dienstherren überwiegend abgelehnt wird. Das gleiche gilt für ein stärkeres Gewicht der Betriebswirtschaftslehre im Fächerkanon. Größeres Gewicht soll in Zukunft in allen Ausbildungsgängen auf Sozialkompetenzen und interdisziplinäres Denken gelegt werden. Dabei wird auf die Reformen im Studiengang Polizeivollzugsdienst verwiesen, wo sich nach übereinstimmender Einschätzung aller Beteiligten die stärkere Projektorientierung, die Zusammenfassung einzelner Rechtsfächer und das neu eingeführte Verhaltenstraining außerordentlich bewährt haben. Ferner bestehen Pläne, einen Zusatzstudiengang Verwaltungsbetriebswirtschaftslehre für Absolventen der Fachbereiche Staatliche und Kommunale Verwaltung als Fernstudium anzubieten. Dabei wird eine Kooperation mit den Fachhochschulen Dortmund und Köln sowie dem Institut für Verbundstudien der Märkischen Fachhochschule Hagen angestrebt. Der Studiengang soll für Managementaufgaben in öffentlichen Verwaltungen und der verwaltungsnahen Wirtschaft qualifizieren. Weiter plant das Land als Alternative zum Modellstudiengang Verwaltungsbetriebswirtschaftslehre, der auf den Fachbereich Kommunale Verwaltung beschränkt ist, im Studiengang für die Landesverwaltung die Einführung eines dreimonatigen Studienangebots Verwaltungsbetriebswirtschaftslehre als Wahlmöglichkeit anstelle der dritten Praxisphase. Vorbereitet wird gegenwärtig auch eine Kooperation mit der Fachhochschule Gelsenkirchen im dortigen neuen Studiengang „Betriebswirt mit Studienrichtung Wirtschaftsrecht", in dem die Fachhochschule für öffentliche Verwaltung über Lehraufträge ihre Kompetenz im Bereich des öffentlichen Rechts einbringen will. Als weiteren Schritt zur Angleichung an die allgemeinen Fachhochschulen sieht die Fachhochschule die Zulassung externer Studierender. Dies wird von Teilen der Dienstherren unterstützt, von anderen und von Studierenden jedoch abgelehnt.

D. II. Stellungnahme

An der Fachhochschule für öffentliche Verwaltung wurden in den letzten Jahren eine Reihe von Reformperspektiven entwickelt. Dabei ging die Initiative meist von der Fachhochschule selbst aus. Hinzu kam eine steigende Nachfrage seitens einiger Kommunen, insbesondere der Großstädte an Rhein und Ruhr, nach einer Ausweitung betriebswirtschaftlicher Studieninhalte und nach einer Stärkung von Managementkompetenzen, die zur Entwicklung des Modellstudiengangs Verwaltungsbetriebswirtschaftslehre geführt hat. Allerdings befinden sich diese Reformbestrebungen mit Ausnahme des Modellstudiengangs, der bei der Fachhochschule im Mittelpunkt der Überlegungen steht, meist noch in einem konzeptionellen Stadium. Die Fachhochschule strebt eine Angleichung ihrer Strukturen und Studiengänge an das allgemeine Hochschulwesen an. Der Wissenschaftsrat begrüßt die Bemühungen zur Reform von Studium und Struktur der Fachhochschule und sieht in dem Ziel, die Fachhochschule für öffentliche Verwaltung in ihrem Studienangebot und in ihrer Struktur den Fachhochschulen des allgemeinen Hochschulwesens anzunähern, einen erfolgversprechenden Entwicklungsweg. Allerdings bestehen nach wie vor deutliche Defizite und Schwächen in der Struktur der Einrichtung und des Studiums sowie in seinen Rahmenbedingungen, die einen nachdrücklichen Reformbedarf erkennen lassen.

II. 1. Studieninhalte

Mit der Etablierung des Modellstudiengangs wurden verstärkt betriebswirtschaftliche Inhalte und sozial-kommunikative Kompetenzen in das Studium an der Fachhochschule für öffentliche Verwaltung eingeführt. Dies führte in diesem Studiengang zu einer stärkeren Ausrichtung auf Managamentqualifikationen (z. B. durch die Fächer Personalwesen und Organisation), von der die Fachhochschule eine Wirkung auch auf die traditionellen Studiengänge zumindest in den Fachbereichen Allgemeine Staatliche Verwaltung und Kommunale Verwaltung erhofft. Der Wissenschaftsrat begrüßt diese Überlegungen zur Reform der übrigen Ausbildungsgänge. Gegenwärtig liegt der Schwerpunkt in den Studienplänen der herkömmlichen Studiengänge allerdings eindeutig auf juristischen Inhalten. Auch wenn in vielen Bereichen der Verwaltung juristisch geprägte Sachbearbeitertätigkeiten in größerem Umfang bestehen bleiben, werden im Zuge struktureller Veränderungen in den Aufgaben und der Organisation der Verwaltung zunehmend auch betriebswirtschaftliche Kenntnisse und Managementkompetenzen der Absolventen wichtig sein. Gegenwärtig ist an der Fachhochschule noch keine Entscheidung darüber getroffen worden, in welcher Form diesen beiden Anforderungsprofilen Rechnung getragen werden soll. Im Sinne seiner allgemeinen Empfehlungen zur Anpassung der Studieninhalte an veränderte Anforderungsprofile und zur Qualitätsentwicklung empfiehlt der Wissenschaftsrat, auf dem in Ansätzen erkennbaren Weg zügig voranzugehen. Dabei sollten die Dienstherren prüfen, ob sie über die dienstrechtlichen

Voraussetzungen für die Einstellung der Absolventen hinaus auch zukunftsträchtige inhaltliche Anforderungen in den notwendigen Veränderungsprozeß einbringen können und wollen. Studienangebote, die den Kriterien eines Fachhochschulstudiums nicht mehr entsprechen, sollten an der Fachhochschule für öffentliche Verwaltung mittelfristig nicht mehr angeboten werden.

Grundsätzlichen Zweifel hegt der Wissenschaftsrat am Sinn eines allzu eng auf ein spezifisches Berufsfeld ausgerichteten Fachhochschulstudiengangs, wie dies im Studiengang für die Sozialversicherungsträger der Fall ist. Hier ist der Arbeitsmarkt für die Absolventen nahezu ausschließlich auf die Rentenversicherungsträger beschränkt, auch wenn das Studium in Nordrhein-Westfalen etwas breiter angelegt ist und auch Veranstaltungen zum System der sozialen Sicherung und zur Sozialpolitik insgesamt beinhaltet. Unter der Voraussetzung, daß eine Hochschulausbildung in diesem Bereich beibehalten werden soll, empfiehlt der Wissenschaftsrat eine breitere, auf die gesamte Sozialverwaltung ausgerichtete Ausbildung im Grundstudium mit der Wahlmöglichkeit zwischen verschiedenen Schwerpunkten im Hauptstudium. Dies erscheint notwendig, soll der Anspruch auf eine hochschulgemäße Ausbildung aufrechterhalten werden, den auch die beteiligten Dienstherren nach eigener Aussage mittlerweile anerkannt und nachvollzogen haben.

Am weitesten sind die Bemühungen um eine Studienreform nach Einschätzung des Wissenschaftsrates im Fachbereich Polizeivollzugsdienst vorangeschritten, der mit dem Wegfall der Laufbahnen des mittleren Dienstes und des Studiengangs für Aufstiegsbeamte ab 1996 der einzige Ausbildungsgang für den gehobenen Dienst im Polizeivollzugsdienst darstellen wird. Insbesondere mit der Zusammenfassung einzelner Rechtsfächer zu größeren Lerneinheiten und, damit verbunden, der Betonung stärker methoden- und querschnittsorientierten exemplarischen Lernens sowie mit der Ausweitung des Verhaltenstrainings und des Projektstudiums folgt die Ausbildung den sich wandelnden Anforderungen im Berufsbild und im Selbstverständnis der Polizei.

II. 2. Struktur des Studiums

a) Praxisausbildung

Aussagen über die Tätigkeiten der Anwärter und Anwärterinnen während der Praxiszeiten lassen erkennen, daß eine Verkürzung der Ausbildungsabschnitte in den Dienststellen zugunsten des Studiums an der Fachhochschule möglich wäre, ohne daß der Praxisbezug der Ausbildung Schaden nehmen würde. Der Wissenschaftsrat verkennt angesichts der finanziellen Rahmenbedingungen nicht die schwierige Personalsituation in vielen Bereichen der öffentlichen Verwaltung. Das Land und die Dienstherren sollten aber nachdrücklich darauf achten, daß es sich bei der Ausbildung um ein duales Studium im Kooperationsverbund von

Hochschule und Dienststellen handelt und die Praxisphasen vorrangig unter Ausbildungsgesichtspunkten gestaltet werden sollten. Dazu zählt auch das Vorhandensein entsprechend qualifizierter und didaktisch geschulter Ausbilder und Ausbildungsleiter.

b) Zeitliche Struktur der Ausbildung

Veränderungen in den zeitlichen Anteilen der Ausbildungsabschnitte an der Hochschule und in den Dienststellen sind angesichts des hohen Grades an Verschulung in den auf 18 Monaten komprimierten Studienabschnitten an der Hochschule unumgänglich, soll das Studium dem an einer Fachhochschule angeglichen werden. Ein wichtiger Anfang ist auch in diesem Punkt im Modellstudiengang Verwaltungsbetriebswirtschaftslehre gemacht worden, in dem die Studienzeiten auf 24 Monate ausgedehnt wurden und die Praxiszeiten entsprechend auf 12 Monate reduziert worden sind. Im neuen Studiengang für den Polizeivollzugsdienst wurde die Zeit für das Fachstudium ebenfalls verlängert (auf 21 Monate). Der Wissenschaftsrat empfiehlt dem Land eine Ausdehnung der Studienphasen auch in den übrigen Studiengängen, in denen die entsprechende Kompetenz beim Land liegt (vgl. B. IV.). Er appelliert an die Dienstherren, ihre ablehnende Haltung zu überdenken, um einen angemessenen zeitlichen Rahmen für dringend erforderliche Studienreformmaßnahmen zu schaffen.

c) Organisation des Studiums

Obwohl die Curricula in den Studiengängen Allgemeine Staatliche Verwaltung und Kommunalverwaltung nahezu identisch sind, ist der Studienbetrieb beider Fachbereiche mit Ausnahme der Seminare, die aber nur einen unbedeutenden Anteil am Gesamtvolumen des Studiums haben, separat organisiert. Der Hauptgrund hierfür ist das Bestreben der jeweiligen Dienstherren, Belange des Studiums ohne Mitsprache der Dienstherren des anderen Fachbereichs regeln zu können. Um eine größere Wahlmöglichkeit zwischen Veranstaltungsthemen, -formen und zwischen Dozenten im Rahmen eines Belegsystems zu ermöglichen, empfiehlt der Wissenschaftsrat, die Veranstaltungen beider Fachbereiche – und dort, wo thematische Überschneidungen zu anderen Fachbereichen bestehen (wie z. B. im Fach Staatsrecht), auch darüber hinaus – gemeinsam durchzuführen. Die sinkenden Studentenzahlen in den einzelnen Studiengängen bieten nicht nur günstige Voraussetzungen für einen solchen Schritt, sie erfordern ihn auch unter dem Gebot einer effizienten Nutzung der Ressourcen.

d) Lehrformen

Auch nach der Einführung eines verpflichtenden Seminars für alle Anwärter im Laufe des Studiums stellt das am schulischen Frontalunterricht orientierte „Lehrgespräch“ die vorherrschende Form der Stoffvermittlung dar. Die Seminare, die in den Studienplänen mit weniger als 5 % des gesamten Stundenvolumens veranschlagt sind, werden sowohl von den Studierenden als auch von der Fachhochschule positiv bewertet. In dieser Veranstaltungsform werden fächer- und fachbereichsübergreifende Themen behandelt. Für die weitere Qualitätsentwicklung ist der Anteil von Seminaren und praxisbezogenen Projekten am Unterrichtsvolumen zu erhöhen, um eine bessere Integration von überfachlichen Kompetenzen und sozialen wie kommunikativen Schlüsselqualifikationen zu erreichen.

Ein wichtiger Schritt in diese Richtung ist mit der Ausdehnung von Seminaren, Projekten und Verhaltenstraining im Studiengang für Direkteinsteiger für den Polizeivollzugsdienst erfolgt. Vor dem Hintergrund von Bemühungen um eine bürgerfreundliche Verwaltung erscheint die Einführung von Lehrveranstaltungen, die die kommunikativen Fähigkeiten der Absolventen und ihren Umgang mit Bürgern fördern sollen, auch in anderen Fachbereichen geboten. Da die Absolventen der Kommunalverwaltung in der Praxis zunächst fast ausnahmslos in den Sozialämtern eingesetzt werden, gilt dies für den Studiengang Kommunale Verwaltung in besonderem Maße.

Lehrprojekte können in besonderer Weise zur Intensivierung des Praxisbezugs der Ausbildung und zur Förderung der Kooperation zwischen Fachhochschule und Dienstherren beitragen, wenn in ihrem Kontext konkrete Probleme der Verwaltungspraxis aufgegriffen und umsetzbare Lösungen erarbeitet werden. Einzelne Beispiele hierfür sind an der Fachhochschule für öffentliche Verwaltung bereits zu finden (z. B. aus dem Bereich des kommunalen Marketings), doch sollten die Voraussetzungen geschaffen werden, diese Studienform weiter auszubauen.

e) Diplomarbeit

Gegenwärtig ist in keinem Studiengang der Fachhochschule für öffentliche Verwaltung, auch nicht im Modellstudiengang Verwaltungsbetriebswirtschaftslehre, die Anfertigung einer Diplomarbeit vorgesehen. Der Wissenschaftsrat betrachtet eine Diplomarbeit jedoch als unverzichtbaren Bestandteil einer Hochschulausbildung (vgl. B. IV.).

II. 3. Verzahnung Theorie und Praxis

Der Wissenschaftsrat hat aus dem Besuch an der Fachhochschule für öffentliche Verwaltung und den dort geführten Gesprächen mit Vertretern der Fachhochschule und der Dienstherren den Eindruck gewonnen, daß es sich bei der Ausbildung um zwei getrennte achtzehnmonatige Ausbildungsabschnitte handelt, deren innere Bezüge deutlich zu wünschen übrig lassen. Beide Seiten klagen über fehlendes Interesse des dualen Partners. Die Dienstherren sehen bei der Fachhochschule für öffentliche Verwaltung einseitig akademische Ambitionen in Richtung eines Hochschulstudiums, das ihr Interesse an praxisbezogen ausgebildeten, berufsfertigen Absolventen vernachlässige, während die Fachhochschule für öffentliche Verwaltung der Praxis mangelndes Interesse am Hochschulaspekt der Ausbildung zuschreibt.

Einen möglichen Grund für die fehlende Abstimmung zwischen Theorie und Praxis bzw. zwischen Fachhochschule und Dienststellen bildet die standortübergreifende Organisation der Fachbereiche. Die Fachbereiche als Träger der fachlichen und wissenschaftlichen Identität sind als Struktureinheit lokal nicht vertreten und können daher keine Abstimmungen zwischen Fachhochschule und Dienststellen leisten. Im Ergebnis mangelt es an institutionalisierten Abstimmungen und gemeinsamen Gremien von Fachhochschule und Verwaltungspraxis. Im Fachbereich Allgemeine Staatliche Verwaltung existiert über die Beteiligung der Dienstherren im Fachbereichsrat hinaus kein Mechanismus zur Abstimmung beider Seiten. Im Fachbereich Kommunalverwaltung sind zwar in der Verantwortung der Fachhochschule liegende gemeinsame Fachkonferenzen von Fachhochschul- und Praxisvertretern vorgesehen, doch finden sie nach Angaben der Dienstherren kaum einmal statt. Der Wissenschaftsrat empfiehlt deshalb dringend die Etablierung institutionalisierter Formen des Dialogs und der Kooperation zwischen Fachhochschule und Verwaltung, um das Potential einer im dualen Wechsel der Lernorte zugleich wissenschaftsorientierten und praxisbezogenen Ausbildung ausschöpfen zu können. Dabei sollten sowohl die Leitungsebene der Dienststellen (in Fragen des Anforderungsprofils und der Bewertung der vermittelten Qualifikationen) als auch die Ausbildungsleiter (in Fragen der Gestaltung der Praxiszeiten und des Bezugs zu den Inhalten des Studiums an der Fachhochschule) einbezogen sein. Umgekehrt könnten an den einzelnen Standorten der Fachhochschule fachbereichsbezogen Praxisbeauftragte benannt werden, die als Ansprechpartner sowohl für die Dienstherren als auch für die Studierenden zur Verfügung stehen.

Eine Intensivierung der Zusammenarbeit mit der Praxis ließe sich insbesondere auch durch eine Stärkung der Rolle der Fachhochschule für öffentliche Verwaltung in der Weiterbildung erreichen; bislang ist die Fachhochschule auf die „Mitwirkung" anderer Träger angewiesen. Der Wissenschaftsrat empfiehlt dem Land eine Änderung der Gesetzeslage, die der Fachhochschule die eigenverantwortliche Durchführung von Weiterbildungsangeboten erlaubt. Eine weitere Zusammenarbeit insbesondere mit den kommunalen Studieninstituten hält er für wünschenswert.

II. 4. Personalstruktur, Lehrkörper

Die Entwicklung in Richtung einer dualen Fachhochschule sollte nach Ansicht des Wissenschaftsrates von einer Umwandlung der gegenwärtig zweigleisigen Personalstruktur in eine fachhochschulgemäße Struktur begleitet sein, in deren Rahmen die Dozentenstellen überwiegend in Professorenstellen umgewidmet werden, die mit Lehrenden besetzt werden, die die Berufungsvoraussetzungen an Fachhochschulen erfüllen. Die jetzige Personalstruktur gründet im wesentlichen auf Befürchtungen der Dienstherren, mit einer rein professoralen Struktur geriete der Praxisbezug in Gefahr. Angesichts der mangelnden Verzahnung von Theorie und Praxis kann eine zufriedenstellende Kooperation von Theorie und Praxis mit der gegebenen Struktur jedoch nicht gesichert werden. Als Ausnahme könnten A-Stellen weiterhin möglich bleiben, insbesondere in Fächern, die zwar durch hauptamtliche Dozenten und nicht durch nebenberufliche Lehrbeauftragte abgedeckt werden sollen, die aufgrund des Fächerzuschnitts aber nicht durch Professoren abgedeckt werden können. Dies gilt in besonderem Maße für die Polizeiausbildung, die viele spezifische Fächer umfaßt, die im Kanon der allgemeinen Hochschulen nicht vertreten sind.

Gegenwärtig überwiegt in allen Fachbereichen mit Ausnahme der Kommunalverwaltung die Lehre durch nebenamtliche Lehrbeauftragte. Der Wissenschaftsrat begrüßt die Zielsetzung des Landes, 60 % des Unterrichtsvolumens durch hauptamtliche Lehrkräfte abzudecken (vgl. B. IV. 4.). Wenn sich die gegenwärtige Entwicklung der Anfängerzahlen weiter fortsetzt, kann dieses Ziel in den nächsten Jahren möglicherweise ohne zusätzliche Stellen für hauptamtliches Personal erreicht werden. Das Land sollte jedoch auf eine Verstetigung dieses Anteils achten, um die Qualität der Ausbildung nicht von Jahrgangsstärken abhängig zu machen.

II. 5. Rechtsstellung und Struktur

Erleichtert würde ein großer Teil der vorgeschlagenen Maßnahmen durch die Übertragung einer größeren Verantwortung für die gesamte Ausbildung an die Fachhochschule für öffentliche Verwaltung. Wenn das Ziel einer Annäherung an das allgemeine Hochschulwesen weiter verfolgt werden soll, hält der Wissenschaftsrat hierzu die Umwandlung der Fachhochschule für öffentliche Verwaltung in eine rechtsfähige Körperschaft mit den im Hochschulwesen üblichen Organen der Selbstverwaltung für notwendig.

Nicht sachgemäß erscheint dem Wissenschaftsrat die Organisation der Fachhochschule in abteilungsübergreifende Fachbereiche, die die fachbezogene Eigenständigkeit der lokalen Standorte beschneidet und auf der regionalen und kommunalen Ebene die Kooperation von Fachhochschulen und Verwaltungspraxis hemmt. Dies gilt insbesondere auch mit Blick auf Weiterbildung und beratende Forschungs- und Lehrprojekte. Diese Struktur ist nach Einschätzung des Wissenschaftsrates eine der Hauptursachen für die mangelhafte Verzahnung von Theorie und Praxis. Eine partnerschaftliche Kooperation zwischen Fachhochschule und Verwaltungspraxis setzt auf der Ebene von Ausbildungsgängen lokal verfaßte Ansprechpartner voraus.

II. 6. Zusammenfassende Bewertung

An der Fachhochschule für öffentliche Verwaltung sind eine Reihe von Konzepten zur Weiterentwicklung der Studiengänge und der Struktur der Fachhochschule entwickelt worden, die von der Hochschulleitung engagiert vertreten werden. Der Wissenschaftsrat begrüßt die Zielsetzung der Reforminitiativen, die auf eine stärkere Angleichung der Struktur und der Ausbildungsgänge an das allgemeine Fachhochschulsystem zielen. Er hat jedoch den Eindruck gewonnen, daß noch ein erheblicher Realisierungsbedarf besteht, da viele Veränderungen sich noch in einem konzeptionellen Stadium befinden und einer Umsetzung noch bedürfen.

In der gegenwärtigen Struktur der Ausbildung und der Hochschule erkennt der Wissenschaftsrat einige gravierende Defizite und Schwächen, deren Beseitigung einer konzertierten Anstrengung aller Beteiligter, der Fachhochschule, der Dienstherren und des Landes, bedürfen. Einen Schwachpunkt der Fachhochschule für öffentliche Verwaltung Nordrhein-Westfalen sieht der Wissenschaftsrat in der fehlenden Kooperation und Verzahnung von Theorie/Fachhochschule und Praxis/Dienstherren, wodurch ein zentrales Profilelement einer dual strukturierten Hochschulausbildung nicht hinreichend genutzt wird. Es mangelt an einer Gesamtverantwortung für den jeweiligen Studiengang, die über die partiellen Kompetenzen der Fachhochschule für die theoretischen Studienteile auf der einen Seite und der Dienstherren für die Praxisphasen auf der anderen Seite hinausgeht. Gegenwärtig stehen Theorie- und Praxisausbildung zumindest in der Allgemeinen Staatlichen und Kommunalen Verwaltung weitgehend isoliert nebeneinander.

Dringend erforderlich sind institutionalisierte Mechanismen, die eine bessere Kooperation von Fachhochschule und Verwaltungspraxis fördern. Hierzu zählen neben einer stärkeren Beteiligung der Praxis in den Gremien der Fachhochschule für öffentliche Verwaltung und regelmäßig stattfindenden Gesprächen über die Abstimmung von Fachstudium und Praxisausbildung der Ausbau von auf konkrete Praxisproblemen bezogenen Lehrprojekten und die häufigere Nutzung der Möglichkeit von Praxissemestern für Dozenten und Professoren der Fachhochschule für öffentliche Verwaltung.

Als eine der wenigen verwaltungsinternen Fachhochschulen hat die nordrhein-westfälische Fachhochschule für öffentliche Verwaltung einen gesetzlichen Forschungs- und Entwicklungsauftrag, wie er das Hochschulrecht für die Fachhochschulen eingeführt hat. Dem hat die Fachhochschule nicht zuletzt durch die Gründung zweier An-Institute Rechnung getragen. In anderen Bereichen sollten solche Aktivitäten aber weiter ausgebaut werden. Deshalb empfiehlt der Wissenschaftsrat Land, Kommunen und den anderen Dienstherren, die Expertise der Fachhochschule für öffentliche Verwaltung in systematischer Weise in die Verwaltungsreform einzubinden. Grundlegende Voraussetzung für eine bessere Kooperation zwischen Fachhochschule und Dienstherren und eine bessere Koordination zwischen Fachstudium und Praxisausbildung ist ein Wandel im Selbstverständnis beider beteiligter Seiten als duale Partner eines Kooperationsverbundes, die die Verantwortung für eine gemeinsame Aufgabe tragen.

Darüber hinaus schlägt der Wissenschaftsrat Strukturveränderungen in der rechtlichen Stellung der Fachhochschule für öffentliche Verwaltung, ihrer internen Organisation und ihrer Personalstruktur vor, die unter Beibehaltung eines spezifischen Profils eine Annäherung an das allgemeine Fachhochschulwesen zum Ziel haben.

E. Stellungnahme zur Niedersächsischen Fachhochschule für Verwaltung und Rechtspflege

Vorbemerkung

Das Land Niedersachsen hat dem Wissenschaftsrat mit Brief des Innenministers vom 9. Mai 1995 seine Bereitschaft erklärt, die Niedersächsische Fachhochschule für Verwaltung und Rechtspflege in die Evaluation der Verwaltungsfachhochschulen mehrerer Länder durch den Wissenschaftsrat einzubeziehen.

Mit einer auf der Neuregelung des Niedersächsischen Hochschulgesetzes basierenden Rechtsverordnung vom 10. Februar 1996 stellt das Land die Fachhochschule für Verwaltung und Rechtspflege auf eine neue Grundlage. Das Niedersächsische Hochschulgesetz in der Fassung vom 21. Januar 1994 sieht vor, die Struktur der Verwaltungsfachhochschule möglichst weitgehend den anderen Fachhochschulen anzugleichen (§ 150 NHG). Die Rechtsverordnung tritt am 1. August 1996 in Kraft. Gegenstand der vorliegenden Stellungnahme sind sowohl die gegenwärtige Struktur und Ausbildung als auch die zukünftige Ausbildung und die geplante Struktur der Fachhochschule für Verwaltung und Rechtspflege, wie sie in der Rechtsverordnung niedergelegt ist.

E. I. Ausgangslage

I. 1. Rechtsstellung und Struktur

Die aus den ehemaligen Verwaltungsfachschulen heraus gegründete Niedersächsische Fachhochschule für Verwaltung und Rechtspflege gliedert sich in die Fachbereiche Allgemeine Verwaltung, Polizei, Rechtspflege und Steuerverwaltung. Die Fachbereiche Allgemeine Verwaltung und Polizei sind an mehreren Standorten angesiedelt, die in der Allgemeinen Verwaltung einen Abteilungsstatus besitzen. Der Fachbereich Allgemeine Verwaltung bietet neben den Studiengängen für die Allgemeine Landesverwaltung und die Kommunalverwaltung Sonderstudiengänge für den gehobenen Verwaltungsdienst der Evangelisch-Lutherischen Landeskirche Hannover, der Landesversicherungsanstalten Hannover und Braunschweig, der Niedersächsischen Agrarstrukturverwaltung, der Verwaltung der Kriegsopferversorgung und des Polizeiverwaltungsdienstes an. Mit Bestehen der Laufbahnprüfung wird die Befähigung für alle genannten Verwaltungslaufbahnen erworben. Eine Besonderheit der Niedersächsischen Fachhochschule für Verwaltung und Rechtspflege besteht in der Ausbildung für die Kommunalverwaltung, die in kommunalen Abteilungen in Braunschweig, Hannover und Oldenburg durchgeführt wird. Das Land Niedersachsen hat die kommunalen Studieninstitute 1978 vertraglich mit der Ausbildung für die Kommunalverwaltung beliehen. Die Staatliche Abteilung des Fachbereichs Allgemeine Verwaltung und der Fachbereich Rechtspflege sind in Hildesheim angesiedelt, der Fachbereich Polizei unterhält zusätzlich den Studienort Oldenburg. Mit Inkrafttreten der Verordnung wird sich der Fachbereich in Abteilungen in Hannoversch-Münden, Hildesheim und Oldenburg gliedern. Der Fachbereich Steuerverwaltung hat seinen Standort etwa 40 km von Hildesheim entfernt in Rinteln. Das Land Niedersachsen führt auch die Rechtspflegerausbildung für die Länder Hamburg, Bremen und Schleswig-Holstein durch.

Mit Inkrafttreten der Rechtsverordnung steht eine Reform der Struktur und Ausbildung an der Fachhochschule bevor. Grundlage der Rechtsverordnung ist eine Neufassung des Niedersächsischen Hochschulgesetzes aus dem Jahr 1994. Darin wird festgelegt, daß die Struktur der Verwaltungsfachhochschule mit dem Ziel einer möglichst weitgehenden Angleichung an die Struktur der anderen Fachhochschulen weiter entwickelt werden soll (§ 150 Abs. 2 NHG). Entsprechend dieser Zielsetzung greift die Rechtsverordnung nur Punkte auf, die abweichend von den Maßgaben des Hochschulgesetzes geregelt werden sollen. Die Neuregelung sieht vor, der Fachhochschule für Verwaltung und Rechtspflege, die gegenwärtig eine nicht rechtsfähige Einrichtung des Landes ist, den Status einer Körperschaft des öffentlichen Rechts zuzuteilen. In Angelegenheiten der Selbstverwaltung ist eine Rechtsaufsicht vorgesehen, in staatlichen Angelegenheiten darüber hinaus eine Dienst- und Fachaufsicht (§ 25 Abs. 1 Rechtsverordnung). Die Fachaufsicht obliegt dabei dem jeweiligen Fachministerium, dem die Studiengänge zugeordnet sind.

Die bisherige Struktur mit der Untergliederung des Fachbereichs Allgemeine Verwaltung in Abteilungen wird beibehalten. Hinzu kommen Abteilungen im Fachbereich Polizei. In den Abteilungen werden Abteilungskonferenzen eingerichtet, die auch Aufgaben wahrnehmen, die im Hochschulwesen üblicherweise den Fachbereichen obliegen (z. B. Lehrbetrieb, Forschungsangelegenheiten).

Die Rechtsverordnung schreibt dem Senat einerseits Aufgaben zu, die nach den Regelungen des Hochschulgesetzes von den Fachbereichen wahrgenommen werden. Andererseits sind auch Aufgaben, die hochschulrechtlich als Aufgaben des Senats definiert sind, in der Rechtsverordnung an den Rektor delegiert (z. B. Haushaltsvoranschläge). Im Unterschied zur gegenwärtigen Regelung, nach der der Rektor dem Kreis der Fachbereichsleiter entstammt, sieht die Rechtsverordnung eine Wahl des Rektors durch den Senat aus dem Kreis der im Dienste des Landes stehenden Angehörigen der Professorengruppe vor. Dies bedeutet, daß kein Professor der kommunalen Abteilungen Rektor oder Dekan des Fachbereichs Allgemeine Verwaltung werden kann.

Auf der Ebene der Fachbereiche sind Fachbereichskonferenzen und das Amt eines Dekans als Fachbereichsleiter vorgesehen. Zu den Aufgaben der Fachbereichskonferenz soll insbesondere die Aufstellung der Studienordnung für die Fachstudien und die begleitenden fachwissenschaftlichen Lehrveranstaltungen in den Praxiszeiten (§ 19 Abs. 2) gehören. Die Dekane sollen auf Vorschlag der Fachbereichskonferenz von dem zuständigen Fachministerium im Benehmen mit dem Innenministerium bestellt werden (§ 20 Abs. 2). Die Fachbereichskonferenz im Fachbereich Allgemeine Verwaltung soll unabhängig vom Größenverhältnis der beiden Bereiche jeweils zur Hälfte mit Vertretern der staatlichen Abteilung und der kommunalen Abteilungen zusammengesetzt sein.

I. 2. Personalstruktur

Gegenwärtig sind an der Fachhochschule ausschließlich beamtete Dozenten mit A-Besoldung (bzw. bei abgeordneten Richtern mit R-Besoldung) tätig. 1995 waren an der Fachhochschule insgesamt 144 hauptamtliche Lehrkräfte beschäftigt, davon 66 im Fachbereich Allgemeine Verwaltung, 33 im Fachbereich Steuerverwaltung, 30 im Fachbereich Polizei und 15 im Fachbereich Rechtspflege.

Der Anteil der von hauptamtlichen Dozenten erbrachten Lehre unterscheidet sich in den einzelnen Fachbereichen und Abteilungen zum Teil erheblich (vgl. Tabelle 7). In den Fachbereichen Polizei und Rechtspflege wird die Lehre fast ausschließlich von hauptamtlichen Dozenten erbracht, im Fachbereich Steuerverwaltung ebenfalls zu mehr als zwei Dritteln. In der allgemeinen Verwaltung des Landes wird die Lehre demgegenüber jeweils etwa zur Hälfte von hauptamtlichen Lehrkräften und von Lehrbeauftragten geleistet. In den kommunalen Abteilungen schwankt der Anteil der hauptamtlichen Dozenten am gesamten Unterrichtsvolumen zwischen 77 % in Oldenburg, 56 % in Braunschweig und 43 % in Hannover.

Tabelle 7:
Anteil der Lehre von haupt- und nebenberuflichen Dozenten

Fachbereich	Anteil der Lehre am Gesamtunterrichtsvolumen in %	
	durch hauptamtliche Dozenten	durch Lehrbeauftragte
Allgemeine staatl. Verwaltung	51 %	49 %
Kommunale Abteilungen		
Braunschweig	56 %	44 %
Hannover	43 %	57 %
Oldenburg	77 %	23 %
Polizei	95 %	5 %
Rechtspflege	89 %	11 %
Steuerverwaltung	69 %	31 %

Quelle: Angaben des Landes

Die Rechtsverordnung sieht eine Neuordnung der Personalstruktur der Niedersächsischen Fachhochschule für Verwaltung und Rechtspflege vor. Es soll zwei Kategorien hauptamtlicher Lehrkräfte geben, die beide der Gruppe der Professoren zugeordnet sind: Professoren und Fachhochschuldozenten. Die Professoren sollen auf Vorschlag der Fachhochschule vom Ministerium für Wissenschaft und Kultur berufen werden. Um Praktiker aus der Verwaltungspraxis zu gewinnen, ist eine Berufung auf Zeit bis zu sechs Jahren möglich. Für die Gruppe der Professoren sollen die Einstellungsvoraussetzungen des Niedersächsischen Hochschulgesetzes gelten. Im Fachbereich Polizei kann auch berufen werden, wer den Studiengang an der Polizeiführungsakademie abgeschlossen und eine mindestens dreijährige Berufspraxis im höheren Polizeivollzugsdienst erworben hat (§ 9).

Als zweite Gruppe hauptberuflich Lehrender, die die Rechtsverordnung aber ebenfalls der Statusgruppe der Professoren zurechnet, sind Fachhochschuldozenten vorgesehen (§ 11). Diese sollen ihre Lehraufgaben ebenfalls selbständig wahrnehmen, darüber hinaus sind sie auch berechtigt, ebenso wie Professoren Forschungs- und Entwicklungsaufgaben wahrzunehmen. Voraussetzung für eine Bestellung sind neben einem abgeschlossenen Hochschulstudium und der pädagogischen Eignung eine mindestens fünfjährige berufliche Praxis, von der mindestens drei Jahre außerhalb des Hochschulbereichs ausgeübt sein müssen. Im Rahmen der beabsichtigten Umstellung sollen auf der Grundlage von Überleitungsregelungen (§ 27 Rechtsverordnung) die bei Inkrafttreten der Verordnung an der Fachhochschule tätigen hauptamtlichen Lehrkräfte zu Fachhochschuldozenten bestellt werden. Denjenigen Lehrkräften, die die Funktion eines Fachkoordinators ausüben, wird der akademische Titel des Professors verliehen. Als Regellehrverpflichtung für Professoren und

Fachhochschuldozenten sind in der Rechtsverordnung 666 Lehrveranstaltungsstunden im Jahr vorgesehen (§ 12).

I. 3. Das Studium an der Fachhochschule für Verwaltung und Rechtspflege

a) Struktur der Ausbildung

Die Ausbildungszeit von 36 Monaten verteilt sich gegenwärtig in allen Fachbereichen und Abteilungen gleichgewichtig auf Studienabschnitte an der Fachhochschule und in den Dienststellen. Zu Beginn des Studienjahres 1997/98 soll im Fachbereich Allgemeine Verwaltung der Anteil der Studienzeiten an der Fachhochschule auf 24 Monate ausgedehnt werden. Die Grundlage hierzu wurde bereits 1994 mit einer Änderung der Niedersächsischen Laufbahnverordnung geschaffen, die die Mindestdauer der berufspraktischen Studienzeiten auf zwölf Monate verringert hat.

In den Studiengängen für die Allgemeine Landesverwaltung gliedert sich die Ausbildung bislang jeweils in drei Abschnitte an der Fachhochschule und in den Behörden, wobei der letzte Praxisabschnitt allerdings nur einen Monat umfaßt. Die neue Studienordnung sieht vier Studienabschnitte an der Fachhochschule vor, wobei insbesondere der erste Studienabschnitt verlängert worden ist. In den Studiengängen an den kommunalen Abteilungen sind ebenfalls vier Studienabschnitte am Fachbereich vorgesehen. Gleichzeitig erstreckt sich die erste Praxisphase über zehn Monate. Im Fachbereich Polizei wechseln in regelmäßigem Turnus sechsmonatige Theorie- und Praxisphasen ab.

b) Ausbildungsinhalte, Curricula

Die Ausbildungsinhalte und das Gewicht einzelner Fächer werden in den Studienordnungen bzw. -plänen der Fachbereiche festgelegt. Die Ausbildung im Fachbereich Steuerwesen unterliegt den bundeseinheitlichen Rahmenrichtlinien der Ausbildungs- und Prüfungsordnung für die Steuerbeamten.

Fachbereich Allgemeine Verwaltung

Im gegenwärtig geltenden Studienplan entfallen 62 % der Unterrichtsstunden auf Rechtsfächer. Auf wirtschaftswissenschaftliche Lehrveranstaltungen entfallen 10 % des Unterrichtsvolumens, auf sozialwissenschaftliche Fächer (einschließlich Informationstechnik und Verwaltungslehre) 14 %. Weitere 14% entfallen auf übergreifende Veranstaltungen wie z. B. Arbeitstechnik, einen Klausurenkurs, Seminare und ein Pflichtwahlfach. Die Studiengänge für die Kommunal- und für die Landesverwaltung unterscheiden sich nur im Fach Haushaltsrecht, das einmal mit kommunaler und einmal in staatlicher Ausrichtung gelehrt wird.

Im Fachbereich Allgemeine Verwaltung wurde ein neuer Studienplan erarbeitet, der voraussichtlich zu Beginn des Studienjahrs 1997/98 in Kraft treten soll. Er sieht nach einem einheitlichen Grundstudium zwei Studienschwerpunkte „Verwaltung“ und „Verwaltungsbetriebswirtschaft“ vor, die sich in der Gewichtung der einzelnen Fächergruppen unterscheiden. Jeweils etwa die Hälfte des Unterrichtsvolumens entfällt auf den gewählten Schwerpunktbereich (Recht im Studiengang Verwaltung, Wirtschaftswissenschaften im Studiengang Verwaltungsbetriebswirtschaftslehre) und drei Zehntel auf Fächer des nicht gewählten Schwerpunkts. Das restliche Stundenvolumen wird in beiden Studiengängen mit sozialwissenschaftlichen und fächerübergreifenden Inhalten gefüllt. Im Rahmen der neuen Studiengänge soll im Rahmen der jeweiligen Fächer ein größeres Gewicht auf die Vermittlung von Schlüsselqualifikationen gelegt werden. In den Sonderausbildungsgängen werden in unterschiedlichem Maße Fächer des allgemeinen Verwaltungsstudiengangs durch spezifische Inhalte ersetzt.

Fachbereich Polizei

In der Ausbildung für den gehobenen Polizeidienst entfällt etwa die Hälfte des gesamten Unterrichtsvolumens der drei Studienabschnitte auf polizeispezifische Gegenstandsbereiche (z.B. Einsatzlehre, Kriminalistik). Eine Besonderheit der Ausbildung stellen die drei angebotenen „Leitthemen“ dar, von denen die Studierenden zwei belegen müssen. Für alle Studierenden verpflichtend ist das Leitthema „Unfriedliche Aktionen/Gewalt“, hinzu kommt eine Veranstaltung zum Thema „Verkehr“ für die Studierenden der Schutzpolizei bzw. zum Thema „Kriminalitätsbekämpfung“ für die Studierenden der Kriminalpolizei. Dabei handelt es sich um fächerübergreifende Veranstaltungen mit 120 bzw. 60 Wochenstunden, die Vorlesungs-, Kurs- und Seminarelemente miteinander verbinden. In diesen Veranstaltungen müssen die Studierenden eigene Präsentationen vorstellen und eine kleinere Studie anfertigen.

Fachbereich Rechtspflege

Nach den Vorgaben der einzelnen Ausbildungsordnungen der beteiligten Bundesländer sollen die Lehrgebiete in ihrer inhaltlichen Gliederung den wesentlichen Gebieten der Rechtspflegertätigkeit und den zusätzlichen Aufgaben in der Justizverwaltung entsprechen. Die Rechtspflegertätigkeit beruht – ebenso wie die richterliche Tätigkeit – auf Rechtsanwendung. Dementsprechend verteilt sich das Unterrichtsvolumen zu ca. 95 % auf Rechtsfächer, und zu 5 % auf sozialwissenschaftliche und betriebswirtschaftliche (Wahl-)Fächer sowie EDV und Organisations- und Verwaltungslehre. Bei den Vermittlungsformen überwiegt das Lehrgespräch mit Studiengruppen von 20 bis 25 Studierenden, in dem – je nach Bedarf – Elemente einer Vorlesung, Übung und Arbeitsgemeinschaft vertreten sind. Daneben werden im Vertiefungsstudium zwei Seminare durchgeführt. Die Studierenden haben im Grund- und Vertiefungsstudium jeweils eine Hausarbeit anzufertigen.

c) Verzahnung von Theorie und Praxis

Zur Förderung der Kooperation zwischen Fachhochschule und Dienststellen sieht die Rechtsverordnung vor, daß bei der Zusammensetzung der Studienkommission Vertreter der Ausbildungsbehörden zu berücksichtigen sind (§ 21 Abs. 2). In den Fachbereichskonferenzen wirken nach Angaben des Landes ebenfalls regelmäßig Vertreter der Ausbildungsbehörden mit. Der Ausbildungsplan für die Praxiszeiten wird in Kooperation zwischen Fachhochschule und Vertretern aus der Praxis erstellt. Eine ständige Abstimmung zwischen fachtheoretischen und fachpraktischen Studienzeiten soll weiter durch gemeinsame Arbeitsgruppen, Ausbildungsleitertagungen und regelmäßige Dienstbesprechungen mit den Ausbildungsleitern aus den Ausbildungsbehörden sichergestellt werden.

Im Fachbereich Steuerverwaltung sind für die einzelnen Ausbildungsabschnitte in den Finanzämtern Arbeitsgruppen aus Praktikern, Lehrbeauftragten und Dozenten des Fachbereichs eingerichtet, die die Lehrinhalte überprüfen und neu festlegen sollen. Die Koordinatoren der einzelnen Studienfächer (Fachgruppenleiter) ermitteln in unregelmäßigen Abständen durch schriftliche Umfragen in sämtlichen Finanzämtern, inwieweit die Inhalte der Lehrveranstaltungen am Fachbereich anwendungsorientiert und den Bedürfnissen der Praxis entsprechend vermittelt werden. Im Fachbereich Polizei sieht die Studienordnung die Ernennung eines Beauftragten der Fachhochschule für die berufspraktischen Studienzeiten vor, der insbesondere Ansprechpartner und Koordinator für alle die berufspraktische Ausbildung betreffenden Abläufe sein soll. Regelmäßige Besprechungen der Fachhochschule mit den Ausbildungsleitern der Polizeibehörden dienen insbesondere der Abstimmung zwischen den Lernorten Fachhochschule und Dienststelle. Eine Verbindung zwischen Fachstudium und Fachpraktika wird auch durch die Erarbeitung von Projekten durch die Studierenden (als begleitendes Selbststudium) angestrebt.

Im Fachbereich Rechtspflege existiert ein Begleitunterricht während der berufspraktischen Studienabschnitte, der von am Fachbereich tätigen Lehrbeauftragten durchgeführt wird. Die Ausbildungsgerichte aller beteiligten Bundesländer werden in regelmäßigen Abständen von Vertretern des Fachbereichs besucht, um Abstimmungsfragen zu erörtern. Zudem findet jährlich eine Fortbildungsveranstaltung für Lehrbeauftragte aus der Praxis am Fachbereich statt.

d) Prüfungen, Abschluß

Die Ausbildung endet in allen Fachbereichen mit der staatlichen Laufbahnprüfung, die aus schriftlichen und mündlichen Prüfungen in den einzelnen Fächern besteht. Während des Studiums sind in allen Studiengängen eine Reihe meist schriftlicher Leistungsnachweise zu erbringen. Eine Diplomarbeit ist gegenwärtig und auch in der Neuordnung in keinem der Fachbereiche vorgesehen.

I. 4. Die Entwicklung der Fachhochschule für Verwaltung und Rechtspflege

a) Studienanfänger

1995 wurden in Niedersachsen insgesamt 946 Anwärter für die Laufbahnen des gehobenen nichttechnischen Verwaltungsdienstes eingestellt, die ihr Studium an der Fachhochschule für Verwaltung und Rechtspflege begonnen haben. Damit hat sich die Zahl der Studienanfänger gegenüber 1993 um 38 % verringert. Im Fachbereich Polizei hat sich die Anfängerzahl um 13 % erhöht, im Fachbereich Rechtspflege um 8 %. Demgegenüber hat sich die Zahl der Studienanfänger im Fachbereich Steuerverwaltung um 84 % von 429 auf 70 verringert. In der Allgemeinen Verwaltung des Landes ist die Zahl der Neueinschreibungen um zwei Drittel zurückgegangen, in den kommunalen Abteilungen hat sie sich fast halbiert (vgl. Tabelle 8).

Tabelle 8:
Studienanfänger nach Fachbereichen 1993-1995

Jahr	FB Allgemeine Verwaltung			FB Polizei	FB Rechtspflege	FB Steuerverwaltung	Summe
	Landesverwaltung	Kommunalverwaltung	sonstige				
1990	109	451	58	140	51	144	953
1993	97	495	58	319	138	429	1 536
1994	89	371	68	463	128	323	1 442
1995	23	253	51	400	149	70	946
	2,4 %	26,7 %	5,4 %	42,3 %	15,8 %	7,4 %	100 %

Quelle: Angaben des Landes

Bei einem anhaltend starken Rückgang der Anfängerzahlen ist absehbar, daß die Aufnahmekapazitäten der Fachhochschule (für insgesamt 1 435 Studienanfänger pro Jahrgang) in den Fachbereichen Allgemeine Verwaltung (Kapazität: 715; Anfänger 1995: 327) und Steuerverwaltung (Kapazität: 340; Anfänger: 70) bei weitem nicht mehr ausgelastet sein werden. Demgegenüber besteht im Fachbereich Polizei auch nach dem geplanten Ausbau in Oldenburg eine deutliche Überlast, die das Land veranlaßt hat, eine dritte Abteilung in Hannoversch-Münden zu gründen.

In der Gesamtzahl der Studierenden hat sich der Rückgang der Studienanfängerzahl bislang noch nicht niedergeschlagen: Von 1990 bis 1994 stieg ihre Zahl von insgesamt 2 234 auf 3 933 an. Gemessen an der Gesamtzahl der Studierenden sind die kommunalen Abteilungen mit einem Anteil von 32 % der größte Bereich der Fachhochschule.

b) Beteiligte Dienstherren

1995 hatten 205 Dienststellen Beamtenanwärter zum Studium an die Fachhochschule für Verwaltung und Rechtspflege entsandt.[32]) In der Ausbildung für die Allgemeine Verwaltung der Gemeinden und Landkreise sind 68 Dienststellen beteiligt, in der Steuerverwaltung 57, in der Polizei 45, in der Rechtspflege 27 und in der Allgemeinen Landesverwaltung 8.

c) Absolventen

Die Absolventenzahl an der Fachhochschule für Verwaltung und Rechtspflege unterlag in den letzten Jahren keinen großen Veränderungen. 1994 haben insgesamt 1 162 Beamtenanwärter ihre Laufbahnprüfung erfolgreich abgeschlossen. Von diesen kamen 40 % aus den kommunalen Verwaltungen, 17 % aus dem Fachbereich Polizei, jeweils 13 % aus den Fachbereichen Rechtspflege und Steuerverwaltung und 9 % aus der Allgemeinen Landesverwaltung. Die restlichen 6 % der Absolventen stammen aus den kleineren Studiengängen des Fachbereichs Allgemeine Verwaltung (z. B. Rentenversicherung; vgl. Tabelle 9).

Die Ausbildung an der Fachhochschule für Verwaltung und Rechtspflege ist durch hohe Erfolgsquoten gekennzeichnet. Sowohl die Anteile der Studienabbrecher als auch derjenigen Anwärter, die die Abschlußprüfung auch bei einer Wiederholung nicht bestehen, sind gering. Es besteht die Möglichkeit, Anwärtern, die die Laufbahnprüfung für den gehobenen Dienst nicht bestanden haben, die Befähigung zum mittleren Dienst zu erteilen.

Tabelle 9:
Absolventen nach Fachbereichen 1990-1994

Jahr	FB Allgemeine Verwaltung			FB Polizei	FB Rechtspflege	FB Steuerverwaltung	Summe
	Landesverwaltung	Kommunalverwaltung	sonstige				
1990	60	414	38	188	68	288	1 056
1993	117	449	61	137	51	202	1 017
1994	110	463	74	203	156	156	1 162
1995	110	491	42	159	124	215	1 141
	9,6 %	43,0 %	3,7 %	13,9 %	10,9 %	18,8 %	100 %

Quelle: Angaben des Landes

32) Einschließlich Mehrfachzählungen von Dienststellen, die in mehreren Fachbereichen ausbilden.

In der Rentenversicherung und im Allgemeinen Landesdienst wurden in den Jahren 1993 und 1994 alle Absolventen übernommen; das gleiche gilt für den Fachbereich Polizei, wo in beiden Jahren nur Aufstiegsbeamte die Laufbahnprüfung abgeschlossen haben. Aus dem Bereich der kommunalen Abteilung wird berichtet, daß in den Jahren 1994/95 einzelne Dienststellen eine Mindestdurchschnittsnote in der Laufbahnprüfung zur Voraussetzung für eine Übernahme gemacht haben.

I .5. Finanzierung , Kosten

Das Land finanziert die Ausbildung in den Fachbereichen Polizei, Rechtspflege und Steuerverwaltung sowie im Studiengang für die Landesverwaltung. Die Ausbildung in den kommunalen Abteilungen wird von den Kommunen und Landkreisen als den Trägern der kommunalen Studieninstitute getragen. An den Kosten der Rechtspflegerausbildung sind die Länder Bremen, Hamburg und Schleswig-Holstein beteiligt, deren Anwärter ihre Studienphasen an der niedersächsischen Verwaltungsfachhochschule absolvieren. Die Ausgaben von Land und Kommunen für die Niedersächsische Fachhochschule für Verwaltung und Rechtspflege beliefen sich im Jahr 1995 ohne Anwärterbezüge auf 23,4 Millionen DM (vgl. Tabelle 10). Mit 69 % entfiel der größte Teil dieser Ausgaben auf das hauptamtliche Personal.

Tabelle 10:
Ausgaben für die Fachhochschule für Verwaltung und Rechtspflege

Jahr	Investitionen	hauptamtliches Personal	Lehrbeauftragte	Sachausgaben	Summe
1993	1 272 000	13 575 500	2 470 600	5 579 800	22 766 900
1994	976 400	14 598 600	2 367 300	6 093 600	24 035 800
1995	187 600	16 077 200	2 164 000	4 984 900	23 413 700

Quelle: Angaben des Landes

E. II. Stellungnahme

Die Niedersächsische Fachhochschule für Verwaltung und Rechtspflege befindet sich nach der Novellierung des Hochschulgesetzes und der darauf folgenden Rechtsverordnung in einem Stadium der Neuordnung. Die vorliegende Stellungnahme bezieht sich sowohl auf die gegenwärtige Struktur und die gegenwärtigen Ausbildungsgänge an der Fachhochschule als auch auf die Konzepte zur zukünftigen Ausbildung und auf die geplante Struktur der Einrichtung.

II. 1. Rechtsstellung und Struktur

Das in der Neufassung des Niedersächsischen Hochschulgesetzes formulierte Ziel einer Angleichung der Fachhochschule für Verwaltung und Rechtspflege an das allgemeine Hochschulwesen entspricht in der Zielrichtung der Auffassung des Wissenschaftsrates zur Weiterentwicklung der verwaltungsinternen Fachhochschulen (vgl. B.). Deshalb werden die entsprechenden Regelungen im Niedersächsischen Hochschulgesetz, die die Fachhochschule für Verwaltung und Rechtspflege in den Katalog der Hochschulen im Sinne des Gesetzes (§ 1 Abs. 1 Nr. 14 NHG) aufnehmen und sie grundsätzlich der Geltung des Hochschulgesetzes unterstellen (§ 1 Abs. 3 NHG), begrüßt. Dabei ist die in der Rechtsverordnung vorgesehene Umwandlung der Fachhochschule für Verwaltung und Rechtspflege in eine rechtsfähige Körperschaft eine Voraussetzung für die Möglichkeit zur Ausprägung hochschultypischer Strukturen.

Die Abweichungen vom Niedersächsischen Hochschulgesetz, die die Rechtsverordnung vorsieht, begründet das Land mit der auf den beamtenrechtlichen Ausbildungsvorschriften beruhenden engen Bindungen der einzelnen Fachbereiche an die jeweiligen Fachministerien. Die Zuordnung der Dienstaufsicht zum Innenministerium sowie der Fach- und Rechtsaufsicht an die jeweiligen für die Laufbahnen zuständigen Fachministerien (§ 25) hält der Wissenschaftsrat nicht für geeignet, ein hochschulgemäßes Selbstverständnis der Fachhochschule und ihre weitere Integration in das allgemeine Hochschulsystem zu fördern. Statt dessen empfiehlt er eine einheitliche Ressortverantwortung des Wissenschaftsministeriums, um eine hochschulgemäße Weiterentwicklung der Fachhochschule zu gewährleisten. Zugleich erkennt er jedoch durchaus die Notwendigkeit an, daß die Verwaltungen an der inhaltlichen Ausgestaltung der Studiengänge mitwirken können (vgl. B. IV. 1.).

So sehr die im Niedersächsischen Hochschulgesetz vorgesehene Einrichtung eines Senats als Selbstverwaltungsorgan der Hochschule (neben dem Rektor) und von Fachbereichskonferenzen als Organe der Fachbereiche unterstützt wird, so wenig nachvollziehbar sind die Aufgabenstellungen und die Zusammensetzung der Gremien, die erheblich vom Hochschulrecht abweichen. Beispielsweise haben im Senat die vom Ministerium bestellten Dekane ein großes Gewicht. Hierzu zählt auch die Tatsache, daß die Dekane nicht vom Fachbereich gewählt, sondern vom Ministerium bestellt werden.

Unabhängig von rechtlichen Regelungen hat der Wissenschaftsrat den Eindruck gewonnen, daß der Fachhochschule für Verwaltung und Rechtspflege aufgrund der räumlichen Trennung und weitgehenden Selbständigkeit der einzelnen Fachbereiche und Abteilungen eine gemeinsame Identität fehlt. Auch wenn die Einsetzung eines fachbereichsübergreifenden Senats für die Kommunikation zwischen den Fachbereichen und deren Identifikation mit einer gemeinsamen Fachhochschule positive Wirkungen entfalten kann, bleiben Zweifel, ob eine einheitliche

Fachhochschule aller Ausbildungsgänge für den gehobenen Dienst unter den Bedingungen der gegebenen räumlichen Entfernungen der einzelnen Standorte entwickelt werden kann. In diesem Zusammenhang hält der Wissenschaftsrat insbesondere die Beibehaltung der zweigleisigen Gliederung in Fachbereiche und Abteilungen mit Abteilungskonferenzen, die mit eigenen Kompetenzen ausgestattet sind, nicht für geeignet, die gegenwärtige Zersplitterung der Fachhochschule zu überwinden. Dies gilt insbesondere mit Blick auf die geringe Größe einzelner Abteilungen und den unmittelbaren Einfluß der jeweiligen regionalen Träger der kommunalen Abteilungen.

Für problematisch hält der Wissenschaftsrat auch die vorgesehenen Mitwirkungsmöglichkeiten der kommunalen Abteilungen, die der Fachhochschule lediglich angegliedert sind (§ 4 Rechtsverordnung). Dies widerspricht ihrer quantitativen Bedeutung mit 71 % aller Studierenden des Fachbereichs Allgemeine Verwaltung und nahezu einem Drittel aller Studierenden der Fachhochschule. Professoren der kommunalen Abteilungen sollen auch künftig weder Dekan des Fachbereichs Allgemeine Verwaltung noch Rektor der Fachhochschule werden können. Im Senat ist lediglich ein Leiter einer kommunalen Abteilung vertreten, während alle Dekane stimmberechtigte Mitglieder sind. Und auch in den Fachbereichskonferenzen sind die Abteilungen lediglich mit beratender Stimme vertreten. Der Wissenschaftsrat bittet das Land, diese Regelungen noch einmal grundsätzlich zu überprüfen und an den Grundsätzen des Hochschulrechts auszurichten.

II. 2. Personalstruktur

Der Wissenschaftsrat erkennt die Bedeutung von Lehrbeauftragten aus der beruflichen Praxis für das Profil der Studiengänge ausdrücklich an; jedoch sollte ihr Anteil am Lehrangebot eine Obergrenze nicht überschreiten (vgl. B. IV.) Entsprechend sollte der Anteil der hauptamtlichen Dozenten an der Lehre auch in den Bereichen auf mindestens 60 % erhöht werden, in denen diese Quote noch nicht erreicht ist. Die aufgrund des Rückgangs der Anfängerzahlen in den meisten Bereichen gegenwärtig bestehenden Überkapazitäten lassen ein Erreichen dieses Ziels möglich erscheinen.

Zur Sicherung sowohl des Praxisbezugs als auch der Qualität der Lehre gehört es, daß die Lehrbeauftragten vorrangig solche Themengebiete übernehmen, die ihrer Berufstätigkeit entsprechen. Im Unterschied zu den Verwaltungsfachhochschulen anderer Länder sind Lehrbeauftragte aus öffentlichen Fachhochschulen nicht in die Ausbildung an der Niedersächsischen Fachhochschule für Verwaltung und Rechtspflege eingebunden. Der Wissenschaftsrat empfiehlt, bei der Gewinnung von Lehrbeauftragten künftig auch der Kooperation mit Fachhochschulen stärkere Beachtung zu schenken. Der weit überwiegende Teil der durch Lehrbeauftragte erbrachten Lehre im Fachbereich Allgemeine Verwaltung wird von Angehörigen des öffentlichen Dienstes geleistet (93 %). Zur Stärkung betriebswirtschaftlicher Kompetenzen und Lehrangebote sollte des weiteren vermehrt auch versucht werden, Lehrbeauftragte aus der Wirtschaft und aus öffentlichen Unternehmen zu gewinnen.

Die Rechtsverordnung führt eine Neuregelung der Personalstruktur an der Fachhochschule für Verwaltung und Rechtspflege ein, die neben Professoren auch Fachhochschuldozenten vorsieht, wobei allerdings keine Zielgröße zum zahlenmäßigen Verhältnis beider Gruppen festgeschrieben ist. Die Regelqualifikation eines Hochschulstudiums und einer fünfjährigen beruflichen Praxis kann bei den Dozenten auch durch eine abgeschlossene Laufbahnprüfung für den gehobenen Dienst und „hervorragende fachbezogene Leistungen“ in einer fünfjährigen Berufspraxis in der Verwaltung ersetzt werden (§ 11 Abs. 3). Im Unterschied zum Hochschulgesetz, das den Einsatz von „Lehrkräften für besondere Aufgaben“ in solchen praxisbezogenen Themengebieten vorsieht, deren Vermittlung nicht „die Einstellungsvoraussetzungen für das Professorenamt erfordert“ (§ 71 Abs. V.1 NHG), enthält die Rechtsverordnung keine Festlegungen zum Einsatzgebiet von Professoren und Dozenten. Dadurch kann nach Auffassung des Wissenschaftsrates nicht hinreichend sichergestellt werden, daß die Kernfächer der Ausbildungsgänge von Lehrkräften vertreten werden, die den Einstellungsanforderungen für Fachhochschulen genügen.[33])

Dies gilt um so mehr, als die Bestimmungen zur Überleitung des gegenwärtig an der Fachhochschule vorhandenen hauptamtlichen Lehrpersonals (§ 27) vorsehen, daß alle jetzigen Dozenten als Fachhochschuldozenten übergeleitet werden. Daher besteht nach Einschätzung des Wissenschaftsrates kein finanzieller und personeller Spielraum, kurz- und mittelfristig qualifizierte Professoren von außen an die Fachhochschule für Verwaltung und Rechtspflege zu berufen, zumal auch die Entwicklung der Studentenzahlen keine Ausweitung der Zahl der Stellen erwarten läßt bzw. erforderlich macht. Obwohl durch eine solche Überleitungsregelung die Akzeptanz der Strukturreform erhöht werden dürfte, hat der Wissenschaftsrat die Sorge, daß die mangelnde Aussicht auf Gewinnung neuer Professoren von außen eine Umsetzung der angestrebten Reformen nachhaltig behindern könnte.

II. 3. Studium

Die Änderung der Laufbahnverordnung, die den Mindestanteil der berufspraktischen Studienabschnitte auf 12 Monate verringert, schafft die Grundlagen, um die Empfehlungen des Wissenschaftsrates zur Gestal-

33) Die Zuordnung der Fachhochschuldozenten zur Statusgruppe der Professoren erfüllt im Beratungsverfahren nicht die Voraussetzungen für die vom Hochschulrecht geforderte Feststellung der Zustimmung der Mehrzahl der Professoren.

tung des Studiums (vgl. B. III.) umzusetzen. Die Erhöhung des Anteils der Studienzeiten an der Fachhochschule sollte aber nicht auf die allgemeine Verwaltung begrenzt bleiben. Vielmehr wird empfohlen, über die Einführung eines neuen Studiengangs im Fachbereich Allgemeine Verwaltung mit zwei alternativen Schwerpunkten „Verwaltung“ und „Verwaltungsbetriebswirtschaft“ hinaus die in § 2 Abs. 2 der Rechtsverordnung aufgenommene Experimentierklausel engagiert zu nutzen, um im Einvernehmen mit dem jeweils für die Fachaufsicht zuständigen Ministerium neue Studiengänge zu erproben.

a) Studium an der Fachhochschule

Der Wissenschaftsrat begrüßt die Absicht, mit dem neuen Studienplan für die Allgemeine Verwaltung erste Wahlmöglichkeiten einzuführen. Um die vorherrschende Verschulung der Lehre in der Hochschule abzubauen und ein eigenständiges Erarbeiten der Studieninhalte und eine aktive Teilnahme der Studierenden zu fördern, sollte der Anteil von Seminaren, Projektstudien und ähnlichen Veranstaltungsformen wie vorgesehen erhöht werden. Auch in den anderen Fachbereichen sollte die Möglichkeit zur Einführung neuer Lehrformen für fächerübergreifende Veranstaltungen analog der „Leitthemen“ im Fachbereich Polizei geprüft werden. Das Bemühen und Engagement der Fachbereiche vor allem der Steuerverwaltung und der Rechtspflege, Spielräume zur Einführung und Stärkung hochschulgemäßer Lehrformen auszuloten, verdient Anerkennung. Es trifft jedoch immer wieder auf die Grenzen der gesetzlich vorgegebenen bundeseinheitlichen Ausbildungsordnungen, die eine hochschulorientierte Weiterentwicklung behindern.

Anstelle der vorrangigen Vermittlung von Kenntnissen sollte in der Ausbildung ein stärkeres Gewicht auf die Entwicklung von breiten Grundlagenwissen, Fähigkeiten und methodischen Kompetenzen, mit Bezug zum Berufsfeld gelegt werden. Dies sollte jedoch nicht additiv in Form separater Lehrveranstaltungen (wie beispielsweise Arbeitstechnik, Rhetorik oder ein Klausurenkurs) erfolgen, sondern integrativ in den jeweiligen Unterrichtsfächern verankert werden. Bei weiter fortschreitender Differenzierung der Verwaltung muß gleichzeitig mit einer zunehmenden Heterogenität der Qualifikationsanforderung gerechnet werden. Insbesondere den feststellbaren Unterschieden in den gegenwärtigen Tätigkeitsprofilen wie in den zukünftigen Qualifikationsprofilen zwischen großen Teilen der Landesverwaltung und der Kommunalverwaltung kann nach Einschätzung des Wissenschaftsrates durch den stark auf die Belange der Landesverwaltung ausgerichteten und bis auf das Haushaltsrecht einheitlichen Studienplan für die Landes- und die Kommunalverwaltung bislang nicht in ausreichendem Maße Rechnung getragen werden. Ohne den Nutzen gemeinsamer Lehrveranstaltungen für Studierende verschiedener Verwaltungszweige hinterfragen zu wollen, hält der Wissenschaftsrat doch die Möglichkeit einer Schwerpunktsetzung für den kommunalen Sektor für erforderlich, die nicht entlang der Trennung der Verwaltungszweige organisiert sein muß.

b) Prüfungen

Der Fachbereich Allgemeine Verwaltung plant im Rahmen seiner Studienreform die Einführung einer größeren Hausarbeit, hat sich jedoch gegen die Einführung einer Diplomarbeit ausgesprochen. Der Wissenschaftsrat betrachtet die Anfertigung einer praxisbezogenen Diplomarbeit jedoch als unabdingbares Element eines mit einem Hochschuldiplom abschließenden Fachhochschulstudiums, das den Nachweis der Befähigung zum Arbeiten mittels wissenschaftlicher Methoden erbringen soll.

Die gegenwärtigen Ausbildungs- bzw. Studienordnungen sehen eine Reihe studienbegleitender Leistungsnachweise vor, die mit unterschiedlichem Gewicht in das Ergebnis der Laufbahnprüfung Eingang finden. Zum überwiegenden Teil werden die schriftlichen Leistungsnachweise gegenwärtig in Form von Klausuren erbracht. Größere Wahlmöglichkeiten zur Erbringung der Leistungsnachweise wurden bislang erst in Ansätzen geschaffen. Hochschultypische Formen von Leistungsnachweisen wie Referate, Hausarbeiten, Fallösungen und Projektstudien sollten, wie in der Studienreform im Fachbereich Allgemeine Verwaltung vorgesehen, ein größeres Gewicht erhalten als dies gegenwärtig der Fall ist. Insbesondere bei der Realisierung von Lehrprojekten sollte die Fachhochschule für Verwaltung und Rechtspflege auf die Kooperation mit allgemeinen Fachhochschulen zurückgreifen.

II. 4. Zusammenfassende Bewertung

Der Wissenschaftsrat begrüßt die in § 150 Abs. 2 Satz 2 des Niedersächsischen Hochschulgesetzes formulierte Zielsetzung einer möglichst weitgehenden Angleichung der Struktur der Fachhochschule für Verwaltung und Rechtspflege an die öffentlichen Fachhochschulen. Wichtige Elemente hierzu sind die vorgesehene Umwandlung der Fachhochschule in eine rechtsfähige Einrichtung und die Einrichtung eines Senats als gemeinsamem Organ der Fachhochschule. Der Wissenschaftsrat kann allerdings keine plausiblen Gründe für vom Hochschulgesetz abweichende Regelungen erkennen. Vielmehr ist der Wissenschaftsrat zu der Einschätzung gelangt, daß viele der Regelungen, die in die Rechtsverordnung Eingang gefunden haben, dem im Niedersächsischen Hochschulgesetz formulierten Ziel einer möglichst weitgehenden Angleichung der Struktur der Verwaltungsfachhochschule entgegenlaufen und auch die Angleichung der Ausbildungsqualität erschweren.

Dies gilt zunächst für die Struktur der Fachhochschule und ihre organisatorische Gliederung. Die Gliederung in Abteilungen von zum Teil marginaler Größe, die kein ausreichend differenziertes Lehrangebot insbesondere in Wahlfächern anbieten können, sollte vom Land revidiert werden.[34]) In diesem Zusammenhang sollte der Beleihungsvertrag mit den kommunalen Studieninstituten dahingehend modifiziert werden, daß die kommunalen Abteilungen vollständig in die Fachhochschule integriert werden.

Der Wissenschaftsrat begrüßt die geplante Studienreform im Fachbereich Allgemeine Verwaltung, hält jedoch eine stärkere Berücksichtigung der Belange der Ausbildung für die Kommunalverwaltung wünschenswert. Die geplante Neueinrichtung des Studienschwerpunktes Verwaltungsbetriebswirtschaft bietet den Einstieg in die Schaffung vermehrter Wahlmöglichkeiten. Gleichwohl sollte auch der bestehende, rechtlich orientierte Studiengang im Hinblick auf die Anforderungen an ein Fachhochschulstudium (vgl. B. II.) weiter überprüft und entwickelt werden. Der neue Studienplan enthält Elemente, die in den Empfehlungen zur Reform der Ausbildung an den verwaltungsinternen Fachhochschulen ebenfalls entwickelt worden sind.

Der Wissenschaftsrat appelliert an die Fachbereiche, nach Inkrafttreten der Rechtsverordnung die eingeräumte Experimentierklausel zu nutzen und an das Land und die zuständigen Fachministerien, daraufhin entstehende Initiativen zur Reform des Studiums zu unterstützten. Der Wissenschaftsrat bezweifelt jedoch, daß die Reform der Ausbildung und der Fachhochschule mit der in der Rechtsverordnung vorgesehenen Personalstruktur und der getroffenen Überleitungsregelungen gelingen kann. Ziel und gleichzeitig einer der ersten Schritte einer Reform der Fachhochschule muß es sein, qualifizierte Professoren zu gewinnen, die die erforderlichen Reformen in der Struktur und in den Inhalten des Studiums voranbringen können. Ohne die Kompetenz der gegenwartig tätigen hauptamtlichen Lehrkräfte in Frage zu stellen, entfallen mit einer Überleitung des gesamten Lehrkörpers als Fachhochschuldozenten die dringend erforderlichen Spielräume für die Schaffung von Professorenstellen und für die Neugewinnung qualifizierter Professoren. Die Personalstruktur sollte mittelfristig in erster Linie auf entsprechend qualifizierten Professoren basieren. Die vorgesehenen Fachhochschuldozenten sollten in ihrer Aufgabenstellung den Lehrkräften für besondere Aufgaben, wie sie das Hochschulgesetz beschreibt, angeglichen werden und auch in ihrer quantitativen Bedeutung deren Anteil an den allgemeinen Fachhochschulen angenähert werden. Parallel zur Beschränkung auf qualifizierte Überleitungen sollten Anstrengungen unternommen werden, qualifizierte Professoren von außen an die Fachhochschule zu berufen.

Zu begrüßen ist die Erweiterung der Aufgabenstellung der Fachhochschule für Verwaltung und Rechtspflege um Aufgaben der Forschung und Entwicklung und der Weiterbildung. Der Wissenschaftsrat appelliert an

34) Überlegungen zu den Anforderungen an Außenstellen von Fachhochschulen hat der Wissenschaftsrat in seiner Stellungnahme zum Ausbau der Fachhochschulen in Baden-Württemberg im Jahr 1989 angestellt. Vgl. Empfehlungen und Stellungnahmen 1989, Köln 1990, insbes. S. 104 ff.

die Fachhochschule die damit verbundenen Möglichkeiten zu nutzen, die einen wesentlichen Beitrag sowohl zur Sicherung und Stärkung des Praxisbezuges als auch zur Qualitätssicherung in der Ausbildung leisten können. In diesem Zusammenhang sollte das Land die Expertise der Fachhochschule auch gezielt für Fragen der Verwaltungsreform nutzen. Durch solchermaßen akzentuierte Aktivitäten der Fachhochschule ließen sich zudem Anreize zur Gewinnung qualifizierter Professoren entwickeln.

F. Stellungnahme zum Fachbereich Arbeitsverwaltung der Fachhochschule des Bundes für öffentliche Verwaltung

Vorbemerkung

Der Bund hat mit Schreiben des Innenministers vom 15. Dezember 1995 seine Bereitschaft erklärt, den Fachbereich Arbeitsverwaltung der Fachhochschule des Bundes für öffentliche Verwaltung in die Evaluation verwaltungsinterner Fachhochschulen durch den Wissenschaftsrat einzubeziehen.

Die hierzu eingesetzte Arbeitsgruppe hat den Fachbereich am 29. Februar/1. März 1996 besucht. Die folgenden Bewertungen und Empfehlungen gelten – soweit nicht allgemeine Strukturelemente der Fachhochschule des Bundes angesprochen sind – nicht für andere Fachbereiche der Fachhochschule des Bundes, sondern sind auf den Fachbereich Arbeitsverwaltung beschränkt.

F. I. Ausgangslage

I. 1. Die Fachhochschule des Bundes: Rechtsstellung und Studiengänge

Nachdem der Gesetzgeber durch das zweite Gesetz zur Änderung beamtenrechtlicher Vorschriften vom 18. August 1976 (§ 14 BRRG, § 18 BBG) entschieden hatte, die Ausbildung für die Laufbahnen des gehobenen Dienstes als Studiengang einer Fachhochschule einzurichten, wurde die Fachhochschule des Bundes für öffentliche Verwaltung durch einen vorläufigen Errichtungserlaß am 3. Oktober 1978 gegründet. Ebenso wie die Länder entschied sich auch der Bund für eine verwaltungsinterne Einrichtung ohne eigene Rechtsfähigkeit.

Die Fachhochschule des Bundes erwarb ihren Hochschulstatus mit der Anerkennung durch die Länder. Die Rechtsgrundlagen hierfür sind zum einen § 70 HRG und zum anderen die Hochschulgesetze der Länder, in denen die jeweiligen Teile der Fachhochschule des Bundes ihren Sitz haben. § 70 HRG regelt die Anerkennung von Einrichtungen, die nach

Landesrecht nicht staatliche Hochschulen sind. Die Anerkennung ist an folgende Bedingungen geknüpft (§ 70 Abs. 1 HRG):

- das Ziel des Studiums muß entsprechend den Regelungen des Hochschulrahmengesetzes (§ 7 HRG) definiert sein,

- es muß eine Mehrzahl nebeneinander bestehender oder aufeinander folgender Studiengänge vorhanden sein,

- Studienbewerber müssen die Voraussetzung für die Aufnahme in eine entsprechende staatliche Hochschule erfüllen,

- die hauptberuflich Lehrenden müssen die Einstellungsvoraussetzungen erfüllen, die für entsprechende Tätigkeiten an staatlichen Hochschulen gefordert werden und

- die Angehörigen der Hochschule müssen an der Gestaltung des Studiums in sinngemäßer Anwendung der Grundsätze des Hochschulrahmengesetzes mitwirken können.

Die Fachhochschule des Bundes bietet Ausbildungsgänge für den nichttechnischen Dienst der Allgemeinen Verwaltung, für den Archivdienst, den Wetterdienst, den Bundesgrenzschutz, das Bundeskriminalamt, den Bundesnachrichtendienst, den Verfassungsschutz, für die Arbeitsverwaltung, für auswärtige Angelegenheiten, für die Bundeswehrverwaltung, die Zoll- und Bundesvermögensverwaltung und für die Sozialversicherung an. Gravierende Veränderungen traten 1993/94 ein, da mit der Privatisierung von Flugsicherung, Bahn und Post auch die verwaltungsinterne Ausbildung für die neuen privatwirtschaftlichen Unternehmen ausgelaufen ist. In diesen Bereichen werden keine Studienanfänger mehr aufgenommen.

Zum Wintersemester 1994/95 waren an den verschiedenen Fachbereichen der Fachhochschule des Bundes für öffentliche Verwaltung insgesamt 10 495 Beamtenanwärter eingeschrieben. Die Zahl der Studienanfänger lag im Wintersemester 1994/95 mit 1 823 um 27 % unter der Anfängerzahl des Wintersemesters 1993/94. Dieser Rückgang ist zum einen auf verringerte Einstellungszahlen in vielen Verwaltungsbereichen und Bundesbehörden und zum anderen auf das Auslaufen der Ausbildung für die Post/Telekommunikation sowie für die Bahn und die Flugsicherung zurückzuführen. Deren Bedeutung läßt sich auch am Anteil der Absolventen aus diesen Fachbereichen in der Vergangenheit aufzeigen: 34 % aller Absolventen der Jahre 1982 bis 1994 kamen aus diesen Bereichen.

Von den insgesamt 2 722 Studienanfängern des gesamten Jahres 1994 entfielen 26 % auf den Fachbereich Arbeitsverwaltung, 24 % auf den Fachbereich Sozialversicherung, 17 % auf den Fachbereich Finanzen, 13 % auf den Fachbereich öffentliche Sicherheit und 9 % auf den Fachbereich Bundeswehrverwaltung. Insgesamt stellten diese fünf größten Fachbereiche 90% aller Studienanfänger an der Fachhochschule des Bundes. Die Fachbereiche der Fachhochschule des Bundes sind in den Ländern Baden-Württemberg, Bayern, Berlin, Hessen, Mecklenburg-Vorpommern, Nordrhein-Westfalen, Rheinland-Pfalz und Schleswig-Holstein angesiedelt.

Die Fachhochschule des Bundes ist aufgrund ihres Ausbildungsauftrags der Aufsicht einer Vielzahl oberster Bundesbehörden unterstellt. Die Gesamtaufsicht über die Fachhochschule liegt beim Bundesminister des Inneren, die Aufsicht über die einzelnen Fachbereiche liegt bei den jeweiligen Fachressorts und obersten Dienstbehörden. Gemeinsame Organe der Fachhochschule sind der Präsident und der Senat, in dem die einzelnen Fachbereiche repräsentiert sind.

I. 2. Der Fachbereich Arbeitsverwaltung: Entstehung und Struktur

Der Fachbereich Arbeitsverwaltung entstand aus der 1972 als Einrichtung der Universität Mannheim gegründeten Akademie für Beratungskräfte der Bundesanstalt für Arbeit. Diese Einrichtung, die eine aus dem Diplomstudiengang für Handelslehrer heraus entwickelte Ausbildung für Beratungskräfte der Bundesanstalt für Arbeit anbot, wurde 1979 in die Fachhochschule des Bundes eingebettet und gleichzeitig um einen Studiengang für den Verwaltungsdienst der Bundesanstalt für Arbeit erweitert. 1993 wurde eine Dependance in Schwerin gegründet, die schwerpunktmäßig für den norddeutschen Raum ausbildet.

Der Fachbereich Arbeitsverwaltung bietet zwei Studiengänge an: Zum einen den Studiengang „Verwaltung" für die Laufbahn des gehobenen nichttechnischen Verwaltungsdienstes in der Bundesanstalt für Arbeit (Verwaltungsinspektoranwärter), an dem auch ausgewählte Angestellte der Bundesanstalt teilnehmen (Aufsteiger), und zum anderen den Studiengang „Arbeits- und Berufsberatung" für künftige Beratungsfachkräfte der Bundesanstalt für Arbeit. Für beide Studiengänge besteht eine Gesamtkapazität von 750 Studienplätzen pro Jahrgang. Zusammen mit dem Fachbereich Sozialversicherung ist der Fachbereich Arbeitsverwaltung, an dem im Studienjahr 1995/96 insgesamt 2121 Anwärter studierten, der größte Fachbereich der Fachhochschule des Bundes.

Der Fachbereich ist als Teil der Fachhochschule des Bundes für öffentliche Verwaltung in deren Struktur eingebunden. Der Fachbereich ist der Bundesanstalt für Arbeit als oberster Bundesbehörde unterstellt. Die Anerkennung als nach Landesrecht nichtstaatliche Hochschule (§ 70 Abs. 1 HRG) wurde vom Sitzland Baden-Württemberg erteilt. Im Senat der Fachhochschule des Bundes ist der Fachbereich durch den Fachbereichsleiter sowie je einen Vertreter der hauptamtlich Lehrenden und der Studierenden vertreten.

Der Fachbereich gliedert sich in zwei Abteilungen, die zum einen fächerspezifisch nach Wirtschafts- und Sozialwissenschaften sowie nach Rechtswissenschaften und zum anderen nach den Tätigkeitsfeldern Arbeitsvermittlung/Berufsberatung sowie Leistung/Verwaltung abgegrenzt sind.

I. 3. Das Studium am Fachbereich Arbeitsverwaltung

In der Ausbildung für den Verwaltungsdienst der Bundesanstalt für Arbeit sollen die wissenschaftlichen Erkenntnisse und Methoden sowie die berufspraktischen Fähigkeiten, Kenntnisse und Fertigkeiten vermittelt werden, die zur Erfüllung der Laufbahnaufgaben erforderlich sind. Zur Laufbahn des gehobenen nichttechnischen Dienstes zählen Tätigkeiten in allen Dienststellen der Bundesanstalt (Arbeitsämter, Landesarbeitsämter, Hauptstelle und besondere Dienststellen) sowie in allen Arbeits- und Funktionsbereichen (Arbeitsvermittlung, Berufsberatung, Leistung, Verwaltung). Die Ausbildung für die Beratungsanwärter soll durch ein anwendungsbezogenes Studium auf wissenschaftlicher Grundlage zur selbständigen Ausübung der Tätigkeit einer Beratungsfachkraft befähigen. Während die Studierenden für den gehobenen Verwaltungsdienst (Einsteiger) als Beamtenanwärter eingestellt werden, stehen die Studierenden des Studiengangs für Beratungsfachkräfte sowohl während der Ausbildung als auch während ihrer späteren beruflichen Tätigkeit in einem Angestelltenverhältnis.

Die Struktur und die Inhalte der beiden Studiengänge sind in den jeweiligen Laufbahn-, Ausbildungs- und Prüfungsordnungen geregelt.[35)]

a) Zulassungsvoraussetzungen, Zulassung

Formelle Zulassungsvoraussetzung für beide Studiengänge ist die Fachhochschulreife. Der Anteil der Studierenden mit allgemeiner Hochschulreife beträgt ca. 70 %. Im Studiengang für Beratungsfachkräfte werden zusätzlich Berufserfahrung und möglichst eine abgeschlossene Berufsausbildung vorausgesetzt. Aus diesem Grund sind die Studienanfänger in diesem Bereich mit durchschnittlich 28 Jahren deutlich älter als die Anwärter für den gehobenen nichttechnischen Dienst.

Die Auswahl der Bewerber beider Studiengänge erfolgt in einem mehrstufigen Verfahren. Die Interessenten bewerben sich direkt bei den Arbeitsämtern. Über die Einstellung in den Vorbereitungsdienst entschei-

---

35) Vgl. Laufbahn-, Ausbildungs- und Prüfungsordnung für die Laufbahn des gehobenen nichttechnischen Dienstes in der Bundesanstalt für Arbeit in der Fassung vom 18. April 1995, Dienstblatt-Runderlaß 40/95 sowie Ausbildungs-, Studien- und Prüfungsordnung für Beratungsfachkräfte in der Bundesanstalt für Arbeit in der Fassung der Änderung vom 11. Dezember 1992, Dienstblatt-Runderlaß 158/92.

det der Präsident des Landesarbeitsamtes unter Berücksichtigung der Vorschläge einer zentralen Auswahlkommission. In der Gestaltung der Auswahlverfahren haben die Landesarbeitsämter einen großen Spielraum. Schriftliche Tests und Vorstellungsgespräche sind jedoch die Regel.

b) Struktur der Ausbildung

In beiden Studiengängen haben die Studienzeiten am Fachbereich und die Ausbildungsabschnitte in den Arbeitsämtern jeweils einen Anteil von 18 Monaten am dreijährigen Vorbereitungsdienst. Die zeitliche Verzahnung beider Lernorte ist ebenfalls gleich angelegt: Nach einem kurzen Einführungspraktikum folgt ein sechsmonatiges Grundstudium, das mit einer Zwischenprüfung abschließt (vgl. Abb. 10). Daran schließen sich in einem mehrmaligen Wechsel die Studienabschnitte des Hauptstudiums und die weiteren Praxisphasen an. Während dieses zeitliche Modell mit dem häufigen Wechsel zwischen den Lernorten vom Fachbereich und von den Dienststellen als Möglichkeit zur Stärkung des Bezugs zwischen beiden Bereichen begrüßt wird, wird es von den Studierenden mehrheitlich als Zersplitterung des Vorbereitungsdienstes empfunden.

Abb. 10: Zeitliche Struktur der Ausbildungsgänge

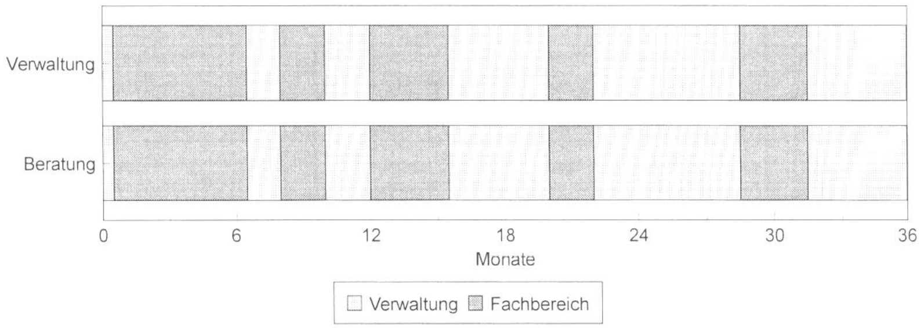

c) Grundstudium

Das sechsmonatige Grundstudium ist für alle Fachbereiche der Fachhochschule des Bundes für öffentliche Verwaltung bis auf einen kleinen, laufbahnspezifischen Bereich identisch und laufbahnübergreifend gestaltet. Im Grundstudium sollen die für die Laufbahnen des gehobenen Bundesdienstes allgemein geeigneten Ausbildungsinhalte vermittelt werden. Es umfaßt insgesamt rund 700 Stunden. Die Studiengebiete des Grundstudiums mit dem jeweiligen Anteil am Gesamtstundenvolumen sind:[36])

36) Vgl. Studienplan für das Grundstudium am Fachbereich Arbeitsverwaltung, Dienstblatt-Runderlaß 154/88 vom 2. Dezember 1988.

- Staatsrechtliche und politische Grundlagen des Verwaltungshandelns 11 %
- Rechtliche Grundlagen des Verwaltungshandelns 28 %
- Volks- und betriebswirtschaftliche Grundlagen 16 %
- Sozialwissenschaftliche Grundlagen: Psychologie, Soziologie, Pädagogik 7 %
- Laufbahntypische Bereiche der Aufgabenerfüllung ca. 13 %
- Fachübergreifende Lehrveranstaltungen (Einführung in die Verwaltung, Wahlpflichtfächer, Projekte) 11 %

Während des Grundstudiums sind vier Probeklausuren zu schreiben, deren Aufgabenschwerpunkte den in der Zwischenprüfung abgefragten Themenbereichen entsprechen sollen. Das Grundstudium endet mit der Zwischenprüfung, die aus vier jeweils dreistündigen Klausuren besteht. Im anschließenden Hauptstudium, das sich in beiden Studiengängen auf vier Studienphasen an der Fachhochschule verteilt, unterscheiden sich die Studieninhalte beider Studiengänge.

d) Hauptstudium: Laufbahn des gehobenen nichttechnischen Dienstes

Im Mittelpunkt der Studienabschnitte an der Fachhochschule stehen für die Laufbahnen des gehobenen nichttechnischen Dienstes die Bereiche Arbeitsvermittlung und -beratung sowie das Leistungsrecht des Arbeitsförderungsgesetzes. Die Studiengebiete des Hauptstudiums, das 1 330 Stunden umfaßt, mit dem jeweiligen Anteil am Gesamtstundenvolumen sind:[37])

- Arbeitsmarkttheorie, -politik und Arbeitsmarktstatistik 11 %
- Betriebswirtschaftslehre 5 %
- Sozialpsychologie 10 %
- Ausgewählte Rechtsgebiete 6 %
- Berufskunde 3 %
- Selbstverwaltung, Organisation und Verwaltung der Bundesanstalt für Arbeit 15 %

37) Vgl. Ausbildung der Verwaltungsinspektoranwärter/Verwaltungsinspektoranwärterinnen (VIA), Studienplan für das Hauptstudium, Dienstblatt-Runderlaß 108/94 vom 18. November 1994.

- Arbeitsvermittlung und Arbeitsberatung 22 %
- Berufsberatung 7 %
- Berufliche Eingliederung Behinderter 2 %
- Leistungen der Arbeitsverwaltung 18 %

Rund ein Viertel des Stundenumfangs ist innerhalb der vorgegebenen Fächeranteile als Wahlbereich gestaltet. Im Hauptstudium müssen von den Anwärtern sechs schriftliche Klausuren geschrieben und acht weitere Leistungsnachweise erbracht werden. Zusätzlich sieht die Ausbildungsordnung eine vierwöchige Hausarbeit vor.

e) Hauptstudium: Studiengang für Beratungsfachkräfte

Die Studiengebiete des Hauptstudiums mit dem jeweiligen Anteil am Gesamtstundenvolumen, das 1 277 Stunden umfaßt, sind: [38])

- Psychologie 22 %
- Pädagogik 17 %
- Soziologie 13 %
- Wirtschaftswissenschaften 21 %
- Rechtswissenschaft 9 %
- Berufskunde (einschl. Fachtheorie der Arbeitsvermittlung und -beratung sowie der Berufsberatung) 18 %

Während des Hauptstudiums sind in jedem Studienfach zwei Leistungsnachweise zu erbringen, von denen einer eine Klausur sein muß. Auch hier wird eine Hausarbeit verlangt, deren Bearbeitungszeit vier Wochen beträgt.

f) Verzahnung der Lernorte

Verantwortlich für die Durchführung der Praxiszeiten sind die Dienststellen. Die Ausbildungsordnungen beider Studiengänge regeln jedoch die zeitliche Einteilung und die allgemeinen Inhalte der berufspraktischen Studienzeiten in den Dienststellen. Die Lernziele und die

38) Vgl. Ausbildung der Beratungsanwärter, Studienplan für das Hauptstudium, Dienstblatt-Runderlaß 132/86 vom 15. August 1986.

entsprechenden Inhalte legt der Präsident der Bundesanstalt für Arbeit nach Anhörung des Fachbereichsrates fest.[39])

Die Verzahnung der Lernorte soll durch eine Reihe von Vorkehrungen gesichert werden. Eine wichtige Rolle spielen die sogenannten Fachseminare, das sind praxisbezogene Lehrveranstaltungen während der Praxisaufenthalte, die zunehmend (gegenwärtig etwa zu einem Drittel) von Lehrenden des Fachbereichs durchgeführt werden. Nach Einschätzung des Fachbereichs und der Dienststellen trägt auch der häufige Wechsel zwischen den beiden Lernorten zu einer besseren Abstimmung und Koordination der Lerninhalte bei. Darüber hinaus werden in den Dienststellen Fachhochschulbeauftragte ernannt. Dies sind häufig Abteilungsleiter, denen nach Einschätzung der Studierenden aber oft die notwendige Zeit für die Betreuung der Anwärter fehlt.

g) Prüfungen

Das Studium für die Anwärter für den gehobenen nichttechnischen Dienst endet mit einer Laufbahnprüfung, für die angehenden Beratungsfachkräfte, die nicht Beamte werden, mit einer „Abschlußprüfung". Mit Bestehen der Prüfung wird der Hochschulgrad „Diplom-Verwaltungswirt (FH)" vergeben. Eine Diplomarbeit ist in beiden Studiengängen nicht vorgesehen.

Im schriftlichen Teil der Laufbahnprüfung sind sechs jeweils vierstündige Klausuren aus den Studienfächern gestellt. Die mündliche Prüfung soll sich auf unterschiedliche Schwerpunkte der Ausbildungsinhalte richten. Die Abschlußprüfung für die Beratungsfachkräfte umfaßt Klausuren und eine Abschlußarbeit. Jeweils zwei Klausuren sind in Berufskunde und aus dem Bereich berufliche Orientierung, Vermittlung vorgesehen; eine weitere Klausur und eine Übung zum Bereich der Beratung. In den Klausuren sollen sozial- und wirtschaftswissenschaftliche, psychologische, pädagogische sowie juristische Inhalte berücksichtigt werden. In einer Abschlußarbeit sollen die Beratungsanwärter an einem praxisbezogenen Thema zeigen, daß sie die theoretischen Grundlagen der Tätigkeit beherrschen und in der Lage sind, ein Problem aus ihrem späteren Tätigkeitsbereich selbständig zu bearbeiten. Für die Dauer der vierwöchigen Bearbeitungszeit sind die Beratungsanwärter von Lehrveranstaltungen freigestellt.

I. 4. Studienanfänger, Absolventen

Die Bewerberzahlen für die Einstellung in den Vorbereitungsdienst bei der Bundesanstalt für Arbeit sind seit Jahren sehr hoch. In beiden Studi-

39) Vgl. Laufbahn-, Ausbildungs- und Prüfungsordnung für die Laufbahn des gehobenen nichttechnischen Dienstes, a. a. O., § 16 Abs. 1.

engängen kamen zuletzt (1995 bzw. 1994) 29 Bewerbungen auf eine Einstellung. Die Zahl der Studienanfänger hat sich im Verwaltungsdienst nach 1990 zunächst deutlich erhöht, 1995 aber wieder nahezu auf das Niveau des Jahres 1990 verringert (vgl. Tab. 11). 1995 waren 14% der Studienanfänger Angestellte der Bundesanstalt, die als Aufsteiger in den Vorbereitungsdienst für den gehobenen Dienst aufgenommen worden sind. Der Studiengang für Beratungsfachkräfte ist mit 9% aller Studienanfänger (1994) quantitativ von nachrangiger Bedeutung. Im Jahr 1995 wurden hier keine Neueinstellungen vorgenommen.

Im Jahr 1995 beendeten insgesamt 681 Anwärter erfolgreich den Vorbereitungsdienst, darunter 75 Aufsteiger (11%) und 58 Beratungsfachkräfte (9%). Neben den Anwärtern des Einstellungsjahrgangs 1992 waren darunter auch 68 Prüfungswiederholer aus dem Jahrgang 1991. Die Durchfallquote lag im Prüfungsjahrgang 1995 mit 18% deutlich über den Werten der Vorjahre, die im Durchschnitt etwa 10% betrugen.

Tabelle 11: Studienanfänger 1990 – 1995

Jahr	Verwaltungsdienst		Beratungs-anwärter	Zusammen
	Einsteiger	Aufsteiger		
1990	424	67	49	540
1991	613	52	45	710
1992	619	79	65	763
1993	626	67	71	764
1994	579	68	62	709
1995	479	78	–	557

Quelle: Angaben des Fachbereichs

Bislang sind von der Bundesanstalt für Arbeit alle Absolventen übernommen worden. Ein Wechsel zu anderen Behörden findet nach Angaben des Fachbereichs innerhalb der ersten Berufsjahre nur selten statt. In größerem Umfang nehmen Absolventen ein Studium an einer Universität auf, zum Teil auch neben der beruflichen Tätigkeit.

I. 5. Personalstruktur

Das hauptamtliche Personal des Fachbereichs Arbeitsverwaltung setzt sich zusammen aus 35 Professoren (C2/C3), 27,5 Stellen für Lehrkräfte auf Zeit (A14/A15) und 25 Lehrkräften für besondere Aufgaben (A12 bis A14). Der für die Fachhochschule des Bundes maßgebliche § 70 HRG zur Anerkennung von nach Landesrecht nichtstaatlichen Hochschulen schreibt fest, daß die hauptamtlich Lehrenden die Einstellungsvoraussetzungen erfüllen müssen, die für entsprechende Tätigkeiten an staatlichen Hochschulen gefordert werden. Entsprechend müssen die Professoren des Fachbereichs die an Fachhochschulen üblichen Einstellungsvoraussetzungen erfüllen. Formelle Einstellungsvoraussetzung für Lehrkräfte auf Zeit ist neben einem abgeschlossenen Hochschulstudium eine den Aufgaben der Fachhochschule entsprechende mindestens fünfjährige Berufserfahrung. Lehrkräfte für besondere Aufgaben müssen die Lehrbefähigung zur Vermittlung fachberuflicher Ausbildungsinhalte durch besondere fachbezogene Leistungen in der Berufspraxis erworben haben. Von den Lehrkräften beider Gruppen sind rund ein Viertel promoviert; mehr als die Hälfte verfügen über zehn und mehr Jahre Berufspraxis. Das Lehrdeputat für alle drei Gruppen beträgt 18 Semesterwochenstunden. Berufungen von Professoren erfolgen nach Angaben des Fachbereichs überwiegend von außerhalb der Bundesanstalt für Arbeit. Der Fachbereichsrat erstellt eine Auswahlliste, die der Bundesanstalt für Arbeit vorgelegt wird, die die Entscheidung über die Besetzung fällt. Besetzungen von Stellen für Lehrkräfte auf Zeit werden häufiger aus der Arbeitsverwaltung vorgenommen und die Lehrkräfte für besondere Aufgaben, die meist sehr spezifische Themenbereiche aus der Arbeitsverwaltung lehren, stammen fast ausnahmslos aus der Bundesanstalt für Arbeit.

Die Lehre am Fachbereich wird überwiegend von hauptamtlich Lehrenden durchgeführt: Im Studiengang für den Beratungsdienst wurden im Studienjahr 1994/95 rund 94 % des Unterrichtsvolumens durch hauptamtliche Lehrkräfte abgedeckt, im Studiengang für den gehobenen nichttechnischen Dienst waren es 84 % (vgl. Tab. 12). Die nebenberuflichen Lehrbeauftragten im Studiengang für Beratungskräfte stammen ausschließlich aus dem öffentlichen Dienst und auch im Studiengang für den Verwaltungsdienst werden Lehrbeauftragte nur in geringem Umfang auch aus anderen Hochschulen und aus der Wirtschaft gewonnen.

Die nebenberuflichen Lehrbeauftragten verfügen nach Angaben des Fachbereichs fast alle über einen Hochschulabschluß. Ausnahmen sind Lehrbeauftragte aus dem gehobenen Dienst der Bundesanstalt, die sehr praxisnahe Themen unterrichten.

Tabelle 12: Anteil haupt- und nebenberuflich erbrachter Lehre

Anteil am Unterrichtsvolumen (in %)	Studiengang	
	Beratungsdienst	nichttechnischer Dienst
hauptberuflich	94 %	84 %
nebenberuflich	6 %	16 %
davon aus:		
öffentlichem Dienst	100 %	70 %
Wirtschaft	–	3 %
Universitäten	–	4 %
Fachhochschulen	–	4 %
Schulen	–	1 %
sonstige	–	18 %

Quelle: Angaben des Fachbereichs

I. 6. Finanzierung, Kosten

Die Gesamtausgaben für die Ausbildung am Fachbereich Arbeitsverwaltung der Fachhochschule des Bundes beliefen sich im Jahr 1995 auf 77,1 Millionen DM (einschl. der Bezüge der angestellten Beratungsanwärter; ohne die nicht erfaßten Bezüge der Aufsteiger; vgl. Tab. 13). Drei Viertel dieses Betrags entfielen auf die Zahlung der Anwärterbezüge. Mit 18% sind die Personalkosten für das hauptamtliche Personal der nächstgrößte Ausgabenposten.

Tabelle 13: Ausgaben für den Fachbereich Arbeitsverwaltung nach Ausgabearten

	Anwärter-bezüge	Investi-tionen [1]	hauptamtl. Personal [2]	Lehr-beauftragte	Sach-ausgaben	Summe
1993	58 569 687	1 046 983	11 545 101	298 664	2 340 203	73 800 638
1994	59 536 306	1 083 498	12 936 924	279 286	3 212 564	77 048 578
1995	58 361 459	1 049 955	13 568 134	317 346	3 764 421	77 061 315

[1] Einschl. Mietkosten.
[2] Ohne Pensionsrückstellungen.
Quelle: Angaben des Fachbereichs

F. II. Stellungnahme

Mit dem Fachbereich Arbeitsverwaltung wurde ein Fachbereich der Fachhochschule des Bundes in die Betrachtung verwaltungsinterner Fachhochschulen einbezogen. Auch wenn es sich um den gemessen an den Studentenzahlen größten Fachbereich handelt, können die Bewertungen und Empfehlungen, insbesondere zur Ausbildungsleistung, nicht ohne weiteres auf andere Fachbereiche der Fachhochschule des Bundes übertragen werden. Insoweit bestimmte Strukturen an allen Fachbereichen anzutreffen sind, erhebt die Stellungnahme einen allgemeinen Anspruch. Nicht Gegenstand der Stellungnahme sind die Struktur der Fachhochschule des Bundes und die Einbindung des Fachbereichs Arbeitsverwaltung in diese, soweit nicht die Ausbildung am Fachbereich Arbeitsverwaltung davon betroffen ist.

II. 1. Rechtsstellung und Struktur

Wie die verwaltungsinternen Fachhochschulen der Länder ist auch die Fachhochschule des Bundes eine nichtrechtsfähige Einrichtung, die den jeweiligen Fachressorts bzw. obersten Bundesbehörden unterstellt ist. Im Falle des Fachbereichs Arbeitsverwaltung bedeutet dies, daß Zuständigkeiten sowohl bei der Bundesanstalt für Arbeit als auch beim Bundesminister für Arbeit und Sozialordnung sowie beim Bundesminister des Inneren angesiedelt sind.

Der Wissenschaftsrat hat den Eindruck gewonnen, daß die Lehrenden des Fachbereichs den Spielraum, den die Studienpläne bei der Gestaltung der Studieninhalte und der Vermittlungsformen lassen, weitgehend nutzen. Gleichwohl ist er der Auffassung, daß die fehlende Kompetenz des Fachbereichs für die Aufstellung der Ausbildungsordnungen und der Studienpläne nicht einem hochschulgemäßen Verständnis der Gestaltung von Hochschulstudiengängen entspricht und der Qualität der Ausbildung in einigen Punkten nicht förderlich ist.

II. 2. Personalstruktur

Im Unterschied zu vielen anderen Bereichen verwaltungsinterner Ausbildungsgänge für den gehobenen nichttechnischen Dienst wird am Fachbereich Arbeitsverwaltung der Fachhochschule des Bundes der weit überwiegende Teil der Lehre durch hauptamtliche Lehrkräfte erbracht. Die Rahmenbedingungen der Struktur des hauptamtlichen Lehrkörpers unterscheiden sich an der Fachhochschule des Bundes für öffentliche Verwaltung gegenüber den verwaltungsinternen Fachhochschulen der Länder dadurch, daß § 70 HRG für die hauptberuflich Lehrenden an der nach Landesrecht nichtstaatlichen Fachhochschule des Bundes die gleichen Einstellungsvoraussetzungen verlangt wie an allgemeinen Fachhochschulen. Gegenwärtig stellen die Professoren, die an Fachhochschulen üblicherweise die Lehre weitgehend tragen, am Fachbereich aber nur rund ein Drittel der hauptamtlich Lehrenden. Zur Stärkung des Hochschulcharakters wäre zu prüfen, inwieweit eine Erhöhung des Anteils der Professoren realisiert werden kann. Dies gilt auch mit Blick auf die Qualifikationen der unterschiedlichen Gruppen von Lehrenden. Während nur etwa ein Viertel der übrigen hauptamtlichen Lehrkräfte über eine Promotion als üblichen Nachweis der wissenschaftlichen Qualifikation verfügt, weist die Mehrzahl der Professoren umgekehrt Praxiserfahrungen von mehr als fünf Jahren auf.

Das ursprüngliche Ziel, mit den Lehrkräften auf Zeit und für besondere Zwecke eine Rotation von Personen aus der Arbeitsverwaltung in die Fachhochschule und auch wieder zurück zu erreichen, hat sich nicht umsetzen lassen. Der Wissenschaftsrat empfiehlt daher eine Erhöhung des Anteils der Professoren an den hauptamtlichen Lehrkräften. Spezifische und sehr stark praxis- und institutionenbezogene Themen könnten angesichts des hohen Anteils hauptamtlicher Lehre entsprechend in stärkerem Maße durch Lehrbeauftragte abgedeckt werden. Spielraum hierfür besteht vor allem im Studiengang für Beratungsfachkräfte, wo der Anteil der durch Lehrbeauftragte durchgeführten Lehre marginal ist und zudem ausschließlich durch Lehrbeauftragte aus dem öffentlichen Dienst abgedeckt wird.

II. 3. Struktur der Ausbildung

Die Struktur des Anwärterdienstes in der Arbeitsverwaltung zeichnet sich durch einen häufigen Wechsel der Lernorte Fachhochschule und Dienststelle aus. Dadurch sind die einzelnen Studien- und Praxisabschnitte innerhalb der dreijährigen Gesamtdauer kürzer. Während der Fachbereich und die Dienststellen diesen Turnus übereinstimmend als Beitrag zur Förderung der Verknüpfung beider Lernorte begrüßen, sehen viele Studierende und Absolventen darin den Nachteil, daß das Studium zerstückelt werde und der innere Zusammenhang der Studienabschnitte sowohl an der Fachhochschule als auch in den Arbeitsämtern verloren gehe.

Vorgefundene Bewertungen über das Verhältnis von Praxiszeiten und Studienzeiten lassen erkennen, daß angesichts der hohen Stoffülle in den Studienplänen für die Studienabschnitte an der Fachhochschule eine Verkürzung der Ausbildungszeit in den Dienststellen zugunsten des Fachstudiums sinnvoll wäre (vgl. B. IV. 4.), ohne daß der Praxisbezug der Ausbildung Schaden nehmen würde. Dies gilt insbesondere, wenn berücksichtigt wird, daß die laufbahn- und fachspezifischen Studienanteile ausschließlich während des zwölfmonatigen Hauptstudiums vermittelt werden.

Die Einschätzung, daß das für alle Fachbereiche der Fachhochschule des Bundes einheitliche, halbjährige Grundstudium eher kontraproduktiv sei, da dadurch weniger Zeit für spezifische Studieninhalte bleibt, ist vor allem unter den Beteiligten des Studiengangs für Beratungsanwärter anzutreffen. Demgegenüber überwiegt im Vorbereitungsdienst für die Verwaltung eine positive Bewertung des Grundstudiums in seiner jetzigen Struktur, da es insbesondere geeignet sei, methodische Kompetenzen zu vermitteln und einer allzu starken fachlichen Verengung der Ausbildung entgegenzuwirken. Der Wissenschaftsrat begrüßt ein über laufbahnspezifische Inhalte hinausgehendes Grundstudium aller Fachbereiche im Grundsatz. Dort, wo die räumliche Struktur der Fachhochschule des Bundes dies zuläßt, sollte es aber nicht nur identisch, sondern auch gemeinsam durchgeführt werden. Zweifel bleiben allerdings, ob die Art und die Methodik des im Grundstudium vermittelten Wissens geeignet sind, die Grundlage für fachspezifische Vertiefungen im Hauptstudium zu schaffen. Der Bund sollte prüfen, ob den Fachbereichen bei grundsätzlicher Beibehaltung des fachbereichsübergreifenden Grundstudiums nicht ein größerer Spielraum zur besseren Anpassung an die Belange des jeweiligen Hauptstudiums eingeräumt werden sollte.

Die Grenzen des Gestaltungsfreiraums des Fachbereichs werden auch am Fehlen einer Diplomarbeit deutlich, deren Einführung vom Fachbereich für notwendig erachtet wird, um den Abschluß eines Hochschulstudiums zu dokumentieren. Demgegenüber stehen die Bundesanstalt für Arbeit und die Vertreter einzelner Dienststellen der Einführung einer Diplomarbeit skeptisch bis ablehnend gegenüber, da sie ihrer Auffassung nach nicht im Rahmen eines dreijährigen Vorbereitungsdienstes realisiert werden kann. Der Wissenschaftsrat weist darauf hin, daß eine auf konkrete Praxisprobleme in den Dienststellen bezogene Diplomarbeit ein wichtiges Instrument für die Intensivierung der Verzahnung der Lernorte Hochschule und Behörde darstellt und für die Arbeitsämter auch konkretes Transferwissen verfügbar machen kann. Darüber hinaus hält der Wissenschaftsrat eine praxisbezogene Diplomarbeit für ein unverzichtbares Element eines Studiengangs, der mit einem Hochschuldiplom abschließt, ungeachtet der Frage nach einer zeitlichen Anrechnung auf die Ausbildungsanteile der beiden Lernorte.

II. 4. Studieninhalte

Das Studium am Fachbereich Arbeitsverwaltung ist sowohl im Grund- als auch im Hauptstudium durch die thematische Breite der vertretenen Fächer gekennzeichnet, die zwangsläufig zu einem Verlust an Vertiefung führen muß. Dies wird von allen Beteiligten gesehen, aber als Preis für die positiv bewertete Generalistenausbildung gewertet. Durch die gleichzeitige Fokussierung der Ausbildung auf die Belange der Arbeitsverwaltung entsteht ein Qualifikationsprofil, das wenig Berührungspunkte mit anderen Berufs- und Tätigkeitsfeldern hat und seine Tragfähigkeit allein der faktischen Übernahmegarantie für die Absolventen verdankt. Insbesondere von Absolventen des Studiengangs für Beratungsfachkräfte, denen sich nach einer vergleichsweise hohen Einstiegsgruppierung nur begrenzte Karrierestufen öffnen, wird die fehlende Verwertbarkeit des Abschlusses außerhalb der Bundesanstalt für Arbeit beklagt. Die Anlage des Studienangebots gewährleistet eine hohe Paßgenauigkeit auf die Bedürfnisse der Bundesanstalt für Arbeit. Für die Qualität der gebotenen Ausbildung am Fachbereich sprechen die Lehrangebote in den Rechtsfächern, wo über die Vermittlung von Rechtskenntnissen hinaus großes Gewicht auf die Rechtsmethodik gelegt wird, sowie die sozialpsychologische Ausbildung. Positiv sind auch die Bemühungen zu werten, die Stoffülle durch exemplarisches Lernen und die Vermittlung von methodischen Kompetenzen studierbar zu machen. Die Beratungslabors, die der Simulation von Beratungssituationen und der Aufarbeitung von Beratungsverhalten dienen, erlauben intensive Rollenerfahrungen in realen Beratungssituationen, die durch Hochschullehrer betreut werden. Insgesamt wird jedoch deutlich, daß das starre, dem Fachbereich von der Bundesanstalt für Arbeit vorgegebene Curriculum als Hemmnis für weitere notwendige Entwicklungsschritte in Richtung auf ein Hochschulstudium mit Diplomabschluß wirkt.

II. 5. Selbstverständnis und Aufgabenstellung

Der Ursprung des Fachbereichs als universitäre Einrichtung trägt in positiver Weise wesentlich dazu bei, daß der Hochschulcharakter im Selbstverständnis des Fachbereichs noch erkennbar ist, dessen Erhaltung die Lehrkräfte engagiert betreiben. Im Unterschied zu einigen anderen Zweigen der öffentlichen Verwaltung ist auch die Akzeptanz der Hochschulausbildung bei den Dienstherren stärker ausgeprägt, die aber dennoch einigen notwendigen Maßnahmen zur Stärkung des Hochschulcharakters, wie z. B. einer Ausdehnung der Studienzeiten am Fachbereich oder der Einführung einer Diplomarbeit, ablehnend gegenüberstehen. Grundsätzliche Beschränkungen hinsichtlich der Entwicklung von Hochschulautonomie entstehen durch die vielstufigen Strukturen der Rechts- und Fachaufsicht. Wenngleich die Aktivitäten des Fachbereichs im Bereich von Forschung und Weiterbildung bislang wenig systematisch entwickelt sind, ist doch festzustellen, daß die Ergebnisse der relevanten Forschungsgebiete vom Fachbereich rezipiert werden und auch in die Lehre eingehen. Dies gilt insbesondere für die Arbeitsmarkt- und Berufsforschung; hier bestehen Kooperationen mit dem Institut für Arbeitsmarkt- und Berufsforschung (IAB) der Bundesanstalt für Arbeit. Im Rahmen praxisbezogener Arbeitsreihen des IAB leistet der Fachbereich auch einen Beitrag zum Wissenstransfer in die Arbeitsverwaltung. Die Konzentration von Kompetenz in arbeits- und sozialrechtlichen Fragen ließ am Fachbereich auch einige wissenschaftliche Standardkommentare zum Themen- und Leistungsspektrum der Bundesanstalt für Arbeit entstehen (z. B. zum Kindergeldrecht). Der Wissenschaftsrat empfiehlt den beteiligten Ressorts und der Bundesanstalt für Arbeit, die Voraussetzungen für eine stärkere Beteiligung des Fachbereichs an der Weiterbildung zu schaffen und die Aktivitäten im Bereich angewandter Forschung (z. B. mit Blick auf das Projekt „Arbeitsamt 2000“) durch die Bereitstellung entsprechender Ressourcen und institutioneller Regelungen zu fördern. Gegebenenfalls nötige rechtliche Anpassungen an die Aufgabenstellung der Fachhochschulen sollten erfolgen.

II. 6. Zusammenfassende Bewertung

Der Wissenschaftsrat gelangt zusammenfassend zu dem Urteil, daß die paßgenaue Ausbildung für die Laufbahnen des gehobenen Dienstes in der Bundesanstalt für Arbeit den Anforderungen an ein Fachhochschulstudium (vgl. B. I.) in einigen Punkten gerecht wird. Positiv hervorzuheben ist insbesondere, daß die Ausbildung darauf zielt, breite, methodisch abgesicherte Grundlagenkenntnisse und Fähigkeiten zu vermitteln, gerade auch im Bereich der Rechtsfächer. Die Personalstruktur mit Professoren, die über die notwendige wissenschaftliche Qualifikation und über ausreichende Praxiserfahrungen verfügen, und das Selbstverständnis des Fachbereichs, das durch seinen universitären Ursprung stark vom Hochschulcharakter geprägt ist, bilden ein Entwicklungspotential, das noch nicht ausgeschöpft ist.

Die Konzentration auf spezifische Belange der Bundesanstalt für Arbeit verbunden mit den negativen Folgen mangelnder Hochschulautonomie für die hochschulgemäße Ausgestaltung des Studiums behindern eine weitere Verbesserung der Qualität der Ausbildung und die Erfüllung der Kriterien eines Hochschulstudiums. Dies gilt insbesondere für die Einführung einer Diplomarbeit, die Verlängerung des Anteils der Fachstudienzeiten am Fachbereich und die Abstimmung und Gewichtung von Grund- und Hauptstudium. Die Stärkung von Wahlmöglichkeiten während des Studiums, deren stufenweise Einführung gerade erst begonnen worden ist und die noch nicht in allen Abschnitten des (Haupt-) Studiums über eine Wahlmöglichkeit zwischen verschiedenen Veranstaltungszeiten hinausgelangt ist, bildet ein weiteres Defizit.

Diese Bewertung verdeutlicht, daß der Wissenschaftsrat am Fachbereich Arbeitsverwaltung keine grundsätzlichen Hindernisse erkennt, die einer Entwicklung auf eine Erfüllung der Anforderungen an ein Fachhochschulstudium entgegenstehen. Dies gilt insbesondere auch mit Blick auf die Personalstruktur, insbesondere nach Umsetzung der Empfehlungen zur Personalstruktur.

Für eine hochschulgemäße Weiterentwicklung der Studiengänge sollten insbesondere die Möglichkeiten zur Verbreiterung der Ausbildungsgänge geprüft werden, die bislang ausschließlich auf Berufsfelder in der Bundesanstalt für Arbeit ausgerichtet sind. Die Potentiale, aber auch Probleme eines solchen Weges lassen sich beispielhaft am zahlenmäßig kleinen Studiengang für Beratungskräfte aufzeigen. Hierfür ist zum einen die fehlende Hochschulautonomie und die daraus folgenden Einschränkungen des curricularen Gestaltungsspielraums des Fachbereichs verantwortlich. Allerdings spielen auch strukturelle Gesichtspunkte eine wichtige Rolle. Aufgrund der breiten Fächerstruktur des Grund- wie Hauptstudiums muß ein breites Spektrum an Fachrichtungen personell abgedeckt werden, ohne daß der fachlichen Differenzierung der einzelnen Disziplinen (z. B. der Betriebswirtschaftslehre mit Marketing, Controlling, Organisation etc.) ausreichend Rechnung getragen werden könnte. Dies wäre leichter bei einer Einbindung in eine größere Einrichtung mit einem insgesamt differenzierteren Angebot an Studiengängen und Fächern, wie es an Fachhochschulen z. B. im Bereich der Betriebswirtschaftslehre vorhanden ist.

Struktur und Inhalte der Studiengänge lassen gleichwohl erkennen, daß eine inhaltliche Erweiterung über den unmittelbaren Qualifikationsbedarf der Bundesanstalt für Arbeit hinaus vorstellbar ist. Ansatzpunkt hierfür könnte nach Ansicht des Wissenschaftsrates eine verbreiterte Ausbildung für benachbarte Berufsfelder sein. Ein Beispiel hierfür könnte die Rehabilitationsberatung der Rentenversicherungsträger liefern, wie dies auch die Wechsel von Absolventen des Verwaltungsdienstes der Bundesanstalt für Arbeit in diesen Bereich zeigen. Eine Möglichkeit zur Verbreiterung des Berufsfeldes im jetzigen Beraterstudiengang könnte die Entwicklung eines Studiengangs sein, der auf Tätigkeiten in der arbeits- und berufsnahen Beratung insgesamt zielt und in das Personalwesen privater Unternehmen übergreifen könnte. Seitens des Fachbereichs konnte der Wissenschaftsrat eine Offenheit für solche Überlegungen feststellen, die aber an die Grenze seines Gestaltungsspielraums stoßen.

Der Wissenschaftsrat appelliert an den Bund, die Möglichkeiten einer solchen Erweiterung des Ausbildungsspektrums und einer darauf zielenden Öffnung dieses Fachbereichs der Fachhochschule des Bundes zu prüfen. Im Kontext der Prüfung der rechtlichen Möglichkeiten und Grenzen wäre auch die Frage zu erörtern, ob der Bund angesichts der geschilderten Nachteile eines räumlich dislozierten, von anderen Fachrichtungen abgetrennten Fachbereichs der Fachhochschule des Bundes in jedem Verwaltungszweig für den gehobenen nichttechnischen Dienst eine eigene Ausbildungseinrichtung benötigt, die in dieser Struktur deutliche Defizite hinsichtlich des Hochschulcharakters aufweist.

Empfehlungen zu den „Internationalen Agrarwissenschaften" an den Hochschulen

vom Mai 1996

Inhalt

Vorbemerkung

In seinen Empfehlungen zu den Agrarwissenschaften in den neuen Ländern vom Juli 1991 hat der Wissenschaftsrat auf die Bedeutung von deutscher Forschung und Lehre für die Agrar- und Ernährungswirtschaft in Entwicklungsländern hingewiesen.[1]) Zu der seinerzeit aufgeworfenen Frage, ob und wenn ja, mit welcher Konzeption und in welcher Trägerschaft ein Zentrum für Forschung und Lehre auf dem Gebiet der tropischen und subtropischen Agrar- und Ernährungswissenschaft neu geschaffen werden sollte, wurde auf eine gesonderte Befassung des Wissenschaftsrates mit diesem Themenkomplex verwiesen, bei der auch die fachspezifischen Kapazitäten in den alten Ländern einbezogen werden sollten. Die vorliegende Stellungnahme ist diesem Thema gewidmet. In der Zwischenzeit hat der Wissenschaftsrat u. a. auch eine Stellungnahme zur Umweltforschung in Deutschland vorgelegt, die sich in einem eigenen Kapitel mit Beiträgen deutscher Umweltforschung für außereuropäische Regionen (überwiegend der Tropen und Subtropen) äußert. Darin wird auf eine mangelnde Kontinuität, geographische Schwerpunktbildung und interdisziplinäre Vernetzung in diesem Bereich hingewiesen.[2])

Zur Vorbereitung der vorliegenden Stellungnahme hat der Wissenschaftsrat 1994 eine Arbeitsgruppe eingesetzt, die für ihre Beratungen umfangreiche Befragungen und Anhörungen durchgeführt hat, und zwar von elf Fakultäten der Agrar- und Gartenbauwissenschaften (Universitäten Bonn, Kiel, Berlin, Hannover, TU München, Göttingen, Rostock, Halle, Gießen, Hohenheim und der GH Kassel/Witzenhausen) und vier Forstlichen Fakultäten (Universitäten Dresden, Freiburg, Göttingen und München) sowie des in Zusammenarbeit mit der Bundesforschungsanstalt für Forst- und Holzwirtschaft und der Universität Hamburg angebotenen Studiengangs Holzwirtschaft. Sie hat zudem national und international bedeutende potentielle Nachfrager für fachspezifisch qualifizierte Absolventen des privatwirtschaftlichen und des öffentlichen Sektors befragt und Experten zur Frage der künftigen Anforderungen an die Entwicklung dieses Teilbereichs der agrarwissenschaftlichen Forschung und Lehre angehört.

Da in Deutschland die Universitäten als Stätten der entwicklungsbezogenen agrar-, forst- und gartenbauwissenschaftlichen Lehre und Forschung dominieren, heben die vorliegenden Empfehlungen hierauf in besonderem Maße ab. An Fachhochschulen und außeruniversitären For-

1) Vgl.: Wissenschaftsrat: Empfehlungen zu den Agrar-, Gartenbau-, Forst-, Haushalts- und Ernährungswissenschaften sowie zu Lebensmitteltechnologie und Veterinärmedizin an den Hochschulen der neuen Länder und in Berlin. In: Empfehlungen zur künftigen Struktur der Hochschullandschaft in den neuen Ländern und im Ostteil von Berlin – Teil II, Köln 1992, S. 277/278 und 286 ff.

2) Wissenschaftsrat: Stellungnahme zur Umweltforschung in Deutschland – Teil A: Inhaltliche Aspekte der Umweltforschung, Köln 1994, S. 130 ff.

schungseinrichtungen ebenfalls bestehende fachspezifische Kapazitäten werden nur punktuell einbezogen.

Im Mittelpunkt der Beratungen stand die Frage, ob und welche auf der Basis des föderalen Systems an vielen Orten bestehenden oder in Planung befindlichen Schwerpunkte künftig weiterbestehen oder ggf. ausgebaut werden sollten; welche Modelle einer Schwerpunktsetzung unter Beteiligung mehrerer Hochschulen denkbar und wünschenswert sind, oder ob und in welchem Rahmen, ähnlich wie in manchen ausländischen Einrichtungen, eine stärkere Zusammenfassung sinnvoll ist. Hinzu kommen Aspekte wünschenswerter institutioneller Kontakte zu Partnerländern und eventueller bi- oder multilateraler Schwerpunkte. Hieraus abgeleitet wurden Fragen zum Bedarf an entsprechenden Ausbildungskapazitäten, der fachspezifischen Schwerpunktsetzung, strukturellen Ausgestaltung und regionalen Verteilung derzeitiger und künftiger Aktivitäten behandelt. Insgesamt stand die Lehre und die Qualifizierung des deutschen und des ausländischen wissenschaftlichen Nachwuchses im Zentrum der Beratungen.

In der Arbeitsgruppe haben auch Wissenschaftler mitgewirkt, die nicht dem Wissenschaftsrat angehören. Ihnen, sowie den Vertretern aus internationalen Agrarforschungseinrichtungen und aus der Industrie, die ihren sachverständigen Rat haben einfließen lassen, ist der Wissenschaftsrat zu besonderem Dank verpflichtet.

Der Wissenschaftsrat hat diese Empfehlung am 10. Mai 1996 verabschiedet.

A. Ausgangslage

Mit zunehmenden Anforderungen an die Agrarwissenschaften im Hinblick auf eine Steigerung der Agrarproduktion zur Überwindung von Armut und Mangelernährung einer besonders in den Entwicklungsländern stark wachsenden Bevölkerung hat die auf die Tropen und Subtropen ausgerichtete Forschung und Lehre in Deutschland an Bedeutung gewonnen. Hinzu kamen in der jüngeren Vergangenheit die wachsende Wichtigkeit einer nachhaltigen Ressourcenbewirtschaftung und – besonders nach der politischen Öffnung der ehemals sozialistischen Länder – neue Herausforderungen an die Agrar- und Forstwirtschaft in den Transformationsländern. Dies hat zu einer weiten inhaltlichen und institutionellen Differenzierung und teilweise auch zu einem quantitativen Ausbau der „Internationalen Agrarwissenschaften" geführt.

Um Umfang und Zielrichtung dieser Stellungnahme nicht zu sprengen, wird im folgenden der Begriff „Internationale Agrarwissenschaften" bewußt stark eingegrenzt. Die klassische Abgrenzung der Agrarwissenschaften soll – soweit sie sich auf tropische und subtropische Regionen beziehen[3]) – als Grundlage dienen. Dabei beschränken sich die Ausführungen zu den Hochschulen fast ausschließlich auf die agrar-, gartenbau- und forstwissenschaftlichen Fakultäten. Erfaßt werden somit Pflanzenproduktion einschließlich Gartenwirtschaft und Vorratsschutz; Tierproduktion einschließlich Tierhygiene und Tiergesundheit (jedoch keine klassischen veterinärmedizinischen Sparten) sowie Wirtschafts- und Sozialwissenschaften des Landbaus. Ihrer gestiegenen Bedeutung entsprechend, wird auch auf die Transformationsländer in Mittel- und Osteuropa sowie Zentralasiens eingegangen. Der Themenkomplex Forstwirtschaft ist in die Betrachtungen eingeschlossen. Nur am Rande werden dagegen aquatische Themen behandelt.

A. I. Schwerpunkte internationaler Agrar-, Forst- und Gartenbauwissenschaften an deutschen Hochschulen

Der Wissenschaftsrat hat zur Vorbereitung dieser Stellungnahme von den betroffenen Fakultäten an deutschen Hochschulen umfangreiche Informationen erbeten, die in großer Detailgenauigkeit die jeweiligen Aktivitäten in Forschung, Lehre und Ausbildung des wissenschaftlichen Nachwuchses beschreiben. Die Fakultäten haben darin z. B. auch Ausführungen zu grund- und drittmittelfinanzierten Kapazitäten, beabsichtigten und eingeleiteten Strukturveränderungen oder zu Kooperationsbeziehungen zu anderen, im Bereich der internationalen Agrar-, Forst- und Gartenbauwissenschaften aktiven Einrichtungen sowohl in Deutschland als auch im Ausland gemacht. Im Rahmen von Anhörungen haben die Fakultäten darüber hinaus weitere Informationen zur Verfügung gestellt. Alle diese Angaben waren eine wertvolle Grundlage für die Beratungen zur Vorbereitung dieser Stellungnahme. Ziel der darstellenden Beschreibung im folgenden Kapitel kann es jedoch nicht sein, diese Fülle von Informationen vollständig nachzuzeichnen. Vielmehr sollen wesentliche Strukturen dargestellt und ein geraffter Überblick über die in ihrem Ausmaß unterschiedlich bedeutsamen Aktivitäten in Forschung und Lehre gegeben werden.

I. 1. Strukturen der Lehre und Qualifizierung des wissenschaftlichen Nachwuchses

Der besonderen Bedeutung der Internationalen Agrarwissenschaften tragen die Fakultäten in unterschiedlicher Form Rechnung. Übersicht 1 gibt einen groben Überblick über die strukturelle Vielgestaltigkeit der Angebote in der Lehre und Qualifizierung des wissenschaftlichen Nachwuchses, die im folgenden detaillierter dargestellt werden.

3) In Anlehnung an die jüngsten Empfehlungen zur Umweltforschung, Unterkapitel Umweltforschung für außereuropäische Regionen, richtet sich das Hauptaugenmerk auf Entwicklungsländer in den Tropen und Subtropen, wobei dies auch Gebiete einschließen soll, in denen keine tropischen oder subtropischen Bedingungen herrschen, d. h. andere Klimazonen in Afrika, Asien und Lateinamerika.

Übersicht 1: Kenngrößen agrar-, gartenbau- und forstlicher Studienangebote nach Fakultäten

Universität		Studienanfänger [1]) WS 1994/95	Absolventen 1994	Ausländ. Absolventen 1989-94	Dissertationen von Ausländern 1990-94	Diss. dt. Studenten mit entw. Gegenstand	International ausgerichtete Studienangebote
Agrarwissenschaften und Gartenbau							
HU Berlin	A	155	100	k. A.	15	22	* individuelle Schwerpunktsetzung durch Wahlpflichtfächer möglich * Studienrichtung „Internationale Agrarwirtschaft“ * Ergänzungsstudium „Internationale Agrarentwicklung“ * Ergänzungsstudium „Ländliche Entwicklung“ (am SLE)
	G	84	27				
U Bonn		181	130	25	26 [3])	26 [10])	* Wahlpflichtfächer * Aufbaustudiengang „Agrarwissenschaften und Ressourcenmanagement in den Tropen und Suptropen“
U Gießen		138	109	54	66	28	* individuelle Schwerpunktsetzung durch Wahlpflichtfächer möglich * Doktorandenprogramm „Agricultural Economics“ [11])
U Göttingen		94	151	35 [2])	67	22	* individuelle Schwerpunktsetzung durch Wahlpflichtfächer möglich * Aufbaustudiengang „Agrarwissenschaften der Tropen und Subtropen“ * Aufbaustudiengang „Integrated Tropical Agriculture and Forestry Sciences“
U Halle		40	126	23 [2])	12	k. A.	* Wahlpflichtfächer * Zusatzstudiengang „Standort- und umweltgerechte Landwirtschaft in den Transformationsländern“
U Hannover	G	86	113				* Wahlpflicht- und Wahlfächer
U Hohenheim	A	102	165	30	25 [4])	107	* individuelle Schwerpunktsetzung durch Wahlpflichtfächer * Fachrichtung „Tropische Agrarwissenschaften“ im Studiengang AA * „Postgraduate Studies in Agricultural Economics“ [12])
	AB	65	43	3			
U Kiel		159	145	27	13 [5])[6])	13 [5])	* Integration entsprechender Fragestellungen in das reguläre Lehrprogramm
TU München	A	85	65	2	7 [6])	4 [10])	* Wahlpflichtfächer
	G	69	57				
U Rostock		74	77	3 [2])	8 [7])	k. A.	* Wahlpflichtfächer
U/GH Kassel Witzenhausen		114	157	67 [2])	8 [8])	k. A.	* Studienschwerpunkt „Internationale Agrarwirtschaft“
Forstwirtschaft							
TU Dresden		92	63	48	13 [9])	2	* Studienrichtung „Tropische Forstwirtschaft“ * Aufbaustudium „Tropische Waldwirtschaft“
U Freiburg		94	62	16	19	8	* Zusatzfach * Graduiertenkolleg „Sozioökonomie der Waldnutzung in den Tropen u. Subtropen“ [13])
U Göttingen		111	89	10	28	4	* Aufbaustudium „Forstwirtschaft in den Tropen und Subtropen“
U/BFH Hamburg		36	24	12	7	k. A.	* Integration entsprechender Fragestellungen in das reguläre Lehrprogramm und Wahlpflichtfächer
LMU München		83	68	1	5	k. A.	* Vertiefungsrichtung „Forstliche Arbeit in den Ländern der Tropen und Subtropen“

k.A. = keine Angabe. – A = Agrarwissenschaften. – AB = Agrarbiologie. – G = Gartenbau
1) Studierende im 1. Fachsemester. – 2) 1990-94. – 3) Die Zahl enthält Promotionen der Ernährungs- und Haushaltswissenschaften. – 4) Nur von Ausländern abgelegte Dissertationen mit entwicklungsbezogenen Themen. – 5) Ausländer und Deutsche zusammen. – 6) 1989-90. – 7) Hinzu kommen 4 Dissertationen von nicht westlichen Ausländern im Fachbereich Landeskultur und Umweltschutz. – 8) Davon 7 Dr.-Ing. – 9) 1989-94. – 10) Die angegebene Zahl bezieht teilweise Dissertationen von Ausländern mit ein. – 11) Für Teilnehmer aus Entwicklungsländern; zusammen mit Hohenheim. – 12) Unter Beteiligung von Gießen. – 13) Unter Beteiligung von Hohenheim.
Quelle: Zusammengestellt aus den Materialien, die die Fakultäten dem Wissenschaftsrat zur Verfügung gestellt haben.

I. 1. a. Agrar- und Gartenbauwissenschaften

(1) HU Berlin, Landwirtschaftlich-Gärtnerische Fakultät

Für Berlin, wo nach dem Fall der Mauer sowohl Agrarwissenschaften als auch Veterinärmedizin, Lebensmitteltechnologie und -chemie an jeweils zwei Fakultäten angeboten wurden, empfahl der Wissenschaftsrat 1991 eine Integration und Zusammenführung der vorhandenen Kapazitäten.[4]) Dabei sollten die Agrarwissenschaften an der Humboldt-Universität konzentriert und neben den wichtigen agrarwissenschaftlichen Fachgebieten dort auch Gartenbau sowie Fischwirtschaft und Gewässerbewirtschaftung als lokale Spezialitäten angeboten werden. Als weitere Besonderheit sollte die seinerzeit an der TU angebotene Fachrichtung „Internationale Agrarentwicklung" unter verstärkter Ausrichtung auf den Agrarsektor Osteuropas fortgeführt werden.

Die Landwirtschaftlich-Gärtnerische Fakultät der Humboldt-Universität zu Berlin wurde diesen Empfehlungen folgend 1994 neugegründet. Die vom Wissenschaftsrat empfohlenen Professuren sind inzwischen weitgehend eingerichtet. Auch die inhaltliche Schwerpunktsetzung in den grundständigen Studien- und in den Ergänzungsstudiengängen erfolgte in Umsetzung der Empfehlungen des Wissenschaftsrates.

Von den eingerichteten 39 Professuren werden in ca. 35 von insgesamt 50 Fach- und Arbeitsgebieten Themen bearbeitet, die sich ausschließlich oder in erheblichem Umfang mit Entwicklungsländern und Transformationsländern befassen. Vier Professuren sind ausschließlich diesem Bereich gewidmet.[5]) Hinzu kommt als eine Besonderheit der Berliner Landwirtschaftlich-Gärtnerischen Fakultät die enge Mitwirkung des Blaue Liste-Instituts für Gewässerökologie und Binnenfischerei, Berlin. Es trägt im Hauptstudium des Studiengangs Fischwirtschaft und Gewässerbewirtschaftung weite Teile der Lehre.

Ein Fakultätsschwerpunkt „Internationale Agrarwirtschaft" koordiniert die internationalen Aktivitäten der Fakultät. Projekte in Forschung und Ausbildung sowie Partnerschaften werden hier vorbereitet, abgestimmt und bearbeitet. Dabei werden Lehr-, Forschungs- und/oder Entwicklungsaufgaben als Leistungsangebot in interdisziplinären Projektgruppen für spezifische Regionen bereitgestellt. Mit der jüngst erfolgten Einrichtung eines weiteren Fakultätsschwerpunktes „Frauen in der Ländlichen Entwicklung" soll der maßgebenden Rolle der Frauen im Agrarsektor, vor allem in den Entwicklungsländern, Rechnung getragen werden. Die Fakultät unterhält eine Vielzahl von Kooperationsbeziehun-

4) Wissenschaftsrat: Empfehlungen zu den Agrar-, Gartenbau-, Forst-, Haushalts- und Ernährungswissenschaften sowie zu Lebensmitteltechnologie und Veterinärmedizin an den Hochschulen der neuen Länder und in Berlin, a.a.O., S. 256 ff.
5) Pflanzenbau in den Tropen und Subtropen, Tierzucht in den Tropen und Subtropen (incl. Aquakultur), Entwicklungsplanung und Projektmanagement, Seminar für ländliche Entwicklung.

gen in Lehre und Forschung mit Ländern der Tropen und Subtropen, knüpft an ehemalige Beziehungen zu Ländern Mittel- und Osteuropas an und baut neue Beziehungen auf.

Auf dieser Grundlage ist im Studiengang Agrarwissenschaften eine eigenständige Studienrichtung „Internationale Agrarwirtschaft" eingerichtet worden. In den Studienrichtungen Gartenbauwissenschaften sowie Fischwirtschaft und Gewässerbewirtschaftung können durch individuelle Fächerkombinationen international ausgerichtete Studienschwerpunkte gebildet werden. Das fachspezifische Lehrangebot umfaßte im SS 94 und WS 94/95 insgesamt 71 Veranstaltungen mit einem Gesamtumfang von 152 SWS. Dabei lag der weit überwiegende Teil im Bereich der Agrarwissenschaften.

In Berlin werden zwei international ausgerichtete Ergänzungsstudiengänge angeboten. Das zweisemestrige Ergänzungsstudium „Internationale Agrarentwicklung" der Landwirtschaftlich-Gärtnerischen Fakultät richtet sich an Absolventen der agrar- und gartenbaulichen sowie angrenzender Studiengänge. Hier besteht das Studienangebot ausschließlich aus universitären Lehrveranstaltungen. Die Fakultät gibt an, daß derzeit geprüft wird, in welchem Umfang dieses Studium weitergeführt werden soll. Vier postgraduale Studiengänge[6]) sind derzeit in Vorbereitung, darunter eine Doktorandenausbildung im Sandwich-Programm.

Das Seminar für Ländliche Entwicklung (SLE), eine besondere – vom Bundesministerium für wirtschaftliche Zusammenarbeit und Entwicklung (BMZ) und Berliner Senat jeweils zur Hälfte finanzierte – Einrichtung an der Fakultät, führt ein insgesamt 46 Wochen dauerndes (davon 23 Wochen Auslandsstudienprojektphase) managementorientiertes Ergänzungsstudium „Ländliche Entwicklung" als ein völlig vom Hauptstudium getrenntes Vorlesungs- und Seminarprogramm für jährlich rund 20 Studierende durch. Fachwissen zur tropischen oder subtropischen Landwirtschaft wird dabei vorausgesetzt. Das SLE bietet neben dem Ergänzungsstudium auch ein fachspezifisches Fortbildungsprogramm an.

(2) Universität Bonn, Landwirtschaftliche Fakultät

An der Landwirtschaftlichen Fakultät der Universität Bonn gibt es keinen eigenen auf Internationale Agrarwissenschaften abhebenden Strukturschwerpunkt. Die in Forschung und Lehre bestehenden Aktivitäten in diesem Bereich werden mit Ausnahme des Tropischen Pflanzenbaus von den Kernfächern getragen.[7]) Sie reihen sich ein in eine Vielzahl entwick-

6) Davon sollen drei in Zusammenarbeit mit ausländischen Partnern durchgeführt werden.
7) Die Gründung eines Agrarmanagement-Centers (AMC) für Länder in Entwicklung ist am Institut für Landtechnik als Arbeitsgemeinschaft mit den Instituten für Speziellen Pflanzenbau, Bodenordnung und Bodenwirtschaft geplant.

lungsländerspezifischer Forschungs- und Studiengegenstände der anderen Bonner Fakultäten.[8]) So weist die Fakultät darauf hin, daß die Angebote zu Tropen und Subtropen nicht nur die Landwirtschaft im engeren Sinne, sondern auch Disziplinen wie Geodäsie und Ernährungswissenschaft umfassen. Darüber hinaus besteht eine enge Verbindung insbesondere mit der Naturwissenschaftlichen Fakultät (Chemie, Technologie, Zoologie und Botanik) sowie mit den Bereichen Recht und Medizin.

Im grundständigen Studiengang werden zu Landwirtschaft in den Tropen und Subtropen überwiegend Wahlpflichtfächer (7 entwicklungsbezogene Fächer mit insgesamt rund 40 SWS) angeboten, mit denen ein Überblick über Produktionsbedingungen und Produktionstechniken sowie über gesamtwirtschaftliche Zusammenhänge gegeben werden soll. Auch können Veranstaltungen des Aufbaustudiengangs „Agrarwissenschaften und Ressourcenmanagement in den Tropen und Subtropen" (ARTS) gewählt werden, ohne daß hierzu jedoch eine Prüfung im Rahmen des Diplomstudiengangs abgelegt werden kann.

Der Aufbaustudiengang ARTS, der mit dem Magister der Agrarwissenschaften (M.Agr.) abschließt, wird seit dem WS 1991 als viersemestriges, hauptsächlich durch den BMZ gefördertes Studium angeboten. Ziel ist eine vertiefende und praxisbezogene Ausbildung für Nachwuchswissenschaftler der Tropen und Subtropen.[9]) Zugangsvoraussetzung ist ein abgeschlossenes Studium der Agrarwissenschaften, wobei ARTS auch Fachhochschulabgängern und BSc-Absolventen offensteht. Gegenwärtig erfolgt eine fachliche Umorientierung von ARTS hin zu Agrartechnik, Phytomedizin, Pflanzenbau und Pflanzenernährung in den Tropen und Subtropen, Boden- und Wasserschutz sowie Agrarökonomik. Zielregionen sind die semiariden Tropen, Zentralafrika, einschl. Teilen Ost- und Nordafrikas, in Asien die periurbane Landwirtschaft und insbesondere die Transformationsländer. Seit der Einrichtung von ARTS haben sich rund 50 Studierende in diesen Aufbaustudiengang eingeschrieben.

Im Zusammenhang mit dem geplanten Ausbau von Bonn als Wissenschaftsstadt werden sich die Rahmenbedingungen für internationale Aktivitäten der Universität Bonn und damit auch der landwirtschaftlichen Fakultät erweitern. In diesem Zusammenhang ist neben dem Zentrum für Europäische Integrationsforschung besonders das Nord-Süd-Zentrum zu erwähnen, für das „Ökologie, Naturraumpotential und Ressourcenmanagement" ein Schwerpunkt sein wird.

---

8) Vgl. hierzu Universität Bonn (Hrsg.): Nord-Süd-Dialog – Entwicklungsländerforschung an der Universität Bonn, Bonn 1992.

9) Die Bewerber stammen zu 90 % nicht aus europäischen und nordamerikanischen Ländern.

(3) Universität Gießen, Fachbereich Agrarwissenschaften und Umweltsicherung

An der Justus Liebig-Universität Gießen befassen sich vier Fachbereiche in besonderem Maße mit international ausgerichteter Forschung und Lehre. Diese sind FB 2 „Wirtschaftswissenschaften“, FB 17 „Agrarwissenschaften und Umweltsicherung“, FB 18 „Veterinärmedizin“ und FB 19 „Ernährungs- und Haushaltswissenschaften“. Dabei ist sowohl ein Kristallisationspunkt in Richtung Tropen und Subtropen als auch in Richtung Osteuropa zu erkennen. Die in diesen Weltregionen engagierten Wissenschaftler haben sich für ihre fachspezifischen Aktivitäten in folgenden drei fachgebietsübergreifenden Zentren organisiert:

- Wissenschaftliches Zentrum Tropeninstitut (Fachbereichszentrum);

- Zentrum für kontinentale Agrar- und Wirtschaftsforschung (Präsidialzentrum),

- Zentrum für regionale Entwicklungsforschung (Fachbereichszentrum).

Beim „Wissenschaftlichen Zentrum Tropeninstitut“ liegt der Schwerpunkt eindeutig im Tropenbereich, in dem sich sechs Arbeitsgruppen engagieren: Landschaftsökologie und Agrargeographie, Bodenkunde und Bodenerhaltung, Pflanzenbau und Pflanzenzüchtung, Phytopathologie und Angewandte Entomologie, Tierhaltung und Tierernährung, Veterinärmedizin der Tropen und Subtropen. Das Zentrum für „Kontinentale Agrar- und Wirtschaftsforschung“ konzentriert seine Arbeit regional auf Ost- und Südosteuropa, die ehemalige Sowjetunion und teilweise auch auf China. Insgesamt sieben Fachgebiete engagieren sich in diesen Regionen: Bodenkunde und Bodenerhaltung (Umweltsicherung), Pflanzenbau und Pflanzenzüchtung (Pflanzenproduktion), Tierzucht und Tierhaltung (Tierproduktion), Veterinärmedizin, Agrar- und Ernährungsökonomik, Wirtschaftswissenschaften, Geschichte und Sprachen. Beim „Zentrum für Regionale Entwicklungsforschung“ ist u. a. ein geographischer Orientierungsschwerpunkt zu China gegeben. Es ist beabsichtigt, die Zentren in ein neues (Präsidial-)Zentrum zu überführen.

Die Lehre im *Tropenbereich* ist im Verlauf des Hauptstudiums[10]) in sechs Wahlpflichtfächern ausdifferenziert. Ein fachspezifisches auf das Diplom folgendes weiterführendes Programm im Sinne eines Aufbaustudiums oder Graduiertenkollegs gibt es nicht. Es wird jedoch im Bereich Sozialökonomik der Agrarentwicklung in den Tropen und Subtropen ein von den Gießenern selbst als „Aufbaustudium“ bezeichnetes Promo-

10) Pflanzenbau in den Tropen und Subtropen; Phytomedizin in den Tropen und Subtropen; Tierzucht und Tierhaltung in den Tropen und Subtropen; Standortlehre der tierischen Produktion; Sozialökonomik der Agrarentwicklung in den Tropen und Subtropen; Bodennutzung und Bodenerhaltung in den Tropen und Subtropen.

tionsangebot in Agricultural Economics zusammen mit Hohenheim und der TU München angeboten. Für den Bereich *Osteuropa* sind keine speziellen Wahlpflichtfächer ausgewiesen, jedoch werden 27 einzelne Lehrveranstaltungen im Bereich der Bodenkunde, Standortslehre, Umweltwissenschaften, Agrarökonomie und Agrarpolitik angeboten, die sich in besonderem Maße mit diesen Regionen befassen. Die Studienschwerpunktbildung obliegt den Studenten individuell. Aufbaustudiengänge oder Graduiertenkollegs gibt es in diesem Bereich nicht. Ein Weiterbildungsangebot für den Agrar- und Ernährungssektor wird jedoch in Partnerschaft mit der Universität Kazan/Rußland angeboten.

Nachdem die Empfehlungen der Hochschulstrukturkommission des Landes Hessen[11]) zu den agrarwissenschaftlichen Hochschulstandorten Gießen und Witzenhausen aufgrund anderer politischer Entscheidungen der hessischen Landesregierung nicht aufgegriffen wurden, hat das Hessische Ministerium für Wissenschaft und Kunst eine „Agrarkommission" eingesetzt. Auf der Grundlage der Empfehlungen dieser Kommission sieht das Land[12]) unter Beibehaltung der bisherigen Grundstruktur des Fachbereichs u.a. die von der Hochschule geplante Zusammenführung der bisherigen Zentren für Kontinentale Agrar- und Wirtschaftsforschung, für Regionale Entwicklungsforschung sowie des Tropeninstituts vor. Zudem soll der Fachbereich Agrarwissenschaften und Umweltsicherung künftig gestrafft und mit einer geringeren Personalkapazität ausgestattet werden.

(4) Universität Göttingen, Fachbereich Agrarwissenschaften

In den 60er Jahren bestand die Absicht der damaligen Fakultät, die tropenbezogenen Agrarwissenschaften so zu strukturieren, daß für die wichtigsten Fachgebiete gesonderte Institute eingerichtet werden sollten, ein Plan, der mit der Einrichtung des damaligen Seminars für ausländische Landwirtschaft nach Berliner Vorbild begann, mit der Gründung des Lehrstuhls für tropischen Pflanzenbau fortgesetzt wurde und durch finanzielle Engpässe zum Erliegen kam. Man entschloß sich trotzdem, im Rahmen der gegebenen Möglichkeiten die tropischen Agrarwissenschaften weiter auszubauen und aus den einzelnen Kernfächern heraus in Lehre und Forschung zu gestalten. So bestehen:

- das Forschungs- und Studienzentrum der Agrar- und Forstwissenschaften der Tropen und Subtropen, in dem derzeit sieben Professoren

11) Für Gießen wurde eine Profilierung des Agrarbereichs in Richtung Landespflege und Umweltsicherung empfohlen. Zur Verstärkung dieses Profils sollten auch freie und freiwerdende Kapazitäten aus Witzenhausen verwandt werden, wo die landwirtschaftliche Ausbildung nicht zur Fortführung empfohlen wurde. Vgl. Hessisches Ministerium für Wissenschaft und Kunst (Hrsg.), Autonomie und Verantwortung – Hochschulreform unter schwierigen Bedingungen, Frankfurt 1995, S. 298-306.
12) Presseinformation des Hessischen Ministeriums für Wissenschaft und Kunst auf den Berichtsantrag vom 22. April 1996.

der Fachbereiche Agrar-, Forst- und Geowissenschaften Mitglieder sind, die sich ausschließlich oder überwiegend mit Themen der Tropen und Subtropen befassen. Eine wesentliche Aufgabe des Zentrums besteht in der Koordinierung von Lehre und Forschung. Neben den regulären Lehrveranstaltungen werden fachliche Fortbildungskurse (z. B. in tropischer Tierernährung) für Fach- und Führungskräfte aus Entwicklungsländern und aus Transformationsländern angeboten;

- das Institut für Pflanzenbau und Tierhygiene in Tropen und Subtropen mit zwei Abteilungen;

- die Arbeitsgruppe Tierernährung in den Tropen und Subtropen des Instituts für Tierphysiologie und Tierernährung;

- die Arbeitsgruppe Tierhaltung und Tierzucht in den Tropen und Subtropen des Instituts für Tierzucht und Haustiergenetik;

- das Institut für Rurale Entwicklung.

Der Fachbereich hat Anfang 1996 beim Senat der Universität beantragt, alle produktionstechnischen Teilbereiche in einem Institut für Pflanzenbau und Tierproduktion in den Tropen und Subtropen zusammenzufassen, wobei die in diesen Bereichen tätigen Professoren – entweder unmittelbar oder durch eine Zweitmitgliedschaft – einbezogen werden sollen. Es ist vorgesehen, das Institut für Rurale Entwicklung auch künftig als getrennte Einheit zu führen.

Im grundständigen Studium ist eine international ausgerichtete Spezialausbildung in Gestalt einer eigenen Fachrichtung nicht möglich. Gleichwohl können in vier international ausgerichteten Wahlpflichtfächern Prüfungen abgelegt werden.[13])

Seit Mitte der 70er Jahre wird ein zweijähriger Aufbaustudiengang „Agrarwissenschaften der Tropen und Subtropen“ angeboten, der mit dem Magistergrad (M. Sc. agr.) abschließt. Zugelassen sind Universitäts- und neuerdings Fachhochschulabsolventen der Agrarwissenschaften oder eines fachnahen Studiums. Eine Schwerpunktbildung ist in Pflanzenproduktion, Tierproduktion, Wirtschafts- und Sozialwissenschaften oder Agroforstwirtschaft der Tropen und Subtropen möglich. Der Studienplan kann individuell zusammengestellt werden, wobei Studien- und Prüfungsplan mit zwei betreuenden Fachberatern abgestimmt werden. Am Aufbaustudiengang, der vom BMZ/DAAD[14]) und einer Reihe weiterer Geldgeber gefördert wird, wirken rund 30 Professoren und Dozenten mit. In den vergangenen fünf Jahren haben 65 Studierende das

13) Pflanzenproduktion, Tierhaltung und Tierproduktion, Tierhygiene und Sozialökonomik der landwirtschaftlichen Entwicklung in den Tropen und Subtropen.
14) DAAD = Deutscher Akademischer Austauschdienst

Aufbaustudium abgeschlossen, davon rund drei Viertel aus Entwicklungsländern.

Insgesamt wurden am Fachbereich im SS 94 und im WS 94/95 76 entwicklungsbezogene Lehrveranstaltungen in einem Gesamtumfang von über 130 SWS angeboten. Sie beziehen sich einerseits auf Prüfungsfächer mit spezieller entwicklungsbezogener Thematik (meist Tropen und Subtropen). Hinzu kommen die oben genannten Wahlpflichtfächer sowie ein fächerübergreifendes Angebot.

Das Tropenzentrum koordiniert seit 1991 einen vom BMZ geförderten, gemeinsam mit dem Institut Pertanian Bogor (IPB), Indonesien, durchgeführten englischsprachigen Aufbaustudiengang „Integrated Tropical Agriculture and Forestry Sciences“, an dem Studienabsolventen mit einem abgeschlossenen agrar-, forst- oder veterinärwissenschaftlichen Studium teilnehmen. Sie können einen Göttinger Abschluß entweder in „Agrarwissenschaften der Tropen und Subtropen“ oder in „Tropischer Forstwirtschaft“ erwerben. Die theoretischen Lehrveranstaltungen finden in Göttingen statt, die Feldforschungen für die Magisterarbeit werden unter Anleitung und Betreuung durch das IPB durchgeführt.[15)]

(5) Universität Halle, Landwirtschaftliche Fakultät

Die Länder Sachsen und Sachsen-Anhalt haben entsprechend den Empfehlungen des Wissenschaftsrates von 1991[16)] aus den an den Universitäten Halle und Leipzig zur Zusammenführung empfohlenen Kapazitäten eine voll ausgebaute Landwirtschaftliche Fakultät am Standort Halle eingerichtet. Für die auf Internationale Agrarwissenschaften ausgerichtete Forschung und Lehre gibt es an der Hallenser Fakultät keinen strukturellen Schwerpunkt. Vielmehr werden entsprechende, besonders für den Bereich der Transformationsländer bestehende Aktivitäten von den Kernfächern erbracht. Im Rahmen des grundständigen Studiums werden zwei auf die Tropen und Subtropen ausgerichtete Wahlpflichtfächer[17)] für Studenten aller vier Studienrichtungen angeboten. Die Fakultät beabsichtigt, auch künftig auf diesem Gebiet nicht über die Vermittlung von allgemeinem Wissen im Rahmen des normalen Diplomstudiengangs hinauszugehen. Sie strebt vielmehr eine weitere Hinwendung zu Transformationsländer-spezifischen Fragen an. Dabei sollen die Kontakte zu diesen Ländern schwerpunktmäßig in wirtschafts- und sozialwissen-

---

15) Dem Studiengang wurde 1994 ein Preis des BMBW für herausragende Leistungen in der internationalen Hochschulzusammenarbeit verliehen.

16)Wissenschaftsrat: Empfehlungen zu den Agrar,- Gartenbau-, Forst-, ... a.a.O., S. 271 ff. Darin wurde das als Teil der Fakultät in Leipzig bestehende Institut für tropische Landwirtschaft (ItL), das auf der Basis von Regierungsabkommen ausschließlich ausländische, zumeist außereuropäische Studierende in einem separaten fünfjährigen Studiengang für die tropische Landwirtschaft ausbildete, nicht zur Weiterführung empfohlen.

17) Welternährungswirtschaft und Pflanzenbau in den Tropen und Subtropen.

schaftlichen Fächern vertieft werden, zumal die Fakultät hierzu eine intensive Zusammenarbeit mit dem 1995 in räumlicher Nähe eingerichteten Blaue Liste-Institut für Agrarentwicklung in Mittel- und Osteuropa (IAMO) pflegt.

Das Institut befaßt sich in den drei Bereichen a) Rahmenbedingungen des Agrarsektors und Politikanalyse, b) Betriebs- und Strukturentwicklung im ländlichen Raum und c) Agrarmärkte, Agrarvermarktung und Weltagrarhandel mit Forschung über die wirtschaftliche und strukturelle Entwicklung des Agrarsektors der Länder Mittel- und Osteuropas, wobei deren Transformation von der zentralgelenkten Wirtschaft zur Marktwirtschaft im Mittelpunkt steht.

Zum WS 95/96 wurde von der Landwirtschaftlichen Fakultät in Zusammenarbeit mit dem IAMO erstmals der viersemestrige Zusatzstudiengang „Standort- und umweltgerechte Landwirtschaft in den Transformationsländern (Sustainable Agriculture in Central and Eastern Europe and the former USSR)“ angeboten, der mit dem M. Agr. Sc. abschließt. Dieses Studienangebot steht vorerst insgesamt 20 Absolventen der Agrarwissenschaften oder eines fachnahen Studiums, deutschen und ausländischen, besonders aus Transformationsländern, offen. Der Studien- und Prüfungsplan für das erste Studienjahr wird für jeden Teilnehmer vom Prüfungsausschuß individuell festgelegt. Im zweiten Studienjahr sollen eine länderbezogene Projektarbeit sowie eine 12wöchige wissenschaftliche Arbeit folgen. Im ersten Jahr seines Bestehens haben sich elf Studierende, überwiegend aus baltischen Ländern, eingeschrieben, für die Stipendien (von DAAD und IAMO) zur Verfügung stehen.

(6) Universität Hannover, Fachbereich Gartenbau

Der Fachbereich Gartenbau der Universität Hannover hat derzeit keinen entwicklungsorientierten Schwerpunkt. Gleichwohl bieten einige, in diesem Bereich besonders engagierte Professoren Vorlesungen an, von denen zwei (Entwicklungstheorie und -politik, Gemüsebau in anderen Breiten) Wahlpflichtfächer sind.

Der Fachbereich sieht aufgrund der Veränderungen der Produktionssysteme in Entwicklungsländern eine zunehmende Bedeutung urbaner und periurbaner Produktionssysteme und in diesem Zusammenhang einen steigenden Bedarf gartenbaulich ausgebildeter Studienabgänger. Das Entwicklungskonzept der Fakultät sieht daher einen Ausbau entwicklungsbezogener Schwerpunkte vor. Für die nahe Zukunft ist die Konzeption eines größeren institutsübergreifenden Forschungsprojektes zum Thema Nachhaltigkeit und Umweltverträglichkeit periurbaner Gemüsebausysteme geplant.

(7) Universität Hohenheim, Fakultät Agrarwissenschaften I und
Fakultät Agrarwissenschaften II

Die entwicklungsorientierte Agrarforschung basiert in Hohenheim auf einer langen Tradition. An die Aktivitäten des in den 60er Jahren eingerichteten ersten Lehrstuhls für ausländische Landwirtschaft anknüpfend wurde 1979 deren systematischer Ausbau vorangetrieben. Seit 1982 besteht das Wissenschaftliche Zentrum „Landwirtschaft in den Tropen und Subtropen" (*Tropenzentrum*) als zentrale wissenschaftliche Einrichtung. Es erfüllt seine Aufgaben durch Zusammenfassung der fachspezifischen Forschungsaktivitäten in vier fachübergreifenden Arbeitsgruppen, durch die Erweiterung des Lehrangebots, die Ausbildung des wissenschaftlichen Nachwuchses sowie durch die wissenschaftliche Unterstützung und Begleitung von Entwicklungsprojekten. Kern des derzeit 96 Mitglieder umfassenden Tropenzentrums sind die folgenden vier, ausschließlich mit tropischer und subtropischer Landwirtschaft befaßten Institute:

- Institut für Pflanzenproduktion in den Tropen und Subtropen,
- Institut für Tierproduktion in den Tropen und Subtropen,
- Institut für Agrar- und Sozialökonomie in den Tropen und Subtropen,
- Institut für Agrartechnik in den Tropen und Subtropen,

denen zwölf Professoren angehören. Die zweite Ausbauphase des Tropenzentrums steht bevor. Im Vorfeld und zum Anschub des Ausbaus hat die Universität interne Umschichtungen vorgenommen und dem Tropenbereich weitere Stellen zugewiesen. Der Ausbau wurde 1993 und 1994 vom Wissenschaftsministerium des Landes durch die Zuweisung von befristeten Stellen – insbesondere zur Stärkung des Kursprogrammes – und von Sachmitteln unterstützt.

Seit 1994 sind die beiden Hohenheimer Agrarfakultäten auch am ebenfalls zentral gegründeten, Natur-, Agrar- und Wirtschaftswissenschaften umgreifenden *Osteuropazentrum* beteiligt, das Anfang 1995 seine Arbeit aufgenommen hat. Im Verbund mit in den Transformationsländern von der EU bereits geförderten, auf die Reform der Lehre abzielenden Kooperationsprojekten soll ein Netzwerk von Beziehungen zu den wissenschaftlichen Einrichtungen der Transformationsländer entstehen, das einen verstärkten wechselseitigen Studenten-, Doktoranden-, Dozenten- und Professorenaustausch ermöglichen soll. 1995 wurde erstmals eine Sommerakademie durchgeführt. Darüber hinaus tragen die Institute Agrarökonomie, Agrartechnik und Tierproduktion eine Forschungsstelle „Agro-Transfer-Ost".

Sowohl innerhalb der vier Fachrichtungen Pflanzenproduktion, Tierproduktion, Wirtschafts- und Sozialwissenschaften des Landbaues und Agrartechnik des grundständigen Studiengangs Allgemeine Agrarwissenschaften (AA) als auch im Rahmen des Studiengangs Agrarbiologie (AB), Fachrichtungen Pflanzenproduktion und Tierproduktion wird eine Vielzahl von fachspezifischen Lehrveranstaltungen als Wahlpflichtfächer angeboten.[18]) Insgesamt umfaßte das Angebot im SS 1994 34, im WS 94/95 57 entwicklungsorientierte Lehrveranstaltungen mit einem Gesamtumfang von 53 bzw. 106 SWS. In geringem Maße werden in den grundständigen Studiengängen Lehrveranstaltungen zum Bereich Mittel- und Osteuropa angeboten. Für beide Studiengänge gibt es eine größere Anzahl an Zusatzveranstaltungen.

Darüber hinaus wird seit dem WS 1993/94 „Tropische Agrarwissenschaften“ als fünfte Fachrichtung im Studiengang Allgemeine Agrarwissenschaften angeboten. Neben den im gewählten Schwerpunkt[19]) zu belegenden Pflichtfächern steht hier für die Wahlpflichtfächer jeweils ein Kanon schwerpunktübergreifender Themengebiete zur Auswahl. Vor allem im Tropenbereich werden jährlich bis zu 20 meist mit Überseeaufenthalten verbundene Diplomarbeiten sowie einige Dissertationen durch Stipendien der Eiselen-Stiftung, Ulm, mit einem das GTZ-Hospitantenprogramm übersteigenden Gesamtvolumen gefördert.

Basierend auf der Entscheidung, eine fünfte Fachrichtung einzurichten, wurde bislang auf entwicklungsbezogene Aufbaustudiengänge oder Graduiertenkollegs verzichtet. Das Institut für Agrar- und Sozialökonomie in den Tropen und Subtropen ist jedoch am Freiburger Graduiertenkolleg „Sozioökonomie der Waldnutzung in den Tropen und Subtropen“ beteiligt. Auch besteht seitens der Universität eine Vereinbarung mit dem Göttinger Tropenzentrum zur Kooperation in der fachspezifischen Forschung und Lehre.

Seit 1991 wird von den Universitäten Hohenheim und Gießen (wobei auch die TU München mit herangezogen wird) ein vom BMZ/DAAD finanziertes dreijähriges Doktorandenprogramm „Postgraduate Studies in Agricultural Economics“ angeboten, welches der Vorbereitung englischsprachiger Teilnehmer auf eine Promotion im Bereich der Agrarökonomie der Tropen und Subtropen dient. Eine das zweite Jahr umfassende Feldstudie im jeweiligen Heimatland soll die Datengrundlage für die Dissertation liefern. Darüber hinaus bietet das Tropenzentrum jährlich einige englischsprachige interdisziplinäre Kurse für Fachkräfte aus Entwicklungsländern an.[20])

---

18) Im einzelnen handelt es sich dabei um: Pflanzenproduktion der Tropen und Subtropen (AA und AB); Agrarökologie der Tropen und Subtropen (AA und AB); Tierproduktion der Tropen und Subtropen (AA und AB); Agrarökonomie der Entwicklungsländer (AA); Agrartechnik der Tropen und Subtropen (AA).

19) Pflanzenproduktion und Agrarökologie in den Tropen und Subtropen, Tierproduktion in den Tropen und Subtropen sowie WiSoLa in den Tropen und Subtropen.

20) Legumes in Cropping Systems of the Tropics and Subtropics; Soil Degradation and Conservation in the Tropics; Biology and Control of Parasitic Weeds; Animal Traction and Implements.

Der 1985 angelaufene Sonderforschungsbereich (SFB) „Standortgemäße Formen kleinbäuerlicher Landwirtschaft in den Tropen mit Forschungsschwerpunkt Westafrika" ist das zentrale Forschungsgebiet des Tropenzentrums, das in besonderem Maße zur Qualifizierung des wissenschaftlichen Nachwuchses genutzt wird. Das Vorhaben deckt ein breites Spektrum agrarwissenschaftlicher Teildisziplinen ab mit Schwerpunkt vom semiariden zum subhumiden Bereich. In den Gastländern (Benin, Mali, Niger, Nigeria) wird mit internationalen und nationalen Partnern in deren Programmen zusammengearbeitet. Die Universität unterhält vor Ort keine eigenen Forschungsstrukturen. Ein Antrag auf Verlängerung des SFB nach Ablauf der Förderphase 1996 ist vorgesehen.

(8) Universität Kiel, Agrarwissenschaftliche Fakultät

Die Kieler Fakultät verfolgt hinsichtlich der Berücksichtigung internationaler Themen ein anderes Konzept als andere landwirtschaftliche Fakultäten. Internationalen Fragestellungen speziell auch der Tropen und Subtropen sowie der Transformationsländer wird besonders in einer Vielzahl von Forschungsprojekten im Rahmen von Promotionen erhebliches Gewicht beigemessen. Hingegen werden in nur begrenztem Maße speziell auf Entwicklungsländer und Länder Mittel- und Osteuropas ausgerichtete Lehrveranstalten angeboten. Diesbezügliche Aspekte werden vielmehr neben einigen spezifischen Wahlpflichtfächern – besonders in Lehrveranstaltungen der Vertiefungsrichtung Wirtschafts- und Sozialwissenschaften des Landbaues im Rahmen des generellen Lehrprogramms berücksichtigt. Die Studenten sollen dabei durch eine stärkere Betonung der Methodenkompetenz für einen sich rasch wandelnden Arbeitsmarkt qualifiziert werden. Spezifische, auf Entwicklungsländer ausgerichtete Aufbaustudiengänge sind daher weder vorhanden noch geplant. In der jüngeren Vergangenheit wurden jedoch eine Reihe von Kursen und Seminaren (besonders im agrarökonomischen Bereich), teilweise zusammen mit ausländischen Partnern auch aus Transformationsländern, durchgeführt.

Seit 1995 ist ein im Anschluß an das Diplom wählbares Aufbaustudium in Kooperation mit vier europäischen Fakultäten (Wageningen, Reading, Rennes, Siena) als „European Masters Programme in Agriculture Economics and Agribusiness" eingerichtet. Hierbei ist die Kieler Fakultät für „Economic Issues in Agricultural Development" zuständig.

(9) TU München, Fakultät für Landwirtschaft und Gartenbau

Die Fakultät weist ein breites fachliches Spektrum auf: Agrarwissenschaften, Gartenbau, Landespflege, Haushalts- und Ernährungswissenschaften. Fachliche und räumliche Nähe besteht zur Schwesterfakultät Brauwesen, Lebensmitteltechnologie und Milchwissenschaft sowie zu den Forstwissenschaften der Ludwig-Maximilians-Universität. Spezifische entwicklungsorientierte Strukturschwerpunkte gibt es nicht. Insgesamt 15 Dozenten der Kernfächer sind an Lehrveranstaltungen im Bereich Landwirtschaft und Gartenbau der Tropen und Subtropen beteiligt, die als Wahlpflichtfach für die Studenten der fünf Studienrichtungen Pflanzenbauwissenschaften, Tierwissenschaften, WiSo, Landbewirtschaftung und Umwelt sowie Milchwissenschaften ausgewiesen sind. Es entspricht der Grundkonzeption der Fakultät, Fragen der Entwicklungsländer in die bestehenden Lehr- und Forschungsprogramme zu integrieren und nicht gesondert in Forschung und Lehre auszubauen.

Als künftiger Schwerpunkt wird hingegen Südosteuropa angesehen.[21]) Die Fakultät sieht hierfür aufgrund der geographischen Lage, aber auch infolge laufender Zusammenarbeit mit wissenschaftlichen Institutionen komparative Vorteile gegenüber anderen Hochschulen in der Bundesrepublik. Es bestehen bereits intensive Kontakte zu verschiedenen Universitäten in den betreffenden ost- und südosteuropäischen Ländern. Fachlich stehen hier die Umstrukturierung der Landwirtschaft und die Entwicklung ländlicher Räume, die Verbesserung der Lebensqualität und die umweltschonende Landnutzung im Vordergrund. Eine erste Konzeption sieht ein zweisemestriges Vertiefungsstudium für Studierende aus diesen Ländern und im Anschluß ein zweisemsestriges Aufbaustudium vor, das auch für Deutsche zugänglich sein soll.

(10) Universität Rostock, Landwirtschaftliche Fakultät

Auch zur Rostocker Fakultät hat sich der Wissenschaftsrat 1991 geäußert.[22]) Die Empfehlung, den Fachbereich und Studiengang Agrarwissenschaften dort nicht fortzuführen und sich statt dessen ausschließlich auf den Fachbereich Landeskultur und Umweltschutz zu konzentrieren, wurde nicht umgesetzt. Vielmehr wurden die Studiengänge Landeskultur und Umweltschutz und Agrarökologie mit einem zunächst reduzierten Personalbestand neu eingerichtet.

An der Rostocker Fakultät gibt es keinen spezifisch auf Internationale Agrarwissenschaften ausgerichteten Schwerpunkt. Aus den Kernfächern heraus werden im grundständigen Studiengang Agrarökologie derzeit zwei Wahlpflichtfächer (Agrarökologie der Tropen und Subtropen, Ausländische Landwirtschaft und Weltagrarmärkte) angeboten. Die Fakultät weist darauf hin, daß aufgrund des Neuaufbaus nach der Wende die traditionellen Kontakte zu osteuropäischen Ländern nicht haben kontinuierlich weitergeführt werden können. Im Rahmen der einsetzenden Stabilisierung sei mit einer Wiederaufnahme der Beziehungen begonnen worden, so daß auf der Basis der wissenschaftlichen Zusammenarbeit mit Ländern

21) Die geographische Definition des Raumes Südosteuropa wird dabei pragmatisch gehandhabt und umfaßt Tschechien, Slowakei, Ungarn, Rumänien, Bulgarien und die Nachfolgestaaten Jugoslawiens.
22) Wissenschaftsrat: Empfehlungen zu den Agrar-, Gartenbau-, Forst- ... a.a.O., S. 250 ff.

Osteuropas und mit Kuba Bestrebungen bestehen, auf der Grundlage des grundständigen Studiengangs Agrarökologie einen Aufbaustudiengang zu konzipieren. Die Fakultät wirkt in zwei Tempus-Programmen mit.

(11) Universität-Gesamthochschule Kassel, Fachbereich „Landwirtschaft, Internationale Agrarentwicklung und Ökologische Umweltsicherung" am Standort Witzenhausen

Die Ausbildung im Bereich der tropischen und subtropischen Landwirtschaft hat in Witzenhausen eine fast hundertjährige Tradition (Kolonialschule). 1994 entstand aus der Zusammenlegung der ehemaligen Fachbereiche „Landwirtschaft" und „Internationale Agrarwirtschaft" der heute existierende FB 11 „Landwirtschaft, Internationale Agrarentwicklung und Ökologische Umweltsicherung". Ein Teil der Fachgebiete des Fachbereichs ist zusammengefaßt in folgende Institute:

- Institut für Nutzpflanzenkunde gemäßigter, tropischer und subtropischer Regionen[23]) mit vier Fachgebieten (Acker- und Pflanzenbau, Pflanzenernährung und Agrikulturchemie, Dauerkulturen der Tropen und Subtropen, Feldkulturen der Tropen und Subtropen),

- Institut für soziokulturelle Studien mit fünf Fachgebieten (Produktionsökonomie der Tropen und Subtropen, Agrarpädagogik, Landwirtschaftliche Betriebswirtschaft und Raumplanung in Entwicklungsländern, Agrarpolitik und Agrarmarktlehre in Entwicklungsländern, Berufs- und Wirtschaftspädagogik).

In Witzenhausen wird ein integrierter Diplomstudiengang Agrarwirtschaft angeboten, der 6 Fachsemester und 3 Praxissemester umfaßt.[24]) Der verliehene Abschluß wird als Diplom I bezeichnet. Einen universitätsäquivalenten Diplomabschluß gibt es zur Zeit nicht. Im Rahmen dieses Studiengangs wird „Internationale Agrarwirtschaft" als ein Studienschwerpunkt neben Pflanzenproduktion, Tierproduktion, Betriebswirtschaft und Ökologischem Landbau angeboten. Für das 3. und 4. Fachsemester umfaßt das Angebot 14 Veranstaltungen mit insgesamt 39 SWS, im 5. und 6. Fachsemester 46 Veranstaltungen mit insgesamt 96 SWS. Spätestens ab dem 3. Fachsemester werden die meisten Veranstaltungen parallel für gemäßigte und für tropische/subtropische Regionen als Pflicht-, Wahlpflicht- oder Wahlfächer angeboten. Die Absolventenzahl im Bereich „Internationale Agrarwirtschaft" ist seit 1992 rückläufig. Das Lehrangebot für die Gebiete der tropisch-subtropischen Agrarentwicklung kann in weiten Bereichen auch von Studierenden anderer Studienschwerpunkte gewählt werden. Die Fächer werden dann als

23) Ihm ist ein Tropengewächshaus (1200 m^2 Nutzfläche, 250 Arten) angeschlossen.
24) Dieser gliedert sich wie folgt: 1 Jahr Praktikum, 2 Semester Grundstudium, 2 Semester Kernstudium, 1 Semester integriertes Praktikum, 2 Semester Schwerpunktstudium.

Wahlpflichtfächer gewertet. Darüber hinaus wird ein 4semestriger Aufbaustudiengang „Ökologische Umweltsicherung“ angeboten. Die Absolventen erwerben den Titel Diplomingenieur der Fachrichtung Umweltsicherung, der zur Promotion berechtigt. Der Fachbereich verfügt über das Promotionsrecht, eine Habilitation ist über die Anbindung an die Gesamthochschule Kassel möglich.

Im Rahmen von ERASMUS pflegt der Fachbereich Kooperationen zu Partnerhochschulen in elf Ländern. In diesem Zusammenhang wird auf ein in Erprobung befindliches Studienelement hingewiesen, das bei Bewährung zu einem Diplomstudiengang EURO-Agrarwirtschaft (2. Studienjahr in England, 3. Jahr in Frankreich) führen soll.

Im Zusammenhang mit der wissenschaftlichen Weiterbildung, für die der Fachbereich eine eigene Infrastruktur vorhält, ist auch das englischsprachige „University Staff Development Programme“ als universitäres Personalentwicklungsprogramm mit den Schwerpunkten Curriculum Development, Teaching and Evaluation, Research Management und Organization and Management, zu nennen. Hinzu kommen Programme des Instituts für Soziokulturelle Studien (ISOS) bzw. seiner Vorgängerinstitutionen und des Kooperationspartners DITSL.[25])

Die Hochschulstrukturkommission des Landes Hessen hatte in ihrem Abschlußbericht empfohlen, die landwirtschaftliche Ausbildung in Witzenhausen nicht fortzuführen.[26]) Das Land hat sich jedoch entschieden, den Standort Witzenhausen im Rahmen der Neuordnung der agrarwissenschaftlichen Studiengänge zu erhalten. Für eine entsprechende Ausdifferenzierung und Profilbildung zwischen dem Fachbereich der Universität Gießen und demjenigen in Witzenhausen hat die daraufhin eingesetzte hessische „Agrarkommission“ u. a. empfohlen, daß sich der Witzenhäuser Fachbereich auf die Ausbildung von Betriebsleitern konzentrieren und hierfür sein praxisorientiertes Profil schärfen solle. Im Wahlpflichtbereich solle dabei eine Profilierung in Richtung „Ökologischer Landbau“ und „Internationale Agrarwirtschaft“ möglich sein. Eine zweite Studienstufe mit universitärem Diplom solle nicht eingeführt werden. Eine wissenschaftliche Weiterqualifikation der Absolventen sollte über ein Verbundmodell des Fachbereichs mit Göttingen oder Gießen angestrebt werden.

Das Land hat sich nunmehr dafür ausgesprochen, dem Fachbereich „Landwirtschaft, Internationale Agrarentwicklung und Ökologische Umweltsicherung“ die Chance zu geben, sein Profil weiterzuentwickeln und eine zweite Studienstufe (universitäres Diplom) mit Ausrichtung auf Ökologische Landwirtschaft (zunächst auf fünf Jahre befristet) einzu-

25) Deutsches Institut für tropische und subtropische Landwirtschaft GmbH.
26) Hessisches Ministerium für Wissenschaft und Kunst (Hrsg.): Autonomie und Verantwortung – Hochschulreform unter schwierigen Bedingungen, Frankfurt 1995, S. 306.

richten.[27]) Im Rahmen des Wahlpflichtkanons soll dabei auch künftig eine Schwerpunktsetzung in Landwirtschaft der Tropen und Subtropen in beiden Studienstufen möglich bleiben. Der Fachbereich soll allerdings seine Stellenausstattung um rund 30 % reduzieren.

I. 1. b. Forstwissenschaften[28])

Die deutsche Forstwissenschaft und Forstwirtschaft ist traditionell eng mit dem Ausland verbunden und hat von ca. 1700 bis in die jüngste Vergangenheit international eine Pionier- und Führungsrolle innegehabt. Die von ihr als Paradigma entwickelte und umgesetzte Forderung einer nachhaltigen Bewirtschaftung und Entwicklung hat in der Folge zu einem universell äußerst bedeutenden Wirkungsgrad geführt, der weit über den Bereich der Forstwirtschaft hinaus reichte. Dies wurde u. a. mit der aus dem deutschen Sprachraum hervorgegangenen Gründung des inzwischen weltweit aktiven Internationalen Verbandes Forstlicher Forschungsanstalten vor mehr als 100 Jahren in Eberswalde, mit der Ausbildung kolonialforstlicher Führungskräfte europäischer Staaten in Tharandt bis zum 1. Weltkrieg und mit der bereits ab 1931 institutionalisierten Forschung und Lehre auf dem Gebiet der ‚Weltforstwirtschaft' deutlich.

Auch heute bestehen vielseitige und enge Verbindungen mit zahlreichen Wechselwirkungen zwischen der deutschen und der ausländischen forstlichen Forschung und Lehre, wobei den tropischen/subtropischen und mittel- und osteuropäischen Ländern eine besondere Bedeutung zukommt. Auf dem Gebiet der Holzwirtschaft gehört Deutschland zu den größten internationalen Handelspartnern bei Ein- und Ausfuhren und industriellen Investitionen.

Eine universitäre Ausbildung ist am

- Fachbereich Biologie (im Rahmen des holzwirtschaftlichen Studiums) der Universität Hamburg

und an vier forstlichen Fakultäten möglich:

- Fakultät für Forst-, Geo- und Hydrowissenschaften der TU Dresden am Standort Tharandt,
- Forstwissenschaftliche Fakultät, U Freiburg,
- Forstwissenschaftlicher Fachbereich, U Göttingen,
- Forstwissenschaftliche Fakultät, LMU München.

27) Presseinformation des Hessischen Ministeriums für Wissenschaft und Kunst vom 22. April 1996.
28) In diesem Kapitel werden alle Forst- und Holzwirtschaft anbietenden Fakultäten synoptisch dargestellt.

Im grundständigen Studium werden Lehrveranstaltungen angeboten, die teils gelegentlich Bezug zur Forst- und Holzwirtschaft der Tropen/Subtropen nehmen, teils Wahl-(Pflicht-)Fächer mit auf den Tropenwald bezogenem Inhalt aufweisen. Nur in Tharandt besteht ein eigener Studiengang „Tropische Forstwirtschaft". In Hamburg bildet der Bereich „Weltforstwirtschaft" einen wesentlichen Pflichtbestandteil des holzwirtschaftlichen Studiums mit der zusätzlichen Möglichkeit, durch Wahl von „Wahlpflichtblöcken" eine weitere Vertiefung der Kenntnisse zu erwerben. Dabei stehen zwar Fragen der tropischen Forstwirtschaft im Vordergrund, doch werden die anderen Regionen, vor allem die boreale Zone (und damit z.B. Rußland, die nordischen Länder, Nordamerika) keineswegs vernachlässigt. Das grundständige Studium schließt an allen Fakultäten mit der Diplomprüfung ab.

Aufbaustudiengänge werden derzeit nur in Göttingen und in Tharandt angeboten. In Tharandt läuft seit Oktober 1995 der zweijährige Aufbaustudiengang „Tropische Waldwirtschaft" in englischer Sprache, der mit dem „Magister" abschließt. Es ist beabsichtigt, den Abschlußtitel in MSc. umzubenennen. Der ebenfalls zweijährige Aufbaustudiengang „Forstwirtschaft in den Tropen und Subtropen" in Göttingen, der in enger Zusammenarbeit mit Bogor/Indonesien durchgeführt wird, schließt mit dem M. Sc. forest. trop. ab. Ein Teil der in beiden Aufbaustudiengängen angebotenen Vorlesungen, Seminare, usw. kann auch (fakultativ) von Studierenden im grundständigen Studium belegt werden bzw. schließt Lehrveranstaltungen aus dem grundständigen Studium mit ein. Die Aufbaustudiengänge sind grundsätzlich nur mit einem deutschen Diplom in Forst- oder Holzwirtschaft bzw. benachbarten Disziplinen oder mit einem entsprechenden Universitätsabschluß des Auslandes (mindestens BA) zugänglich. An dem Freiburger Graduiertenkolleg „Sozioökonomie der Waldnutzung in den Tropen und Subtropen" ist das Institut für Agrar- und Sozialökonomie in den Tropen und Subtropen der Universität Hohenheim beteiligt.

Promotionen – auch im Sandwichverfahren – sind an allen fünf Fakultäten für deutsche und für ausländische Studierende mit Themen möglich, die sowohl auslandsbezogen sind als auch allgemein forstwissenschaftlicher Natur.

I. 2. Forschung

I. 2. a. Forschung an Hochschulen

Die folgenden Aussagen heben vornehmlich auf diejenigen entwicklungsbezogenen Forschungsaktivitäten ab, die an agrar-, forst- und gartenbauwissenschaftlichen Fakultäten betrieben werden. Sie umfassen rund zwei Drittel der öffentlich finanzierten diesbezüglichen fachspezifischen deutschen Forschung über Fragen mit Bezug zu Ländern der

Dritten Welt und Transformationsländern. Dabei ist anzumerken, daß sich diese Forschung fast ausschließlich aus Drittmitteln speist. Einerseits handelt es sich dabei um vom BMZ geförderte Forschung im Vorlauf und in Begleitung einer Vielzahl von Entwicklungsprojekten und andererseits um die durch allgemeine Forschungsförderung (DFG, BMBF u. a.) getragene Erforschung grundlegender Probleme der Internationalen Agrarwirtschaft. Das umfangreichste Forschungsvorhaben dieser Art stellt der Hohenheimer SFB „Standortgemäße Formen kleinbäuerlicher Landwirtschaft in den Tropen mit Forschungsschwerpunkt Westafrika" dar, der ein breites Spektrum agrarwissenschaftlicher Teildisziplinen umfaßt. Während die Bindung der Forschungsförderung des BMZ an spezifische Projekte der Technischen Zusammenarbeit die Wahl der Forschungsthemen und -standorte seitens der Hochschulen bestimmt, können die von DFG, BMBF und anderen finanzierten Vorhaben von den Hochschulen stärker nach wissenschaftlichen Kriterien geplant werden.

Auch wenn hier auf die fachspezifischen Forschungsbeiträge der Hauptbereiche der Agrarwissenschaften (Pflanzenproduktion, Tierproduktion und Ökonomie) sowie der Forst- und Gartenbauwissenschaften focussiert wird, ist darauf hinzuweisen, daß eine Vielzahl weiterer Disziplinen (z. B. Anthropologie, Biologie und Ökologie, Chemie, Geowissenschaften, Ökonomie, Meereskunde, Soziologie, Veterinärmedizin u. a.) ebenfalls Forschungsbeiträge liefern, die der Landwirtschaft und/oder dem ländlichen Raum in den hier betrachteten Ländern zugute kommen.

Bezüglich regionaler Schwerpunkte ergibt sich eine eindeutige Priorität für den afrikanischen Kontinent, insbesondere für das Afrika südlich der Sahara, mit seinen ariden bis humiden Ökozonen. Einen regional breiter gestreuten Schwerpunkt bildet Ostasien, hier besonders mit den Ländern Indonesien, Malaysia, China, Pakistan und Indien. Forschungsaktivitäten finden ebenfalls im Vorderen Orient und im mediterranen Raum, besonders mit den Ländern Israel und Türkei statt.

Für einzelne Fakultäten – aber nicht für deren Gesamtheit – gibt es regionale Schwerpunkte, und zwar in den Ländern Mexiko, Kolumbien und Brasilien. Dieser summarische Überblick läßt erkennen, daß die deutsche Internationale Agrarforschung in allen Klimaregionen der inneren und äußeren Tropen vertreten ist. Unverkennbar zunehmende Tendenz besitzt die deutsche Agrarforschung im osteuropäischen Raum. Zielregion ist neben den inzwischen mit der EU assoziierten Ländern Mitteleuropas innerhalb der Gemeinschaft unabhängiger Staaten (GUS) besonders Rußland.

Forschungsthematik und -methodik

Die erforderliche, drastische Steigerung der Produktivität von Landnutzungssystemen in den Tropen und Subtropen bei gleichzeitiger Schonung und Erhaltung der natürlichen Ressourcen stellt eine enorme Herausforderung an die Wissenschaftssysteme von Industrie- und Entwicklungsländern dar. Die dabei zu lösenden, vorwiegend komplexen Probleme verlangen nach intensiver Forschung, zu der auch die universitäre und außeruniversitäre Agrarforschung in der Bundesrepublik einen wichtigen Beitrag leisten muß. Das zur Zeit breitgefächerte Spektrum an Forschungsthemen und Fragestellungen läßt folgende Hauptarbeitsgebiete erkennen:

Im Zusammenhang mit der Ressource *Boden* konzentrieren sich die Forschungsarbeiten auf die Erhaltung der Bodenfruchtbarkeit sowie auf die Vermeidung von Erosion und Desertifikation. Auch die Problematik der Bodenversalzung im Bewässerungsfeldbau wird bearbeitet. In engem Zusammenhang mit der Entwicklung verbesserter Verfahren der Pflanzenernährung stehen die Forschungsarbeiten zur Erhaltung und Vermehrung der organischen Substanz in tropischen Böden und Untersuchungen zur Nutzungseffizienz verschiedener Nährstoffe. Typisch für den tropischen Bereich sind die periodisch trockenen Gebiete, die mit der Bodennutzung in Regenfeldbauverfahren verbunden sind, woraus sich eine Vielzahl von Themen zur Ertragssicherung durch Nutzung von Bodenspeicherfeuchte ergeben.

Die *Pflanzenwissenschaften* heben besonders auf die Optimierung der Nutzung des Bodens, der Nährstoffe und des Wassers ab, bei gleichzeitiger Erhaltung pflanzengenetischer Ressourcen. Deutsche Forschungseinrichtungen haben in der Vergangenheit nicht nur zur Erhaltung pflanzengenetischer Ressourcen in Entwicklungsländern selbst beigetragen (Äthiopien, Costa Rica), sondern in der Bundesrepublik eine Genbank eingerichtet, welche auch teilweise für die Tropen und Subtropen relevante Arten beherbergt. Bei der Veränderung und Verbesserung pflanzengenetischer Ressourcen nimmt die Resistenzverbesserung von Pflanzensorten wie z. B. Weizen, Mais, Hirse, Gerste und Tritikale gegen Pilze, Virosen und Insekten eine wichtige Stellung ein. Während bei der Resistenzverbesserung gegen Pilze vorläufig noch die klassische Kreuzungszüchtung von Bedeutung ist, werden zur Erreichung von Virusresistenz zudem gentechnologische Methoden eingesetzt. Diese schließen die Herstellung von transgenen Pflanzen, in die Virusgene eingeschleust werden, mit ein. Biotechnologische Methoden werden auch zur Erreichung von Insektenresistenz eingesetzt. Methoden der klassischen Züchtung werden hier mit der Verwendung gentechnologisch veränderter Pflanzen kombiniert. In einer langfristig angelegten Strategie wird für eine Reihe von Schaderregern an der Isolation von Resistenzgenen mit Hilfe molekularbiologischer Methoden gearbeitet, um diese Resistenzen in die Genome von Nutzpflanzen einzubauen. Diese Forschung wird durch die Entwicklung biologischer Verfahren zur Bekämpfung von Schadorganismen ergänzt, was die Nutzung von Nützlingen gegen Schadinsektenpopulationen und den Einsatz pflanzenpathogener Pilze gegen Unkräuter einschließt.

Neben der Forschung über einzelne Kulturpflanzen oder spezielle Probleme der pflanzlichen Produktion spielt die systemorientierte Forschung – verglichen mit europäischen Nachbarländern und den USA – eine bedeutende Rolle. Hier wird zur langfristigen Produktivitätssteigerung in Rotationen, im Mischanbau und in Agroforstsystemen einschließlich des Alley cropping[29]) in allen Klimazonen der humiden bis semiariden Tropen geforscht. Die in diesem Zusammenhang durchgeführte Grundlagenforschung versucht, die Konkurrenz zwischen einzelnen Systemkomponenten zu charakterisieren und zugunsten der Nutzpflanzen zu minimieren. Dabei findet nicht nur die Konkurrenz im oberirdischen Bereich, sondern auch die Dynamik im Wurzelraum Beachtung. Aus den so gewonnenen grundlegenden Erkenntnissen werden in mehr angewandten Forschungsarbeiten Verfahren für eine Nutzung von Brachevegetation im Regenfeldbau, nährstoff- und wassereffiziente sowie erosionsmindernde Anbausysteme entwickelt. Dabei wird auf die in den Tropen besonders wichtige Diversifizierung in der Produktion von Nahrungs- und Marktfrüchten Wert gelegt. In Lateinamerika und Afrika werden zudem Fragen der verbesserten Nutzung natürlicher Graslandpotentiale und des Ackerfutterbaus bearbeitet.

Die Forschungstätigkeit in der *Tierproduktion* mit ihren Teilbereichen Tierhaltung und -management, Tierzüchtung und Tierernährung schließt fast alle Nutztierarten ein und ist im Tropenbereich breit gestreut und interdisziplinär vertreten. Beispiele hierfür sind Arbeiten zur optimalen Ausschöpfung der Graslandpotentiale im lateinamerikanischen Savannengebiet durch verbesserte Weidegräser und -leguminosen bei angepaßtem Herdenmanagement in der Fleisch- und Milcherzeugung lokaler Rinder. Auch im südlichen Afrika besitzt die Futterversorgung Priorität in den Forschungsarbeiten, die sich auf Erschließung und Verbesserung neuer Futterquellen, die Nutzung von Ernterückständen und Supplementierungen in der Rationsgestaltung beziehen.

Andere Forschungsschwerpunkte (besonders in Afrika) in der Tierhaltung beziehen sich auf die Analyse von Produktionssystemen und innerhalb dieser auf angepaßte Produktionsverfahren in der bäuerlichen integrierten Tierproduktion, um daraus marktorientierte Verfahren der Fleisch- und Milcherzeugung entwickeln zu können. Einbezogen sind hier die Tierarten Rind, Schaf und Ziege. Da die traditionell nomadischen Formen der Tierhaltung in Afrika einem starken Wandel, der weit in den sozioökonomischen Lebensbereich der Viehbesitzer eingreift, unterworfen sind, bilden Probleme bei der Entwicklung seßhafter Formen der Tierhaltung den Hintergrund weiterer Forschungsarbeiten. Die Nutzung der tierischen Zugkraft, die im Südsahel-Afrika keine Tradition besitzt, aber für die Entwicklung des Akerbaus unverzichtbar ist, ist Forschungsgegenstand in den Bereichen der Zugkraftmessung, der An-

29) Alley cropping = Agroforstsystem, bei dem Ackerkulturen in Streifen zwischen Baum/Buschreihen angebaut werden.

spannungsformen sowie – in Zusammenarbeit mit der Landtechnik – der Geräteentwicklung.

Arbeiten zur züchterisch-genetischen Verbesserung der Tierbestände beschäftigen sich – meist auf der Grundlage vorhandener Lokalrassen – vorzugsweise mit Geflügel und Ziegen in Ostasien. Hierzu zählt auch die Entwicklung von Zuchtprogrammen im Rahmen der Schweinefleischerzeugung in China.

Neben einem Projekt zur Verbesserung der Fleischerzeugung über das Meerschweinchen, welches in den Andenregionen Südamerikas eine beachtliche Bedeutung für die menschliche Ernährung besitzt, sind die sogenannten unkonventionellen Tierarten ebenso wie die Seidenmotte und die Biene nur wenig in der Tierzuchtforschung vertreten.

Die Forschungsarbeiten in der *Fischwirtschaft* beziehen sich auf Leistungsüberprüfung, Vermehrung und Züchtung tropischer Fischarten, so z. B. die Polyploidisierung von Tilapia in Verbindung mit Wachstum und Geschlechtsreife oder reproduktionsbiologische Untersuchungen an afrikanischen Welsen. Daneben werden Fragen der Fischernährung, Gewässerbewirtschaftung sowie des Biotop- und Artenschutzes behandelt. Ein weiterer Forschungsschwerpunkt umfaßt die Ökologie tropischer Küstenregionen am Beispiel der Erforschung von Mangrovengebieten unter dem Gesichtspunkt der nachhaltigen Nutzung der Fisch-, Muschel- und Garnelenbestände.

In der *Agrartechnik* konzentrieren sich die Forschungsarbeiten auf die verbesserte Nutzung tierischer Zugkraft durch Entwicklung von Verfahren und Geräten zur Bodenbearbeitung und Unkrautbekämpfung sowie auf tierbetriebene Antriebssysteme für Nacherntearbeiten. Zur Trocknung und Lagerung tropischer Produkte mit Blick auf die Vermeidung von Nachernteverlusten und die zur Nutzung standortangepaßter, erneuerbarer Energieformen in den oben genannten Nachernteverfahren und für andere Zwecke wird ebenfalls geforscht.

Ein thematisch breites Forschungsfeld bearbeiten die *Wirtschafts- und Sozialwissenschaften des Landbaues.*[30]) Während bisher Afrika und Südasien Hauptzielregionen waren, haben sich seit der Wende im ehemaligen Ostblock und der Öffnung in China die Wirtschafts- und Sozialwissenschaften des Landbaues diesen Ländern von allen agrarischen Disziplinen am stärksten zugewandt.

Wissenschaftliche Agrarpolitik erforscht makroökonomische Phänomene wie die Rolle der Landwirtschaft in der Volkswirtschaft, die Wirkungen

---

30) Hierzu zählen mehrere Unterdisziplinen: Die im engeren Sinne ökonomischen Fächer Agrarpolitik, landwirtschaftliche Marktlehre, landwirtschaftliche Betriebswirtschaft und die im engeren Sinne sozialwissenschaftlichen Fächer Land- und Agrarsoziologie sowie Beratungs- und Kommunikationslehre.

wirtschaftspolitischer Maßnahmen oder internationale institutionelle Regelungen für die globale Ressourcenerhaltung und deren Auswirkungen auf nationale Agrarpolitiken in armen Ländern. Für ihre Arbeiten zum Genossenschaftswesen, aber auch zu ländlichen Kredit- und Beratungsinstitutionen sind deutsche Wissenschaftler bekannt. Der Themenkomplex Wirtschafts-, insbesondere Agrarreformen und ihre Folgen für die Wohlfahrt der Bevölkerungen hat durch die zunehmende Befassung mit Transformationsländern einen deutlichen Aufschwung erfahren. Analysen darüber, welche Wandlungen Agrarstrukturen, Behörden, Handel oder Banken durchmachen müssen, werden dabei meistens in Kooperation mit Wissenschaftlern aus den Transformationsländern durchgeführt.

In der landwirtschaftlichen Marktforschung haben Untersuchungen zu den Güter- und Faktormärkten in Entwicklungsländern inzwischen Tradition. Studien zum Marketing von Agrarprodukten tragen der Tatsache Rechnung, daß sich viele ärmere Gebiete von geschickten Marktstrategien einen Vorteil auf den Agrarexportmärkten und damit einen Wohlfahrtszuwachs versprechen. In Untersuchungen zum internationalen Agrarhandel werden die Austauschbeziehungen zwischen Industrieländern einerseits und Entwicklungs- sowie Transformationsländern andererseits analysiert und Vorschläge für ihre institutionelle Gestaltung (World Trade Organization, Präferenzabkommen etc.) erarbeitet. Nur vereinzelt beschäftigen sich Agrarwissenschaftler bisher mit Fragen der Ernährungssicherung oder damit eng zusammenhängenden Problemen wie Mangelernährung.

Die mikroökonomischen Ansätze der betriebswirtschaftlichen Forschungen setzen vornehmlich am (klein)bäuerlichen Betrieb an (z. B. Wirtschaftlichkeitsuntersuchungen kleinbäuerlicher Schweinehaltung in Simbabwe oder der bäuerlichen Kartoffelproduktion in Kolumbien). Darüber hinaus kommt den Forschungen über „Farming Systems" hohe Bedeutung zu. Dabei rückt das Zusammenspiel mit dem betrieblichen Umfeld ins Zentrum der Betrachtung, in neuerer Zeit auch ausdrücklich die Nachhaltigkeit landwirtschaftlicher Produktionssysteme. Für das Management von Projekten der Entwicklungshilfe werden verfeinerte Methoden der Projektplanung, -durchführung und -evaluierung entwickelt und meist in enger Kooperation mit Institutionen der Technischen Zusammenarbeit im Feld getestet.

Ein traditionell bearbeiteter sozialwissenschaftlicher Themenkomplex ist die Agrarverfassung und damit die Veränderung von Boden-, Arbeits- und Herrschaftsordnungen im Zuge einer auf Modernisierung zielenden Entwicklung. So z. B. der rasche Verfall gewohnheitsrechtlicher, häufig auf religiösen Vorstellungen und Gemeineigentum beruhender Bodenordnungen in Schwarzafrika. Hier schließen auch Forschungen zur sozialen Sicherung in Entwicklungsländern an. Darüber hinaus spielen Untersuchungen zur Adoption von Neuerungen durch die bäuerliche Bevölkerung eine Rolle. Im Zusammenhang hiermit stehen Forschungen zum Aufbau von Trägerstrukturen für eine ländliche Entwicklung, Organisation und Funktion des Bildungs- und des Beratungswesens, um wichtige Entwicklungsziele wie Ernährungssicherung der ländlichen Haushalte zu erreichen. Bereits vor Jahren begann die deutsche Forschung, sich mit der Rolle der Frau in der Entwicklung zu beschäftigen. Inzwischen ist auch dieses Thema zu einem stark beachteten sozialwissenschaftlichen Forschungsgegenstand geworden.

Nur an wenigen der oben dargestellten Fakultäten/Fachbereiche befassen sich Wissenschaftler in Forschung und Lehre ausschließlich mit Fragenkomplexen der Internationalen Agrarwissenschaften. Meist stellt dies – mit unterschiedlichem Schwergewicht – ein Teilgebiet ihrer Aktivitäten dar. Es ist daher nicht möglich, einen auch nur annäherungsweise genauen quantitativen Überblick über die in diesem Bereich engagierten personellen Kapazitäten zu geben. Eine Zusammenschau der Zahl der Wissenschaftler wäre nicht aussagekräftig. Auch der Umfang der einzelnen Forschungsprojekte weicht teilweise erheblich voneinander ab und läßt deshalb eine sinnvolle Darstellung nicht zu. Hinzu kommt, daß – wie in anderen Disziplinen – an den meisten Fakultäten offensichtlich Promotionsprojekte den überwiegenden Teil der Forschung auf diesem Gebiet tragen.

Oberziel der *forst- und holzwirtschaftlichen Forschung* und Lehre in der Bundesrepublik Deutschland ist die dynamische Weiterentwicklung nachhaltiger Bewirtschaftung der Wälder der Erde (hier insbesondere der Tropen und Subtropen und der Transformationsländer). Im Vordergrund stehen dabei Gesichtspunkte der Erhaltung von Ökosystemen, der Biodiversität, Vitalität und Produktivität der Wälder und die Optimierung der nachhaltigen Produktion nachwachsender Rohstoffe (vor allem Holz) im Systemzusammenhang mit der Förderung sämtlicher forstlicher Leistungen wie Arbeits-, Einkommens- und Eigentumsfunktionen, Schutz- und Erholungsfunktionen sowie kulturellen Funktionen. Dazu kommen die einzel- und volkswirtschaftlichen Multiplikatorwirkungen der Holzwirtschaft im Sinne umweltgerechter Rohstoffverwendung.

Hinzu kommen die Entwicklung und Anwendung moderner Technologien wie z. B. Waldbestandsaufnahmen und Ökosystemmonitoring mit Hilfe von Luftbildern (Anwendung von GIS), Satellitenaufnahmen und Computerprogrammen. Die Waldfunktionskartierung unter Berücksichtigung multifunktionaler Bewirtschaftung einschließlich des Biotopschutzes verdient im Hinblick auf die Tropen/Subtropen und die Transformationsländer besondere Erwähnung.

I. 2. b. Forschung an außeruniversitären Forschungseinrichtungen

Als außeruniversitäre Forschungsanstalten, die sich meist punktuell mit entsprechenden Themen befassen, sind einige Bundesforschungsanstalten im Geschäftsbereich des Bundesministeriums für Ernährung, Landwirtschaft und Forsten (BML) zu nennen (BBA, FAL, BFH).[31]) Nach dem Forschungsrahmenplan des BML sind rund 5 % der Etatmittel für Aufgaben hinsichtlich der Zusammenarbeit mit Entwicklungsländern und Probleme der Welternährung vorgesehen. Der BMZ verfügt nicht über eigene Ressortforschung.

Darüber hinaus gibt es an agrarwissenschaftlichen Blaue Liste-Instituten Forschungskooperationen vornehmlich mit Transformationsländern. Während hierzu seitens des Zentrums für Agrarlandschafts- und Landnutzungsforschung (ZALF), Müncheberg, besonders Fragen der Agrarlandnutzung zusammen mit Rußland und Ungarn bearbeitet werden, wird am Institut für Agrarentwicklung in Mittel- und Osteuropa (IAMO), Halle, Forschung über die wirtschaftliche und strukturelle Entwicklung des Agrarsektors der Länder Mittel- und Osteuropas betrieben. Dabei steht deren Transformation von der zentralgelenkten Wirtschaft zur Marktwirtschaft unter veränderten Rahmenbedingungen im Mittelpunkt der Betrachtungen. An Forschungseinrichtungen der Helmholtz-Gesellschaft, besonders der KFA sowie der GSF,[32]) wird überwiegend auf Bodenforschung abzielenden Fragestellungen – teilweise in Rahmen von bilateralen Abkommen – nachgegangen. Am Max-Planck-Institut für Züchtungsforschung, Köln, wird für die Internationalen Agrarwissenschaften besonders wichtige Grundlagenforschung betrieben. Darüber hinaus ist die tropenökologische Arbeitsgruppe des MPI für Limnologie, Plön, zu nennen. Das Zentrum für Marine Tropenökologie an der Universität Bremen (ZMT) betreibt Forschung und Lehre zum nachhaltigen Management von tropischen Küstenregionen und ihren lebenden Ressourcen.

Besonders eng ist die Zusammenarbeit zwischen der Forschung an der BFH und der Lehre an der Universität Hamburg. So wird ein entscheidender Teil der international orientierten Lehre auf dem Gebiet der Weltforstwirtschaft und der Holzwirtschaft von seiten der BFH erbracht. Auf der anderen Seite sind Wissenschaftler der Universität in Forschungsvorhaben der BFH eingebunden. Dadurch ist auch für Nachwuchswissenschaftler die Möglichkeit gegeben, sich über eine Habilitation für die Lehre zu qualifizieren.

Auf die deutsche Beteiligung an den internationalen Forschungszentren der Consultative Group on International Agricultural Research (CGIAR) wird unten eingegangen. Auch private Forschungseinrichtungen leisten teilweise umfangreiche Forschung zum Themenkomplex Internationale Agrarwissenschaften. Dies besonders in der Pflanzenzucht und im Pflanzenschutz.

31) BBA = Biologische Bundesanstalt für Land- und Forstwirtschaft
FAL = Bundesforschungsanstalt für Landwirtschaft
BFH = Bundesanstalt für Forst- und Holzwirtschaft
32) KFA = Forschungszentrum Jülich GmbH
GSF = Forschungszentrum für Umwelt und Gesundheit GmbH

I. 2. c. Koordination der Forschung

Eine Umfrage der Arbeitsgemeinschaft Tropische und Subtropische Agrarforschung (ATSAF)[33]) zur Bewertung der internationalen Agrarforschung in Deutschland vor rund 3 Jahren ergab, daß es den deutschen Agrarforschungsaktivitäten zur internationalen Agrarentwicklung an Kontinuität, Schwerpunktbildung und interdisziplinärer Vernetzung mangelt. Hierauf zurückzuführen ist die Initiative zur Einrichtung einer „Allianz der International ausgerichteten Deutschen Agrarforschung" (AIDA), die sich 1995 unter dem Dach der ATSAF offiziell konstituiert hat. Der Ansatz geht davon aus, die Vielfalt der im Agrarbereich entwicklungsorientiert engagierten deutschen Forschungslandschaft zu nutzen und zur verbesserten Kommunikation und Kooperation von Wissenschaft, Förderern und Nutzern[34]) in der internationalen Agrar-, Umwelt- und Entwicklungsforschung beizutragen. Ziel ist dabei sowohl die Förderung des Politikdialogs als auch die Förderung eines konkurrenzfähigen Forschungsangebotes durch eine abgestimmte, programmatische Schwerpunktsetzung. Dabei liegt der Koordinierung der Forschungsvorhaben eine freiwillige Beteiligung der Wissenschaftler zugrunde.

AIDA sieht ihre Aufgaben darin

- eine Plattform zu schaffen, die den Dialog zwischen Wissenschaft und Politik fördert,
- Transparenz herzustellen und Nachfrage abzuschätzen,
- durch Kooperation die Bildung „kritischer Masse" zu erleichtern,
- die Bildung von Forschungsgruppen bzw. integrierten Programmkonzeptionen zu erleichtern und
- Programm-/Projektempfehlungen auszusprechen.

Die Operationalisierung ist in Form eines offenen Konsortialmodells mit einem Lenkungsausschuß und vier fachlich ausgerichteten, offenen Arbeitsgruppen[35]) erfolgt. Darüber hinaus wird jährlich ein zweitägiges

33) Die Arbeitsgemeinschaft Tropische und Subtropische Agrarforschung e. V. geht auf eine Initiative von BML und BMZ Mitte der 70er Jahre zurück. Ihre Aktivitäten liegen in der Beratung der Bundesregierung, der Ermittlung und Koordinierung von Forschungsvorhaben auf dem Gebiet der tropischen und subtropischen Agrarforschung, der Vermittlung einer verstärkten Mitwirkung bei internationalen Aktivitäten (CGIAR u. a.) und der Öffentlichkeitsarbeit. Mitglieder stammen aus Forschungseinrichtungen des Bundes, Hochschulen sowie anderen Forschungsinstitutionen mit Bezug zu tropischer und subtropischer Agrarforschung.

34) D. h. Vertretern aus öffentlicher und privater Forschung, Politik, Forschungsförderung, der technischen Entwicklungszusammenarbeit und von Nichtregierungsorganisationen.

35) Ernährungssicherung, Produktivitäts- und Produktionssteigerung, Ressourcenschutz, Agrarforschung in den Transformationsländern Mittel- und Osteuropas.

Forum ausgerichtet, bei dem im Dialog zwischen Anbietern und Nachfragern von Forschung international relevante Entwicklungen und künftiger Forschungsbedarf diskutiert werden. Die sich in der Aufbau- und Entwicklungsphase befindende Allianz verfügt derzeit noch nicht über eine eigene Infrastruktur. Sie wird vorübergehend hilfsweise durch die ATSAF gestützt. Aussagen zur entwicklungsorientierten Lehre und der Ausbildung des wissenschaftlichen Nachwuchses sind im Rahmen des AIDA-Ansatzes bisher nicht gemacht worden und auch künftig nicht geplant.

I.3. Förderung

Förderung im internationalen Bereich

Hinsichtlich der Internationalen Agrarwissenschaften bestehen sowohl national als auch international unterschiedliche Förderkonzepte.

Das BMZ fördert internationale Agrarforschungsinstitute, insbesondere der Beratungsgruppe für die „Internationale Agrarforschung" bei der Weltbank (CGIAR). Deutschland ist eines der wichtigsten Geberländer der Consultative Group. Insgesamt fördert das BMZ die internationale Agrarforschung mit einem Jahresbeitrag von rund 36 Millionen DM. Neben ungebundenen Beiträgen zum Haushalt der Zentren (unrestricted core) werden gezielte Programme (restricted core) sowie klar definierte und zeitlich begrenzte Forschungsvorhaben, beide nach Möglichkeit in Kooperation mit deutschen Instituten, gefördert. Bei den beiden letztgenannten Förderinstrumenten beträgt die Laufzeit der Projekte in der Regel zwei bis vier Jahre. Grundlage der CGIAR-Agrarforschung ist ein analytischer Rahmen, der fünf Schwerpunktbereiche, vier geographische Regionen und vier Produktdimensionen vorsieht.

Programmkategorien	Räumliche Dimension	Produktdimension
– Steigerung der Produktivität	– Subsahara Afrika	– Ackerkulturen
– Ressourcenschutz	– Westasien/Nordafrika	– Tierproduktion/ Weidewirtschaft
– Erhaltung der Biodiversität	– Asien	– Agroforst-/Forstwirtschaft
– Sozioökonomie und	– Lateinamerika	– Aquakultur
– Politikberatung		
– Stärkung der nationalen Agrarforschungssysteme		

Im Zeitraum 1990 bis 1994 wurden insgesamt 91 Projekte mit einem Gesamtvolumen von 86 Millionen DM gefördert.[36]) Dabei belief sich die finanzielle Ausstattung der insgesamt 62 special projects auf durch-

36) Die Angaben beruhen auf einer Auswertung durch die ATSAF-Geschäftsstelle.

schnittlich 548 TDM und bei den 29 im Rahmen des restricted core programme geförderten Vorhaben auf 1,8 Millionen DM. (Die Spannbreite reichte insgesamt von 35 TDM bis 5 Mio. DM.) Der räumliche Schwerpunkt der Förderung lag dabei auf Afrika (Subsahara) gefolgt von Asien, Lateinamerika und Westasien/Nordafrika.

In ihrer Antwort auf die große Anfrage zur Forschung und Forschungsförderung des Bundes im Bereich Ernährung, Landund Forstwirtschaft, Fischerei und Holzwirtschaft sowie der Entwicklung ländlicher Räume führt die Bundesregierung aus, daß sie der Förderung der internationalen Agrarforschung eine erhebliche Bedeutung zumißt.[37]) Sie sei ein herausragendes Instrument, um die notwendigen Grundlagen zur Sicherung der Welternährung, zum Erhalt der natürlichen Ressourcen sowie zur Minderung von Armut und Unterbeschäftigung zu schaffen.

BMZ/GTZ[38]) ermöglichen zudem langjährige, erfahrungsgemäß sehr fruchtbare Kooperationen in Forschung und Lehre mit Einrichtungen im Ausland einschließlich dem Auf- und Ausbau forstlicher Fakultäten. Beispiele sind im Rahmen der bilateralen Technischen Zusammenarbeit und der Forschungszusammenarbeit auf dem Gebiet der Forst- und Holzwirtschaft Vorhaben mit Chile, Brasilien, Mexiko, Türkei, Indonesien, Malaysia sowie im Bereich der Landwirtschaft in Ghana und Paraguay. Darüber hinaus werden in bilateralen Vorhaben auch spezielle Forschungskomponenten gefördert. Vereinzelt werden auch seitens des BMBF Forschungsvorhaben in Kooperation mit ausländischen Einrichtungen gefördert, so z. B. jüngst die Mitfinanzierung eines Projekts zur Erforschung eines Mangrovengebietes bei Belem im Mündungsgebiet des Amazonas.[39]) Der BMBF unterstützt zudem mit dem Förderschwerpunkt SHIFT (Studies on Human Impacts on Forests und Floodplains) sowohl grundlagen- als auch anwendungsorientierte Forschungsprojekte bilateraler Zusammenarbeit mit Brasilien zur Untersuchung anthropogener Einflüsse auf Waldsysteme und Überschwemmungsgebiete in den Tropen.

---

37) Vgl. Deutscher Bundestag: Antwort der Bundesregierung auf die Große Anfrage der Abgeordneten Matthias Weisheit, Horst Sielaff, Anke Fuchs, weiterer Abgeordneter und der Fraktion der SPD zu Forschung und Forschungsförderung des Bundes im Bereich Ernährung, Land. und Forstwirtschaft, Fischerei und Holzwirtschaft sowie der Entwicklung ländlicher Räume, Drucksache 13/3337 vom 13. 12. 1995, S. 18 und 21.

38) GTZ = Gesellschaft für Technische Zusammenarbeit GmbH.

39) Projekt MADAM (Mangrove Dynamics and Management) am Zenturm für Marine Tropenökologie an der Universität Bremen, das auch durch das Land Bremen unterstützt wird.

Förderung der deutschen Internationalen Agrarwissenschaften:

Mit ihrem breiten Förderangebot ist die *Deutsche Forschungsgemeinschaft (DFG)* generell der wichtigste Drittmittelgeber für die Hochschulforschung.[40])

Den größten Förderumfang als einzelnes Vorhaben zum Themenbereich Internationale Agrarwissenschaften umfaßt dabei der Hohenheimer Sonderforschungsbereich „Standortgemäße Formen kleinbäuerlicher Landwirtschaft in den Tropen mit Schwerpunkt Westafrika", der bislang (1985 bis 1995) mit insgesamt 24,2 Millionen DM gefördert wurde. Neben dem Graduiertenkolleg „Sozioökonomie der Waldnutzung in den Tropen und Subtropen", Freiburg, werden eine Reihe von Vorhaben unterschiedlichster Thematik im Normalverfahren gefördert. Summarische Angaben zur Förderung der Internationalen Agrarwissenschaften können jedoch nicht gemacht werden, da auch einige Programme, die sich den Tropen/Subtropen oder den Transformationsländern zuwenden, disziplinär nicht auf die Agrarwissenschaften eingegrenzt sind.

Im Jahr 1990 hat die DFG ein Schwerpunktprogramm „Mechanismen zur Aufrechterhaltung tropischer Diversität" aufgelegt, in dem von 1990 bis 1995 mit rund 10 Millionen DM die Erforschung grundsätzlicher Bedingungen für die Existenz hochgradig differenzierter Lebensräume in den Tropen gefördert wurde. Zu diesem überwiegend der Zoologie und Botanik zuzurechnenden Komplex gehören auch Fragen der Bestandserhaltung und sinnvollen Nutzung tropischer Lebensräume. Darüber hinaus fördert die DFG Forschungskooperationen mit Ländern Mittel- und Osteuropas sowie allen Ländern der ehemaligen Sowjetunion. Das diesbezügliche Fördervolumen belief sich für alle (d. h. auch nichtagrarwissenschaftliche) Fachgebiete 1995 auf rund 9,7 Millionen DM, davon rund die Hälfte aus Sondermitteln des BMBF.

Seit 1977 fördern DFG und BMZ in einem speziellen Programm die Zusammenarbeit deutscher Wissenschaftler aus einer Vielzahl von Forschungsbereichen mit Wissenschaftlern oder wissenschaftlichen Einrichtungen in Entwicklungsländern.[41]) Ziel ist besonders, die Forschungskapazität in diesen Ländern zu stärken. Daneben soll zur Lösung entwicklungspolitischer Probleme beigetragen werden. Im Rahmen der geförderten Vorhaben können auch ausländische Nachwuchswissenschaftler weiterqualifiziert werden.

40) Vgl. Wissenschaftsrat: Drittmittel an Hochschulen 1970 bis 1990, Köln 1993.
41) Die DFG stellt die für den deutschen Projektanteil erforderlichen Mittel, während der BMZ über die GTZ Kosten übernimmt, die der Kooperationspartner im Entwicklungsland für die Durchführung seines Anteils benötigt. Dies trägt der Tatsache Rechnung, daß die finanzielle Ausstattung der Wissenschaft in einer Vielzahl dieser Länder Kooperationsbeziehungen meist nur dann ermöglicht, wenn die Projektkosten des ausländischen Partners aus Fördermitteln der deutschen Seite bereitgestellt werden können.

Die *Förderung der wissenschaftlichen Zusammenarbeit mit Entwicklungsländern durch die EU* fand im Zeitraum 1991 bis 1994 über drei Programme statt: Biowissenschaften und Biotechnologien für Entwicklungsländer (STD/3), Internationale Wissenschaftliche Zusammenarbeit (ISC) und AVICENNE. Während STD allen Entwicklungsländern zur Beteiligung offen stand, basierte ISC auf Abkommen zwischen der EU und einzelnen Zielregionen in Lateinamerika, Asien und dem Mittelmeerraum. AVICENNE war ausschließlich der Zusammenarbeit zwischen EU und dem Mittelmeerraum gewidmet. Die drei Programme sind nunmehr im vierten Rahmenprogramm im neuen Spezifischen Programm „Zusammenarbeit mit Drittländern und internationalen Organisationen[42]) (INCO) und dort besonders im Unterbereich C „Zusammenarbeit mit Entwicklungsländern (INCO-DC)" aufgegangen, das die Themenkomplexe „Nachhaltige Bewirtschaftung und Nutzung erneuerbarer natürlicher Ressourcen" und „Nachhaltige Verbesserung der landwirtschaftlichen und agroindustriellen Produktion" fördert. Dabei sind - entsprechend dem verfolgten regionalen Ansatz – jeweils etwa 25 % des Finanztransfers für Afrika, Asien und Lateinamerika, 15 % für den Mittelmeerraum und 10 % für globale Themen vorgesehen. Darüber hinaus wird der Bereich Landwirtschaft und Ernährung im Rahmen der „Wissenschaftlichen und technologischen Zusammenarbeit mit den Ländern Mittel- und Osteuropas und den neuen unabhängigen Staaten der ehemaligen Sowjetunion" (INCO, Unterbereich A2) durch die EU gefördert. So z. B. ab 1996 unter anderem Forschungsprojekte zum Themenkomplex „Gefährdete aquatische Ökosysteme".

Weiterhin wird durch die Programme TEMPUS-PHARE und TEMPUS-TACIS u. a. auch im Bereich Landwirtschaft die Verbesserung des Hochschulwesens sowie die Förderung von dessen Entwicklung und Erneuerung unterstützt. Ebenfalls zu erwähnen ist das Programm ACE-PHARE, das 1990 erstmals für Wirtschaftswissenschaftler aufgelegt wurde, um Maßnahmen des Erfahrungsaustauschs und den wirtschaftlichen Reformprozeß in mittel- und osteuropäischen Ländern zu fördern. Auch hier bildet die Landwirtschaft einen Teilkomplex. ACE[43]) wurde 1994 auf die TACIS-Empfängerländer ausgeweitet. Auch im Rahmen des allgemeinen Agrarforschungsprogramms FAIR werden mitunter Projekte gefördert, die inhaltlich dem Bereich der Internationalen Agrarwissenschaften zugeordnet werden können.

Über das Fördervolumen, mit dem in der jüngeren Vergangenheit die Zusammenarbeit deutscher Agrarwissenschaftler mit oder in Entwicklungsländern und Transformationsländern durch die EU gefördert wurde, liegen keine Angaben vor.

42) Z.B. WHO oder UNESCO.
43) ACE = Action for Cooperation in the Field of Economics.

Das *Tropenökologische Begleitprogramm (TÖB)* wurde 1992 auf Initiative der Tropenökologischen Gesellschaft von BMZ und GTZ als regionales Förderprogramm eingerichtet. Eine der Aktivitäten des Programms ist die Identifizierung und Förderung der Bearbeitung von angewandten, ökologischen Fragestellungen, die im Rahmen bereits laufender deutscher Projekte der bilateralen Entwicklungszusammenarbeit (DED, GTZ, KfW, CIM)[44]) entstehen, um nachteiligen ökologischen Folgewirkungen entgegenzutreten. Derzeit werden vor allem Vorhaben zu Bodenfruchtbarkeit, Ökologie tropischer Waldsysteme, Ökologie und Pflanzenschutz, Biodiversität und ökologischer Ökonomie gefördert. Dabei wird der Forschungsbedarf aus den Projekten angemeldet (Auftragsforschung). Die gewonnenen Ergebnisse und Erkenntnisse der Forschungsvorhaben fließen in die Planung und Umsetzung von Maßnahmen im Projektumfeld ein. Im Rahmen dieser Maßnahmen kommt auch der Aus- und Fortbildung einheimischer Fachkräfte eine wichtige Bedeutung zu, beispielsweise durch das gemeinsame Bearbeiten eines Vorhabens durch deutsche und lokale Fachkräfte (Tandem-Verfahren). In der ersten Programmphase von 1992 bis 1994 stand ein Fördervolumen von 5 Millionen DM zur Verfügung. Seither wird das Programm mit 1 Million DM jährlich gefördert, wobei davon auch die Verwaltungs- und Koordinationskosten zu tragen sind.

Der Deutsche Akademische Austauschdienst (DAAD) förderte 1994 den wissenschaftlichen Nachwuchs (aller Disziplinen) aus Entwicklungsländern mit 17,8 Millionen DM aus Mitteln des BMZ. Dies erfolgte u.a. im Rahmen der „Kooperativen Promotionsförderung mit Hochschulen in Entwicklungsländern", allgemein bekannt als „*Sandwich-Programm*", als auch durch *Jahresstipendien Sur-place/im Drittland*.[45]) Im Rahmen des Sandwich-Programms (1994 mit 287 Geförderten in allen Fächergruppen) wird der Doktorand von einem Hochschullehrer in seiner Heimat und von einem deutschen Fachkollegen gemeinsam betreut; er erledigt bestimmte Abschnitte der Arbeit an der Heimathochschule, andere an der deutschen Gasthochschule, wobei die Promotion in der Regel an der Heimathochschule unter Beteiligung des deutschen Betreuers stattfindet. Eindeutige Schwerpunkte des Einsatzes dieses Förderinstrumentes sind Afrika, besonders Ägypten, und Brasilien.

Auch die Sur-place- und Drittland-Förderung gilt der Ausbildung des wissenschaftlichen Nachwuchses in Drittländern selbst. Sie trägt zugleich zur Stärkung der Ausbildungs- und Forschungskapazität ausgewählter Hochschulen in Entwicklungs- und Schwellenländern und in gewissem Umfang auch zur wissenschaftlichen Zusammenarbeit innerhalb der Regionen bei. Die regionalen Schwerpunkte liegen dabei auf Afrika (besonders Kenia, Äthiopien, Uganda, Sudan, Simbabwe und

---

44) DED = Deutscher Entwicklungsdienst (personelle Zusammenarbeit)
KfW = Kreditanstalt für Wiederaufbau (finanzielle Zusammenarbeit)
CIM = Zentrum für Internationale Migration und Entwicklung
45) DAAD: Jahresbericht 1994.

Tansania), gefolgt von Asien (besonders Thailand, Philippinen, Indonesien, Nepal, Pakistan und Sri Lanka) und Lateinamerika (besonders Zentralamerika sowie Chile). Mit 177 Sur-Place-Stipendiaten in 1994 fielen auf die Fächergruppe Agrar, Forst- und Ernährungswissenschaften rund 14 % der Geförderten.

A. II. Internationaler Rahmen

II.1. Internationale Einrichtungen der CGIAR und deutsche Beteiligung

Die Consultative Group on International Agricultural Research (CGIAR) ist ein Zusammenschluß von Regierungen, internationalen und regionalen Organisationen sowie privaten Stiftungen unter Führung von Weltbank, UNDP, UNEP[46]) und FAO, die eine ausgewählte Gruppe von landwirtschaftlichen Forschungsinstituten und -zentren in der ganzen Welt unterstützt, mit dem Ziel einer verbesserten Nahrungsmittelproduktion und Ernährungssicherung in der Dritten Welt. Während in den Anfangsjahren der CGIAR die Produktionssteigerung besonders von Reis und Weizen im Mittelpunkt stand, ist seither das Fächerspektrum breiter geworden und umfaßt z. B. auch Ressourcenmanagement. Zur Beratung der Forschungs- und Programmprioritäten der Zentren steht der CGIAR ein Technical Advisory Committee (TAC) zur Verfügung, dessen Sekretariat bei der FAO in Rom angesiedelt ist. Deutsche Agrarwissenschaftler haben häufig zu den Mitgliedern des TAC gehört.

Das von der CGIAR getragene Netz internationaler Agrarforschung umfaßt heute 16 Forschungs- bzw. Dienstleistungszentren und 4 assoziierte Institute des Agrarbereichs (vgl. Anhang). Ohne die später hinzugekommenen Institute und Einrichtungen im einzelnen zu benennen, wird anhand der darin zum Ausdruck kommenden Diversifizierung eine Änderung der Strategie deutlich. Abweichend von der reinen Produktionsausrichtung der Anfangsjahre wird nunmehr auf die Erhaltung der Ressourcen und der genetischen Vielfalt immer mehr Gewicht gelegt. So wurden in den zurückliegenden fünf Jahren die Aufgaben der internationalen Zentren wesentlich um ökologische Aspekte sowie Fragen der Nachhaltigkeit der Produktionssysteme und Erhaltung der natürlichen Ressourcen erweitert.

Inzwischen ist die CGIAR ein mehr oder weniger geschlossener Verband von knapp 50 Gebernationen bzw. -organisationen (davon 14 Entwicklungsländer) geworden und verfügt derzeit über einen jährlichen Finanzrahmen von rund 440 Millionen DM (300 Millionen US-$).

---

46) UNDP = United Nations Development Programme
UNEP = United Nations Environment Programme

Sowohl über das Förderinstrumentarium der restricted core und special projects[47]), das den befristeten Aufenthalt von deutschen Nachwuchswissenschaftlern an einem der internationalen Agrarforschungsinstitute ermöglicht (derzeit rund 50 Personen), als auch durch die Übernahme von Wissenschaftlerpositionen oder Leitungsfunktionen[48]) sowie durch gemeinsame Forschungsprojekte sind besonders deutsche universitäre, aber auch außeruniversitäre Institute zu entwicklungsbezogenen Fragestellungen mit Einrichtungen im CGIAR System verbunden.[49])

II. 2. Forschung und Lehre im Ausland

Die Agrarwissenschaften sind weltweit ein bedeutender Wissenschaftsbereich. So wurden 1990 rund 17 Milliarden US-$ im Bereich der öffentlichen Forschung in den Agrarwissenschaften investiert, davon jeweils rund die Hälfte von entwickelten und Entwicklungsländern.[50]) Hinzu kommen die internationalen Einrichtungen des CGIAR und besonders der privatwirtschaftliche Forschungsbereich.

Die international ausgerichtete agrarwissenschaftliche Forschung und Lehre blickt besonders in westlichen Industrieländern mit ausgeprägter kolonialer Vergangenheit (England, Frankreich, Niederlande) auf eine bisweilen hundertjährige Vergangenheit zurück, die sowohl Struktur als auch Umfang der entsprechenden Aktivitäten stark geprägt hat. Auch heute noch gilt in diesen Ländern ein starkes entwicklungspolitisches und besonders auch wissenschaftliches Engagement den Entwicklungsländern sowie besonders den ehemaligen Kolonien. Transformationsländer betreffende Fragen stehen hingegen deutlich im Hintergrund. In Abhängigkeit von der jeweiligen Genese sind daher die Strukturen der international ausgerichteten agrarwissenschaftlichen Forschung und Lehre in den westlichen Industriestaaten in unterschiedlichem Maße zentralisiert bzw. gruppiert. Beispielhaft kann dieser Strukturunterschied zwischen den sich in diesem Bereich stark engagierenden Ländern Frankreich (mit rund 5000 Personen, davon 3000 Wissenschaftlern im Bereich der internationalen Agrarforschung) und den USA skizziert werden.[51])

So ist die fachspezifische Situation in Frankreich charakterisiert durch wenige zentrale wissenschaftliche Einrichtungen, von denen sich das in Montpellier ansässige Centre de Co-operation Internationale en Recher-

---

47) Vgl. Kapitel I. 3., S. 43 ff.
48) Derzeit arbeiten rund 25 deutsche Wissenschaftler im CIGAR System.
49) Vgl. Deutscher Bundestag: Antwort der Bundesregierung auf die Große Anfrage, a.a.O., S. 17.
50) Pardey, Philip G. und Julian M. Alston: Revamping Agricultural R & D, in: IFPRI, A 2020 Vision, Washington D. C. 1995 (2020 Brief 24).
51) Gaillard, Jacques und Lawrence Busch: French and American agricultural science for the third world, in: Science and Public Policy, volume 20, no 4, S. 222 ff.

che Agronomique (CIRAD), mit rund 900 Mitarbeitern[52]) ausschließlich auf Fragen der tropischen Agrarwissenschaften – besonders der angewandten Forschung – spezialisiert hat, wohingegen sich das Office de la Recherche Scientifique et Technique OutreMer (ORSTOM) auch anderen Disziplinen und Forschungsfeldern widmet. Im übrigen werden auch erhebliche Beiträge von Einrichtungen des Institut National de Recherche Agronomique (INRA)[53]) und des Centre National de la Recherche Scientifique (CNRS) sowie von den Hochschulen geleistet. Hier ist besonders die enge Kooperation der Ecole Nationale Supérieure Agronomique in Montpellier mit dem CIRAD sowohl in der Ausbildung als auch in der Qualifizierung des wissenschaftlichen Nachwuchses und in der Forschung zu erwähnen, wofür u. a. deren Zuordnung zum Ministère de la Cooperation kennzeichnend ist. Auch die Niederlande verfügen mit dem Koninklijk Instituut voor de Tropen (KIT) und mit der Landwirtschaftlichen Hochschule in Wageningen und der ihr angeschlossenen Einrichtungen über ein erhebliches Potential in der entwicklungsorientierten Forschung und Lehre, die weitgehend zentral organisiert ist. Neben den Niederlanden fördern auch die skandinavischen Länder eine große Anzahl von Forschungsvorhaben im Rahmen der bilateralen Zusammenarbeit, wobei sie sich auf ausgewählte Entwicklungsländer konzentrieren.

In den USA gliedern sich die Internationalen Agrarwissenschaften in die drei Bereiche staatliche Institutionen, private Einrichtungen sowie die Universitäten und Land Grant Colleges. Der umfangreichen staatlichen Entwicklungszusammenarbeit gehören ebenso Wissenschaftler wie Experten der Technischen Zusammenarbeit an. Als staatliche Institution mit Forschungsaktivitäten ist neben der United States Agency for International Development (USAID) auch das United States Department of Agriculture (USDA) mit international orientierter agrarwissenschaftlicher Forschung sowohl im Economic Research Service (ERS) als auch im Foreign Agricultural Service (FAS) zu nennen. Im hier relevanten Bereich sind in Forschung und Ausbildung eine Vielzahl von Universitäten besonders aktiv (Ames, Berkeley, Cornell, Davis, Gainsville, North Carolina State Univ., Purdue, Texas ASM College etc.). Neben dem Staat unterstützen hier auch eine Reihe von Stiftungen (Rockefeller, Ford und Kellog Foundation) in bedeutendem Maße die Internationalen Agrarwissenschaften – besonders auch in Entwicklungsländern.

Die Struktur der internationalen agrarwissenschaftlichen Forschung und Lehre in England befindet sich in einer Phase der Umstrukturierung, die besonders auf eine privatwirtschaftliche Organisation der staatlichen Forschung und Technischen Zusammenarbeit abhebt. Das National Resources Institute (NRI), dessen Vorläufereinrichtungen zurückreichen bis zum 1894 gegründeten Scientific and Practical Department of the Imperial Institute, ist der wissenschaftliche Arm der

---

52) Davon sind jeweils rund die Hälfte in Frankreich und die Hälfte in Zweigstellen oder Einrichtungen in den Partnerländern tätig.
53) Im Umfang von rund 150 Wissenschaftler-Äquivalenten.

britischen Overseas Development Administration. Ziel der rund 500 Mitarbeiter umfassenden Einrichtung ist die Produktionssteigerung erneuerbarer Ressourcen in Entwicklungsländern durch Anwendung von Forschung und Technologie. Von den rund 100 Millionen britischen £, die die Overseas Development Administration jährlich für diesen Zweck verausgabt, entfallen mehr als 85 % auf die Arbeit des NRI, das Auftragsforschung ausführt, die kostendeckend von den Auftraggebern finanziert werden muß. Zu diesem Zweck arbeitet das NRI mit einer Vielzahl von Universitäten und außeruniversitären Einrichtungen in England (darunter der Agriculture and Food Research Council und Commonwealth Science Council) sowie mit ausländischen wissenschaftlichen Einrichtungen zusammen. Das NRI führt auch selbst Forschung in einer Reihe von (auch nichtagrarwissenschaftlichen) Disziplinen durch, wozu Mitarbeiter in mehr als 60 Ländern tätig sind. Die nunmehrige Umstrukturierung des NRI zielt auf eine stärkere Auslagerung der Forschung in anderen britischen Wissenschaftseinrichtungen ab.

Im Zusammenhang mit der Skizzierung der in den westlichen Industrieländern bestehenden Formen der entwicklungsorientierten Forschung und Lehre ist darauf hinzuweisen, daß neben Deutschland in besonderem Maße die USA und Japan sowie Dänemark, England, die Schweiz und die Niederlande über die jeweils im eigenen Lande oder bilateral in und mit den Partnerländern durchgeführte und finanzierte Forschung hinaus zur Finanzierung der internationalen Agrarforschungszentren der CGIAR beitragen, wohingegen hier der Finanzierungsbeitrag Frankreichs mit rund 1,8 % der insgesamt an der Finanzierung beteiligten Industrienationen deutlich geringer ausfällt.

In den Ländern der Tropen und Subtropen, besonders in Afrika haben die Strukturen der agrarwissenschaftlichen Forschung und Lehre in den letzten drei Jahrzehnten eine deutliche Entwicklung durchlaufen.[54]) So sind beispielsweise die Ausgaben der Entwicklungsländer im Bereich landwirtschaftlicher Forschung und Entwicklung schneller gestiegen als in den entwickelten Ländern. Damit einher ging gleichzeitig ein deutlicher Anstieg der Zahl der Wissenschaftler, wobei z. B. in Afrika derzeit rund 64 % (Querschnitt von 20 Ländern) über einen postgradualen Abschluß verfügen. Strukturell überwiegen im Bereich der öffentlich finanzierten Agrarforschung staatliche Forschungseinrichtungen, die bisweilen auch hoheitliche Aufgaben oder Untersuchungsaufgaben übernehmen. Halbstaatliche Einrichtungen oder Universitäten hingegen spielen quantitativ eine nachgeordnete Rolle. Heute verfügen nahezu alle afrikanischen Länder über angemessene Kapazitäten, um Studierende in

54) Die folgende Darstellung beruht wesentlich auf: Pardey, Philip G. und Julian M. Alston: Revamping Agricultural R & D, a.a.O. – Pardey, Philip G., Johannes Roseboom und Nienke Beintema: Agricultural Research in Africa: Three Decades of Developement, ISNAR (Hrsg.) Briefing Paper No 19, Januar 1995.

den Agrarwissenschaften bis zum BSc auszubilden, auch wenn die Wissenschaftler an den Fakultäten nur etwa 15 % ihrer Zeit Forschungsaufgaben widmen.

II. 3. Zusammenarbeit deutscher Einrichtungen im internationalen Kontext

An allen oben genannten agrar- und gartenbauwissenschaftlichen Fakultäten gibt es eine Vielzahl qualitativ und quantitativ unterschiedlich intensiver Kooperationen mit Hochschulen und Forschungseinrichtungen im Ausland. Sie reichen von losen Kontakten einzelner Wissenschaftler über Dozenten- oder Studenten/Doktorandenaustausch bis hin zu Sommerakademien. Ebenso werden vereinzelt gemeinsame wissenschaftliche Projekte bearbeitet. Besonders intensiv arbeiten die Fakultäten Hohenheim, Berlin und Göttingen mit Einrichtungen der nationalen Agrarforschung in den betreffenden Ländern oder mit Einrichtungen des CGIAR zusammen.

Die Zahl der in einem CGIAR-Projekt mit einem der internationalen Forschungszentren zusammenarbeitenden deutschen Institute bewegte sich durchschnittlich zwischen 7- und 15 jährlich.[55]) Die Zahl deutscher Diplomanden und Doktoranden in vom BMZ geförderten Projekten bewegte sich im Zeitraum 1990 bis 1994 jährlich zwischen 3 und 15; die Zahl der Postdocs lag zwischen 3 und 9 Personen. Im Betrachtungszeitraum ist ein deutlicher Rückgang der Zahl der Diplomanden und Doktoranden und ein Anstieg der eingebundenen Postdocs zu verzeichnen. Über den Umfang von Austauschbeziehungen mit den agrarwissenschaftlichen Einrichtungen in den betreffenden Ländern der Tropen und Subtropen oder in den Transformationsländern liegen keine Angaben vor.

Auch an allen forstlichen Fakultäten besteht eine deutliche Bereitschaft, Patenschaften und Partnerschaften mit ausländischen Einrichtungen zu unterhalten. In der Vergangenheit hat sich der persönliche dauerhafte Austausch, der im Sinne einer notwendigen Schwerpunktsetzung nicht auf ganze Länder oder Kontinente, sondern vielmehr auf einzelne Institutionen bezogen gewesen ist, bewährt. Im Bereich der Forstwissenschaften bestehen zu den CGIAR-Centren CIFOR[56]) und ICRAF[57]) enge Beziehungen ebenso wie zu UN-Organisationen, vor allem der FAO.

Der Koordinierung der Forschungsaktivitäten auf europäischer Ebene dienen die beiden Initiativen *ECART* und *ETFERN*.

55) Nach Angaben der ATSAF.
56) CIFOR = Center for International Forestry Research, Bogor (Indonesien).
57) ICRAF = International Center for Research in Agroforestry, Nairobi (Kenia).

Das European Consortium for Agricultural Research in the Tropics (ECART) wurde 1992 von einigen führenden europäischen Agrarforschungseinrichtungen aus Frankreich (CIRAD), Großbritannien (NRI), den Niederlanden (KIT) und Portugal (IICT) gegründet. Ziel ist es, globale Forschungsfragen, wie beispielsweise der Schutz der natürlichen Lebensgrundlagen und die Erhaltung der biologischen Vielfalt in tropischen Ländern, auf europäischer Ebene gemeinsam zu koordinieren und zu bearbeiten. Seit Oktober 1994 sind von deutscher Seite sowohl die ATSAF als auch die GTZ in das Konsortium aufgenommen, so daß nun auf rund 2500 Wissenschaftler aus unterschiedlichen Fachdisziplinen, verschiedenen Forschungseinrichtungen und mit spezifischen Ländererfahrungen zurückgegriffen werden kann. ECART vergibt keine Mittel zur spezifischen Forschungsförderung. Die Verwaltungs- und Koordinationskosten tragen jeweils die beteiligten Einrichtungen.

Mit dem auf Initiative der EG-Kommission zurückgehenden Tropenwaldforschungsnetzwerk ETFRN (European Tropical Forest Research Network) soll eine größere Transparenz und bessere Abstimmung der europäischen Tropenwaldforschung erreicht, die Verbesserung des Informationsflusses zwischen den europäischen sowie den tropischen Forschungspartnern unterstützt und die Durchführung gemeinsamer Forschungsprojekte europäischer Forschungsinstitutionen mit tropischen Partnern angeregt werden. Den Finanzierungsrahmen für die Arbeit von ETFRN bildet das vierte Rahmenprogramm der EU.[58])

Auf Ebene der EU-Mitgliedsländer werden die koordinierenden Arbeiten von nationalen Knoten ausgeführt, die von den Mitgliedsstaaten finanziell getragen werden. Der deutsche Knoten ist am Institut für Weltforstwirtschaft der Bundesforschungsanstalt für Forst- und Holzwirtschaft in Hamburg, die Zentrale Koordinierungsstelle des Netzwerks bei der ATSAF in Bonn angesiedelt. Die Arbeit der nationalen Knoten beruht ausschließlich auf freiwilligen Beiträgen. Bisher hat das BML für diese Aufgabe keine Mittel zur Verfügung gestellt.

B. Stellungnahme und Empfehlungen

B. I. Zur Bedeutung der deutschen Internationalen Agrarwissenschaften im internationalen Kontext

Die Welt wird bis 2020 rund 8 Milliarden Menschen ernähren müssen. Nach Schätzungen der FAO und von IFPRI müssen in den nächsten 25 Jahren, sofern das Bevölkerungswachstum um derzeit jährlich rund 80-100 Millionen Menschen nicht deutlich verringert werden kann, über

58) Vgl. Kapitel I. 3.

50 % mehr Nahrungsmittel produziert werden als heute.[59] Da weder die Land- noch die Wasserreserven wesentlich vermehrbar sind,[60] wird es eine der größten Aufgaben der Menschheit sein, die erforderliche Steigerung der Nahrungsmittelproduktion auf ökologisch, sozial und ökonomisch verantwortbare Weise zu ermöglichen. Flächenintensivierung, Effizienzsteigerung und Rationalisierung werden in diesem Zusammenhang zentrale Fragen sein. Ohne eine nachhaltige und umweltverträgliche Erhöhung der Flächenerträge würde das Vordringen der Agrarproduktion in ökologisch immer sensiblere Gebiete die natürliche Tragfähigkeit ganzer Regionen gefährden. Daher kann der Umwelt- und Ressourcenschutz nicht von der Agrarproduktion abgekoppelt werden.

Wachsende Anstrengungen zur Verbesserung der landwirtschaftlichen Pruduktionsbedingungen sind besonders in den Ländern der sogenannten „Dritten Welt" erforderlich, weil dort die Nachfrage nach Agrarprodukten besonders stark zunimmt, aber auch deshalb, weil dort der Agrarsektor eine zentrale Bedeutung für die Überwindung von Armut und Beschäftigungsmangel hat. Denn in landwirtschaftlich marginalen Regionen lebt ein besonders großer Anteil der absolut Armen.[61] Die Kombination von Armutsbekämpfung mit ökologisch ausgewogener Produktivitätssteigerung ist eine besondere Herausforderung an die Forschung, nicht zuletzt um der Gefahr neuer umfassender Migrationen entgegenzuwirken. Durch Technologie gefördertes agrar-sektorales Wachstum ist zudem gesamtwirtschaftlich von herausragender Bedeutung, da hierdurch Kapital und Wachstumsmultiplikatoreffekte weit gestreut werden.

Wenn es Agrarforschung, Beratung und Landwirtschaft nicht gelingt, auf die steigende Nachfrage nach Nahrungsmitteln eine überzeugende Antwort zu geben, die gleichzeitig den mit der zunehmenden Urbanisierung einhergehenden veränderten Lebens- und Ernährungsgewohnheiten Rechnung trägt, wird auch die gesamtwirtschaftliche und soziale Entwicklung in weiten Teilen der Erde nicht zufriedenstellend verlaufen können. Deutschland als eines der reichsten Industrieländer steht hier in einer besonderen internationalen Verantwortung.

Gleichzeitig stellen sich in den ehemals zentralwirtschaftlichen Ländern Mittel- und Osteuropas sowie Asiens neue Fragen beim Übergang zu einer marktwirtschaftlich organisierten und durch Privateigentum charakterisierten Landwirtschaft. Dabei kommt dem Agrarsektor eine zentrale Rolle im Prozeß der politischen, sozialen und wirtschaftlichen Transformation zu. Deutschland hat aufgrund seiner besonderen histo-

---

59) IFPRI (International Food Policy Research Institute): A 2020 Vision for Food, Agriculture and the Environment, Washington D. C. 1995, S. 11.
60) Nach Angaben der FAO gehen jährlich etwa 7 Mio. ha landwirtschaftliche Nutzfläche verloren.
61) Weniger als 300 $ Pro-Kopf-Einkommen jährlich.

rischen Erfahrung und geographischen Lage in der Unterstützung dieses Transformationsprozesses eine besondere Verantwortung übernommen.

Bei der Suche nach friedlichen, sozial und ökonomisch verträglichen Zukunftsoptionen hat die Agrarforschung eine oft unterschätzte Verantwortung und zugleich Chance, entscheidende Beiträge zu leisten. Sie muß sich bereits heute um Lösungen bemühen, die erst in 30 bis 40 Jahren die Produktion und den Markt beeinflussen. Die Gründe dafür liegen nahe: Die Agrarwirtschaft ist an Produktionsgrenzen gestoßen, die nur durch langwierige interdisziplinäre und komplexe Forschung überwunden werden können. Auch die Lehre und die Ausbildung des wissenschaftlichen Nachwuchses muß diese Gegebenheiten in weitaus stärkerem Umfang als bisher berücksichtigen.

Gleichzeitig wirkt die international ausgerichtete agrar-, forst- und gartenbauwissenschaftliche Forschung und Lehre in besonderem Maße als Wegbereiter einer wissenschaftlichen und wirtschaftlichen Kooperation mit den Entwicklungs- und Transformationsländern, die sich langfristig auch für Industriestaaten nutzbringend auswirkt.[62]) Sie wird daher von anderen Ländern bewußt in dieser Form auch als Standortfaktor eingesetzt. So ist wissenschaftliche Aktivität in diesem Bereich Voraussetzung für einen Technologietransfer. Eine entsprechende Vermittlung von Know-how (als Teil des internationalen Wissenstransfers) ist dabei gleichzeitig Ausdruck der Ausstrahlung und Konkurrenzfähigkeit der deutschen Wissenschaft.

Zwar muß eine moderne Agrarwissenschaft in ihrer Gesamtheit internationale Aspekte berücksichtigen, jedoch erfordern Fragestellungen, die Länder der Tropen und Subtropen, aber auch Transformationsländer betreffen, viele spezifische Elemente, die nicht durch die „traditionellen" Agrar-, Forst- und Gartenbauwissenschaften abgedeckt werden können. Daher kann Deutschland weder auf eigene Forschung in diesem Bereich noch auf eine fundierte spezifisch ausgerichtete Ausbildung deutscher Studierender und Nachwuchswissenschaftler sowie von Ausländern aus den betreffenden Regionen verzichten.

Von Bedeutung ist dabei, daß international orientierte Agrarforschung und -lehre in weiten Teilen von vorhandenen Kapazitäten und Aktivitäten des Gesamtkomplexes Agrarwissenschaften profitieren kann, da sich ein großer Teil der vorhandenen Kenntnisse und Methoden höchst nutzbringend auch auf die Situation in Entwicklungs- und Transformations-

62) Das IFPRI (International Food Policy Research Institute) hat jüngst nachgewiesen, daß eine hohe Korrelation besteht zwischen getätigten Investitionen in die Landwirtschaft von Entwicklungsländern und einer Steigerung ihrer Importnachfrage. Die Förderung der Landwirtschaft in den Entwicklungsländern wirkt sich also auf Dauer positiv auf die Exporte der Industrieländer aus. Vgl. Pinstrup-Anderson, Per: Perspectives for World Food Security: Challenges for the International Agricultural Research System, Vortragsmanuskript zum 2. AIDA-Forum, Bonn 1996, S. 3.

ländern anwenden läßt. Gleichwohl darf dies im Umkehrschluß nicht heißen, daß es sinnvoll ist, überall dort, wo agrarwissenschaftliche Forschung und Lehre betrieben wird, auch einen ausgedehnten Teilkomplex entwicklungsbezogener Agrarwissenschaften vorzusehen.

B. II. Zur Lehre

II. 1. Quantitative Bedeutung

Agrar- und Gartenbauwissenschaften

Das Interesse an spezifischen, international ausgerichteten Ausbildungsschwerpunkten im Bereich der Agrar- und Gartenbauwissenschaften variiert in Abhängigkeit davon, ob die Studierenden Deutsche sind oder aus anderen Ländern kommen, um in Deutschland eine besondere Qualifikation zu erlangen. Es ist weiterhin abhängig von den angestrebten Tätigkeitsfeldern in der Technischen Zusammenarbeit, im Bereich Forschung und Lehre, in internationalen Organisationen oder unterschiedlichen Bereichen der Privatwirtschaft sowie von der Art der angebotenen Ausbildung (grundständiges oder postgraduales Studium).

Dem Studium von Ausländern in der Bundesrepublik kommt nicht nur hinsichtlich des Zusammenwachsens der Länder in Europa, sondern auch in der Zusammenarbeit mit den Ländern Afrikas, Asiens und Südamerikas ein besonderer Stellenwert zu. Studierende aus Entwicklungs- und Transformationsländern sind zukünftige Partner in Wissenschaft, Forschung, Politik, Wirtschaft und Kultur. Das Ausländerstudium kann darüber hinaus entscheidend dazu beitragen, daß eine wirtschaftliche und politische Entwicklung in Ländern der Dritten Welt nachhaltig gefördert wird.

Die Attraktivität des Studienortes Deutschland für ausländische Studierende wird im wesentlichen von der Qualität der Hochschulen, den finanziellen Fördermöglichkeiten, der Betreuung sowie von der Qualität der Abschlüsse und ihrer Anerkennung im Ausland bestimmt. Von Bedeutung sind ferner Aspekte der Unterstützung beim Abbau sprachlicher Hürden und das gesellschaftliche Klima. Da ausländische Studierende meist auch in ihren Heimatländern gute berufsqualifizierende Ausbildungsmöglichkeiten haben, kann einem Ausbildungsangebot im Bereich grundständiger Studiengänge in Deutschland für sie nurmehr begrenzte Bedeutung beigemessen werden. Hier bilden allerdings Studierende aus Transformationsländern vorübergehend eine Ausnahme, solange vor Ort besonders das seit der politischen und wirtschaftlichen Öffnung grundlegend geänderte agrarökonomische Wissen noch im Aufbau begriffen ist.

Hinsichtlich der Ausbildungskapazitäten im Rahmen von spezialisierten Aufbaustudiengängen zeigt sich, daß besonders in der jüngeren Vergangenheit an zu vielen Stellen Einzelaktivitäten unternommen wurden, denen nicht immer ein abgerundetes Profil bescheinigt werden kann.[63]) Neben der Tatsache, daß an den meisten Hochschulstandorten das Potential für Forschung und Lehre in diesem Bereich nicht umfassend genug ist, kann ein Grund hierfür auch in den zwischen Bund, Ländern und Universitäten bestehenden Abstimmungsschwierigkeiten bei einer länderübergreifenden wissenschaftspolitischen Strukturierung und Förderung gesehen werden. Es kommt hinzu, daß die in den letzten Jahren deutlich rückläufige Zahl von Studienanfängern in den Agrar- und Gartenbauwissenschaften sowie eine Stagnation in den Forstwissenschaften den Wettbewerb zwischen den entsprechenden Hochschulsektoren deutlich verschärft hat. In dieser Situation besteht eine unverkennbare Neigung, durch Entfaltung neuer Aktivitäten den jeweils eigenen Standort abzusichern. International (und ökologisch) orientierte Vorhaben werden dabei vielfach als aussichtsreich angesehen und verstärkt betrieben. Es kommt hinzu, daß der sich verschlechternde Arbeitsmarkt für Absolventen grundständiger Studiengänge dazu führen kann, daß Aufbaustudiengänge bisweilen als „Puffer" oder zur Überbrückung einer Sucharbeitslosigkeit genutzt werden. Gleichzeitig wird in spezifischen postgradualen Studiengängen mitunter ein rückläufiges Interesse ausländischer Absolventen verzeichnet.

Vor diesem Hintergrund und angesichts der derzeit vielfach schwierigen internationalen Anerkennung von in Deutschland erworbenen Abschlußzertifikaten[64]) könnte unter Status quo-Bedingungen von einem sich zumindest kurz- und mittelfristig in etwa auf dem heutigen Niveau bewegenden künftigen Bedarf an entsprechenden Studienangeboten ausgegangen werden. Einem Rückgang der Zahl ausländischer Studierender in diesem Bereich sollte durch eine Steigerung von Attraktivität und Qualität der Ausbildung sowie Kompatibilität der erworbenen Abschlüsse entgegengewirkt werden. Gleichzeitig sollte durch eine Verbesserung des Studienangebotes auch für deutsche Studenten vermieden werden, daß die ohnehin bereits geringe Repräsentanz Deutschlands in internationalen Organisationen und Forschungseinrichtungen weiter abnimmt und anspruchsvolle Aufgaben im Bereich der Technischen Zusammenarbeit, aber auch der wirtschaftlichen Kooperation Ländern wie den USA, Frankreich, England, den Niederlanden und anderen überlassen werden.

Unabhängig von auf spezifische Tätigkeitsfelder ausgerichteten Qualifizierungsmöglichkeiten sollten vor dem Hintergrund der zunehmend international geprägten Beschaffungs- und Absatzmärkte darüber hinaus alle Studenten im Verlauf ihres grundständigen Studiums für entwicklungsbezogene Fragestellungen sensibilisiert werden und eine entsprechende, wenngleich überblickartige Grundausbildung erhalten.

63) Vgl. Kapitel B. VI. 1.
64) Vgl. Kapitel B. II. 4.

Forstwissenschaften

In den vergangenen fünf bis zehn Jahren hat sich ein grundlegender Wandel hinsichtlich der Zielorientierung der forstwissenschaftlichen Lehre in der Bundesrepublik vollzogen. Während das Studium früher einseitig von den Anforderungen der (Staats-)Forstverwaltungen dominiert wurde, kommen nach Einschätzung der forstwirtschaftlichen Fakultäten gegenwärtig nur noch ca. 10 bis 20 % aller Absolventen im öffentlichen Forstdienst unter. Ebenfalls ca. 10 % orientieren sich in ihrer Berufswahl an einer dauernden oder längerfristigen Tätigkeit im Ausland. Der überwiegende Teil der Absolventen verbleibt in privaten Betrieben oder in benachbarten Aufgabenbereichen (Landesplanung, Umweltschutz, Holzwirtschaft etc.), wobei internationale Orientierung in unterschiedlichem Maße gefordert wird. Allgemein besteht deshalb ein zunehmendes Interesse an internationalen Entwicklungen sowohl von seiten in- und ausländischer Studierender als auch seitens der künftigen Arbeitgeber. Diesem Interesse sollte das forstwissenschaftliche Lehrangebot künftig in zunehmendem Maße Rechnung tragen.

Auch in den Forstwissenschaften sollten die Studierenden vor dem Hintergrund der starken internationalen Verflechtung der deutschen Forst- und Holzwirtschaft in nahezu allen Lehrveranstaltungen bereits des grundständigen Studiums Hinweise auf wesentliche Sachverhalte der Forstwirtschaft im Ausland erhalten, z. Z. insbesondere im Hinblick auf die komplexen Problemstellungen im Zusammenhang mit der Erhaltung und nachhaltigen Bewirtschaftung tropischer und borealer Wälder.

II. 2. Struktur und inhaltliche Schwerpunkte

Derzeit kann die bestehende Ausbildungsstruktur in den Internationalen Agrarwissenschaften in Deutschland wie folgt beschrieben werden:

a) Im Rahmen des grundständigen Studiums:
- Allgemeine Grundlagen mit vielfältigen internationalen Einblicken,
- unterschiedlich umfangreiche spezifische oder zusätzliche Qualifikation durch international orientierte Wahlpflichtfächer, oder alternativ dazu
- spezialisierte international ausgerichtete Fachrichtungen im Hauptstudium.

b) Spezifische weiterführende Studienangebote:
- Aufbau-, Ergänzungs- und Zusatzstudiengänge
- Seminar (Berlin)

c) Graduiertenkolleg/Promotion

Der Wissenschaftsrat befürwortet es, im grundständigen Studium internationale Bezüge der Agrarwissen- und Forstwissenschaften in allen Teilgebieten zu behandeln. Dies liegt im Interesse der deutschen und ausländischen Studenten, die über Aspekte der Agrarwissenschaften in Deutschland hinaus mit den Aufgaben in anderen Klima- und Wirtschaftszonen vertraut gemacht werden sollten. Auch zum Verständnis der Grundlagen der Agrarwissenschaften liefern internationale Vergleiche wichtige Beiträge.

Eine *Spezialisierung ab dem ersten Semester* z.B. in Form eines Studiengangs Tropenlandwirtschaft wird jedoch als nicht zukunftsweisend angesehen, da auch Tropenlandwirte über solide und umfassende methodische Grundlagenkenntnisse verfügen müssen, auf die sie im Spezialfall zurückgreifen können. Hinzu kommt, daß derart „schmal" ausgebildeten Experten fast nur im Bereich der Technischen Zusammenarbeit beruflich Fuß fassen könnten. Zudem böte ein derartiges Ausbildungsmodell ausländischen Studieninteressenten keinen Vorteil gegenüber einer direkten Ausbildung in den Ländern der Tropen und Subtropen.[65]) Gerade hier aber sollten die in Deutschland gegebenen komparativen Vorteile im Bereich der methodischen Ausbildung genutzt werden, welche durch die Integration internationaler Fallbeispiele untermauert werden können. So ist beispielsweise auch in das Studium der im niederländischen Wageningen ausgebildeten Tropenlandwirte, die sich international einer guten Reputation erfreuen, die gesamte Propädeutik des „normalen" agrarwissenschaftlichen Studiums eingebettet.

Wenn die Spezialisierung für den tropischen und subtropischen Bereich als *spezialisierte Fachrichtung im Hauptstudium* erfolgen soll, ist besonders darauf zu achten, daß die wissenschaftliche Ausbildung in diesem Studienabschnitt keine Einbuße erleidet. Auch hier sollten die Stärken der deutschen Internationalen Agrarwissenschaften, die in der methodischen Entwicklung von wissenschaftlichen Denk- und Handlungsstrategien liegen, genutzt werden.

International ausgerichtete *postgraduale Studiengänge* mit längerer Studiendauer (meist vier Semester), wie sie derzeit als Ergänzungs-, Aufbau- oder Zusatzstudiengänge angeboten werden, werden nach Meinung des Wissenschaftsrates längerfristig an Bedeutung verlieren. Ausschlaggebend hierfür ist einerseits die zu wenig zielgerichtete inhaltliche Ausgestaltung der bestehenden Studiengänge, die jeweils von der Praxisorientierung bis zur wissenschaftlichen Qualifizierung reicht. Der Grund dafür ist offensichtlich, daß als Zielgruppe für das spezifische Lehrangebot neben deutschen Studenten, die als Fachleute sowohl in Drittländern als auch in der Wissenschaft tätig werden wollen, auch ausländische

65) Der Wissenschaftsrat hat sich in der Vergangenheit bereits mehrfach dafür ausgesprochen, daß Studenten ihr Grundstudium möglichst im Heimatland absolvieren sollen.

Studenten angesprochen werden sollen, die vornehmlich nach einem im Heimatland erreichten ersten berufsqualifizierenden Abschluß (z. B. BSc) eine vertiefende, in ihrem Heimatland nicht angebotene Weiterqualifizierung anstreben. Es hat sich andererseits herausgestellt, daß die Absolventen der bisher in Deutschland angebotenen Aufbau- und Zusatzstudiengänge häufig in Aufgabenfeldern tätig werden, die eine herausgehobene akademische Qualifikation nicht verlangen. In einigen wichtigen Aufgabenfeldern, wie z. B. im Bereich internationaler Organisationen, ergeben sich seltener Einsatzmöglichkeiten. Hier ist als akademischer Abschluß meist die Promotion erforderlich.

Der Wissenschaftsrat erachtet daher die bisherige Ausprägung postgradualer Studiengänge für den Bereich der internationalen Agrar-, Forst- und Gartenbauwissenschaften in Deutschland nur als bedingt zukunftsträchtig. Er empfiehlt daher, die zweijährigen Aufbaustudiengänge in dieser Form nicht auf Dauer fortzuführen. Vielmehr sollten vor dem Hintergrund einer insgesamt erwünschten Straffung der Ausbildungszeit einzelne Studiengänge so angelegt werden, daß sie die Dauer von einem Jahr nicht überschreiten. Entsprechend sollte die inhaltliche Ausgestaltung konkreter auf eine praxisnahe Tätigkeit vor Ort ausgerichtet werden und aufbauend auf ein solides Methodenwissen eine interdisziplinäre Ausrichtung unter Berücksichtigung der Vereinbarung von Ressourcenschonung und Produktionssteigerung vereinbaren. Eine weitergehende wissenschaftliche Qualifizierung sollte dagegen im Rahmen einer Promotion erfolgen.

Zu einem einjährigen postgradualen Studium sollten die Universitätsabsolventen der Agrar-, Gartenbau- und Forstwissenschaften und Absolventen verwandter Disziplinen zugelassen werden sowie besonders qualifizierte Fachhochschulabsolventen. Für ausländische Studieninteressenten, die über einen BSc verfügen, besteht somit die Möglichkeit, entweder im fünften Semester des grundständigen Studiums einzusteigen und mit dem Diplom die Promotionsberechtigung zu erwerben, oder – je nach Zulassungsrichtlinien der Anbieter der einjährigen postgradualen Studiengänge – eine entsprechende weiterführende Qualifizierung mit dem dort verliehenen Abschluß zu durchlaufen. Auf die Bedeutung der Verleihung eines international anerkannten Abschlusses wird in Kapitel B. II. 4. näher eingegangen.

Es wird daher eine vorzugsweise mehrgliedrige Ausbildung empfohlen. In ihr folgt auf eine bis zum ersten akademischen Abschluß (Diplom) reichende Phase der Vermittlung von Grundlagen (ggf. angereichert um international ausgerichtete Fächer, um den Studierenden Entwicklungsmöglichkeiten aufzuzeigen) entweder ein spezialisiertes Aufbaustudium etwa in Form des derzeit in Berlin realisierten einjährigen „Seminars" – oder eine wissenschaftliche Weiterqualifizierung, die zur Promotion führt.

In diesem Zusammenhang ist der Wissenschaftsrat zu der Überzeugung gelangt, daß eine methodenorientierte breite Basis mit einer anschließenden fachspezifischen Vertiefung (Promotion, Tätigkeit als „associate expert") gegenüber der spezialisierenden Vertiefung im Rahmen des Hauptstudiums oder einer postgradualen Ausbildung künftig stärkeres Gewicht zukommen wird. Für eine *Promotion* als entsprechende Spezialisierung im zweiten Teil der wissenschaftlichen Qualifizierung wird auch deshalb plädiert, weil sie vor dem Hintergrund der Erwartung einer sich innerhalb Europas herausbildenden inhaltlichen Spezialisierung auf einzelne Schwerpunkte zu sehen ist. Eine engere Zusammenarbeit mit den entsprechenden Forschungs- und Ausbildungszentren, z. B. in Wageningen und Montpellier, ist hierfür zu empfehlen, um die Erfahrungen in Forschung und Lehre miteinander zu kombinieren und eine gegenseitige Anerkennung der Leistungen in der Lehre zu erreichen. Zum zukünftigen Lehrangebot für die Promotionsphase äußert sich der Wissenschaftsrat unten in den Abschnitten B.III. und B. V. 1. a.

II. 3. Sonstige Formen der spezifischen Aus- und Weiterbildung

Über das herkömmliche Studienangebot in der Erstausbildung sowie in postgradualen und Graduiertenstudien hinaus besteht ein beachtlicher Bedarf an agrar-, forst- und gartenbauwissenschaftlicher Weiterbildung. Dieser Bedarf besteht einerseits seitens deutscher Fachkräfte, die in Ländern der Tropen und Subtropen bzw. in Transformationsländern tätig sind und sich im Verlauf ihres Auslandseinsatzes allmählich von der Wissenschaft entfernen, sowie für zurückkehrende Entwicklungsexperten, die sich mit einer entsprechenden Qualifizierung die Wiedereingliederung in Deutschland erleichtern. Ein Bedarf an Weiterbildung besteht andererseits aber auch bei Fach- und Führungskräften aus unterschiedlichen Bereichen von Forschung, Lehre, Technischer Zusammenarbeit, Verwaltung oder Wirtschaft aus diesen Ländern. Dem werden die Fakultäten derzeit vornehmlich im Rahmen von fachspezifischen Hochschultagen[66]), besonderen Kursprogrammen oder Seminaren[67]), die meist in englischer Sprache angeboten werden, von internationalen Symposien und sogenannten Sommerakademien in unterschiedlichem Maße gerecht.

Der Wissenschaftsrat würdigt das hierin zum Ausdruck kommende besondere Engagement der Hochschulen, zumal sich die Fakultäten in diesem Zusammenhang nicht auf einen festen Finanzrahmen stützen können und nur selten eine entsprechende Infrastruktur zur Unterstützung von Organisation und Koordination zur Verfügung steht. Die Teilnahme an den entsprechenden Veranstaltungen ist daher meist mit Teil-

66) Z. B. Witzenhäuser Hochschulwoche am 7. 8. Juni1995 zum Thema "Nachwachsende Rohstoffe – für die Tropen und Subtropen – aus den Tropen und Subtropen"; Gießener Tropentag.

67) Z. B. die in Hohenheim angebotenen Courses on Agricultural Technology and Ecology in Tropical and Subtropical Countries; das Weiterbildungsprogramm des SLE in Berlin; der in Göttingen bereits mehrfach durchgeführte Course in Applied Animal Nutrition - Ration Calculation.

nahmegebühren verbunden. Für ausländische Interessenten besteht jedoch vielfach die Möglichkeit, sich um Stipendien oder Zuschüsse von DAAD, GTZ oder Stiftungen zu bewerben.

Die Hochschulen füllen mit diesem Weiterbildungsangebot ein Segment aus, das durch wohletablierte Einrichtungen wie z. B. die Deutsche Stiftung für internationale Entwicklung (DSE), die Carl Duisberg Gesellschaft (CDG) oder das Deutsche Institut für Tropische und Subtropische Landwirtschaft (DITSL) nicht abgedeckt werden kann. Obwohl diese Einrichtungen bisweilen Hochschullehrer für einzelne Beiträge gewinnen oder Einrichtungen der Fakultäten nutzen, wie dies im Fall des DITSL geschieht, zielen sie stärker auf eine wissenschaftsgestützte berufspraktische und weniger auf eine wissenschaftliche Aus- und Weiterbildung ab. Somit wird von den Fakultäten eine Dimension der Wissensvermittlung erschlossen, deren Adressatenkreis in besonderer Weise an kurzzeitigen und hochkomprimierten Qualifizierungsmöglichkeiten interessiert ist und zur schnellen und unmittelbaren Umsetzung von Forschungsergebnissen beiträgt. Gleichzeitig bietet sich die Möglichkeit, Kontakte zu knüpfen, die mitunter in wissenschaftliche Kooperationsprojekte mit Einrichtungen vor Ort münden können.

Ein Schwerpunkt der Weiterbildungsangebote an den Hochschulen sollte auch in Zukunft auf forschungsorientierten Veranstaltungen liegen, in denen neue wissenschaftliche Ergebnisse vermittelt werden und in neue Methoden und Verfahren eingeführt wird. Entsprechende Veranstaltungen orientieren sich bislang meist an einzelnen Fächern oder fachspezifischen Themenausschnitten. Sie sollten künftig durch fächerübergreifende Angebote ergänzt bzw. durch interdisziplinäre Komponenten gestützt werden.

Um möglichst alle Zielgruppen für die jeweiligen Weiterbildungsangebote zu erreichen und auf dem internationalen Markt stärker als Anbieter aufzutreten, sollten die Fakultäten die mit den modernen Technologien gegebenen Möglichkeiten zur Außendarstellung nutzen. Hier bietet sich z. B. die Gestaltung einer (ggf. gemeinsamen) Homepage im WWW an. In diesem Zusammenhang könnten auch die Möglichkeiten der Zentralstelle für Agrardokumentation und -information (ZADI) genutzt werden.

II. 4. Art und internationale Anerkennung der Abschlüsse

Auf internationaler Ebene wird die an deutschen Hochschulen vermittelte Ausbildung als nicht konkurrenzfähig angesehen. Dies ist im wesentlichen nicht auf die mangelnde Leistungsfähigkeit der akademischen Ausbildung in Deutschland und auch nur zum Teil auf den durch die deutsche Sprache gegebenen Standortnachteil zurückzuführen. Vielmehr ist ausschlaggebend, daß angesichts der spezifischen Struktur und Benennung der akademischen Grade in Deutschland eine internationale

Anerkennung der erworbenen Abschlüsse nicht immer oder nicht auf adäquatem Niveau gegeben ist. Eine Ausnahme bildet hier der Doktor-Grad.

Die derzeit bestehende Vielzahl grundständiger Studiengänge mit unterschiedlichen Anteilen aus dem Themenkomplex Internationale Agrarwissenschaften und auch der verschieden strukturierten Aufbaustudiengänge wird uneinheitlich mit dem Dipl.-Ing. agr. oder M.Sc. agr. oder dem M. agr. zertifiziert. Darüber hinaus besteht beispielweise in Göttingen auch die Möglichkeit, daß ein Fachhochschulabsolvent über das Aufbaustudium einen M.Sc. erwirbt, ohne den Grad des Dipl.-Ing. agr. erworben zu haben.[68]) Diese uneinheitliche Verfahrensweise ist nicht nur verwirrend. Sie löst auch nicht grundsätzlich das Problem der mangelnden internationalen Anerkennung deutscher akademischer Grade. Gerade in einer auf internationale Fragen ausgerichteten agrarwissenschaftlichen Ausbildung kommt aber der internationalen Anerkennung der verliehenen Abschlüsse eine zentrale Bedeutung zu. Das Problem der mangelnden internationalen Anerkennung und Verwertbarkeit deutscher akademischer Grade ist grundlegender Natur und greift weit über den hier behandelten Sektor hinaus. Vor diesem Hintergrund empfiehlt der Wissenschaftsrat, die Äquivalenz des deutschen Diploms mit dem Master herzustellen und international abzusichern sowie generell die Frage einer besseren internationalen Verwertbarkeit der in Deutschland verliehenen Abschlüsse umfassender zu klären. In diesem Zusammenhang bekräftigt er gleichzeitig seine bereits 1992 formulierten Empfehlungen für ein verbindliches Verfahren zur Anerkennung von Studien- und Prüfungsleistungen nach Art des European Credit Transfer Systems (ECTS).[69]) Das European Masters Programme in Agricultural Economics and Agribusiness[70]) ist im ökonomischen Bereich ein erster etablierter Ansatz.

B. III. Zur Qualifizierung des wissenschaftlichen Nachwuchses

Promotionsphase

Der wissenschaftliche Nachwuchs umfaßt nicht nur den Forscher- und Hochschullehrernachwuchs im engeren Sinne. Nachwuchswissenschaftler bilden auch ein wichtiges Potential für die Rekrutierung hochqualifizierter Fach- und Führungskräfte auf dem spezifischen entwicklungsbezogenen Arbeitsmarktsegment außerhalb von Hochschulen und Forschungseinrichtungen. Die Promotion ist daher im umfassenderen

68) Für Fachhochschulabsolventen besteht auch die Möglichkeit an einigen Universitäten in England (z. B. Reading, Cranfield/Silsoe) zu einem Ergänzungsstudium zugelassen zu werden, das mit dem M.Sc. abschließt.
69) Vgl. Wissenschaftsrat: Empfehlung zur Internationalisierung der Wissenschaftsbeziehungen, Köln 1992, S. 56/57.
70) Vgl. Kapitel A.I.1.a., S. 248.

Sinne als international anerkannter Ausweis einer zusätzlichen Qualifikation zu sehen.

Um die internationale Dimension und Kompatibilität einer weitergehenden wissenschaftlichen Qualifizierung und fachthematischen Spezialisierung zu berücksichtigen, gilt es besonders für die Internationalen Agrarwissenschaften, eine Weiterentwicklung bzw. Neustrukturierung dieser wissenschaftlichen Qualifizierungsphase zu erreichen, bei der die Promotionszeit klar begrenzt ist. Sie soll gleichzeitig Elemente von bisher teilweise im Rahmen von postgradualen Studiengängen vermittelten spezifischen Kenntnissen enthalten. Schließlich sollte ein Ausbildungsmodell entstehen, das bisher verstreut angebotene Aktivitäten bündelt und dadurch einerseits komparative Vorteile einzelner Fakultäten sowie Synergieeffekte nutzt, andererseits die Qualität und Wahrnehmbarkeit der Ausbildung in Deutschland auf diesem Sektor verbessert. Der Wissenschaftsrat empfiehlt deshalb die Einführung eines neuen standortübergreifenden und kooperativen Graduiertenstudiums der Internationalen Agrarwissenschaften, dessen Grundzüge im folgenden skizziert werden.

In diesem Zusammenhang wird der Beitrag positiv eingeschätzt, den ein curriculares Element in der Promotionsphase leisten kann. Es vermittelt allgemeine und spezialisierte Entwicklungsthemen, bezieht individuelle Forschungsvorhaben in größere Forschungs- und Kommunikationszusammenhänge ein und intensiviert die Doktorandenbetreuung. Dennoch wird auch künftig die grundsätzliche Bedeutung der Promotion in der selbständigen wissenschaftlichen Arbeit liegen.

Der Wissenschaftsrat hat in den 80er Jahren mehrfach die Einführung von Graduiertenstudien als ein Instrument der effizienteren Gestaltung und qualitativen Verbesserung der Doktorandenausbildung empfohlen und zuletzt 1995 Empfehlungen zur Neustrukturierung der Doktorandenausbildung und -förderung gegeben.[71]) Graduiertenstudien sind dabei nicht als bloße Fortsetzung des Studiums gedacht, sondern als ein Angebot an zunehmend selbständig Forschende, ihren fachlichen Horizont und ihre Fähigkeiten über die unmittelbare Forschungsarbeit hinaus zu erweitern. Gerade vor dem spezifischen Hintergrund der disparat an insgesamt 16 Fakultäten bzw. Standorten der Agrar-, Forst- und Gartenbauwissenschaften vorhandenen Kapazitäten international ausgerichteter Forschung und Lehre nicht als einzige Organisationsform für ein Graduiertenstudium angesehen werden. Im übrigen sind Graduiertenkollegs in ihrer bisherigen Ausprägung thematisch eng umrissen und zeitlich begrenzt. Vielmehr gilt es, Formen zu finden, die das Synergiepotential der bestehenden Strukturen weitgehend ausschöpfen und künftig zielgerichtet bündeln und weiterentwickeln.

71) Vgl. z. B. Wissenschaftsrat: Empfehlungen zur Struktur des Studiums, a.a.O., S. 59 ff.; Wissenschaftsrat: Empfehlungen zur Neustrukturierung der Doktorandenausbildung und -förderung, in: Empfehlungen zur Doktorandenausbildung und zur Förderung des Hochschullehrernachwuchses, Köln 1997, S. 35 ff.

Es kann nicht an allen Fakultäten mit fachspezifischen Schwerpunkten ein entsprechendes Angebot in Form eines strukturierten Graduiertenstudiums vorgehalten werden. Hierfür besteht auch kein Bedarf. Vor dem Hintergrund der zu erwartenden Nachfrage von deutschen und ausländischen Studierenden sowie des Arbeitsmarktes sollte vielmehr darauf hingewirkt werden, im Bereich der Agrar- und Gartenbauwissenschaften ein Graduiertenstudium in Zusammenarbeit derjenigen Hochschulen zu entwickeln und anzubieten, die hierin bisher bereits in besonderem Maße in Forschung und Lehre tätig sind. Diese „German Graduate Studies in International Agriculture" sollten mit dem Schwerpunkt „Agrarwissenschaften für den tropischen/subtropischen Bereich" und ein weiteres mit dem Schwerpunkt „Agrarwissenschaften mit Ausrichtung auf Mittel- und Osteuropa" sowie ein entsprechendes Graduiertenstudium für die Forst- und Holzwirtschaft entwickelt werden. Dabei sollten im Sinne interdisziplinärer Komponenten und konkreter fachpraktischer Fragestellungen z.T. auch Dozenten kooperierender Fakultäten, außeruniversitärer Forschungseinrichtungen[72]) oder auch zeitweise zur Verfügung stehende Mitarbeiter der GTZ eingebunden werden.

Das Graduiertenstudium sollte (einschließlich der Abschlußprüfungen) rund drei Jahren dauern[73]) und die eigenständige Forschungsarbeit der Doktoranden mit einer fächerübergreifend interdisziplinären und forschungsorientierten curricularen Komponente verbinden, die auf den im Verlauf des grundständigen Studiums vermittelten methodischen Grundlagen aufbaut und die Promotionsarbeit vertieft und begleitet. Die inhaltliche Ausgestaltung sollte forschungsorientiert sein und auf die Forschungsschwerpunkte sowie die Ressourcen der beteiligten Fakultäten abgestimmt werden.

Der Beginn der Doktorandenphase/Graduiertenausbildung sollte durch eine Einschreibung in die Promotions- oder Graduiertenstudien auch formal markiert werden. Damit sollte die Vergabe eines Dissertationsthemas einhergehen. Die curriculare Komponente des Graduiertenstudiums sollte insgesamt rund 15 SWS umfassen,[74]) von denen rund ein Drittel allgemein-fachübergreifende und zwei Drittel fachspezifisch-spezialisierte Themen enthalten sollten. Lediglich für das Graduiertenstudium zu „Mittel- und Osteuropa" sollten von Anfang an sozio-ökonomische gegenüber produktionstechnischen Fragen im Vordergrund stehen.

72) So hat sich z. B. im Falle des Hamburger Studiengangs Holzwirtschaft seit langem die enge Zusammenarbeit mit der Bundesforschungsanstalt für Forst- und Holzwirtschaft bewährt.
73) Vgl. Wissenschaftsrat: Empfehlungen zur Neustrukturierung der Doktorandenausbildung und -förderung, a.a.O., S. 81.
74) Vgl. ebd., S. 56.

Graduiertenstudien sollten an Forschungsschwerpunkten ausgerichtet werden. Sie können gleichzeitig eine stärkere Konvergenz des deutschen mit ausländischen Hochschulsystemen im Bereich der Doktorandenausbildung weiter vorantreiben[75]) und bieten die Chance einer deutlichen Profilbildung in der Graduiertenausbildung. Diese „graduate studies" sollten zwar strukturiert und mit einem klaren Programm ausgestattet sein, aber nicht in feste Studienpläne eingefaßt werden, um eine weitgehende organisatorische, besonders aber inhaltliche Flexibilität zu sichern und die Anpassung an aktuelle Entwicklungen der Forschung zu ermöglichen.

Trotz einzelner Schwerpunkte überwiegt derzeit die Einzelforschung bzw. Einzelbetreuung von Doktoranden. Die Einführung standortübergreifender forschungsorientierter Graduiertenstudien als regulärer Bestandteil des Ausbildungsangebotes von zu diesem Zweck kooperierenden Hochschulen bzw. Fachbereichen ist daher auch geeignet, ein institutionalisiertes Forum zur Kommunikation über aktuelle Forschungsvorhaben der Fakultäten und eine Klammer zur Einbindung von außerhalb dieser Hochschule beschäftigten Doktoranden in einen übergeordneten, interdisziplinäre Elemente enthaltenden Forschungszusammenhang zu bieten. Dadurch soll die Einzelbetreuung der Doktoranden durch einen Hochschullehrer an der jeweiligen „Heimatuniversität" ergänzt werden, ohne sie zu ersetzen. Es soll gleichzeitig das Qualifikationsprofil von Nachwuchswissenschaftlern so abgerundet werden, daß Ausbildungselemente, die für Tätigkeitsfelder auch außerhalb von Hochschule und Wissenschaft bedeutsam sind, vermittelt werden.

Wegen der durch die standortübergreifende kooperative Ausgestaltung eines entsprechenden Graduiertenstudiums gegebenen besonderen Anforderungen sowohl an die organisatorische Abstimmung als auch an die Mobilität der Doktoranden und Dozenten sollten in Kompaktveranstaltungen oder Sommerakademien attraktive alternative Lehrangebotsformen gefunden werden.[76]) Als besonders wichtig und förderlich für den Aufbau überregionaler und internationaler Kontakte sowie zur Internationalisierung der Studien- und Ausbildungsinhalte wird sich die Möglichkeit erweisen, im Rahmen des Lehrprogramms für eine begrenzte Zeit Gastwissenschaftler einzuladen und Auslandsaufenthalte für Doktoranden vorzusehen. Hier kann besonders der im Bereich der Grundlagenforschung liegende komparative Vorteil der deutschen Internationalen Agrarwissenschaften mit dem strategisch angewandten bzw. adaptiven Know-how der internationalen Centers des CGIAR verbunden werden. Diese Auslandserfahrung sollte in Abhängigkeit vom angestrebten Berufsziel gestaltet werden.

75) Siehe auch Wissenschaftrat: Empfehlungen zur Internationalisierung der Wissenschaftsbeziehungen. Köln 1992, bes. S. 50.
76) Sie sollten sich jedoch deutlich von den vielerorts üblichen Doktorandenkolloquien unterscheiden.

Der Wissenschaftsrat hält es für sinnvoll, die Studierenden eines Graduiertenstudiums für eine Einführungsphase an einem Ort zusammenzufassen, um die allgemein-übergreifenden und interdisziplinär ausgerichteten Inhalte zu vermitteln. Für das entsprechende Lehrangebot sollten Dozenten der jeweils kooperierenden Fakultäten zur Verfügung stehen. Dies wird eine entsprechende Mobilität von Dozenten wie Promovenden für diesen Zeitraum erfordern.[77]) Die Spezialveranstaltungen können je nach inhaltlichem Schwerpunkt und zeitlicher Einbettung in das Graduiertenstudium an unterschiedlichen Orten in Blöcken zusammengefaßt werden. Dabei ist eine inhaltliche Differenzierung in Anlehnung an die grundständigen Forschungseinrichtungen (Pflanze, Tier, WiSo) sinnvoll. Die Verteilung der Blöcke auf die kooperierenden Standorte könnte dabei von Jahr zu Jahr wechseln.

Das Programm der Graduiertenstudien sollte inhaltlich wie organisatorisch attraktiv sein. Hierzu könnte gehören, daß Seminarsequenzen in einer ausländischen Sprache gehalten werden und/oder fachspezifische Sprachangebote vorgesehen werden. Hinzu kommen sollte eine möglichst weitgehende Flexibilität hinsichtlich der Zulassung fremdsprachlicher Dissertationen. Darüber hinaus sollte bei Abschluß der Promotion ein Zertifikat über die Teilnahme am Graduiertenstudium ausgestellt werden, das den Erwerb zusätzlicher ausbildungs- und forschungsrelevanter Kenntnisse wie auch berufsbezogener Fähigkeiten dokumentiert.

Lehrtätigkeiten im Rahmen von Graduiertenstudien sollten in angemessenem Umfang anerkannt und auf das Lehrdeputat von Hochschullehrern angerechnet werden.[78]) Die für die Nachwuchsausbildung erbrachten Mehrleistungen sollten in Form zusätzlicher Sachmittel und/oder Personalressourcen honoriert werden. Die Bundesregierung, insbesondere BMZ und BMBF, sowie die weiteren bedeutenden Drittmittelgeber sollten die Etablierung und Ausgestaltung eines solchen kooperativen Graduiertenstudiums unterstützen, um auf diese Weise die Ausbildung qualifizierter Nachwuchskräfte für internationale Institutionen zu stärken.

Habilitationsphase

Im Bereich der internationalen Agrar-, Forst- und Gartenbauwissenschaften verfügen die meisten Lehrkräfte heute über eigene Erfahrungen im Ausland und können diese an die Studierenden weitergeben. Es besteht jedoch – auch im Hinblick auf die kommenden Jahre – in vielen Fächern ein deutlicher Mangel an ausreichend qualifizierten Nachwuchswissenschaftlern. Daraus resultieren schon heute ernstzunehmen-

77) Vgl. hierzu auch B.VI.
78) Vgl. Wissenschaftsrat: Empfehlungen zur Neustrukturierung der Doktorandenausbildung, a.a.O., S. 71 ff.

de Probleme für die Zukunft der international ausgerichteten Agrarwissenschaften. So macht sich fast überall ein Mangel an Kapazitäten des akademischen Mittelbaus bemerkbar, der sich vor allem auf Engpässe in der Betreuung der Studenten auswirkt ebenso wie auf die Möglichkeit, in absehbarer Zeit Führungspositionen in Forschung und Lehre besetzen zu können. Die Bündelung der derzeitigen Forschungs- und Lehrkapazitäten und das Angebot der oben beschriebenen Graduiertenstudien werden als geeignet angesehen, jungen Nachwuchswissenschaftlern in ausreichendem Maße Anreize für eine entsprechende wissenschaftliche Karriere zu bieten.

B. IV. Zur Forschung an den Hochschulen

IV. 1. Inhaltliche und quantitative Bedeutung

Bei der internationalen Agrarforschung handelt es sich sowohl hinsichtlich des Bereichs Tropen und Subtropen als auch im Hinblick auf Osteuropa weit überwiegend um Initiativen einzelner hier besonders engagierter Wissenschaftler, die meist aus Drittmitteln angewandte Forschung mit einem direkten Praxisbezug zu gegebenen Situationen betreiben. Allerdings gibt es auch Forschungsprojekte, die einer eher strategischen Forschung zuzurechnen sind. Dies gilt für Vorhaben der Bio- und Gentechnologie, aber auch für einige den Boden- und Pflanzenwissenschaften zuzurechnende, vor noch nicht allzu langer Zeit begonnene Aktivitäten im Bereich der Ressourcenmanagementforschung, die auf die zu erwartenden künftigen Entwicklungen Bezug nehmen. Schließlich sind hierzu auch solche Vorhaben zu rechnen, die am hiesigen Standort durchgeführt werden und deren Ergebnisse Voraussetzungen zur Lösung von Forschungsproblemen vor Ort schaffen. Das bezieht sich besonders auf Projekte mit hohem apparativen Aufwand, Arbeiten in Klimakammern und auf Methodenentwicklungen.

Die entwicklungsbezogene Forschung im *Bereich der Tierproduktion* ist von ihrem Umfang her am stärksten an den Fakultäten in Berlin und Göttingen vertreten, ferner in Hohenheim und Gießen. Die bearbeiteten Vorhaben sind vorwiegend Projekte der angewandten Agrarforschung und den Gebieten Züchtung, Produktionsverfahren und Nutzungssysteme sowie Nutzung von Graslandpotentialen zuzuordnen. Die jeweiligen Arbeiten besitzen einen deutlichen Problembezug und sind in ihren bisherigen Ergebnissen als positiv zu bewerten. Aspekte der Züchtung werden vornehmlich an Geflügel, kleinen Wiederkäuern und Fischen, auch unter Einsatz biotechnischer Verfahren bearbeitet. Bei Fragen der Tierproduktion werden neben den kleinen auch große Wiederkäuer berücksichtigt. Gleichwohl werden diese – Rinder, Büffel, Kamele – in der Forschung, gemessen an ihrer Bedeutung im Tropenbereich, ungenügend einbezogen. Das gleiche gilt für die unkonventionellen Tierarten.[79]

---

79) Z. B. Meerschweinchen und Coypu.

Trotz der überragenden Bedeutung der Futterversorgung der Tierbestände an tropischen Standorten sind Forschungsgebiete der Futtererzeugung und Tierernährung stark unterrepräsentiert.

Kritisch anzumerken ist weiterhin, daß in diesem Sektor der Agrarforschung interdisziplinäre Ansätze kaum vorhanden sind und Abstimmungen zwischen den Wissenschaftlern agrarwissenschaftlicher Teildisziplinen offensichtlich nicht stattfinden, obwohl die Tierproduktion am tropischen Standort in engerer Verbindung mit der Bodenproduktion steht, als dies am gemäßigten Standort mit einer von der Bodenproduktion stärker losgelösten Gestaltung des Produktionsprozesses der Fall ist. Darüber hinaus sollten künftig ökologische Aspekte stärker in die Forschung integriert werden, da die Tierproduktion gleichermaßen fördernd wie auch zerstörend auf natürliche Ressourcen wirken kann. Die Notwendigkeit einer intensiveren Abstimmung und Kooperation ist in diesem Sektor besonders dringlich.

Die Forschung in der *Fischwirtschaft* steht deutlich zurück. Zwar werden Leistungsüberprüfung, Vermehrung und Züchtung tropischer Fischarten in Binnengewässern bearbeitet, so z. B. auch in der Kombination von Reisanbau und Fischproduktion; jedoch wird der rasanten Expansion, die die Aquakultur derzeit in den Entwicklungsländern erfährt, nicht angemessen Rechnung getragen. Zu beachten sind die starken ökonomischen und ökologischen Wechselwirkungen zwischen Landwirtschaft und Aquakultur als teilweise konkurrierende, teilweise einander ergänzende Formen der Landnutzung. Der Erforschung der komplexen litoralen Lebensgemeinschaften der Mangrovenwälder, die im Übergangsbereich von Wasser und Land weite Teile der tropischen Lagunen und Ästuarien einnehmen, wird in der jüngeren Vergangenheit steigende Bedeutung beigemessen. Die nachhaltige Nutzung von Küstenregionen durch Aquakultur und Fischerei erfordert in großem Umfang ökologische und sozioökonomische Forschung.

Die deutsche *Agrarökonomie* hat in der angewandten Ökonomie traditionell einen beachtlichen Stellenwert. Hier hat sich die frühzeitige Einbindung von ökonomischen Instituten in landwirtschaftliche Fakultäten positiv ausgewirkt, besonders wenn im Mittelpunkt der Betrachtungen Volkswirtschaften standen, in denen der Agrarsektor von überproportionaler Bedeutung ist. Nach wie vor profitiert die internationale Agrarökonomie in Deutschland von dieser Grundkonzeption, obwohl sich hinsichtlich der bearbeiteten zentralen Themen und der Forschungsstrukturen ein Wandel vollzogen hat.

Kennzeichnend ist, daß die auf Probleme der Entwicklungsländer sowie der Transformationsländer bezogene Forschung an den landwirtschaftlichen Fakultäten breit gestreut ist und keine ausgesprochenen Kristallisationspunkte hat. Lediglich in Hohenheim besteht mit dem Tropenzentrum eine gewisse Forschungskonzentration. Die dortigen Aktivitäten der vergangenen Jahre haben eine internationale Ausstrahlung und Stärkung der Forschungsnetzwerke erzielt.[80]) Positiv ist auch die Kapazität der international ausgerichteten agrarökonomischen Forschung – besonders der Agrarpolitik – zu bewerten, die inzwischen zu Fragen Mittel- und Osteuropas arbeitet. Untersuchungen zur Bedeutung der Agrarverfassung haben mit Blick auf die raschen Wandlungsprozesse in den Transformationsländern eine neue Dimension und Attraktivität gewonnen. Angesichts der spezifischen Erfahrungen im wiedervereinten Deutschland wird hier gerade von der deutschen Agrarökonomie ein Beitrag erwartet, der bisher allerdings erst teilweise erbracht wird. Als interessanter Kristallisationspunkt entwickelt sich der Standort Halle durch die Zusammenarbeit der dortigen Landwirtschaftlichen Fakultät mit dem neu angesiedelten Blaue-Liste-Institut für Agrarentwicklung in Mittel- und Osteuropa (IAMO).

An den Standorten Göttingen, Gießen und Berlin hat, bedingt durch verzögerte oder anders orientierte – eher global, makroökonomisch und sektoral ausgerichtete – Lehrstuhlbesetzungen das noch vor fünf bis acht Jahren bestehende international ausgerichtete Potential in einigen Bereichen abgenommen.[81]) Traditionell starke Felder der entwicklungsländerbezogenen agrarökonomischen Forschung (z. B. Farming Systems) begannen in den vergangenen zehn Jahren zu verwaisen. Zugenommen hat demgegenüber die internationale Kompetenz in den Bereichen Handel und Politikanalyse in Gießen, Göttingen und Berlin. An einer Reihe traditionell eher kleinerer Standorte agrarökonomischer Forschung für Entwicklungsländer ist es zur Expansion der Forschungsaktivitäten gekommen. Dazu zählen Bonn, Kiel und Hannover. Ohne verbesserte Vernetzung zwischen den Fakultäten können diese Tendenzen jedoch kaum effizient ausgebaut werden.

Ein weiterer nachteiliger Effekt der oben dargelegten veränderten Orientierung ist die Schwächung, bisweilen gar das Fehlen, eines Technologiebezugs. Symptomatisch dafür ist das Fehlen der ökonomischen Bearbeitung von Fragen neuer Technologien, insbesondere Bio-Technologie, Gen-Technologie und damit zusammenhängende ressourcen-ökonomische (Biodiversität) und institutionelle Fragen. Als ein für die sehr zurückhaltende Aktivität gegenüber Forschungsarbeiten in diesem Bereich bestimmender Faktor kann vermutlich das entsprechenden Fragestellungen gegenüber insgesamt wenig aufgeschlossene gesellschaftliche Umfeld angesehen werden, das den Technologiebezug im Sinne einer ex ante Technikfolgenabschätzung favorisierte. Hier besteht Korrekturbedarf. Dabei ist jedoch zu berücksichtigen, daß mit den oben dargelegten veränderten Ausrichtungen an den meisten Agrarfakultäten kurzfristig wenig Aktionsradius gegeben ist.

80) Z. B. Seminar of European Association of Agricultural Economists 1992; Internationaler Schwerpunkt auf GeWiSoLa, 1994; International Symposium Food Security and Innovations, 1996.
81) Z. B. in den Bereichen Technologie, Betriebsabwicklung, Haushaltsökonomie, Beratung und Institutionen der Ressourcennutzung.

Die verhältnismäßig geringe Publikationstätigkeit und Teilnahme an internationalen Symposien (reviewed papers) der an Entwicklungsländerproblemen arbeitenden deutschen Agrarökonomen läßt in nur wenigen Bereichen auf internationale Konkurrenzfähigkeit schließen. Dies kann allerdings teilweise auch auf das Fehlen eines etablierten Journals, das auch international als „reviewed" gelistet ist und Konkurrenz nach Deutschland hineinträgt, zurückgeführt werden.

Durch den oben beschriebenen Wandel der Schwerpunkte und Kompetenzen ist es auch zu einer reduzierten direkten Interaktion und geschwächten Kooperation mit agrarökonomischen Forschungseinrichtungen in den ärmsten Entwicklungsländern gekommen, was zu einer gewissen „Problemferne" geführt hat. Dies ist auch mit Blick auf den im Zuge der internationalen politischen Veränderungen nach 1990 eröffneten Systemwandel in zahlreichen Ländern bedauerlich, in dessen Zusammenhang der Bedarf, die Nachfrage und auch die Umsetzungswahrscheinlichkeit angewandter agrarökonomischer Forschungsergebnisse in der Politikberatung in vielen Ländern gestiegen sind. Die agrarökonomische Forschung in Deutschland wird dieser internationalen Problem- und Chancenlage noch nicht ausreichend gerecht. Symptomatisch hierfür mag die marginale Rolle sein, die deutsche Agrarökonomen in internationalen Organisationen und Forschungseinrichtungen spielen. Besorgniserregend ist in diesem Zusammenhang auch die geringe Zahl junger Wissenschaftler aus agrarökonomischen Instituten in solchen Organisationen.

Die deutsche Agrarentwicklungssoziologie ist – von vereinzelten Ausnahmen abgesehen – in den letzten 20 Jahren in ihrer Bedeutung und wissenschaftlichen Qualität stark zurückgegangen. Dies ist teilweise auch dort der Fall, wo entsprechende Lehrstühle vorgesehen sind (Berlin, Gießen, Göttingen).

An der *pflanzenwissenschaftlichen Forschung* sind in Deutschland neben dem Universitäts- und Fachhochschulbereich Industrieforschung, private Züchtungsforschung und außeruniversitäre öffentliche Einrichtungen in erheblichem Umfang beteiligt. In der Industrieforschung spielen Pflanzenschutz, gentechnologische Veränderung von Nutzpflanzen und Saatgutforschung die wesentliche Rolle. Im Bereich der privaten Züchtungsforschung werden zusammen mit der klassischen Züchtung gentechnologische Methoden zur Veränderung von Pflanzen mit dem Ziel der Beeinflussung von Resistenz-, Qualitäts- und Ertragseigenschaften angewandt. Trotz der finanziell dominierenden Rolle der privaten Forschung existiert auch bei Universitäten, Max-Planck-Instituten und Instituten der Blauen Liste ein erhebliches Potential, welches zur Zeit jedoch vorwiegend nicht für die Forschung an tropischen Objekten genutzt wird. Eine stärkere Hinwendung der Agrarforschung auf diesen Bereich wäre durch finanzielle Anreize sowie durch Umwidmung bestehender Potentiale und damit den weiteren Ausbau bereits vorhandener Tropenschwerpunkte und eine intensivere Zusammenarbeit mit den vorgenannten Einrichtungen zu erzielen. Solche international gut etablierten Tropenschwerpunkte gibt es im universitären Bereich gegenwärtig vor allem in Berlin, Göttingen und Hohenheim.

In der Züchtung spielen die Verbesserung von Resistenz-, Qualitäts- und Ertragseigenschaften subtropischer und tropischer Getreide und Leguminosen – vielfach in Zusammenarbeit mit internationalen Forschungszentren wie CIMMYT und ICARDA[82]) – eine besondere Rolle. Hervorzuheben ist auf diesem Gebiet der Hohenheimer Biotechnologieschwerpunkt. Während an einer ganzen Anzahl von Standorten, z. B. Tübingen und Gatersleben, Kulturen bearbeitet werden, ist die Befassung mit spezifisch tropischen Nutzpflanzen wie z. B. der Kokospalme (MPI für Züchtungsforschung, Köln) oder Maniok (Mosaikvirus-Resistenz, Hohenheim) eher die Ausnahme. Ein bescheidenes Engagement ist auch im tropischen Obstbau an den Standorten Berlin, Hohenheim und Witzenhausen zu erkennen, wo Arbeiten über Zitrus-, Avocado-, Obstbananen und sogar auf dem Gebiet des tropischen Tafeltraubenanbaus durchgeführt werden.

Kritisch ist anzumerken, daß sich in Deutschland keine pflanzenphysiologische Schule im Sinne der international eingeführten „Crop Physiology" etabliert hat, so daß zu Grundlagen für die Stoffbildung, Stoffverteilung und Ertragsbildung bei tropischen Nutzpflanzen außer in Hohenheim an keiner sonstigen universitären oder nicht universitären Einrichtung gelehrt und geforscht wird. Diese wichtige Grundlagendisziplin, welche dem angewandten Pflanzenbau Möglichkeiten der Optimierung von Pflanzenproduktionssystemen aufzeigen kann, sollte eine stärkere Förderung und Entwicklung erfahren als bisher.

Auffallend bei der nutzpflanzenbezogenen Forschung ist, daß häufig Nutzpflanzen wie Weizen, Gerste und Mais, die nicht nur für die Tropen typisch sind, im Vordergrund stehen. Arbeiten an wichtigen, typisch tropischen Grundnahrungsmittelpflanzen wie Maniok, Süßkartoffel, Yams, Taro, Mehlbanane und anderen sind äußerst selten, was der überragenden Bedeutung dieser Kulturen für die Ernährungssicherung in den Tropen nicht angemessen ist. Zur Begleitung und Stützung der Forschung an den internationalen Agrarforschungszentren und an den nationalen Forschungseinrichtungen der betreffenden Länder wird daher mit Nachdruck die Einrichtung von konsistenten, langfristigen Forschungsprogrammen zu diesen wichtigen Kulturen empfohlen. Ebenso spielen die klassischen Plantagenkulturen wie Kautschuk, Ölpalme, Kokospalme, Kakao, Kaffee, Tee, Obstbananen oder Ananas kaum eine Rolle in der mit öffentlichen Mitteln betriebenen Tropenforschung. Diese Arten werden zwar als „klassische Kolonialkulturen" von den Agrarforschungssystemen in Frankreich, den Niederlanden und Großbritannien intensiv bearbeitet, die deutsche Forschung sollte jedoch im Bereich dieser Kulturen

82) Vgl. Übersicht im Anhang.

offen sein für die Zusammenarbeit auch mit europäischen Partnern, z. B. im Rahmen von EU-geförderten Projekten.

Die eigentliche Pflanzenbauforschung befaßt sich neben der durch einzelne Nutzpflanzen vorgegebenen Thematik insbesondere mit der Anbausystemforschung, wobei Agroforstsysteme und Mischanbau eine bedeutende Rolle spielen. Diese Produktionssysteme werden hinsichtlich ihrer Produktivität und Nachhaltigkeit untersucht. So werden Nährstoffflüsse quantifiziert (Göttingen, Hohenheim, Bayreuth), die Erosionsanfälligkeit von Systemen untersucht und Verbesserungen entwickelt (Witzenhausen, Hohenheim, Göttingen). Der wichtigen Rolle von Bäumen in landwirtschaftlichen Produktionssystemen trägt die deutsche universitäre Agrarforschung in angemessener Weise Rechnung. So werden an den Standorten Göttingen, Hohenheim und Witzenhausen wichtige Grundlagen zur Effizienz und Nachhaltigkeit dieser Systeme erarbeitet, die Konkurrenz zwischen Bäumen und Ackerkulturen findet ebenso Beachtung wie Gesichtspunkte von Synergie und Allelopathie in Agroforstsystemen. Allerdings läßt die Integration dieser Forschung mit thematisch verwandten Arbeiten der Forstfakultäten Freiburg, Göttingen und Tharandt viel zu wünschen übrig. Eine engere Zusammenarbeit von Agrar- und Forstfakultäten, welche sich ansatzweise nur in Göttingen abzeichnet, ist daher dringend zu empfehlen.

Abgesehen von einer mangelnden Forst-Agrarintegration wird die systemorientierte pflanzenwissenschaftliche Forschung auf interdisziplinärer Basis unter Einbindung nicht nur klassisch landwirtschaftlicher Disziplinen wie Bodenkunde, Pflanzenernährung, Pflanzenbau und Ökonomie betrieben. Zuweilen findet Zusammenarbeit in einem beachtlichen Fächerspektrum von organischer Chemie bis hin zu Sozialwissenschaften des Landbaus in Entwicklungsländern statt. International gesehen muß diese systembezogene Forschung als eindeutige Stärke der deutschen agrarwissenschaftlichen Forschung angesprochen werden, die in dieser Weise kaum in europäischen Nachbarländern, Nordamerika oder Asien durchgeführt wird.

Eine Befassung mit der Ressource Wasser erfolgt an verschiedenen Hochschulen in Deutschland, jedoch nur, soweit dies wasserbauliche, kulturtechnische und bewässerungstechnische Gesichtspunkte anbelangt (Karlsruhe, Kiel, Hohenheim, Rostock, Witzenhausen). Ein Defizit besteht im Bereich der systembezogenen Forschung über die Wassernutzungseffizienz von Pflanzen und Anbausystemen. Angesichts der enormen landwirtschaftlichen, wirtschaftlichen und politischen Bedeutung des Faktors Wasser und wegen des durch ihn bedingten erheblichen internationalen Konfliktpotentials, gibt dieser Mangel Anlaß zur Besorgnis. Der Wissenschaftsrat nimmt mit Bedauern zur Kenntnis, daß die einzige, bisher in diesem letzgenannten Bereich aktive Professur (Hohenheim) vor kurzem gestrichen wurde und empfiehlt, diesem Wissensgebiet künftig durch entsprechende Personalentscheidungen/Berufungen das ihm zukommende Gewicht zu verleihen.

Die *forst- und holzwirtschaftliche Forschung* ist stark geprägt durch das ursprünglich in Deutschland entwickelte Axiom der Nachhaltigkeit der Bewirtschaftung. Eine laufende inhaltliche Erweiterung und Anpassung an die Rahmenbedingungen verschiedener Ökoregionen und Gesellschaftsformen sowie technologischer Entwicklungen stehen dabei im Mittelpunkt der Aktivitäten. Forschung und Lehre in der Bundesrepublik haben hierbei vor allem im methodisch/strategischen Bereich komparative Vorteile, die sich aus der langen forstlichen Tradition Deutschlands, der Intensität und Diversität der Landnutzung und der Einbeziehung der Bevölkerung in die Entscheidungsfindung und Umsetzung herleiten.

Eine enge Zusammenarbeit der forstlichen Fakultäten mit den forstlichen Forschungs- und Versuchsanstalten der Länder und – besonders in Hamburg – mit der Bundesforschungsanstalt für Forst- und Holzwirtschaft ermöglicht eine praxis- und anwendungsbezogene Ausrichtung der Forschung. Die internationale Kooperation ist auf dem Gebiet der Forst- und Holzwirtschaft überdurchschnittlich eng. Sie kommt u. a. im Rahmen des Internationalen Verbandes Forstlicher Forschungsanstalten (IUFRO) und des CIFOR zur Geltung. Finanzielle – und damit auch personelle – Engpässe erweisen sich allerdings in den letzten Jahren zunehmend als limitierend, so daß die Gefahr besteht, den bisherigen Beitrag Deutschlands künftig nicht in dem vom Ausland erwarteten Umfang und nicht in der wünschenswerten Qualität fortsetzen zu können, wenn nicht eine entsprechende Förderung von Bund und Ländern erfolgt. Das ist umso bedauerlicher, als auch die internationale Forstwirtschaft mit vielen Aspekten zur Nahrungssicherung, Ressourcensicherung und Beschäftigungssicherung beiträgt.

IV. 2. Fachliche und regionale Kooperation und Schwerpunktbildung

Die international ausgerichtete Agrarforschung in Deutschland ist – nicht zuletzt bedingt durch die fast ausschließlich durch drittmittelfinanzierte Einzelinitiativen geprägte Genese – gekennzeichnet durch verstreute, teilweise zersplitterte Kapazitäten und eine mangelnde Kooperation. Hierauf ist auch zurückzuführen, daß die entsprechende deutsche Forschung international nicht angemessen beachtet wird. Auf diesen unglücklichen Umstand, der bei Berücksichtigung der Vielzahl einschlägig tätiger Wissenschaftler und Wissenschaftlergruppen an außeruniversitären Einrichtungen - und an Fakultäten außerhalb der hier betrachteten - noch offensichtlicher ist, wurde bereits mehrmals von deutschen und ausländischen Wissenschaftlern hingewiesen.

Da der Ansatz zu einer verbesserten intra- und interdisziplinären Koordination und stärkeren internationalen Vernetzung deutscher einschlägiger Forschungsvorhaben an Hochschulen und außeruniversitären Forschungseinrichtungen sowie der Privatwirtschaft durch die Allianz der international ausgerichteten Agrarforschung in Deutschland (AIDA) noch jung ist, wäre es verfrüht festzustellen, daß die bestehenden Probleme von Zersplitterung und mangelnder kritischer Masse in wichtigen Bereichen der deutschen Internationalen Agrarforschung mit der AIDA-Gründung bereits hinlänglich angegangen sind.

Der Wissenschaftsrat begrüßt die aus der deutschen Internationalen Agrarwissenschaft heraus entstandene Initiative und verfolgt mit Interesse diesen innovativen Ansatz der problembezogenen Schwerpunkt- und Programmbildung im Dialog zwischen den beteiligten Forschungseinrichtungen innerhalb und außerhalb der Universitäten, Förderern und Nutzern. Er unterstützt die seitens AIDA formulierten Ziele und sieht eine inhaltliche und institutionelle Vernetzung der bestehenden Aktivitäten in den Internationalen Agrarwissenschaften als ebenso dringend geboten an wie eine deutliche Stärkung der Interdisziplinarität.

Der Wissenschaftsrat empfiehlt den dort Eingebundenen, die Initiative weiterzubetreiben. Zudem ist er der Auffassung, daß die Bemühungen um vermehrte Kooperation und Koordination nachhaltig gestärkt werden sollten. Eine Förderung durch die öffentliche Hand käme der Koordination der Internationalen Agrarwissenschaften zugute. Gleichzeitig wird jedoch darauf hingewiesen, daß durch die AIDA-Organisation der Bereich der Lehre und Ausbildung des wissenschaftlichen Nachwuchses bestenfalls indirekte Impulse erfahren kann. Daher wird für die Hochschulen die Einrichtung von Zentren mit entsprechenden Studienangeboten empfohlen.[83])

B. V. Zur Strukturentwicklung

V. 1. Schwerpunktbildung, Kooperation und Kapazitäten

Jahre besserer finanzieller Ausstattung und steigender Studentenzahlen erlaubten es in der Vergangenheit, gleichgelagerte Aktivitäten an fast allen Universitätsstandorten zu betreiben. Es ist offensichtlich, daß vor diesem Hintergrund in den international orientierten Agrar- und Forstwissenschaften in Deutschland, vielfach wenig koordiniert, unterschiedlich umfangreiche Kapazitäten geschaffen wurden. Das hat dazu geführt, daß sich auch in denjenigen Bereichen, in denen international durchaus Konkurrenzfähiges geboten wird, kein einheitliches Bild der deutschen Internationalen Agrarwissenschaften ergibt,[84]) die Außenwahrnehmung gering ist und ein hohes Synergiepotential ungenutzt bleibt. Gleichzeitig sind weder die bestehenden noch die in Aufbau oder in Planung befindlichen Aus- und Weiterbildungsaktivitäten systematisiert und aufeinander oder auf den sich abzeichnenden Ausbildungsbedarf deutscher und ausländischer Studierender und Nachwuchswissenschaftler abgestimmt.

83) Vgl. Kapitel B.V.
84) Solche Mängel der deutschen Agrarforschungsaktivitäten zur internationalen Entwicklung belegen auch die Ergebnisse einer Umfrage durch die ATSAF.

Durch die Ansiedlung von bisweilen allzu punktuellen Ansätzen der „Internationalen Agrarwissenschaften“ oder von unterschiedlich abgerundeten Schwerpunkten an acht universitären landwirtschaftlichen bzw. gartenbaulichen Fakultäten (Berlin, Bonn, Gießen, Göttingen, Hohenheim, Hannover, München, Rostock) und in Witzenhausen sowie an den fünf Fakultäten mit forst- und holzwirtschaftlicher Ausrichtung (Dresden [Tharandt], Freiburg, Göttingen, Hamburg, München) und an den oben erwähnten außeruniversitären Forschungseinrichtungen leidet insbesondere die Lehre und die Ausbildung des wissenschaftlichen Nachwuchses, da hier ein weitgefaßtes, abgerundetes Curriculum auf hohem Niveau abgedeckt werden muß.

Der Wissenschaftsrat empfiehlt daher mit Nachdruck, besonders das an den Universitäten bestehende Potential im Bereich internationaler agrarwissenschaftlicher Forschung und Lehre mit den detailliert umschriebenen Maßnahmen und Instrumenten zielgerichtet zu bündeln und damit zu stärken. Gleichzeitig ist eine intensivere Kooperation mit Wissenschaftlergruppen an außeruniversitären und privaten Forschungseinrichtungen unabdingbar. Diese Notwendigkeit gilt derzeit auch in der Scientific Community als unbestrittener Konsens. Erste Bestrebungen in Richtung einer Schwerpunktbildung werden durch die jüngste Initiative der agrarwissenschaftlichen Fakultäten der Universitäten Göttingen und Hohenheim durch eine vertraglich fundierte Vernetzung ihrer Aktivitäten in Forschung (z. B. Einwerbung von Forschungsgeldern) und Lehre (gegenseitige Stützung) sichtbar.[85]) Für den Bereich der Forschung ist darüber hinaus die auf freiwilliger Basis beruhende Mitwirkung interessierter Wissenschaftler an der AIDA-Initiative zu würdigen.

V. 1.1) Innerhalb Deutschlands

Die derzeitigen Organisationsformen der deutschen Internationalen Agrarwissenschaften an den Universitäten und an der Gesamthochschule Kassel sind meist historisch bedingt. Dabei wurden teilweise frühere Struktur- und Entwicklungskonzepte aufgrund inzwischen eingetretener Haushaltsrestriktionen nicht vollständig umgesetzt. Die bestehenden unterschiedlichen Organisationsformen, wie sie sich z. B. in Institutsstrukturen zeigen, lassen sich wie folgt charakterisieren:

a) Die Internationalen Agrarwissenschaften sind an einigen Fakultäten den jeweiligen klassischen Disziplinen der Allgemeinen Agrarwissenschaften beigeordnet.

85) Zur wechselseitigen Zusammenarbeit wurde im Dezember 1995 zwischen den beiden Tropenzentren eine Vereinbarung über ein "Consortium für Forschung und Ausbildung in tropische Agrar- und Forstwirtschaften" (COTRAF) unterzeichnet.

b) Institute mit ausschließlicher thematischer oder geographischer Ausrichtung der Internationalen Agrarwissenschaften (z. B. für Tropenpflanzenbau) finden sich an einigen Fakultäten neben klassischen Instituten der Allgemeinen Agrarwissenschaften.

c) Übergreifende Zentren oder Institute, die unterschiedliche disziplinäre Ausrichtungen zusammenfügen (z. B. Tropenpflanzenbau, Tierproduktion in den Tropen etc.), bündeln an einigen Orten die Aktivitäten auf dem Gebiet der Internationalen Agrarwissenschaften.

d) In Einzelfällen bestehen besondere Einrichtungen an der Fakultät (z. B. das Seminar für Ländliche Entwicklung in Berlin), die ausschließlich in der Lehre tätig sind.

e) An einigen Standorten finden sich Kombinationen aus den in a) bis d) beschriebenen Kategorien.

Auf die Notwendigkeit einer fachlichen und geographischen Bündelung von Sachverstand und Führungskompetenz der Internationalen Agrarwissenschaften in Deutschland wurde bereits hingewiesen. Hierfür sind mehrere Formen denkbar, die von der Zusammenfassung in einem „nationalen Zentrum", über die Einrichtung mehrerer ggf. vernetzter Zentren bis hin zur Zusammenarbeit der derzeit bestehenden Institute/Abteilungen/Bereiche der Fakultäten reichen könnten. Dabei sollten jeweils die entsprechenden Arbeitsgruppen aus außeruniversitären Forschungseinrichtungen einbezogen werden.

Die Idee einer zentralen Einrichtung für die Internationalen Agrarwissenschaften in Deutschland muß als nicht mehr zeitgemäß angesehen werden. Die fachspezifische Lehre und Forschung sind so eng mit der Allgemeinen Agrarwissenschaft verbunden, daß ein gesondertes Zentrum, das sich ausschließlich mit Internationaler Agrarwissenschaft befassen würde, wissenschaftspolitisch nicht sinnvoll wäre. Vielmehr könnte eine weitgehende Konzentration der in den Internationalen Agrarwissenschaften bestehenden Kapazitäten auf wenige Standorte, die ggf. durch eine Art zugehöriger „Satelliten" unterstützt werden sollten, in erheblichem Maße zur Schaffung von Synergieeffekten in Forschung und Lehre beitragen, die Außenwahrnehmung im internationalen Bereich stärken und zusätzlich zur Unterstützung von Aktivitäten beitragen. Bei der Einrichtung bzw. dem Ausbau von einzelnen Zentren ist deren Verbindung miteinander von großer Bedeutung. Der Wissenschaftsrat empfiehlt deshalb aufbauend auf der föderalen Struktur die Konzentration auf einige wenige miteinander vernetzte Zentren, die zu stärken bzw. zu entwickeln sind. Für die Vernetzung der Zentren untereinander kann das Abkommen zwischen den Tropenzentren in Göttingen und Hohenheim als erster Schritt angesehen werden.

Für eine intensive fakultätsübergreifende Zusammenarbeit sind einige Voraussetzungen nötig. An erster Stelle steht als notwendige, wenn auch nicht in allen Fällen hinreichende Bedingung, daß qualitativ hochstehende Forschung und Lehre zu international ausgerichteten Themen gegeben und die Bereitschaft der beteiligten Wissenschaftler vorhanden sein muß, überregional auf die Interessen und Belange ihrer Kollegen aus anderen Teildisziplinen und Disziplinen einzugehen. Dies kann entscheidend gefördert werden, wenn

- eine hinreichend große Zahl von Wissenschaftlern mit verwandten Forschungsinteressen vorhanden ist;

- eine inhaltliche und zeitliche Flexibilität der Organisationsformen vorliegt;

- eine konstruktive Mitarbeit der zuständigen Verwaltungen gegeben ist;

- eine gezielte Unterstützung durch Förderorganisationen gesichert ist;

- die langfristige Bereitschaft von Bund und Ländern zur Unterstützung der Aktivitäten besteht.

Um solche vernetzten Zentren zu schaffen, empfiehlt der Wissenschaftsrat:

(1) Die Bildung von Schwerpunkten in Forschung und Lehre in den Internationalen Agrarwissenschaften an zwei bis drei Fakultäten und die Beteiligung weiterer Fakultäten und außeruniversitärer Einrichtungen sollte mit Nachdruck gefördert werden. Dies ist keine kurzfristig zu lösende Aufgabe. Damit hinreichend viele qualifizierte kooperationswillige Wissenschaftler vorhanden sind und die Infrastruktur eine konkurrenzfähige Forschung und Lehre ermöglicht, ist es unerläßlich, daß die jeweiligen Fakultäten und die für diese verantwortlichen Verwaltungen der Hochschulen und der Länder zusammenwirken.

(2) Die Zusammenarbeit in der Forschung sollte auf der Basis gemeinsamer Forschungsvorhaben erfolgen. Gleichzeitig sollte durch einen Austausch von Lehrenden zwischen den Standorten ein qualitativ hochstehendes, abgerundetes Ausbildungsprofil angeboten werden.[86]) Langfristig sollte eine entsprechende inhaltliche Kooperation in der Planung der Kapazitäten (Personal und Ausstattung) ihren Niederschlag finden (nähere Ausführungen zur Förderung und Förderkonzepten werden in Kapitel B. V.3. gemacht). Ein erster Schritt in diese Richtung kann in abgestimmten Berufungen gesehen werden.

(3) Die institutionellen Vorkehrungen zur Unterstützung der einzelnen Zentren und ihrer Bereiche/Arbeitsgruppen müssen flexibel sein. Ähnliches gilt für die fachlichen Schwerpunkte und die Gliederung des je-

86) Vgl. hierzu auch Kap. B. III.

weiligen Zentrums in Abteilungen/Bereiche oder Institute. In gleicher Weise sollte eine zeitliche Begrenzung der Zentren selbst vorgesehen werden. Hierin wird ein wichtiger Leistungsanreiz gesehen. Daher sollte nach etwa zehn Jahren geprüft werden, ob und mit welchen Schwerpunkten ein Zentrum weitergeführt werden soll.

(4) Bei der inhaltlichen Ausrichtung der Arbeit in den einzelnen Zentren wird empfohlen, sich geographisch nicht auf eine Liste von Ländern, sondern vielmehr auf Ökosysteme zu konzentrieren. Auch ist zu bedenken, daß einige Wissensbereiche ökosystem- und fachgebietsübergreifend sind. In diesem Zusammenhang kommt in zunehmendem Maße interdisziplinären Konzeptionen hohe Bedeutung zu. Als inhaltliche Schwerpunkte sind z. B. alternativ die Bereiche humid/arid/Transformationsländer (evtl. auch die urbane Landwirtschaft) oder natürliche Ressourcen/Produktionssysteme/Agrarpolitik oder die Bereiche Wasser und Boden/urbane Ökosysteme/Transformationsländer vorstellbar. Die Auswahl der Schwerpunkte hängt entscheidend von den thematischen Stärken an einzelnen Standorten und dem identifizierten Bedarf in Forschung und Lehre ab.

(5) Zur Verbesserung der Mobilität des wissenschaftlichen Personals sollten die personal- und haushaltsrechtlichen Möglichkeiten der Gestaltung von Arbeitsverträgen, der Beurlaubung, der Abordnung, der Schaffung von Leerstellen etc. sowohl innerhalb von Institutionen des gleichen Trägers (z. B. Instituten/Abteilungen einer Hochschule und ihrer Fakultäten), als auch zwischen verschiedenen Institutionen (z. B. Hochschulen und öffentlichen oder privaten außeruniversitären Einrichtungen) intensiver genutzt werden. Eine wenig praktizierte, aber häufig zweckdienliche Möglichkeit besteht beispielsweise in der Abordnung oder Beurlaubung für befristete Zeit oder auch für einen Teil der Arbeitszeit. Es sollte auch daran gedacht werden, Sachverständige mit praktischer Erfahrung (beispielsweise aus den internationalen Forschungszentren) als Gastdozenten auf Zeit einzubeziehen. Auch sollten Lehrkräfte aus den Tropen und Subtropen bzw. aus Transformationsländern eingebunden werden.

(6) Der zu schaffende Verbund von einigen wenigen Zentren mit umliegenden Satelliten sollte den Hauptumfang der spezialisierenden Ausbildung im Rahmen des oben empfohlenen standortübergreifenden kooperativen Graduiertenstudiums tragen. Er bietet - unter der Voraussetzung der Erarbeitung neuer Curricula - die Möglichkeit der Vervollständigung des Ausbildungsprofils auf hohem Niveau.[87]) Gleiches gilt für das Angebot einer abgerundeten Ausbildung in den spezifischen Schwerpunkten des Hauptstudiums, den mit unterschiedlicher thematischer Ausgestaltung empfohlenen einjährigen postgradualen Studiengängen sowie den Weiterbildungsangeboten. Daher sollten sich die Lehrenden auf der Grundlage eines zwischen den Zentren abgestimmten Konzepts gegen-

87) Vgl. Kapitel B. III.

seitig unterstützen, indem sie spezielle Lehrveranstaltungen auch an den jeweils anderen Zentren durchführen. Zwar lassen die Hochschulgesetze die länderübergreifende Lehre grundsätzlich zu, jedoch besteht noch Klärungsbedarf hinsichtlich einer jeweiligen Anrechnung von Lehrleistungen auf das Lehrdeputat im Herkunfts-Bundesland. Eine entsprechende Konzeption wird auch von einem Teil der Studierenden eine zeitweise räumliche Mobilität erfordern.

Die Zusammenarbeit der Zentren in der Entwicklung eines gemeinsam getragenen Graduiertenstudiums und ihre Kooperation in der Forschung sollte das Angebot interessanter, in einen größeren möglichst interdisziplinären Zusammenhang eingebetteter Forschungsprojekte für Doktoranden nachdrücklich fördern. Andere, im Hinblick auf ihre Beteiligung im Bereich der Internationalen Agrarwissenschaften als Satelliten bezeichnete Standorte sollten an solchen standortübergreifenden Aktivitäten teilnehmen können.

(7) Grundsätzlich ist davon auszugehen, daß es für die erfolgreiche Bündelung der bestehenden Kapazitäten in Zentren und für das gemeinsame (arbeitsteilige) Lehrangebot im Rahmen des grundständigen Studiums, der Aufbaustudienangebote, der Weiterbildung und des Graduiertenstudiums sowie für eine abgestimmte Forschungskonzeption eines angemessenen organisatorischen und strukturellen Fundaments bedarf. Der Wissenschaftsrat empfiehlt daher, die Zusammenarbeit der Zentren untereinander und – in einzelnen Teilbereichen mit weiteren Standorten (Satelliten) auf die Grundlage einer vertraglichen Vereinbarung zu stellen. In diesem Zusammenhang sollte der Aufbau eines gemeinsam getragenen Graduiertenstudiums als eine erste Aufgabe angesehen werden. Darüber hinaus wird es für die Bildung der Zentren als förderlich angesehen, wenn jeweils die Stelle eines Koordinators eingerichtet wird, dem die zentralen organisatorischen Aufgaben obliegen sollten. Zur Frage, welche Fakultäten zum Aufbau bzw. der Entwicklung solcher Zentren in Betracht kommen, äußert sich der Wissenschaftsrat unten (vgl. Kapitel B. VI.).

V. 1.2) Kooperation mit dem Ausland

Die internationalen Kontakte der Hochschulinstitute zu Forschungseinrichtungen, Dienststellen, Organisationen u. a. in Entwicklungsländern und Transformationsländern sind sehr umfangreich. Sie bilden die Grundlage sowohl zur Stützung einer Forschungsinfrastruktur in den Zielregionen als auch für die Zusammenarbeit mit den dortigen Forschungseinrichtungen und Hochschulen, die wichtige Partner für die deutschen Fakultäten sind, sowie für die Entsendung von Wissenschaftlern/Doktoranden.

Wesentliche Ergebnisse in der Forschung sowie eine fundierte Ausbildung des wissenschaftlichen Nachwuchses können in besonderem Maße durch langfristige, interdisziplinäre Vor-Ort-Forschung im Ausland gewonnen werden. Der Wissenschaftsrat empfiehlt daher die Einrichtung mehrere Verbundprojekte, die jeweils ca. 15 deutsche Wissenschaftler einbinden und in ihrer Laufzeit auf 10 bis 15 Jahre angelegt sind. Solche Verbundprojekte in spezifischen Regionen und mit Themenfeldern, die diejenigen der deutschen Zentren auf der Basis einer intensiven Abstimmung und Zusammenarbeit komplementär vertiefen, bieten gute Voraussetzungen, um im Ausland intensiv mit einheimischen Wissenschaftlern zusammenzuarbeiten. An ihnen sollten sich jeweils Wissenschaftler mehrerer deutscher Universitäten insbesondere der oben angesprochenen Zentren sowie der fachspezifischen Bereiche außeruniversitärer Forschungseinrichtungen beteiligen. Neben dem benannten wissenschaftlichen Stammpersonal sollten Doktoranden und Gastwissenschaftler einen wesentlichen Teil der Forschung tragen.

Um die Verzahnung mit den deutschen Internationalen Agrarwissenschaften sowie die Rückkopplung mit im internationalen Bereich gemachten Erfahrungen zu verbessern, wiederholt der Wissenschaftsrat seinen bereits mit den Empfehlungen zur Umweltforschung in Deutschland gemachten Vorschlag, einen regen Personalaustausch zwischen Projekten vor Ort, internationalen Forschungszentren und den Zentren in Deutschland und in der EU zu pflegen, indem durch eine flexible Personalpolitik dem Stammpersonal phasenweise Arbeitsplätze in den Tropen bzw. in Transformationsländern ermöglicht und damit zeitweilig Platz für Rückkehrer frei gemacht wird. Bund und Länder sollten die gesetzlichen Rahmenbedingungen schaffen, um eine entsprechende Flexibilität (z. B. durch Leerstellen) zu ermöglichen. Dies würde gleichzeitig zum Aufbau und zur Stützung von Forschungskapazitäten in den Tropenländern beitragen, wie sie von der Bundesregierung u.a. als wichtiges Ziel der Entwicklungszusammenarbeit angesehen wird.[88])

V. 2. Interdisziplinäre Zusammenarbeit

In die entwicklungsbezogene deutsche agrarwissenschaftliche Forschung und Lehre sind interdisziplinäre Ansätze eingeflochten. So ist beispielsweise am Sonderforschungsbereich „Standortgemäße Landwirtschaft in Westafrika" in Hohenheim ein breites Spektrum agrarwissenschaftlicher Teildisziplinen von der Agroforstwirtschaft über bodenkundliche, produktionstechnische (Pflanze und Tier), phytosanitäre und ökonomische Aspekte bis hin zur Agrarsoziologie vertreten. Am Göttinger Tropenzentrum arbeiten z. B. Mitglieder des Agrar-, des Forst- und des Geowissenschaftlichen Fachbereichs zusammen, um die Agroforstwirtschaft als ein ansonsten wenig beachtetes, jedoch wichtiges Thema zu bearbeiten.

Gleichwohl scheinen disziplinäre Einzelprojekte, die zumeist von einzelnen engagierten Professoren sowie den mit ihnen zusammenarbeitenden

88) Vgl. Deutscher Bundestag, a.a.O., S. 22.

motivierten Nachwuchswissenschaftlern getragen werden, zu überwiegen. So hat der Wissenschaftsrat den Eindruck gewonnen, daß die Universitäten einen größeren Beitrag zur stärkeren interdisziplinären Verflechtung leisten müssen und – aufgrund des breitgefächerten Potentials in der Grundlagen- ebenso wie in der anwendungsorientierten Forschung – nicht nur zwischen den Fachgebieten innerhalb einer Fakultät/Fachbereich sondern auch über fachliche Grenzen hinaus (z. B. zur Ethnologie, Ernährungswissenschaft, Politikwissenschaft, Planungswissenschaft, Systemanalyse, Wirtschaftswissenschaften, Entwicklungsländerforschung etc.) leisten können.

Eine erfolgreiche agrar-, forst- und gartenbauwissenschaftliche Forschung und Lehre wird besonders im Rahmen ihrer internationalen Ausrichtung künftig verstärkt interdisziplinär ausgerichtet sein müssen. Hierfür bieten die Universitäten grundsätzlich hervorragende Ausgangsbedingungen, die es intensiver zu nutzen gilt. Hierzu muß auch die verstärkte Zusammenarbeit mit Wissenschaftlergruppen an außeruniversitären Einrichtungen beitragen, zumal sich die Grenzen zwischen Grundlagen- und angewandter Forschung in diesem Bereich zunehmend verwischen.

V. 3. Förderung und Förderkonzepte

In den Internationalen Agrarwissenschaften besteht auch hinsichtlich der Forschungsförderung ein heterogenes Bild. Dies ist nicht zuletzt mit ausschlaggebend für die sowohl regional als auch fachlich weit gestreuten Kapazitäten, da die Wissenschaftler an den hier betrachteten Fakultäten in überdurchschnittlichem Maße auf Drittmittelfinanzierung angewiesen sind.

Bedeutende Drittmittelgeber sind dabei BMZ/GTZ, BMBF, DFG, EU sowie eine Reihe von Einrichtungen der Technischen Zusammenarbeit und Stiftungen, die die Mittelvergabe sowohl thematisch wie auch regional an sehr unterschiedlichen Zielen ausrichten. So gelten beispielsweise für eine direkte Förderung durch das BMZ die entwicklungspolitischen Grundlinien der Bundesregierung und oft eher kurzfristige Ziele. Eine Ausnahme bildet hier die Forschung der internationalen Agrarforschungscenter des CGIAR, die über eine feste Sockelfinanzierung eine Schwerpunktsetzung verfolgen, an deren Festlegung die deutsche Seite beteiligt ist. Von den im wesentlichen aus Drittmitteln finanzierten Forschungsvorhaben profitiert derzeit die Lehre an allen Fakultäten in entscheidendem Maße.

Der Wissenschaftsrat geht davon aus, daß durch die empfohlene Schwerpunktbildung und Bündelung der international ausgerichteten Aktivitäten künftig auch eine Verbesserung der Einwerbung von Drittmitteln (u. a. auch im Rahmen von EU-Programmen) möglich sein wird. Gleichzeitig empfiehlt er den oben genannten Drittmittelgebern, die Bildung dieser Zentren sowie die von ihnen angebotene spezifische Lehre (im grundständigen Studium, einjähriges postgraduales Studium, Graduiertenstudium, Weiterbildung) zu unterstützen.[89]) In diesem Zusammenhang wäre es sinnvoll, wenn künftig auch die Einbindung mehrerer Zentren in einen ortsübergreifenden Sonderforschungsbereich ermöglicht werden kann.

Die zur Förderung des wissenschaftlichen Nachwuchses aus Entwicklungsländern bestehenden Sandwich-Modelle, wie beispielsweise dasjenige des DAAD, reichen von der Feldforschung im Ausland mit anschließender Promotion in Deutschland bis hin zur Konzeption und Durchführung von Versuchen in Deutschland mit anschließender Promotion im Heimatland. BMZ/DAAD leisten hier einen nicht zu unterschätzenden Beitrag zur internationalen Agrarforschung- und Ausbildung. Eine enge Kooperation der beteiligten Hochschulen und die Gewährleistung einer angemessenen Betreuung der Studierenden vor Ort ist daher unabdingbar. Vor diesem Hintergrund ist eine besonders sorgfältige Auswahl der am Modell Beteiligten von großer Bedeutung. Der Wissenschaftsrat empfiehlt in diesem Zusammenhang, das bisherige Fördervolumen für Sachmittel zur Feldforschung vor Ort von 5 TDM künftig auf 25 TDM anzuheben.

Zur Qualifizierung des deutschen wissenschaftlichen Nachwuchses durch befristete Aufenthalte an Forschungsinstituten des CGIAR, sind das seitens des BMZ finanzierte restricted core programme und die special projects, bei denen es sich um ein ähnlich dem Rockefeller-Programm eindeutig von der Nachfrageseite geprägtes Ausbildungsförderungsinstrument handelt, hervorragend geeignet. Um so bedauerlicher ist es, daß die damit zur Verfügung stehenden Möglichkeiten aufgrund der knapp bemessenen Mittel sehr limitiert sind.

Der Wissenschaftsrat bittet das BMZ zu prüfen, ob für eine Intensivierung der Zusammenarbeit zwischen der deutschen und der im internationalen Bereich angesiedelten Internationalen Agrarwissenschaft eine besonders wünschenswerte Aufstockung des Programms möglich ist. Darüber hinaus sollten für die verstärkte Zusammenarbeit mit den nationalen Forschungseinrichtungen und Hochschulen der betreffenden Länder verstärkt Mittel aus dem Etat für die bilaterale Technische Zusammenarbeit zur Verfügung gestellt werden. In diesem Zusammenhang wird betont, daß der Zusammenarbeit der deutschen Fakultäten mit den nationalen wissenschaftlichen Einrichtungen eine wichtige Funktion zukommt, und daß es mit Blick auf eine langfristige Entwicklungspolitik besonders erfolgversprechend ist, gute Nachwuchswissenschaftler für diesen fachspezifischen Bereich zu qualifizieren.

---

89) Vgl. Kapitel B.V.1.

Auslandsaufenthalte, sei es an renommierten nationalen Forschungseinrichtungen des Auslandes, internationalen Forschungszentren des CGIAR oder im Rahmen der wissenschaftlichen Begleitung eines Projekts von BMZ, GTZ oder BML, ggf. in Kooperation mit einer örtlichen Fakultät oder Forschungseinrichtung, sind zur Abrundung des spezifischen Qualifikationsprofils unabdingbar. Hier kommt auch den Fakultäten ein hohes Maß an Verantwortlichkeit zu, um zu gewährleisten, daß die Studenten, denen Vor-Ort-Aufenthalte ermöglicht werden, bereits über hinreichende Qualifikationen und eine zielgerichtete Motivation verfügen. Sie sind darüber hinaus aufgerufen, den Studierenden durch eine geeignete Informationspolitik und organisatorische Unterstützung die fachlich ausgerichtete Mobilität zu erleichtern.

B. VI. Zur künftigen Entwicklung an den einzelnen Fakultäten

VI.1. Agrar- und Gartenbauwissenschaften

Die künftige Entwicklung der internationalen Agrar-, Forst- und Gartenbauwissenschaften sollte die an den jeweiligen Fakultäten bestehenden Kapazitäten unter Berücksichtigung von Umfang, inhaltlicher Ausrichtung und Qualität zielgerichtet einbinden. Daher werden die einzelnen Aktivitäten/Schwerpunkte zunächst im übergreifenden Zusammenhang bewertet, bevor in konkreter Ausgestaltung der obigen Strukturempfehlungen nähere Ausführungen zu Standortempfehlungen für die „Zentren für Internationale Agrarwissenschaften“ und deren Zusammenarbeit mit „Satelliten“ gemacht werden.

VI.1.a) Kapazitäten und Angebote der einzelnen Fakultäten

In der internationalen Ausrichtung kann die *Berliner Landwirtschaftlich-Gärtnerische Fakultät* auf einer anerkannten Tradition von Lehre und Forschung der Agrarwissenschaften (einschließlich des Gartenbaus) aufbauen. Durch die Fusion der Humboldt-Universität mit den ehemaligen agrarwissenschaftlichen Kapazitäten an der Technischen Universität ist dieser Bereich grundlegend gestärkt worden. Bei einer Bewertung der Lehrangebote ist zu berücksichtigen, daß sich angesichts der Neustrukturierung der Fakultät vieles noch im Planungs- bzw. Aufbaustadium befindet. Die Konzeption des breit aufgefächerten Lehrangebots ist produktionsorientiert sowie auf technologische Bereiche und Ressourcennutzung ausgerichtet. Im Zuge der personellen Erneuerung wurden eine Reihe von Lehrstühlen mit anerkannten jüngeren Professoren besetzt. In Forschung und Lehre sind neue und vielversprechende Konzepte in der Entwicklung. Überdacht werden sollte jedoch eine gewisse – möglicherweise auf die Struktur der Fakultät zurückzuführende – Unterrepräsentanz konsumentenbezogener Fragestellungen. So z.B. das Fehlen von ernährungswissenschaftlichen Elementen (Ernährung des Menschen in Entwicklungsländern) und eine fehlende Verbindung zur an der TU angesiedelten Lebensmitteltechnologie. Demgegenüber besteht ein enger Kontakt zur tropischen Veterinärmedizin (im Rahmen eines Masterkurses und eines Seminars) sowie zum Blaue-Liste-Institut für Binnenfischerei und Gewässerökologie, wo künftig der Themenkomplex Tropen/Subtropen weiter ausgedehnt werden soll.

Mit der u. a. verfolgten Ausrichtung auf Transformationsländer ist die Berliner Fakultät erfolgreich bemüht, die vorhandenen Kapazitäten und Standortvorteile zu nutzen. Eine Kooperation mit anderen Standorten in diesem Bereich (z. B. Halle) sollte angestrebt werden.

Vor dem Hintergrund der Ausführungen in Kapitel B. II. erscheint das Konzept des Ergänzungsstudiums „Internationale Agrarentwicklung" nicht überzeugend. Auch mangelt es an einer Koordination mit dem besonders auf Entwicklungszusammenarbeit ausgerichteten und als Einrichtung an der Fakultät bestehenden *Seminar für Ländliche Entwicklung (SLE)*. Hinsichtlich der Zielgruppe in diesem Ergänzungsstudium, die eine andere ist als im vom SLE angebotenen Ergänzungsstudium „Ländliche Entwicklung" wird auf die oben beschriebenen Möglichkeiten im Rahmen eines Graduiertenstudiums verwiesen.

Das SLE als Einrichtung an der Fakultät und die von ihm angebotene, auf die spezifischen Anforderungen der Entwicklungskooperation (insbesondere der GTZ) ausgerichtete Zusatzausbildung hat sich in der Vergangenheit etabliert. Die Absolventen sind in diesem spezifischen Arbeitsmarktsegment geschätzte Fachkräfte. Die gute Kontaktpflege des SLE mit seinen Absolventen bietet die Grundlage für eine fachliche Nachbetreuung. Es ist in der Vergangenheit gelungen, die Lehrinhalte flexibel an die sich wandelnden Anforderungen anzupassen. Hiervon haben auch die vielfältigen Weiterbildungsangebote profitiert. Der Wissenschaftsrat empfiehlt, auch künftig die am SLE durchgeführte Ausbildung für jährlich bis zu 20 Absolventen fortzuführen. Um hierbei den weiter steigenden Anpassungserfordernissen an eine flexible inhaltliche Ausgestaltung gerecht werden zu können, ist eine engere Verflechtung mit den wissenschaftlichen Einrichtungen der Berliner Fakultät sinnvoll.

Die Fakultät wird darin bestärkt, die Internationalen Agrarwissenschaften mit Ausrichtung sowohl auf die Tropen/Subtropen als auch auf Transformationsländer weiterhin als einen Schwerpunkt zu pflegen und sich auf der Grundlage der vorhandenen und im Aufbau begriffenen Kapazitäten, der Konzeption und Durchführung einer postgradualen Ausbildung zuzuwenden. Hierbei sollten die obigen Empfehlungen zum Aufbau entsprechender Graduiertenstudien berücksichtigt werden.[90])

Die an der *Bonner Landwirtschaftlichen Fakultät* bestehenden auf Länder der Tropen und Subtropen und auf Transformationsländer aus-

---

90) Vgl. Kapitel B. III.

gerichteten Aktivitäten bilden bislang keinen durchstrukturierten Schwerpunkt. Zwar besteht der postgraduale Studiengang ARTS (Agrarwissenschaften und Ressourcenmanagement in den Tropen und Subtropen) nach der jüngst eingeleiteten Umstrukturierung zu einem überwiegenden Teil aus eigenständigen, nicht bereits für das Hauptstudium in den Agrarwissenschaften konzipierten Vorlesungen und Seminaren. Gleichwohl scheint auch hier das Konzept noch nicht hinlänglich ausgereift.

Die mit dem Ausbau von Bonn zur Wissenschaftsstadt und dem Umzug von entwicklungsländerbezogenen deutschen und internationalen Institutionen nach Bonn verbundenen potentiellen Standortvorteile für Aufgaben der tropischen und subtropischen Landwirtschaft werden erst sehr zaghaft genutzt. Eine enge Verbindung zum im Aufbau befindlichen Nord-Süd-Zentrum und der dort bestehenden Abteilung Naturraumpotential und Ressourcenmanagement ist noch nicht erkennbar, sollte aber von der Fakultät mit Nachdruck angestrebt werden.

Die Fakultät scheint dem anstehenden Wandel der Aufgaben von einem traditionellen zu einem umfassenderen Ansatz in vorsichtiger Weise Rechnung zu tragen. Eine intensivere Zusammenarbeit mit den benachbarten Hochschulen, Universität Köln und RWTH Aachen, wie dies z. B. bereits mit Teilbereichen der KfA in Jülich der Fall ist, wäre geeignet, einen integrierten Ansatz im Bereich der Tropen und Subtropen zu verbessern. Die thematische Ausrichtung auf „periurbane Landwirtschaft" ist als zukunftsträchtig anzusehen, da angesichts der starken Urbanisierung in den meisten Entwicklungsländern Probleme dieser Art in Zukunft zur Ernährungssicherung und zur Lösung sozialer Aufgaben von besonderer Bedeutung sein werden.

Im Hinblick auf Transformationsländer kann die Bonner Landwirtschaftliche Fakultät keine spezifischen komparativen Vorteile gegenüber anderen Fakultäten einbringen. Dieser Bereich sollte daher in Zukunft nicht zu Lasten anderer Aktivitäten vertieft werden. Vielmehr wird empfohlen, die bestehenden und künftig zu erwartenden Standortvorteile für Probleme der tropischen und subtropischen Landwirtschaft gezielt zu nutzen und nach Möglichkeit in die Zusammenarbeit mit einem der künftigen „Zentren für Internationale Agrarwissenschaften" einzubringen. Eine überregionale Zusammenarbeit mit dem Nord-Süd-Zentrum wäre in diesem Zusammenhang wünschenswert.

Sowohl das Tropen- als auch das Ostengagement des *Fachbereichs Agrarentwicklung und Umweltsicherung in Gießen* war früher beachtlich.[91]) Doch schon in den 70er Jahren ließen diesbezügliche Aktivitäten nach, noch bevor die früher tragenden, im internationalen Bereich enga-

---

91) Es sei z. B. an die Außenstelle des Tropeninstituts in Santa Marta, Kolumbien, und die daran anknüpfenden umfangreichen Forschungs- und Ausbildungsaktivitäten erinnert.

gierten Professoren emeritiert wurden. Hinzu kommt, daß die Stellung der Internationalen Agrarwissenschaften selbst innerhalb des Fachbereichs keineswegs unumstritten war und ist, was mit zur stagnierenden, wenn nicht rückläufigen Entwicklung beigetragen haben dürfte. Da mit einer Ausnahme keinem der Nachfolger der oben genannten Emeriti eine spezielle Denomination für Tropen oder Osteuropa erteilt wurde, konnte ein gezieltes Engagement im Wiederaufbau und in der Weiterentwicklung von Lehr- und Forschungsprogrammen nicht erfolgen. Die Lehre ist im Tropenbereich daher im großen und ganzen der Tradition verhaftet geblieben.

Während der Bereich „Lehre und Forschung Osteuropa/China" in den letzten Jahren durchgängig ein angemessenes Niveau verzeichnete, hat der Tropenbereich deutlich brachgelegen. Gießen befindet sich daher zur Zeit in einer außerordentlich ungünstigen Phase. Die geplante strukturelle Maßnahme des Zusammenlegens der drei entwicklungsbezogen arbeitenden Zentren[92]) und ihre Zusammenfassung zu einem „Zentrum für internationale Entwicklungsforschung" mag zwar zu einer besseren Bündelung der vorhandenen Ressourcen führen, es ist jedoch nicht sicher, ob hiermit automatisch auch eine bessere Profilierung von Lehre und Forschung erreicht werden kann. So sehr der Agrarstandort Gießen mit der starken Präsenz der Naturwissenschaften, der Landschaftsökologie und Agrargeographie, den Ernährungswissenschaften und der Veterinärmedizin einen komparativen Vorteil für die internationale Agrarforschung entwickeln könnte, so wenig sind die sich hierdurch bietenden Chancen in den letzten 20 Jahren genutzt worden.

Hinsichtlich des Forschungspotentials in den Internationalen Agrarwissenschaften sind am *Göttinger Fachbereich Agrarwissenschaften* in einzelnen Bereichen zwar quantitativ und qualitativ unterschiedliche, insgesamt aber zukunftsträchtige Kapazitäten für eine Vertiefung im Bereich der Tropen – auch als Unterbau für die Lehre – vorhanden. Darüber hinaus werden im ökonomischen Bereich die Transformationsländer in der Forschung bearbeitet. Die internationalen Forschungsverbindungen weisen ein teilweise breiteres Spektrum auf, als es das relevante Vorlesungsangebot vermuten läßt.

Nach Meinung des Göttinger Fachbereichs muß der Sektor „Internationale Agrarwissenschaften" zwar aus den Kernfächern bedient werden, jedoch liege auch die Heranbildung voller Spezialisten für den Tropenbereich eindeutig im Interesse internationaler Konkurrenzfähigkeit. Dies hat Konsequenzen für den wissenschaftlichen Nachwuchs. Der Fachbereich hat bisher lediglich über zwei tropisch orientierte Fachinstitute (Institut für Pflanzenbau und Tierhygiene in den Tropen und Subtropen sowie Institut für Rurale Entwicklung) verfügt, die sich nahezu ausschließlich mit wissenschaftlichen Aufgabenstellungen in der landwirt-

---

92) Vgl. S. 241.

schaftlichen und ländlichen Entwicklung im tropischen Bereich befassen.

Die bisherige institutionelle Struktur des Sektors Internationale Agrarwissenschaften des Göttinger Fachbereichs Agrarwissenschaften war für den Außenstehenden schwer verständlich und wurde auch vom Fachbereich als vordringlich verbesserungswürdig bezeichnet. Die jetzt beabsichtigte Zusammenfassung der produktionstechnischen Teilbereiche der Internationalen Agrarwissenschaften in einem Institut für Pflanzenbau und Tierproduktion in den Tropen und Subtropen, in dem durch Zweitmitgliedschaft auch die Mitarbeit weiterer Professoren des Fachbereichs möglich sein soll, ist geeignet, die vorhanden Teilbereiche besser zu strukturieren.

Die derzeitige Strukturierung der auf Tropen- bzw. Transformationsländer bezogenen Aktivitäten läßt aufgrund der geringen Repräsentanz der Agrarökonomie im Tropenbereich (aufgrund einer längerfristigen Beurlaubung vorübergehende) bei gleichzeitig deutlichem Engagement für die Transformationsländer eine fachliche Unausgewogenheit erkennen, die in der Forschung allerdings weniger zutrifft als in der Lehre. Insgesamt aber läßt die Göttinger Fakultät ein qualitativ begrüßenswertes Engagement für die Internationalen Agrarwissenschaften erkennen, das sie auch in Zukunft fortsetzen will und sollte.

Hinsichtlich Struktur und Ausgestaltung des Aufbaustudiengangs „Agrarwissenschaften der Tropen und Subtropen" ist keine hinreichend deutliche Trennung im Vorlesungsangebot zwischen Hauptstudium und Aufbaustudium erkennbar. Einige Fächer, die als Vertiefungsfach im Aufbaustudium angeboten werden, erscheinen auch im Fächerkatalog des grundständigen Studiums. Angestrebt wird sowohl eine vertiefte wissenschaftliche Ausbildung mit Promotionsabschluß als auch eine berufsbezogene, praxisnahe Fortbildung. Hier kann sich nachteilig auswirken, daß Studenten mit sehr unterschiedlichen Qualifikationen und Voraussetzungen diesen Aufbaustudiengang besuchen. Einige aus benachbarten Studiengängen (Volks- und Betriebswirtschaft, Sozialwissenschaften, Ethnologie, Veterinärmedizin, Gartenbau, Biologie, Geographie usw.) kommende Studierende möchten sich Grundlagen in Agrarwissenschaften der Tropen und Subtropen aneignen, andere suchen eine weitergehende Spezialisierung. Das umfangreiche Fächerangebot läßt keine ausreichende Vernetzung, Integration und projektbezogenes Studium erkennen, um einzelne Fachgebiete in ihre wechselseitigen Bezüge zu bringen. Der ebenfalls zum Lehrangebot des Fachbereiches in Göttingen gehörende gemeinsam mit Bogor, Indonesien, durchgeführte Aufbaustudiengang hat eine positive Entwicklung genommen.

Auch Göttingen hat die Bereitschaft bekundet, sich an einem ortsübergreifenden Aufbaustudiengang mit anderen Fakultäten (erste vertragliche Kooperationsvereinbarungen gibt es bereits mit Hohenheim) zu beteiligen. Überlegungen für ein fakultätsübergreifendes Qualifizierungsangebot sollten unter Berücksichtigung der obigen Empfehlungen[93]) vorangetrieben werden.

Auch die *Landwirtschaftliche Fakultät in Halle* hat die Phase des Aufbaus und der Konsolidierung nach der Zusammenführung mit Kapazitäten der ehemaligen Leipziger Landwirtschaftlichen Fakultät noch nicht vollständig abgeschlossen. Das bisherige Lehrangebot in tropischer/subtropischer Landwirtschaft ist selbst für eine Vermittlung von lediglich allgemeinen Kenntnissen recht schmal. Das entsprechende Vorlesungsangebot scheint daher bestenfalls geeignet, interessierten Studenten einen ersten Einblick in Fragen der Agrar- und Ernährungswirtschaft in diesem Bereich zu geben. Die Fakultät sollte ihr auf die Tropen und Subtropen bezogenes Engagement nicht weiter vertiefen, sondern vielmehr ihre Aktivitäten zum Themenkomplex Transformationsländer ausbauen.

Vor diesem Hintergrund wird die aufgenommene enge Kooperation mit dem ortsansässigen Blaue Liste-Institut für Agrarentwicklung in Mittel- und Osteuropa auch hinsichtlich des Aufbaustudiengangs „Standort- und umweltgerechte Landwirtschaft in den Transformationsländern" sehr begrüßt. Sie ist geeignet, das Potential der Fakultät – besonders im agrarökonomischen Bereich – soweit zu stärken, daß das vorgesehene Studienprogramm in geeigneter Weise mit Leben gefüllt werden kann. Der Kooperation kommt daher ein besonders hoher Stellenwert zu. Gleichwohl sollte auch eine Zusammenarbeit mit anderen deutschen Fakultäten angestrebt werden, da mehrere Kerndisziplinen, z. B. Bodenkunde, Pflanzenzüchtung, Acker- und Pflanzenbau, in Halle offensichtlich keine oder nur wenig ausgeprägte Kontakte zu Transformationsländern haben. Der neu konzipierte Zusatzstudiengang sollte mittelfristig als solcher nicht weitergeführt werden, sondern vielmehr in ein gemeinsam mit der Berliner Landwirtschaftlich-Gärtnerischen Fakultät einzurichtendes Graduiertenstudium eingebracht werden.[94])

An der *Fakultät für Landwirtschaft und Gartenbau der TU München* ist der Anteil der Lehre, die explizit internationalen agrarwissenschaftlichen und gartenbaulichen Inhalten gewidmet ist, äußerst gering. Nur einzelne Hochschullehrer, vornehmlich aus den Wirtschafts- und Sozialwissenschaften des Landbaues, gehören zu den in den Tropen und Subtropen forschenden und dementsprechend lehrenden Wissenschaftlern. Infolgedessen befassen sich selbst ausländische Nachwuchswissenschaftler, die zur Promotion an der Fakultät weilen, selten mit spezifischen Themen der Entwicklungsländer.

Die Fakultät hat die Situation richtig erkannt und strebt nicht an, die auf Tropen und Subtropen bezogene Forschung und Lehre auszudehnen. Wegen ihres breiten fachlichen Forschungsspektrums, des damit verbundenen Lehrangebots und der geographischen Nähe verspricht sie sich al-

93) Vgl. Kapitel B. II. und B. III.
94) Vgl. Kapitel B. III., B. V. und B. VI.

lerdings gute Aussichten für ein Angebot an die Transformationsländer, insbesondere an die Länder Südosteuropas. Die diesbezüglichen Planungen befinden sich noch in einem frühen Stadium. Sie sollten weiterentwickelt werden hin zu einer Beteiligung an einem fakultätsübergreifenden Graduiertenstudium in hauptsächlicher Trägerschaft der Fakultäten in Berlin und Halle.[95])

Die *Fakultäten „Agrarwissenschaften I" und „Agrarwissenschaften II" der Universität Hohenheim* haben sich im Vergleich mit anderen Universitäten in Deutschland am stärksten dem Ausbau der Lehre und Forschung im Bereich der Internationalen Agrarwissenschaften gewidmet. Dies kommt unter anderem in der Errichtung mehrerer Spezialinstitute entsprechender Ausrichtung, in der Zahl von Professuren mit expliziter Denomination für entsprechende Fächer, im Lehrangebot und im Umfang der Forschung zum Ausdruck. Die Unterstützung dieser Ausrichtung durch das Land Baden-Württemberg hat sich erkennbar positiv ausgewirkt. Die finanzielle Förderung durch die Eiselen-Stiftung erweitert zudem den Aktionsradius der Hohenheimer Internationalen Agrarwissenschaften.

Dabei ist jedoch zu berücksichtigen, daß die Hohenheimer Ausrichtung auf die Internationalen Agrarwissenschaften durch eine strategisch orientierte Kennzeichnung der entsprechenden Forschungs- und Lehrstrukturen besonders sichtbar hervorgehoben worden ist, während man sich an einigen anderen Standorten trotz ebenfalls umfangreicher Forschungs- und Lehraktivitäten einschlägiger Art nicht für die Gründung von tropisch orientierten Spezialinstituten entschied, sondern die Einbindung in die Mutterdisziplinen für wichtiger ansah als die sichtbare Ausweisung von Spezialdisziplinen. Es sollte ein besonderes Augenmerk darauf gerichtet werden, daß durch enge Kooperation und Absprachen zwischen den Mutterdisziplinen und den tropischen Spezialdisziplinen Überschneidungen vermieden werden und die methodische Grundlage in den tropisch orientierten Spezialbereichen hinreichend tragfähig bleibt.

Das Angebot an Lehrveranstaltungen der fünften Fachrichtung „Tropische Agrarwissenschaften" ist zu einem nicht geringen Teil identisch mit Veranstaltungen, die auch in den anderen vier Fachrichtungen des grundständigen Studiums gewählt werden können - was die Fakultäten als notwendig erachten, um eine methodisch breit angelegte Ausbildung sicher zu stellen. Der Wissenschaftsrat gibt zu bedenken, daß ansonsten eine zu weitgehende Spezialisierung im Hauptstudium ein gewisses Risiko in sich bergen kann, als sich nach einer Tätigkeit in den Tropen und Subtropen die Eingliederung der Absolventen in den inländischen Arbeitsmarkt als schwierig erweisen kann, falls keine hinreichend breite Ausbildung vermittelt wird, die auch für Tätigkeiten außerhalb der Tropen qualifiziert. Hinzu kommt, daß Studierende aus Entwicklungslän-

95) Vgl. auch Kapitel B. III.; B. V. und B. VI.1.1.

dern, die inzwischen auch in ihren Heimatländern gute berufsqualifizierende Ausbildungsmöglichkeiten haben, nicht mehr im gleichen Maße wie früher auf ein grundständiges Studienangebot in Industrieländern angewiesen sind. Deshalb wird ein entsprechendes Ausbildungsangebot in Deutschland nur mehr begrenzte und in Zukunft abnehmende Bedeutung haben.

Die Hohenheimer Agrarfakultäten haben bisher – zugunsten des Angebots der Fachrichtung „Tropische Agrarwissenschaften" – keinen Aufbaustudiengang entwickelt. Allerdings ist die Bereitschaft bekundet worden, sich an einem möglicherweise neu einzurichtenden, ortsübergreifenden gemeinsamen Aufbaustudiengang mit anderen Fakultäten zu beteiligen. Die Überlegungen für ein fakultätsübergreifendes Qualifizierungsangebot sollten mit Nachdruck vorangetrieben werden und die Empfehlungen berücksichtigen, die der Wissenschaftsrat in den Abschnitten B. II. und B. III. dieser Stellungnahme vorträgt.

Die auf Transformationsländer bezogenen Aktivitäten sind noch im Aufbau begriffen. Dabei stellt das neu gegründete Osteuropazentrum bisher im wesentlichen einen organisatorischen Rahmen für zukünftige Aktivitäten dar. Die 1995 erstmals durchgeführte Sommerakademie hat vor allem der Kontaktaufnahme gedient, klar erkennbare inhaltliche Schwerpunktsetzungen allerdings noch vermissen lassen. In Hohenheim sollte sorgsam geprüft werden, ob die Hinwendung zu agrarwissenschaftlichen Fragen der Transformationsländer mit hinreichendem Gewicht möglich ist, ohne die Aktivitäten im Bereich der Tropen zu mindern, oder ob zusätzlich verfügbare Ressourcen nicht wirkungsvoller für eine weitere Verstärkung der auf die Tropen ausgerichteten Internationalen Agrarwissenschaften verwendet werden sollten. Dabei ist auch zu bedenken, daß sowohl die Fakultäten in Halle als auch in Berlin einen Schwerpunkt im Bereich der Transformationsländer anstreben und daß sich die Münchner Fakultät in Zukunft verstärkt mit Südosteuropa befassen will. Die Hohenheimer Aktivitäten im Bereich der Internationalen Agrarwissenschaften mit Ausrichtung auf Tropen und Subtropen sind qualitativ und quantitativ sehr begrüßenswert. Sie sollten auch in Zukunft als charakteristische Schwerpunkte dieser Fakultät fortgeführt und ausgebaut werden.

Angesichts der raschen Urbanisierung und Intensivierung der Landnutzung in Entwicklungsländern kommt dem Gartenbau eine eher wachsende Bedeutung für die Entwicklungsländer zu. In den Ländern Mittel- und Osteuropas sind die Kleingärten und Gartenbauwirtschaften (beide aus ganz verschiedenen Gründen) ebenfalls Wachstumsbranchen. Am Standort *Hannover* befindet sich der einzige eigenständige, d. h. nicht übergreifend mit den Agrarwissenschaften zusammengefaßte *Gartenbau-Fachbereich* in Deutschland. Ob dieses Strukturkonzept angesichts der Vernetzungsmöglichkeiten, die gegeben wären, wenn die Gartenbauwissenschaften in enger Verbindung mit anderen „grünen Wissenschaften" am gleichen Standort betrieben würden, ein Vorteil ist, kann unterschiedlich bewertet werden. Allerdings kann nicht übersehen werden, daß der Fachbereich Gartenbau in Hannover durchaus erfolgreich ein eigenes Profil entwickelt hat.

Der Fachbereich verfolgt weitgehend ein Konzept der Integration internationaler Aspekte in das allgemeine gartenbauliche Studium. Spezialisierte Studiengänge oder Fachrichtungen werden nicht angeboten. Gleichwohl hat der Fachbereich – möglicherweise eher aufgrund zufälliger Konstellationen als ausgehend von einer langfristigen Strategie – derzeit ein beachtliches Potential an international ausgerichteten personellen Lehr- und Forschungskapazitäten aufzuweisen. Um internationale Aspekte im Lehrangebot verstärkt anzubieten, scheint am Standort ein ausreichendes Engagement gegeben. Gleichwohl besteht die Gefahr, daß diese stark personengebundenen Kapazitäten in der international ausgerichteten Lehre an einem Standort wie Hannover leicht wieder verloren gehen können. Angesichts dieser Situation wird die überregionale Kooperation der Gartenbauwissenschaften in der international ausgerichteten Lehre (z. B. als ein Baustein im Rahmen der agrarwissenschaftlichen Graduiertenstudien) und Forschung als besonders sinnvoll angesehen.[96])

Die *Kieler Agrarwissenschaftliche Fakultät* hat bewußt auf den Aufbau spezieller Lehrangebote und Spezialinstitute für die Tropen/Subtropen bzw. für die Transformationsländer verzichtet. Diese Entscheidung sollte auch in Zukunft nicht revidiert werden, denn es ist nicht wahrscheinlich, daß Kiel in diesem Bereich eine kritische Masse erreichen könnte, ohne in erheblichem Maße über zusätzliche Ressourcen zu verfügen. Die fachliche Kompetenz auf dem Gebiet der Internationalen Agrarwissenschaften, über die einzelne Hochschullehrer in Kiel – besonders in der Agrarökonomie – verfügen, sollte in Zukunft in Aktivitäten der überregionalen Kooperation im Bereich der deutschen Internationalen Agrarwissenschaft eingebracht werden. Das geschieht bereits im Rahmen von AIDA und anderen Aktivitäten, könnte aber auch auf weitere Vorhaben ausgedehnt werden. So könnte Kiel insbesondere Beiträge zu den ortsübergreifenden agrarwissenschaftlichen Graduiertenstudien leisten, deren Einrichtung der Wissenschaftsrat empfiehlt (vgl. B. III.). Dabei ist auch begrüßenswert, daß Kiel bereits jetzt an einem europäischen Studiengang beteiligt ist.[97])

Die *Rostocker Agrarwissenschaftliche Fakultät* hat bisher kein spezialisiertes Studienangebot auf dem Gebiet der Internationalen Agrarwissenschaften entwickelt, noch verfügt sie über auf diesen Bereich ausgerichtete spezialisierte Lehrstühle oder Institute. Auch haben die traditionellen Beziehungen zu Transformationsländern noch nicht zur Entwicklung einer erkennbaren und überzeugenden Konzeption für Forschung und Lehre in diesem Gebiet geführt. Angesichts der begrenzten Ressourcen kann auch nicht dazu geraten werden, in Zukunft in

---

96) Vgl. hierzu Kapitel B. III. und B. V.

97) European Masters Programme in Agricultural Economics and Agribusiness.

Rostock einen Schwerpunkt für den Bereich der Internationalen Agrarwissenschaften zu bilden. Soweit einzelne Hochschullehrer mit Blick auf die Transformationsländer vermehrt Aktivitäten entfalten wollen, sollte dies in enger Kooperation mit entsprechenden Kapazitäten in Halle und Berlin erfolgen.

Der Bereich „Internationale Agrarwissenschaften" ist am *Fachbereich „Landwirtschaft, Internationale Agrarentwicklung und Ökologische Umweltsicherung" in Witzenhausen* sowohl von der Universitätsleitung als auch vom Ministerium bisher eindeutig gestützt worden. Professuren mit einem erhöhten Lehrdeputat (entsprechend denjenigen der Fachhochschulen) konnten zum Teil abgebaut werden, alle Neuberufungen waren Universitätsprofessoren. Wichtige Investitionen wurden sowohl in die Ausbildungs- wie in die Forschungsstruktur getätigt. So ist die infrastrukturelle Ausstattung durch Hörsaal- und Laborneubauten sowie durch die jüngst mit modernen Klimakammern erweiterte tropische Gewächshausanlage als überdurchschnittlich gut zu bezeichnen.

Für die Weiterentwicklung des Agrarwissenschaftsstandortes Witzenhausen einschließlich der Internationalen Agrarwissenschaften ergeben sich verschiedene Zukunftsperspektiven. Mit der vom Fachbereich dringend angestrebten Etablierung eines universitären Diplomstudiengangs (Diplom II) hatte sich der Wissenschaftsrat bereits im Jahr 1983 befaßt und dabei deutlich von der Einführung einer solchen zweiten Studienstufe abgeraten. Bei dem nunmehr vorgelegten Konzept zur Einführung eines vollen universitären Diploms ist beabsichtigt, die internationale Agrarwirtschaft mit den Aspekten nachhaltiger Ressourcennutzung als eine Komponente in Form eines Studienschwerpunktes in ein konsekutives Studiengangmodell „Ökologische Landwirtschaft" einzubringen.

In diesem Zusammenhang sollte der gravierende Standortnachteil aufgrund einer schwachen naturwissenschaftlichen Absicherung dieses Bereiches (Fehlen entsprechender Fakultäten am gleichen Standort) ebenso bedacht werden wie die Grenzen, die mit den noch vorhandenen Hochdeputatsprofessuren und entsprechend eingeschränkten Forschungsmöglichkeiten verbunden sind. Es kann bezweifelt werden, daß Witzenhausen als vollwertige Agrarfakultät mit universitärem Abschluß (Diplom II) mit der schmalen naturwissenschaftlichen Basis im eigenen Fachbereich und der nur wenig ausgeprägten Kooperation mit entsprechenden Fachbereichen in Kassel im Vergleich mit anderen Standorten, wo nicht nur die Agrarwissenschaften insgesamt, sondern auch die Internationalen Agrarwissenschaften besonders stark entwickelt sind, auf Dauer erfolgreich bestehen kann. Gleichzeitig gilt es kritisch zu prüfen, ob vor dem Hintergrund von in den Allgemeinen Agrarwissenschaften langfristig rückläufigen Studienanfängerzahlen der Aufbau eines universitären Studiengangs in räumlicher Nähe zu den Fakultäten in Göttigen und Gießen sinnvoll ist.

Hingegen hat Witzenhausen bisher als einzige Hochschule einen mit dem FH-Abschluß äquivalenten weithin bekannten anwendungsorientierten Kurzstudiengang mit qualifizierter Tropenoption angeboten. Die Chance, in Zukunft eine qualitativ noch höherwertige Ausbildung auf Fachhochschulniveau anzubieten, könnte sich daraus ergeben, daß bis zum Jahr 2006 eine weitgehende Neubesetzung von Professuren im Rahmen des Generationswechsels durchgeführt werden kann. Dies spricht für ein erhebliches Potential zur Um- und Neugestaltung der Witzenhäuser Ausbildungsgänge.

Ein engeres Heranrücken an die universitären Agrar- und Forstfakultäten in Göttingen erscheint als eine weitere Chance für die Entwicklung Witzenhausens als Standort mit einem fachhochschuläquivalenten Studiengang. Dabei könnte die gegenseitige Unterstützung bei spezialisierten Lehrveranstaltungen erwogen werden. Die beiden Standorte liegen geographisch so nahe beieinander, daß Studenten hin- und herreisen könnten. Auf diese Weise könnten auch strategische Forschungsfragen gemeinsam entwickelt und abgestimmt werden. Daß Witzenhausen gerade auf dem Gebiet der tropischen Agrarwissenschaften interessante Kontakte und Kapazitäten einzubringen hat, steht außer Frage. Es wäre bedauerlich, wenn die nunmehr vorgesehenen Umstrukturierungen zu einem Abbau dieser Kapazitäten führen würden.

VI.1.b) Künftige Entwicklung

Insgesamt zeigt sich, daß im Bereich der auf Tropen und Subtropen ausgerichteten Agrarwissenschaften sowohl in Kiel als auch in Halle, München und Rostock kaum ein zur fundierten und umfassenden Schwerpunktbildung im Sinne der oben (Kapitel B. V.1.a) empfohlenen Zentren nötiger Grundstock vorhanden ist. Die entsprechenden Kapazitäten oder strukturellen Rahmenbedingungen sind in Bonn, Gießen und Kassel/Witzenhausen zwar günstiger, gleichwohl derzeit nicht für eine herausgehobene Schwerpunktbildung prädestiniert, da die künftigen Zentren bereits bei der Aufbauphase durch eine signifikante kritische Masse gekennzeichnet sein sollten. Angesichts der bereits an diesen Standorten verfügbaren Kapazitäten sowie der gegebenen Lehr- und Forschungsprofile kommen für den Aufbau entsprechender Zentren für den Themenkomplex „Agrarwissenschaften für den tropischen und subtropischen Bereich“ zur Zeit Hohenheim, Göttingen und Berlin in Betracht. Der Wissenschaftsrat empfiehlt, diese drei Fakultäten für die Etablierung des oben vorgeschlagenen Netzes von Zentren der Internationalen Agrarwissenschaften mit dem Schwerpunkt Tropen/Subtropen vorzusehen.

Mit Ausnahme von Gießen sind an vielen Fakultäten erst junge oder im Aufbau befindliche Aktivitäten auf Mittel- und Osteuropa ausgerichtet. Hier sind besonders strukturelle Gegebenheiten und wie in Halle durch die Kooperation mit dem IAMO in den Grundzügen angelegte Schwerpunkte zu berücksichtigen. Daher sollte der Schwerpunkt „Agrarwissenschaften mit Ausrichtung auf Mittel- und Osteuropa" besonders auf Berlin und Halle zentriert werden mit Unterstützung durch Gießen und München.

Eine entsprechende Konzentration in Forschung und Lehre (Hauptstudium, einjähriges postgraduales Studium, Graduiertenstudium, Weiterbildung) in diesen künftigen Zentren bei gleichzeitiger intensiverer themenspezifischer Zusammenarbeit zwischen den Zentren wird die Internationalen Agrarwissenschaften in Deutschland auch in ihrer Außenwahrnehmung künftig erheblich stärken, ohne daß – in der bundesweiten Gesamtschau – umfangreiche Kapazitäten neu aufgebaut werden müßten. Dies kann jedoch nur gelingen, wenn gewährleistet ist, daß, falls ein Rückzug aus diesem spezifischen Wissenschaftsbereich an einzelnen anderen Standorten erfolgt, dies mit einem Aufbau an den Zentren einhergeht.

VI.2. Forstwissenschaften

VI.2.a) Kapazitäten und Angebote der Fakultäten

Die international ausgerichteten Aktivitäten der forstwissenschaftlichen Fakultäten in Deutschland waren in den letzten Jahren stark von Zufälligkeiten – ohne Berücksichtigung von systemrelevantem Bedarf und Möglichkeiten im Zusammenhang mit der Technischen Zusammenarbeit – und persönlichen Kontakten der Wissenschaftler geprägt. Während es z. B. in München in nur geringem Maße internationale Wissenschaftskontakte gegeben hat, kann die Göttinger Fakultät als auf diesem Gebiet am aktivsten eingestuft werden. Hier erfolgte auch früh eine Hinwendung zu den Beziehungen zwischen Forstwirtschaft und Landwirtschaft. In Hamburg sind sowohl auf dem forstlichen als auch besonders auf dem holzwirtschaftlichen Gebiet stets enge Verbindungen mit der weltweiten fachspezifischen Forschung und Lehre gehalten worden, die als „partnerschaftlich" im Sinne wechselseitiger Ergänzung und Förderung einzustufen sind.

Mit Blick auf die Notwendigkeit des Schaffens von Absatzmärkten und der Akquirierung von Forschungsmöglichkeiten sind in der jüngeren Vergangenheit an allen Fakultäten vereinzelte Lehrangebote mit internationaler Ausrichtung aufgebaut worden. Gleichwohl ist letztlich an keinem der Standorte eine ausreichende kritische Masse vorhanden, um allein einen abgerundeten Aufbaustudiengang oder ein international ausgerichtetes Graduiertenstudium anbieten zu können.

Mit einer weiterführenden fachspezifischen Qualifikation wird die Vermittlung von über das Diplomstudium herausgehendem, vertieftem und spezialisiertem Fachwissen sowie übergreifendem methodischen und ökosystemaren Denken zur Lösung zentraler mit der Forstwirtschaft und forstlichen Forschung und Lehre verbundene Probleme angestrebt. Für eine internationale Tätigkeit deutscher Absolventen (z. B. bei Organisationen der Entwicklungszusammenarbeit, Consultings, der EU usw.) ist eine tropenforstliche berufsorientierte Qualifikation, die über das Studium hinaus auch ein dem Referendariat entsprechendes längerfristiges Auslandspraktikum und damit einhergehende fachpraktische Erfahrungen einschließt, von großer Bedeutung.

Die Fakultäten haben die Notwendigkeit erkannt, daß internationale Aspekte künftig wesentlicher Bestandteil des grundständigen Studiums sein sollten, auch wenn dies bisher noch nicht überall in hinreichendem Maße Niederschlag in den Studieninhalten gefunden hat. Neben einem verstärkten Engagement für umweltrelevante Themenstellungen (Biodiversität, Landschafts-, Natur- und Ressourcenschutz, Erhaltung originärer Waldökosysteme, naturnahe Bewirtschaftung) – in diesen Bereichen wird in der deutschen forstlichen Lehre international Führendes geboten – kommt der Effizienz des Forstmanagements eine wichtige Rolle zu. Demgegenüber ist der Anteil der rein administrativen Lehrinhalte (Forstverwaltungslehre) rückläufig, ebenso wie Elemente der technischen Fächer.

Lediglich in Tharandt wird davon ausgegangen, daß auch Ausländer ihr grundständiges Studium in Deutschland absolvieren sollten. In diesem Zusammenhang vertritt der Wissenschaftsrat die Auffassung, daß ausländische Studenten (besonders der tropischen und subtropischen Klimagebiete) ihr Grundstudium möglichst im Heimatland absolvieren sollten,[98]) zumal gerade in der Forstwirtschaft eine maßgebliche Orientierung am natürlichen und sozio-ökonomischen Standort unerläßlich ist und vor Ort die Ausbildung bis zur Ebene des Bachelor zunehmend ein angemessenes Niveau erreicht.

Während eine Reihe von Forschungsvorhaben in bzw. in Zusammenarbeit mit Transformationsländern durchgeführt werden, wirkt sich dies anders als im Zusammenhang mit den Tropen in der Lehre nur begrenzt aus.[99])

VI.2.b) Künftige Entwicklung

Wegen der starken internationalen Bedeutung der deutschen Forst- und Holzwirtschaft sollte künftig in den „traditionellen" Fächern verstärkt auf international Relevantes eingegangen, gleichzeitig aber auch ein ausgewogenes Maß an gesonderten Pflicht-, Wahlpflicht- bzw. fakultativen Lehrveranstaltungen mit internationalem Inhalt vorgesehen werden. Dazu bedarf es nicht der Schaffung neuer kostenrelevanter Kapazitäten.

98) Vgl. Wissenschaftsrat: Empfehlungen zu den Agrar-, Gartenbau- . . . a.a.O., S. 290.
99) Allein in Tharandt wird „Osteuropäische Forst- und Holzwirtschaft" als gesonderte Vorlesung angeboten.

Von besonderer Bedeutung sind hierbei Bereiche wie Waldbewirtschaftung in tropischen und subtropischen Feucht- und Trockengebieten, Agroforstwirtschaft und urbane Forstwirtschaft, gesellschaftliche, wirtschaftliche und kulturelle Relevanz der Forstwirtschaft, nachhaltiges Ressourcenmanagement, Ökologie und Biodiversität. Problemorientierte Komplexe wie Walderhaltung, Beiträge zur Verbesserung und Sicherung der Ernährung und Gesundheit, Impact und Effizienz forst- und holzwirtschaftlichen Managements bedürfen einer noch stärkeren Gewichtung in Relation zu den traditionellen Lehrfächern.

Fachlich sollten daher Fähigkeiten vermittelt werden, um standortkonform (bezogen auf die Vielfalt der natürlichen wie auch der sozio-ökonomischen/kulturellen Standorte) Probleme lösen zu können. Unbeschadet einer notwendigen Spezialisierung kommt dabei interdisziplinärem Arbeiten eine besondere Bedeutung zu. Bereiche, die in Zukunft in dieser Richtung an Gewicht gewinnen, sind Agroforstwirtschaft, urban orientierte Forstwirtschaft und mit der Industrie verbundenes Management und Marketing. Neben der Ökologie muß die Ausrichtung auf den Menschen, d.h. die gesellschaftliche Relevanz der Forstwirtschaft, in besonderem Maße in den Vordergrund gestellt werden (Ressourcenmanagement einschließlich nachhaltiger und umweltverträglicher Technologien der Gewinnung, Veredelung und Vermarktung von Forstprodukten, Sozio-Ökonomie, Forstpolitik im weiteren Sinne).

Mittel- und langfristig ist es Aufgabe der in Deutschland akademisch ausgebildeten Forst- und Holzwirte, international kooperationsfähige und wettbewerbsfähige Führungskräfte auszubilden. Deshalb ist eine sorgfältige und vorausschauende Orientierung am Lehr- und Forschungspotential anderer Industrieländer, aber auch der sogenannten Entwicklungsländer, unerläßlich, nicht zuletzt, um die oben erwähnten komparativen Vorteile des deutschen Leistungsangebots zu identifizieren, transparent zu machen und angemessen wirksam werden zu lassen.

In Anlehnung an die Empfehlung für die Internationalen Agrarwissenschaften sollte dies auch in den Forstwissenschaften im Rahmen eines ortsübergreifenden Graduiertenstudiums erfolgen, das zur Promotion führt. Der Wissenschaftsrat verweist hier auf seine Ausführungen in Kapitel B. III. und auf die bereits dargelegte Bedeutung von Forschungsaufenthalten der Nachwuchswissenschaftler an internationalen Forschungseinrichtungen des CGIAR oder leistungsfähigen nationalen Forschungseinrichtungen im Ausland. Um ein fachlich hinreichend breites und abgerundetes Spektrum im Sinne der dargelegten inhaltlichen Anforderungen gewährleisten zu können, empfiehlt der Wissenschaftsrat auch hinsichtlich der postgradualen Ausbildung in der Forstwirtschaft eine verstärkte Koordinierung/Abstimmung der Lehre zwischen den einzelnen Fakultäten.

Hier liegt eine wechselseitige Ergänzung von Göttingen und Tharandt (naturwissenschaftliche Ausrichtung) mit Freiburg (sozio-ökonomische

Ausrichtung) und mit Hamburg (Holzwirtschaft) nahe. Ein akademisches Studium der Holzwirtschaft ist im Ausland i. d. R. noch nicht möglich. Die starken Wechselwirkungen zwischen Forst- und Holzwirtschaft, z. B. bezüglich der Ökobilanzen, erfordern aber gerade die Ergänzung des forstlichen Studiums durch eine holzwirtschaftliche Komponente unter besonderer Berücksichtigung moderner ressourcenschonender Technologien. Auch sollte insgesamt ein stärkerer Bezug zwischen Forst- und Lanwirtschaft hergestellt werden.

Vor dem Hintergrund der an den einzelnen Standorten bestehenden Kapazitäten werden die Fakultäten daher in ihrem Bestreben unterstützt, gemeinsam ein entsprechendes Qualifizierungsangebot zu konzipieren. Das Graduiertenstudium kann dabei Ausgangspunkt sein für eine ggf. in der Folge auch die fachspezifische Forschung umfassende Koordination und Zusammenarbeit.

Zunächst sollten jährlich rund 15 bis 20 Studenten jeweils ein Semester an einer der Hochschulen verbringen, um die einzelnen Komponenten eines solchermaßen zusammengesetzten Graduiertenstudiums zu absolvieren.

Ein gesondertes auf die Transformationsländer ausgerichtetes Zentrum wird für die Forstwissenschaft nicht als erforderlich angesehen. Gemeinsame Forschung und „infrastrukturelle", d.h. methodische Unterstützung, besonders bei strategischer Forschung, wie im gesamten Bereich von Forstpolitik, Management und nachhaltiger Entwicklung hingegen, sollte jedoch einen besonderen Stellenwert haben.

C. Zusammenfassende Empfehlungen

Im Mittelpunkt der Empfehlungen steht die künftige Konzeption der Internationalen Agrarwissenschaften in Deutschland besonders hinsichtlich der Lehre und der Qualifizierung des wissenschaftlichen Nachwuchses. Hintergrund bilden die Anforderungen an eine ökologisch, sozial und ökonomisch verantwortliche Steigerung der Nahrungsmittelproduktion vor allem in den Entwicklungsländern und an den Strukturwandel des Agrarsektors der Transformationsländer Mittel- und Osteuropas. Zur Lösung dieser globalen Probleme kann und sollte auch die deutsche international ausgerichtete (d. h. auf Länder der Tropen und Subtropen sowie auf Transformationsländer bezogene) agrar-, gartenbau- und forstwissenschaftliche Forschung und Lehre einen wichtigen Beitrag leisten. Gleichzeitig kommt dem Studium von Ausländern in Deutschland als künftigen Partnern in Wissenschaft, Politik, Wirtschaft und Kultur ein besonderer Stellenwert zu.

Zwar muß eine moderne Agrarwissenschaft insgesamt internationale Aspekte berücksichtigen, jedoch erfordern Fragestellungen, die Länder der Tropen und Subtropen, aber auch solche, die die Transformationsländer betreffen, viele spezifische Elemente, die nicht durch die „traditionellen“ Agrar-, Forst- und Gartenbauwissenschaften abgedeckt werden können. Dabei kann Deutschland weder auf eigene Forschung in diesem Bereich noch auf eine fundierte, spezifisch ausgerichtete Ausbildung deutscher Studierender und Nachwuchswissenschaftler sowie der von Ausländern aus betreffenden Regionen verzichten.

Die vorliegenden Empfehlungen beziehen sich vornehmlich auf bestehende Kapazitäten an elf Fakultäten der Agrar- und Gartenbauwissenschaften (Universitäten Bonn, Kiel, Berlin, Hannover, TU München, Göttingen, Rostock, Halle, Gießen, Hohenheim und der GH Kassel/Witzenhausen) und vier Forstlichen Fakultäten (Universitäten Freiburg, Göttingen, München und TU Dresden [Tharandt]) sowie den in Zusammenarbeit mit der Bundesforschungsanstalt für Forst- und Holzwirtschaft und der Universität Hamburg angebotenen Studiengang Holzwirtschaft. Dabei zeigt sich, daß die entwicklungsorientierte Forschung und Lehre gekennzeichnet ist durch verstreute, teilweise gleichgelagerte Aktivitäten und durch eine mangelnde Kooperation. Die bestehenden und die in Aufbau oder in Planung befindlichen Aus- und Weiterbildungsaktivitäten (Lehrangebote im Rahmen des grundständigen Studiums, spezifische weiterführende Studienangebote sowie Aufbau-, Ergänzungs- und Zusatzstudiengänge) sind nur wenig systematisiert und aufeinander oder auf den sich abzeichnenden Ausbildungsbedarf deutscher und ausländischer Studierender und Nachwuchswissenschaftler abgestimmt. Das hat dazu geführt, daß sich auch in Bereichen, in denen international durchaus Konkurrenzfähiges geboten wird, kein einheitliches Bild der deutschen Internationalen Agrarwissenschaften ergibt, die Außenwahrnehmung gering ist und ein hohes Synergiepotential ungenutzt bleibt. Durch die bisweilen allzu punktuellen Ansätze oder unterschiedlich abgerundeten Schwerpunkte leidet insbesondere die Lehre und die Ausbildung des wissenschaftlichen Nachwuchses.

Der Wissenschaftsrat empfiehlt daher mit Nachdruck, besonders das an den Hochschulen bestehende Potential im Bereich internationaler agrarwissenschaftlicher Forschung und Lehre zielgerichtet zu bündeln und damit zu stärken. Dies soll durch eine weitgehende Konzentration der fachspezifischen Kapazitäten auf wenige, bereits heute durch entsprechende Schwerpunkte gekennzeichnete Standorte geschehen, wobei in einer zeitlichen Begrenzung der Funktion als Zentrum ein wichtiger Leistungsanreiz gesehen wird. Diese untereinander zu vernetzenden Zentren sollen durch die Beteiligung weiterer Fakultäten und außeruniversitärer Einrichtungen als einer Art zugehöriger „Satelliten“ unterstützt werden. Dabei soll durch einen Austausch von Lehrenden zwischen den Standorten ein qualitativ hochstehendes, abgerundetes Ausbildungsprofil angeboten werden. Langfristig sollte eine entsprechende inhaltliche Kooperation auch in der Forschung und in der Planung der Kapazitäten ihren Niederschlag finden.

Angesichts der verfügbaren Kapazitäten sowie der gegebenen Lehr- und Forschungsprofile kommen für den Auf- und Ausbau entsprechender Zentren zum Themenkomplex „Agrarwissenschaften für den tropischen und subtropischen Bereich“ zur Zeit Hohenheim, Göttingen und Berlin in Betracht. Der Schwerpunkt „Agrarwissenschaften mit Ausrichtung auf Mittel- und Osteuropa“ sollte besonders auf Berlin und Halle zentriert werden mit Unterstützung durch Gießen und München. Bei der inhaltlichen Ausrichtung sollten sich die Zentren geographisch nicht auf eine Liste von Ländern, sondern vielmehr auf Ökosysteme konzentrieren und eine interdisziplinäre Konzeption verfolgen, die über fachliche Grenzen hinausgeht (z. B. zur Ethnologie, Ernährungswissenschaft, Politikwissenschaft, Planungswissenschaft, Systemanalyse, Wirtschaftswissenschaften, Entwicklungsländerforschung etc.).

Für die Lehre unterstreicht der Wissenschaftsrat, daß alle Studierenden unabhängig von auf spezifische Tätigkeitsfelder ausgerichteten Qualifizierungsmöglichkeiten im Verlauf ihres grundständigen Studiums für entwicklungsbezogene Fragestellungen sensibilisiert werden sollten und eine entsprechende, wenngleich überblickartige Grundausbildung erhalten sollten. Eine Spezialisierung, z. B. auf Tropenlandwirtschaft ab dem ersten Semester, wird jedoch als nicht zukunftsweisend angesehen. Bei spezialisierten Fachrichtungen im Hauptstudium wird auf die Gefahr einer möglichen Einbuße der wissenschaftlich-methodischen Ausbildung hingewiesen. Einem spezialisierten Ausbildungsangebot im Bereich grundständiger Studiengänge wird auch für ausländische Studierende nurmehr begrenzte Bedeutung beigemessen, da inzwischen in ihren Heimatländern überwiegend gute berufsqualifizierende Ausbildungsmöglichkeiten bestehen. Da sie zu heterogene Ziele verfolgen und die Gesamtstudienzeit zu sehr verlängern, ohne durchweg den Zugang zu Tätigkeitsfeldern mit höheren Qualifikationsanforderungen zu öffnen, wird auch die bisherige Ausprägung der meist zweijährigen entwicklungsbezogenen postgradualen Studiengänge in Deutschland nur als bedingt zukunftsträchtig erachtet.

Der Wissenschaftsrat plädiert für ein Ausbildungsmodell, das sowohl komparative Vorteile einzelner Fakultäten sowie Synergieeffekte nutzt als auch die Qualität und Wahrnehmbarkeit der vermittelten Ausbildung auf diesem Sektor verbessert. Inhaltlich sollen damit besonders die Stärken der deutschen Internationalen Agrarwissenschaften, die im internationalen Vergleich in der analytisch-methodischen Entwicklung liegen, genutzt werden. Gleichzeitig soll durch eine Verbesserung des Studienangebotes auch für deutsche Studenten vermieden werden, daß die ohnehin bereits geringe Repräsentanz Deutschlands in internationalen Organisationen und Forschungseinrichtungen weiter abnimmt und anspruchsvolle Aufgaben im Bereich der Technischen Zusammenarbeit, aber auch der wirtschaftlichen Kooperation anderen Ländern überlassen werden. In diesem Zusammenhang unterstreicht der Wissenschaftsrat, daß gerade in einer auf internationale Fragen ausgerichteten Ausbildung der internationalen Anerkennung der verliehenen Abschlüsse eine zentrale Bedeutung zukommt und empfieht daher, u.a. die Äquivalenz des deutschen Diploms mit dem Master herzustellen und international abzusichern sowie generell die Frage einer besseren internationalen Verwertbarkeit der in Deutschland verliehenen Abschlüsse umfassender zu klären.

Der Wissenschaftsrat empfiehlt, eine mehrgliedrige Ausbildung, bei der auf eine bis zum ersten akademischen Abschluß (Diplom) reichende Phase der Vermittlung von Grundlagen (ggf. angereichert um international ausgerichtete Fächer, um den Studierenden Entwicklungsmöglichkeiten aufzuzeigen) eine spezifische Weiterqualifizierung folgt. Dies soll entweder in Form eines spezialisierten einjährigen Aufbaustudiums erfolgen, mit einer entsprechend konkreten, auf eine praxisnahe Tätigkeit vor Ort abhebenden inhaltlichen Ausgestaltung, oder durch eine weitergehende wissenschaftliche Qualifizierung, die zur Promotion führt. Hierfür wird die Einführung eines neuen standortübergreifenden, kooperativen Graduiertenstudiums empfohlen, das – auf drei Jahre angelegt – ein curriculares Element mit fremdsprachlichen Sequenzen enthalten soll und von den oben genannten Zentren gemeinsam angeboten wird. Dafür sollen auch Dozenten kooperierender Fakultäten, außeruniversitärer Forschungseinrichtungen sowie ausländische Gastwissenschaftler eingebunden werden. Darüber hinaus sollen Auslandsaufenthalte für Doktoranden vorgesehen werden.

Im Bereich der Agrar- und Gartenbauwissenschaften sollen diese „German Graduate Studies in International Agriculture" mit je einem Schwerpunkt auf dem tropischen/subtropischen Bereich und Mittel- und Osteuropa eingerichtet werden. Die oben angesprochenen Zentren sollten – als eine erste Aufgabe – den Hauptumfang der spezialisierenden Ausbildung im Rahmen der standortübergreifenden kooperativen Graduiertenstudien des jeweiligen Schwerpunkts tragen. Auch für die Forstwissenschaften soll ein ortsübergreifendes Graduiertenstudium mit Schwerpunkt Tropen/Subtropen eingerichtet werden. Ein gesondertes auf die Transformationsländer ausgerichtetes Zentrum wird für die Forstwissenschaft hingegen nicht als erforderlich angesehen.

Darüber hinaus wird die Einrichtung zeitlich befristeter Verbundprojekte im Ausland empfohlen, die thematisch den Forschungsbereich der oben beschriebenen Zentren entsprechen und deutsche Wissenschaftler und Doktoranden einbinden sollen. Sie sollen die Grundlage sowohl zur Stützung einer Forschungsinfrastruktur in den Zielregionen als auch für die Zusammenarbeit mit den dortigen Forschungseinrichtungen und Hochschulen sein, die wichtige Partner für die deutschen Fakultäten sind.

Anhang: Die internationalen land- und forstwirtschaftlichen Forschungsinstitute der Consultative Group on International Agricultural Research CGIAR

CIAT (Centro Internacional de Agricultura Tropical) in Cali, Kolumbien: 1967 gegründet. Befaßt sich mit Bohnen, Reis, Maniok sowie Futter- und Weidepflanzen in den tropische Tieflagen Lateinamerikas.

CIFOR (Centre for International Forestry Research) in Bogor, Indonesien: 1992 gegründet. Befaßt sich mit forstlichen Systemen und Forstwirtschaft in Entwicklungsländern.

CIP (Centro Internacional de la Papa) in Lima, Peru. 1971 Gegründet. Befaßt sich mit Kartoffeln und Süßkartoffeln.

CIMMYT (Centro Internacional de Mejoramiento de Maiz y Trigo) in Mexico City, Mexico. 1966 gegründet. Befaßt sich mit der Produktivitätssteigerung von Mais und Weizen.

ICARDA (International Center for Agricultural Research in Dry Areas) in Aleppo, Syrien. Befaßt sich mit der Verbesserung von Anbausystemen in Nordafrika und Westasien sowie mit Weizen, Gerste, Weideleguminosen und Futterpflanzen sowie mit Kleinwiederkäuern.

ICLARM (International Center for Living Aquatic Resources Management) in Makati, Philippinen. 1977 gegründet. Befaßt sich mit Fischereiwirtschaft, Aquakultur und Küstenwassersystemen.

ICRAF International Center for Research in Agroforestry) in Nairobi, Kenia. 1978 gegründet. Befaßt sich mit Baum- und Strauchkulturen für eine integrierte Landnutzung.

ICRISAT (International Crops Research Institute for the Semi-Arid-Tropics) in Patancheru, Indien. 1972 gegründet. Befaßt sich mit Sorghum, Hirse, Erbsen, Erdnüssen und der Verbesserung und Nachhaltigkeit von Anbausystemen.

IFPRI (International Food Policy Research Institute) in Washington D.C., USA. 1975 gegründet. Befaßt sich mit Agrar- und Ernährungspolitik in Entwicklungsländern.

IIMI (International Irrigation Management Institute) in Pelawatte via Colombo, Sri Lanka. 1984 gegründet. Befaßt sich mit Bewässerungssystemen und Bewässerungsmanagement.

IITA	(International Institute for Tropical Agriculture) in Ibadan, Nigeria. 1967 gegründet. Befaßt sich mit Mais, Maniok, Yam, Sojabohnen und Bananen in Sub-Sahara-Afrika.
ILRI	(International Livestock Research Institute) in Nairobi, Kenia. 1995 gegründet. Befaßt sich mit Tiergesundheit, Tierernährung und Tierproduktion in den Tropen.
IPGRI	(International Plant Genetic Resources Institute) in Rom, Italien. 1974 gegründet. Befaßt sich mit der Erhaltung pflanzengenetischen Materials.
IRRI	(International Rice Research Institute) in Manila, Philippinen. 1960 gegründet. Befaßt sich mit der Verbesserung von Reisanbausystemen.
ISNAR	(International Service for National Agricultural Research) in Den Haag, Niederlande. 1979 gegründet. Befaßt sich mit der Stärkung nationaler Agrarforschungssysteme in Entwicklungsländern.
WARDA	(West African Rice Development Association) in Bouake, Elfenbeinküste. 1970 gegründet. Befaßt sich mit der Produktionsintensivierung von Reisanbausystemen.

Beigeordnete internationale Agrarforschungszentren, die außerhalb des CGIAR gefördert werden:

AVRDC	(Asian Vegetable Research and Development Centre) in Shanhua, Taiwan. 1971 gegründet. Befaßt sich mit Gemüseerzeugung, umfassender Bearbeitung von Gemüsekulturen für Asien, Afrika und Lateinamerika.
IBSRAM	(International Board for Soil Research and Management) in Bangkhen, Thailand. 1985 gegründet. Befaßt sich mit Bodenschutzmaßnahmen, alternativer Boden- und Landnutzung.
ICIPE	(International Centre of Insect Physiology and Ecology) in Nairobi, Kenia. 1970 gegründet. Befaßt sich mit integriertem Pflanzenschutz, biologischer Bekämpfung von Pflanzenschädlingen in Afrika, Tse-Tse-Fliege.
IFDC	(International Fertilizer Development Center) in Muscle Shoals, Alabama, USA. 1977 gegründet. Befaßt sich mit der Erschließung von Rohstofflagern, Nährstoffkreisläufen, Vermarktungspolitik.

Quelle: CGIAR, Annual Report 1994-1995. Zu den beigeordneten Agrarforschungszentren: Angaben des BMZ.

Abkürzungsverzeichnis:

AIDA	Allianz der International ausgerichteten Deutschen Agrarforschung
ARTS	Agrarwissenschaften und Ressourcenmanagement in den Tropen und Subtropen (Aufbaustudiengang, U Bonn)
ATSAF	Arbeitsgemeinschaft Tropische und Subtropische Agrarforschung
BBA	Biologische Bundesanstalt für Land- und Forstwirtschaft
BFH	Bundesanstalt für Forst- und Holzwirtschaft
BMBW	Bundesministerium für Bildung und Wissenschaft
BMBF	Bundesministerium für Bildung, Wissenschaft, Forschung und Technologie
BML	Bundesministerium für Ernährung, Landwirtschaft und Forsten
BMZ	Bundesministerium für Wirtschaftliche Zusammenarbeit und Entwicklung
CDG	Carl Duisberg Gesellschaft
CGIAR	Consultative Group on International Agricultural Research
CIM	Zentrum für Internationale Migration und Entwicklung
CIRAD	Centre de Cooperation Internationale en Recherche Agronomique
CNRS	Centre National de La Recherche Scientifique
DED	Deutscher Entwicklungsdienst
DFG	Deutsche Forschungsgemeinschaft
DITSL	Deutsches Institut für tropische und subtropische Landwirtschaft GmbH, Witzenhausen
DSE	Deutsche Stiftung für Internationale Entwicklung

ECART	European Consortium for Agricultural Research in the Tropics
ECTS	European Credits Transfer Systems
ERASMUS	European Community Action Scheme for the Mobility of University Students
ERS	Economic Research Service
ETFERN	European Tropical Forest Research Network
FAL	Bundesforschungsanstalt für Landwirtschaft
FAO	Food and Agriculture Organization of the United Nations
FAS	Foreign Agricultural Service
FuE	Forschung und Entwicklung
GTZ	Gesellschaft für Technische Zusammenarbeit
GSF	Forschungszentrum für Umwelt und Gesundheit GmbH
GUS	Gemeinschaft Unabhängiger Staaten
IAMO	Institut für Agrarentwicklung in Mittel- und Osteuropa, Halle
IICT	Instituto de Investigação Cientifica Tropical
INRA	Institut National de Recherche Scientifique
IPB	Institut Pertanian Bogor, Indonesien
ISOS	Institut für Soziokulturelle Studien
KFA	Forschungszentrum Jülich GmbH
KFW	Kreditanstalt für Wiederaufbau
KIT	Koninklijk Instituut voor de Tropen
NRI	National Resources Institute
ORSTOM	Office de Recherche Scientifique et Technique Outre-Mer
SLE	Seminar für Ländliche Entwicklung

SFB	Sonderforschungsbereich
SHIFT	Studies for Human Impacts on Forests and Floodplains SS Sommersemester
SWS	Semesterwochenstunden
TAC	Technical Advisory Committee (der CGIAR)
TEMPUS	Trans European Mobility Programme of University Students
TÖB	Tropenökologisches Begleitprogramm
UNDP	United Nations Development Programme
UNEP	United Nations Environment Programme
USAID	United States Agency for International Development
USDA	United States Department of Agriculture
WiSoLa	Wirtschafts- und Sozialwissenschaften des Landbaues
WS	Wintersemester
ZALF	Zentrum für Agrarlandschafts- und Landnutzungsforschung
ZMT	Zentrum für Marine Tropenökologie

Stellungnahme zur Feststellung der Gleichwertigkeit der Abschlüsse der Berufsakademie Berlin im Sinne des Beschlusses der Kultusministerkonferenz vom 29. 9. 1995

vom Mai 1996

Inhalt

Vorbemerkung

Mit Schreiben vom 4. Dezember 1995 unterrichtet die Kultusministerkonferenz den Wissenschaftsrat über ihre Beschlußfassung zur Anerkennung der Abschlüsse von Berufsakademien im tertiären Bereich und bittet ihn um eine Stellungnahme, ob die Berufsakademie Berlin den Kriterien dieses Beschlusses entspricht.

Mit Schreiben vom 21. Dezember 1995 schließt sich der Senator für Wissenschaft und Forschung des Landes Berlin dieser Bitte an.

Der Wissenschaftsrat hat in seiner Sitzung am 19. Januar 1996 eine Arbeitsgruppe „Berufsakademie Berlin" eingesetzt. Sie hat die Berufsakademie Berlin am 13. März 1996 besucht und die vorliegende Stellungnahme vorbereitet. Diese konzentriert sich ausschließlich auf eine Überprüfung der Kriterien der Kultusministerkonferenz, die auf die Stellungnahme des Wissenschaftsrates zu den Berufsakademien in Baden-Württemberg zurückgehen.[1])

Der Wissenschaftsrat hat die Stellungnahme am 10. Mai 1996 verabschiedet.

A. Ausgangslage

A. I. Die Kriterien der Kultusministerkonferenz für die Anerkennung von Berufsakademien im tertiären Bereich

Die Kultusministerkonferenz benennt die folgenden fünf Voraussetzungen, die zu erfüllen sind, damit einer Berufsakademie nach dem Modell der Berufsakademie Baden-Württemberg nach Maßgabe des Landesrechts die staatliche Abschlußbezeichnung „Diplom (BA)" verliehen werden kann:

1. Für Berufsakademien gelten die gleichen Zugangsvoraussetzungen wie im Hochschulbereich.

2. Der Anteil der Lehre, der von hauptberuflichen Lehrkräften, für die die Einstellungsvoraussetzungen für Professoren gelten, erbracht wird, soll 40 % betragen.

3. Die einzelne Berufsakademie umfaßt mindestens zwei verschiedene Ausbildungsbereiche mit jeweils mehreren fachlichen Schwerpunkten.

1) Wissenschaftsrat: Stellungnahme zu den Berufsakademien in Baden-Württemberg, Empfehlungen und Stellungnahmen 1994, Köln 1995, Bd. I, S. 339 ff.

4. Die innerhalb von drei Monaten anzufertigende Diplomarbeit muß in allen Studiengängen von einem Prüfer der Staatlichen Studienakademie, der die Einstellungsvoraussetzungen als Professor erfüllt, bewertet werden. Ferner ist vom Ausbildungsbetrieb ein Betreuer zu benennen.

5. Die Verantwortung für die Ausbildung - insbesondere in der Frage der Kontrolle und Standardisierung der Qualität der Praxisausbildung - obliegt der Studienakademie.

A. II. Die Berufsakademie Berlin im Licht der Kriterien der Kultusministerkonferenz zur Anerkennung von Berufsakademien im tertiären Bereich

Der Berliner Senat hat am 1. September 1992 die Errichtung der Berufsakademie Berlin mit Ausbildungsbeginn 1. September 1993 beschlossen. Am 27. Mai 1993 verabschiedete das Abgeordnetenhaus das Berliner Berufsakademiegesetz. Zum September 1996 verläßt der erste Absolventenjahrgang die Berufsakademie. Das Land betont, daß die Berufsakademie Berlin nach dem Modell der Berufsakademien Baden-Württemberg errichtet wurde. Darüber hinaus hebt es hervor, daß beim Aufbau der Berufsakademie Berlin die Empfehlungen des Wissenschaftsrates zu den Berufsakademien in Baden-Württemberg berücksichtigt wurden.[2])

Die Berufsakademie Berlin umfaßt die Ausbildungsbereiche Wirtschaft mit sieben Fachrichtungen und Technik mit drei Fachrichtungen (s.II.3.). Die Anzahl der bereitgestellten Studienplätze im Zeitraum von 1993 bis 1995 beträgt insgesamt 711, davon 620 (87,2 %) im Bereich Wirtschaft und 91 (12,8 %) im Bereich Technik.

Von 1993 bis 1995 beteiligten sich insgesamt 212 Ausbildungsstätten an der Berufsakademie Berlin, davon 193 (91,0 %) im Bereich Wirtschaft und 19 (9,0 %) im Bereich Technik.

Hinsichtlich der regionalen Verteilung hatten

- 59,9 % aller kooperierenden Firmen ihren Sitz in Berlin (im Bereich Wirtschaft 59,6 %; im Bereich Technik 63,2 %)

- 13,2 % in Brandenburg (im Bereich Wirtschaft 11,9 %; im Bereich Technik 26,3 %)

- 26,9 % in anderen Ländern (im Bereich Wirtschaft 28,5 %; im Bereich Technik 10,5 %).

---

2) Schreiben des Senators für Wissenschaft und Forschung des Landes Berlin an den Generalsekretär des Wissenschaftsrates vom 21. 12. 1995.

Mit Blick auf die Firmengröße beschäftigten im Bereich Wirtschaft

- 76,7 % der beteiligten Ausbildungsfirmen weniger als 500 Mitarbeiter
- 12,4 % zwischen 500 und 1999 Mitarbeiter
- 10,9 % mindestens 2000 Mitarbeiter.

Im Bereich Technik weisen

- 47,4 % der Ausbildungsstätten unter 500 Beschäftigte,
- 36,8 % zwischen 500 und 1999 Beschäftigte und
- 15,8 % mehr als 2000 Beschäftigte auf.

Die Anzahl der Studienanfänger des Jahrgangs 1995 beträgt insgesamt 353, davon 313 (88,7 %) im Bereich Wirtschaft und 40 (11,3 %) im Bereich Technik. 45,9 % aller Studienanfänger sind Männer, 54,1 % Frauen. Betrachtet man die beiden Studienbereiche im einzelnen, so ergibt sich ein sehr unterschiedliches Bild: Während im Bereich Wirtschaft die Studienanfängerinnen mit 59,1 % einen deutlichen Vorsprung vor den Studienanfängern mit 40,9 % haben, dominieren im Bereich Technik traditionell die Studienanfänger mit 85,0 % gegenüber den Studienanfängerinnen mit 15 %.

40,2 % der Gesamtzahl der Studienanfänger des Jahrgangs 1995 stammen aus den alten, 59,8 % aus den neuen Ländern.[3]) Diese Verteilung spiegelt sich auch in beiden Ausbildungsbereichen wider (Wirtschaft: 40,3 % : 59,7 %; Technik: 40,0 % : 60,0 %).

Im Jahr 1995 betrug die Gesamtzahl der Studierenden 694, davon 607 (87,5 %) im Bereich Wirtschaft und 87 (12,5 %) im Bereich Technik. Die Anzahl des wissenschaftlichen Personals an der Staatlichen Studienakademie (hauptberufliche Lehrkräfte) lag bei 30, die des nichtwissenschaftlichen Personals bei 27,75.

Die Studienakademie verfügte in 1995 über 32 Seminarräume, vier Laborräume und eine Bibliothek.

II. 1. Zu den Zulassungsvoraussetzungen

Gemäß § 10 Abs. 1 des Gesetzes über die Berufsakademie Berlin kann zum Studium an der Studienakademie zugelassen werden, wer „die all-

3) Die Zahlen für die alten Länder beziehen West-Berlin, die für die neuen Länder Ost-Berlin mit ein. Sie sind jeweils bezogen auf den Erwerb der Hochschulzugangsberechtigung.

gemeine oder die dem Ausbildungsbereich entsprechende fachgebundene Hochschulreife oder eine gleichwertige Berechtigung besitzt und über die erforderlichen Kenntnisse der deutschen Sprache verfügt". Davon abweichend können auf Antrag einer beteiligten Ausbildungsstätte auch Bewerber mit Fachhochschulreife zugelassen werden. Die Entscheidung über die Zulassung trifft der Direktor der Studienakademie auf der Grundlage von Grundsätzen, die vom Rat der Berufsakademie gemäß § 3 Abs. 1 Nr. 4 Berliner Berufsakademiegesetz beschlossen werden.[4]) Bislang sind neun Studienanfänger mit Fachhochschulreife zugelassen worden.

Die Staatliche Studienakademie nimmt unmittelbar keinen Einfluß auf die Bewerberauswahl, die durch die Ausbildungsbetriebe erfolgt. Allerdings berät sie die Ausbildungsstätten grundsätzlich hinsichtlich geeigneter Auswahlkriterien der Studienbewerber im Rahmen der regelmäßigen Personal- und Ausbildungsleitersitzungen.

II. 2. Zu den Einstellungsvoraussetzungen der hauptamtlichen Lehrkräfte und deren Anteil an der Lehre

Gemäß § 8 Abs. 2 des Gesetzes über die Berufsakademie Berlin sind die Einstellungsvoraussetzungen für hauptamtliche Lehrkräfte neben den allgemeinen dienstrechtlichen Voraussetzungen mindestens

- ein abgeschlossenes Hochschulstudium in einer für die zu übernehmende Lehrtätigkeit geeigneten Fachrichtung;

- pädagogische Eignung, die in der Regel durch Erfahrungen in der Lehre oder Ausbildung nachgewiesen wird;

- besondere Befähigung zu wissenschaftlicher Arbeit, die in der Regel durch die Qualität einer Promotion nachgewiesen wird;

- besondere Leistungen bei der Anwendung oder Entwicklung wissenschaftlicher Erkenntnisse und Methoden in einer mindestens fünfjährigen beruflichen Praxis, von der mindestens drei Jahre außerhalb des Hochschulbereichs ausgeübt worden sein müssen.

---

4) Laut Protokoll der ersten Sitzung des Rates der Berufsakademie Berlin am 29. 11. 1993 wurde folgender Beschluß einstimmig gefaßt: „Zum Studium an der Staatlichen Studienakademie kann, abweichend von § 10 Abs. 1 Nr. 1 BBAG, auch zugelassen werden, wer die Fachhochschulreife besitzt, sofern erstens eine beteiligte Ausbildungsstätte dies bei der Staatlichen Studienakademie beantragt, sowie zweitens der Bewerber/die Bewerberin im Zeugnis eine Gesamtnote von 2,0 oder besser vorweist. Außerdem müssen für das Studium im Bereich Technik die Leistungen in den Fächern Mathematik/Physik sowie im Bereich Wirtschaft in den Fächern Betriebswirtschaftslehre/Volkswirtschaftslehre mindestens mit der Note „gut" benotet worden sein."

Der Anteil der Lehre, der von hauptberuflichen (an der Studienakademie beschäftigten) Lehrkräften wahrgenommen wird, beträgt nach Auskunft des Landes laut Stellenplan für das wissenschaftliche Lehrpersonal 60 %. Aufgrund von Stellenvakanzen und Fluktuation liegt der Anteil der hauptberuflichen Lehrkräfte im Bereich Wirtschaft derzeit real bei 40,5 %, im Bereich Technik bei 29,3 %, was insgesamt an der Berufsakademie Berlin einen Anteil von 37,2 % ausmacht.[5])

Der Anteil der nebenberuflichen Dozenten aus Universitäten an der Berufsakademie Berlin liegt insgesamt mit 13,2 % deutlich über dem aus Fachhochschulen mit 8,7 %. Während im Bereich Technik Lehrkräfte von Fachhochschulen mit 22,1 % gegenüber jenen von Universitäten mit 8,8 % dominieren, liegt im Bereich Wirtschaft der Anteil der Dozenten von Fachhochschulen nur bei 3,3 % gegenüber dem der Lehrkräfte von Universitäten mit 15 %, die nach Auskunft des Landes Lehraufträge insbesondere in den wissenschaftlichen Grundlagenfächern wahrnehmen.

Das Land betrachtet die derzeitige Zusammensetzung der Lehrbeauftragten infolge der sukzessiven Aufbauphase der Berufsakademie als vorläufig. Die systematische Rekrutierung geeigneter nebenberuflicher Lehrkräfte sei eine der dringendsten Aufgaben der Fachleiter in der Zukunft.

II. 3. Zu den Ausbildungsbereichen und Fachrichtungen

Die Berufsakademie Berlin besteht aus den Ausbildungsbereichen Wirtschaft und Technik, die derzeit insgesamt zehn Fachrichtungen umfassen. Dabei handelt es sich im einzelnen um:

- Bereich Wirtschaft
  - o Fachrichtung Bank
  - o Fachrichtung Handel
  - o Fachrichtung Immobilienwirtschaft
  - o Fachrichtung Industrie
  - o Fachrichtung Steuern/Prüfungswesen
  - o Fachrichtung Tourismusbetriebswirtschaft
  - o Fachrichtung Versicherung
- Bereich Technik

5) Gemessen an den Lehrveranstaltungsstunden August 1994 bis Juli 1995.

- o Fachrichtung Maschinenbau
- o Fachrichtung Metallbau
- o Fachrichtung Technische Informatik.

II. 4. Zur Diplomarbeit

Die Verordnungen über die Diplom-Vorprüfung und die Diplomprüfung sowohl im Studienbereich Wirtschaft (§ 18 Abs. 3) als auch im Studienbereich Technik (§ 18 Abs. 4) sehen eine Bearbeitungszeit für die Diplomarbeit von drei Monaten vor.

Mit Blick auf die Auswahl des Themas der Diplomarbeit wie auch der Gutachter setzen die beiden Prüfungsordnungen unterschiedliche Schwerpunkte. Im Studienbereich Wirtschaft vergibt der zuständige Fachleiter das Thema der Diplomarbeit „im Benehmen mit der Ausbildungsstätte" (§ 18 Abs. 2) und bestellt zwei Gutachter, die die Diplomarbeit bewerten, ohne daß die Prüfungsordnung explizit festlegt, daß einer von beiden aus dem Ausbildungsbetrieb stammen muß. Demgegenüber schreibt die Prüfungsordnung im Studienbereich Technik vor, daß der „für die Ausbildung in der betrieblichen Ausbildungsstätte Verantwortliche" (§ 18 Abs. 3) ein Thema vorschlägt und daß einer der Gutachter für die Diplomarbeit „von der Ausbildungsstätte benannt" (§ 18 Abs. 6) werden muß.

Das Land begründet die unterschiedlichen Prüfungsvorschriften hinsichtlich der Diplomarbeiten in den beiden Studienbereichen damit, daß im Bereich Technik Ingenieurarbeiten (z. B. Konstruktionsentwürfe) angefertigt werden, so daß die Themenwahl durch die Ausbildungsstätte und eine unmittelbare Betreuung und Begutachtung durch den Verantwortlichen für die Ausbildung aus dem Betrieb sinnvoll erscheint.

Demgegenüber wirkten die Ausbildungsstätten im Bereich Wirtschaft zwar an Auswahl und Abstimmung des Themas der Diplomarbeit mit, doch seien sie weniger als im Bereich Technik in die Betreuung der Diplomarbeit einbezogen und hätten im wesentlichen die Aufgabe, dem Diplomanden innerbetriebliche Informationen zu seinem Diplomarbeitsthema zukommen zu lassen, weil es sich bei den Diplomarbeiten um wissenschaftliche Projektarbeiten in Verbindung mit betrieblichen Aufgabenstellungen handele.

Im Bereich Technik sind die Studierenden nach Auskunft des Landes de facto während der gesamten Bearbeitungszeit für die Diplomarbeit freigestellt, da sie nach Auskunft der Unternehmen in der Regel eine ingenieurmäßige Leistung für den Ausbildungsbetrieb erbringen. Für den Bereich Wirtschaft hat die zuständige Fachkommission nach § 4 Abs. 1 Berliner Berufsakademiegesetz den Beschluß gefaßt, daß der Diplomand während der dreimonatigen Bearbeitungszeit mindestens vier Wochen von seinem Ausbildungsbetrieb freigestellt werden muß. Die Ausbildungsbetriebe haben den Beschluß der Fachkommission in die Terminblätter der ausgedruckten Studien- und Prüfungszeiten aufgenommen, so daß die Freistellung während der Bearbeitung der Diplomarbeit für zumindest vier Wochen gewährleistet sein wird.

II. 5. Zur Verantwortung für die Ausbildung – insbesondere in der Frage der Kontrolle und Standardisierung der Qualität der Praxisausbildung – seitens der Studienakademie

In den Grundsätzen für die Eignung von Ausbildungsstätten der Berufsakademie Berlin sind Regelungen formuliert, die von Beginn an sicherstellen sollen, daß nur solche Betriebe an der Ausbildung der Studierenden der Berufsakademie beteiligt werden, die „personell und sachlich geeignet [sind], die in den Studien- und Ausbildungsplänen der jeweiligen Fachrichtungen vorgesehenen Ausbildungsinhalte zu vermitteln" (§ 1 Abs. 1). Die Eignung bezieht sich vor allem auf das Ausbildungspersonal, die Ausbildungsstätte und die Zahl der Ausbildungsplätze (§ 1 Abs. 2). Gemäß § 1 Abs. 3 der Grundsätze für die Eignung von Ausbildungsstätten besteht die Möglichkeit, einen Betrieb, in dem die vorgeschriebenen Ausbildungsinhalte nicht in vollem Umfang vermittelt werden, dennoch als Ausbildungsstätte anzuerkennen, „wenn eine Ergänzung durch Ausbildungsmaßnahmen außerhalb der Ausbildungsstätte vorgenommen wird".

Darüber hinaus regeln die unter Ziffer 3 formulierten Grundsätze zur Anwendung der Studien- und Ausbildungspläne in den Studien-, Ausbildungs- und Prüfungsordnungen der einzelnen Fachrichtungen im Bereich Wirtschaft, welche Voraussetzungen Betriebe erfüllen müssen, um als Ausbildungsstätte anerkannt zu werden. In den Studien-, Ausbildungs- und Prüfungsplänen im Bereich Technik findet dieser Aspekt – allerdings weniger detailliert – seinen Niederschlag in III. Ausbildung in den Betriebsphasen (oder verwandte Formulierung).

Das Land versichert, daß die Kontrolle der Qualitätssicherung der Praxisausbildung kontinuierlich über die Fachleiter der Staatlichen Studienakademie wahrgenommen werde, die gehalten seien, jeden Ausbildungsbetrieb zumindest einmal pro Jahr aufzusuchen. In der Regel würden häufigere Kontakte zwischen Fachleiter und Ausbildungsstätte gepflegt. Darüber hinaus fänden mindestens zweimal jährlich je Fachrichtung Personal- und Ausbildungsleitersitzungen statt, die der Diskussion anstehender Probleme dienten.

Schließlich gewinne der jeweilige Fachleiter anhand der Semesterberichte, die die Studierenden in beiden Studienbereichen im Grundstudium anzufertigen hätten, einen Eindruck darüber, ob der Ausbildungsbetrieb eine dem Curriculum entsprechende praktische Ausbildung durchführe.

B. Stellungnahme

B. I. Prüfung der Gleichwertigkeit der Abschlüsse der Berufsakademie Berlin mit denen der Berufsakademien in Baden-Württemberg anhand der Kriterien der Kultusministerkonferenz

I. 1. Zur Zulassung der Studienanfänger

Als Zulassungsvoraussetzung sieht die Berufsakademie Berlin im Regelfall das Abitur vor. Begründet wird dies damit, daß infolge des gestrafften Studiums die Studierenden von Beginn an studierfähig sein müßten, weil keine Brückenkurse angeboten werden könnten. Daher seien an Bewerber mit Fachhochschulreife strengere Maßstäbe anzulegen als an Abiturienten – sowohl mit Blick auf die Gesamtdurchschnittsnote des Abschlußzeugnisses als auch hinsichtlich einzelner fachgebundener Noten. Daß bislang nur 0,9 % der Studierenden an der Berufsakademie Berlin ohne Abitur zugelassen wurden, kennzeichnet dieses Verfahren als Ausnahmefall. Aus dem grundsätzlichen bildungspolitischen Bestreben nach Öffnung des Hochschulsystems empfiehlt der Wissenschaftsrat die Zulassung zu Berufsakademien auch für Nicht-Abiturienten. Als formale Voraussetzung für ein Studium an einer Berufsakademie sollte die Fachhochschulreife gelten.[6])

Zwar hat sich nach Ansicht beider Partner der Berufsakademie die Auswahl der Bewerber durch die Betriebe bewährt; doch gibt der Wissenschaftsrat zu bedenken, die Staatliche Studienakademie stärker als nur durch allgemeine Beratung der Ausbildungsbetriebe hinsichtlich geeigneter Auswahlkriterien an dem Auswahlverfahren zu beteiligen, wie es der gemeinsamen Verantwortung beider Partner für die Ausbildung an der Berufsakademie entspräche. Allerdings erachtet der Wissenschaftsrat es als angemessen, daß dem Ausbildungsbetrieb die endgültige Entscheidung bei der Auswahl der Kandidaten vorbehalten bleibt, da der Studierende der Berufsakademie Mitarbeiter des Betriebes ist.[7])

I. 2. Zur Struktur des Lehrkörpers an den Staatlichen Studienakademien

Während im Bereich Wirtschaft die Empfehlung des Wissenschaftsrates und der Kultusministerkonferenz bereits erfüllt wurde, 40 % der Lehre

6) Wissenschaftsrat, a. a. O., S. 392.
7) Ebd., S. 392.

durch hauptamtlich an der Studienakademie beschäftigte Lehrende zu erbringen,[8]) liegt deren Anteil im Bereich Technik mit 29,3 % im Studienjahr 1994/95 deutlich unter dieser Größenordnung. Der Wissenschaftsrat geht für seine Stellungnahme davon aus, daß das Land in absehbarer Zeit den Anteil der hauptamtlichen Lehre auf 40 % anhebt. Er begrüßt, daß laut Errichtungsgesetz zur Berufsakademie und Stellenplan dieser Anteil auf 60 % erhöht werden soll, und bittet das Land, dieses Ziel möglichst rasch zu erreichen. Er nimmt ferner zustimmend zur Kenntnis, daß die hauptamtlichen Lehrkräfte die gleichen Einstellungsvoraussetzungen wie Professoren an Fachhochschulen zu erfüllen haben.

Demgegenüber betrachtet der Wissenschaftsrat die Diskrepanz bei der Gewinnung von nebenberuflichen Lehrkräften im Bereich Wirtschaft als problematisch: Während der Anteil der Lehrkräfte von Fachhochschulen nur bei 3,3 % liegt, beträgt der der Dozenten von Universitäten 15 %. Das Land hat diese Problematik erkannt und beabsichtigt, den Anteil nebenberuflicher Dozenten aus dem Fachhochschulbereich auch in den Fachrichtungen des Bereichs Wirtschaft deutlich zu erhöhen. Der Wissenschaftsrat befürwortet diese Bestrebungen und ermutigt das Land, sie möglichst rasch umzusetzen.

Ein weiteres Problem stellt die hohe Fluktuation der hauptberuflichen Lehrkräfte dar. Sie scheint ihre Hauptursache in der noch nicht endgültig geklärten beamtenrechtlichen Absicherung der Dozenten an der Berufsakademie Berlin zu haben.

Der Wissenschaftsrat befürchtet, falls die hohe Fluktuation der hauptamtlichen Professoren anhält, negative Auswirkungen auf die Qualität der Lehre an der Berufsakademie Berlin. Er bittet daher das Land, Schritte einzuleiten, die die kurze Verweildauer der hauptberuflichen Lehrkräfte nicht auch in Zukunft zum Regelfall werden lassen.

I. 3. Zu den Ausbildungsbereichen und Fachrichtungen

Die Berufsakademie Berlin besteht aus den beiden Ausbildungsbereichen Wirtschaft und Technik, die sieben bzw. drei Fachrichtungen umfassen. Damit erfüllt sie das von der Kultusministerkonferenz vorgesehene fachliche Angebot. Zudem entsprechen die Theorie- und Praxisphasen in Struktur und Umfang dem Modell der Berufsakademie Baden-Württemberg.

Bei der Gründung der Berufsakademie Berlin war geplant, langfristig 20 % der Studienplätze im Bereich Technik einzurichten. Von 1993 bis 1995 betrug der Anteil der bereitgestellten Studienplätze in den drei technischen Fachrichtungen zusammen 12,8 %. Obgleich zum gegenwärtigen Zeitpunkt die Neigung der Studieninteressenten zur Aufnahme

8) Ebd., S. 393.

eines technischen Studienfaches sowohl an der Berufsakademie als auch im Hochschulbereich nachläßt und darüber hinaus nach Auskunft des Landes die Anzahl der Ausbildungsplätze in der Berliner Industrie für den Bereich Technik zurückgegangen ist, empfiehlt der Wissenschaftsrat, weiterhin die Erfüllung der strukturellen Zielsetzung für den angemessenen Aufbau dieses Bereichs anzustreben. Zum einen geht er von einer vorübergehenden Konjunkturschwäche aus; zum anderen empfiehlt er die Aufstockung des Anteils der Studienplätze auf 20 %, um ein ausgeglicheneres Verhältnis der beiden Studienbereiche zu erlangen. Für die Fachrichtung Metallbau ist im Interesse der Absolventen, die ein Recht auf eine angemessene breite Inhaltsbezeichnung ihres Abschlusses haben, zu überdenken, ob eine andere, am Arbeitsmarkt gebräuchliche Bezeichnung gefunden werden kann. Zugleich weist der Wissenschaftsrat darauf hin, daß bei einer Ausweitung des Fächerspektrums durch die Einrichtung einer weiteren Fachrichtung die Anforderungen an die notwendige fachliche Breite eines Ausbildungsangebots erfüllt werden müssen; nicht jede Ausbildungsnachfrage aus Betrieben ist geeignet, im Rahmen der Berufsakademien erfüllt zu werden.

I. 4. Zur Diplomarbeit

Die Bearbeitungszeit für die Diplomarbeit beträgt an der Berufsakademie Berlin, wie vom Wissenschaftsrat empfohlen und der Kultusministerkonferenz vorgesehen, drei Monate. Wie gefordert, wird sie von einem Prüfer der Staatlichen Studienakademie, der die Einstellungsvoraussetzungen als Professor erfüllt, und von einem Betreuer des Ausbildungsbetriebes bewertet.

Der Wissenschaftsrat empfiehlt in seiner Stellungnahme zu den Berufsakademien in Baden-Württemberg, daß die Studierenden durch eine Freistellung von anderen Verpflichtungen und durch die Betreuung durch qualifiziertes Personal in die Lage versetzt werden, innerhalb des vorgesehenen Zeitraums ihre Diplomarbeit anzufertigen.[9]) Dies wird im Bereich Technik, in dem die Studierenden gegenwärtig während der gesamten Bearbeitungszeit für die Anfertigung der Diplomarbeit freigestellt sind, entsprechend gehandhabt. Dagegen ist im Bereich Wirtschaft gemäß dem Beschluß der zuständigen Fachkommission nur eine Freistellung der Diplomanden für vier Wochen gewährleistet. Da die Studierenden im Bereich Technik – anders als im Bereich Wirtschaft – in der Regel mit ihrer Diplomarbeit einen Beitrag speziell für ihren Ausbildungsbetrieb erbringen, ist die unterschiedliche Handhabung der Freistellung in den beiden Studienbereichen nachzuvollziehen. Der Wissenschaftsrat bittet das Land jedoch, darauf zu achten, daß zumindest innerhalb des jeweiligen Studienbereichs eine einheitliche Verfahrensweise in dieser Angelegenheit angewendet wird, um im Rahmen der gegebenen Möglich-

9) Ebd., S. 394.

keiten Chancengleichheit aller Diplomanden desselben Studienbereichs zu erzielen.

I. 5. Zur Verantwortung der Staatlichen Studienakademie für die Ausbildung – insbesondere in der Frage der Kontrolle und Standardisierung der Qualität der Praxisausbildung

Die Grundsätze für die Eignung von Ausbildungsstätten der Berufsakademie Berlin regeln die Auswahl der kooperierenden Betriebe und gewährleisten eine Standardisierung der Qualität der Praxisausbildung. Damit übernimmt die Staatliche Studienakademie bzw. der Rat der Berufsakademie die Verantwortung für die Ausbildung. Daß einzelne Ausbildungsmaßnahmen, die der eigentliche Ausbildungsbetrieb durchzuführen nicht in der Lage ist, außerhalb der Ausbildungsstätte vorgenommen werden können, korrespondiert mit der Anregung des Wissenschaftsrates, für Studierende in kleineren Betrieben die Bildung von Ausbildungsstättenpools zu erwägen.[10)]

Die in den Studien-, Ausbildungs- und Prüfungsordnungen der einzelnen Fachrichtungen abgedruckten Grundsätze zur Anwendung der Studien- und Ausbildungspläne verdeutlichen gleichfalls die Voraussetzungen, die die Betriebe erfüllen müssen, um als Ausbildungsstätte anerkannt zu werden. Neben diesen „offiziellen" Ausbildungsplänen erstellen die Ausbildungsfirmen betriebsinterne Pläne, die das Ergebnis individueller Absprachen sind. Der Wissenschaftsrat bittet das Land, dafür Sorge zu tragen, daß die Studierenden zu Beginn ihrer Ausbildung nicht nur den gedruckten Ausbildungsplan der Staatlichen Studienakademie für ihre jeweilige Fachrichtung ausgehändigt bekommen, sondern zusätzlich den von ihrem Ausbildungsbetrieb erstellten „Durchlaufplan". Dies kann jedoch nur eine unterstützende Rolle der Studierenden sein. Besondere Bedeutung kommt vielmehr den Fachleitern und ihrer Aufgabe zu, durch regelmäßige Besuche und Kontaktveranstaltungen mit den Betrieben zur Qualitätssicherung der Praxisausbildung beizutragen.

C. Zusammenfassende Stellungnahme

Nach Auffassung des Wissenschaftsrates erfüllt die Berufsakademie Berlin alle von der Kultusministerkonferenz auf der Grundlage der Stellungnahme des Wissenschaftsrates zu den Berufsakademien in Baden-Württemberg entwickelten Kriterien.

---

10) Ebd., S. 395.

Empfehlungen
zum 26. Rahmenplan
für den Hochschulbau
1997-2000

Allgemeiner Teil

vom Mai 1996

Inhalt

Vorbemerkung

Zum 26. Rahmenplan haben die Länder ihre Anmeldungen nach der im Hochschulbauförderungsgesetz (HBFG) vorgesehenen Regelung im März 1996 dem Wissenschaftsrat sowie dem Bundesministerium für Bildung, Wissenschaft, Forschung und Technologie als Geschäftsstelle des Planungsausschusses zugeleitet. Der 26. Rahmenplan erstreckt sich auf die Jahre 1997 bis 2000.

Auf der Grundlage der Anmeldungen der Länder und nach strenger Prüfung hat der Wissenschaftsrat seine Empfehlungen zum 26. Rahmenplan für den Hochschulbau erarbeitet. Sie wurden vom Ausschuß für Hochschulausbau und vom Ausschuß Medizin vorbereitet und vom Wissenschaftsrat am 10. Mai 1996 verabschiedet.

A. Ausgangslage für den 26. Rahmenplan

A. I. Situation der Hochschulen im Wintersemester 1995/96

Die folgenden Statistiken und Erläuterungen beziehen sich auf die Hochschulen der alten und neuen Länder. Die Datenbasis für die neuen Länder konzentriert sich auf die letzten Jahre und erlaubt deshalb noch nicht den Aufbau längerer Zeitreihen. Erläuterungen zu längerfristigen Entwicklungen beziehen sich deshalb überwiegend auf die alten Länder.

I.1. Studienanfänger und Studenten[1])

Bis 1983 waren an den Hochschulen der alten Länder kontinuierlich steigende Studienanfängerzahlen zu verzeichnen. Erst nach den Jahren 1984 (- 5,1 %) und 1985 (- 6,9 %) stieg die Studienanfängerzahl 1986 (+ 2,1 %), 1987 (+ 8,1 %) und 1989 wurde mit 229 748 um 7,3 % der frühere Höchststand von 1983 übertroffen. Im Jahre 1990 wuchs die Zahl der Studienanfänger erneut deutlich um 23 507 (10,2 %) an und war damit rund 100 000 oder rund 65 % größer als die Studienanfängerzahl von 1977, dem Jahr des Beschlusses der Regierungschefs von Bund und Ländern zur Sicherung der Ausbildungschancen (vom 4. 11. 1977).

An den Hochschulen der alten und neuen Länder nahmen 1995 rund 241 700 Studienanfänger ein Studium auf, gegenüber dem Vorjahr ist das ein Anstieg um 2 400 (1 %). Die Entwicklung in den einzelnen Bundesländern ist allerdings sehr unterschiedlich verlaufen; so weisen die neuen

1) Die folgenden Angaben beschränken sich auf die Zahlen der in die Anlage zum HBFG aufgenommenen Hochschulen der Länder.

Länder einen Zuwachs bei den Studienanfängern auf. Mit etwa 67000 Studienanfängern hatten die Fachhochschulen 1995 einen Anteil von 27,7 %.

Die Entwicklung der Studentenzahlen ist abhängig von der Zahl der Studienanfänger und von ihrer Verweilzeit in den Hochschulen.

Übersicht 3 läßt erkennen, daß bundesweit mit über 1,7 Millionen Studierenden die Überlastung der Hochschulen anhalten wird; die konkrete Ausprägung dieser Situation variiert jedoch zwischen Ländern und Standorten. Während die Anzahl der Studierenden in den alten Ländern 1995/96 gegenüber dem Vorjahr rückläufig ist oder sich kaum verändert hat, ist sie in den neuen Ländern von rund 142200 auf rund 152500 angestiegen.

Übersicht 1

Deutsche und ausländische Studienanfänger nach Ländern 1977, 1980, 1985 bis 1995

Land	1977	1980	1985	1986	1987	1988	1989	1990	1991	1992	1993	1994	1995
Baden-Württemberg	22 876	26 367	29 445	29 337	31 267	33 519	35 125	38 149	37 590	.	39 245	35 043	35 172
Bayern	23 666	29 099	32 175	33 950	37 267	38 822	39 993	44 072	40 409	37 440	34 888	32 768	32 729
Berlin	8 766	10 060	11 275	11 872	11 886	13 446	12 645	15 271	14 333	11 853	16 293	15 968	16 502
Brandenburg	.	.	.	.	.	.	.	.	.	.	3 492	3 157	4 340
Bremen	2 254	2 041	2 298	2 599	2 907	3 268	3 774	3 722	3 985	3 553	3 191	3 209	2 988
Hamburg	6 963	8 704	8 637	8 416	8 881	9 695	9 173	9 605	9 803	9 190	9 075	8 430	8 013
Hessen	14 418	17 031	18 868	19 039	21 229	23 191	23 740	25 910	24 723	24 367	21 479	18 810	18 924
Mecklenburg-Vorpommern	.	.	.	.	.	.	.	.	.	.	3 237	3 828	4 784
Niedersachsen	13 690	16 209	18 513	19 018	19 807	21 611	22 768	25 333	24 549	21 474	20 489	19 908	19 792
Nordrhein-Westfalen	47 135	49 825	51 544	51 983	56 865	60 569	60 951	67 669	65 062	58 738	56 202	54 017	51 882
Rheinland-Pfalz	7 439	8 090	8 815	9 324	9 966	10 698	11 784	12 553	13 064	12 889	12 178	11 351	11 373
Saarland	2 360	3 114	3 063	3 094	3 436	3 681	3 370	3 793	3 431	3 200	2 702	3 099	2 980
Sachsen	.	.	.	.	.	.	.	.	.	.	12 044	13 517	15 351
Sachsen-Anhalt	.	.	.	.	.	.	.	.	.	.	4 560	4 705	5 500
Schleswig-Holstein	3 612	4 215	4 622	4 603	5 314	5 997	6 425	7 178	7 337	.	6 926	6 052	5 992
Thüringen	.	.	.	.	.	.	.	.	.	.	5 269	5 460	5 386
Insgesamt	.	.	.	.	.	.	.	.	.	.	251 270	239 322	241 708

1) Studenten im 1. Hochschulsemester des Sommer- und des Wintersemesters, z. B. 1977: Sommersemester 1977 und Wintersemester 1977/78.

Quelle: Wissenschaftsrat: Empfehlungen zu den Rahmenplänen für den Hochschulbau.

Übersicht 2

Deutsche und ausländische Studienanfänger nach Hochschulen und Ländern 1983 und 1995

Land	Deutsche und ausländische Studienanfänger							
	insgesamt		davon					
			Universitäten[1]		Fachhochschulen		Kunsthochschulen[2]	
	1983	1995	1983	1995	1983	1995	1983	1995
Baden-Württemberg	32 099	35 172	23 384	22 816	8 096	11 499	619	857
Bayern	35 861	32 729	25 018	23 190	10 519	9 254	324	285
Berlin	11 457	16 502	9 278	12 458	1 782	3 461	397	583
Brandenburg	.	4 340	.	2 710	.	1 532	.	98
Bremen[3]	2 053	2 988	846	1 832	1 207	1 069	-	87
Hamburg	9 408	8 013	6 162	5 644	3 080	2 019	166	350
Hessen	20 975	18 924	14 883	13 481	5 954	5 308	138	135
Mecklenburg-Vorpommern	.	4 784	.	3 424	.	1 315	-	45
Niedersachsen	20 728	19 792	15 075	13 211	5 444	6 313	209	268
Nordrhein-Westfalen	62 445	51 882	47 144	40 432	14 350	10 706	951	744
Rheinland-Pfalz	10 316	11 373	6 677	7 649	3 639	3 724	-	-
Saarland	3 450	2 980	2 878	2 401	528	493	44	86
Sachsen	.	15 351	.	10 537	.	4 493	.	321
Sachsen-Anhalt	.	5 500	.	3 222	.	2 116	.	162
Schleswig-Holstein	5 369	5 992	3 343	3 774	1 970	2 163	56	55
Thüringen	.	5 386	.	3 634	.	1 644	.	108
Insgesamt	.	241 708	.	170 415	.	67 109	.	4 184

1) Einschließlich Gesamthochschulen, Pädagogische Hochschulen. – 2) Einschließlich Musikhochschulen. – 3) Kunsthochschule wurde bis 1994 als Fachhochschule geführt.

Quelle: Angaben der Länder.

Übersicht 3

Deutsche und ausländische Studenten nach Ländern, Wintersemester 1977/78, 1980/81, 1985/86, 1989/90 bis 1995/96

Land	1977/78	1980/81	1985/86	1989/90	1990/91	1991/92	1992/93	1993/94	1994/95	1995/96
Baden-Württemberg	133 056	142 844	181 149	199 015	206 450	212 070	.	226 631	222 210	214 395
Bayern	122 049	143 493	200 368	232 831	245 650	250 190	251 259	249 526	242 554	234 724
Berlin	68 400	74 900	89 905	105 663	110 310	116 835	116 681	143 230	141 981	139 341
Brandenburg	.	.	.	.	.	.	.	10 684	15 883	18 502
Bremen	9 793	12 507	14 700	19 771	21 558	24 033	25 033	26 163	25 316	25 390
Hamburg	37 095	45 527	57 915	61 101	62 375	64 425	65 140	65 780	66 590	64 984
Hessen	82 719	89 674	112 318	128 061	142 164	148 529	153 648	154 231	151 355	148 779
Mecklenburg-Vorpommern	.	.	.	.	.	.	.	14 885	16 725	18 020
Niedersachsen	78 458	88 661	120 110	134 010	142 149	149 285	152 299	153 881	155 686	154 050
Nordrhein-Westfalen	268 972	304 482	383 174	415 622	429 310	440 758	448 807	450 528	455 107	447 780
Rheinland-Pfalz	38 495	42 030	57 345	65 168	69 164	72 994	76 114	77 795	78 010	78 046
Saarland	14 601	16 004	20 194	23 060	23 914	24 660	24 865	24 966	24 048	22 926
Sachsen	.	.	.	.	.	.	.	55 656	61 089	64 531
Sachsen-Anhalt	.	.	.	.	.	.	.	22 794	23 913	25 326
Schleswig-Holstein	20 277	22 405	29 395	33 574	36 013	38 347	.	41 000	40 333	39 586
Thüringen	.	.	.	.	.	.	.	21 400	24 625	26 178
Insgesamt	.	.	.	.	.	.	.	1 739 150	1 745 425	1 722 558

Quelle: Anmeldungen der Länder zu dem jeweiligen Rahmenplan.

I.2. Ausbaustand und räumliche Auslastung

Ausbaustand

Die Zahl der Studienplätze nach Flächenrichtwerten[2]) beträgt zur Zeit rund 930 600. Darin sind die Studienplätze in der Human- und Zahnmedizin nicht enthalten, da für sie keine Flächenrichtwerte vorliegen. Die Studentenzahl in der Medizin kann nicht in voller Höhe mit der Zahl der Studienplätze gleichgesetzt werden, da die Hochschulen auch hier eine Überlast tragen.[3])

Der Gesamtbestand von rund 930 600 Studienplätzen nach Flächenrichtwerten (ohne Medizin) verteilt sich wie folgt:

Universitäten (einschl. Pädagogische Hochschulen und Gesamthochschulen)	716 000
Kunst- und Musikhochschulen	24 000
Fachhochschulen	190 600
Insgesamt	930 600

Auslastung der Raumkapazität

Als Kennziffer für die Auslastung der Raumkapazitäten kann das Verhältnis der Zahl der Studenten zur Zahl der Studienplätze nach Flächenrichtwerten verwendet werden. Aktuelle Daten zum Wintersemester 1992/93 liegen nicht für alle Länder vor, so daß für diesen Zeitraum keine bundesweiten Aussagen möglich sind.

---

2) Ein Studienplatz nach Flächenrichtwerten gibt die Summe aller Flächen an, die zur Ausbildung eines (Vollzeit-) Studenten für Lehre und Forschung bereitgestellt werden sollen. Eine Unterscheidung zwischen Ausbildungs- und Forschungsflächen wird nicht gemacht. Es ist aber möglich, einen zusätzlichen Bedarf für Forschung z. B. in Form von Verfügungsflächen in Ansatz zu bringen, der nicht in flächenbezogene Studienplätze umgerechnet wird. Von dieser Möglichkeit wird in einem begrenzten Umfang Gebrauch gemacht. Vgl. die Ausführungen zu Flächen- und Kostenrichtwerten in: Planungsausschuß für den Hochschulbau: 19. Rahmenplan für den Hochschulausbau, Bd. 1, S. 66 ff.

3) Vgl. Wissenschaftsrat: Empfehlungen zur Verbesserung der Ausbildungsqualität in der Medizin, in: Empfehlungen und Stellungnahmen 1988, Köln 1989, S. 263 ff.

Auslastung nach Studenten in Prozent flächenbezogener Studienplätze (bis einschließlich 1991/92 nur alte Länder)

Hochschulart	Wintersemester			
	1991/92	1993/94	1994/95	1995/96
Universitäten	182 %	173 %	191 %	167 %
Gesamthochschulen	221 %	236 %	237 %	227 %
Pädagogische Hochschulen	142 %	190 %	181 %	176 %
Kunst- und Musikhochschulen	142 %	131 %	126 %	123 %
Fachhochschulen	228 %	205 %	203 %	194 %

Diese Durchschnittswerte verdecken teilweise beträchtliche Unterschiede zwischen den Fachrichtungen, Hochschulen und Ländern, wie aus den Einzelergebnissen erkennbar wird, die in den Länderteilen dieser Empfehlungen (Tabelle 1 im jeweiligen Statistischen Anhang) abgedruckt sind. Insbesondere die Fachhochschulen insgesamt und die Universitäten in oder am Rande von dicht besiedelten Regionen sind überdurchschnittlich belastet. In den neuen Ländern ist gegenwärtig die Auslastung dadurch geringer als in den alten Ländern.

Der Wissenschaftsrat hat mehrfach darauf hingewiesen, daß die Kennziffer „Verhältnis der Zahl der Studenten zur Zahl der Studienplätze nach Flächenrichtwerten" dann das Bild der Raumauslastung nicht realitätsnah genug wiedergibt, wenn Studienzeiten zunehmen und eine wachsende Zahl von Studenten auch nach dem Examen noch immatrikuliert bleibt.

Als ergänzenden Maßstab für die Bewertung der Raumauslastung berechnet der Wissenschaftsrat daher bereits seit mehreren Jahren eine Kennziffer, die die von den Ländern zu den Rahmenplänen gemeldeten Zahlen der Studienanfänger im ersten Hochschulsemester[4]) mit vorgegebenen Verweilzeiten verknüpft und so die Zahl der Studenten in einer durchschnittlichen Regelstudienzeit rechnerisch ermittelt. Diese durch Hochrechnung gewonnene Kennziffer wird der Zahl der Studienplätze nach Flächenrichtwerten gegenübergestellt. Als Verweilzeiten werden in Anlehnung an die Förderungshöchstdauer des Bundesausbildungsförde-

4) Für eine Berechnung der Auslastung der Hochschulen auf der Basis hochgerechneter Studienanfänger des 1. Fachsemesters sind Schwund- und Abbruchquoten für jedes Fach und jede Hochschule erforderlich, um Doppelzählungen zu vermeiden. Diese Quoten werden von der Statistik nicht zuverlässig erhoben.

rungsgesetzes an Universitäten fünf Jahre, an Fachhochschulen 3,5 Jahre angesetzt.[5])

Diese Kennziffer berücksichtigt nicht die räumlichen Anforderungen für Aufbau-, Promotions-, Zusatz- und Zweitstudium. Sie führt zu folgender Raumauslastung in direkter Abhängigkeit allein von den Studienanfängerzahlen:

Auslastung nach Studienanfängern multipliziert mit Regelstudiendauern in Prozent flächenbezogener Studienplätze (bis 1991/92 nur alte Länder)

Hochschulart	Wintersemester			
	1991/92	1993/94	1994/95	1995/96
Universitäten	137 %	113 %	107 %	109 %
Gesamthochschulen	194 %	164 %	146 %	133 %
Pädagogische Hochschulen	143 %	203 %	154 %	163 %
Kunst- und Musikhochschulen[1)]	86 %	93 %	84 %	87 %
Fachhochschulen[2)]	156 %	144 %	130 %	123 %

1) Die Förderungshöchstdauer an den Kunst- und Musikhochschulen variiert zwischen 7 und 12 Semestern. Der hier angenommene Mittelwert von 10 Semestern liegt leicht über dem Durchschnitt. – 2) die Förderungshöchstdauer an den Fachhochschulen liegt, von wenigen Ausnahmen abgesehen, bei 7 Semestern. Es wird hier ein Mittelwert von 7 Semestern angenommen.

Die Kennziffer „Studienanfänger multipliziert mit Regelstudiendauern in Prozent flächenbezogener Studienplätze“ liegt unter den Werten der Kennziffer „Studenten in Prozent flächenbezogener Studienplätze“. Die Unterschiede sind besonders hoch an Hochschulen mit einem überdurchschnittlichen Anteil der Studenten in höheren Semestern und rückläufigen Studienanfängerzahlen. Umgekehrt gibt es aber auch Hochschulen, wo diese beiden Kennziffern nur wenig auseinanderliegen oder aber die Kennziffer „Studenten in Prozent flächenbezogener Studienplätze“ sogar unter der Kennziffer „Studienanfänger multipliziert mit Regelstudiendauern in Prozent flächenbezogener Studienplätze“ liegt.

Die Kennziffer „Studienanfänger multipliziert mit Regelstudiendauern in Prozent flächenbezogener Studienplätze“ führt jedoch bei Einführung von Zulassungsbeschränkungen zu vermeintlicher Verringerung der Aus-/Überlastung, bei neuen Studiengängen zu überhöhten Ergebnissen. Sie

5) Die Förderungshöchstdauer richtet sich nach dem Studiengang. An den Universitäten liegt die Höchstdauer für die Diplom- und Magisterstudiengänge überwiegend bei 9 oder bei 10 Semestern. Die Förderungshöchstdauer bei den Lehramtsstudiengängen beträgt in der Regel 7 Semester (Grund- und Hauptschulen), 8 Semester (Realschulen oder Sekundarstufe I) und 10 Semester (Gymnasien oder Sekundarstufe II). Die Annahme einer Dauer von 10 Semestern als Verweilzeit liegt leicht über der durchschnittlichen Förderungshöchstdauer und berücksichtigt auch nicht, daß ein Teil der Studenten das Studium vor dem Erreichen der Förderungshöchstdauer abbricht.

ist also in diesen Fällen nur bedingt aussagekräftig. Hinzu kommt, daß die statistischen Daten sich auf Studienanfänger im 1. Hochschulsemester beziehen, während die Daten über die Anfänger im 1. Fachsemester aussagekräftiger für die absehbare Auslastung der Hochschule wären. Diese Daten liegen jedoch regelmäßig erst mit erheblichem Zeitabstand vor, so daß in diesem Zusammenhang im Interesse der Aktualität der Auslastungsinformation auf eine Berechnung verzichtet wird.

Die tatsächliche Raumauslastung der Hochschulen liegt deshalb innerhalb einer von den berechneten Kennziffern begrenzten Bandbreite. Sie können nicht losgelöst voneinander und bei „Studienanfängern multipliziert mit Regelstudiendauern in Prozent flächenbezogener Studienplätze" nicht ohne Berücksichtigung der örtlichen Besonderheiten betrachtet werden.

Die Situation in den einzelnen Ländern zeigt Übersicht 4, soweit entsprechende Daten vorgelegt wurden. Einzelergebnisse der Hochschulen und Fächergruppen können den Tabellen 1 in den Statistischen Anhängen der jeweiligen Länderteile dieser Empfehlungen entnommen werden.

Übersicht 4

Räumliche Auslastung der Hochschulen (ohne Human- und Zahnmedizin) nach Ländern und Hochschulen (Stand Wintersemester 1995/96)

	Universitäten[1]			Fachhochschulen			Kunsthochschulen[2]		
	Stud.-Plätze	Auslastung in %		Stud.-Plätze	Auslastung in %		Stud.-Plätze	Auslastung in %	
		Stud.	Anf.		Stud.	Anf.		Stud.	Anf.
Baden-Württemberg	95 876	137	92	29 220	156	138	4 329	98	99
Bayern	90 603	184	120	23 549	220	138	1 973	121	72
Berlin	61 210	191	94	10 468	170	113	5 212	124	56
Brandenburg	8 084	167	168	3 612	122	145	275	171	178
Bremen	8 007	208	114	3 718	216	101	548	129	79
Hamburg	26 594	164	99	6 712	227	105	1 436	154	122
Hessen	55 489	179	111	13 078	296	142	686	173	98
Mecklenburg-Vorpommern	8 642	128	171	3 267	130	141	70	421	321
Niedersachsen	71 865	157	87	17 981	175	123	1 883	108	71
Nordrhein-Westfalen	157 556	213	122	40 363	213	93	3 651	145	102
Rheinland-Pfalz	32 814	160	109	11 776	185	111	–	–	–
Saarland	10 356	171	105	2 138	139	81	605	95	71
Sachsen	37 808	116	140	10 639	138	148	1 804	109	89
Sachsen-Anhalt	14 886	101	95	5 284	139	140	738	91	110
Schleswig-Holstein	14 848	149	109	5 650	229	134	507	93	54
Thüringen	9 198	167	168	3 187	199	181	322	214	168
Insgesamt	703 836	171	111	190 642	194	123	24 039	123	87
nachrichtlich Pädagogische Hochschulen									
Baden-Württemberg	9 943	195	184						
Thüringen	2 222	91	68						
Insgesamt	12 165	176	163						

1) Einschließlich Gesamthochschulen, ohne Pädagogische Hochschulen. – 2) Einschließlich Musikhochschulen.

Quelle: Empfehlungen zum 26. Rahmenplan für den Hochschulbau.

I.3. Stellen für wissenschaftliches Personal

Die Entwicklung des Stellenbestandes für wissenschaftliches Personal in den Hochschulen der alten Länder ist seit 1980 nach Hochschularten und Ländern unterschiedlich verlaufen. Bei einer vergleichenden Betrachtung ist zu berücksichtigen, daß das Land Berlin seine Angaben nicht mehr gesondert auf die früheren Teile bezieht, sondern die Personalstellen für das Land insgesamt ausgewiesen sind. Ein Vergleich mit dem Basis-Jahr 1980 ist deshalb nicht möglich. Dies gilt es auch bei einer Interpretation der Gesamtzahl für die alten Länder zu berücksichtigen.

1) Der Stellenbestand der Universitäten in den alten Ländern (einschließlich Gesamthochschulen und Pädagogischen Hochschulen, ohne Medizin) ist von 1980 (52017) bis 1995 um 2918 auf 54935 gestiegen. Außerdem ist zu berücksichtigen, daß in Nordrhein-Westfalen 1981 insgesamt 645 Professorenstellen aus den Haushaltskapiteln der Universitäten in die Haushaltskapitel der Medizinischen Einrichtungen verlagert wurden.

Dabei bestehen erhebliche Unterschiede zwischen den Ländern. Zuwächse verzeichnen Baden-Württemberg, Bayern, Bremen, Hamburg, Hessen, Rheinland-Pfalz und Saarland sowie Schleswig Holstein, während in Niedersachsen und Nordrhein-Westfalen seit 1980 ein Rückgang stattgefunden hat.

2) Die Medizinischen Einrichtungen haben in allen alten Ländern erhebliche Stellenmehrungen erfahren, nämlich von 15852 in 1980 um 7374 auf 23226 Stellen in 1995 (46,5 %). Dabei ist darauf hinzuweisen, daß die Medizinischen Einrichtungen durch Einnahmen aus der Krankenversorgung einen Kostendeckungsgrad von rund 70 % erreichen.[6])

3) Die Stellenausstattung der Fachhochschulen ist in den alten Ländern seit 1980 um 22,4 % auf 11054 gestiegen. Mehr als die Hälfte der zusätzlichen Stellen entfällt auf BadenWürttemberg und Berlin. Kontinuierlich leichten Zuwachs verzeichnen Bayern, Hessen, Niedersachsen, Rheinland-Pfalz und Schleswig-Holstein, während die Stellenzahl in Bremen, Hamburg und Nordrhein-Westfalen zurückging.

4) Die Zahl der in den Zentralkapiteln der Wissenschaftsministerien ausgebrachten Stellen stieg von 256 im Jahre 1980 um 2617 auf 2873 im Jahre 1995 an. Seit 1990 hat sie sich um 182 Stellen (6,8 %) erhöht.

Insgesamt stieg die Zahl der Stellen für wissenschaftliches Personal in den alten Ländern von 79019 in 1980 auf 94399 in 1995 um 19,5 %. Der Zuwachs ist überwiegend den Medizinischen Einrichtungen zugeflossen. Die Zahlen der Stellen für alle Hochschulen ohne Medizin haben 1995

---

6) Vgl. Wissenschaftsrat: Empfehlungen zu den Perspektiven der Hochschulen in den 90er Jahren, Köln 1988, S. 246 ff.

mit 70147 den Stand von 1980 (63167) inzwischen übertroffen, nachdem sie von 1980 bis 1985 leicht zurückgegangen waren. Einzelheiten zeigt Übersicht 5.[7])

Nach dem Beitritt der neuen Länder hat dort ein umfangreicher Umstrukturierungsprozeß der Hochschulen stattgefunden, der auch die Personalausstattung betrifft. Zwischen 1990 und 1995 hat sich die Anzahl der Personalstellen an den Universitäten um 11727 (51,9 %) auf 10879 verringert. Hierbei muß jedoch berücksichtigt werden, daß für 1995 der frühere Ost-Teil Berlins in die Gesamtzahlen des Landes integriert und bei den alten Ländern ausgewiesen ist. Im Bereich der Medizinischen Einrichtungen ist die Stellenzahl von 1991 um 181 Stellen (3,3 %) gesunken. Besonders deutlich wird der Umstrukturierungsprozeß im Bereich der Pädagogischen Hochschulen, deren Anzahl deutlich gesunken ist und die nur noch über etwa ein Zehntel des ursprünglichen Personalbestandes verfügen. Die umgekehrte Entwicklung ist für die auf Empfehlung des Wissenschaftsrates neu eingeführten Fachhochschulen zu verzeichnen. Inzwischen haben alle neuen Länder Fachhochschulen gegründet und bis 1995 mit 2640 Stellen ausgestattet.

Für die Hochschulen der neuen Länder insgesamt ist die Stellenzahl von 28978 im Jahre 1990 um 8952 auf 20026 im Jahre 1994 abgesunken. Dies entspricht einer Reduktion um 30,9 %.

Der Wissenschaftsrat hat für die alten Länder mehrfach auf die weiter gestiegene räumliche Auslastung der Hochschulen hingewiesen und mit Sorge festgestellt, daß die Ausstattung der Hochschulen (ohne Hochschulkliniken) mit Stellen für das wissenschaftliche Personal seit 1975 trotz des räumlichen Ausbaus und der steigenden Studentenzahlen tendenziell stagniert.

Während die Anzahl der flächenbezogenen Studienplätze an den Hochschulen (ohne Fachhochschulen und ohne Medizin) von 1975 bis 1990 in den alten Ländern um 32 % angestiegen ist, verzeichnen die Stellen für wissenschaftliches Personal lediglich einen Zuwachs von 5,3 %. Für die Fachhochschulen betrugen die entsprechenden Werte 17,4 % bzw. 3 %. Die Personalausstattung stellt einen bedeutenden Faktor für die optimale Nutzung der vorhandenen Räumlichkeiten und künftiger Investitionen in den Hochschulbau dar, vor allem auch bei Bibliotheken und Infrastruktureinrichtungen.

---

7) Die Entwicklung der Personalstellen der Hochschulen im einzelnen ist dem Band „Personalstellen der Hochschulen 1995", Köln 1997, zu entnehmen.

Übersicht 5

Stellen für wissenschaftliches Personal nach Hochschularten und Ländern

Land	Anzahl				
	1975	1980	1985	1990	1995
(1) Universitäten (ohne Medizinische Einrichtungen)					
Baden-Württemberg	7 881	6 982	6 722	7 105	7 584
Bayern	8 014	8 209	8 414	8 575	8 747
Berlin[1)]	4 918	4 674	4 727	7 926	5 983
Brandenburg	.	.	.	952	1 673
Bremen	559	688	649	693	742
Hamburg	1 730	1 703	1 925	2 039	2 241
Hessen	4 245	4 292	4 239	4 291	4 321
Mecklenburg-Vorpommern	.	.	.	4 114	1 294
Niedersachsen	5 868	5 695	5 252	5 189	5 324
Nordrhein-Westfalen	10 538	10 451	9 805	9 540	9 543
Rheinland-Pfalz	1 746	1 871	1 934	2 318	2 765
Saarland	921	762	763	871	812
Sachsen	.	.	.	10 580	3 971
Sachsen-Anhalt	.	.	.	4 470	2 372
Schleswig-Holstein	1 529	1 051	1 002	1 030	1 194
Thüringen	.	.	.	2 490	1 568
Zusammen	.	.	.	72 183	60 134
(2) Medizinische Einrichtungen					
Baden-Württemberg	2 069	2 307	2 971	3 453	3 717
Bayern	2 281	2 512	2 748	3 358	3 817
Berlin[1)]	1 057	1 259	1 166	3 223	2 656
Hamburg	799	797	906	957	1 086
Hessen	1 854	1 892	1 913	1 998	2 168
Mecklenburg-Vorpommern	.	.	.	.	1 026
Niedersachsen	1 038	1 496	1 810	1 990	2 135
Nordrhein-Westfalen	3 569	3 582	4 242	4 362	4 810
Rheinland-Pfalz	680	611	647	726	784
Saarland	314	473	514	629	694
Sachsen	.	.	.	2 144	1 962
Sachsen-Anhalt	.	.	.	735	1 288
Schleswig-Holstein	427	923	979	1 208	1 359
Thüringen	.	.	.	–	949
Zusammen	.	.	.	24 783	28 451

noch Übersicht 5

Stellen für wissenschaftliches Personal
nach Hochschularten und Ländern

Land	Anzahl				
	1975	1980	1985	1990	1995
(3) Gesamthochschulen					
Hessen	474	617	708	762	802
Nordrhein-Westfalen	2 713	3 538	3 413	3 519	3 700
Zusammen	3 187	4 155	4 121	4 281	4 502
(4) Pädagogische Hochschulen					
Baden-Württemberg	1 303	1 026	944	813	800
Mecklenburg-Vorpommern	.	.	.	349	-
Rheinland-Pfalz	317	261	242	-	-
Sachsen	.	.	.	1 083	-
Sachsen-Anhalt	.	.	.	836	-
Schleswig-Holstein	186	197	195	188	101
Thüringen	.	.	.	507	276
Zusammen	.	.	.	3 776	1 177
(5) Kunst- und Musikhochschulen					
Baden-Württemberg	320	359	377	441	529
Bayern	174	194	215	221	253
Berlin[1]	303	382	467	735	696
Brandenburg	.	.	.	70	80
Bremen	-	58	54	55	66
Hamburg	121	123	145	146	145
Hessen	85	88	101	108	112
Mecklenburg-Vorpommern	-	-	-	-	29
Niedersachsen	138	160	163	173	201
Nordrhein-Westfalen	411	445	446	459	516
Saarland	32	35	34	52	55
Sachsen	.	.	.	369	317
Sachsen-Anhalt	.	.	.	123	126
Schleswig-Holstein	25	25	25	30	36
Thüringen	.	.	.	156	137
Zusammen	.	.	.	3 138	3 298

noch Übersicht 5

Stellen für wissenschaftliches Personal nach Hochschularten und Ländern

Land	Anzahl				
	1975	1980	1985	1990	1995
(6) Fachhochschulen					
Baden-Württemberg	1 213	1 306	1 389	1 630	1 942
Bayern	1 495	1 348	1 357	1 380	1 404
Berlin[1)]	497	468	402	729	852
Brandenburg	.	.	.	-	380
Bremen	387	301	285	263	273
Hamburg	635	632	623	487	520
Hessen	943	856	967	1 015	1 120
Mecklenburg-Vorpommern	.	.	.	-	409
Niedersachsen	839	914	930	948	1 155
Nordrhein-Westfalen	2 167	2 186	2 137	2 114	2 481
Rheinland-Pfalz	453	630	648	669	707
Saarland	86	93	102	101	99
Sachsen	.	.	.	-	839
Sachsen-Anhalt	.	.	.	-	642
Schleswig-Holstein	318	297	303	346	501
Thüringen	.	.	.	-	370
Zusammen	.	.	.	9 682	13 694
(7) Zentralstellen					
Baden-Württemberg	253	6	60	435	650
Bayern	167	147	343	735	800
Berlin[1)]	-	-	-	-	67
Brandenburg	-	-	-	-	59
Bremen	4	6	-	34	186
Hamburg	-	-	-	-	171
Hessen	-	-	-	60	22
Mecklenburg-Vorpommern	-	-	-	-	614
Niedersachsen	13	46	94	445	
Nordrhein-Westfalen	-	51	1	521	232
Rheinland-Pfalz	-	-	105	347	58
Saarland	-	-	-	42	134
Sachsen-Anhalt	-	-	-	-	86
Schleswig-Holstein	4	-	23	72	81
Thüringen	.	.	.	-	9
Zusammen	.	.	.	2 691	3 169

noch Übersicht 5

Stellen für wissenschaftliches Personal nach Hochschularten und Ländern

Land	Anzahl				
	1975	1980	1985	1990	1995
	(8) Hochschularten insgesamt				
Baden-Württemberg	13 039	11 986	12 463	13 877	15 222
Bayern	12 131	12 410	13 077	14 269	15 021
Berlin[1]	6 775	6 783	6 762	12 613	10 187
Brandenburg	.	.	.	1 022	2 200
Bremen	950	1 053	988	1 045	1 140
Hamburg	3 285	3 255	3 599	3 629	4 178
Hessen	7 601	7 745	7 928	8 234	8 694
Mecklenburg-Vorpommern	.	.	.	4 463	2 780
Niedersachsen	7 896	8 311	8 249	8 745	9 429
Nordrhein-Westfalen	19 398	20 253	20 044	20 515	21 050
Rheinland-Pfalz	3 196	3 373	3 576	4 060	4 488
Saarland	1 353	1 363	1 413	1 695	1 718
Sachsen	.	.	.	14 176	7 223
Sachsen-Anhalt	.	.	.	6 164	4 514
Schleswig-Holstein	2 489	2 493	2 527	2 874	3 272
Thüringen	.	.	.	3 153	3 309
Insgesamt	.	.	.	120 534	114 425

1) Bis einschließlich 1985 nur West-Berlin.

Quelle: Angaben der Länder nach den Haushaltsplänen; eigene Erhebung.

A.II. Finanzsituation der Gemeinschaftsaufgabe Hochschulbau

II.1. Entwicklung der Ist-Ausgaben in den Ländern und ihre Verteilung auf Hochschularten

Der Neuaufbau der Hochschulen nach 1945 wurde zunächst durch rasche Entscheidungen unmittelbar vor Ort getragen. Ab Mitte der 1950er Jahre ließen bildungspolitische und wirtschaftliche Gründe den Ausbau des Hochschulwesens zum gemeinsamen Ziel aller Länder und politischen Kräfte in der Bundesrepublik Deutschland werden. Im Interesse einer Ausgewogenheit der Bildungschancen und der finanziellen Belastung der Länder entstand ein Bedürfnis nach überregionaler Koordination unter Beteiligung des Bundes, dem zunächst mit der Schaffung des Wissenschaftsrates 1957 Rechnung getragen wurde. Seine Empfehlungen zum Hochschulausbau von 1960 sind das erste Ergebnis dieser Kooperation. Bereits seit 1958 hat sich der Bund an einem Teil der Hochschulinvestitionen beteiligt. Im Jahre 1971, ein Jahr nach Inkrafttreten des Hochschulbauförderungsgesetzes (HBFG), wurden bereits 2,5 Milliarden DM von Bund und Ländern gemeinsam finanziert. 1974 erreichten die Ausgaben mit 3,2 Milliarden DM (in jeweiligen Preisen) die zunächst höchste Jahresrate. Danach gingen die Ist-Ausgaben bis 1978/79 auf deutlich unter 2 Milliarden DM zurück. Seit Anfang der 80er Jahre ist bei den Investitionsausgaben wieder ein deutlicher Anstieg zu verzeichnen, der im letzten Bezugsjahr 1990 für die alten Länder knapp 2,8 Milliarden DM erreichte. Rückblickend wurden in der Zeit von 1981 bis 1990 jährlich zwischen 2,2 und 2,8 Milliarden DM investiert.

Nach Abzug der jeweiligen Preissteigerungen erreichte das reale Investitionsvolumen 1989 mit über 2,2 Milliarden DM den Höchststand in den 80er Jahren – und damit etwa die Hälfte des Niveaus der Jahre 1971 bis 1975.

Nach dem Beitritt der neuen Länder zur Bundesrepublik Deutschland gelten auch dort mit Wirkung vom 1. Januar 1991 die Regelungen des Artikels 91a Grundgesetz zur Gemeinschaftsaufgabe Hochschulbau, so daß ab 1991 die Ist-Ausgaben für Investitionen an den Hochschulen aller 16 Länder zusammengefaßt dargestellt werden. Die langfristige Entwicklung verdeutlicht Grafik 1.

Unter Einschluß der neuen Länder sind die Ist-Ausgaben 1991 auf über 3,6 Milliarden DM angestiegen und erreichten 1992 knapp 4,1 Milliarden DM. Aufgrund der Beschlüsse des Planungsausschusses ist für 1993 ein Rückgang auf unter 3,7 Milliarden DM zu verzeichnen; 1995 waren es rund 3,85 Milliarden DM, ohne 336 Millionen DM für Vorhaben nach der Vereinbarung „UK 2004“. Bei einer Interpretation der Ist-Ausgaben ist zu beachten, daß darin auch Kostenanteile enthalten sind, die nach den Grundsätzen des HBFG nicht mitfinanzierungsfähig sind. Einzelheiten sind der folgenden Übersicht 6 zu entnehmen.

Übersicht 6

Ist-Ausgaben für Investitionen an den Hochschulen 1970 bis 1995 (in Mio. DM)

Jahr	Ist-Ausgaben nominal	Preisindex[1] 1991 = 100	Ist-Ausgaben real
1970	1 810	36,5	4 959
1971	2 509	40,2	6 241
1972	2 543	43,0	5 914
1973	2 754	46,1	5 974
1974	3 166	49,4	6 409
1975	2 957	50,6	5 844
1976	2 643	52,4	5 044
1977	2 215	54,9	4 035
1978	1 880	58,3	3 225
1979	1 861	63,4	2 935
1980	2 153	70,2	3 067
1981	2 209	74,3	2 973
1982	2 252	76,4	2 948
1983	2 304	78,0	2 954
1984	2 228	80,0	2 785
1985	2 194	80,3	2 732
1986	2 479	81,4	3 045
1987	2 402	83,0	2 894
1988	2 531	84,8	2 985
1989	2 775	87,8	3 161
1990	2 779	93,5	2 972
1991	3 621	100,0	3 621
1992	4 089	106,4	3 843
1993	3 615	111,7	3 236
1994	3 916	114,3	3 426
1995[2]	4 195	117,1	3 582
darunter 1995: UK 2004	336	x	x

1) Preisindex für Wohngebäude insgesamt. 1970 bis 1990 früheres Bundesgebiet.
2) Vorläufiges Ergebnis nach Angaben der Länder.

Quelle: Wissenschaftsrat nach Angaben des BMBF: Stand 5. 3. 1996.

Grafik 1

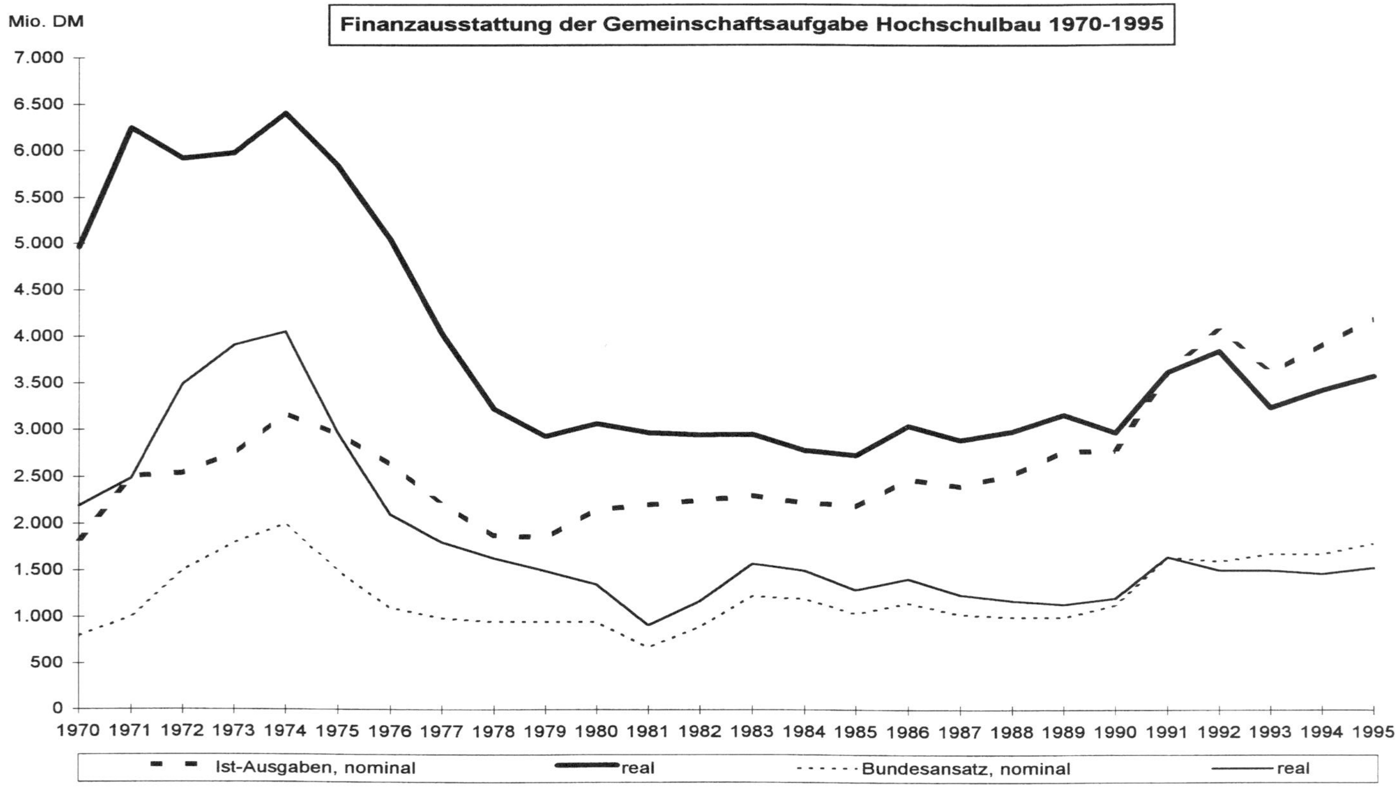
Finanzausstattung der Gemeinschaftsaufgabe Hochschulbau 1970-1995
Mio. DM
7.000
6.500
6.000
5.500
5.000
4.500
4.000
3.500
3.000
2.500
2.000
1.500
1.000
500
0
1970 1971 1972 1973 1974 1975 1976 1977 1978 1979 1980 1981 1982 1983 1984 1985 1986 1987 1988 1989 1990 1991 1992 1993 1994 1995
Ist-Ausgaben, nominal
real
Bundesansatz, nominal
real

Übersicht 7 gibt einen Überblick über die Entwicklung der Investitionsausgaben für die Hochschulen insgesamt seit 1975 sowie die Verteilung dieser Investitionen auf die verschiedenen Hochschularten. Danach sind zwischen 1978 und 1983 regelmäßig zwischen 47 und 51 % aller Hochschulbauinvestitionen (Grundstücke, Bauten sowie Großgeräte) für die Medizinischen Einrichtungen (alle Einrichtungen der Fächergruppe Humanmedizin, d. h. einschließlich der Theoretischen Institute) getätigt worden. Der Medizinanteil betrug von 1983 bis 1990 durchschnittlich 44 %. Unter Einschluß der neuen Länder betrug er 1991 bis 1994 durchschnittlich 36,8 %. Der Bedarf für den Medizinbereich dürfte aber angesichts anstehender grundständiger Sanierungen von Hochschulkliniken mittel- und längerfristig wieder ansteigen.

Der Anteil der Fachhochschulen an den Investitionen hat zwischen 1975 und 1985 kontinuierlich von zunächst 6 auf knapp 10 % zugenommen. 1991 wurde mit einem Anteil von 11 % das Ende der 80er Jahre in den alten Ländern erreichte Niveau gehalten. Bis 1994 erhöhte sich der Anteil auf 14,1 %. Die Entwicklung insgesamt veranschaulicht Grafik 2.

Übersicht 7

Ist-Ausgaben für Investitionen nach dem HBFG in den Hochschulen nach Hochschularten 1975 bis 1994 in jeweiligen und konstanten Preisen (1991 = 100)

Jahr	Ist-Ausgaben insgesamt		davon (nominal) für													
	nominal	real[1]	Universitäten[2]		Medizinische Einrichtungen[3]		Gesamt-hochschulen[4]		Pädagogische Hochschulen		Kunst- und Musik-hochschulen		Fachhochschulen		noch nicht aufteilbar	
	Mio DM		Mio DM	%	Mio DM	%	Mio DM	%	Mio DM	%	Mio DM	%	Mio DM	%	Mio DM	%
1975	2 957	5 844	1 462	50,2	1 044	35,8	166	5,7	46	1,6	20	0,7	176	6,0	43	
1976	2 643	5 044	1 200	45,4	976	36,9	254	9,6	40	1,5	8	0,3	167	6,3	–1	
1977	2 215	4 035	971	43,7	873	39,3	183	8,2	23	1,0	10	0,5	162	7,3	–6	
1978	1 880	3 225	742	39,7	932	49,8	81	4,3	10	0,5	9	0,5	97	5,2	9	
1979	1 861	2 935	715	38,7	889	48,1	109	5,9	6	0,3	7	0,4	124	6,7	12	
1980	2 153	3 067	758	35,4	1 083	50,6	110	5,1	6	0,3	18	0,8	166	7,8	12	
1981	2 209	2 973	822	37,4	1 095	49,8	109	5,0	5	0,2	20	0,9	145	6,6	12	
1982	2 252	2 948	886	39,0	1 067	47,0	126	5,6	0	0,0	36	1,6	155	6,8	–17	
1983	2 304	2 954	834	36,3	1 104	48,1	141	6,1	–1	–0,0	38	1,7	179	7,8	9	
1984	2 228	2 785	861	38,8	1 025	46,2	82	3,7	–2	–0,1	41	1,8	214	9,6	8	
1985	2 194	2 732	794	36,6	1 021	47,1	98	4,5	2	0,1	38	1,8	216	10,0	25	
1986	2 479	3 045	939	38,2	1 155	47,0	87	3,5	1	0,0	58	2,4	220	8,9	19	
1987	2 402	2 894	947	39,6	1 049	43,8	79	3,3	2	0,1	69	2,9	247	10,3	8	
1988	2 531	2 985	1 074	41,7	1 085	42,1	67	2,6	0	0,0	62	2,4	289	11,2	–46	
1989	2 775	3 161	1 185	43,4	1 081	39,6	80	2,9	2	0,1	49	1,8	333	12,2	45	
1990	2 779	2 972	1 176	43,1	1 088	39,9	127	4,7	4	0,1	60	2,2	275	10,1	52	
1991	3 621	3 621	1 602	46,7	1 254	36,6	102	3,0	16	0,5	46	1,3	418	12,2	194	
1992	4 089	3 843	1 678	45,2	1 382	37,3	140	3,8	6	0,2	85	2,3	481	13,0	380	
1993	3 615	3 236	1 459	44,3	1 217	37,0	85	2,6	7	0,2	93	2,8	471	14,3	322	
1994	3 916	3 426	1 415	41,8	1 229	36,3	80	2,4	18	0,5	90	2,7	553	16,3	530	

Prozentuierung ohne Sammelansätze
Abweichungen in den Summen ergeben sich durch Runden der Zahlen. – Minusbeträge sind durch Umbuchungen bei Abrechnungen entstanden.

1) Die Deflationierung erfolgt mit dem Preisindex (1991 = 100) für Wohngebäude, der der jährlichen Fortschreibung der Kostenrichtwerte zugrunde liegt. – 2) Universitäten ohne Medizinische Einrichtungen. – 3) Medizinische Einrichtungen sind alle Einrichtungen für die Fächergruppe Humanmedizin (einschließlich Zahnmedizin), d. h. medizinisch-theoretische Institute, vorklinische Einrichtungen und Kliniken. – Die Aufteilung eines Teilbetrags der Investitionen auf Universitäten und Medizinische Einrichtungen wurde geschätzt (50:50). – 4) Ohne Medizinische Einrichtungen der Universität-Gesamthochschule Essen. – 5) Hochschulübergreifende Vorhaben.

Quelle: Wissenschaftsrat nach Angaben des BMBF; Stand 5. 3. 1996.

Grafik 2

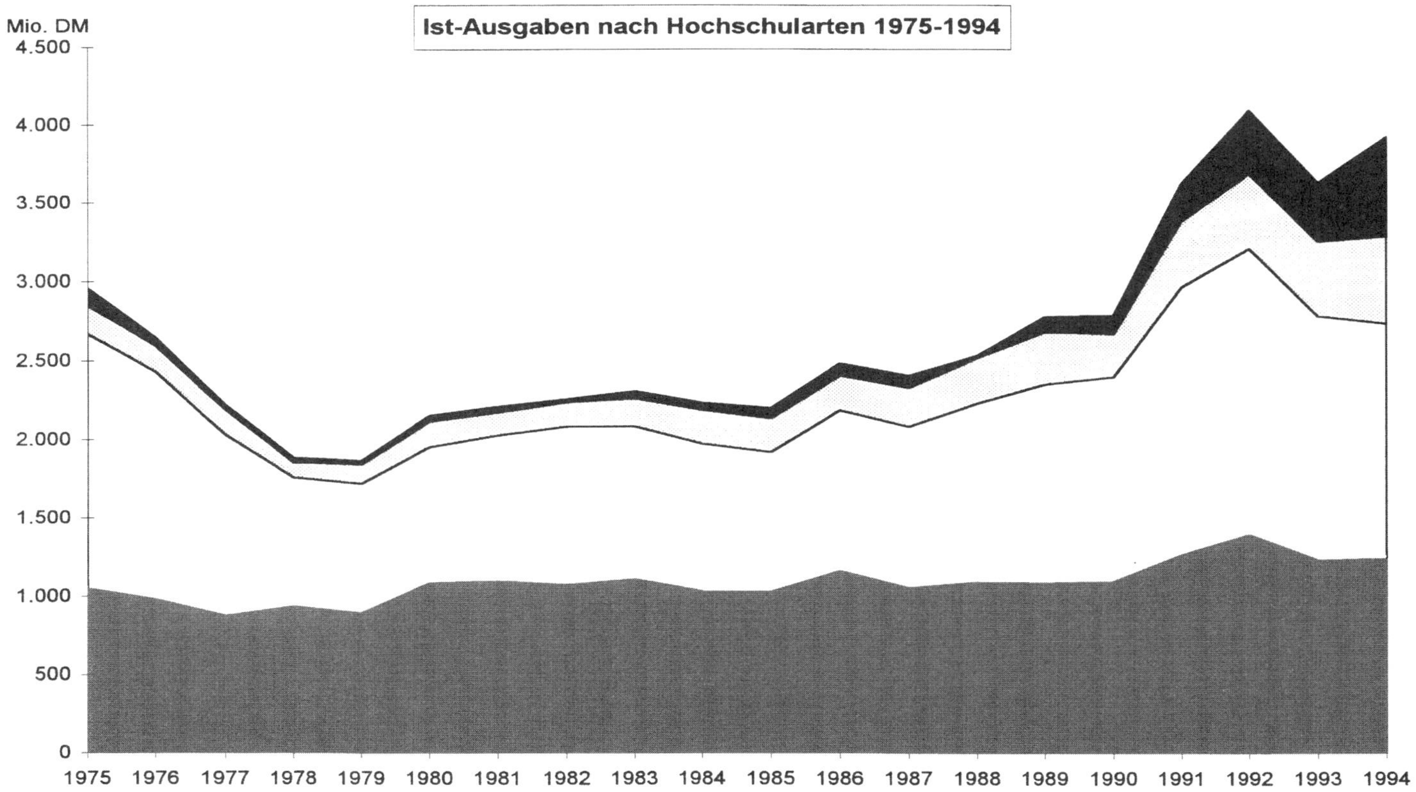
Ist-Ausgaben nach Hochschularten 1975-1994
Mio. DM
4.500
4.000
3.500
3.000
2.500
2.000
1.500
1.000
500
0
1975 1976 1977 1978 1979 1980 1981 1982 1983 1984 1985 1986 1987 1988 1989 1990 1991 1992 1993 1994

II.2. Ist-Ausgaben und Rahmenplanansätze

Ein Vergleich der Ist-Ausgaben für den Hochschulbau mit den Ansätzen der Rahmenpläne zeigt, daß die in den Rahmenplänen ausgewiesenen Mittelansätze für Vorhaben der Kategorie I in hohem Maße erreicht wurden.

Der prozentuale Anteil der Ist-Ausgaben an den Finanzraten der in den Rahmenplan aufgenommenen Vorhaben für das jeweils letzte Jahr gibt einen Hinweis auf die Umsetzung der Anmeldungen.

Vor der Einbeziehung der neuen Länder in die Gemeinschaftsaufgabe Hochschulbau wurden in den Jahren 1987-1990 Ausgaben in Höhe zwischen 79 und 91 % der in den Rahmenplan aufgenommenen Finanzraten erreicht. 1994 ist eine Steigerung auf 105 %, 1995 hingegen ein Rückgang auf 98 % zu verzeichnen. Bei der Interpretation dieser Daten ist zu berücksichtigen, daß in den Ist-Ausgaben der Länder

- nicht mitfinanzierungsfähige Anteile,
- Ausgaben aufgrund von Unbedenklichkeitserklärungen des Bundes sowohl für bereits grundsätzlich als auch für noch nicht in den Rahmenplan aufgenommene Vorhaben zur Abwendung von Gefahr für Leib und Leben,
- von den angemeldeten Finanzraten abweichende Ausgaben durch baubedingte Ratenverschiebungen,
- Ausgaben für Planungsanteile,

enthalten sind. Ferner sind unterschiedliche Freigabemodalitäten für Haushaltsmittel in den Ländern und der Stand der Abrechnung der einzelnen Vorhaben in Rechnung zu stellen, so daß die tatsächliche Realisierungsquote, die auf dem Finanzbedarf der mitfinanzierungsfähigen Vorhabenanteile der Gemeinschaftsaufgabe Hochschulbau beruht, unter dem ermittelten Prozentsatz von 99 % liegt. Sie läßt sich jedoch mit zunehmender Genauigkeit erst im Abrechnungsvollzug ermitteln. Hierdurch wird die hohe Realisierungsquote entscheidend mitbestimmt, die zwischen den Ländern eine Schwankungsbreite von 64 % bis 141 % aufweist.

Übersicht 8

Rahmenplanansatz (Finanzraten der Vorhaben der Kategorie I (einschl. Nachmeldungen) für das jeweilige Jahr und Ist-Ausgaben für Hochschulinvestitionen (in Millionen DM) 1988 bis 1995

Land		1988	1989	1990	1991	1992	1993	1994	1995[2]
Baden-Württemberg	RPL-Ansatz[1]	657	626	787	895	1 006	768	722	661
	Ist	550	592	559	652	716	675	626	628
	% vom RPL-Ansatz	84	95	71	73	71	88	87	95
	+ UK 2004[3]	.	.	.	.	.	.	.	32
Bayern	RPL-Ansatz[1]	589	622	588	735	660	658	484	443
	Ist	503	598	589	753	911	582	626	405
	% vom RPL-Ansatz	85	96	100	102	138	88	129	91
	+ UK 2004[3]	.	.	.	.	.	.	.	253
Berlin	RPL-Ansatz[1]	191	257	238	393	427	368	385	368
	Ist	147	167	220	214	321	304	378	357
	% vom RPL-Ansatz	77	65	92	54	75	83	98	97
	+ UK 2004[3]	.	.	.	.	.	.	.	4
Brandenburg	RPL-Ansatz[1]	.	.	.	14	43	73	131	207
	Ist	.	.	.	8	36	79	163	171
	% vom RPL-Ansatz	.	.	.	57	84	108	124	83
Bremen	RPL-Ansatz[1]	68	91	70	58	76	55	40	52
	Ist	50	79	58	63	66	70	67	54
	% vom RPL-Ansatz	74	87	83	109	87	127	168	104
Hamburg	RPL-Ansatz[1]	137	106	115	124	104	61	73	106
	Ist	83	91	100	106	119	85	71	107
	% vom RPL-Ansatz	61	86	87	85	114	139	97	101
Hessen	RPL-Ansatz[1]	285	206	273	297	460	370	223	194
	Ist	181	216	253	336	357	349	235	195
	% vom RPL-Ansatz	64	105	93	113	78	94	105	101
	+ UK 2004[3]	.	.	.	.	.	.	.	47
Mecklenburg-Vorpommern	RPL-Ansatz[1]	.	.	.	61	114	99	166	150
	Ist	.	.	.	48	33	54	111	96
	% vom RPL-Ansatz	.	.	.	79	29	55	67	64
Niedersachsen	RPL-Ansatz[1]	189	206	233	203	230	137	196	293
	Ist	170	193	221	269	283	193	198	271
	% vom RPL-Ansatz	90	94	95	133	123	141	101	92

noch Übersicht 8

Rahmenplanansatz (Finanzraten der Vorhaben der Kategorie I (einschl. Nachmeldungen) für das jeweilige Jahr und Ist-Ausgaben für Hochschulinvestitionen (in Millionen DM) 1988 bis 1995

Land		1988	1989	1990	1991	1992	1993	1994	1995[2]
Nordrhein-Westfalen	RPL-Ansatz[1]	383	426	416	429	428	342	327	400
	Ist	427	392	401	469	526	414	426	493
	% vom RPL-Ansatz	111	92	96	109	123	121	130	123
Rheinland-Pfalz	RPL-Ansatz[1]	165	196	214	181	200	161	162	168
	Ist	189	180	166	204	157	147	140	152
	% vom RPL-Ansatz	115	92	78	113	79	91	86	90
Saarland	RPL-Ansatz[1]	122	116	63	81	83	82	74	85
	Ist	86	112	51	72	71	102	87	91
	% vom RPL-Ansatz	70	97	81	89	86	124	118	107
Sachsen	RPL-Ansatz[1]	.	.	.	173	361	244	289	341
	Ist	.	.	.	149	205	260	333	309
	% vom RPL-Ansatz	.	.	.	86	57	107	115	91
Sachsen-Anhalt	RPL-Ansatz[1]	.	.	.	72	103	139	157	172
	Ist	.	.	.	53	54	92	144	211
	% vom RPL-Ansatz	.	.	.	74	52	66	92	123
Schleswig-Holstein	RPL-Ansatz[1]	180	204	184	172	133	130	99	126
	Ist	146	155	156	159	115	108	125	124
	% vom RPL-Ansatz	81	76	85	92	86	83	126	98
Thüringen	RPL-Ansatz[1]	.	.	.	67	101	167	180	200
	Ist	.	.	.	67	120	121	158	184
	% vom RPL-Ansatz	.	.	.	100	119	72	88	92
Insgesamt	RPL-Ansatz[1]	2 966	3 056	3 181	3 955	4 529	3 854	3 708	3 966
	Ist	2 532	2 775	2 774	3 622	4 090	3 655	3 888	3 848
	% vom RPL-Ansatz	85	91	87	92	90	94	105	97
	+ UK 2004[3]	.	.	.	.	.	.	336	

Hinzuweisen ist darauf, daß sich durch Einbeziehung möglicher Kostenänderungen die Prozentangaben ändern. Abweichungen in den Summen erklären sich durch Runden der Zahlen.

1) Angemeldete Finanzraten für die Vorgaben der Kategorie I. – 2) Ist-Ausgaben vorläufig. – 3) Erläuterungen zu UK 2004 siehe Seite 42.

Quelle: BMBF, Stand 5. 3. 1996.

II.3. Finanzplanung und Gemeinschaftsaufgabe Hochschulbau[8])

Seit Einführung der Gemeinschaftsaufgabe Hochschulbau haben phasenweise Bund und Länder Vor-/Mehrleistungen erbracht, die zunächst bis zum Jahre 1985 vollständig abgebaut wurden. Seit 1987 sind wieder Vor-/Mehrleistungen der Länder auf den Bundesanteil erforderlich, die nach Angaben des Bundes bis 1992 auf 837 Millionen DM angestiegen und danach bis einschließlich 1994 auf 723 Millionen zurückgegangen sind.

Ab 1991 werden die neuen Länder in die Berechnung einbezogen; für sie hat der Bund bis 1992 Vor-/Mehrleistungen von 67 Millionen DM erbracht, um dringend notwendige Maßnahmen durchführen zu können. Die Länder haben 1995 rund 3,9 Milliarden DM in den Hochschulbau investiert (Stand März 1996) ohne 336 Millionen DM für Vorhaben nach der Vereinbarung UK 2004. Ihnen standen Bundeszuweisungen von 1,8 Milliarden DM gegenüber. Nach Angaben des Bundes sind 1994 die Vor-/Mehrleistungen der Länder zurückgegangen.

8) Die Entwicklung der Finanzierungsbasis der Gemeinschaftsaufgabe Hochschulbau ist zuletzt ausführlich dargestellt in: Wissenschaftsrat, Empfehlungen zum 24. Rahmenplan, Bd. 1, S. 38 ff.

Übersicht 9

Vor-/Mehrleistungen von Bund und Ländern bis einschließlich 1994 sowie Ausgaben in Millionen DM

Land	Vor-/Mehrleistungen bis 1994[1])	
	Land	Bund
Baden-Württemberg	153	–
Bayern	151	–
Berlin	56	–
Brandenburg	10	–
Bremen	4	–
Hamburg	11	–
Hessen	38	–
Mecklenburg-Vorpommern	–	1
Niedersachsen	56	–
Nordrhein-Westfalen	229	–
Rheinland-Pfalz	11	–
Saarland	6	–
Sachsen	–	7
Sachsen-Anhalt	2	–
Schleswig-Holstein	12	–
Thüringen	–	8
Insgesamt	739	16

1) Zusammenfassung des Bundesministeriums für Bildung, Wissenschaft, Forschung und Technologie nach Angaben der Länder.

Die bereitgestellten Haushaltsmittel sowie die Ansätze der Finanzplanung des Bundes seit 1980 sind in Übersicht 10 zusammengefaßt. Mit dem Beitritt der neuen Länder standen bundesseitig 1991 und 1992 1,6 Milliarden DM zur Verfügung; 1993 und 1994 wurden auf Bundesseite 1,68 Milliarden DM bereitgestellt. Für 1995 wurde eine erneute Steigerung der Bundesmittel um 120 Millionen auf 1,8 Milliarden DM erreicht, die auch Aufnahme in die mittelfristige Finanzplanung des Bundes 1996 bis 1998 gefunden haben.

Übersicht 10

Haushalts- und Finanzplanung des Bundes seit 1984
(in Mrd. DM)

Jahr	13.	14.	15.	16.	17.	18.	19.	20.	21.	22.	23.	24.	25.
1984	1,20												
1985	1,15	1,04											
1986	1,15	1,15	1,15										
1987	1,15	1,15	1,15	1,03									
1988		1,00	1,00	1,00	1,00								
1989			0,90	0,90	0,90	1,00							
1990				0,80	0,80	1,00	1,13						
1991					0,80	1,00	1,10	1,65					
1992						1,00	1,10	1,30	1,60				
1993							1,10	1,30	1,60	1,68			
1994								1,30	1,60	1,60	1,68		
1995									1,60	1,60	1,60	1,80	
1996										1,60	1,60	1,80	1,88[1]
1997											1,60	1,80	1,94[2]
1998												1,80	1,94[2]
1999													1,94[2]
Insgesamt	4,65	4,34	4,20	3,73	3,50	4,00	4,43	5,55	6,40	6,48	6,48	7,20	7,70

1) Darunter 80 Millionen gesperrt. – 2) Daruntre 140 Millionen unter Vorbehalt. Die jeweils erste Rate ist der Ist-Ansatz. Die Aufhebung der Sperre bzw. des Vorbehalts ist abhängig von einer Verständigung zwischen Bund und Ländern über die Einführung verzinslicher Darlehen im BAföG.

II.4. Anmeldungen der Länder zum 26. Rahmenplan

Übersicht 11 informiert über den Finanzbedarf nach den Anmeldungen der Länder auf der Grundlage der vorgesehenen Bauzeiten und geplanten jährlichen Finanzraten vor der Beratung der Vorhaben im Wissenschaftsrat. Dabei wird erstmals der Finanzbedarf für die Vorhaben aufgezeigt, die die Länder zur Aufnahme in Kategorie I des Rahmenplans angemeldet haben. Sie faßt die Darstellungen für die einzelnen Länder im jeweiligen Länderteil (Übersicht D) zusammen.

Nach Übersicht 11 kennzeichnen folgende Merkmale die Anmeldungen der Länder:

- Die begonnenen Vorhaben erfordern ab 1997 bis zu ihrer Fertigstellung noch rund 6,2 Milliarden DM.

- Für die Vorhaben der Kategorie I mit Baubeginn ab 1996 des 25. Rahmenplans beträgt der Finanzbedarf rund 5 Milliarden DM.

- Vorhaben der Kategorien IIa, II und P des 25. Rahmenplans weisen ein Finanzvolumen von rund 19,7 Milliarden DM aus. Die Länder melden davon Vorhaben zur Höherstufung in Kategorie I an, für die für 1997 ein Finanzbedarf von 1,3 Milliarden DM besteht.

- Für die zum 26. Rahmenplan neu angemeldeten Vorhaben (Neuanmeldungen einschließlich Kategorie III im 25. Rahmenplan) ist ein Finanzbedarf von rund 8,2 Milliarden DM erforderlich. Verglichen mit den Anmeldungen zum 25. Rahmenplan ist er um rund 740 Millionen DM geringer.

- Für die zum 26. Rahmenplan neu angemeldeten Vorhaben der Medizin (Neuanmeldungen einschließlich Kategorie III im 25. Rahmenplan) ist ein Finanzbedarf von 3,1 Milliarden DM erforderlich. Verglichen mit den Anmeldungen zum 25. Rahmenplan ist er um 679 Millionen DM geringer.

- Für die zum 26. Rahmenplan neu angemeldeten Vorhaben im Bereich der Fachhochschulen (Neuanmeldungen einschließlich Kategorie III im 25. Rahmenplan) ist ein Finanzbedarf von rund 1 Milliarden DM erforderlich. Verglichen mit den Anmeldungen zum 25. Rahmenplan ist er um rund 355 Millionen DM geringer.

- Insgesamt umfassen die Anmeldungen zum 26. Rahmenplan ein Finanzvolumen von 39,1 Milliarden DM, von denen 27 Milliarden DM auf die Laufzeit des 26. Rahmenplans und rund 12,1 Milliarden DM auf die Zeit ab 2001 entfallen.

- Im Planungszeitraum sind Globalbeträge für die Beschaffung von Großgeräten sowie Geräten im Rahmen des Computer-Investitions-

Übersicht 11

Finanzbedarf der Anmeldungen aller Länder zum 26. Rahmenplan ohne Vorhaben nach der Vereinbarung „UK 2004"
– (Stand: 12. 4. 1996) –

Anmeldungen	Finanzierungsplan					
	1997	1998	1999	2000	2001 ff.	insgesamt
	Millionen DM					
Begonnene Vorhaben der Kategorie I						
– ohne Medizin	1 749	1 110	493	294	419	4 065
– der Medizin	794	465	319	225	291	2 094
Zusammen	2 543	1 575	812	519	710	6 159
darunter: Fachhochschulen	677	386	157	82	125	1 427
Vorhaben der Kategorie I des 25. RP ab 1996						
– ohne Medizin	515	432	286	138	161	1 532
– der Medizin	196	137	49	29	6	417
– Großgeräte[1]	1 015	1 034	1 044	0	0	3 093
Zusammen	1 726	1 603	1 379	167	167	5 042
darunter: Fachhochschulen	115	113	76	24	8	336
Vorhaben der Kategorie IIa des 25. RP						
– ohne Medizin	289	333	250	92	115	1 079
– der Medizin	192	154	109	58	62	575
Zusammen	481	487	359	150	177	1 654
darunter: Fachhochschulen	86	60	41	15	7	209
Vorhaben der Kategorien II und P des 25. RP						
– ohne Medizin	1 022	1 842	2 186	1 929	3 947	10 926
– der Medizin	470	931	1 057	1 017	3 648	7 123
Zusammen	1 492	2 773	3 243	2 946	7 595	18 049
darunter: Fachhochschulen	433	681	785	610	1 248	3 757
Vorhaben des 25. RP						
Zusammen	6 242	6 438	5 793	3 782	8 649	30 904
darunter: Fachhochschulen	1 311	1 240	1 059	731	1 388	5 729
Neuanmeldungen 26. RP[2]						
– ohne Medizin	356	570	695	649	1 722	3 992
– der Medizin	246	382	383	410	1 723	3 144
– Großgeräte[1]	0	0	0	1 044	0	1 044
Zusammen	602	952	1 078	2 103	3 445	8 180
darunter: Fachhochschulen	80	144	189	157	431	1 001
Anmeldungen 26. RP						
– ohne Medizin	3 931	4 287	3 910	3 102	6 364	21 594
– der Medizin	1 898	2 069	1 917	1 739	5 730	13 353
– Großgeräte[1]	1 015	1 034	1 044	1 044	0	4 137
Insgesamt	6 844	7 390	6 871	5 885	12 094	39 084
darunter: Fachhochschulen	1 391	1 384	1 248	888	1 819	6 730

1) Globalbeträge einschl. CIP und WAP. – 2) Nicht in den 25. Rahmenplan aufgenommene Vorhaben (Kategorie III) und erstmalige Anmeldungen.

Abweichungen in den Summen durch Runden der Zahlen.

Programms (CIP) und des Wissenschaftler-Arbeitsplatzrechner-Programms (WAP) mit einem Finanzvolumen von rund 4,1 Milliarden DM angemeldet. Einzelheiten sind Übersicht 12 zu entnehmen.

Übersicht 12

Globalbeträge für Großgeräte einschl. CIP und WAP
- in 1 000 DM -

Land	1997	1998	1999	2000	Summe
Baden-Württemberg	129 750	133 750	136 750	138 000	538 250
Bayern	113 100	130 000	130 000	130 000	503 100
Berlin	67 192	67 192	67 192	67 192	268 768
Brandenburg	17 000	17 000	17 000	17 000	68 000
Bremen	12 000	10 000	10 000	12 000	44 000
Hamburg	22 000	22 000	22 000	22 000	88 000
Hessen	90 000	90 000	90 000	90 000	360 000
Mecklenburg-Vorpommern	47 731	30 000	30 000	30 000	137 731
Niedersachsen	83 400	92 500	95 500	109 500	380 900
Nordrhein-Westfalen	164 000	166 000	170 000	150 000	650 000
Rheinland-Pfalz	37 000	37 000	37 000	37 000	148 000
Saarland	14 000	15 500	15 500	15 500	60 500
Sachsen	80 000	80 000	80 000	80 000	320 000
Sachsen-Anhalt	68 000	68 000	68 000	70 000	274 000
Schleswig-Holstein	26 000	31 000	31 000	32 000	120 000
Thüringen	44 000	44 000	44 000	44 000	176 000
Insgesamt	1 015 173	1 033 942	1 043 942	1 044 192	4 137 249

Quelle: Anmeldungen der Länder zum 26. Rahmenplan.

B. Reform der Gemeinschaftsaufgabe durch Bund und Länder

B. I. Auftrag des Planungsausschusses

Der Wissenschaftsrat begrüßt den Beschluß von Bund und Ländern in der Sitzung des Planungsausschusses für den Hochschulbau am 14. September 1995. Er lautet:

> „Bund und Länder erklären ihren gemeinsamen politischen Willen, die Gemeinschaftsaufgabe Hochschulbau zu reformieren und sie in der Durchführung zu vereinfachen. Der Planungsausschuß beauftragt deshalb eine Bund-Länder-Arbeitsgruppe, bis Ende 1995 einen konkreten Vorschlag zu erarbeiten:
>
> 1. Zum kurzfristigen Abbau des vom Wissenschaftsrat festgestellten Investitionsstaus der letzten Jahre unter besonderer Berücksichtigung alternativer Verfahren, z. B. Leasing
>
> 2. Für eine Novellierung des HBFG, unter besonderer Berücksichtigung folgender Eckpunkte:
>
> – Erhöhung der Bagatellgrenzen
>
> – Berücksichtigung alternativer Planungs- und Finanzierungsformen
>
> – Verwaltungsvereinfachungen
>
> Mit dieser gemeinsamen Zielsetzung verabschiedet der Planungsausschuß den 25. Rahmenplan.“

B. II. Umsetzung durch die Bund-Länder-Arbeitsgruppe

In der vom Planungsausschuß auf Staatssekretärsebene eingesetzten Arbeitsgruppe waren von Seiten des Bundes der BMBF und der BMF, von Seiten der Länder die Wissenschaftsressorts von Baden-Württemberg, Bayern, Berlin, Nordrhein-Westfalen, Rheinland-Pfalz, Sachsen, Sachsen-Anhalt und Schleswig-Holstein sowie die FMK, schließlich die HRK und der Wissenschaftsrat vertreten. Die Arbeitsgruppe hat am 20. Februar 1996 einen Abschlußbericht vorgelegt (vgl. Anlage 1).

B. III. Beschluß des Planungsausschusses für den Hochschulbau

Der Planungsausschuß für den Hochschulbau hat am 24. April 1996 die Ergebnisse der Arbeitsgruppe zustimmend zur Kenntnis genommen. In einem entsprechenden Beschluß unterstützt er die Vorschläge zur Anhebung der Bagatellgrenze für Bauvorhaben auf 3 Millionen DM und für

Geräte auf 250000 DM für Universitäten und hält eine finanzielle Kompensation von Mehrleistungen der Länder für notwendig. Ferner hält er die Öffnung des HBFG für alternative Finanzierungsformen, wie zum Beispiel Leasing, für erstrebenswert und begrüßt insbesondere die Verwaltungsvereinfachungen. Der Planungsausschuß hat die Arbeitsgruppe Rahmenplan-Abteilungsleiter gebeten, eine Reihe von Beratungspunkten so rechtzeitig technisch vorzubereiten, daß sie vor Verabschiedung einer HBFG-Novelle beschlossen werden können (vgl. Beschluß des Planungsausschusses, Anlage 2).

B. IV. Stellungnahme des Wissenschaftsrates

IV.1 Erhöhung der Bagatellgrenzen

Der Wissenschaftsrat begrüßt die geplante Anhebung der Bagatellgrenze für Bauvorhaben. Er bittet die Länder und die Hochschulen, sorgfältig darauf zu achten, daß bei einer Anhebung der Bagetellgrenze die dann von den Ländern allein zu finanzierenden Vorhaben bis 3 Millionen DM weiterhin im notwendigen Umfang möglich sind. Der Wissenschaftsrat stimmt ferner der geplanten Anhebung der Bagatellgrenze für Großgeräte zu. Allerdings muß darauf geachtet werden, daß die Erhöhung der Bagatellgrenze nicht zu einer strukturellen Verschlechterung der apparativen Ausstattung der Hochschulen mit Geräten *unterhalb* der Bagatellgrenze führt. In diesem Fall droht ein Verlust an internationaler Wettbewerbsfähigkeit in der Hochschulforschung. Vor diesem Hintergrund ist die differenzierte Praxis zu begrüßen, derzufolge die bisherige Bagatellgrenze für Großgeräte, soweit Fachhochschulen betroffen sind, beibehalten werden soll. Der Wissenschaftsrat hält eine finanzielle Kompensation der Mehrleistungen der Länder, die aus der Anhebung der Bagatellgrenzen für Bauvorhaben und Großgeräte entstehen, für notwendig.

IV.2 Berücksichtigung alternativer Planungs- und Finanzierungsformen

Aus der Sicht der Wissenschaftsrates bietet es sich für einzelne Vorhaben an, zu prüfen, ob sie, vorbehaltlich einer im Einzelfall nachzuweisenden höheren Wirtschaftlichkeit, durch private Investoren realisiert werden können, sofern dabei die Belange der Hochschulen uneingeschränkt berücksichtigt sind und die volle Verfügbarkeit durch die Hochschulen sichergestellt ist. Der Wissenschaftsrat weist in diesem Zusammenhang allerdings auf die Gefahr der „Grauen Verschuldung" hin. Dem ist auch bei der Rahmenplanung Rechnung zu tragen. Der Wissenschaftsrat würde es begrüßen, wenn Bund und Länder in den zu diesem Komplex angestrebten Beratungen zu einer konstruktiven Lösung kämen.

Um seine Aufgaben im Rahmenplanverfahren gerade auch im Sinne des § 2 HBFG angemessen wahrnehmen zu können, ist es nach Auffassung des Wissenschaftsrates erforderlich, alle Investoren-Vorhaben mit Kaufoption vor Vertragsabschluß zur Aufnahme in den Rahmenplan anzumelden, so daß solche Vorhaben rechtzeitig auch einer Prüfung unterzogen werden können. Bei positiver Empfehlung finden sie Eingang in die langfristige Finanzplanung des Rahmenplans für den voraussichtlichen Zeitpunkt des Ankaufs. Unabhängig davon ist es nach Auffassung des Wissenschaftsrats bei Vorhaben, die von Investoren nach Plänen des Landes errichtet und zunächst angemietet werden, um sie zu einem späteren Zeitpunkt zu erwerben, erforderlich, daß auch größere Anmietungsvorhaben mit und ohne Kaufoption dem Wissenschaftsrat rechtzeitig zur Begutachtung vorgelegt werden, da auch sie für die Aufgabenstellung nach § 2 HBFG von Bedeutung sein können.

Zudem haben sich einige Länder dazu entschlossen, die Verantwortung für die Durchführung von Hochschulbauvorhaben dem für die Hochschulen zuständigen Fachministerium zu übertragen, das sich dabei privater oder öffentlicher, darauf spezialisierter Unternehmen bedienen kann. Finanzverantwortung und Vorhabenrealisierung in einer Hand des Fachministeriums bilden einen wichtigen Ansatz für kostengünstige, funktionsgerechte Realisierungen. Der Wissenschaftsrat regt als eine Maßnahme zur Kostensenkung an, stets zum frühestmöglichen Zeitpunkt die Nutzer in die Planungen einzubeziehen und bei ihnen verstärkt ein Kostenbewußtsein und eine Kostenmitverantwortung zu schaffen. Auch sollten die Länder, wo immer möglich und sinnvoll, darauf hinwirken, daß zu einem bestimmten Zeitpunkt im Planungsverfahren die Nutzeranforderungen abschließend festgelegt sind und spätere Veränderungen lediglich innerhalb des bestimmten Kostenrahmens erfolgen können.

IV.3 Änderungen im Rahmenplanverfahren

Der Wissenschaftsrat begrüßt die Möglichkeit ausdrücklich, Einzelvorhaben im Rahmen des HBFG auch dann zu fördern, wenn bei ihnen Drittmittel aus Mitteln des Europäischen Fonds für regionale Entwicklung (EFRE) eingesetzt werden. Er bedauert in diesem Zusammenhang, daß es noch nicht in größerem Umfang gelungen ist, die investiven Anliegen von Forschung, Entwicklung und Lehre der Hochschulen in den neuen Ländern im Rahmen der Sicherung des Standortes Deutschland in die Regionalfondsförderung der Europäischen Union aufzunehmen, wozu die Strukturfondsvoraussetzungen der EU durchaus Ansatzpunkte böten. Unter Anknüpfung an die Überlegungen der Kommission der Europäischen Union zur Förderung der Humanressourcen empfiehlt der Wissenschaftsrat Bund und neuen Ländern, die Hochschulen in den Regionalentwicklungsplan aufzunehmen, der gemeinsam von den neuen Ländern und Berlin erarbeitet worden ist.

Darüber hinaus sollte geprüft werden, ob Mittel zum Aufbau einer neuen wirtschaftlichen Infrastruktur in den neuen Ländern, die gegenwärtig außerhalb des Haushalts des BMBF verfügbar sind, zur notwendigen

Verstärkung der Hochschulinvestitionen außerhalb der Regelungen des HBFG und gegebenenfalls mit fest umrissener Zielsetzung zur Förderung besonders innovativer praxisnaher Bereiche von Forschung, Entwicklung und Lehre genutzt werden können.

IV.4 Verwaltungsvereinfachungen

Der Wissenschaftsrat sieht in den vorgesehenen Verwaltungsvereinfachungen einen notwendigen Beitrag zur Sicherung einer zukunftsfähigen Gemeinschaftsaufgabe Hochschulbau. Im Zuge der vom Wissenschaftsrat empfohlenen Stärkung der Eigenverantwortlichkeit der Hochschulen sollten kleinere Vorhaben bis zu einer zu definierenden Größenordnung von ihnen eigenständig durchgeführt werden können.

C. Empfehlungen zum 26. Rahmenplan

Der Wissenschaftsrat hat in Anlehnung an die Empfehlungspraxis seit den Empfehlungen zum 11./12. Rahmenplan für den Hochschulbau seine Stellungnahmen zu einzelnen Vorhaben auch unter dem Gesichtspunkt der zeitlichen Priorität abgegeben. Er hat dabei in Übereinstimmung mit früheren Empfehlungen und Entscheidungen des Planungsausschusses für den Hochschulbau folgende Kategorien empfohlen:

Kategorie I: In den Rahmenplan aufgenommen. Die Vorhaben sind zur Mitfinanzierung der Planung und der Baudurchführung bzw. der Beschaffung nach § 3 HBFG – bei Großgeräten vorbehaltlich der Empfehlung des Wissenschaftsrates – freigegeben.

Kategorie IIa: Vom Wissenschaftsrat nach Kategorie I empfohlen und vom Planungsausschuß aus finanzpolitischen Gründen zurückgestuft. Planungskosten sind zur Mitfinanzierung freigegeben. Über die Freigabe der Baudurchführung bzw. Beschaffung wird bei der Fortschreibung des Rahmenplans entschieden.

Kategorie II: Grundsätzlich in den Rahmenplan aufgenommen. Planungskosten sind zur Mitfinanzierung freigegeben. Über die Freigabe der Baudurchführung bzw. Beschaffung wird bei der Fortschreibung des Rahmenplans entschieden.

Kategorie III: Nicht in den Rahmenplan aufgenommen. Eine erneute Anmeldung kann zu den folgenden Rahmenplänen stattfinden.

Kategorie P: Eine abschließende Einstufung in die Kategorien I, II oder III ist gegenwärtig nicht möglich.

Planungskosten für Vorhaben der Kategorien III und P sowie für noch nicht zum Rahmenplan angemeldete Vorhaben sind zur Vorfinanzierung durch das Land freigegeben.

Andere Ausgaben für Vorhaben der Kategorien II, IIa, III und P sind innerhalb der Gemeinschaftsaufgabe Hochschulbau nicht mitfinanzierungsfähig; es sei denn, es ist eine Unbedenklichkeitserklärung erteilt worden.

Gesondert zur Mitfinanzierung freigegebene Beträge der Kategorien II, IIa, III und P bleiben unberührt.

C. I. Finanzbedarf nach Empfehlungen zu Vorhaben

Die Empfehlungen zu den von den 16 Ländern angemeldeten Vorhaben sind in den jeweiligen Länderteilen dieser Empfehlungen zusammengefaßt. Die rechtlichen Voraussetzungen für die Finanzierung nach dem Hochschulbauförderungsgesetz werden in den Gremien des Planungsausschusses geprüft.

Die Empfehlungen stehen entsprechend den Richtlinien des Planungsausschusses generell unter dem Vorbehalt einer Prüfung der Baukosten durch die Arbeitsgruppe Baukostenprüfung des Wissenschaftsrates.

Darüber hinaus werden in Einzelfällen weitere ergänzende Bedingungen oder Vorbehalte für die Empfehlungen formuliert. Ein grundsätzlicher Vorbehalt gilt für die Umnutzung vormaliger Kasernen und Industrieanlagen für Hochschulzwecke. Ankauf und Umbaumaßnahmen können vom Wissenschaftsrat nur zur Aufnahme in den Rahmenplan empfohlen werden, wenn vom jeweiligen Land dargelegt wird, daß die Gesamtkosten einer Umnutzung für Hochschulzwecke nicht höher als die Investitionen für eine vergleichbare Neubaumaßnahme sind.

Aus der Beratung der Anmeldungen der Länder und der daraus folgenden Einstufung in Kategorien im Wissenschaftsrat ergibt sich der in den folgenden beiden Übersichten zusammengefaßte Finanzbedarf für neu in Kategorie I sowie neu in Kategorie II und P eingestufte Vorhaben:

Übersicht 13

Finanzbedarf (Gesamtkosten) der neu in Kategorie I eingestuften Vorhaben (in Mio. DM)

Vorhabenart	Zusammen	aus Kat. IIa, II und P	Neu und aus Kat. III[2]
Vorhaben ohne Medizin	5 330	4 292	1 038
Vorhaben der Medizin	2 817	2 523	294
Großgeräte einschl. CIP und WAP[3]	1 273	–	1 273
Insgesamt	9 420	6 815	2 605

1) Ohne freigegebene Planungskosten. – 2) Erstmals vorgelegte Anmeldungen sowie Kategorie III der Empfehlungen des Wissenschaftsrates zum 24. Rahmenplan. – 3) Jahresrate 2000 sowie Erhöhung der bisherigen Jahresraten 1997 bis 1999.

Übersicht 14

Finanzbedarf (Gesamtkosten) der neu in Kategorie II und P eingestuften Vorhaben (in Mio. DM)

Vorhabenart	Zusammen	Kategorie II	Kategorie P
Vorhaben ohne Medizin	1 908	1 526	382
Vorhaben der Medizin	1 590	1 072	518
Insgesamt	3 498	2 598	900

Ferner wurden die Finanzansätze für Vorhaben des 25. Rahmenplans mit den von den Ländern angemeldeten Änderungen geprüft und fortgeschrieben. Zusammen mit dem Ansatz für neu eingestufte Vorhaben ergibt sich daraus der Finanzbedarf für den 26. Rahmenplan für den Hochschulbau, der in der folgenden Übersicht 15 nach Jahren gegliedert dargestellt ist.

Bei der Interpretation dieses Finanzbedarfs ist zu berücksichtigen, daß die meisten der vom Planungsausschuß aus finanzpolitischen Gründen mit dem 25. Rahmenplan abweichend von den Empfehlungen des Wissenschaftsrates in Kategorie IIa eingestuften Vorhaben mit Baubeginn in 1996 zur Höherstufung in Kategorie I empfohlen werden, wenn sie von den Ländern entsprechend angemeldet wurden. Eine weitere Verschiebung des Baubeginns dieser Vorhaben auf 1997 würde den Finanzbedarf für die Laufzeit des 26. Rahmenplans erhöhen. Zudem wurde von den Ländern ein Teil der vom Planungsausschuß gekürzten Globalbeträge für Großgerätebeschaffungen erneut zum 26. Rahmenplan angemeldet.

Übersicht 15

Finanzbedarf der Vorhaben des 26. Rahmenplans nach den Empfehlungen des Wissenschaftsrates (in Mio. DM)

Art der Vorhaben	1997	1998	1999	2000	1997-2000	2001 ff.	zusammen
(1) Vorhaben ohne Medizin und ohne GG/CIP/WAP							
Begonnene Vorhaben	1 712	1 041	447	269	3 469	345	3 814
Kategorie I ab 1996	480	416	264	125	1 286	145	1 431
Kategorie I ab 26. RP	1 087	1 223	956	506	3 772	475	4 248
Summe Kategorie I	3 279	2 680	1 667	900	8 526	965	9 492
Kategorie II und IIa	463	1 165	1 462	1 309	4 399	2 027	6 426
Kategorie P	145	304	578	591	1 618	1 407	3 025
Insgesamt	3 888	4 149	3 707	2 800	14 543	4 399	18 942
nachrichtlich:							
Kategorie III	17	84	171	286	559	1 860	2 419
(2) darunter Fachhochschulen							
Begonnene Vorhaben	670	377	150	77	1 274	119	1 393
Kategorie I ab 1996	107	102	63	20	292	8	300
Kategorie I ab 26. RP	395	428	347	211	1 382	287	1 669
Summe Kategorie I	1 173	907	560	309	2 948	414	3 362
Kategorie II und IIa	109	306	398	278	1 092	402	1 494
Kategorie P	99	122	225	185	631	195	826
Insgesamt	1 381	1 335	1 183	772	4 671	1 010	5 681
nachrichtlich:							
Kategorie III	3	42	65	117	228	809	1 037

noch Übersicht 15

Finanzbedarf der Vorhaben des 26. Rahmenplans nach den Empfehlungen des Wissenschaftsrates
(in Mio. DM)

Art der Vorhaben	1997	1998	1999	2000	1997-2000	2001 ff.	zusammen
(3) Vorhaben der Medizin							
Begonnene Vorhaben	786	456	315	222	1 779	260	2 040
Kategorie I ab 1996	190	135	45	24	393	1	394
Kategorie I ab 26. RP	523	609	481	275	1 887	521	2 408
Summe Kategorie I	1 499	1 200	841	520	4 060	783	4 842
Kategorie II und IIa	293	678	834	728	2 534	2 000	4 535
Kategorie P	78	151	185	341	755	1 333	2 088
Insgesamt	1 870	2 029	1 860	1 590	7 349	4 116	11 465
nachrichtlich:							
Kategorie III	39	63	117	208	427	1 412	1 839
(4) Großgeräte, CIP und WAP							
Insgesamt	1 015	1 034	1 044	1 044	4 137	0	4 137
(5) Alle Vorhaben							
Begonnene Vorhaben	2 498	1 497	762	491	5 248	605	5 854
Kategorie I ab 1996	670	551	309	148	1 679	146	1 825
Kategorie I ab 26. RP	1 610	1 832	1 437	781	5 659	996	6 655
Summe Kategorie I	4 778	3 880	2 508	1 420	12 586	1 748	14 334
Großgeräte/CIP/WAP	1 015	1 034	1 044	1 044	4 137	0	4 137
Summe Kategorie I/GG/CIP/WAP	5 793	4 914	3 552	2 464	16 723	1 748	18 471
Kategorie II und IIa	757	1 843	2 296	2 038	6 933	4 028	10 961
Kategorie P	223	455	763	933	2 373	2 740	5 113
Insgesamt	6 773	7 211	6 611	5 434	26 029	8 516	34 545
nachrichtlich:							
Kategorie III	56	148	288	494	986	3 272	4 258

Abweichungen in den Summen erklären sich durch Runden der Zahlen.

C. II. Empfehlungen zur Finanzierung

Für die Finanzierung der zur Aufnahme in den Rahmenplan empfohlenen Vorhaben für die Hochschulen sind insgesamt 34,5 Milliarden DM erforderlich. Davon entfallen rund 26 Milliarden DM auf die Laufzeit des 26. Rahmenplans.

Der verabschiedete 25. Rahmenplan beinhaltet insgesamt ein Investitionsvolumen von rund 35,2 Milliarden DM, davon entfallen 26,1 Milliarden DM auf die Laufzeit des 25. Rahmenplans. Damit liegt er um rund 0,7 Milliarden DM niedriger als der Finanzbedarf nach den Empfehlungen des Wissenschaftrates. Gegenüber dem 25. Rahmenplan weisen die Empfehlungen des Wissenschaftsrates zum 26. Rahmenplan einen um rund 1,4 Milliarden DM niedrigeren Finanzbedarf aus; bezogen auf die Laufzeit des Rahmenplans beträgt die Differenz rund 240 Millionen DM.

Für Vorhaben der Kategorie I sind 18,5 Milliarden DM erforderlich, davon 16,7 Milliarden DM in den Jahren 1997 bis 2000.

Für Vorhaben der Kategorien IIa, II und P, die noch nicht baureif sind oder bei denen der Wissenschaftsrat sich eine weitere Prüfung vorbehalten hat, sind 16,1 Milliarden DM erforderlich, davon 9,3 Milliarden DM in den Jahren 1997 bis 2000.

Ein Vergleich des Finanzbedarfs für Kategorie I des verabschiedeten 25. Rahmenplans mit den Empfehlungen zum 26. Rahmenplan ergibt folgendes Bild: Der Finanzbedarf für Vorhaben der Kategorie I liegt insgesamt um 2,1 Milliarden DM höher; in der Verteilung auf die Jahresraten ergibt sich für das erste und zweite Jahr des Planungszeitraums eine Steigerung um rund 0,4 bzw. 0,6 Milliarden DM. Im dritten und vierten Jahr liegen die Ansätze um 0,6 bzw. um knapp 0,4 Milliarden DM höher.

Für eine Empfehlung zur Finanzierung des 26. Rahmenplans ist zu berücksichtigen, daß

- die Länder in ihren Anmeldungen erklären, die Finanzierung des Landesanteils bis zum Beginn der Laufzeit des Rahmenplans sicherzustellen;

- die Hochschulen in den neuen Ländern und im Ostteil Berlins einen erheblichen investiven Nachholbedarf für Gebäudesanierungen, Umbau- und Neubaumaßnahmen sowie bei der Großgeräteausstattung aufweisen; dies gilt vor allem auch für die Hochschulklinika;

- in den neuen Ländern und im Ostteil Berlins für den schnellen Aufbau von Fachhochschulkapazitäten erhebliche Investitionen erforderlich sind;

- in den neuen Ländern die notwendigen Strukturentscheidungen getroffen, die Grundstücksfragen weitgehend geklärt und die planerischen sowie bauverwaltungstechnischen Voraussetzungen für die Inangriffnahme größerer Neubauvorhaben geschaffen sind;

- in den alten Ländern zur Milderung der Überlast und zur weiteren Differenzierung der Hochschulstruktur der Fachhochschulausbau wissenschaftspolitischen Vorrang einnimmt, zu dessen Realisierung die bisherigen Anteile des Fachhochschulsektors an den Gesamtausgaben für den Hochschulbau deutlich gesteigert werden müssen, gegebenenfalls zu Lasten der Universitäten;

- den Überlastungen der Universitäten durch Strukturreformen und in begrenztem Umfang durch gezielte Ausbaumaßnahmen Rechnung getragen werden sollte;

- den Universitäten durch qualitativen Ausbau Entwicklungsperspektiven offengehalten werden, um mit dazu beizutragen, die Bedingungen für die Forschung zu verbessern und die Bedeutung der Hochschulen als Innovationspotential für die Zukunftssicherung zu stärken;

- die Hochschulklinika in den alten Ländern einen erheblichen Modernisierungsbedarf aufweisen;

- der Bedarf von Forschung und Lehre für eine modernen Standards entsprechende Ausstattung mit Großgeräten weiterhin zunimmt und sich zugleich die Erneuerungszyklen der Geräte aufgrund der intensiven Nutzung und der technischen Entwicklung verkürzen;

- die in der Expansionsphase der Hochschulen am Ende der 60er und zu Beginn der 70er Jahre errichteten Gebäude zunehmend grundsanierungsbedürftig werden;

- aus finanzpolitischen Gründen der im 22., 23., 24. und 25. Rahmenplan vom Wissenschaftsrat als wissenschaftspolitisch notwendig anerkannte Investitionsbedarf zum Teil verschoben werden mußte und bei den jetzigen Anmeldungen zu Buche schlägt;

- einige Länder eine begrenzte Anzahl von Vorhaben auf der Grundlage einer Vereinbarung mit dem Bund zunächst bis zum Jahre 2004 vorfinanzieren (sog. UK 2004).

Der Wissenschaftsrat hat die Anmeldungen der Länder zum Rahmenplan wie in den vergangenen Jahren unter wissenschaftspolitischen Gesichtspunkten kritisch geprüft. Im Ergebnis wurden u. a. Vorhaben mit einem Finanzvolumen von rund 11,1 % der insgesamt angemeldeten Mittel (4,3 von 38,8 Milliarden DM in Kategorie III) nicht zur Aufnahme in den Rahmenplan empfohlen.

Bei den Anmeldungen der neuen Länder steht zwar die Deckung des besonders dringlichen Sanierungsbedarfs weiterhin im Vordergrund, doch sind zunehmend die Planungen auch für große Vorhaben bis zur Baureife gediehen, nachdem grundsätzliche Fragen der Hochschulstruktur geklärt und die verwaltungs- und planungstechnischen Voraussetzungen geschaffen sind. Daraus resultiert ein deutliches Anwachsen des Investitionsbedarfs für Neubauvorhaben. Nachdem die Gründungsphase der Fachhochschulen abgeschlossen ist, gilt es nun, möglichst schnell die baulichen Voraussetzungen zum Erreichen eines ersten Ausbauziels von 52 000 flächenbezogenen Fachhochschulstudienplätzen zu schaffen. Dazu sind allein ca. 4 Milliarden DM Investitionsmittel in Preisen von 1991 notwendig, sofern nicht Gebäude von Vorgängereinrichtungen genutzt werden können. Planungen zum weiteren Ausbau des Fachhochschulbereichs in den neuen Ländern zeichnen sich ab.

Die Sanierung und der Ausbau der Hochschulklinika in den neuen Ländern werden erhebliche Finanzmittel des Hochschulbaus binden. Der Wissenschaftsrat hat ihn auf jährlich etwa 100 Millionen DM für jedes Klinikum über einen Zeitraum von 10 bis 15 Jahren geschätzt.[9])

Bezogen auf die Einwohner der neuen Länder entspricht der erforderliche Investitionsbedarf einem Beitrag von rund 150 DM pro Einwohner und Jahr, eine Belastung, die mehr als doppelt so hoch wäre wie beispielsweise die Hochschulbauinvestitionen der Länder Baden-Württemberg und Bayern für ihre Einwohner. Der Durchschnitt für die alten Länder liegt insgesamt bei rund 53 DM pro Einwohner und Jahr. Diese Ausgaben werden jedoch in den alten Ländern für ein Hochschulsystem getätigt, das über mehr als zwei Jahrzehnte mit rund 71 Milliarden DM Hochschulbaumitteln (in Preisen von 1991) aufgebaut worden ist. Wie Übersicht 6 ausweist, sind bis Mitte der 70er Jahre pro Jahr real etwa doppelt so hohe Ist-Ausgaben wie 1990 getätigt worden, so daß der gegenwärtig für die neuen Länder erkennbare Finanzbedarf durchaus mit der Ausbauphase der Hochschulen in den alten Ländern in der ersten Hälfte der 70er Jahre vergleichbar ist.

Dieser Vergleich deutet die Größe der von den neuen Ländern zu bewältigenden Aufgabe an. Allerdings ist dieser Investitionsbedarf kaum in einem angemessenen Zeitrahmen mit den gegenwärtig absehbaren Finanzansätzen für die Gemeinschaftsaufgabe Hochschulbau zu befriedigen, die sich am Investitionsbedarf einer bereits weitgehend bestehenden Hochschulstruktur orientieren. Um die neuen Länder auf ein vergleichbares Ausbauniveau zu bringen, bedarf es einer besonderen finanziellen Anstrengung.

---

9) Wissenschaftsrat: Empfehlung zur Hochschulmedizin in den neuen Ländern und in Berlin, in: Empfehlungen zur künftigen Struktur der Hochschulen in den neuen Ländern und im Ostteil von Berlin, Teil III, Köln 1992, S. 118.

Diese Aufgabe wird mit den gegenwärtigen Finanzplanansätzen des Bundes von 1,94 Milliarden DM auf der Grundlage der hälftigen Finanzierung der Vorhaben durch Bund und Land nicht zu bewältigen sein. Eine Umverteilung von Hochschulbaumitteln zugunsten der Hochschulen in den neuen Ländern im Rahmen des gegenwärtig verfügbaren Gesamtvolumens von 3,6 Milliarden DM wäre aus wissenschaftspolitischen Gründen nicht zu verantworten, sollen nicht die Hochschulen in den alten Ländern nachhaltig Schaden nehmen. Gemessen an den Ist-Ausgaben bedauert es der Wissenschaftsrat, daß es noch nicht in allen neuen Ländern im notwendigen Umfang gelungen ist, die investiven Anliegen und Notwendigkeiten der Hochschulen in den Prioritätensetzungen der Haushalte zu verankern. Die Möglichkeiten des Einsatzes von Mitteln aus den finanziellen Transferleistungen zugunsten der neuen Länder sollten beim Hochschulbau nicht durch die beschränkten Bundesmittel eingegrenzt werden. Nach Auffassung des Wissenschaftsrats besteht ferner die Notwendigkeit, die Gemeinschaftsaufgabe Hochschulbau von Maßnahmen zur Schaffung verkehrstechnischer Infrastruktur, wie z.B. dem Bau von U-Bahnen zur Erschließung auswärtig gelegener Hochschuleinrichtungen, freizuhalten. Diese und vergleichbare Maßnahmen können nicht über das HBFG mitfinanziert werden. Er bittet die Länder, dies bei der Planung und Auswahl von Hochschulstandorten im vorhinein zu berücksichtigen.

Ein hoher Anteil der Kosten ist durch die geltenden Regelungen des Baurechts und der Sicherheitsvorschriften, wie beispielsweise die Gefahrstoffverordnung und die Arbeitsstättenverordnung sowie die „Richtlinien für die Bewertung und Sanierung schwach gebundener Asbestprodukte in Gebäuden“ vorgegeben und läßt sich durch die aufgeführten Anregungen zur Planung und Durchführung von Hochschulbauvorhaben nicht beeinflussen. In diesem Zusammenhang ist festzustellen, daß der wissenschaftliche Fortschritt der letzten Jahre zu Meßverfahren geführt hat, die eine hochdifferenzierte Analyse erlauben. Dadurch ist es möglich, diejenigen Gebäudeteile zu identifizieren, die für die Asbestbelastung jeweils ursächlich sind, und nach Belastung und Nutzung differenzierte Sanierungskonzepte zu erarbeiten. Der Wissenschaftsrat erwartet, daß den Anmeldungen der Länder zur Schadstoffsanierung die jeweils neuesten Meßverfahren und abgestufte Sanierungskonzepte zugrundegelegt werden. Auch sollten ggf. alternative Sanierungsmöglichkeiten erläutert werden.

In seinen zehn Thesen zur Hochschulpolitik hat der Wissenschaftsrat Anfang 1993 einen Ausbau der Hochschulen auf 1250000 Studienplätze, davon 350000 an Fachhochschulen empfohlen, verbunden mit einer regelmäßigen Überprüfung sowohl der Zielzahl als auch ihrer strukturellen Verteilung vor dem Hingrund der tatsächlichen Entwicklung der Nachfrage.[10]) Mit diesem Ausbauziel ließe sich ein Fachhochschulanteil

10) Wissenschaftsrat, 10 Thesen zur Hochschulpolitik, in: Empfehlungen und Stellungnahmen 1993, Köln 1994, S. 24 f.

von knapp 30 % der Studienplätze erreichen; es müßten 100 000 Studienplätze an Fachhochschulen mehr errichtet werden als für eine erste Ausbaustufe von Bund und Ländern gegenwärtig ins Auge gefaßt sind. Für einen nennenswerten quantitativen Ausbau der Universitäten besteht in diesem Rahmen allerdings kein Spielraum. Vor diesem Hintergrund der langfristigen Prognose der Studentenzahlen würden 1,25 Millionen flächenbezogene Studienplätze nicht dazu führen, daß die hohe räumliche Auslastung deutlich spürbar reduziert werden könnte. Für die Rahmenplanung stellt sich die Aufgabe, eine Regionalisierung dieser mittelfristigen Gesamtzielzahl mit ihrer Strukturierung nach Hochschularten auf der Grundlage aktueller Daten zur demographischen Entwicklung, zum Bildungsverhalten und zur voraussichtlichen Verteilung des künftig zu erwartenden Studierendenpotentials vorzunehmen; dabei hat sie sich an den Grundsätzen, die in § 2 HBFG formuliert sind, zu orientieren. Der Wissenschaftsrat behält sich vor, hierzu eine Stellungnahme abzugeben.

Die vom Wissenschaftsrat ebenfalls in seinen 10 Thesen zur Hochschulpolitik empfohlenen Strukturreformen erfordern einen Abbau der Überlast als begleitende Maßnahme zur notwendigen Verbesserung der Studienbedingungen, die von entscheidender Bedeutung für die angestrebte Verkürzung der Studienzeiten sind. Ein qualitativer Ausbau ist darüber hinaus für eine Stärkung der Forschung an den Universitäten unabdingbar, um den Forschungs- und Wirtschaftsstandort Deutschland zu verbessern.[11])

In diesem Zusammenhang haben der Bundeskanzler und die Ministerpräsidenten in ihrer Besprechung am 17. Dezember 1992 erklärt, daß sie die unverzügliche Umsetzung der vom Wissenschaftsrat vorgeschlagenen Strukturreformen für geeignet und notwendig erachten, um auch der nächsten Generation die Hochschulen offen zu halten. Ferner wurde die Notwendigkeit betont, „das Hochschulwesen in den neuen Ländern zu sanieren und auszubauen und gleichzeitig in den alten Ländern angesichts der anhaltenden Überlast den quantitativen Ausbau der Fachhochschulen und den vor allem qualitativen Ausbau der Universitäten fortzusetzen".[12])

Auf der Grundlage der vorangehend genannten wissenschaftspolitischen Zielsetzungen hat der Wissenschaftsrat seine Empfehlungen zu den von den Ländern zum 26. Rahmenplan angemeldeten Vorhaben erarbeitet, für deren Umsetzung sich für das erste Planungsjahr 1997 folgender Finanzbedarf errechnet: die Vorhaben, die der Wissenschaftsrat zur Aufnahme in Kategorie I empfiehlt, weisen ein Finanzvolumen von rund 4,8 Milliarden DM auf. Unter Berücksichtigung einer in den vergangenen Jahren üblichen Realisierungsquote von 90 % ergibt sich ein Bedarf von

11) Bericht der Bundesregierung zur Zukunftssicherung des Standortes Deutschland, Bundestags-Drucksache 12/5620, vom 3. 9. 1993, S. 16.
12) Ergebnisprotokoll der Besprechung des Bundeskanzlers mit den Regierungschefs der Länder am 17. 12. 1992 in Bonn, S. 19.

rund 4,3 Milliarden DM. Hinzu kommen rund 1 Milliarde DM für Großgeräte, so daß für 1997 aus wissenschaftspolitischer Sicht ein Finanzbedarf von rund 5,3 Milliarden DM besteht, der nach den Grundsätzen des HBFG je zur Hälfte von Bund und Ländern bereitzustellen ist.

Einige Länder und der Bund haben sich auf eine Liste von Vorhaben verständigt, die auf der Grundlage einer entsprechenden Empfehlung des Wissenschaftsrates zum Baubeginn freigegeben werden, jedoch frühestens im Jahre 2004 Aufnahme in den Rahmenplan finden können, soweit die dann verfügbaren Finanzmittel dies gestatten. Dadurch kann der Finanzbedarf für die Gemeinschaftsfinanzierung der vom Wissenschaftsrat zur Aufnahme in den Rahmenplan empfohlenen Vorhaben um insgesamt knapp 2,9 Milliarden DM reduziert werden. Davon entfallen auf die Jahresrate 1997 für Vorhaben der Kategorie I rund 494 Millionen DM.

Der Wissenschaftsrat hat ausdrücklich darauf hingewiesen, daß es sich bei UK 2004 nur um eine Notmaßnahme gehandelt hat, um diese Vorhaben zum gegenwärtigen Zeitpunkt in Angriff zu nehmen. Es besteht aber die Gefahr einer nachhaltigen Schädigung der künftigen Rahmenplanung durch zeitlich verschobene Belastungen, auch wenn der Bund rechtlich keine Verpflichtung eingegangen ist. Aus wissenschaftspolitischer Sicht muß es vorrangiges Ziel sein, die Gemeinschaftsaufgabe Hochschulbau finanziell so angemessen auszustatten, daß im Rahmen ihrer gesetzlich vorgeschriebenen Aufgabenstellung auch größere Neuvorhaben gemeinsam vom jeweiligen Land und dem Bund finanziert werden können. Gelingt dies nicht, wird die Gemeinschaftsaufgabe zum Hindernis für den Hochschulbau der Länder. Die handlungsleitende Idee eines überregional ausgewogenen, sich in seinen Teilen ergänzenden Systems von Hochschulen und letztlich das Ziel der Schaffung gleichwertiger Lebensverhältnisse muß maßgebend bleiben.

Der Bund hat in seiner Finanzplanung für die Jahre 1995–1999 für 1996 einen Betrag von 1,88 Milliarden DM und für die Folgejahre Beträge von je 1,94 Milliarden DM eingeplant. Davon sollen 80 Millionen DM für 1996 und je 140 Millionen DM für die Folgejahre unter dem bereits erwähnten Vorbehalt einer Verständigung zwischen Bund und Ländern über die Einführung verzinslicher Darlehen im BAföG bereitgestellt werden.

Mit einem vorbehaltlos bereitgestellten Gesamtbetrag von 3,6 Milliarden DM für die Gemeinschaftsaufgabe Hochschulbau wird es nicht möglich sein, die vom Wissenschaftsrat empfohlenen Vorhaben in vollem Umfang zu realisieren. Sollte es bei diesem Finanzrahmen bleiben, so wäre damit nicht mehr als die Fortführung der Vorhaben, die bereits mit dem 25. Rahmenplan freigegeben sind, und die Freigabe des größten Teils der Globalbeträge zur Beschaffung von Großgeräten, CIP- und WAP-Geräten zu realisieren. Eine Verzögerung der Fortsetzung und des Abschlusses bereits begonnener Bauvorhaben kann vom Wissenschaftsrat nicht empfohlen werden. Dadurch geriete nicht nur die Verläßlichkeit der Rahmenplanung in Gefahr, sondern darüber hinaus wäre ein solches Vorgehen mit erheblichen Kostensteigerungen bei den davon betroffenen Vorhaben verbunden. Würde es hingegen gelingen, den Finanzrahmen zu erweitern, sollte der entstehende finanzielle Spielraum vorrangig durch Vorhaben für den Fachhochschulausbau in den neuen und in den alten Ländern genutzt werden. Nachdem bereits in den letzten drei Jahren vom Planungsausschuß deutliche Abstriche am verfügbaren Finanzvolumen für die Beschaffung von Großgeräten vorgenommen worden sind, hält es der Wissenschaftsrat für wissenschaftlich und wissenschaftspolitisch bedenklich, erneut gravierende Abstriche in diesem Bereich ins Auge zu fassen. Anderenfalls würde die Qualität von Forschung und Lehre nicht mehr vertretbare Einbußen erleiden.

Um alle von den Ländern angemeldeten und vom Wissenschaftsrat zur Aufnahme in Kategorie I des Rahmenplans und damit zur Freigabe empfohlenen Vorhaben in dem geplanten Zeitraum durchführen zu können, besteht für 1997 ein wissenschaftlich und wissenschaftspolitisch begründeter Finanzbedarf von rund 5,3 Milliarden DM. Der Bund stimmt diesem Finanzbedarf nicht zu. Für die Folgejahre ist darüber hinaus eine Verstetigung dieses Ansatzes in der mittelfristigen Finanzplanung erforderlich, um den in den Anmeldungen zum 26. Rahmenplan enthaltenen Investitionsbedarf für Ausbau- und Sanierungsmaßnahmen sowie zur Beschaffung von Großgeräten für Forschung und Lehre an den Hochschulen befriedigen zu können.

Anlage 1

Abschlußbericht der Bund-Länder-Arbeitsgruppe „Hochschulbauförderung"

1. Auftrag

Bund und Länder haben in der Sitzung des Planungsausschusses für den Hochschulbau am 14. 9. 1995 in Verbindung mit der Verabschiedung des 25. Rahmenplanes folgenden Beschluß gefaßt:

„Bund und Länder erklären ihren gemeinsamen politischen Willen, die Gemeinschaftsaufgabe Hochschulbau zu reformieren und sie in der Durchführung zu vereinfachen. Der Planungsausschuß beauftragt deshalb eine Bund-Länder-Arbeitsgruppe, bis Ende 1995 einen konkreten Vorschlag zu erarbeiten:

„1. Zum kurzfristigen Abbau des vom Wissenschaftsrat festgestellten Investitionsstaus der letzten Jahre unter besonderer Berücksichtigung alternativer Verfahren, z. B. Leasing

2. Für eine Novellierung des HBFG, unter besonderer Berücksichtigung folgender Eckpunkte:

Erhöhung der Bagatellgrenzen

Berücksichtigung alternativer Planungs- und Finanzierungsformen

Verwaltungsvereinfachungen

Mit dieser gemeinsamen Zielsetzung verabschiedet der Planungsausschuß den 25. Rahmenplan."

In der Arbeitsgruppe auf Staatssekretärsebene waren von seiten des Bundes der BMBF und der BMF, von seiten der Länder die Wissenschaftsressorts von Baden-Württemberg, Bayern, Berlin, Nordrhein-Westfalen, Rheinland-Pfalz, Sachsen, Sachsen-Anhalt und Schleswig-Holstein sowie die FMK, schließlich die HRK und der Wissenschaftsrat vertreten. Die Arbeitsgruppe tagte länderoffen am 13. 10., 22. 11., 20. 12. 1995 und 15. 1. 1996.

Die Finanzministerkonferenz der Länder hat sich am 30. 11. 1995 mit dieser Frage befaßt.

2. Änderung in der Rahmenplanung

2.1 Erhöhung der Bagatellgrenzen

Bund und Länder stimmen darin überein, die Bagatellgrenzen für Bauvorhaben und Großgeräte zu erhöhen:

- Erhöhung der Bagatellgrenze der Bauvorhaben von 0,5 auf 3 Millionen DM. Dies führt zu einer Belastung der Länder in Höhe von rd. 145 Millionen DM.[13])

- Erhöhung der Bagatellgrenze für Großgeräte im Bereich der Universitäten von 150000 DM auf 250000 DM. Dies führt zu einer Belastung der Länder in Höhe von rd. 40 Millionen DM. [13])

Aus Sicht der Länder ist das nur möglich, wenn die daraus entstehende Belastung der Länder kompensiert wird:

- Erhöhung der Baunebenkostenpauschale von derzeit 9,8 % auf mindestens 18 %: auch unter Berücksichtigung der Ersteinrichtungsplanungen. Hierdurch werden die Länder um rd. 100 Millionen DM entlastet.[14])

- Absenkung der Bauunterhaltungskostenpauschale von derzeit 9,5 % auf höchstens 2 %. Hierdurch werden die Länder um rd. 60 Millionen DM entlastet.[14])

- Abschaffung der 50-%-Regel bei Umbauten im Bestand.

Der Bund sieht in der vorgeschlagenen Anhebung der Bagatellgrenzen einen wesentlichen Beitrag zur Konzentration der Gemeinschaftsaufgabe Hochschulbau auf den Kern, um den notwendigen finanziellen Spielraum zurückzugewinnen.

Daneben hält der BMBF aus sachlichen Gründen eine Anhebung der Baunebenkostenpauschale auf nicht über 15 % (Entlastungswirkung für die Länder: 65 Mio. DM) und eine Absenkung der Bauunterhaltungskostenpauschale auf nicht unter 5 % (Entlastungswirkung für die Länder: 35 Mio. DM) für vertretbar. Eine Änderung der 50-%-Regelung lehnt er zum gegenwärtigen Zeitpunkt ab. Die Finanzseite erklärt, alsbald einen Vorschlag zur Fortschreibung der Baunebenkostenpauschale vorzulegen.

---

13) Grundlage für die Berechnung sind alle Kat.-I-Vorgaben, 25. Rahmenplan, 1996.
14) Grundlage für die Berechnung sind die Empfehlungen der DFG für die Jahre 1992 bis 1994.

2.2 Berücksichtigung alternativer Planungs- und Finanzierungsformen

Bund und Länder sind sich einig, daß es grundsätzlich möglich sein sollte, die jeweils wirtschaftlichste Planungs- und Finanzierungsform für die Errichtung von Hochschulbauten und ihre Mitfinanzierung in der Hochschulbauförderung nach dem HBFG zu wählen.

In die Prüfung, welche Finanzierungsformen für eine HBFG-Finanzierung in Frage kommen sollten, wurden folgende Varianten einbezogen:[15])

a) Leasing mit zwischen Land und *Leasinggeber* fest vereinbartem *Eigentumserwerb* durch das Land (Mietkauf)

b) Leasing mit *Kaufoption* und zwischen Land und *Bund* fest vereinbartem *Eigentumserwerb* durch das Land

c) Leasing mit *Kaufoption* und vollständiger HBFG-*Rückzahlungsverpflichtung* für den Fall der Nichtausübung der Option

d) Leasing mit *Kaufoption* (*ohne* HBFG-Rückzahlungsverpflichtung im Falle der Nichtausübung der Option).

e) Leasing mit *Kaufoption* und *anteiliger Rückzahlungsverpflichtung* für den Fall der Nichtausübung der Option

f) Mietvorhaben

2.2.1. Zur wirtschaftlichen Beurteilung

Die Varianten a), b) und c) sowie ggf. e) unterscheiden sich wirtschaftlich von den anderen Varianten im Kern durch eine andere steuerrechtliche Beurteilung.

Nach Auffassung von Bund und Ländern ist davon auszugehen, daß für die öffentliche Hand unter haushaltswirtschaftlichen und steuerlichen Aspekten die herkömmliche Vollfinanzierung ihrer Investitionen über den Haushalt der Regelfall bleibt.

Im Einzelfall kann sich nach Prüfung ergeben, daß auch andere Realisierungsformen, wie z. B. Leasing, wirtschaftliche Ergebnisse erwarten lassen. In diesen Fällen sollte ihre Einbeziehung in die Hochschulbauförderung möglich sein. Voraussetzung der haushaltswirtschaftlichen Gleichwertigkeit der Formen bei der Mitfinanzierung im HBFG ist die Einbeziehung der Finanzierungskostenanteile in die Hochschulbauförderung. Über die Kriterien dieser Prüfung unter Berücksichtigung des

15) Bayern hat vorgeschlagen, zusätzlich Ratenzahlungsverträge für Investitionsvorhaben auf landeseigenem Grund in die weitere Prüfung einzubeziehen.

§ 7 BHO/LHO und der hierzu bestehenden einschlägigen Verwaltungsvorschriften besteht Einvernehmen.

2.2.2. Zur haushaltspolitischen Beurteilung

Die alternativen Finanzierungsformen unterscheiden sich hinsichtlich der Höhe der Haushaltsbelastungen des Bundes und der Länder, gleichhohe Investitions- und Finanzierungskosten unterstellt, nicht. Allerdings muß die Verteilung der Ausgaben (Tilgungs- und Finanzierungskosten) auf die Einzelpläne von Finanz- und Fachministern innerhalb des Bundes und der Länder längerfristig abgesichert werden.

Der BMF wird der FMK bis Ende Februar 1996 über die Wirtschaftlichkeit und die Gesamtwirkungen neuer Finanzierungsformen berichten. Es ist beabsichtigt, auf dieser Basis zu einer gemeinsamen Haltung zu kommen.

2.2.3. Zur rechtlichen Beurteilung

- Die Varianten a) und b) können ohne Verfassungsänderung in der Hochschulbauförderung Berücksichtigung finden.

- Für die Varianten d), e) und f), evtl. auch für c) hält der Bund eine Änderung von Art. 91 a GG (Erweiterung des Begriffs „Aus- und Neubau") mit anschließender HBFG-Novellierung für erforderlich. Die Länder halten die Varianten c) und e) für verfassungsrechtlich zulässig; eine Verfassungsänderung wäre aus ihrer Sicht nur für die Varianten d) und f) erforderlich. Der Bund erklärt seine Bereitschaft, die Möglichkeiten für eine solche Verfassungsänderung zu prüfen.

- Die Länder halten eine Mitfinanzierung der Finanzierungskosten ohne weitere rechtliche Änderungen für zulässig. Der Bund hat seine diesbezügliche Prüfung noch nicht abgeschlossen.

- Projekte, die nicht nach Art. 91 a GG mitfinanzierbar sind, können im Rahmen von Art. 91 b GG mitfinanziert werden, wenn sie dem Bereich der Forschungsförderung zuzurechnen sind. Maßnahmen, die der Zielsetzung des Hochschulbaus dienen, dürfen nicht allein deshalb zu Forschungsförderungsmaßnahmen umdefiniert werden, um die Planungs- und Finanzierungszwänge der Rahmenplanung zu umgehen. Eine Mitfinanzierung solcher Vorhaben nach Art. 91 b GG ist danach ausgeschlossen.

2.3 Änderungen im Rahmenplanverfahren

Bund und Länder sind zu folgenden Ergebnissen gekommen:

- Im Rahmen des HBFG sind Einzelvorhaben auch dann förderfähig, wenn bei ihnen Drittmittel aus Mitteln des „Europäischen Fonds für regionale Entwicklung“ (EFRE) eingesetzt werden.

- Abbau von Mehrleistungen im Einzelfall auf Beschluß des Planungsausschusses.

Darüber hinaus hält der Bund für erforderlich:

- Vorrangige Berücksichtigung hochschulpolitisch wichtiger Aufgabenfelder durch Investitionsprogramme.

- Herausnahme von Asbestsanierungen, Parkplätzen/Stellflächen, Pflegekräfte-/Schwesternwohnheimen sowie Sportanlagen aus der Mitfinanzierung.

2.4 Verwaltungsvereinfachungen

Bund und Länder haben sich über eine Reihe von Verwaltungsvereinfachungen verständigt, die durch Beschluß des Planungsausschusses umgesetzt werden sollen:

- Globalbeträge für kleinere Bauvorhaben bis 6 Millionen DM bei mehrfacher listenmäßiger Anmeldemöglichkeit im Jahr

- Vereinfachtes Anmelde- und Aufnahmeverfahren bei Akzeptanz von „Kostendeckeln“, sowohl bei Neubauten als auch bei Umbauten

- Vereinfachte Baukostenprüfung bei solchen Vorhaben

- Überprüfung der für die Rahmenplanung notwendigen Statistiken

- Prüfung des verstärkten Einsatzes integrierter organisationsüberschreitender Datenbanken

- Vereinfachte Bewirtschaftung der Rahmenplanmittel

- Verfahrensvereinfachungen bei der Abrechnung

3. Zum kurzfristigen Abbau des Investitionsstaus

3.1. Vorschlag der Länder

Die Länder schlagen eine Aufstockung des Ansatzes der Bundesmittel für den Hochschulbau vor und verweisen auf die entsprechenden Beschlüsse der MPK sowie die Stellungnahme des Bundesrates zum Bundeshaushalt 1996 und zu den entsprechenden Finanzplanungen. Die Aufstockung muß als Beitrag zum kurzfristigen Abbau des Investitionsstaus auch alternative Planungs- und Finanzierungsformen, z. B. Leasing, ermöglichen.

3.2. Vorschlag des Bundes

Der Bund wird über die im Haushalt 1996 vorgenommene Erhöhung der Hochschulbaumittel hinaus unter den bekannten Bedingungen auch für die Folgejahre seine Haushaltsansätze, wie im Finanzplan vorgesehen, erhöhen. Zusätzlich verweist er auf seine Bereitschaft, im Rahmen der verfassungsrechtlichen Möglichkeiten die Mitfinanzierung von alternativen Planungs- und Finanzierungsformen zu ermöglichen.

Anlage 2

Beschluß des Planungsausschusses für den Hochschulbau vom 24. 4. 1996

Der Planungsausschuß für den Hochschulbau hat am 14. 9. 1995 in Verbindung mit der Verabschiedung des 25. Rahmenplans folgenden Beschluß gefaßt:

„Bund und Länder erklären ihren gemeinsamen politischen Willen, die Gemeinschaftsaufgabe Hochschulbau zu reformieren und sie in der Durchführung zu vereinfachen. Der Planungsausschuß beauftragt deshalb eine Bund-Länder-Arbeitsgruppe, bis Ende 1995 einen konkreten Vorschlag zu erarbeiten:

1. Zum kurzfristigen Abbau des vom Wissenschaftsrat festgestellten Investitionsstaus der letzten Jahre unter besonderer Berücksichtigung alternativer Verfahren, z. B. Leasing

2. Für eine Novellierung des HBFG, unter besonderer Berücksichtigung folgender Eckpunkte:

   - Erhöhung der Bagatellgrenzen

   - Berücksichtigung alternativer Planungs- und Finanzierungsformen

   - Verwaltungsvereinfachungen

Mit dieser gemeinsamen Zielsetzung verabschiedet der Planungsausschuß den 25. Rahmenplan."

In der Arbeitsgruppe auf Staatssekretärsebene waren von seiten des Bundes der BMBF und der BMF, von seiten der Länder die Wissenschaftsressorts von Bayern, Baden-Württemberg, Berlin, Sachsen, Schleswig-Holstein, Sachsen-Anhalt, Nordrhein-Westfalen und Rheinland-Pfalz sowie die FMK, schließlich die HRK und der Wissenschaftsrat vertreten. Die Arbeitsgruppe tagte länderoffen am 13. 10., 22. 11. und 20. 12. 1995 sowie abschließend am 15. 1. 1996.

Der Planungsausschuß für den Hochschulbau hat beschlossen:

1. Der Planungsausschuß

- nimmt die Ergebnisse der Arbeitsgruppe zustimmend zur Kenntnis,[16])
- unterstützt die Vorschläge zur Anhebung der Bagatellgrenzen und hält eine finanzielle Kompensation von Mehrleistungen der Länder für notwendig,
- hält die Öffnung des HBFG für alternative Finanzierungsformen, wie z. B. Leasing, für erstrebenswert
- und begrüßt die Verwaltungsvereinfachungen besonders.

2. Der Planungsausschuß beauftragt die AG – Abteilungsleiter –, folgende Punkte so rechtzeitig technisch vorzubereiten, daß sie vor Verabschiedung einer HBFG-Novelle beschlossen werden können:

U. a. zur Kompensation der zusätzlichen Länderbelastungen durch die Erhöhung der Bagatellgrenzen

- Erhöhung der Baunebenkostenpauschale unter Berücksichtigung der Ersteinrichtung
- Absenkung der Bauunterhaltungskostenpauschale
- Abschaffung der 50-%-Regel bei Umbauten im Bestand

16) Protokollnotiz: Die Länder bedauern einhellig, daß es keinen grundsätzlichen konsensfähigen Vorschlag zum kurzfristigen Abbau des vom Wissenschaftsrat festgestellten Investitionsstaus gegeben hat.

Zur Verwaltungsvereinfachung

- Verfahren zum gegenseitigen Abbau der Vor-/Mehrleistungen
- Verfahren für die Einführung von Globalvorhaben für kleinere Projekte, um schneller reagieren zu können und die Anzahl von Unbedenklichkeitserklärungen zu reduzieren
- Verfahren zur vereinfachten Baukostenprüfung und zum vereinfachten Aufnahmeverfahren
- Verfahren zur vereinfachten Bewirtschaftung der Rahmenplanmittel
- Verfahren zur vereinfachten Abrechnung durch Erhöhung der Freigrenzen
- Verfahren zum Wirtschaftlichkeitsvergleich zwischen konventionellen und alternativen Verfahren der Planung, Ausführung und Finanzierung von Vorhaben, z. B. Leasing
- Verfahren zum verstärkten Einsatz der Datenverarbeitung
- Abschaffung redundanter statistischer Angaben

3. Der Planungsausschuß bittet die Arbeitsgruppe Rahmenplan – Abteilungsleiter –, die Auswirkungen der baulichen Standards und Normen im Hochschulbau zu überprüfen und Vorschläge zur Senkung kostenwirksamer Auswirkungen an die Baustandards zu machen.

Stellungnahme zur Aufnahme der Hochschule für Musik und Theater Rostock in das Hochschulverzeichnis des Hochschulbauförderungsgesetzes

vom Mai 1996

Inhalt

Vorbemerkung

Das Land Mecklenburg-Vorpommern hat mit Landesverordnung vom 10. November 1993 die Hochschule für Musik und Theater Rostock zum 1. Januar 1994 neu errichtet. Mit Schreiben vom 23. Februar 1994 hat es den Wissenschaftsrat gebeten, zur Aufnahme der Hochschule für Musik und Theater Rostock in das Hochschulverzeichnis des Hochschulbauförderungsgesetzes Stellung zu nehmen.

Der Wissenschaftsrat hat zur Vorbereitung seiner Stellungnahme eine Arbeitsgruppe eingesetzt, der auch Sachverständige angehörten, die nicht Mitglieder des Wissenschaftsrates sind. Ihnen ist er zu besonderem Dank verpflichtet.

Die Arbeitsgruppe hat die Hochschule für Musik und Theater Rostock am 10./11. Oktober 1994 besucht und die Planungen mit Vertretern von Land und Hochschule erörtert. Weitere Beratungstermine fanden am 17. Januar und 5. Dezember 1995 sowie am 16. Januar 1996 statt.

Der Wissenschaftsrat hat die Stellungnahme am 10. Mai 1996 verabschiedet.

A. Ausgangslage

A. I. Gründung und landespolitische Bedeutung der Hochschule für Musik und Theater Rostock

Die zum 1. Januar 1994 neu errichtete Hochschule für Musik und Theater Rostock entstand aus der ehemaligen Außenstelle der Hochschule für Schauspielkunst Berlin „Ernst Busch" sowie den Außenstellen Rostock und Schwerin der Berliner Hochschule für Musik „Hanns Eisler" und Teilen des Musikwissenschaftlichen Instituts der Universität Rostock. Die Außenstellen der Berliner Hochschulen „Hanns Eisler" und „Ernst Busch" waren bereits zur Zeit der ehemaligen DDR - Ende der 70er und Anfang der 80er Jahre – aus regionalpolitischen Erwägungen gegründet worden. Das Ziel der Gründung administrativ abhängiger, in ihrer praktischen Arbeit aber relativ selbständiger Außenstellen bestand vor allem darin, dem als Mangel empfundenen Fehlen einer künstlerischen Hochschulausbildung in den Nordbezirken der ehemaligen DDR abzuhelfen.

Das Studienprofil der Außenstelle Rostock der Musikhochschule Berlin sah die Ausbildung zum Orchestermusiker und Diplom-Musiklehrer in Streich- und Blasinstrumenten, Klavier, Schlagzeug, Akkordeon und Gitarre vor. Die Außenstelle Schwerin konzentrierte sich demgegenüber in ihrer Ausbildung auf Studiengänge für Chorsänger sowie für Holz-

und Blechbläser. An beiden Außenstellen wurden hauptsächlich Musikpädagogen ausgebildet, die nach ihrem Studium in Musikschulen und ähnlichen Einrichtungen eingesetzt wurden. Die Außenstelle der Schauspielhochschule „Ernst Busch“ bildete Schauspieler aus. Die Studierenden der Außenstellen rekrutierten sich aus allen Teilen der ehemaligen DDR. An den drei Außenstellen studierten ein Jahr nach dem Beitritt der DDR zur Bundesrepublik Deutschland (1991) 200 Studenten; dem standen 35 Lehrende gegenüber.[1])

Nach der deutschen Vereinigung verfolgte das Land eine Politik der Konsolidierung der Ausbildung von Studierenden der Musik, des Schauspiels und der Gestaltung. Nachdem das Land Berlin zum 1. Januar 1991 seine Zuständigkeit für die drei Außenstellen an das Land Mecklenburg-Vorpommern abgegeben hatte, war die Möglichkeit eröffnet, die früheren Außenstellen in einer neuen Organisationsform weiterzuführen. Dieses geschah zunächst in Gestalt eines Instituts für Musik und Theater, das ab 1. Oktober 1992 vorübergehend an der Universität Rostock angesiedelt war. 1993 beschloß das Land, das Institut für Musik und Theater an der Universität Rostock in eine eigene Hochschule umzuwandeln. Das Land beruft sich bei seiner Gründungsentscheidung auf die Empfehlungen des Wissenschaftsrates für die künftige Entwicklung der Kunst-, Musik- und Theaterhochschulen in den neuen Ländern und im Ostteil von Berlin.[2]) Der Wissenschaftsrat hatte seinerzeit die Gründung einer Hochschule für Musik und Theater in Rostock grundsätzlich für vertretbar erachtet, zusätzlich aber eine Reihe von Voraussetzungen formuliert. Dazu gehörten vor allem eine entsprechende fachliche Breite des Studienangebots, die Rekrutierung einschlägig qualifizierter Lehrkräfte, eine adäquate personelle, räumliche und instrumentale Ausstattung sowie die Etablierung notwendiger Kooperationen mit künstlerischen Einrichtungen am Ort.

Die politische Entscheidung zur Neugründung einer Hochschule für Musik und Theater in Rostock wird vom Land mit ihrer Funktion als Ausbildungsstätte, nachgeordnet aber auch mit ihrer Funktion als kulturelles Zentrum für die Region begründet. Diese verschiedenen Funktionen sind nach Ansicht des Landes nicht durch die Errichtung eines Instituts für Musik und Theater an einer Hochschule, sondern nur durch eine selbständige Hochschule zu erreichen.

Im Hinblick auf den Bedarf an Ausbildungskapazität und Absolventen künstlerischer Studiengänge verweist das Land darauf, daß die Hochschule für Musik und Theater in der Lehrerausbildung alle Schularten (außer Berufsschulen) im Fach Musik versorgen soll. Da das Netz der

---

1) Wissenschaftsrat: Empfehlungen für die künftige Entwicklung der Kunst-, Musik- und Theaterhochschulen in den neuen Ländern und im Ostteil von Berlin. In: Empfehlungen zur künftigen Struktur der Hochschullandschaft in den neuen Ländern und im Ostteil von Berlin – Teil I –, Köln 1992, S. 227.
2) ebd., S. 229.

Musikschulen sehr gut ausgebaut sei, decke die Hochschule landesweit auch den Bedarf an Musikschullehrern aller Fächerkombinationen ab. Darüber hinaus macht das Land deutlich, daß übergeordnete kulturpolitische Gründe bei der landesplanerischen Entscheidung für die Hochschule eine Rolle gespielt haben. Daher sei es notwendig, die Ansiedlung einer Kunsthochschule nicht ausschließlich unter dem Aspekt der quantifizierbaren Studiennachfrage und Vermittelbarkeit der Absolventen zu betrachten. Vielmehr seien die Auswirkungen einer künstlerischen Hochschule auf das kulturelle Leben der Region insgesamt in Betracht zu ziehen. So habe die Hochschule für Musik und Theater Rostock in der kurzen Zeit ihres Bestehens bereits eine Ausstrahlung auf die Region entwickelt und verleihe den musik- und schauspielpädagogischen Aktivitäten der Musikgymnasien, den allgemeinbildenden Schulen, den Musikschulen und den Theatern zusätzliche Impulse. Im Hinblick auf eine internationale Zusammenarbeit verweist das Land darauf, daß der Ausbau entsprechender kultureller Beziehungen mit Polen, den baltischen Ländern, Schweden, Norwegen und Dänemark angestrebt werde. Die Hochschule für Musik und Theater Rostock soll auf diese Weise die Funktion eines „kulturellen Brückenkopfes im Nordosten der Bundesrepublik" erfüllen. Eine institutionelle Grundlage dafür stelle die Gründung der „Association of Baltic Academies of Music" (ABAM) dar, die von der Hochschule für Musik und Theater Rostock federführend initiiert worden sei. Ziel der Vereinigung, der neben der Rostocker Hochschule unter anderem die Musikhochschulen in Danzig, Krakau, Odense, Tallinn und Vilnius angehören (Warschau und Helsinki haben die Aufnahme beantragt), ist der akademische Austausch von Professoren und Studierenden, die Durchführung und Förderung von gemeinsamen künstlerischen Projekten, z. B. eines gemeinsamen Orchesters, sowie die Entwicklung wissenschaftlicher, insbesondere auch musikpädagogischer Forschungsvorhaben.

A. II. Rechtsstellung und Organisation

Die Hochschule für Musik und Theater Rostock ist eine vom Land getragene Körperschaft des öffentlichen Rechts und hat als solche die im Rahmen der Gesetze üblichen Selbstverwaltungsrechte.

Die Hochschule gliedert sich derzeit in die Institute für Musik, Musikpädagogik und Schauspiel. Aufgabe der Hochschule soll es sein, der Pflege der Künste auf den Gebieten der Musik und der darstellenden Kunst durch Lehre und Studium zu dienen und somit auf künstlerische und kunstpädagogische Berufe vorzubereiten.

Als erste Gründungsmaßnahme hat die Kultusministerin des Landes vor Errichtung der Hochschule am 13. Mai 1993 einen Gründungsausschuß berufen. Aufgabe des Gründungsausschusses war es, bis zur Wahl des Senats der Hochschule die Berufungskommissionen für die erstzuberufenden Professoren zu bestellen. Der Gründungsausschuß hatte darüber hinaus die Berufung eines Gründungsrektors vorzubereiten. Der Anfang 1994 berufene Gründungsrektor leitet die Planungen für den Aufbau der Hochschule nach den Vorgaben der Kultusministerin und den Beschlüssen des Gründungsausschusses. Seine Amtszeit beträgt vier Jahre.

Die konstituierende Sitzung des Konzils der Hochschule fand am 12. Oktober 1995 statt. Der Gründungsausschuß wurde aufgelöst. Das Konzil hat die endgültige Grundordnung der Hochschule mittlerweile beschlossen. Nach Genehmigung der Grundordnung wählt die Hochschule den Senat aufgrund einer vom Konzil zu erlassenden Wahlordnung. Bis dahin nimmt das Konzil die Aufgaben des Senats wahr.

Für das künstlerische und musikdidaktische Personal des Instituts für Musikwissenschaft der Universität Rostock sowie das künstlerische Personal des Instituts für Musik und Theater der Universität Rostock, sofern es zum 1. Oktober 1992 übernommen worden war, hat das Land Überleitungs- und Übergangsregelungen geschaffen. Danach wurden 15 Mitarbeiter auf 13 Mitarbeiterstellen übergeleitet, davon die Hälfte befristet. Ebenso wurden die Studenten des Instituts für Musik und Theater der Universität Rostock Studenten der neu errichteten Hochschule. Lehramtsstudenten des Faches Musik blieben einerseits Studenten der Universität Rostock, wurden aber zugleich mit der Errichtung der Hochschule für Musik und Theater auch deren Studenten. Bis zur Verabschiedung eigener Studien- und Prüfungsordnungen durch den Senat studieren die zur Zeit bereits eingeschriebenen Studenten der Hochschule für Musik und Theater auf der Grundlage entsprechend angepaßter Ordnungen der jeweiligen Vorgängereinrichtungen.

A. III. Studiengänge und Ausbildungsprofile

Das Land sieht für die Hochschule folgende Studiengangsstruktur bei einer Studienplatzzielzahl von 400 vor:

Studiengang	Studienplatzzielzahl
Künstlerische Ausbildung instrumental und vokal	140
Musikschul-/Privatmusiklehrer	100
Schulmusik (alle Lehrämter)	90
Schauspiel	50
Planungsreserve (Musikwissenschaft)	20

1995 studierten in den künstlerischen und musikpädagogischen Studiengängen der Hochschule für Musik und Theater 276 Studenten, davon 59 im Bereich Musik und 37 im Bereich Schauspiel. Hinzu kommen 140 Studenten in den Lehramtsstudiengängen und 40 Studenten im Bereich der Instrumental- und Gesangspädagogik.

Das Land hatte bereits mit Gründung der Hochschule entschieden, nicht nur das Lehramtsstudium an Gymnasien, sondern auch die übrigen Lehramtsstudien im Fach Musik von der Universität Rostock an die Hochschule für Musik und Theater Rostock zu verlegen. Im Zusammenhang mit den Beratungen der Arbeitsgruppe des Wissenschaftsrates hat das Land außerdem entschieden, die schulmusikalische Ausbildung und die Magisterhauptfachausbildung Musikwissenschaft am Standort Greifswald entfallen zu lassen und sie in Rostock zu konzentrieren. Eine Verlagerung der entsprechenden musikpädagogischen Stellen von Greifswald nach Rostock ist vorgesehen. Auch die Vertretung des Fachs Musikwissenschaft soll mittelfristig an der Hochschule für Musik und Theater stattfinden. Kurzfristig hat die Hochschule für Musik und Theater mit dem Institut für Musikwissenschaft der Universität Rostock ein Kooperationsmodell abgesprochen, das es erlaubt, Prüfungsleistungen und Seminarabschlüsse, die an der Hochschule erbracht werden, bereits jetzt im Magisterstudiengang anzurechnen. Umgekehrt werden gegenwärtig zentrale musikwissenschaftliche Veranstaltungen der Hochschule von der musikwissenschaftlichen Professur der Universität und dem ihr zugeordneten wissenschaftlichen Personal abgedeckt. Der Studiengang Kirchenmusik soll dagegen am Standort Greifswald verbleiben, da an der dortigen Universität bereits ein Institut für Kirchenmusik, das aus der Pommerschen Evangelischen Kirchenmusikschule entstand, etabliert wurde, dessen Existenz und Standort kirchenstaatsvertraglich geregelt wurde. Änderungen des Vertrags sind nur einvernehmlich möglich.

Die musikalisch-künstlerischen Studiengänge, die organisatorisch am Institut für Musik verankert sind, gliedern sich in ein Grund- und Hauptstudium von je vier Semestern, das mit dem Diplom abgeschlossen wird. Im Rahmen der Novellierung des Landeshochschulgesetzes wird eine Anhebung der Regelstudienzeit von acht auf neun Semester erwogen. Endgültige Prüfungs- und Studienordnungen liegen zum gegenwärtigen Zeitpunkt noch nicht vor, da der Senat und die Senatskommission für Studium und Lehre ihre Arbeit noch nicht aufgenommen haben. Studienpläne für die instrumentale und vokale künstlerische Ausbildung wurden aber bereits vorbereitet und enthalten das übliche Fächerspektrum. Die notwendigen Fremdsprachenangebote, vor allem in Italienisch und Französisch, werden durch eine Zusammenarbeit mit dem Institut für Romanistik der Universität und dem Institut Francais in Rostock gewährleistet.

Für überdurchschnittlich gute Absolventen ist ein Aufbaustudium von vier Semestern mit den Schwerpunkten Solofach, Kammermusik/Ensemble und Bühnenrecht vorgesehen, das mit dem Konzertexamen abschließt.

Am Institut für Musikpädagogik der Hochschule werden für alle Schularten Lehramtsstudiengänge für das Fach Musik, einschließlich des Lehramts für Sonderpädagogik, angeboten. Die Regelstudienzeit beträgt neun Semester. Darüber hinaus wurden Studiengänge für Instrumental- und Gesangspädagogik mit einer Regelstudienzeit von acht

Semestern eingerichtet. Für alle musikpädagogischen Studiengänge ist zukünftig vorgesehen, daß Lehrveranstaltungen zur Bewegungslehre und/oder zum Darstellenden Spiel, ferner zu Entspannungstechniken und Sprecherziehung/Diktion als verpflichtender Bestandteil in die Studienordnung eingeführt werden. Auf diese Weise soll dem engen Zusammenhang zwischen Musik, Spiel und Bewegung in der musikpädagogischen Praxis Rechnung getragen werden.

Am Institut für Schauspiel wird neben dem künstlerischen Studiengang das „Darstellende Spiel" als Lernbereich angeboten. Auf diese Weise sollen Lehrer befähigt werden, Theaterstücke und szenische Arrangements mit den Schülern zu erarbeiten. Das Land beabsichtigt, das Darstellende Spiel als drittes künstlerisches Fach an den Schulen einzuführen, um so die Erziehungskompetenz der Schule zu stärken. Das BMBF fördert seit 1994 einen Modellversuch des Landes „Darstellendes Spiel in der Schule" an der Universität Greifswald. Nach Ablauf des Modellversuchs ist vorgesehen, daß die weitere Entwicklung dieses Fachs federführend an der Hochschule für Musik und Theater Rostock erfolgt, da das Institut für Schauspiel der Hochschule über die entsprechenden künstlerischen Voraussetzungen verfügt.

Die künstlerische Schauspielausbildung in Rostock ist auf acht Semester angelegt und verfolgt als besondere Prinzipien eine fächerübergreifende Ausbildung, die Durchführung von Ensemblesimulationen bereits zu Beginn des Studiums, ein gruppendynamisches Training, die Arbeit in wechselnden Projekten sowie eine hohe Betreuungsintensität der Studenten durch die Dozenten.

Die Hochschule sieht es ausdrücklich als ihr Ziel an, den hohen Leistungsstand der Schauspielausbildung in Rostock zu erhalten. Mit dem „Darstellenden Spiel" will das Institut für Schauspiel einen Ausbildungsbereich anbieten, von dem auch für die Zukunft der Lehrerausbildung neue Anstöße erwartet werden. Das Darstellende Spiel soll als eigenständiges Unterrichtsfach und als Element der schulmusikalischen Ausbildung angeboten werden. Bislang existieren entsprechende Ausbildungsangebote für das Lehramt an Grund- und Haupt- sowie an Sonderschulen.

Die Einrichtung eines eigenen Studiengangs Theaterpädagogik soll dann erfolgen, wenn die erforderliche Professur bereitgestellt werden kann. Die vorhandene Infrastruktur des Instituts für Schauspiel ist nach Ansicht der Hochschule grundsätzlich geeignet, zusammen mit dem Institut für Musikpädagogik und der Universität Rostock die Theaterpädagogik als grundständigen Studiengang anzubieten. Das Land sieht eine Nachfrage nach derart qualifizierten Absolventen in den Mehrspartenhäusern Musik/Oper/Schauspiel und in der Freizeit- und Erwachsenenbildung.

Seit dem Sommersemester 1994 besteht eine Zusammenarbeit mit dem Volkstheater Rostock und seinen Abteilungen Schauspiel, Orchester und

Oper. Für die kommenden Spielzeiten wird angestrebt, die Beteiligung des Instituts für Schauspiel an den Produktionen der Städtischen Bühnen zu erhöhen. Ein entsprechender Kooperationsvertrag wurde 1995 geschlossen. Dieser Kooperationsvertrag regelt auch die Zusammenarbeit der Hochschule mit der Norddeutschen Philharmonie Rostock und dem Opernhaus.

Im Hinblick auf die zukünftige Studienbewerberzahl kann das Land noch keine verläßliche Prognose geben, da die Nachfrage in den musikalisch-künstlerischen und musikpädagogischen Studiengängen des ehemaligen Instituts für Musik und Theater der Universität Rostock nicht als repräsentativ angesehen werden könne, da zum damaligen Zeitpunkt noch keine Professoren berufen worden seien. Vergleiche man jedoch die Bewerberzahlen im Verhältnis zu den Zulassungen 1994 und 1995, so zeige sich, daß im Bereich Schauspiel auf eine Zulassung etwa 40 bis 50 Bewerbungen und im Bereich Musik auf eine Zulassung rund vier Bewerbungen kämen.

Übersicht 1

Bewerbungen, Zulassungen und Studierendenzahlen 1994 und 1995

	Bewerbungen		Zulassungen		Studierende	
	1994	1995	1994	1995	1994	1995
Künstlerische Studiengänge	80	115	28	26	49	59
Instrumental-Gesangspädagogik	22	35	6	11	36	40
Lehramt	28	67	11	5	166	140
Schauspiel	400	520	12	10	37	37
Gesamt	530	737	57	52	288	276

Ein Vergleich der Einschreibungsjahrgänge 1994 und 1995 zeigt eine relativ geringe Zulassungszahl bei den Lehramtsstudiengängen im Fach Musik. Das Land führt dies u.a. auf die hohen Anforderungen der Eignungsprüfungen und auf das zur Zeit nachlassende Interesse am Lehramtsstudium zurück, das durch die Befürchtung der Absolventen, nach Abschluß des Studiums und des Vorbereitungsdienstes keine Anstellung als Lehrer zu finden, maßgeblich verursacht werde. Demgegenüber betont das Land den nach wie vor existierenden Bedarf an Lehramtsabsolventen für Musik, der u. a. daran deutlich werde, daß in zahlreichen Schulen der Musikunterricht von Nichtfachlehrern gehalten werde bzw. die ausgebildeten Musiklehrer an mehreren Schulen unterrichten müßten oder der Musikunterricht ganz ausfalle. Das Land will aufgrund der altersbedingten Personalfluktuation und des großen Nachholbedarfs im Fach Musik in den allgemeinbildenden Schulen und in den Sonderschulen in den kommenden zwanzig Jahren jährlich 20 bis 30 Lehrer neu einstellen. Auch danach wird ein Lehrerbedarf in diesem Fach in dieser Größenordnung erwartet. Das Land will deshalb gezielt für ein Lehramtsstudium der Musik werben.

Ähnlich groß wird der Bedarf an hauptamtlichen Lehrkräften an den Musikschulen eingeschätzt. Das Land konnte den Versorgungsgrad mit Musikschulplätzen zwar von 0,4 auf 0,9 % pro 100 000 Einwohner steigern, die angestrebte Angleichung auf den Bundesdurchschnitt von 2 % würde aber eine Kapazitätserweiterung von jetzt 970 auf rund 2 000 Unterrichtsplätze bedeuten. Das Land geht deshalb davon aus, daß sich eine stabile Absolventennachfrage einstellen wird. Im Jahre 1993 waren in Mecklenburg-Vorpommern 527 Lehrkräfte als Vollzeitkraft oder stundenweise an den Musikschulen beschäftigt. Es wird davon ausgegangen, daß jährlich rund 25 bis 30 Lehrkräfte zu ersetzen bzw. zu ergänzen sind. Das Land beteiligt sich an der Finanzierung der Musikschulen, die auf der Grundlage der Rahmenlehrpläne und des Strukturplans des Verbandes deutscher Musikschulen als gemeinnützige Einrichtungen arbeiten, zu einem Drittel. Diese Unterstützung soll auch in Zukunft erhalten bleiben.

Dazu komme die Notwendigkeit des Aufbaus des privaten Musikunterrichts, der nach Auffassung des Landes einen zusätzlichen Absolventenbedarf erzeugen wird.

Im Solistenbereich ist eine verläßliche Prognose besonders schwierig. Das Land verweist aber darauf, daß sich die Hochschule bereits bei den Aufnahmeprüfungen einem besonders hohen Anforderungsniveau verpflichtet fühle, so daß bereits auf diesem Wege die späteren Beschäftigungschancen gesteigert werden könnten. Für das Schauspiel verweist das Land auf die durch verschiedene Preise dokumentierte hohe Qualität der Schauspielausbildung in Rostock. Das werde auch daran deutlich, daß alle 15 Absolventen des Jahres 1995 ein Engagement an Sprechbühnen erhalten hätten.

A. IV. Personalstruktur und Personalausbauplanung

Der im Haushalt 1996 festgelegte Stellenplan der Hochschule sieht insgesamt 16 Professorenstellen und 13 Stellen für Assistenten und Mitarbeiter vor. Zusätzlich mit den zehn Stellen im Bereich der Verwaltung verfügt die Hochschule also über 39 Stellen. Dazu werden noch im Jahr 1996 2 Professoren- und 4 Mitarbeiterstellen aus Greifswald treten, die im Zuge der dort vorgenommenen Schließung umgesetzt werden. Aus zwei 1996 frei werdenden C1-Stellen wird zudem eine weitere C2-Professur geschaffen. Ferner werden drei Verwaltungsstellen anderer Hochschulen genutzt.

Die Professorenstellen verteilen sich wie folgt auf die einzelnen Fächer:

Übersicht 2

Professuren an der Hochschule für Musik und Theater Rostock

Fach	C4	C3	C2	Insgesamt
Gesang	2	1	–	3
Klavier	1	1	–	2
Violine	1	1	–	2
Violoncello	1	–	–	1
Didaktik Sek. I/II	–	1	–	1
Didaktik Grundschule und Sonderpädagogik	–	1*	–	1*
Didaktik (IP)	–	–	1	1
Schulpraktisches Klavierspiel/Tonsatz		1*	–	1*
Komposition	1	–	–	1
Tonsatz		1	–	1
Korrepetition, Orchester	–		1	1
Schauspiel	1	1	–	2
Sprecherziehung	–	1	–	1
Darstellendes Spiel	–	–	1**	1**
	7	7 (9)	2 (3)	16 (19)

* Stellen, die gegenwärtig haushaltsrechtlich noch an der Universität Greifswald verankert sind.
** Stelle, die haushaltsrechtlich noch an der Fachhochschule Wismar verankert ist.

Durch die Besetzung von jeweils zwei Professuren für Klavier und Violine bzw. drei Professuren für Gesang und Didaktik nimmt das Land eine gezielte Schwerpunktsetzung vor. Die Ausbringung von zwei Professuren für Klavier wird ebenso mit dem besonderen Bedarf für die Schulmusik begründet wie die Einrichtung von drei Professuren für Musikdidaktik. Die Schwerpunktsetzung im Bereich Violine/Violoncello begründet das Land mit der zentralen orchestralen Funktion der Streicher und ihrer besonderen Bedeutung im Rahmen der Kammermusik. Im Bereich Gesang ergab sich durch den Tatbestand, daß der Gründungsrektor dieses Fach vertritt, die Notwendigkeit, eine zusätzliche Berufung für diesen Bereich auszusprechen. Das Land beabsichtigt aber, bei Ausscheiden des Gründungsrektors die dritte Gesangstelle wieder in den Verfügungsfonds aufzunehmen und umzuwidmen.

In der ersten Ausbauphase wurde vollständig auf die Besetzung von Professuren im Bereich Bläser verzichtet. Eine entsprechende Vollständigkeit der Professuren bei den Holz- und Blechbläsern kann nach Ansicht des Landes nur im längerfristigen Aufbau der Hochschule und im Zuge der Umwandlung weiterer Mittelbau- in Professorenstellen erreicht werden. Außerdem sei der Stellenmarkt für Bläser gegenwärtig eher als schlecht einzuschätzen. Daher beabsichtigt das Land, die Lehre in diesem Bereich vorerst durch Lehrbeauftragte wahrnehmen zu lassen. Dazu wurden bereits Verhandlungen mit den Orchestern in Berlin und Hamburg geführt.

Auch in den Bereichen Jazz, Pop und Rock wird die Hochschule bis auf weiteres mit Lehraufträgen arbeiten. Die Stärkung des Fachs „Jazz – Pop – Rock" werde aber dadurch erreicht, daß es im Rahmen der Lehramtsausbildung den Status als Wahlpflichtfach erhalte. Im Bereich der Popularmusik ist daran gedacht, hervorragende Interpreten für die künstlerisch-praktische Ausbildung heranzuziehen.

Hinsichtlich des Verhältnisses von hauptamtlichen und nebenamtlichen Lehrkräften geht das Land von dem Prinzip aus, daß Veranstaltungen mit hoher Stundenzahl durch hauptamtliche Lehrkräfte durchgeführt werden sollten, während die nebenamtlichen Lehrkräfte sich auf die künstlerisch bzw. wissenschaftlich selteneren Fächer konzentrieren sollten. Zusätzlich beabsichtigt das Land, zu bestimmten Themenbereichen kontinuierlich Gastkünstler und Gastwissenschaftler an die Hochschule einzuladen. Besondere Bedeutung sollen Hochschulbeziehungen zu den baltischen Staaten, Polen und den GUS-Ländern haben. Gastdozenten sind vor allem in folgenden Bereichen vorgesehen: Klavier, Gesang, Dirigieren, Komposition und Musikpädagogik.

Das Land geht davon aus, daß die notwendigen theoretischen Lehrangebote in den Fächern Musikgeschichte und Musikwissenschaft vorerst durch das Musikwissenschaftliche Institut der Universität Rostock abgedeckt werden. Die Veranstaltungen sollen im Rahmen einer engen Kooperation in der Hochschule für Musik und Theater stattfinden. Durch die mittelfristige Integration der Musikwissenschaft in die Hochschule wird der Personalbestand um weitere drei Stellen (C4, C1, A15) ergänzt.

A. V. Bau- und Raumplanung und Finanzbedarf

Den Raumbedarf für die Hochschule für Musik und Theater beziffert das Land bei 400 geplanten Studienplätzen auf rund 4 500 m^2 Hauptnutzfläche. Gegenwärtig nutzt die Hochschule zwei Gebäude an zwei Standorten mit einer Hauptnutzfläche von rund 2 600 m^2.

Nach Ansicht des Landes sind die gegenwärtig genutzten Gebäude auf Dauer nicht für die Zwecke der Hochschule geeignet, da sie weder dem Bedarf entsprächen noch funktionsgerecht seien. Deshalb ist beabsichtigt, die Hochschule künftig an einem Standort zu konzentrieren. In diesem Zusammenhang wurden mehrere Unterbringungsalternativen – wie zum Beispiel die Herrichtung einer ehemaligen Kaserne in der Ulmenstraße für die Zwecke der Hochschule – geprüft, bevor sich das Land für den Um- und Ausbau einer ehemaligen Klosteranlage (Katharinenstift) entschieden hat, für die die günstige Lage zur Innenstadt im Sanierungsgebiet der nördlichen Altstadt spreche. Außerdem handele es sich bei dem Katharinenstift um ein erhaltenswürdiges Kulturdenkmal, das der Hochschule ein ideales Ambiente biete.

Hinsichtlich der Herrichtungskosten hat die Stadt Rostock Mitte 1995 mit Bürgerschaftsbeschluß entschieden, einen Kostenanteil bei der Finanzierung der Baumaßnahme am Katharinenstift zur Nutzung für die Hochschule für Musik und Theater in Höhe von 30 Millionen DM zu übernehmen. Den Nachteilen dieses Standortes, die nach Ansicht des Landes vor allem darin liegen, daß eine sukzessive Inbetriebnahme erst mittelfristig erfolgen kann, will das Land mit einer tragfähigen Interimsunterbringung der Hochschule begegnen. Zu diesem Zweck sind Teile der Ulmenkaserne für Zwecke der Musikhochschule hergerichtet worden. Darüber hinaus steht ein städtischer Konzertsaal zur Verfügung. Weitere Anmietungen sollen bei Bedarf realisiert werden. Das Land geht davon aus, daß der erste Bauabschnitt im Katharinenstift bis zum Jahre 2000 fertiggestellt sein wird.

Durch die Herrichtung des vorhandenen Bestandes an Hauptnutzfläche im Katharinenstift sowie die Errichtung eines angrenzenden Neubaus kann das Land insgesamt rund 4 500 m^2 Hauptnutzfläche für die Hochschule schaffen. Es beziffert die Gesamtbaukosten einschließlich der Ersteinrichtung auf 65 Millionen DM. Die zugrunde gelegten Kosten orientieren sich nach Angaben des Landes an vergleichbaren Bauvorhaben wie der Musikhochschule Lübeck.

Um die Funktionsfähigkeit der Hochschule, vor allem hinsichtlich der Erstausstattung an Instrumenten und des Büchergrundbestandes, zu sichern, bittet das Land, die Aufnahme rückwirkend zum 1. Januar 1995 zu empfehlen. Damit wäre es dem Land möglich, notwendige Investitionen für den Aufbau der Hochschule bereits zum 26. Rahmenplan mit dem Ziel der Mitfinanzierung durch den Bund anzumelden und ggf. auch eine rückwirkende Mitfinanzierung der bereits aufgewandten 2,36 Millionen DM Ersteinrichtungsmittel zu erhalten.

B. Stellungnahme

B. I. Allgemeines

Das Hochschulbauförderungsgesetz (HBFG) ermächtigt in § 4 Abs. 2 die Bundesregierung, durch Rechtsverordnung mit Zustimmung des Bundesrates Hochschulen oder Hochschuleinrichtungen in das Hochschulverzeichnis des HBFG aufzunehmen. Als Voraussetzung gilt, daß die Einbeziehung in die Gemeinschaftsaufgabe Hochschulbau wegen der Bedeutung für die Gesamtheit hochschulpolitisch erforderlich ist. Bei der Prüfung, ob diese Voraussetzung gegeben ist, sind die allgemeinen Grundsätze der Gemeinschaftsaufgabe Hochschulbau zu berücksichtigen, die § 2 HBFG enthält. Danach soll diese Gemeinschaftsaufgabe „so erfüllt werden, daß die

Hochschulen als Bestandteil des gesamten Forschungs- und Bildungssystems künftigen Anforderungen genügen. Bund und Länder haben bei der Erfüllung der Gemeinschaftsaufgabe darauf hinzuwirken, daß

- die Hochschulen nach Aufgabenstellung, Fachrichtung, Ziel, Größe und Standort ein zusammenhängendes System bilden, durch das ein ausreichendes und ausgeglichenes Angebot an Ausbildungs- und Forschungsplätzen gewährleistet wird;

- an den Hochschulen nach Maßgabe ihrer jeweiligen Aufgabenstellung Forschungsschwerpunkte unter Berücksichtigung der hochschulfreien Forschungseinrichtungen gefördert werden;

- die baulichen Voraussetzungen für ein ausgewogenes Verhältnis von Forschung und Lehre und für eine funktionsgerechte Hochschulstruktur und Neuordnung des Studiums geschaffen werden;

- eine möglichst günstige Ausnutzung der vorhandenen und neuen Einrichtungen unter Berücksichtigung der voraussehbaren Nachfrage nach Studienplätzen und des langfristig zu erwartenden Bedarfs gewährleistet ist;

- die Grundsätze und Ziele der Raumordnung und Landesplanung beachtet werden."

Vor Erlaß einer Rechtsverordnung zur Aufnahme einer Hochschule in die Anlage des HBFG soll der Wissenschaftsrat gehört werden.

Der Wissenschaftsrat hatte bereits in seinen Empfehlungen für die künftige Entwicklung der Kunst-, Musik- und Theaterhochschulen in den neuen Ländern und im Ostteil von Berlin grundsätzlich zur Errichtung einer Hochschule für Musik und Theater in Rostock Stellung genommen.[3]) In diesem Zusammenhang hatte er von einer pauschalen Überführung der bisherigen Berliner Außenstellen in eine neu zu gründende Hochschule abgeraten und einen konzeptionellen und personellen Neuaufbau unter Einschluß der Schauspielabteilung gefordert. Neben Empfehlungen zur Mindestausstattung hat er dem Land außerdem empfohlen, einen verbindlichen zeitlichen Entwicklungsplan aufzustellen, der sicherstellt, daß die erforderlichen Professorenstellen innerhalb eines Zeitraumes von nicht mehr als fünf Jahren zur Verfügung stehen. In fachlicher Hinsicht setzt die Neugründung einer Musikhochschule in Rostock nach Auffassung des Wissenschaftsrates voraus, daß

- für die Ausbildung von Orchestermusikern und Sängern die entsprechende Breite an Instrumental- und Gesangsfächern vertreten ist,

---

3) ebd. S. 226-232.

- zur Komplettierung des Studienangebots die Fächer Gehörbildung, Klavier, Komposition und Dirigieren sowie Ensemblespiel angeboten werden, sowie im wissenschaftlichen Bereich Musikgeschichte und -theorie, außerdem ein Fremdsprachenangebot, vor allem in Italienisch,

- die Hauptfächer durch einschlägig qualifizierte hauptberufliche Lehrkräfte vertreten werden,

- eine entsprechende personelle, räumliche und instrumentale Ausstattung der Hochschule gewährleistet ist und

- für die qualifizierte Ausbildung von Schauspielern eine enge Kooperation mit leistungsfähigen Theatern am Ort etabliert wird.[4])

Der Wissenschaftsrat hat im folgenden unter Berücksichtigung dieser Bedingungen und der rechtlichen Vorgaben des Hochschulbauförderungsgesetzes geprüft, ob die Aufnahme der Hochschule in das Hochschulverzeichnis des HBFG zu empfehlen ist.

B. II. Zur Bedeutung der Hochschule für die Gesamtheit

Das Land begründet die Errichtung der Hochschule mit dem langfristigen Bedarf an qualifiziert ausgebildeten Schulmusik- bzw. Musikschullehrern und der allgemeinen kulturpolitischen Bedeutung dieser Hochschule einschließlich der durch die geographische Lage begünstigten besonderen Regionalorientierung auf den nordosteuropäischen Raum und das Baltikum.

Die Hochschule für Musik und Theater ist die einzige Kunsthochschule in Mecklenburg-Vorpommern. Es ist anzuerkennen, daß das Land auf die Zusammenführung anderer künstlerischer Ausbildungsstätten in eine Kunsthochschule verzichtet hat und insbesondere der Empfehlung des Wissenschaftsrates gefolgt ist, die Studiengänge Innenarchitektur und Design der Fachschule für Angewandte Kunst in Heiligendamm in die Fachhochschule Wismar zu integrieren.[5]) Auf der anderen Seite ist zu prüfen, ob der zweifellos bestehende Mangel an Musikhochschulstudienplätzen im Land nicht teilweise durch Hochschulen benachbarter Bundesländer befriedigt werden kann.

Die zu Rostock nächstgelegenen Musikhochschulen mit Ausbildungsangeboten im musikpädagogischen und künstlerischen Bereich befinden sich mit Hamburg (210 km), Hannover (284 km) und Berlin (208 km) in einer Entfernung von 200 bis 300 km. Die Entfernung zur Musikhoch-

---

4) ebd. S. 229.
5) ebd. S. 229.

schule Lübeck (83 km) ist demgegenüber deutlich kürzer. Die Hochschule für Musik und Theater Rostock kann dennoch im Nordosten Deutschlands eine Lücke im Angebot an Musikhochschulstudienplätzen füllen. Eine Voraussetzung dafür ist, daß sich das angestrebte Profil der Hochschule von dem benachbarter Hochschulen, insbesondere der Musikhochschule Lübeck, die über 384 flächenbezogene Studienplätze verfügt, deutlich unterscheidet. Dies ist nach Ansicht des Wissenschaftsrates der Fall.

Die Hochschule für Musik und Theater Rostock verfügt mit dem Studiengang Schauspiel über ein Ausbildungsangebot, das an der Musikhochschule Lübeck nicht vorhanden ist.

Hinsichtlich der Lehramtsausbildung im Fach Musik werden in Rostock Studiengänge für alle Schularten, einschließlich des Lehramts für Sonderpädagogik angeboten, während in Lübeck ausschließlich für das Lehramt an Gymnasien ausgebildet wird. Ein inhaltlicher Schwerpunkt der Lehramtsausbildung in Rostock ist in diesem Zusammenhang die Verbindung von Musik, Spiel und Bewegung, die durch verpflichtende Lehrveranstaltungen zur „Bewegungslehre" oder zum „Darstellenden Spiel" und durch eine Zusammenarbeit der Institute für Musikpädagogik und Schauspiel gesichert werden soll.

In der künstlerischen Ausbildung ist für die Hochschule in Rostock zwar das übliche Fächerspektrum (Gesang, Klavier, Violine, Komposition etc.) vorgesehen, das auch an der Musikhochschule Lübeck angeboten wird; durch die bereits eingeleitete enge künstlerische Zusammenarbeit mit Partnerhochschulen im Nordosten Europas und des Baltikums wurden in Rostock jedoch auch in diesem Bereich die Grundlagen für ein eigenständiges Profil der Hochschule gelegt. Ohne Zweifel kennzeichnen den Hochschulstandort Rostock die geeigneten geographischen und historischen Voraussetzungen, um in eine künstlerische Kooperation insbesondere mit den baltischen Staaten, Polen und den GUS-Staaten einzutreten. Die Hochschule hat mit den entsprechenden Partnerhochschulen dieser Länder bereits gemeinsam Veranstaltungen durchgeführt und einen Vertrag abgeschlossen, aus dem sich eine dauerhafte Zusammenarbeit in Ausbildung und künstlerischer Produktion entwickeln kann. Die Wahrnehmung dieser Kooperationen entspricht deshalb in besonderer Weise einem überregionalen hochschulpolitischen Interesse und damit dem ersten allgemeinen Grundsatz der Gemeinschaftsaufgabe Hochschulbau.

Im Hinblick auf die Verteilung der Zahl der flächenbezogenen Studienplätze auf die einzelnen Studiengänge liegt das Schwergewicht mit 100 Studienplätzen auf der Musikschullehrerausbildung bzw. mit 90 Studienplätzen auf der Schulmusikausbildung. Im Sommersemester 1995 waren 104 Lehramtsstudenten für die verschiedenen Schulformen an der Hochschule eingeschrieben. Gegenwärtig ist die Zahl der Bewerbungen im Fach Schulmusik im Land gering. Das Land macht dafür im wesentlichen die hohen Anforderungen der Eignungsprüfungen verantwortlich. Dem Land wird angesichts des Bedarfs an Schulmusiklehrern aber empfohlen, an dem vorgesehenen Einstellungskorridor von rund 30 Neueinstellungen pro Jahr festzuhalten und die Verabschiedung des Lehrerpersonalkonzepts zu nutzen, um das öffentliche Interesse am Studium der Schulmusik zu dokumentieren.

Für die Musikschulausbildung geht das Land ebenfalls von einem Ersatz- bzw. Ergänzungsbedarf von 26 bis 30 Lehrern pro Jahr aus. Da Mecklenburg-Vorpommern über ein dichtes Netz von öffentlichen und privat getragenen Musikschulen verfügt, das Land die Zahl der Musikschulplätze mittelfristig von 1000 auf 2000 erhöhen und sich auch weiterhin an der Finanzierung dieser Einrichtungen beteiligen will, erscheint eine Planungsgröße von 80-100 flächenbezogenen Studienplätzen in diesem Studiengang realistisch zu sein. Hinzu kommt die Nachfrage nach privatem Musikunterricht. Sollten die geplanten 1 000 zusätzlichen Musikschulplätze sowie die entsprechenden hauptamtlichen Personalstellen in den nächsten Jahren nicht geschaffen werden, müßte dieses allerdings eine deutliche Absenkung der jetzt vorliegenden Planungsgrößen in diesem Studiengang zur Folge haben.

Obwohl die Zahl der bestandenen Eignungsprüfungen für die musikalisch-künstlerischen Studiengänge eine rückläufige Tendenz aufweist, sieht der Wissenschaftsrat die geplante Studienplatzkapazität von 140 flächenbezogenen Studienplätzen bei einer Regelstudienzeit von 9 Semestern als gerechtfertigt an. Insbesondere für die künstlerischen Studiengänge kann erwartet werden, daß diese durch das spezifische Profil der Hochschule mit seiner regionalen Orientierung auf den nordosteuropäischen Raum und das Baltikum auch eine überregionale studentische Nachfrage erfahren werden. Der regionale und überregionale Bedarf an Absolventen einer musikalisch-künstlerischen Studienrichtung läßt sich demgegenüber nur eingeschränkt abschätzen. Die künstlerisch-konzeptionellen Akzente dieses Studiengangs können aber als richtig gesetzt betrachtet werden. Daß der Bereich der Holz- und Blechblasinstrumente, einschließlich Harfe und Schlagzeug, in der Priorität zunächst zurücktritt, ist aufgrund der gegenwärtig geringen Nachfrage nach Absolventen dieser Studienrichtung folgerichtig. Die Hochschule sollte nach einer Aufbauphase aber auch diesen Bereich in das Fächerspektrum vollwertig integrieren und entsprechend personell ausstatten.

Der Wissenschaftsrat begrüßt, daß das Land seine Anregung aufgegriffen hat und das Schauspiel als selbständige Einheit innerhalb der Musikhochschule verankert hat. Die Schauspielausbildung in Rostock war in der Vergangenheit überregional anerkannt. Hinzu kommt eine starke studentische Nachfrage: Die Zahl der Bewerber hat sich vom Sommersemester 1994 zum Sommersemester 1995 weiter erhöht. Die Relation von Bewerbungen zu bestandenen Aufnahmeprüfungen lag im Jahr 1995 bei 52 : 1. Da das Institut für Schauspiel gegenwärtig rund 40 Studierende ausbildet, ist die angestrebte Zahl von 50 flächenbezogenen Studienplätzen für diesen Bereich zu vertreten, zumal darin auch die Kapazitäten für das Fach „Darstellendes Spiel“ und damit für einen Teil der Lehramtsausbildung enthalten sind.

B. III. Zu den Studiengängen und Ausbildungsprofilen

Die organisatorische Gliederung der Hochschule in die Institute für Musik, Musikpädagogik und Schauspiel lehnt sich an die in Deutschland übliche Organisationsform von Musik- und Theaterhochschulen an und entspricht den für die Hochschule vorgesehenen Studiengängen. Darüber hinaus erinnert der Wissenschaftsrat an seine Empfehlung aus dem Jahre 1991, in der er die Wiederaufnahme der Kirchenmusik in das Studienangebot der Musikhochschulen angeregt hatte.[6]) Das Land sollte deshalb Verhandlungen mit der Pommerschen Evangelischen Kirche mit dem Ziel aufnehmen, die gegenwärtig an der Universität Greifswald verankerte Ausbildung für Kirchenmusik nach Rostock zu verlagern. Für eine Konzentration in Rostock spricht nicht nur die aus fachlicher Sicht wünschenswerte Abrundung des Studienangebots der Hochschule, zu der die Kirchenmusik aus historischen und systematischen Gründen gehört, sondern auch die Entscheidung des Landes, die schulmusikalische Ausbildung und die Magisterhauptfachausbildung Musikwissenschaft an der Universität Greifswald entfallen zu lassen und sie ebenfalls in Rostock zu konzentrieren. Durch den Fortfall der Musikwissenschaft und Musikpädagogik ist die notwendige fachliche Arrondierung der Kirchenmusikausbildung in Greifswald nicht mehr gewährleistet, so daß eine Weiterführung an diesem Standort nicht sinnvoll erscheint. Im Rahmen der Verlagerung der Musikwissenschaft an die Hochschule für Musik und Theater Rostock sollen Promotionen in diesem Fach in Kooperation mit der Universität Rostock durchgeführt werden.

Daß die Hochschule die Studiengangsprofile von vorneherein so anlegen will, daß eine Verselbständigung der Institute vermieden und die interdisziplinäre Zusammenarbeit der Fächer gefördert wird, ist positiv zu werten. Vielversprechend ist dabei vor allem die Kooperation des Instituts für Musikpädagogik mit dem Institut für Schauspiel, die durch die Ausbildung im Studiengang „Darstellendes Spiel“ curricular abgesichert ist. Für die Zusammenarbeit zwischen musikalisch-künstlerischer Ausbildung und Schauspielausbildung sind ebenfalls fachliche Anknüpfungspunkte im Bereich der Bewegungslehre, der Entspannungstechniken oder der Stimm- und Atemphysiologie vorhanden. Zu bedauern ist aber, daß die in Rostock vorhandene Tradition der Verbindung von Schauspiel und Musiktheater nicht ausreichend für die künstlerische Profilierung der Hochschule genutzt wird und in diesem Zusammenhang die ursprüngliche Idee, einen Bereich „Musical“ einzurichten, aus kapazitären Gründen nicht weiterverfolgt wird.

---

6) ebd. S. 199.

In der musikalisch-künstlerischen Ausbildung soll die Hochschule ein besonderes Profil dadurch erhalten, daß die Studiengänge in ihrer Konzeption auf eine internationale Zusammenarbeit ausgerichtet sind. Die Einrichtung eines internationalen Sommercampus, bei dem die Möglichkeit geboten wird, anrechenbare Leistungsnachweise in der Soloausbildung zu erwerben, ist ein wichtiger Schritt zur Institutionalisierung der Zusammenarbeit mit Hochschulen aus Nordosteuropa und dem Baltikum. Es ist zu begrüßen, daß das Land diese Einrichtung jährlich mit einem Festbetrag unterstützen will. Darüber hinaus sollten durch Stipendien und Austauschprogramme weitere Möglichkeiten für eine kontinuierliche internationale Zusammenarbeit geschaffen werden. Hinsichtlich der fachlichen Schwerpunktbildungen regt der Wissenschaftsrat auch in Abgrenzung zu benachbarten Musikhochschulen an, mittelfristig die „Angewandte Musik" (Film-, Theater und Werbemusik) in das Fächerspektrum zu integrieren und neben einer vorhandenen Professur für Musiktheorie/Komposition eine weitere Professur für Angewandte Musik einzurichten.

Daß die musikpädagogischen Studiengänge ebenfalls in die geplante internationale Einbindung der Hochschule einbezogen werden sollen, ist ausdrücklich zu begrüßen. Die Vorbereitung eines Forschungsschwerpunktes „Vergleichende Musikpädagogik unter besonderer Berücksichtigung des baltischen und belorussischen Raumes", der zusammen mit der Hochschule von Vilnius eingerichtet werden soll, stellt eine Perspektive für eine solche Zusammenarbeit dar. Dem Land wird empfohlen, derartige Initiativen durch zusätzliche Landesforschungsmittel zu unterstützen.

Hinsichtlich der curricularen Planungen für das Lehramt an Gymnasien ist der bisher vorgesehene Anteil von 90 Semesterwochenstunden für das Fach Musik zu hoch angesetzt. Der Wissenschaftsrat begrüßt es, daß das Land eine Änderung der Lehrerprüfungsordnung vorgenommen hat, durch die dieser Anteil auf 80 Semesterwochenstunden reduziert wird. Der Umfang des zweiten Faches reduziert sich in diesem Fall von bisher 70 Semesterwochenstunden auf 60 Semesterwochenstunden. In diesem Zusammenhang sollte auch der ausdrücklich für Musiktheorie vorgesehene Anteil von vier Semesterwochenstunden daraufhin überprüft werden, ob er in Verbindung mit den Fächern Tonsatz, Gehörbildung und Formenlehre als ausreichend gelten kann.

Der künstlerische Studiengang Schauspiel erhält sein besonderes Profil zum einen aus der Tradition der Schauspielausbildung in Rostock aus der Zeit der ehemaligen DDR und zum anderen aus der intensiven Zusammenarbeit mit den musikpädagogischen Studiengängen im Rahmen des Fachs „Darstellendes Spiel". Die vorliegenden detaillierten Studiengangsplanungen sind im Hinblick auf die angebotenen Fächer, deren Gewichtung und zeitliche Verankerung im Studienverlauf als sinnvoll anzusehen. Trotz des kürzlich abgeschlossenen Kooperationsvertrages zwischen der Hochschule und dem Volkstheater Rostock ist der Frage der

Zusammenarbeit der Hochschule mit den Theatern der Region aber weiterhin verstärkte Aufmerksamkeit zu widmen. Angestrebt werden muß eine Hochschule und Theater integrierende Ausbildung, bei der die Studenten während ihres Hauptstudiums in aktuelle Inszenierungen der örtlichen Theater einbezogen sind, und die Hochschulleitung Mitspracherechte bei der inhaltlichen Planung der Theaterproduktionen erhält. Die praktische Ausbildung der Studenten an den Theatern der Region muß fester Bestandteil des Curriculums sein. Das vorliegende Konzept für die Studiengänge im Bereich Schauspiel ist hinreichend ausbaufähig, um innerhalb eines Stufenplans mittelfristig die Einrichtung eines weiteren eigenen Studiengangs Theaterpädagogik vorzusehen.

B. IV. Zur personellen und sächlichen Ausstattung

Der Wissenschaftsrat hatte in seiner Empfehlung aus dem Jahre 1991 als Mindestausstattung für eine neu gegründete Hochschule für Musik und Theater insgesamt 20 Professuren vorgesehen. Darin enthalten waren auch vier Professuren für Holz- bzw. Blechblasinstrumente sowie eine Professur für Orgel-/Kirchenmusik, die das Land vorerst nicht an der Hochschule ausbringen will.[7] Die Absicht des Landes, den Bereich der Holz- und Blechblasinstrumente, der Harfe und des Schlagzeugs vorerst gegenüber der Streicherausbildung personell zurückzustellen, kann insofern akzeptiert werden, als in diesen Bereichen die Nachfragesituation auf dem Arbeitsmarkt als kritischer einzuschätzen ist und die Hochschule den notwendigen Unterrichtsbedarf durch qualifizierte Lehraufträge decken will. Trotz der daraus resultierenden kleinen Besetzung des Hochschulorchesters ist für die Studierenden der Instrumentalklassen eine sinfonische Orchestererfahrung möglich, da eine entsprechende Kooperationsvereinbarung mit der Norddeutschen Philharmonie Rostock getroffen wurde. Mittelfristig sollte die vom Wissenschaftsrat empfohlene Mindestausstattung jedoch auch in ihrer fachlichen Breite zur Verfügung stehen, so daß zu einem späteren Zeitpunkt auch für die übrigen Orchesterinstrumente Professuren eingerichtet werden sollten.

Im Bereich Gesang erscheint die Zahl von drei vorgesehenen Professorenstellen überdimensioniert. Da sich dieser Tatbestand dadurch ergibt, daß der Gründungsrektor dieses Fach vertritt, sollte das Land bei einem Ausscheiden des Gründungsrektors, wie vorgesehen, die dritte Gesangsstelle wieder in den Verfügungsfonds aufnehmen und umwidmen.

Zu begrüßen ist, daß Land und Hochschule während der Beratungen im Wissenschaftsrat der Anregung der Arbeitsgruppe gefolgt sind und eine eigenständige Professur für Komposition eingerichtet haben. Die hauptamtliche Vertretung dieses Fachs ist aufgrund der beabsichtigten Kooperationen mit den Hochschulen in Riga und Tallinn notwendig und kann auf längere Zeit nicht befriedigend über Lehraufträge abgedeckt wer-

7) ebd. S. 230.

den. Sollten Land und Hochschule der Anregung des Wissenschaftsrates folgen und eine Schwerpunktbildung im Bereich Angewandte Musik ins Auge fassen, so ist neben der Professur für Komposition die Einrichtung einer weiteren Professur für Angewandte Musik erforderlich.

Daß entgegen der ursprünglichen Absicht der Hochschule auf eine hauptamtliche Besetzung des Fachs „Dirigieren" verzichtet wurde, ist zu vertreten, da die Heranziehung von Lehrbeauftragten für dieses Fach wünschenswert ist, um die Studenten von vorneherein an verschiedene Stile des Dirigierens heranzuführen.

Da die Studiengänge im Bereich Schauspiel, vor allem in ihrer Verknüpfung mit den musikpädagogischen Studiengängen, eine profilbildende Wirkung für die gesamte Hochschule entfalten sollen, ist es folgerichtig, zusätzlich zu den drei Professuren im Bereich Schauspiel eine weitere C2-Professur für Darstellendes Spiel auszuschreiben. Eine weitere hauptamtliche Professur muß aber hinzukommen, wenn in einigen Jahren der vorgesehene eigenständige Studiengang Theaterpädagogik eingerichtet werden wird.

Die Hochschule verfügt gegenwärtig über 19 Professorenstellen, von denen 14 bereits besetzt werden konnten. Zwei Professuren im Bereich Schauspiel werden gegenwärtig noch durch Lehrstuhlvertretungen wahrgenommen. Die Besetzungen erfolgen in regulären Berufungsverfahren und entsprechen damit den Forderungen des Wissenschaftsrates, daß bei Gründung einer Hochschule für Musik und Theater in Rostock neben einem konzeptionellen auch ein personeller Neuaufbau erfolgen müsse.[8]) Die Forderung des Wissenschaftsrates nach einer Komplettierung des Studienangebots im wissenschaftlichen Bereich durch die Fächer Musikgeschichte und -theorie wird durch die mittelfristig geplante Verlagerung des Fachs Musikwissenschaft von der Universität Rostock an die Hochschule für Musik und Theater erfüllt. Das vom Wissenschaftsrat verlangte Fremdsprachenangebot, vor allem in Italienisch und Französisch, wird durch die Zusammenarbeit mit dem Institut für Romanistik und dem Institut Francais gewährleistet.

Die bislang aufgebaute sächliche Ausstattung der Hochschule entspricht in den zentralen Fächern den Mindeststandards, um den laufenden Lehrbetrieb aufrecht zu erhalten. Da die überwiegende Zahl der Professorenstellen bereits besetzt ist, ist jedoch eine zügige Ergänzung der Ersteinrichtung erforderlich. Die in diesem Zusammenhang vorgesehenen Einrichtungen mit Gesamtkosten von 4,5 Millionen DM sind notwendig, aber auch ausreichend.

Auch um eine tragfähige künstlerische Kooperation im Bereich der liveelektronischen Musik mit der Hochschule in Tallin zu etablieren, ist darüber hinaus die Einrichtung eines elektronischen Tonstudios in Rostock

8) ebd. S. 230.

erforderlich. Die Hochschule plant, daß die bislang dezentralisierten aufnahmetechnischen Einrichtungen gebündelt werden sollen. Der Wissenschaftsrat ist der Auffassung, daß die bislang zur Anschaffung vorgesehenen Geräte nicht ausreichen, um den notwendigen Anforderungen zu genügen. Für eine professionelle künstlerische Arbeit und Ausbildung in diesem Bereich müßten außerdem entsprechende Personalstellen für einen künstlerischen Leiter und Stellen für wissenschaftliche Mitarbeiter vorgesehen werden.

B. V. Zur Bau- und Raumplanung und zum Finanzbedarf

Die Entscheidung des Landes, das Katharinenstift in Rostock als Standort für eine dauerhafte Unterbringung der Hochschule vorzusehen, kann unter der Voraussetzung akzeptiert werden, daß der Gemeinschaftsaufgabe Hochschulbau durch diese Entscheidung keine unvertretbaren Mehrkosten entstehen. Da das Kloster, zentral im Altstadtviertel und nur wenige Gehminuten von der Universität und den Veranstaltungsorten gelegen, mit öffentlichen Verkehrsmitteln gut zu erreichen ist, ist eine notwendige Bedingung für die Eignung als Hochschulstandort erfüllt. Diese Voraussetzungen wären insbesondere bei einem Neubau außerhalb der Innenstadt nur eingeschränkt gewährleistet gewesen. Die vom Land in Auftrag gegebenen Plangutachten zeigen, daß durch die Herrichtung des vorhandenen Gebäudebestandes und eines integrierten Neubaus rund 4 500 m^2 Hauptnutzfläche geschaffen werden können. Diese Fläche ist knapp bemessen aber ausreichend für eine Musikhochschule mit geplanten 400 flächenbezogenen Studienplätzen.

Als kritisch ist jedoch nach wie vor zu bewerten, daß die im Rahmen des Umbaus erforderliche Einhaltung denkmalpflegerischer Vorschriften eine verläßliche Kalkulation der Kosten nicht möglich macht. Gegenwärtig werden die Gesamtbaukosten einschließlich der Ersteinrichtung auf rund 65 Millionen DM geschätzt. Zudem ist mit einem längeren Zeitraum für die Herrichtung des Gebäudes zu rechnen, so daß eine schrittweise Inbetriebnahme erst ab 2000 erfolgen kann. Deshalb muß das Land für die Hochschule eine Interimsunterbringung gewährleisten, die hinsichtlich der Kosten vertretbar und der geplanten Größenordnung sowie den künstlerischen- und Ausbildungsfunktionen der Hochschule angemessen ist. Die Entscheidung des Landes, Teile einer ehemaligen Kaserne für Zwecke der Hochschule vorübergehend herzurichten, kann akzeptiert werden. Da zur Bereitstellung der erforderlichen Hauptnutzfläche noch weitere Anmietungen erforderlich sind, sollte das Land bis Mitte des Jahres 1996 entsprechende Beschlüsse über die provisorische Unterbringung der Hochschule gefaßt haben.

Hinsichtlich der Kosten für den Umbau des Katharinenstifts begrüßt der Wissenschaftsrat den Beschluß der Stadt Rostock, einen Teil der Baukosten in Höhe von 30 Millionen DM zu übernehmen. Die nach Abzug dieser Mittel verbleibenden Investitionskosten können bis zur Höhe der

Herrichtungskosten alternativer Standorte (Ulmenkaserne) von Bund und Land im Rahmen der Gemeinschaftsaufgabe Hochschulbau übernommen werden.

Investitionen, wie die für die Hochschule für Musik und Theater Rostock, bedürfen einer zuverlässigen mittelfristigen Finanzplanung des Landes. Die Absenkung der Studienplatzzielzahl um 4 000 auf 24 000 flächenbezogene Studienplätze im Land kann in diesem Zusammenhang dazu beitragen, neue Spielräume für den Hochschulbau im Land zu schaffen. Die Absicht des Landes, in den nächsten Jahren – vorbehaltlich einer entsprechenden Gegenfinanzierung des Bundes – Beträge zwischen 170 und 290 Millionen DM für Hochschulbaumaßnahmen zur Verfügung zu stellen, eröffnet einen Finanzierungsspielraum, der angesichts der anstehenden Investitionen an den anderen Hochschulen im Land als notwendig betrachtet werden muß. Die Investitionen für die Hochschule für Musik und Theater Rostock müssen im Rahmen der vorgesehenen Finanzplanung realisierbar sein, ohne daß andere wichtige Baumaßnahmen im Land gefährdet werden.

C. Zusammenfassende Empfehlung

Die Hochschule für Musik und Theater Rostock ist die einzige Kunsthochschule in Mecklenburg-Vorpommern. Sie schließt – auch im Verhältnis zu den Musikhochschulen benachbarter Bundesländer – im Nordosten Deutschlands eine Lücke im Angebot an Musikhochschulstudienplätzen. Das Ausbauziel von 400 flächenbezogenen Studienplätzen kann als angemessen betrachtet werden.

Im Hinblick auf die Verteilung der Zahl der flächenbezogenen Studienplätze auf die einzelnen Studiengänge liegt das Schwergewicht mit 100 Studienplätzen auf der Musikschullehrerausbildung bzw. mit 90 Studienplätzen auf der Schulmusikausbildung. Angesichts der geringen Zahl der Bewerbungen im Fach Schulmusik empfiehlt der Wissenschaftsrat dem Land, an dem vorgesehenen Einstellungkorridor von rund 30 Neueinstellungen pro Jahr festzuhalten und die Verabschiedung des Lehrerpersonalkonzepts zu nutzen, um das öffentliche Interesse am Studium der Schulmusik zu dokumentieren. Für die Musikschulausbildung scheint eine Planungsgröße von 80-100 flächenbezogenen Studienplätzen realistisch zu sein. Da die Zahl der bestandenen Eignungsprüfungen für die musikalisch-künstlerischen Studiengänge eine steigende Tendenz aufweist, sieht der Wissenschaftsrat die geplante Studienplatzkapazität von 140 flächenbezogenen Studienplätzen bei einer Regelstudienzeit von 9 Semestern als gerechtfertigt an. Der Wissenschaftsrat begrüßt, daß das Land seine Anregung aufgegriffen hat und den Bereich Schauspiel als selbständige Einheit innerhalb der Musikhochschule verankert hat. Von besonderer Bedeutung für das Profil der Hochschule ist die angestrebte

Orientierung auf den Nordosten Europas, insbesondere das Baltikum. Die Hochschule hat mit den Partnerhochschulen dieser Länder bereits gemeinsame Veranstaltungen durchgeführt und Verträge abgeschlossen, aus denen sich eine dauerhafte Zusammenarbeit in Ausbildung und künstlerischer Produktion entwickeln kann. Die Wahrnehmung dieser Kooperationen entspricht in einer besonderen Weise einem überregionalen hochschulpolitischen Interesse und damit dem ersten allgemeinen Grundsatz der Gemeinschaftsaufgabe Hochschulbau.

Daß die Hochschule die Studiengangsprofile von vornherein so anlegen will, daß eine Verselbständigung der Institute vermieden und interdisziplinäre Zusammenarbeit der Fächer gefördert wird, ist positiv zu werten. Vielversprechend ist dabei vor allem die Kooperation des Instituts für Musikpädagogik mit dem Institut für Schauspiel, die durch die Ausbildung im Studiengang „Darstellendes Spiel" curricular abgesichert ist. Zu einer wünschenswerten Abrundung des Studienangebots der Hochschule gehört aus historischen und systematischen Gründen die Kirchenmusik. Dem Land wird deshalb empfohlen, Verhandlungen mit der Pommerschen Evangelischen Kirche mit dem Ziel aufzunehmen, die gegenwärtig an der Universität Greifswald verankerte Ausbildung für Kirchenmusik nach Rostock zu verlagern.

Die Hochschule verfügt über 19 Professorenstellen, von denen 14 bereits besetzt werden konnten. Die Besetzungen erfolgten in regulären Berufungsverfahren und entsprechen damit den Forderungen des Wissenschaftsrates, daß bei der Gründung einer Hochschule für Musik und Theater Rostock neben einem konzeptionellen auch ein personeller Neuaufbau erfolgen müsse. Die bislang aufgebaute sächliche Ausstattung entspricht in den zentralen Fächern den Mindeststandards, um den laufenden Lehrbetrieb aufrecht zu erhalten. Eine zügige Ergänzung der Ersteinrichtung ist jedoch erforderlich.

Die Entscheidung des Landes, das Katharinenstift in Rostock als Standort für eine dauerhafte Unterbringung der Hochschule vorzusehen, kann unter der Voraussetzung akzeptiert werden, daß der Gemeinschaftsaufgabe Hochschulbau durch diese Entscheidung keine unvertretbaren Mehrkosten entstehen. Der Wissenschaftsrat begrüßt den Beschluß der Stadt Rostock, Baukosten in Höhe von 30 Millionen DM zu übernehmen. Die nach Abzug dieser Mittel verbleibenden Investitionskosten können bis zur Höhe der Herrichtungskosten für die ins Auge gefaßten alternativen Standorte (Ulmenstraße) von Bund und Land im Rahmen der Gemeinschaftsaufgabe Hochschulbau übernommen werden. Für die bis zur Herrichtung des Gebäudes notwendigen Interimsunterbringungen sollte das Land bis Mitte 1996 entsprechende Beschlüsse gefaßt haben.

Das Land bittet um die rückwirkende Aufnahme der Hochschule für Musik und Theater Rostock in die Anlage des Hochschulbauförderungsgesetzes zum 1. Januar 1995. Aufgrund der bisherigen Rechtspraxis bei dem Erlaß von Aufnahmerechtsverordnungen durch den Bund empfiehlt der Wissenschaftsrat die Aufnahme der Hochschule für Musik und Theater Rostock in die Anlage des Hochschulbauförderungsgesetzes zum 1. Januar 1996.

Stellungnahme zu Entwicklungsstand und Perspektiven der Privaten Universität Witten/Herdecke

vom Juli 1996

Inhalt

Vorbemerkung

Die Private Universität Witten/Herdecke wurde im Juli 1990 vom Wissenschaftsrat zur Aufnahme in die Anlage zum Hochschulbauförderungsgesetz empfohlen. Die Empfehlung war mit dem Vorbehalt verbunden, daß die Hochschule fünf Jahre nach der Aufnahme in das HBFG erneut begutachtet werden sollte, um zu prüfen, ob die Auflagen erfüllt und die Realisierung des Konzepts erfolgversprechend gelungen ist. Das Land hat den Wissenschaftsrat mit Schreiben vom 24. Oktober 1994 gebeten, die Private Universität Witten/ Herdecke erneut zu begutachten und in diesem Zusammenhang auch die wirtschaftliche Situation der Hochschule und deren künftige Entwicklungsmöglichkeiten in die Empfehlung einzubeziehen.

Der Wissenschaftsrat hat zur Vorbereitung seiner Stellungnahme eine Arbeitsgruppe eingesetzt, der auch Sachverständige angehörten, die nicht Mitglieder des Wissenschaftsrates sind. Ihnen ist er zu besonderem Dank verpflichtet.

Die Arbeitsgruppe hat die Private Universität Witten/Herdecke am 27./28. Juni 1995 besucht und deren Entwicklungsstand mit Vertretern von Land und Hochschule erörtert. Weitere Sitzungen der Arbeitsgruppe fanden am 30. Oktober 1995 und 4. Juni 1996 in Köln statt.

Der Wissenschaftsrat hat die Stellungnahme am 12. Juli 1996 verabschiedet.

A. Ausgangslage

A.I. Organisation und rechtlicher Status

Die Private Universität Witten/Herdecke wurde in Trägerschaft des 1981 gegründeten Universitätsvereins Witten/Herdecke im Jahre 1982 als erste private Hochschule in Deutschland gegründet und staatlich anerkannt. Im Jahre 1987 wurde die Trägerschaft durch eine gemeinnützige Gesellschaft „Private Universität Witten/Herdecke GmbH" übernommen. Organe der Hochschule sind das Direktorium, das Präsidium bzw. die Geschäftsleitung, der Senat sowie die Fakultäten.

Der Gesellschafterversammlung, die das Direktorium in der Hochschule bildet, gehören je sechs Vertreter der Wissenschaft und der Wirtschaft an. Dem Direktorium als oberstem Entscheidungsorgan der Hochschule obliegt die Verantwortung für die Verwirklichung der übergreifenden Ziele der Universität, wie sie bereits in der Stellungnahme des Wissenschaftsrates aus dem Jahre 1990 beschrieben und kritisch gewürdigt wurden.[1]) Das Direktorium bedient sich zur Vorbereitung seiner Entscheidungen eines Senats-, Finanz-, Personal- und Prüfungsausschusses. Als Beratungsorgan steht dem Direktorium ein Kuratorium zur Seite, dem Mitglieder aus der Wissenschaft, der Wirtschaft und dem öffentlichen Leben angehören. Der Senat ist das für die akademische Entwicklung der Universität zuständige Entscheidungsorgan. Er soll im Rahmen der verfügbaren Mittel die wissenschaftlichen Prioritäten in Lehre, Studium und Forschung setzen. Dem Senat gehören u. a. die Mitglieder des Präsidiums der Hochschule, die Dekane der vier Fakultäten, der Leiter des Studium Fundamentale sowie Vertreter der Fakultäten an, von denen mindestens je einer ein Studierender sein soll.

Das Präsidium wird vom Direktorium ernannt und besteht aus dem Präsidenten, dem Vizepräsidenten/Wissenschaftlichen Geschäftsführer und dem Kaufmännischen Geschäftsführer der Hochschule. Es ist in seiner Geschäftsführung dem Senat rechenschafts- und berichtspflichtig.

Die Fakultäten werden von den Dekanen geführt, die weitgehende Handlungsvollmacht haben. Die Fakultäten können ihre Organisationsform selbst bestimmen, sofern sie allen Fakultätsangehörigen die Mitarbeit in der Fakultät ermöglichen. In die Zuständigkeit der Fakultäten fällt u.a. neben der Sicherstellung von Forschung und Lehre, der Auswahl der Dozenten sowie der Durchführung der Promotionen und Habilitationen auch die Bestimmung der besonderen Zulassungskriterien zum Studium und die Auswahl der Studenten. Darüber hinaus wird von den Fakultäten erwartet, daß sie die Planung der wissenschaftlichen und finanziellen Entwicklung sowie die Verwaltung des Jahresetats eigenverantwortlich wahrnehmen.

Das Strukturmodell der Universität mit Präsidium, Geschäftsleitung und eigenverantwortlichen Fakultäten soll ausdrücklich dazu dienen, die angezielten wissenschaftspolitischen Innovationen zu verwirklichen und die von der Trägergesellschaft zur Verfügung gestellten Mittel optimal einzusetzen. Bei der Erstellung der zu erbringenden Leistungen will die Private Universität Witten/Herdecke die Effizienz privatwirtschaftlicher Unternehmen mit der traditionellen Gemeinnützigkeit kultureller und sozialer Institutionen verbinden.

A.II. Entwicklung der Fakultäten seit 1990

Den Gründungskern der Hochschule bildete die Medizinische Fakultät (eingerichtet 1983), es folgten die Wirtschaftswissenschaftliche Fakultät (1984), die Fakultät für Zahn-, Mund- und Kieferheilkunde (1984) sowie die Naturwissenschaftliche Fakultät (1986). Außerdem wurde 1985 ein

1) Wissenschaftsrat: Empfehlung zur Aufnahme der Privaten Hochschule Witten/Herdecke in die Anlage zum Hochschulbauförderungsgesetz, in: Empfehlungen und Stellungnahmen, Köln 1990, S. 167-203.

Aufbaustudiengang Musiktherapie innerhalb der Medizinischen Fakultät eingerichtet. Das Studium Fundamentale, das seit 1993 Fakultätsstatus besitzt, soll als Träger des fachübergreifenden Ausbildungskonzeptes der Hochschule fungieren und in dieser Aufgabenstellung den Status einer „Fakultät in den Fakultäten" haben. Die Zahl der Studienanfänger und Studierenden sowie der Personalstellen an den einzelnen Fakultäten hat sich seit 1990 wie folgt entwickelt:

Übersicht 1: Zahl der Studierenden, Studienanfänger ()
und Studienabbrecher* nach Fächern 1990-1995

Jahr	Studiengänge					
	Medizin	Musiktherapie	Wirtschaftswissenschaften	Zahnmedizin	Naturwissenschaften	Gesamt
WS 1990/91	162 (–)	10 (2)	159 (32)	99 (13)	47 (18)	477
SS 1991	177 (28)	10 (3)	153 (–)	88 (–)	51 (10)	479
WS 1991/92	150 (2)	8 (–)	167 (30)	104 (18)	53 (18)	482
SS 1992	179 (31)	7 (3)	169 (4)	105 (1)	54 (3)	515
WS 1992/93	169 (2)	6 (–)	182 (29)	120 (26)	55 (10)	536
SS 1993	191 (33)	9 (5)	176 (3)	101 (1)	57 (8)	541
WS 1993/94	174 (2)	8 (–)	198 (36)	110 (27)	63 (16)	564
SS 1994	201 (39)	11 (5)	186 (4)	103 (3)	67 (13)	579
WS 1994/95	189 (7)	11 (–)	203 (42)	126 (36)	76 (19)	616
SS 1995	220 (45)	14 (7)	192 (9)	119 (4)	73 (4)	629
WS 1995/96	217 (3)	12 (–)	233 (64)	151 (36)	72 (13)	698
Studienabbrecher 1990-1995	31	2	21	22	21	97

* Bei Studienanfängern und -abbrechern einschließlich der Hochschulwechsler.

Übersicht 2: Personalentwicklung nach Fakultäten/Verantwortungsbereichen 1990-1995 – zuzüglich der Lehrbeauftragten ()

Jahr	Fakultäten						
	Medizin	Zahn-, Mund- u. Kiefer-heilkunde	Wirt-schafts-wissen-schaften	Natur-wissen-schaften	Studium Funda-mentale	Admini-stration/ zentrale Dienste	Univer-sität gesamt
1990/91	33 (33)	55 (16)	23 (22)	114 (2)	9 (28)	24	258
1991/92	40 (47)	56 (18)	34 (17)	114 (4)	8 (27)	28	280
1992/93	41 (13)	58 (22)	31 (14)	90 (2)	9 (30)	28	257
1993/94	39 (26)	69 (26)	33 (17)	90 (4)	13 (28)	44	288
1994/95	44 (64)	76 (22)	32 (28)	88 (8)	15 (28)	49	304
1995/96*	55 (76)	77 (22)	34 (15)	92 (25)	14 (22)	51	323

Stand: 31. 5. 1996.

Land und Hochschule haben 1995 eine Kapazitätsausweitung vereinbart, die eine Erhöhung der Studierendenzahlen von jetzt rund 600 auf 1 200 Studierende schrittweise bis zum Jahre 2000 vorsieht, soweit dieses hochschulplanerisch und wirtschaftlich vertretbar ist. Land und Hochschule wollen mit der Kapazitätsausweitung die Wirtschaftlichkeit des Hochschulbetriebs steigern und unter der Rahmenbedingung erhöhter Studierendenzahlen die Tragfähigkeit des alternativen Lehrmodells an der Privaten Universität Witten/Herdecke unter Beweis stellen.

In der Lehre liegt der Schwerpunkt der Hochschule für die kommenden Jahre auf der weiteren Entwicklung von curricularen Strukturen und Programmen. Insbesondere soll eine gezielte und interdisziplinär angelegte Erweiterung des Lehrangebotes erfolgen, so daß z. B. Schnittstellen des Studiengangs Medizin mit der Biochemie, den Wirtschaftswissenschaften, der Zahnmedizin oder den Umweltwissenschaften in der Ausbildung Berücksichtigung finden. In diesem Zusammenhang stehen auch die Pläne der Hochschule zur Errichtung neuer Studiengänge. Daneben sollen die Instrumente zur Evaluation der didaktischen Effektivität der Hochschule weiterentwickelt und erprobt werden.

Die Hochschule macht geltend, daß auch aufgrund der knappen wirtschaftlichen Ressourcen sowie des starken Wachstums in der Aufbauphase der Hochschule bis 1990 die kritische Masse für eigene nennenswerte Forschungsleistungen nicht gegeben gewesen sei. Insbesondere seit der Begutachtung durch den Wissenschaftsrat im Jahre 1990 sei die Hochschule aber bestrebt, den Forschungs-, Entwicklungs- und Dienstleistungsbereich kontinuierlich auszubauen. Die Entwicklung der extern eingeworbenen Forschungsmittel der Hochschule seit 1989 stellt sich wie folgt dar:

Übersicht 3: Drittmittel der Universität Witten/Herdecke nach Fakultäten und Studienbereichen 1989-1994/95 in DM

Jahr	Fakultäten/Bereiche					
	1989	1990/91	1991/92	1992/93	1993/94	1994/95
Medizin	1 545 980	827 867	912 652	806 629	1 133 826	1 415 866
Zahn-, Mund- und Kiefer-heilkunde	0	100 000	56 075	0	3 000	0
Wirt-schafts-wissen-schaften	64 961	329 486	413 642	473 245	209 792	112 597
Natur-wissen-schaften	1 838 377	2 588 649	2 286 837	2 177 641	2 110 919	2 855 068
Umwelt-technik	503 286	1 094 263	879 413	554 910	457 104	463 478
Studium Funda-mentale	0	0	0	19 975	26 975	168 275
Gesamt	3 952 604	4 940 265	4 548 619	4 032 399	4 046 617	5 194 414

II.1. Medizinische Fakultät

Die Hochschule weist daraufhin, daß im Studiengang Medizin eine Weiterentwicklung der Maßnahmen zur Reform des Medizinstudiums stattgefunden habe. Im Einklang mit der gegenwärtigen und im Vorgriff auf die geplante achte Novelle der Approbationsordnung sei die geforderte Fächerintegration in der Vorklinik bereits realisiert und die Trennung von vorklinischem und klinischem Unterricht weitgehend aufgehoben. Ein besonderer Studienschwerpunkt liegt nach Angaben der Hochschule in Fragen der wissenschaftlichen Methodik, die den Studenten nicht nur im Medizinstudium im engeren Sinne, sondern auch im Wahlpflichtfach des Studium Fundamentale vermittelt werde. Zudem nehmen nahezu alle Studenten während ihrer Studienzeit mindestens einmal die Gelegenheit zu einem Auslandsaufenthalt wahr.

Zur Gewährleistung der Lehre verfügt die Fakultät (1995/96) über 41 Hochschullehrer (davon 34 in den kooperierenden Kliniken) und 76

Lehrbeauftragte einschließlich Tutoren. Zusätzlich sind an der Fakultät 19 wissenschaftliche Mitarbeiter und 15 Nicht-Wissenschaftler tätig. Die Zahl der Promotionen und der Habilitationen an der Fakultät hat sich seit 1991 wie folgt entwickelt:

Übersicht 4: Promotionen und Habilitationen an der Fakultät für Medizin, 1991-1996

Qualifikation	Jahr					
	1991	1992	1993	1994	1995	1996*
Promotion	5	15	16	26	22	5
Habilitation	2	4	3	6	3	1

* bis 30. 4. 1996.

Die Hochschule weist darauf hin, daß die Fakultät entsprechend einer Achtjahresanalyse des Instituts für Medizinische und Pharmazeutische Prüfungsfragen/Mainz (IMPP) bei den Resultaten des Physikums den durchschnittlichen Rang 10 belege. Auch die Resultate der übrigen Prüfungen seien mit denen anderer Universitäten vergleichbar. Die Hochschule hat die Zahl der pro Jahr aufgenommenen Studenten auf 42 beschränkt. Diese werden in sieben Gruppen von sechs Studierenden eingeteilt und von Tutoren unter Anleitung der Professoren betreut. Die Hochschule verfolgt ein modulares Ausbildungskonzept, bei dem die Studentengruppen für eine Zeitdauer von zwei bis sieben Wochen in einem rotierenden Verfahren in den unterschiedlichen Krankenhäusern und Abteilungen bzw. einzelnen Praxen tätig sind. Die Hochschule geht davon aus, daß diese Form des klinischen Blockunterrichts als Modell auch auf andere Universitäten mit einer anderen Größenordnung übertragbar ist, sofern entsprechende Lehrqualifikationen vorliegen.

Die Qualität von Lehre und Forschung ist nach Ansicht der Hochschule von den kooperierenden Kliniken und den Ausbildungs- und Führungsqualitäten der dort ansässigen Chefärzte abhängig. Um die erforderliche Qualität in der Lehre sicherzustellen, hat sich die Fakultät für Medizin nach eigenen Angaben in den vergangenen Jahren von verschiedenen Kliniken getrennt und andere, besser qualifizierte Einrichtungen für eine Zusammenarbeit gewinnen können. Dadurch habe sich die Zahl der kooperierenden Kliniken auf 16 erhöht.

Hinsichtlich Anzahl und thematischer Ausrichtung der Forschungsprojekte an der Fakultät weist die Hochschule darauf hin, daß sich mit der Hinzunahme weiterer kooperierender Kliniken die quantitativen Forschungsleistungen der Fakultät verbessert haben. Gleichzeitig sei aber auch erkennbar, daß sich die Forschungsprojekte inhaltlich an Grenzen hielten, die durch den fachlichen Zuschnitt der kooperierenden Kliniken vorgegeben seien. Grundsätzlich müsse aber berücksichtigt werden, daß die wissenschaftliche Zusammenarbeit unter unabhängigen Kliniken der Normal- bis Maximalversorgung an den deutschen Universitäten bislang nicht der Regelfall gewesen sei. Das Dekanat der Fakultät für Medizin unterstützt gegenwärtig kooperative Projekte auf verschiedenen Gebieten, wie der Kardiologie, der Geriatrie und der Gynäkologie.

Um weitere Forschungsmöglichkeiten, insbesondere für die kooperierenden Kliniken, zu eröffnen, hat die Hochschule das Institut für Sozialmedizin, Epidemiologie und Gesundheitssystemforschung (ISEG) und das Institut für Forschung und Entwicklung (IFE) gegründet. Das IFE besteht seit Februar 1995 als Institut der Fakultät für Medizin unter der Leitung eines Fakultätsmitglieds und gleichzeitig als gleichnamiges, gewerbliches Institut in der Rechtsform einer GmbH, das Auftragsforschung im medizinischen und medizinaffinen Bereich durchführen soll. Es ist vorgesehen, daß die kooperierenden Kliniken einen privilegierten Zugang zu diesen Instituten erhalten sollen. Bislang hat die Fakultät für Medizin den Krankenhäusern keine eigenen Forschungslaboratorien und Forschungsmittel zur Verfügung gestellt. Die Hochschule plant aber, zusätzlich zum Ausbau des IFE in Zusammenarbeit mit dem Klinikum Wuppertal, die Errichtung eines Zentrums, das weitere Infrastruktur für die Planung, Durchführung und den Abschluß von Forschungsprojekten bereitstellen soll.

Die laufenden Mehrkosten der kooperierenden Krankenhäuser, die sich aus den Lehrleistungen ergeben, werden am Ende jedes Semesters durch die Chefärzte der Kliniken abgerechnet und durch die Hochschule vergütet. Die Hochschule räumt ein, daß der Mehraufwand, der den Kliniken durch die Forschung entstehe, nur begrenzt kompensiert werden könne. Es gehe aber ein Teil des finanziellen Forschungsaufwandes der von der Industrie finanzierten und vom IFE betreuten Forschungsprojekte an die Kliniken. Zudem werde den Kliniken die Benutzung der universitären Infrastruktur nicht in Rechnung gestellt.

In den Kooperationsverträgen der Medizinischen Fakultät mit den Kliniken ist vorgesehen, daß die Entscheidung über die Zusammenarbeit an die Person des Chefarztes gebunden ist, und die Universität bei Stellenneubesetzungen mitwirkt. Neubesetzungen von Chefarztpositionen sind allerdings nach Angaben der Hochschulen bislang selten vorgekommen. In neueren Verträgen, z. B. mit dem Klinikum Wuppertal GmbH, ist aber die Aufnahme von zwei Fakultätsmitgliedern und zwei Studierenden in die Nachfolgekommission vertraglich sichergestellt. Die Hochschule hält eine solche Mitwirkung für erforderlich, damit bei der Besetzung der Chefarztpositionen neben der Erfüllung klinischer Routineaufgaben auch Gesichtspunkte der wissenschaftlichen Qualifikation Berücksichtigung finden.

Die Hochschule mißt der Frage der Qualifizierung des wissenschaftlichen Nachwuchses in den kommenden Jahren eine besondere Bedeutung zu. Eine Freistellung von Assistenten und Oberärzten für Forschungsaufgaben hält sie jedoch lediglich im Rahmen von Stipendien oder projektgebundener Forschungsförderung für möglich. Durchschnittlich verbleiben rund 25 % der Absolventen der Medizinischen Fakultät nach Abschluß ihres Studiums an der Hochschule oder in den kooperierenden Kliniken. Doktoranden wurden aufgrund fehlender Stellen in den vergangenen Jahren nicht eingestellt. Eine Besonderheit im Fach Medizin stellt die Habilitation mit Schwerpunkt Lehre an der Universität Witten-Herdecke dar. Voraussetzung für den Erwerb einer solchen Habilitation ist dort der Nachweis von Leistungen in der Lehre, die mit den sonst erwarteten Forschungsleistungen vergleichbar sein müssen.

Innerhalb der Fakultät für Medizin wird seit 1985 der viersemestrige Zusatzstudiengang Musiktherapie angeboten. Die Abteilung Musiktherapie war bis 1993 provisorisch untergebracht und ist inzwischen räumlich innerhalb des Universitätsneubaus integriert. Die Entwicklung des Studiengangs wurde in den letzten Jahren vor allem durch den Zufluß zweckgebundener Fördermittel begünstigt.

II.2. Fakultät für Zahn-, Mund- und Kieferheilkunde

Die Fakultät für Zahn-, Mund- und Kieferheilkunde wurde 1984 gegründet. Das Studium gliedert sich in einen vorklinischen Abschnitt von fünf Semestern und einen unmittelbar folgenden klinischen Abschnitt von weiteren fünf Semestern, wobei die Fakultät das Ziel verfolgt, die Trennung zwischen Naturwissenschaften und Medizin, bzw. zwischen Medizin und Zahnmedizin sowie vorklinischer und klinischer Ausbildung durch integrative Studienangebote aufzuheben.

Im Bereich der Lehre hat sich die Fakultät in den letzten Jahren der Weiterentwicklung des besonderen curricularen Ansatzes der zahnmedizinischen Ausbildung zugewandt. Diese umfaßt u.a. einen Vorrang der Zahnerhaltungskunde bzw. der präventiven sozialen Zahnheilkunde im Studium, Pflichthospitationen in Zahnarztpraxen der Umgebung („Satellitenpraxen"), sowie eine Individualisierung der Studienpläne mit hoher Flexibilität für Forschungssemester bzw. -praktika. Darüber hinaus soll die Zusammenarbeit mit der Humanmedizin und den Naturwissenschaften auch in der Lehre über eine Konsolidierung der Ausbildung in den medizinisch-theoretischen Fächern und Brückenfächern verstärkt werden. Schließlich soll der Anteil der Studierenden, die die Möglichkeit von Auslandsaufenthalten wahrnehmen, von gegenwärtig rund 10 % auf 80-90 % gesteigert werden. Die Fakultät verfügt gegenwärtig (1995/96) bei 151 Studierenden über 8 Hochschullehrer, davon 4 aus den kooperierenden Kliniken, sowie 22 Lehrbeauftragte.

Seit 1993 befindet sich die Fakultät innerhalb des neu errichteten Verfügungsgebäudes der Universität auf einer Hauptnutzfläche von 1 660 m^2, wobei die Universitätszahnklinik allein 1 365 m^2 in Anspruch nimmt.

Seit 1993 stehen der Fakultät zusätzlich zwei neue Forschungslaboratorien mit histologisch-mikromorphologischem Profil und Auswertungsmöglichkeiten für klinisch-kontrollierte Untersuchungen zur Verfügung. Die Fläche für Forschungslabors an der Gesamtfläche der Fakultät macht gegenwärtig rund 7 % aus. Von der Fakultät für Zahn-, Mund- und Kieferheilkunde wurden in den letzten fünf Jahren Drittmittel in Höhe von insgesamt 159 000 DM eingeworben. Die Hochschule weist darauf hin, daß für die Ausweitung der Forschung weitere Drittmittel und Postdoktorandenstipendien dringend erforderlich seien. Hinderlich für die Budgetentwicklung seien derzeit vor allem die Erlösabschläge in Höhe von 30 % aus Dienstleistungen in der Krankenversorgung.

Seit 1992 konnte die Fakultät die wissenschaftlichen Nachwuchsstellen um 50 % erhöhen. Gegenwärtig laufen neun Habilitationen an der Fakultät, wobei die Habilitationsleistungen fakultätsübergreifend bewertet werden sollen. Es ist vorgesehen, daß im Qualifikationsrat für die Habilitation alle Fakultäten vertreten sind und jeweils ein Gutachten aus den Grundlagenfächern, ein externes sowie ein internationales Gutachten beigebracht werden müssen. Eine derart breite disziplinäre Absicherung hält die Hochschule auch deshalb für notwendig, da alle laufenden Habilitationsprojekte in Zusammenarbeit zwischen Klinik, Grundlagenfächern und Brückenfächern interdisziplinär angelegt sind.

Das Ausbaukonzept der Fakultät bis zum Jahr 2000 sieht u. a. vor:

- die Entwicklung eines klinischen Forschungszentrums für Angewandte Biomaterialforschung, Biokompatibilitätstestung und klinisch kontrollierte Untersuchungen von Werkstoffen für die Implantologie und restaurative Zahnheilkunde,

- die Entwicklung einer eigenen Abteilung für präventive Zahnheilkunde und Kinderzahnheilkunde,

- den Aufbau einer ambulanten Schmerzklinik mit interdisziplinärer medizinisch-zahnmedizinisch-psychologischer Versorgung,

- die Entwicklung von Postgraduierten-Programmen über 1-2 Jahre mit Abschlüssen in den Fachgebieten Allgemeine Zahnheilkunde, Zahnärztliche Chirurgie, Kieferorthopädie und Parodontologie und Endodontologie.

II.3. Wirtschaftswissenschaftliche Fakultät

Im Studiengang Wirtschaftswissenschaften werden in Anlehnung an die Allgemeine Diplomprüfungsordnung für Wirtschaftswissenschaften Diplomökonomen ausgebildet. Die Fakultät fordert neben der Hochschulzugangsberechtigung eine abgeschlossene, mindestens zweijährige Berufsausbildung als Aufnahmevoraussetzung.

Im Bereich der universitären Lehre und des Curriculums weist der Studiengang im Vergleich zu staatlichen Hochschulen einige Besonderheiten auf, die die Fakultät zur Profilbildung der Ausbildung weiterentwickeln will. Zentrale Elemente des methodisch-didaktischen Konzeptes sollen ein auf Erfahrung gegründeter Wissenserwerb, die enge Verzahnung von gesamt- und unternehmenswirtschaftlichen Zusammenhängen sowie die ausdrückliche Förderung der sozialen Kompetenzen der Absolventen sein.

Während das Grundstudium der Betriebswirtschaftslehre Pflichtveranstaltungen in „Allgemeiner BWL“ und das der Volkswirtschaftslehre curricular verbindliche Veranstaltungen in Mikro- und Makroökonomie vorsieht, ist das Hauptstudium curricular nicht organisiert. Das jeweilige Semesterprogramm wird zwischen den VWL- und BWL-Lehrstühlen abgesprochen.

Als zentral für die Praxisorientierung des Studiums sieht die Hochschule das Mentorenfirmenkonzept an, das vorsieht, daß jeder Student der Wirtschaftswissenschaften für eine bestimmte Zeit parallel zum Studium in einem Unternehmen arbeitet und die dort vorgefundenen Probleme und Problemlösungen in den Hochschulseminaren reflektiert. Darüber hinaus werden von den Studierenden Aktivitäten zur inhaltlichen Vorbereitung, Organisation und Durchführung von Konferenzen zu aktuellen wirtschaftswissenschaftlichen Themen erwartet. Seit 1990 wurden rund ein Dutzend dieser Konferenzen zu Themen wie Finanzforen für mittelständische Unternehmen in den alten und neuen Bundesländern, wirtschaftliche Entwicklung in Ost- und Südosteuropa oder japanische Managementmethoden durchgeführt. Nahezu alle Studenten verbringen nach Angaben der Hochschule ein bis zwei Semester im Ausland.

Für die Ausbildung der rund 200 Studierenden stehen an der Fakultät (1995/1996) 7 Professoren, 16 Lehrstuhlassistenten und 15 Lehrbeauftragte zur Verfügung. Die Fakultät gliedert sich in die folgenden thematischen Funktionsbereiche:

- Betriebswirtschaftslehre, insbesondere Unternehmensführung und Unternehmensentwicklung
- Allgemeine und Quantitative Betriebswirtschaftslehre
- Theorie der Wirtschaft und ihrer Umwelt
- Wirtschaftspolitik und Konjunkturforschung
- Volkswirtschaft und Philosophie
- Betriebswirtschaftslehre mit dem Schwerpunkt Unternehmensberatung.

Die Fakultät verfügt außerdem über eine Professur für Wirtschaftspolitik und öffentliche Finanzen sowie einen Stiftungslehrstuhl für Unternehmensführung, Wirtschaftsethik und gesellschaftliche Evolution, der mit einer Gastprofessur besetzt ist.

Die Gesamtzahl der Absolventen der Fakultät beläuft sich bislang auf 131 (August 1995), wobei es nach Angaben der Hochschule fast allen Absolventen gelungen ist, einen Arbeitsplatz ihrer Wahl zu finden. Von den Absolventen wurden bislang neun promoviert, weitere 18 arbeiten an ihrer Dissertation.

An der Fakultät existieren zur Zeit drei Forschungsinstitute:

- das Institut für Japanisches Management

- das Institut für Wirtschaftspolitik und Konjunkturforschung und

- das Institut für Wirtschaft und Kultur.

Die Fakultät hat in den letzten fünf Jahren rund 1,5 Millionen DM an Drittmitteln eingeworben. Im Geschäftsjahr 1993/94 wurden 102 wissenschaftliche Beiträge von Mitgliedern der Fakultät veröffentlicht, davon 24 in referierten Zeitschriften.

Durch die geplante Ausweitung der Fakultät von rund 200 auf 400 Studierende bis zum Jahre 2000 sieht sich die Hochschule veranlaßt, an der Fakultät curriculare und personelle Veränderungen einzuleiten. Um den Qualitätsstandard des Studiums zu erhalten, soll das englische Tutorensystem eingeführt und ein gemeinsames Grundstudium für Betriebswirtschaftslehre und Volkswirtschaftslehre in den Fächern, wo es sachlich geboten ist, eingerichtet werden. Darüber hinaus sollen die Postgraduiertenstudiengänge neu organisiert und für externe Bewerber geöffnet werden. Außerdem sind bis 1998 eine Reihe von neuen Lehrstühlen zur Einrichtung vorgesehen. Im Bereich der Betriebswirtschaftslehre sollen neue Lehrstühle für Internationales Management, Finanzierung und Kapitaltheorie sowie Marketing und Controlling, im Bereich der Volkswirtschaftslehre die Lehrstühle für Neuere Mikroökonomie sowie Außenwirtschaft und Entwicklung errichtet werden. Außerdem ist daran gedacht, Lehrbeauftragte für Bilanzierung, Wirtschaftsrecht, Multikulturelles Management und Spieltheorie zu gewinnen.

Aufgrund der geplanten personellen Ergänzungen der Fakultät sieht sich die Hochschule in der Lage, verstärkt interdisziplinäre Forschungsprojekte an den Schnittstellen der Wirtschaftswissenschaften zu den Gesundheits- und Umweltwissenschaften sowie zum Studium Fundamentale zu initiieren. Zusätzlich ist geplant, ein größeres Institut für Internationale Ökonomie zu bilden, in dem die geplanten Lehrstühle für Internationales Management und für Außenwirtschaft und Entwicklung zusammenarbeiten können. Diesem Institut soll auch die Japanabteilung des Takeda-Instituts eingegliedert werden.

II.4. Naturwissenschaftliche Fakultät

Die 1985 errichtete Naturwissenschaftliche Fakultät bietet im Bereich Biowissenschaften ein Hauptfachstudium Biochemie mit einem staatlich anerkannten Abschluß als Diplom-Biochemiker/in an. Darüber hinaus können in den Fächern Biochemie, Mathematik und Physik Promotionen zum „Dr.rer.nat." durchgeführt werden. Innerhalb der Promotionsverfahren wird mindestens ein externer Gutachter hinzugezogen. Grundstudiengänge werden an der Naturwissenschaftlichen Fakultät vorerst nicht angeboten.

Entsprechend den Empfehlungen des Wissenschaftsrates aus dem Jahre 1990,[2]) den Ausbau der Naturwissenschaften an der Hochschule auf die medizinaffinen Naturwissenschaften zu beschränken und lediglich einen Hauptfachstudiengang Biochemie anzubieten, hat die Hochschule inzwischen die Arbeitsrichtungen Physikalische Chemie und Anorganische Chemie aufgegeben und einen Lehrstuhl Zellbiologie eingerichtet. Zur Zeit verfügt die Fakultät (ohne den Bereich Umwelttechnik und Umweltmanagement) über Lehrstühle und Arbeitsgruppen auf den folgenden Gebieten: Biochemie, Molekularbiologie, Immunologie, Virologie, Zellbiologie, Biomathematik, Experimentalphysik, Evolutionsbiologie, Zentrale Analytik und Systemanalyse.

Im Hauptfach Biochemie sind zur Zeit nach Angaben der Hochschule 30 Studierende eingeschrieben; hinzu kommen 40 Studierende im Promotionsstudium. Die Hochschule plant mittelfristig jährlich eine Aufnahme von 20 neuen Studienanfängern für das Hauptfachstudium der Biochemie. Diese Planung sei auch durch die Nachfrage begründet, die in den letzten Jahren stets über 40 Bewerbungen pro Jahr gelegen habe.

Die Hochschule hält das Fächerangebot im Studiengang Biochemie für ausreichend, auch wenn die begrenzte Größe der Fakultät Spezialisierungen nur zum Teil zulasse. Als weitere Ausbauschritte für die Fakultät sind die Einrichtung eines Lehrstuhls Medizinische Biochemie, die personelle Verstärkung der bestehenden Lehrstühle sowie die weitere Integration der naturwissenschaftlich orientierten Abteilungen der Medizinischen Fakultät, wie der Pharmakologie und der Phytochemie, in die biochemische Ausbildung vorgesehen. In der Lehre werden von der Naturwissenschaftlichen Fakultät bereits jetzt wesentliche Teile der vorklinischen Ausbildung der Medizin und der Zahnmedizin sowie der Medizinischen Mikrobiologie erbracht. Eine weitere Verbreiterung der

2) Ebd., S. 198-199.

Lehrtätigkeit soll im Bereich des Postgraduiertenstudiums stattfinden. Als eine Option ist daran gedacht, das bereits bestehende Aufbaustudium „Biochemie für Mediziner", das zum Diplom führt, so auszubauen, daß es zu einer Facharztausbildung für Biochemie führt. Inhaltlich soll sich dieses Angebot vor allem an Mediziner richten, die sich vertiefte Kenntnisse in modernen biowissenschaftlichen Methoden aneignen wollen, um später vorrangig biomedizinische Forschungen zu betreiben.

In der Forschung hat sich ein Grundlagenschwerpunkt im Bereich der Gentherapie gebildet, in dem die Lehrstühle für Immunologie, Virologie und Zellbiologie inhaltlich und methodisch zusammenarbeiten sollen. Daneben hat sich ein anwendungsorientierter Forschungsschwerpunkt im Bereich der Biotechnologie gebildet. Konzentriert auf Fragen der Entsorgung soll er Biochemie, NMR-Analytik und Umwelttechnik verbinden. In der Entwicklung befindet sich ein Bioreaktor, der zur Optimierung von Fermentationstechniken dienen soll und auf die Verbesserung von Abläufen in der Produktion von Nahrungsmitteln, Pharmaka, Kosmetika sowie die Behandlung der dabei anfallenden Abwässer und Feststoffe zielt.

Der Umfang der Drittmitteleinwerbungen an der Fakultät betrug in den letzten Jahren regelmäßig rund 40 bis 50 % der Gesamtaufwendungen der Fakultät von rund 7,5 Millionen DM. Herkunft und Entwicklung der Forschungsmittel stellen sich für die Jahre 1989 bis 1994/95 folgendermaßen dar:

Übersicht 5: Entwicklung der Drittmittel an der Fakultät für Naturwissenschaften (in TDM)

	DFG-gefördert	öffentliche Forschungsmittel	private Forschungsmittel	Forschungsmittel gesamt
1989	502	1 622	218	2 341
1990*	433	2 588	202	3 223
1990/91	799	2 232	652	3 683
1991/92	531	1 787	848	3 166
1992/93	488	1 364	881	2 733
1993/94	523	1 260	785	2 568
1994/95	541	1 743	1 035	3 319
1995/96**	508	800	464	1 772

* Rumpfgeschäftsjahr vom 1. 1. bis 30. 9. 1990.
** Werte vom 1. 10. 1995 bis 30. 4. 1996 (7 Monate).

Die Zahl der Publikationen in international referierten Zeitschriften lag im Berichtsjahr 1994/95 bei 61.

Der Bereich Umwelttechnik und Umweltmanagement ist der Naturwissenschaftlichen Fakultät als Arbeitsschwerpunkt assoziiert, ohne daß ein grundständiges Ingenieurstudium angeboten wird. Studierenden der Biochemie soll auf diese Weise zum Beispiel die Möglichkeit gegeben werden, anwendungsbezogene biotechnologische Praktika durchzuführen. Außerdem ist für ingenieurwissenschaftliche Absolventen anderer Hochschulen, die den Diplomgrad bereits erworben haben, die Weiterqualifizierung zum Dr.-Ing. möglich. Das Land hat die Gleichwertigkeit der ingenieurwissenschaftlichen Ausbildung an der Privaten Universität Witten/Herdecke mit vergleichbaren staatlichen Hochschulen festgestellt und der Universität die Verleihung des Promotionsgrades „Dr.-Ing." genehmigt.

Die Finanzierung dieses Bereichs in Lehre und Forschung erfolgt über direkte, zweckgebundene Mittelzuweisungen von Stiftern und Spendern. Neben dem Lehrstuhl Umwelttechnik und -management wurde ein Lehrstuhl für Energie und Wasserwirtschaft eingerichtet.

II.5. Studium Fundamentale

Das Studium an der Privaten Universität Witten/Herdecke sieht neben dem Fachstudium für alle Studierenden ein verbindliches Studium Fundamentale im Grund- und Hauptstudium vor, wobei die dafür aufzuwendende Zahl der Semesterwochenstunden für die einzelnen Studiengänge variiert.

Das Studium Fundamentale soll kein ergänzendes Studium Generale sein, sondern durch fachbezogene Seminare in enger Verzahnung mit technisch-naturwissenschaftlichen, wirtschaftswissenschaftlichen und medizinischen Studiengängen durchgeführt werden. Die interdisziplinäre Ausrichtung des Studium Fundamentale soll die enge fachliche Spezialisierung aufheben, die Perspektiven der Studierenden erweitern und diese zu einem reflektierten Umgang mit dem spezialisierten Fachwissen führen. Das Institut für das Studium Fundamentale besitzt seit 1993 den Status einer Fakultät mit entsprechender Personal- und Sachverantwortung des Dekans innerhalb des Budgetrahmens. Personell verfügt das Studium Fundamentale über drei Lehrstühle (Philosophie, Kunstwissenschaft, Ästhetik und Kunstvermittlung sowie Neuere Deutsche Literaturwissenschaft) sowie 25 Gastprofessoren/Dozenten. Der Schwerpunkt der Lehrveranstaltungen liegt nach Angaben der Hochschule in der Philosophie. Das Land hat der Privaten Universität Witten/Herdecke 1991 das Promotionsrecht (Dr. phil.) im geisteswissenschaftlichen Bereich des Studium Fundamentale eingeräumt und die Gleichwertigkeit dieser Promotion zum Dr. phil. mit der an staatlichen Hochschulen festgestellt.

Die Möglichkeit zur Promotion innerhalb des Studium Fundamentale wurde bislang lediglich von externen Absolventen wahrgenommen. Drei Verfahren wurden abgeschlossen, elf weitere Kandidaten nehmen gegenwärtig (1995) am Doktorandenkolloquium des Studium Fundamentale teil und arbeiten an ihrer Dissertation.

Das Studium Fundamentale hat keine übergreifende koordinierende Funktion für die Forschung der einzelnen Fakultäten.

A.III. Ausbaustand und Ausbauziele

Nach Fertigstellung des Universitätsneubaus im Jahre 1993 und dem Erwerb und Ausbau eines ehemals im Besitz der Firma Thyssen befindlichen Gebäudekomplexes konnte die Hochschule mit einer jetzt verfügbaren Hauptnutzfläche von 11 042 m^2 auf zwei Standorte konzentriert werden. Die Entwicklung und Verteilung des Flächenbestandes auf die einzelnen Fakultäten stellt sich wie folgt dar:

Übersicht 6: Verfügbarer Flächenbestand (m^2/HNF) der Universität Witten/Herdecke

	Flächenbestand 1990	Bedarfsplanung 1990	Flächenbestand Jan. 1995	realisierter Flächenzuwachs
Medizin	1 329	2 150	2 077*	748
Musiktherapie	114	250	340	226
Zahnmedizin	785	1 365	1 660	875
Wirtschaftswissenschaft	784	1 050	779	**
Naturwissenschaft	2 300	3 300	3 714	1 414
Studium Fundamentale	150	150	772	622
Zentrale Einrichtungen (inkl. Reserveflächen)	460	1 500	1 700	1 240
Gesamtflächen	5 922	9 765	11 042	5 125

* ohne klinischen Bereich in den kooperierenden Kliniken
** Flächenzuwachs noch unter „Reserveflächen"

Um eine optimale Ausnutzung der baulichen, infrastrukturellen und personellen Ressourcen der Hochschule zu gewährleisten, hat das Land der Hochschule laut Zuwendungsbescheid vom 28. März 1995 empfohlen, die Zahl der Studierenden von zur Zeit 630 bis zum Jahre 2000 auf 1 200 Studierende zu erhöhen. Die Erweiterung des Studienplatzangebotes soll nach den vorläufigen Planungen der Hochschule vor allem die Studiengänge Wirtschaftswissenschaften, Biochemie sowie neu zu konzipierende Stu-

Übersicht 7: Geplante Entwicklung der Studierendenzahlen (Semester-Sollstärke)

Studiengang	96/7	97/8	98/9	99/00
Medizin (inkl. Musiktherapie)	230	240	250	250
Zahnmedizin	120	130	140	150
Wirtschaftswissenschaft	270	300	330	360
Naturwissenschaft	80	80	90	100
Umwelttechnik und -management	40	60	80	100
neue Studiengänge	110	160	210	240
Studierende gesamt inkl. Promovenden	850	970	1 100	1 200

diengänge wie Bauwirtschaft oder Pflegewissenschaften betreffen. In der Medizin sollen die Studienplätze von 220 im Studienjahr 1995/96 lediglich auf 250 im Jahr 2000, in der Zahnmedizin von 110 im Studienjahr 1995/96 auf 150 im Jahr 2000 erhöht werden. Diese Planungen beziehen eine unter pädagogischen Aspekten für sinnvoll gehaltene Gruppengröße ein. Es ist vorgesehen, daß pro Studienjahr in der Medizin künftig 42 und in der Zahnmedizin 30 Studienanfänger aufgenommen werden.

Das Land geht davon aus, daß die geplanten Kapazitätserweiterungen der Privaten Universität Witten/Herdecke im Bereich der Medizin und Zahnmedizin quantitativ vernachlässigbar sind. Das Land hat zwar in den vergangenen sieben Jahren die Studienanfängerzahlen sowohl in der Medizin als auch in der Zahnmedizin landesweit jeweils über ein Drittel reduziert; es ist aber im Sinne einer möglichst sinnvollen Auslastung in diesen beiden Bereichen an der Privaten Universität Witten/Herdecke bereit, einer geringfügigen Anhebung der Studierendenzahlen zuzustimmen.

A.IV. Finanzen

Der Betrieb der Privaten Universität Witten/Herdecke wird überwiegend aus Mitteln privater Spender, Drittmitteln für Forschungsvorhaben und Umsatzerlösen der Zahnklinik finanziert. Die Universität erzielte seit ihrem Bestehen bis zum Ende des Geschäftsjahres 1994/95 insgesamt Erträge in Höhe von 238 Millionen DM, wobei rund 63 % auf Erträge aus Stiftungen und Spenden, rund 17 % auf Erträge aus Drittmittelförderungen und 20 % auf Erträge aus Dienstleistungen, bzw. die Umsatzerlöse der Zahnklinik entfielen. Die Hochschule gibt an, daß der Universität Stiftungen und Spenden zunehmend als zweckgerichtete Zuwendungen zur Errichtung eines bestimmten Lehrstuhls oder zur Bearbeitung einer

Übersicht 8:
Universität Witten/Herdecke
(Geschäftsjahr 1989 bis 1994/95)

Fakultät/Herkunft	1989	*1990	1990/91	1991/92	1992/93	1993/94	1994/95
Uni Gesamt	18 824 931	14 004 778	25 222 830	26 402 328	27 378 808	29 240 631	33 324 122
Spenden	14 206 340	9 142 295	16 165 858	16 769 381	17 987 424	17 831 237	20 609 513
Forschungsmittel	3 952 604	3 709 456	4 940 265	4 548 619	4 032 399	4 046 617	5 194 414
Dienstleistungen	665 987	1 153 027	796 749	1 881 795	1 825 013	2 938 006	2 742 421
Umsatzerlöse	0	0	3 319 958	3 202 533	3 533 972	4 424 772	4 777 774
Medizin **	3 244 237	2 449 769	1 938 988	1 959 815	1 795 216	2 776 365	3 022 981
Spenden	1 583 046	1 850 410	838 330	781 258	403 265	973 096	1 227 861
Forschungsmittel	1 545 980	462 176	827 867	912 652	806 629	1 133 826	1 415 867
Dienstleistungen	115 211	137 183	272 791	265 905	585 322	669 443	379 253
ZMK	0	0	3 623 028	3 687 508	4 049 659	4 786 092	5 064 001
Spenden	0	0	14 932	213 703	61 028	142 614	98 817
Forschungsmittel	0	0	100 000	56 075	0	3 000	0
Dienstleistungen	0	0	188 138	215 197	454 659	215 707	187 410
Umsatzerlöse	0	0	3 319 958	3 202 533	3 533 972	4 424 772	4 777 774*

noch Übersicht 8:
Universität Witten/Herdecke
(Geschäftsjahr 1989 bis 1994/95)

Fakultät/Herkunft	1989	*1990	1990/91	1991/92	1992/93	1993/94	1994/95
WiWi	1 926 141	1 235 459	2 657 130	2 218 791	3 457 244	1 934 298	1 744 722
Spenden	1 355 121	941 447	2 202 658	1 685 319	2 902 698	1 591 880	1 517 784
Forschungsmittel	64 961	24 200	329 486	413 642	473 245	209 792	112 597
Dienstleistungen	506 059	269 812	124 986	119 830	81 302	132 625	114 341
NAWI o. Umwelt	3 248 581	3 737 303	3 488 900	3 353 685	3 327 279	3 377 551	3 799 897
Spenden	1 406 603	752 661	833 701	944 894	981 926	1 036 677	793 779
Forschungsmittel	1 838 377	2 949 204	2 588 649	2 286 837	2 177 641	2 110 919	2 855 068
Dienstleistungen	3 601	35 438	66 550	121 954	167 712	229 954	151 050
Umwelttechnik	506 854	293 543	1 449 600	1 346 161	1 586 171	1 699 110	2 179 446
Spenden	2 000	7 500	341 100	427 766	1 003 500	1 215 667	1 692 083
Forschungsmittel	503 286	273 876	1 094 263	879 413	554 910	457 104	463 478
Dienstleistungen	1 568	12 167	14 237	38 982	27 761	26 339	23 885

noch Übersicht 8:
Universität Witten/Herdecke
(Geschäftsjahr 1989 bis 1994/95)

Fakultät/Herkunft	1989	*1990	1990/91	1991/92	1992/93	1993/94	1994/95
Stufu	2 763	213 294	342 177	795 345	774 886	655 710	987 668
Spenden	0	212 959	341 083	793 350	623 995	522 850	624 312
Forschungsmittel	0	0	0		19 975	26 975	168 275
Dienstleistungen	2 763	335	1 094	1 995	130 916	105 885	195 081
Universität allgem.	9 896 355	6 075 410	11 723 007	13 041 023	12 388 355	14 011 505	16 525 408
Spenden	9 859 570	5 377 318	11 594 054	11 923 091	12 011 012	12 348 453	14 654 877
Forschungsmittel	0	0	0	0	0	105 000	179 130
Dienstleistungen	36 785	698 092	128 953	1 117 932	377 342	1 558 052	1 691 401

* Rumpfgeschäftsjahr: Januar bis September 1990.
** 1989 Zuordnung der Immunologie und Biochemie zur Fakultät Medizin.

bestimmten Aufgabenstellung gewährt würden. Im Geschäftsjahr 1994/95 belief sich der Anteil des direkt zweckgebundenen Spendenaufkommens auf rund ein Drittel aller Spendenerträge. Die folgende Übersicht zeigt die Erträge der Universität nach Fakultäten und Herkunft für die Geschäftsjahre 1989 bis 1994/95.

Bei den Einnahmen geht die Hochschule in den nächsten Jahren von einem rückläufigen Spendenaufkommen aus. Das liegt daran, daß der Hauptmäzen der Hochschule sein finanzielles Engagement reduziert hat. Die Hochschule konnte aber durch die verbindlichen Zusagen einer Reihe von größeren und kleineren Förderern bis zum Jahre 2001 ein Spendenaufkommen von jährlich 12 bis 14 Millionen DM sicherstellen. Durch eine weitere gezielte Fundraising-Arbeit hofft die Hochschule, diesen Anteil auf 16 Millionen DM jährlich zu erhöhen. Die Hochschule verlangt außerdem mit Beginn des Sommersemesters 1995 eine Beteiligung der Studierenden an den Ausbildungskosten von zunächst 3 000 DM und der Studienanfänger von 6 000 DM pro Jahr. Der Betrag für die bereits Studierenden soll im Verlauf von fünf Jahren auf 5 000 DM pro Jahr gesteigert werden. Die Kalkulation der Studiengebühren geht davon aus, daß nach Ablauf von fünf Jahren auf diese Weise ein Beitrag zur Finanzierung des Gesamthaushaltes in Höhe von 12,5 % erzielt werden kann.

Den Einnahmen steht eine Kostenstruktur gegenüber, die überwiegend durch den Personalkostenanteil (69 %) bestimmt wird. Für das Geschäftsjahr 1994/95 hat die Universität mit 33,3 Millionen DM ein Gesamtbudget veranschlagt, das gegenüber den Gesamtkosten des Vorjahres (29,2 Millionen DM) eine Erhöhung darstellt. Die Hochschule veranschlagt mittelfristig die folgende Entwicklung der jährlichen Ausbildungskosten, wobei im Rahmen der Erweiterung der Gesamtkapazitäten und einer optimalen Nutzung von Infrastruktur und Ressourcen eine Reduzierung der Gesamtkosten je Studierendem erwartet werden:

Übersicht 9: Erwartete Entwicklung der jährlichen Ausbildungskosten

Geschäftsjahr der Universität	Gesamtkosten **ohne** Drittmittelforschung und Dienstleistung (Mio DM)	Gesamtkosten je Studierendem (TDM)
1994/95 (Ist)	18 000	29,0
1995/96	20 600	27,8
1996/97	23 500	27,6
1997/98	25 900	26,7
1998/99	27 500	25,0
1999/2000	28 900	24,0

Das Land hat der Hochschule auf deren Bitte zur Überwindung der aktuellen finanziellen Schwierigkeiten einen einmaligen Zuwendungsbetrag von 6 Millionen DM für das Haushaltsjahr 1995 bewilligt und für

1996 in Aussicht gestellt. Die Zuwendung erfolgte zweckgebunden zur Sicherung des Betriebes der Hochschule. Die Zuwendung wurde an die Voraussetzung geknüpft, daß die Hochschule ein vorläufiges finanzielles Konsolidierungskonzept vorlegt und bereit ist, sich durch ein vom Land zu benennendes Wirtschaftsprüfungsinstitut begutachten zu lassen. Die Gewährung weiterer Zuschüsse für die Jahre 1997 bis 1999 macht das Land darüber hinaus von der Vorlage eines Gesamtkonsolidierungskonzeptes unter Einbeziehung des Gutachtens eines Wirtschaftsprüfungsunternehmens sowie der Stellungnahme des Wissenschaftsrates abhängig. Es erklärt zudem, daß die finanziellen Zuwendungen aus dem Landeshaushalt nur eine Hilfe zur Selbsthilfe sein könnten und mit dem Ziel geleistet würden, daß sich die Hochschule als private Einrichtung auf Dauer vollständig selber trage.

Das von der Hochschule beauftragte Wirtschaftsprüfungsunternehmen „C & L Deutsche Revision AG“ hat sein Gutachten zur Beurteilung des mittelfristigen Finanzierungskonzeptes der Privaten Universität Witten/Herdecke inzwischen vorgelegt. Darin kommt es hinsichtlich der Einnahmen zu dem Ergebnis, daß bei der Struktur der in Deutschland in Betracht kommenden Stiftungen und dem Spendenverhalten der Wirtschaft keine den bisherigen Großspendern vergleichbaren Spendengeber gewonnen werden können. Auf der anderen Seite böten die bislang realisierten und geplanten Kostenstrukturen wenig Raum für Rationalisierungen. Aufgrund ihrer knappen Mittelausstattung sei die Hochschule von Beginn an gezwungen gewesen, kostenbewußt zu wirtschaften. Daher sei es nicht möglich, entfallende Spenden durch Kosteneinsparungen auszugleichen, wenn das Konzept der Hochschule beibehalten werden solle. In der Gesamteinschätzung der Wirtschaftsprüfer benötigt die Hochschule für den Fünfjahreszeitraum von 1995/96 bis 1999/2000 Finanzierungsbeiträge von insgesamt 70,7 Millionen DM, wobei der jährliche Landeszuschuß bis zu 19,0 Millionen DM betragen müßte. Ein wesentliches Potential für Mehreinnahmen wird vor allem in einer deutlichen Anhebung der Studiengebühren gesehen.

B. Stellungnahme

B.I. Allgemeines

Der Wissenschaftsrat kam in seiner Empfehlung zur Aufnahme der Privaten Hochschule Witten/Herdecke in die Anlage zum Hochschulbauförderungsgesetz aus dem Jahre 1990 zu dem Ergebnis, daß der Anspruch der Hochschule, ein Aliud zu staatlichen Hochschulen zu sein, nur zum Teil belegt werden konnte.[3]) Er war andererseits der Auffassung, daß die Hochschule aufgrund ihres Experimentalcharakters in der Lehre und

3) Vgl. ebd. S. 200-202.

eines möglicherweise effizienteren und effektiveren Ressourceneinsatzes der hochschulpolitischen Diskussion wichtige Anstöße gegeben habe, die eine Finanzierung von Investitionen nach dem Hochschulbauförderungsgesetz durch Bund und Land rechtfertigten. Fünf Jahre nach Aufnahme der Privaten Hochschule Witten/Herdecke in das Hochschulverzeichnis ist zu prüfen, ob die seinerzeit ausgesprochenen Auflagen erfüllt sind und die Konzepte erfolgversprechend realisiert wurden.

Im Bereich der Lehre ist das Augenmerk auf die Frage zu richten, ob die von der Hochschule eingeleiteten Innovationen in der Ausbildung, die unter den Voraussetzungen einer Auswahl der Studierenden durch die Hochschule bei insgesamt relativ kleinen Studierendenzahlen und einer intensiven Zusammenarbeit zwischen Lehrenden und Lernenden entwickelt wurden, auch bei steigenden Studierendenzahlen in Zukunft gesichert werden können.

Da die Private Universität Witten/Herdecke während ihrer Gründungs- und Aufbauphase ihren Schwerpunkt erklärtermaßen auf die Entwicklung neuer Lehrformen gelegt hatte und die kritische Masse für umfangreiche Forschungsleistungen zunächst weder personell noch infrastrukturell gegeben war, kam der Wissenschaftsrat in seiner Empfehlung aus dem Jahre 1990 zu dem Ergebnis, daß eine Gleichwertigkeit der Hochschule mit staatlichen Einrichtungen unter Forschungsgesichtspunkten nicht festzustellen sei. Für die einzelnen Fakultäten, insbesondere aber für die Human- und Zahnmedizin, ist deshalb nicht nur zu prüfen, ob die Forschungsintensität an der Hochschule insgesamt zugenommen hat, sondern auch, ob die strukturellen Empfehlungen des Wissenschaftsrates zur Gewährleistung hinreichender Forschungsbedingungen einschließlich einer Verbesserung der Situation des wissenschaftlichen Nachwuchses aufgegriffen und weiterentwickelt wurden.

Als eine der ältesten privaten Hochschulen in der Bundesrepublik Deutschland kommt der Universität Witten/Herdecke ein Modellcharakter zu, der auch die Frage aufwirft, ob und in welcher Form die an dieser Hochschule praktizierten neuen Konzepte in Ausbildung und Forschung auf staatliche Hochschulen mit ihren unterschiedlichen Rahmenbedingungen übertragen werden können. Der Modellcharakter der Hochschule bezieht dabei ausdrücklich ihren privatrechtlichen Status und damit die privatwirtschaftliche Finanzierung der laufenden Kosten sowie den Einsatz betriebswirtschaftlicher Planungs- und Kontrollinstrumente für eine effiziente Ressourcennutzung ein. Das Land hat den Wissenschaftsrat deshalb auch gebeten, zur wirtschaftlichen Situation der Hochschule Stellung zu nehmen und der Hochschule im Rahmen der zweckgebundenen Zuweisungen für die Jahre 1995 und 1996 die Auflage erteilt, das finanzielle Entwicklungskonzept der Hochschule einer unabhängigen Wirtschaftsprüfung zu unterziehen.

B.II. Zu den Fakultäten und Studiengängen

II.1. Medizin

Die Organisation des Medizinstudiums an der Privaten Universität Witten/Herdecke greift wesentliche Reformelemente auf, die der Wissenschaftsrat in seinen Leitlinien zur Reform des Medizinstudiums aus dem Jahre 1992 empfohlen hatte.[4]) Das modulare Ausbildungskonzept und die Integration von vorklinischem und klinischem Unterricht sind an der Hochschule weitgehend realisiert und haben sich bewährt. Aufgrund der geringen Zahl der Prüfungsteilnehmer aus Witten/Herdecke sind generalisierbare Aussagen über die Qualität der Ausbildung, soweit sie sich in den Prüfungsergebnissen zeigt, zwar kaum möglich; in der Tendenz lassen sich jedoch zumindest durchschnittliche, in einigen Fällen auch überdurchschnittliche Prüfungsergebnisse erkennen. So lagen nach Informationen des Instituts für Medizinische und Pharmazeutische Prüfungsfragen in Mainz (IMPP) die Ergebnisse der Absolventen der Privaten Universität Witten/Herdecke in den Jahren 1988 bis 1994 im oberen Drittel. Bei der Aufgliederung der Einzelfächer zeigte sich, daß in den vorklinischen Fächern insbesondere die Ergebnisse in der Anatomie, Biologie und in der Medizinischen Psychologie überdurchschnittlich waren, während die übrigen Ergebnisse dem Durchschnitt entsprachen. Den ersten Platz belegten die Absolventen aus Witten/Herdecke für die Jahre 1991-94 im ersten Abschnitt der ärztlichen Prüfung.

Auch wenn die Organisationsform der Ausbildung in Witten/Herdecke sich aufgrund der unterschiedlichen Rahmenbedingungen nicht ohne weiteres auf die staatlichen medizinischen Forschungs- und Ausbildungsstätten übertragen läßt, ist der Wissenschaftsrat der Auffassung, daß einzelne Ausbildungselemente, wie der klinische Blockunterricht, vermehrt an anderen Hochschulen praktiziert werden sollten, sofern eine entsprechende Qualifikation des Lehrpersonals sichergestellt wird. Aufgrund des an der Medizinischen Fakultät vorgefundenen hohen Niveaus der Lehre, kann die Zahl der Studienanfänger an der Fakultät maßvoll erhöht werden, ohne daß es zu einer Beeinträchtigung der Qualität der Ausbildung kommen muß.

Ungelöste Probleme sieht der Wissenschaftsrat nach wie vor im Verhältnis zu den kooperierenden Kliniken. Um eine fachübergreifende Ausbildung der Studenten zu gewährleisten, hat er in seiner Empfehlung aus dem Jahr 1990 eine Konzentration der klinischen Ausbildung auf wenige Krankenhäuser mit ausgesuchten Fächerkombinationen gefordert, um auf diese Weise der Trennung der Disziplinen durch ihre Aufteilung auf verschiedene Krankenhäuser zu begegnen.[5]) Diese Empfehlung wurde nicht aufgegriffen; die Zahl der kooperierenden Kliniken hat sich

---

4) Wissenschaftsrats: Leitlinien zur Reform des Medizinstudiums, Köln, 1992.
5) Vgl. Wissenschaftsrat: Empfehlung zur Aufnahme der Privaten Hochschule Witten/Herdecke in die Anlage zum Hochschulbauförderungsgesetz, a.a.O., S. 192-195.

im Gegenteil von 14 (1990) auf 16 (1995) erhöht, wobei es allerdings zu einem Austausch mehrerer kooperierender Kliniken gekommen ist. Zu begrüßen ist in diesem Zusammenhang, daß die Hochschule gegenwärtig die Zusammenarbeit mit den Kliniken unter dem Aspekt ihrer Ausbildungsleistungen überprüft und ein positives Ergebnis zur Voraussetzung für eine weitere Zusammenarbeit macht. Das Ziel einer Reduzierung der Zahl der kooperierenden Kliniken sollte davon unabhängig weiterverfolgt werden.

Hinsichtlich der klinischen Forschungsleistungen der Fakultät hat sich die Situation seit 1990 nicht entscheidend verbessert. Zwar konnten durch das Hinzutreten weiterer kooperierender Kliniken die quantitativen Forschungsleistungen gesteigert werden, die Hochschule räumt aber selbst ein, daß die Projekte zu wenig interdisziplinär orientiert seien, da die Zusammenarbeit der Kliniken untereinander ein Hindernis darstelle. Die bislang an der Fakultät initiierten kooperativen Projekte, etwa im Bereich der Kardiologie oder der Geriatrie, reichen nicht aus, um den innovatorischen Anspruch der Fakultät auch auf dem Gebiet der Forschung zu unterstreichen. Es ist sicherlich richtig, daß die wissenschaftliche Zusammenarbeit unter unabhängigen Kliniken der Normal- und Maximalversorgung in Deutschland bisher nicht den Regelfall darstellt. Gleichwohl muß von einer Hochschule, die ein innovatives Lehr- und Forschungsprofil verfolgt, erwartet werden können, daß sie einen besonderen Beitrag zur klinik- und institutsübergreifenden Zusammenarbeit leistet. Dieses ist auch deshalb erforderlich, um die an der Fakultät durchgeführten Promotionen und Habilitationen auf eine tragfähige Grundlage zu stellen. Der Wissenschaftsrat empfiehlt der Hochschule deshalb, die vertragliche Gestaltung zwischen Krankenhäusern und Hochschule in Zukunft so zu regeln, daß eine klinikübergreifende Zusammenarbeit in der Forschung gewährleistet und der Hochschule ein entsprechender Einfluß bei der Besetzung von Chefarztpositionen in den Kliniken eingeräumt wird. Im Hinblick auf die Besetzung der Chefarztpositionen erscheint der Weg vorbildlich, wie er in neueren Verträgen, zum Beispiel mit dem Klinikum Wuppertal GmbH, gegangen wurde, der die Aufnahme von zwei Mitgliedern der Fakultät und zwei Studierenden in der Nachfolgekommission zur Besetzung einer Chefarztposition vertraglich sicherstellt.

Ein weiteres ungelöstes Problem stellen die fehlenden Forschungslabors in den kooperierenden Krankenhäusern dar. Obwohl der Wissenschaftsrat in seiner Empfehlung aus dem Jahre 1990 angeregt hatte, daß die kooperierenden Krankenhäuser in einem klinischen Forschungszentrum der Fakultät über Labors verfügen sollten,[6]) hat die Fakultät den Krankenhäusern bislang keine derartigen Forschungsmöglichkeiten zur Verfügung gestellt. Die Gründung der Institute für Sozialmedizin, Epidemiologie und Gesundheitssystemforschung (ISEG) und für Forschung

6) Ebd., S. 195.

und Entwicklung (IFE), die Auftragsforschungen im medizinischen und medizinaffinen Bereich durchführen sollen, stellen keine vollwertige Alternative dar. Zusammen mit der geplanten Errichtung eines Zentrums zur Planung und Durchführung von Forschungsprojekten bieten sie lediglich die Minimalvoraussetzungen für eine institutionelle Unterstützung von Forschungsaktivitäten der Fakultät. Die für die Forschung notwendige apparative Ausstattung erscheint weder im vorklinischen noch im klinischen Bereich ausreichend. Für den vorklinischen und den klinisch-theoretischen Bereich sollte deshalb stärker auf die Finanzierungsmöglichkeit des Großgeräteverfahrens entsprechend dem HBFG zurückgegriffen werden.

Hinsichtlich des wissenschaftlichen Nachwuchses stellt sich die Situation an der Fakultät nach wie vor unbefriedigend dar. Mit Ausnahme des Gemeinschaftskrankenhauses Herdecke besteht für Assistenten und Oberärzte gegenwärtig keine Möglichkeit, sich im Bereich der Forschung wissenschaftlich zu qualifizieren. Darin sieht der Wissenschaftsrat eine schwerwiegende Benachteiligung des wissenschaftlichen Nachwuchses. Die von der Hochschule vorgesehenen Freistellungsmöglichkeiten auf der Grundlage von Stipendien und projektgebundenen Förderungen sind nicht hinreichend und zeigen die Grenzen der privaten Trägerschaft der Hochschule auf. Als institutionelle Maßnahme wird deshalb die Einrichtung eines universitären Stellenpools für die Forschung empfohlen, der geeigneten Mitarbeitern der Kliniken die Chance eröffnet, für eine befristete Zeit eigene Forschungsinteressen zu verfolgen.

II.2. Zahn-, Mund- und Kieferheilkunde

Der Wissenschaftsrat ist der Auffassung, daß die Fakultät für Zahn-, Mund- und Kieferheilkunde den eingeschlagenen Weg eines besonderen curricularen Ansatzes konsequent weiterentwickelt und die Empfehlungen des Wissenschaftsrates zur Privaten Universität Witten/Herdecke aus dem Jahre 1990 weitgehend umgesetzt hat. Sie kommt in dieser Hinsicht den Modellempfehlungen des Wissenschaftsrates zur Zahnmedizin aus dem Jahre 1981[7]) - im Vergleich zu anderen zahnmedizinischen Ausbildungsstätten in der Bundesrepublik Deutschland – sehr nahe.

Die Lehre an der Fakultät stellt sich hinsichtlich der praktischen und technischen Durchführung mit integrierten Kursen sowohl in der Vorklinik als auch im klinischen Bereich auf hohem Niveau dar. Die praxisbezogene Lehre wird durch Pflichthospitationen in ausgesuchten Zahnarztpraxen der Umgebung unterstützt, wie es in den Empfehlungen des Wissenschaftsrates zur Zahnmedizin aus dem Jahre 1981 empfohlen worden war. Vor allem in der Krankenversorgung erbringen die Studierenden Pflichtleistungen, die nur von wenigen konventionellen Univer-

7) Wissenschaftsrat: Empfehlungen zur Verbesserung der Lage von Forschung und Lehre in der Zahnmedizin, Köln, 1981.

sitätszahnkliniken erreicht werden. Die personelle Ausstattung der Fakultät mit 24 wissenschaftlichen Planstellen und 4 Teilzeitstellen ergibt bei 30 Studienanfängern pro Jahr ein Verhältnis von Lehrenden zu Studierenden von 1:6, was der Größenordnung der klassischen Universitätskliniken entspricht.

Nach Fertigstellung des Universitätsneubaus im Jahre 1993 verfügt die Fakultät, die in einem multifunktionell genutzten Gebäude mit einer kompletten Zahnklinik für Lehre, Forschung und ambulanter Krankenversorgung untergebracht ist, zusätzlich über 875 m^2 Hauptnutzfläche. Die räumliche Ausstattung und funktionelle Zuordnung entsprechen internationalen Standards. Die für Lehre und Krankenversorgung genutzten zahnärztlichen Behandlungsplätze sind, wie auch die übrigen Funktionsräume, mit moderner Technik auf hohem Niveau ausgestattet.

Hinter den hohen Qualitätsanforderungen an die Lehre und der daraus resultierenden Auslastung des Personals stehen die Forschungsaktivitäten an der Zahnmedizinischen Fakultät zurück. Sie sind verbesserungsbedürftig. Der Fakultät stehen zwei modern ausgestattete Forschungslaboratorien zur Verfügung, die jedoch aufgrund mangelnder personeller Kapazität nicht erschöpfend genutzt werden können. Gerade einer privaten Hochschule sollte daran gelegen sein, die Drittmittelfähigkeit ihrer Einrichtungen sicherzustellen, um Forschungsmittel erfolgreich einwerben zu können. Dazu ist der Ausbau des wissenschaftlichen und nichtwissenschaftlichen Personalbestandes erforderlich. Der Wissenschaftsrat begrüßt die geplante Erweiterung der Forschungslaboratorien; er weist aber darauf hin, daß diese Maßnahme ineffektiv bleiben muß, wenn es nicht gelingt, die erforderlichen Personalaufstockungen zu erreichen. Eine Aufstockung des wissenschaftlichen Personalbestandes ist zudem die notwendige Voraussetzung, um die erforderliche Zusammenarbeit mit der Humanmedizin und den Naturwissenschaften in der Forschung zu ermöglichen.

Die Zahnklinik der Universität weist, gemessen an den klassischen Universitäten, mit 70 % einen sehr günstigen Selbstfinanzierungsgrad auf. Der Wissenschaftsrat gibt aber zu bedenken, daß in Anbetracht der in Zukunft notwendigen zusätzlichen Aufwendungen für die Forschung sowie für den Erhaltungsaufwand der modernen Klinik ein zusätzlicher Finanzbedarf besteht, der von der Hochschule realistisch auf jährlich mindestens zusätzlich 1,0 Millionen DM geschätzt wird.

Durch die Einrichtung eines anatomischen Lehrstuhls sowie drei größerer Laboratorien mit den Schwerpunkten Mikromorphologie, Vitalmikroskopie und Computer-assistierte 3D-Rekonstruktion verfügt die Fakultät über Möglichkeiten zur interdisziplinären Zusammenarbeit.

II.3. Wirtschaftswissenschaften

Zur Wirtschaftswissenschaftlichen Fakultät hat der Wissenschaftsrat in seiner Empfehlung zur Privaten Universität Witten/Herdecke aus dem Jahre 1990 festgestellt, daß das Fächerspektrum verglichen mit staatlichen Hochschulen deutlich verengt ist und die untere Grenze für eine mit anderen wirtschaftswissenschaftlichen Fakultäten gleichwertige Ausbildung darstellt.[8]) In dieser Hinsicht hat sich die Situation seitdem nicht grundlegend verbessert. Ein Großteil der Lehrverpflichtungen muß außerdem weiterhin von Lehrbeauftragten wahrgenommen werden.

Der Wissenschaftsrat unterstützt daher die Absicht der Hochschule, im Zuge der Erweiterung der Studienplatzkapazitäten von 200 auf 400 Studierende bis zum Jahre 2000 mindestens fünf weitere Lehrstühle und die entsprechenden wissenschaftlichen Mitarbeiterstellen einzurichten. Bei der Widmung der Lehrstühle, insbesondere für die Betriebswirtschaft, sollte darauf geachtet werden, daß die Fachgebiete abgedeckt werden, die zur Standardausbildung der Wirtschaftswissenschaften gehören. Neben der erklärten Absicht der Fakultät, die Reflexion der sozialen und politischen Rahmenbedingungen des Wirtschaftens zu einem integralen Bestandteil und profilbildenden Schwerpunkt des wirtschaftswissenschaftlichen Studiums zu machen, ist darauf zu achten, daß eine mit staatlichen Hochschulen vergleichbare, professionelle Ausbildung gewährleistet wird. In diesem Zusammenhang stellen sich die bislang angebotenen Lehrveranstaltungen thematisch als zu einseitig dar. Der Wissenschaftsrat empfiehlt deshalb – insbesondere auch vor dem Hintergrund der geplanten Verdopplung der Studierendenzahlen – für die Betriebswirtschaft, in Zukunft Fächer wie Steuerlehre, Handel und Distribution, Produktionswirtschaft und Controlling, Marketing sowie Personalwirtschaft im Lehrangebot deutlich zu verstärken. Außerdem sollte das Hauptstudium in Form verbindlicher Kern- und einer Auswahl an Wahlpflichtfächern curricular so strukturiert werden, daß die bislang praktizierte thematische Offenheit stärker durch wirtschaftswissenschaftliche Kernkompetenzen abgesichert wird. Zudem ist der Wissenschaftsrat der Auffassung, daß die zentralen Grundlagenfächer der Betriebswirtschaft nicht allein oder überwiegend durch Vorlesungen von Praktikern abgedeckt werden können. Er empfiehlt der Hochschule deshalb, trotz der unbefriedigenden Nachwuchssituation im Bereich der akademischen Betriebswirtschaftslehre, sich weiterhin aktiv um die Gewinnung weiterer Professoren zu bemühen.

Als positiv beurteilt der Wissenschaftsrat die Auslandskontakte der Universität, einschließlich des einjährigen Auslandsstudiums, von dem nahezu alle Studierenden Gebrauch machen. Das Takeda-Institut für Organisationstheorie und Organisationsentwicklung kann in Zukunft im Zusammenhang mit dem Forschungsschwerpunkt „Japanisches Manage-

8) Wissenschaftsrat: Empfehlung zur Aufnahme der Privaten Hochschule Witten/Herdecke in die Anlage zum Hochschulbauförderungsgesetz, a.a.O., S. 197.

ment“ zu einer wichtigen außereuropäischen Erweiterung der Ausbildungs- und Forschungsperspektive beitragen. Der Wissenschaftsrat begrüßt es daher, daß das Institut an der Hochschule nicht nur erhalten, sondern zusätzliche Personalstellen erhalten soll.

Ein Aliud zur wirtschaftswissenschaftlichen Ausbildung an staatlichen Hochschulen stellt nach Auffassung des Wissenschaftsrates das Mentorenfirmenkonzept dar. Da von jedem Studenten der Wirtschaftswissenschaften in Witten/Herdecke erwartet wird, daß er parallel zum Studium für eine bestimmte Zeit in einem Unternehmen arbeitet und die dort vorgefundenen Probleme und Problemlösungen in den Hochschulseminaren reflektiert, ist eine enge Verzahnung von Hochschulausbildung und beruflicher Praxis von vornherein gewährleistet. Zusätzlich wird von den Studierenden erwartet, daß sie aktiv an der Vorbereitung, Organisation und Durchführung von Konferenzen zu aktuellen wirtschaftswissenschaftlichen Themen mitwirken. Insbesondere das Mentorenfirmenkonzept dürfte wesentlich mit dazu beigetragen haben, daß es bislang nahezu allen Absolventen der Fakultät gelungen ist, nach ihrer Ausbildung einen adäquaten Arbeitsplatz zu finden. Besondere Aufmerksamkeit sollte in Zukunft der Frage gewidmet werden, unter welchen Voraussetzungen das auf eine enge und zeitintensive Zusammenarbeit zwischen einem Wirtschaftsunternehmen und der Hochschule angelegte Mentorenfirmenkonzept auch bei einer Verdopplung der Studierendenzahlen realisierbar ist. Die Beantwortung dieser Frage ist aus wissenschaftspolitischer Sicht für einen möglichen Transfer des Modells auf staatliche Hochschulen von Bedeutung.

Im Bereich der Forschung ist festzustellen, daß die Fakultät ihre Forschungsleistungen in den letzten Jahren deutlich intensiviert hat. Die Forschungsthemen orientieren sich allerdings sehr stark an Fragen der Ästhetik, Ethik, Ökologie, Soziologie, Philosophie und Politik, während Forschung auf den Kerngebieten insbesondere der Betriebswirtschaft kaum betrieben wird. Für den Bereich der Betriebswirtschaft fehlen außerdem Beiträge in renommierten Fachzeitschriften fast völlig. Der Fakultät wird daher nachdrücklich empfohlen, in stärkerem Maße als bisher in referierten Zeitschriften zu publizieren und sich dabei auch mit den traditionellen Themen der Wirtschaftswissenschaften auseinanderzusetzen.

Die Hochschule verweist darauf, daß der überwiegenden Anzahl der bislang 131 Absolventen der Fakultät nach dem Studium eine adäquate Berufseinmündung gelungen sei. Die entsprechenden Statistiken zur Berufseinmündung verdeutlichen, daß Absolventen der Wirtschaftswissenschaftlichen Fakultät der Privaten Universität Witten/Herdecke bislang auf verschiedenen Unternehmensebenen und innerhalb verschiedener Branchen Anstellungsmöglichkeiten finden konnten. Diese Entwicklung ist positiv zu beurteilen; einschränkend ist aber zu bedenken, daß bislang nur wenige Studenten einen Abschluß erworben haben und diese Studenten zur „Gründergeneration“ der Fakultät gehören, so daß generalisierbare Aussagen zu den zukünftigen Berufschancen der Wittener Absolventen zum gegenwärtigen Zeitpunkt nicht möglich sind.

II.4. Naturwissenschaften

Im Anschluß an die Empfehlungen des Wissenschaftsrates aus dem Jahre 1990 sieht das Konzept der Naturwissenschaftlichen Fakultät einen begrenzten naturwissenschaftlichen Arbeitsbereich vor, dessen Schwerpunkt im Schnittbereich zwischen Naturwissenschaften und Medizin angesiedelt ist. Der Wissenschaftsrat unterstützt die Konzentration auf die biowissenschaftlichen und medizinnahen Arbeitsrichtungen an der Fakultät, die auch durch die Einrichtung eines Lehrstuhles für Zellbiologie und die Aufgabe der Lehrstühle für Physikalische Chemie und Anorganische Chemie unterstrichen wird. Als folgerichtig betrachtet er deshalb die geplanten Ausbauschritte der Fakultät, zu denen die Einrichtung eines Lehrstuhles für Medizinische Biochemie, die personelle Verstärkung der bestehenden Lehrstühle sowie die weitere Integration der naturwissenschaftlich orientierten Abteilungen der Medizinischen Fakultät, wie der Pharmakologie und der Phytochemie, gehören.

Die Fakultät bietet ein Hauptfachstudium in der Biochemie an, in dem zur Zeit rund 30 Studierende eingeschrieben sind. Hinzu kommen etwa 40 Studierende im Promotionsstudium. Trotz der geringen Anzahl der angebotenen Studienplätze ist zu erkennen, daß der Hauptfachstudiengang Biochemie inzwischen etabliert ist und von den Studierenden angenommen wird. Die geringe Zahl der Studierenden mit der einhergehenden engen Betreuungsrelation stellt eine gute Voraussetzung für eine forschungsnahe Ausbildung dar. Zudem kann erwartet werden, daß die Studienzeiten eher kürzer sind als an staatlichen Hochschulen. Hinsichtlich der besonderen Voraussetzungen eines Hauptfachstudiums in Biochemie sieht der Wissenschaftsrat jedoch das besondere didaktische und methodische Problem, daß Studenten mit unterschiedlichen Qualifikationsvoraussetzungen das Studium beginnen. Er rät dem Land deshalb, die Ergänzungsangebote in den Fächern mit besonders großen Unterschieden im Grundstudium (wie Physikalische Chemie, Allgemeine Biologie und Mikrobiologie) nötigenfalls zu erweitern und sie curricular in den Status verbindlicher Brückenkurse zu erheben. Die Erweiterung des Aufbaustudiums Biochemie für Mediziner in Richtung einer Facharztausbildung für Biochemie sollte vorerst nicht weiterverfolgt werden. Grundsätzlich befürwortet der Wissenschaftsrat eine Orientierung am Leitbild des forschenden Arztes für die Ausbildung des wissenschaftlichen Nachwuchses in der Medizin. Gegenwärtig ist aber nicht erkennbar, wie sich eine Facharztausbildung für Biochemie in den Gesamtrahmen der Medizinerausbildung integrieren läßt und ob der Bedarf für eine spezialisierte Facharztausbildung auf diesem Gebiet überhaupt gegeben ist. Unstreitig ist allerdings nach Auffassung des Wissenschaftsrates, daß in Zukunft biowissenschaftliche und biomedizinische Qualifikationselemente einen wichtigen Bestandteil des Medizinstudiums darstellen werden.

Im Zuge der personellen Konsolidierung der Fakultät im Bereich der medizinrelevanten Lehrstühle haben sich in den letzten Jahren Forschungsleistungen herausgebildet, die in Anzahl und Qualität internationalen Standards entsprechen. Dies ist nach Ansicht des Wissenschaftsrates umso positiver zu beurteilen, als es sich bei den Forschungsschwerpunkten der Fakultät um komplexe Arbeitsfelder handelt, in denen verschiedene Lehrstühle, wie zum Beispiel für Immunologie, Virologie und Zellbiologie, inhaltlich und methodisch zusammenarbeiten müssen. Der gewachsenen Forschungsintensität entspricht auch der Umfang an Drittmitteleinwerbungen: Die Fakultät konnte ihre Forschungsmittel seit 1989 zum Teil beträchtlich steigern, wobei insbesondere der Anteil der privaten Forschungsmittel deutlich zugenommen hat.

Für die weitere Entwicklung der Forschung an der Fakultät unterstützt der Wissenschaftsrat die Pläne der Hochschule, den biomedizinischen Bereich durch die Einrichtung eines Lehrstuhl für Medizinische Biochemie weiter zu verstärken. Auf diese Weise kann die Verbindung zwischen dem naturwissenschaftlichen und medizinischen Bereich der Universität weiter gefördert und institutionell abgesichert werden. Ebenfalls weiterentwickeln sollte die Hochschule die Forschungszusammenarbeit der Fakultät mit den kooperierenden Kliniken, für die gegenwärtig bereits gute Ansätze vorhanden sind. Aufgrund der fehlenden personellen Basis sollte auf eigenständige Promotionen in den Fächern Mathematik und Physik verzichtet werden.

Die Ansiedlung eines Arbeitsschwerpunkts „Umwelttechnik und Umweltmanagement" an der Naturwissenschaftlichen Fakultät der Hochschule stellt in der gegenwärtigen Form keine überzeugende Lösung dar. Verbindungen zwischen naturwissenschaftlichen Fächern wie der Biochemie und Anwendungstechniken im Umweltbereich sind zweifellos möglich und wünschenswert. Da die Hochschule aber über keinen grundständigen ingenieurwissenschaftlichen Studiengang verfügt und die bislang eingerichteten Lehrstühle für „Umwelttechnik und Umweltmanagement" sowie „Energie- und Wasserwirtschaft" die notwendige fachliche Breite nicht erkennen lassen, sind die Voraussetzungen für den Promotionsgrad „Dr.-Ing." im Anschluß an ein grundständiges Studium oder ein Aufbaustudium der Ingenieurwissenschaften nicht gegeben. Dieser Mangel wird auch nicht dadurch geheilt, daß die Zulassungsvoraussetzung für diesen Studiengang der Erwerb des Diplom-Grades an einer anderen Hochschule ist. Da der Hochschule der Aufbau eines eigenständigen ingenieurwissenschaftlichen Studiengangs auch zukünftig nicht empfohlen werden kann, sollte auf das Aufbaustudium in diesem Bereich ganz verzichtet werden.

II.5. Studium Fundamentale

Der Wissenschaftsrat sieht in der Zielsetzung des Studium Fundamentale, die Studenten zur Reflexion fachfremder Inhalte und Methoden der

Theoriebildung anzuregen und auf diese Weise zur Profilierung des Methodenbewußtseins im eigenen Fach beizutragen, einen Ausdruck und eine wichtige Voraussetzung für die Verwirklichung des übergeordneten bildungspolitischen Anspruchs der Hochschule. Darüber hinaus kann das Fachstudium durch Themen allgemeiner Bildung wie Literatur, Kunst, Musik, Geschichte und Recht ergänzt werden und so zur Persönlichkeitsentfaltung der Studierenden beitragen.

Bei den am Institut für das Studium Fundamentale eingerichteten Lehrstühlen für Philosophie, Kunstwissenschaft, Ästhetik und Kunstvermittlung sowie Neuere Deutsche Literaturwissenschaft handelt es sich um Disziplinen, wie sie auch an staatlichen Hochschulen im Rahmen eines herkömmlichen Studiums angeboten werden. Gegenüber Fakultäten an staatlichen Universitäten ist die disziplinäre Basis jedoch personell unterkritisch, so daß die Hochschule an dieser Fakultät keinen grundständigen Studiengang mit einem berufsbefähigenden Abschluß anbieten kann. Die Schwerpunkte der Lehrveranstaltungen liegen auf philosophischem und kunstwissenschaftlichem Gebiet. Trotz der erklärten Zielsetzung der Hochschule, mit dem Studium Fundamentale kein ergänzendes Studium Generale anzubieten, sondern vielmehr eine enge Verzahnung mit den übrigen Studiengängen der Hochschule herzustellen, sind die Veranstaltungsangebote des Studium Fundamentale nicht fachbezogen ausgerichtet. Der Wissenschaftsrat rät deshalb der Hochschule, bei der konzeptionellen Weiterentwicklung des Instituts diesem Aspekt besondere Aufmerksamkeit zu widmen und die Frage zu überprüfen, ob die drei Lehrstühle des Instituts in ihrer fachlichen Widmung dem angestrebten Konzept entsprechen.

Sowohl die Lehrenden als auch die Studierenden vermittelten den Eindruck, daß das Ziel der Entwicklung und Reflexion der eigenen Wahrnehmungsprozesse über die Beschäftigung mit Kunst, Literatur und Philosophie weitgehend erreicht wird. Vor dem Hintergrund der veränderten Anforderungsprofile für Hochschulabsolventen, von denen neben der fachlichen Kompetenz zunehmend auch kommunikative Kompetenzen und die Fähigkeit zur Selbstreflexion erwartet werden, hält der Wissenschaftsrat das Studium Fundamentale für einen grundsätzlich nachahmenswerten Ansatz, der zum Profil der Privaten Universität Witten/Herdecke wesentlich beiträgt. Bei einer Erweiterung der Studienplatzkapazitäten wird es eine wichtige Aufgabe der Hochschule sein, diesen Ansatz in vollem Umfang aufrechtzuerhalten.

Hinsichtlich des dem Institut 1991 vom Land verliehenen Rechts zur Promotion (Dr. phil.) ist der Wissenschaftsrat der Auffassung, daß dem Institut die fachlichen und personellen Voraussetzungen für die Verleihung der Promotion zum Dr. phil. fehlen. Auch ohne die Möglichkeit zur wissenschaftlichen Promotion erfüllt das Studium Fundamentale seine zentrale Aufgabe innerhalb der Hochschule, zumal es sich bei den bislang eingeschriebenen Doktoranden um externe Kandidaten handelt. Land und Hochschule sollten deshalb auf die Möglichkeit zur Promotion im Rahmen des Studium Fundamentale verzichten.

B.III. Zu Ausbaustand und Ausbauzielen

Im Rahmen der baulichen Umsetzung der von Land und Hochschule geplanten und vom Wissenschaftsrat unterstützten Konzentration der Privaten Universität Witten/Herdecke auf zwei Standorte in Witten wurde auf der Grundlage des Hochschulbauförderungsgesetzes ein bauliches Investitionskonzept im Wert von rund 50 Millionen DM realisiert. Das Investitionsprogramm umfaßte unter anderem den Erwerb und den Umbau des Thyssen-Gebäudes in der Innenstadt von Witten für die Erweiterung der Naturwissenschaften sowie den Grunderwerb, den Neubau und die Ersteinrichtung eines Verfügungszentrums. Die Baumaßnahmen wurden im Frühjahr 1992 begonnen und im Oktober 1993 abgeschlossen.

Der Wissenschaftsrat hat sich davon überzeugt, daß die getroffenen Investitionsmaßnahmen dem strukturellen Entwicklungskonzept der Hochschule in bemerkenswerter Weise gerecht werden. Insbesondere mit der Errichtung des multifunktionell angelegten Verfügungsgebäudes, das die Fakultäten für Medizin, Zahnmedizin, Wirtschaftswissenschaften sowie das Studium Fundamentale und die Universitätsbibliothek integriert, wurden die räumlichen und architektonischen Voraussetzungen für eine fächerübergreifende Zusammenarbeit von Lehrenden und Lernenden geschaffen. Daß es darüber hinaus gelungen ist, einen architektonisch anspruchsvollen und funktionsfähigen Hochschulneubau mit limitierten Investitionsmitteln (5 000 DM/m^2 Hauptnutzfläche) in einer Bauzeit von weniger als 19 Monaten zu realisieren, sieht der Wissenschaftsrat als Ermutigung für alternative Verfahren im Hochschulbau generell. Die praktizierten rationellen Verfahren der Planung und Entscheidungsfindung, insbesondere aber die Einbeziehung der Studierenden und der Mitglieder der Universität in den Planungs- und Entscheidungsprozeß bei transparenter und eindeutiger Führungs- und Ablauforganisation, lassen sich prinzipiell auch auf Bauprojekte an staatlichen Universitäten übertragen.

Mit dem jetzt verfügbaren Bestand an rund 11 000 m^2 Hauptnutzfläche verfügt die Hochschule über die baulichen und infrastrukturellen Voraussetzungen, um die geplante Erweiterung der Studierendenzahlen von jetzt 600 auf 1 200 Studierende zum Jahre 2000 durchzuführen. Von der Ausweitung der Kapazitäten sind dabei vor allem die Wirtschaftswissenschaften, die Umwelttechnik sowie neu zu errichtende Studiengänge, zum Beispiel im Bereich der Pflegewissenschaften, betroffen. Der Wissenschaftsrat unterstützt, unabhängig von den geplanten inhaltlichen Schwerpunkten, eine Kapazitätsausweitung, um so eine wirtschaftliche Nutzung der Ressourcen der Hochschule zu erreichen. Den Aufbaustudiengang Umwelttechnik sollte die Hochschule aber grundsätzlich nicht weiterverfolgen. Eine Senkung der Ausbildungskosten pro Student pro Studienjahr von jetzt rund 30 000 DM erscheint auch unter Berücksichtigung des hohen Qualitätsstandards, an dem sich die Lehre in Witten orientiert, möglich und sinnvoll.

Die Kapazitätserweiterung an der Privaten Universität Witten/Herdecke fällt innerhalb der Gesamtplanung für das Land Nordrhein-Westfalen quantitativ kaum ins Gewicht. Insbesondere in den Fächern Medizin und Zahnmedizin, in denen die Zahl der Studierenden bis zum Jahre 2000 um 40 bzw. 50 erhöht werden soll, fällt der Kapazitätszuwachs so gering aus, daß dieser – auch unter Berücksichtigung der in den vergangenen Jahren vorgenommenen Reduzierung der Studienanfängerzahlen in der Medizin und Zahnmedizin im Land um jeweils über ein Drittel – für die Ausbildung in Witten akzeptabel erscheint.

Im Hinblick auf die im Rahmen der Kapazitätsausweitung an der Hochschule neu zur Errichtung vorgesehenen Studiengänge liegen bislang weder schlüssige inhaltliche Entwicklungskonzepte noch eine verbindliche Entscheidung des Landes vor. Am weitesten entwickelt sind die Planungen zum Studiengang Pflegewissenschaften, der zum Sommersemester 1996 die ersten 30 Studenten aufgenommen hat. Dem Antrag der Hochschule auf staatliche Anerkennung hat das Land bislang nicht entsprochen; die zugelassenen Studenten wurden von der Hochschule über die fehlende staatliche Anerkennung des Studiengangs informiert.

Der Wissenschaftsrat ist der Auffassung, daß die Private Universität Witten/Herdecke aufgrund der dort praktizierten traditionell engen Verbindung von medizinischer Ausbildung, ärztlicher Versorgung und Pflege grundsätzlich gute Voraussetzungen für eine pflegewissenschaftliche Ausbildung besitzt. Die zum Studiengang vorgelegten Unterlagen reichen jedoch nicht aus, um zu einer abschließenden Bewertung der inhaltlichen und personellen Tragfähigkeit des Ausbildungskonzepts einschließlich der studentischen Nachfrage und der Vermittelbarkeit der Absolventen auf dem Arbeitsmarkt zu gelangen. Vor der Genehmigung eines solchen Studiengangs sollte außerdem der Bedarf und das besondere Profil für ein universitäres Angebot im Hinblick auf die bereits existierenden Studiengänge im Bereich der Pflege an den staatlichen Fachhochschulen Münster und Bielefeld sowie den konfessionellen Fachhochschulen in Bochum und Köln geprüft werden. Zudem bekräftigt der Wissenschaftsrat seine Empfehlungen zur Entwicklung der Fachhochschulen in den 90er Jahren, in denen er feststellt, daß es für die Einrichtung von Studiengängen für nicht-ärztliche Gesundheitsberufe vor allem in den Fachbereichen des Sozialwesens an den Fachhochschulen institutionelle Anknüpfungspunkte gibt.[9])

9) Wissenschaftsrat: Empfehlungen zur Entwicklung der Fachhochschulen in den 90er Jahren, Köln 1991, S. 78-79 und 165-170.

B.IV. Zur finanziellen Entwicklung

Hinsichtlich der Entwicklung der Einnahmen steht die Private Universität Witten/Herdecke vor dem Problem, daß Großspender, die den Aufbau der Hochschule bislang wesentlich finanziert hatten, ihre Förderung einstellten, reduzierten oder die Beendigung der Förderung ankündigten. Die Hochschule geht deshalb für den Planungszeitraum bis zum Geschäftsjahr 1999/2000 davon aus, daß jährlich Landeszuschüsse von 10 bis 11 Millionen DM bei einem zusätzlichen staatlichen Gesamtfinanzierungsbedarf von 52,6 Millionen DM erforderlich sind. Diese Prognose berücksichtigt bereits, daß die absehbaren Spendenverluste durch Anwerben neuer Spender ausgeglichen werden können.

Der Wissenschaftsrat kommt nach Prüfung des mittelfristigen Finanzierungskonzepts der Hochschule zu der Einschätzung, daß der Bestand der Hochschule als einer ausschließlich privat finanzierten Einrichtung, wie das Land dies fordert, nicht gesichert ist. Selbst wenn man davon ausgeht, daß die Hochschule die eingeworbenen Stiftungsmittel und Spenden auf dem gegenwärtigen Niveau halten bzw. auf die für 1999 erwarteten 16 Millionen DM anheben kann, verbleibt eine Deckungslücke, die das Land zu schließen hätte. Hinzu kommt, daß hinsichtlich der Kostenstruktur der Hochschule Einsparpotentiale kaum mehr vorhanden sind. Studiengebühren in Höhe von 3 000 bis 6 000 DM pro Jahr können in diesem Zusammenhang nur zu einer geringen Verbesserung der Einnahmesituation der Hochschule führen. Eine signifikante Erhöhung der Studiengebühren auf einen Betrag zwischen 10 000 und 15 000 DM, wie er an anderen privaten Hochschulen üblich ist, würde vermutlich nicht nur die soziale Zusammensetzung der Studierenden verändern, sondern für bestimmte Fächer eine kritische Nachfragesituation entstehen lassen.

Für eine dauerhafte Absicherung der Finanzen der Privaten Universität Witten/Herdecke wäre es nach Auffassung des Wissenschaftsrates wünschenswert, wenn es ihr – wie vergleichbaren privaten Hochschulen – gelänge, ein Stiftungskapital einzuwerben, dessen Zinsen zur Finanzierung der Gesamtkosten wesentlich beitragen. Das Stiftungskapital müßte in einem solchen Fall zumindest so hoch bemessen sein, daß ein ausreichender Puffer für schwankende Einnahmen und Ausgaben gegeben ist. Solange ein derartiges Stiftungskapital nicht verfügbar ist, wird die Hochschule die erforderlichen Einnahmen im wesentlichen durch Spenden, privatwirtschaftlichen Erlöse, Studiengebühren sowie staatlichen Zuwendungen bestreiten müssen.

Die private Hochschule sollte sich und gegebenenfalls ihre Weiterentwicklung grundsätzlich aus privaten Mitteln finanzieren. Bei einer eventuellen Gewährung von staatlichen Zuschüssen sollte der Charakter der privaten Hochschule erhalten bleiben und von der prinzipiellen Eigenverantwortung der Hochschule ausgegangen werden. Die staatlichen Zuwendungen dürfen nicht den Charakter einer institutionellen Dauerfinanzierung erhalten. Insbesondere müssen sich eventuelle staatliche Zuschüsse in einem ausgewogenen Verhältnis zu Zuwendungen von privater Seite aus Spenden und Stiftungen bewegen. Außerdem ist darauf zu achten, daß die staatlichen Mittel nicht zu einer finanziellen Besserstellung der privaten Hochschule im Vergleich zu staatlichen Hochschulen führen.

B.V. Zum Ausbildungs- und Forschungsprofil der Hochschule und zu ihrer wirtschaftlichen Tragfähigkeit insgesamt

Die Aufnahme der Privaten Universität Witten/Herdecke in die Anlage des Hochschulbauförderungsgesetzes erfolgte 1990 mit ausdrücklichem Hinweis auf den möglichen Aliud-Charakter der Hochschule.10) Das Land hatte seinerzeit mitgeteilt, daß es gerade wegen der andersartigen Ansätze und der sich daraus ergebenden wichtigen Stimulanz für die staatlichen Hochschulen die Private Universität Witten/Herdecke als staatlich anerkannte Hochschule genehmigt habe. Die Anstöße, die die Private Universität Witten/Herdecke für die staatlichen Hochschulen gebe, erforderten es wegen des wichtigen Wettbewerbs im Hochschulbereich, sie zu unterstützen. Der Wissenschaftsrat war in seiner Empfehlung aus dem Jahre 1990 demgegenüber zu der Einschätzung gelangt, daß der Anspruch der Hochschule, ein Aliud zu staatlichen Hochschulen zu sein, von der Realität nur zum Teil belegt werde. Dessen ungeachtet wurde aber auch festgestellt, daß die Hochschule sowohl in der Medizin als auch in den Wirtschaftswissenschaften durch ihre besonderen Ansätze und die Möglichkeiten des Ressourceneinsatzes im Vergleich mit den staatlichen Hochschulen Experimentalcharakter gewonnen und wichtige Anstöße in die hochschulpolitische Diskussion gegeben habe. Um die Wettbewerbsfähigkeit mit staatlichen Forschungs- und Ausbildungsstätten herzustellen, wird empfohlen, die Bedingungen für die Forschung und den wissenschaftlichen Nachwuchs insbesondere in der Medizin deutlich zu verbessern und in diesem Zusammenhang die Fakultät für Naturwissenschaften auf medizinaffine Forschungsgebiete auszurichten. Falls dies nicht gelingt, ist die medizinische Ausbildung in Witten in Frage gestellt.

Betrachtet man die Entwicklung der Hochschule seit der ersten Begutachtung im Jahre 1990, so läßt sich – trotz einer Reihe nicht eingelöster Ziele – insgesamt ein positives Fazit ziehen. Der Hochschule können insbesondere für die Studiengänge in der Humanmedizin, Zahnmedizin und den Naturwissenschaften unverändert gute bis hervorragende Ausbildungsleistungen attestiert werden. Vor allem beim Medizinstudium wurden mit dem modularen Ausbildungskonzept und der Integration von vorklinischem und klinischem Unterricht wesentliche Reformelemente

10) Wissenschaftsrat: Empfehlung zur Aufnahme der Privaten Hochschule Witten/Herdecke in die Anlage zum Hochschulbauförderungsgesetz, a.a.O., S. 200.

aufgegriffen, die der Wissenschaftsrat in seinen Leitlinien zur Reform des Medizinstudiums aus dem Jahre 1992 empfohlen hatte. Der Verwirklichung dieser Reformelemente kommt ebenso Modellcharakter zu, wie der praxisbezogenen Lehre an der zahnmedizinischen Fakultät, die durch eine enge Zusammenarbeit mit ausgesuchten Zahnarztpraxen der Umgebung gewährleistet wird und die die Empfehlungen des Wissenschaftsrates zur Zahnmedizin aus dem Jahre 1981 umsetzt.

Die Umstrukturierung der Fakultät für Naturwissenschaften hin auf medizinaffine Arbeitsgebiete folgt den Empfehlungen des Wissenschaftsrates aus dem Jahre 1990 und unterstreicht den Willen und die Fähigkeit der Hochschule, Arbeitsrichtungen aufzugeben und durch neue, innovative zu ersetzen, wenn dieses erforderlich ist. Die Fakultät für Naturwissenschaften hat zudem ihre Forschungsaktivitäten in den letzten Jahren deutlich gesteigert, was auch durch einen Anstieg der extern eingeworbenen Forschungsmittel unterstrichen wird. In ihrer Qualität entsprechen die Forschungsarbeiten zum überwiegenden Teil den internationalen Standards. Als vorbildlich auch im Vergleich zu staatlichen Hochschulen kann die enge Zusammenarbeit der Fakultäten für Naturwissenschaften und Medizin bei der Planung und Durchführung der biowissenschaftlichen und biomedizinischen Projekte gelten. Die eigenen Forschungsarbeiten der Fakultät für Medizin sind jedoch nach wie vor als unbefriedigend einzustufen. Der Hochschule wird deshalb – wie schon in der Empfehlung aus dem Jahre 1990 – nachdrücklich empfohlen, die notwendigen personellen, räumlichen und apparativen Voraussetzungen zu schaffen, um die Forschungsleistungen zu steigern. Besondere Beachtung sollte in diesem Zusammenhang die Förderung des wissenschaftlichen Nachwuchses erhalten, für den Stellen zur Weiterqualifizierung geschaffen werden müssen.

Die Ausbildung an der Fakultät für Wirtschaftswissenschaften stellt durch die weitgehende Einbeziehung von Unternehmen in die Ausbildung im Rahmen des Mentorenfirmenkonzepts ein Aliud zu staatlichen Hochschulen dar. Die Fakultät muß sich jedoch in der Forschung innerhalb der wissenschaftlichen Fachgemeinschaft deutlicher profilieren und insbesondere eine weitere personelle und fachliche Verbreiterung des Lehrangebots um wirtschaftswissenschaftliche Kernfächer erreichen, um eine mit staatlichen Hochschulen gleichwertige Ausbildung gewährleisten zu können.

Im Hinblick auf die Zielsetzung und Organisation des Studium Fundamentale leistet die Privatuniversität Witten/Herdecke einen Beitrag zu der Frage, wie die Verwirklichung eines übergeordneten bildungspolitischen Anspruchs vor dem Hintergrund sich immer weiter ausdifferenzierender Fachdisziplinen und Spezialgebiete institutionell abgesichert werden kann. Eine Antwort auf diese Frage ist auch für die staatlichen Hochschulen im Hinblick auf die veränderten Anforderungsprofile für Hochschulabsolventen, von denen neben der fachlichen Kompetenz auch kommunikative Kompetenzen und die Fähigkeit zur Selbstreflexion erwartet werden, von Interesse. Der Privaten Universität Witten/Herdecke wird deshalb empfohlen, das Lehrangebot des Studium Fundamentale hinsichtlich der fachlichen Schwerpunktsetzungen und der Anzahl der vorhandenen Lehrstühle zu überprüfen, die Erfahrungen mit den Studienangeboten systematisch auszuwerten sowie die notwendigen personellen und konzeptionellen Weiterentwicklungen einzuleiten.

Trotz der finanziellen Probleme, vor denen die Hochschule durch den Ausfall einiger Großspender steht, kann unter Berücksichtigung der unterschiedlichen Einnahmequellen (Spenden, Studiengebühren, Dienstleistungen und Erlöse aus der Zahnklinik) davon ausgegangen werden, daß sich die Hochschule zum überwiegenden Anteil auch in Zukunft selbst tragen kann. Da die Hochschule in fachlicher Hinsicht insgesamt eine positive Entwicklung genommen hat und wichtige Anregungen für die hochschulpolitische Diskussion geben kann, empfiehlt der Wissenschaftsrat dem Land, die gegenwärtige Kernstruktur der Hochschule, die die Fächer Humanmedizin, Zahnmedizin, Naturwissenschaften, Wirtschaftswissenschaften und das Studium Fundamentale umfaßt, auch durch laufende – jeweils zeitlich befristete – staatliche Zuwendungen zu sichern. Dabei ist darauf zu achten, daß diese Zuwendungen nicht den Charakter einer institutionellen Dauerfinanzierung erhalten. Die Hochschule sollte sich unabhängig von den staatlichen Zuwendungen weiterhin darum bemühen, ein Stiftungskapital einzuwerben, das zur dauerhaften Finanzierung der Hochschule beiträgt und ihre volle Unabhängigkeit sichert.

C. Zusammenfassende Stellungnahme

Der Wissenschaftsrat hat die Private Universität Witten/ Herdecke fünf Jahre nach Aufnahme der Hochschule in die Anlage zum Hochschulbauförderungsgesetz erneut begutachtet und geprüft, ob die seinerzeit ausgesprochenen Auflagen erfüllt und die Realisierung des Konzepts erfolgversprechend gelungen ist. Gleichzeitig hat er die wirtschaftliche Situation der Hochschule und deren künftige Entwicklungsmöglichkeiten in die jetzige Empfehlung einbezogen.

Insgesamt kommt der Wissenschaftsrat zu der Auffassung, daß sich die Hochschule in den Jahren seit der Erstbegutachtung im Jahre 1990 positiv entwickelt hat und wichtige Anstöße für die allgemeine hochschulpolitische Diskussion geben kann. Die Ausbildungsqualität an den Fakultäten für Humanmedizin, Zahnmedizin und Naturwissenschaften ist hoch. Die praxisnahe Organisation des Studiums in der Human- und Zahnmedizin und die enge Zusammenarbeit der Fakultät für Naturwissenschaften mit der Fakultät für Humanmedizin haben Modellcharakter. In den Wirtschaftswissenschaften stellt insbesondere das Mentorenfirmenkonzept ein Aliud zu staatlichen Hochschulen dar. Die Hochschule sollte deshalb besondere Aufmerksamkeit der Frage widmen, unter welchen Voraussetzungen dieses auf eine enge und zeitintensive Zusammenarbeit angelegte Konzept auch bei einer Verdoppelung der Studierendenzahlen realisierbar ist. Das Studium Fundamentale entspricht in seiner Zielsetzung dem übergeordneten bildungspolitischen Anspruch der Hochschule und trägt so wesentlich zu deren Profil bei.

Im einzelnen wird der Hochschule empfohlen, die notwendigen personellen, räumlichen und apparativen Voraussetzungen für die Forschung in der Medizin zu verbessern. Die Ausbildung in den Wirtschaftswissenschaften sollte im Sinne einer Gleichwertigkeit mit staatlichen Hochschulen weiter personell und fachlich verbreitert werden. Die Hochschule sollte das Studium Fundamentale in der bewährten Form fortführen, auf das Promotionsrecht aber aufgrund der fehlenden fachlichen Breite der Fakultät verzichten. Bei der Etablierung neuer Fächer sollte grundsätzlich darauf geachtet werden, daß diese zum Profil der Hochschule passen und eine personelle Mindestausstattung benötigen. Auf Aufbaustudiengänge wie „Umwelttechnik und Umweltmanagement", die trotz schmaler personeller Basis mit dem Promotionsgrad abschließen, sollte verzichtet werden.

Aufgrund des insgesamt positiven Entwicklungsstandes der Privaten Universität Witten/Herdecke empfiehlt der Wissenschaftsrat dem Land, die Hochschule auch in Zukunft finanziell zu unterstützen, falls dies notwendig sein sollte. Bei einer eventuellen Gewährung von staatlichen Zuschüssen sollte der Charakter der privaten Hochschule erhalten bleiben und von der prinzipiellen Eigenverantwortung der Hochschule ausgegangen werden. Die staatlichen Zuwendungen dürfen nicht den Charakter einer institutionellen Dauerfinanzierung erhalten. Insbesondere müssen sich eventuelle staatliche Zuschüsse in einem ausgewogenen Verhältnis zu Zuwendungen von privater Seite aus Spenden und Stiftungen bewegen. Außerdem ist darauf zu achten, daß die staatlichen Mittel nicht zu einer finanziellen Besserstellung der privaten Hochschule im Vergleich zu staatlichen Hochschulen führen. Der Hochschule wird empfohlen, ihre Fundraising-Arbeit zu verstärken und sich um ein ausreichendes Stiftungskapital zu bemühen, um so die Einnahmen- und Ausgabenentwicklung auf eine verläßliche und stetige Grundlage zu stellen, so daß sich die Hochschule mittelfristig vollständig selbst tragen kann.